hänssler

WILLIAM J. PETERSEN / RANDY PETERSEN

Psalmen – Lieder des Lebens

Mit den Psalmen durch das Jahr

William J. Petersen hat das Wheaton College mit dem B. A. abgeschlossen und ist Ehrendoktor des Eastern College für seine Beiträge zum christlichen Journalismus. Er hat mehrere bekannte christliche Zeitschriften herausgegeben und arbeitet jetzt als Leiter der Redaktion bei der Fleming H. Revell Co. (Baker Book House).
Randy Petersen, Sohn von William J. Petersen, ist nach seinem Studium der alten Sprachen am Wheaton College freiberuflicher Redakteur. Er hat Biografien und Theaterstücke geschrieben und bearbeitet und mehrere Zeitschriften herausgegeben.

Die Bibelstellen sind in der fortlaufenden täglichen Bibellese in der Regel nach »Neues Leben. Die Bibel«, die sonstigen Bibelstellen nach Luther 99, © Dt. Bibelgesellschaft, Stuttgart, zitiert.

Erschienen unter dem Titel: The One Year Book of Psalms

Übersetzerinnen: Herta Martinache, Marlis Stubenitzky

hänssler-Hardcover
Bestell-Nr. 393.648
ISBN 3-7751-3648-7

Titelfoto: Mauritius
Umschlaggestaltung: Stefanie Bunner
Satz: Vaihinger Satz & Druck
Druck und Bindung: Ebner Ulm
Printed in Germany

Vorwort

Vorwort

Seit Jahrtausenden singen, lesen und beten Menschen die Psalmen und lassen sie auf sich wirken. Seit ihrer Niederschrift drücken Gläubige durch sie ihre Freude oder ihre Reue aus und finden in ihnen große Ermutigung. Im 6. Jahrhundert v. Chr. haben die Juden in der babylonischen Gefangenschaft durch sie ihre Trauer geäußert; fünfhundert Jahre später hat sie Jesus beim Passahmahl mit seinen Jüngern gesungen. Als die Christen in Rom sich heimlich treffen mussten, fingen sie den Tag mit Psalm 73 an und sangen zum Abschluss Psalm 141.

Nach der Christenverfolgung sagte einer der Kirchenväter: »Andere Schriften aus der Bibel kennen die meisten Menschen nicht, aber die Psalmen lernt man auswendig und zitiert sie zu Hause, auf der Straße und in Geschäften.« Martin Luther begann seine öffentliche Tätigkeit 1512 mit Vorträgen über die Psalmen. Als die Pilgerväter 1620 mit der *Mayflower* von England ablegten, sangen sie einen Psalm, und als sie in der Neuen Welt landeten, sangen sie wieder einen. Eines der ersten Bücher, die in Amerika gedruckt wurden, waren die Psalmen: das *Bay Psalm Book*.

Die Psalmen sind erstklassige Dichtung, kurz gefasste Theologie und fesselnde Geschichte, aber sie sind noch viel mehr. Vor allem sind sie sehr persönlich. Die Psalmen begegnen uns da, wo wir sind, und sie bringen uns dahin, wo wir sein sollten. Die Dichter der Psalmen drücken offen, manchmal geradezu peinlich offen ihre Gedanken und Gefühle aus. Sie empfanden oft Verwirrung über das, was sie erlebten, genau wie wir. Sie versagten wie wir. Sie verloren den Mut und trauten sich nichts mehr zu – kennen wir das nicht auch? Die Psalmen zeigen uns das Leben, wie es wirklich ist – in diesem kleinen biblischen Buch spiegelt sich das ganze Drama des Menschseins. Und irgendwie geben sie uns am Ende die Zuversicht, dass da ein Gott ist, in dem sich alles Gute und Wahre konzentriert, der unser Freund und Beschützer und der Grund für unsere Hoffnung ist.

Wir haben versucht in diesem Buch die Vielfalt der unterschiedlichen Psalmen einzufangen. Außer dem Bibelabschnitt aus einer neuen, gut verständlichen Übersetzung (dt. Ausgabe des *»New Living Testament«, NLT)* und den Gedanken dazu finden Sie für jeden Tag eine passende Liedstrophe. Zusätzlich haben wir interessante Fakten, nachdenkenswerte Zitate und Hinweise auf andere Bibelstellen zu bestimmten Themen eingefügt.

Wenn Sie sich so von den Psalmen durch das Jahr begleiten lassen, werden Sie sich am Ende mit Martin Luther einig sein, der gesagt hat, sie seien ihm alle lieb.

Mit dem Psalmdichter sagen wir: »Es ist köstlich, dem Herrn zu danken.« Wir danken ihm, dass er uns beim Verfassen dieser Andachten liebevoll unterstützt hat. Außerdem danken wir auch Ardythe Petersen für ihre Mitarbeit in Forschung und Organisation, David Barrett für die Herausgabe des Buches und Warren Wiersbe für die Bibliographie und für ständige Ermutigung.

Januar

1. Januar

Erstes Buch: Psalm 1-41

Psalm 1

1 Wie herrlich ist das Leben der Menschen,
die nicht auf den Rat der Bösen hören,
die nicht mit den Sündern herumlungern
und sich nicht mit den Spöttern verbrüdern.
2 Voller Freude tun sie den Willen des Herrn;
Tag und Nacht denken sie nach über sein Gesetz.
3 Sie sind wie Bäume, die am Ufer des Wassers wurzeln
und jedes Jahr Frucht tragen.
Ihre Blätter welken nicht,
und alles, was sie tun, schlägt ihnen zum Besten aus.
4 Doch wie anders ergeht es den Bösen!
Sie sind wertlose Spreu, vom Winde verweht.
5 Wenn das Gericht kommt, werden sie verdammt.
Die Sünder werden keinen Platz bei den
Gottesfürchtigen haben.
6 Über die Wege der Gottesfürchtigen wacht der Herr,
die Wege der Bösen aber führen ins Verderben.

Verborgene Schätze

Im Jahr 386 n. Chr. fing der große Bibelübersetzer Hieronymus in der kleinen Stadt Bethlehem seine Arbeit an – fast 400 Jahre früher war Christus und 1 400 Jahre davor David dort geboren worden. Hieronymus brauchte 23 Jahre, um die Bibel aus dem Hebräischen und Griechischen ins Lateinische zu übersetzen. Er erfüllte sich damit den Traum, »meinen römischen Lesern die verborgenen Schätze zu erschließen«. Seine Übersetzung, die *Vulgata*, galt jahrhundertelang als die verbindliche lateinische Bibelübersetzung.

Hieronymus liebte die ganze Bibel, aber besonders viel Freude machten ihm die Psalmen. Sein Lieblingsvers war Psalm 1, 2: »Voller Freude tun sie den Willen des HERRN; Tag und Nacht denken sie nach über sein Gesetz.« Wie der Psalmist wusste auch Hieronymus, dass das Hören auf Gott in der Bibel der Schlüssel zur Lebensfreude ist.

Als Josua am Ufer des Jordan stand, um die Israeliten ins versprochene Land zu führen, wurde ihm etwas ganz Ähnliches gesagt: »Und lass das Buch dieses Gesetzes nicht von deinem Munde kommen, sondern betrachte es Tag und Nacht ... Dann wird es dir auf deinen Wegen gelingen ...« (Jos 1,8).

Wenn Sie Freude haben wollen, wenn Sie wirklich etwas erreichen wollen, dann geben Sie dieses Jahr dem Bibelstudium den Vorrang. Wie die Leser des Hieronymus werden Sie erkennen, dass Gottes Wort voll von verborgenen Schätzen ist, die nur darauf warten gehoben zu werden.

LIED:
Auf dein Wort will ich trauen, mein Herr und Gott allein; auf Felsen muss man bauen, um still und stark zu sein.
DORA RAPPARD

WÖRTER IM TEXT:
Das »Reden« vom Gesetz des Herrn bezeichnet im Hebräischen ein leises nachdenkliches Murmeln, wie man etwa einen Rätselspruch in Gedanken wiederholt.

NACHDENKENSWERT:
»Wenn es ihm gut geht und hell um ihn ist, singt er die Psalmen aus der Bibel, und wenn alles dunkel aussieht, tröstet er sich mit den Versprechen aus demselben Buch.«
CHARLES HADDON SPURGEON

2. Januar

Erstes Buch: Psalm 2, 1-6

Psalm 2

1 Warum wüten die Völker?
Warum vertun sie ihre Zeit mit vergeblichem Ränkespiel?
2 Die Könige der Erde rüsten zum Kampf;
die Herrscher der Welt verschwören sich gegen den Herrn
und seinen Gesalbten.
3 »Wir wollen ihre Ketten zerreißen«, schreien sie,
»und uns endlich aus ihrer Sklaverei frei machen.«
4 Doch der Herrscher im Himmel lacht.
Der Herr hat nur Hohn für sie.
5 Voller Zorn bestraft er sie,
erschreckt sie mit seinem wilden Grimm.
6 Denn der Herr spricht: »Ich habe meinen erwählten König
auf den Thron meiner heiligen Stadt Jerusalem gesetzt.«

Wer zuletzt lacht...

In den ersten 300 Jahren ihrer Existenz wurde die christliche Gemeinde immer wieder verfolgt – am härtesten vielleicht während der Herrschaft des römischen Kaisers Diokletian (284-305). Er war überzeugt, die Christen hätten sich gegen ihn verschworen, und versuchte sie in seinem ganzen Reich zu vernichten. Ganze Städte ließ er ausrotten.

Aber wie in Vers 4 festgestellt wird, bestimmt der Herrscher des Himmels auch über böse Menschen und er wird es sein, der zuletzt lacht.

Zu Hause in seinem Palast schlossen sich Diokletians Frau und Tochter Christus an. Und nach seinem Tod trat ein Kaiser namens Konstantin die Herrschaft an. Konstantin wurde selbst Christ und schließlich wurde das Christentum zur Staatsreligion im ganzen römischen Reich.

Ähnlich ging es den Israeliten vor dem Auszug aus Ägypten: Der Pharao befahl, alle ihre Söhne nach der Geburt zu töten und glaubte, damit hätte er die Israeliten unter Kontrolle. Er ahnte nicht, dass seine eigene Tochter einem dieser Kinder zu einer fürstlichen Erziehung verhelfen würde: Mose, der später die Israeliten aus Ägypten führen sollte. Auch da war es Gott, der zuletzt lachte.

Wahrscheinlich werden Sie es dieses Jahr nicht mit einem Menschen wie dem Pharao oder Diokletian zu tun bekommen, aber Sie werden erleben, dass Menschen gegen Ihren Glauben Partei ergreifen. Wenn Ihnen das Angst macht, denken Sie daran, dass der Herrscher, dem alles gehorchen muss, auf Ihrer Seite ist. Er erreicht am Ende immer sein Ziel.

Lied:
*Ob auch der Feind mit großem Trutz
und mancher List will stürmen,
wir haben Ruh und sichern Schutz
durch seines Armes Schirmen.*
Friedrich Spitta

Wörter im Text:
Das hebräische Wort für »Gesalbter« in Vers 2 ist »Messias«. Das griechische Wort dafür ist »Christus«.

Parallelstellen zum Thema:
Es gibt nur drei Bibelstellen, die besagen, dass Gott lacht: diese, Psalm 37,13 und Psalm 59,8.

Nachdenkenswert:
»Wir sollten Gottes Drama nicht vor dem letzten Akt beurteilen.«
Thomas Adams

3. Januar

3. Januar

PSALM 2,7-12

7 Der König verkündet den Ratschluss des HERRN:
»Der HERR hat zu mir gesprochen: ›Du bist mein Sohn.
Heute bin ich dein Vater geworden.
8 Du brauchst nur zu bitten, und ich will dir die Völker
zum Erbe geben, die Enden der Erde als Besitz.
9 Du wirst sie mit eiserner Rute brechen,
sollst sie zerschlagen wie Tontöpfe.‹«
10 Deshalb, ihr Könige, handelt klug!
Lasst euch warnen, ihr Herrscher der Erde!
11 Dient dem HERRN in Ehrfurcht
begegnet ihm mit furchtsamer Freude.
12 Beugt euch vor dem königlichen Sohn Gottes, oder er wird
euch zürnen und ihr werdet jäh mitten aus dem Leben
gerissen – denn sein Zorn entflammt von einem Augenblick
auf den anderen.

Welche Freude aber ist er allen, die bei ihm Schutz finden!

Wer bin ich?

Eines Nachts befahl Gott dem Propheten Nathan in Jerusalem, König David eine Botschaft auszurichten. Die Botschaft lautete: »... will ich dir einen Nachkommen erwecken ... Ich will sein Vater sein, und er soll mein Sohn sein« (2. Sam 7,12.14). Das war etwas Großartiges!

Als David die Nachricht bekam, war er überwältigt: »Wer bin ich, Herr Herr ... ? ... Und was soll David mehr reden mit dir? Du kennst ja deinen Knecht, Herr Herr!« (2. Sam 7, 18.20). Vor Jahren, als David noch ein Hirtenjunge war, hatte Gott ihn zum König salben lassen. Aber jetzt versprach er ihm, Davids Sohn als seinen eigenen anzuerkennen. Das war für David eine höhere Ehre als die Königswürde.

Die Erfüllung dieses Versprechens im Neuen Testament ist Jesus. Er ist Gottes Sohn (s. Mt 3,17; Apg 13,33; 2. Petr 1,17; Hebr 1,5; 5,5) und er ist wie David von Gott eingesetzt und feierlich bestätigt worden. Aber anders als David ist Jesus auch Gott (Joh 1,18).

Erstaunlicherweise sagt Gott, dass wir auch seine Söhne und Töchter werden können. Der Jünger Johannes schreibt, dass alle, die an Jesus Christus glauben und sich ihm öffnen, Gottes Kinder werden können (Joh 1,12). Wenn Sie Psalm 2 lesen, machen Sie sich einmal klar, dass Gottes einziger Sohn Ihnen das unbeschreibliche Vorrecht gegeben hat, auch Gottes Kind zu werden. Ist das kein Grund zum Loben?

LIED:
*Rühmet, ihr Menschen, den hohen Namen des, der so große Wunder tut!
Alles, was Odem hat, rufe Amen und bringe Lob mit frohem Mut!
Ihr Kinder Gottes, lobt und preist Vater und Sohn und Heiligen Geist!
Halleluja, Halleluja!*
JOHANN DANIEL HERRNSCHMIDT

WISSENSWERTES:
»Der erste Psalm ist die äußere Tür praktischer Einsicht mit einem prophetischen Schluss; der zweite Psalm ist die innere Tür prophetischer Einsicht mit einem praktischen Schluss.«
JOHN KER

4. Januar

PSALM 3

1 *Ein Psalm Davids aus der Zeit, als David vor Absalom floh.*
2 O HERR, meine Feinde sind so viele;
meine Gegner so zahlreich.
3 Viele sagen:
»Gott wird ihn nicht retten!«
Zwischenspiel
4 Doch du, HERR, bist mein Schild,
du bist mein Ruhm, du richtest mich auf.
5 Ich flehte zum HERRN,
und er antwortete mir von seinem heiligen Berg.
Zwischenspiel
6 Ich legte mich schlafen und schlief
und erwachte in Sicherheit,
denn der HERR behütete mich.
7 Ich fürchte mich nicht vor zehntausend Feinden,
die mich von allen Seiten umzingeln.
8 Erhebe dich, HERR!
Rette mich, mein Gott!
Schlag meine Feinde ins Gesicht!
Stopfe den Gottlosen den Mund!
9 Von dir kommt der Sieg, o HERR.
Schenk deinem Volk deinen Segen.

Alarmsignal

Im 16. Jahrhundert waren die französischen Hugenotten dafür bekannt, dass sie bei jeder Gelegenheit Psalmen sangen. Sie sangen sie bei Tisch, bei der Arbeit und beim Gottesdienst. Sie sangen sie auch, wenn sie verfolgt wurden oder in den Krieg zogen. Im Krieg wurde jedes Mal ein Psalm gesungen, wenn die Wachen ihre Posten bezogen. Dabei hatten bestimmte Psalmen eine bestimmte Bedeutung. Psalm 3 bedeutete Gefahr. Wenn ein Hugenotte diesen Psalm hörte, wusste er, dass ein feindlicher Angriff bevorstand.

Dieses Gefühl muss auch David gehabt haben, als er diesen Psalm schrieb. Sein Sohn Absalom versuchte ihn vom Thron zu vertreiben, die feindliche Armee verfolgte ihn und er wusste nicht, auf welche Freunde er sich verlassen konnte. David war nachts mit einer Abteilung Soldaten über den Jordan geflohen (s. 2. Sam 17,22), ohne zu wissen, was in der Dunkelheit geschehen würde. Die Lage schien hoffnungslos. Aber trotz der Angst verließ David sich darauf, dass Gott sein Schutz und seine Ehre war und sein Haupt aufrichtete.

Was tun Sie, wenn Sie Gefahr kommen sehen? Verlassen Sie sich auf Gott wie David? Wenden Sie sich an Gott, weil er Ihr Schutz und Ihre Ehre ist und Ihnen Zuversicht gibt?

LIED:
Gott der Tage, Gott der Nächte,
meine Seele harret dein,
lehnet sich an deine Rechte;
nie kannst du mir ferne sein.
JOHANN KASPAR LAVATER

PARALLELSTELLEN ZUM THEMA:
Die Geschichte von Davids Flucht vor Absalom steht in 2. Sam 15-17.

NACHDENKENSWERT:
»David hatte viele Feinde, aber der Herr war sein Schild. Seine Feinde beschämten ihn, aber der Herr gab ihm Ehre. Sie hatten ihn sogar öffentlich gedemütigt, aber der Herr richtete sein Haupt auf.«
MARTIN LUTHER

5. Januar

PSALM 4

1 *Anweisung für den Chorleiter: Ein Psalm Davids, für Begleitung mit Streichinstrumenten.*

2 Antworte mir, wenn ich rufe,
o mein Gott, der mich von Schuld freispricht.
Mach meinem Kummer ein Ende.
Sei mir gnädig und erhör mein Gebet.
3 Wie lange noch wollt ihr meinen Ruf in den Dreck ziehen?
Wie lange noch wollt ihr diese haltlosen Anwürfe vorbringen?
Wie lange noch wollt ihr Lügen verbreiten?
Zwischenspiel

4 Des einen dürft ihr gewiss sein:
Der HERR hat die Gottesfürchtigen erwählt.
Der HERR wird mir antworten, wenn ich zu ihm rufe.
5 Sündigt nicht, überwältigt von eurem Zorn.
Überdenkt es bei Nacht und verhaltet euch still.
Zwischenspiel

6 Bringt die vorgeschriebenen Opfer dar
und vertraut auf den HERRN.
7 Viele Menschen fragen: »Wer wird uns bessere Zeiten bringen?«
Lass das Lächeln deines Angesichts über uns leuchten, HERR.
8 Du hast mir größere Freude geschenkt
als denen, die reichliche Wein- und Kornernten einbringen.
9 Ich will mich in Frieden hinlegen und schlafen,
denn du allein, o HERR, gibst mir Geborgenheit.

Wenn Gott lächelt

Manche meinen, David habe Psalm 4 einen Tag später als Psalm 3 geschrieben, als Absaloms Armee den Belagerungsring um David und seine Soldaten fester schloss. Andere glauben, er sei während einer Hungersnot geschrieben worden, als Israel daran dachte, anderen Göttern zu folgen (s. Vers 7+8).

Auf jeden Fall war David »in der Klemme« (das ist die wörtliche hebräische Bedeutung des Wortes »Kummer« in Vers 2), als er diesen Psalm schrieb. Aber trotz der Schwierigkeiten freute er sich am »Licht«, am Lächeln im Angesicht Gottes, und das gab ihm die Zuversicht, die er brauchte.

Etwa 150 Jahre später war der Prophet Elia in einer ähnlichen »Klemme« wie David – jenseits des Jordan und vom Hungertod bedroht. Aber Elia erlebte, dass Gott ungewöhnliche Mittel finden kann, seine Leute zu retten: Ausgerechnet Raben brachten dem Propheten zu essen (1. Kön 17,6).

Zu allen Zeiten haben Gottes Gefolgsleute immer wieder seinen Frieden erlebt. Augustinus hat gesagt, der 4. Psalm müsste laut in aller Öffentlichkeit gesungen werden als Bestätigung, dass Gott mitten in inneren und äußeren Problemen Frieden gibt. Martin Luther war derselben Ansicht. Er liebte diesen Psalm besonders. Er bat sogar einen Komponisten, für den letzten Vers eine Melodie zu schreiben, damit er bei seinem Begräbnis gesungen werden konnte. Luther wollte allen zeigen, dass Gottes Lächeln ihm Freude, Frieden und Zuversicht gab.

LIED:
Wer nur den lieben Gott lässt walten
und hoffet auf ihn allezeit,
den wird er wunderbar erhalten
in aller Not und Traurigkeit.
Wer Gott, dem Allerhöchsten, traut,
der hat auf keinen Sand gebaut.
GEORG NEUMARK

PARALLELSTELLEN ZUM THEMA:
Mehr über Gottes Lächeln,
das über uns leuchtet, steht in 4. Mose 6,24-26; Psalm 119,135 und 2. Korinther 4,6.

NACHDENKENSWERT:
»Es ist besser ihn zu haben und nichts anderes, als alles andere zu haben und nicht ihn.«
WILLIAM SECKER

6. Januar

ZWISCHENSPIEL: PSALMEN FÜR JEDE SITUATION

Die Psalmen sind ehrlicher dichterischer Ausdruck der Erlebnisse, Gedanken und Gefühle, die David und andere in ihrem Leben mit Gott hatten. Es sind geistliche Lieder und viele sind zugleich auch Gebete. Zu verschiedenen Zwecken und Gelegenheiten wurden verschiedene Arten von Psalmen geschrieben. Man kann sie in fünf Gruppen einteilen. Diese Gruppen sind im Folgenden mit je einem Beispiel aufgeführt:

Persönliche Gebete (oft eindrucksvolle Bitten um Hilfe):
»Habe Mitleid mit mir, Herr, denn ich bin schwach. Heile mich, Herr, denn mein Leib leidet Qualen. Mein Herz ist krank. Wie lange noch, Herr, bis du mich wiederherstellst? Komm wieder, Herr, und rette mich. Hilf mir um deiner unwandelbaren Liebe willen« (Ps 6, 3-5).

Lehrpsalmen:
»Kommt, meine Kinder, hört mir zu, und ich will euch lehren, den Herrn zu achten. Kehrt euch ab vom Bösen und tut Gutes. Bemüht euch, mit anderen in Frieden zu leben« (Ps 34, 12.15).

Gebete der Gemeinde:
»Nur durch deine Macht können wir unsere Feinde schlagen; nur in deinem Namen können wir sie besiegen. Doch du hast uns in Unehre verstoßen. Du ziehst nicht mehr vor unserem Heer in die Schlacht« (Ps 44,6.10).

Lob- und Danklieder:
»Die ganze Welt soll unseren Gott preisen mit lauter Stimme. Unser Leben liegt in seiner Hand, er bewahrt unsere Füße vor dem Stolpern« (Ps 66,8-9).

Psalmen für besondere Gelegenheiten:
»Dein Triumphzug ist bereits zu sehen, Gott – der Zug meines Gottes und Königs, der in sein Heiligtum einzieht. Sänger gehen voraus, Spielleute hinterher, bei ihnen sind junge Frauen, die Tamburine schlagen« (Ps 68,25-26).

Diese ganz verschiedenen Psalmen zeigen uns, dass Gott will, dass wir in jeder Situation ganz offen ihm gegenüber sind. Wir sollen uns an ihn wenden, wenn wir Hilfe brauchen, sowohl persönlich als auch gemeinsam; ihn loben, wenn er uns Antwort gibt; ihn bei besonderen Anlässen würdigen und lernen ihm zu gehorchen und richtig zu leben.

Vielleicht sind die Psalmen darum so beliebt, weil sie unser ganzes Leben einbeziehen. Sie haben schon viele Menschen in den verschiedensten Situationen ganz persönlich angesprochen. Wir können die Psalmen direkt auf uns selbst beziehen und ihre Ehrlichkeit macht sie liebenswert. Die Psalmen informieren uns nicht nur über Gott. Sie helfen uns auch, uns in allen Lebenslagen mit unseren innersten Gefühlen an Gott zu wenden. Sie erinnern uns daran, dass Gott nicht nur unseren Verstand, sondern auch unsere Gefühle geschaffen hat und will, dass wir ihm unsere ganze Person mit allen Interessen zur Verfügung stellen.

Die Psalmdichter behaupten nicht, sie hätten Antworten auf alle unsere Fragen. Nein, sie fragen selbst und schreien auch manchmal vor Schmerz. Die Psalmisten sind Menschen wie wir – manchmal so sehr, dass es uns fast peinlich berührt. Aber trotz all ihrer Probleme und Belastungen gelingt es ihnen am Ende fast immer Gott zu loben, weil sie wissen, dass er größer ist als ihre Schwierigkeiten und klüger als ihre Fragen.

Die Psalmen sollen als Lieder gesungen, als Klagen geschrien, als Gebete gebetet werden und als Lob Gottes herrliche Schönheit ausdrücken. Lassen Sie sich in diesem Jahr in jeder Gefühlslage von den Psalmen ansprechen. Lernen Sie ganz für Gott da zu sein mit Leib und Seele, mit Herz und Verstand. Finden Sie heraus, was er Ihnen in all Ihren Lebensbezügen zeigen will.

Lied:
Die ihr nun wollet bei ihm sein, kommt, geht zu seinen Toren ein
mit Loben durch der Psalmen Klang, zu seinem Vorhof mit Gesang.
David Denicke

»Durch die Bibel spricht Gott zu uns; aber durch die Psalmen lehrt er uns zu ihm zu sprechen.«
J. C. Grey

Machen Sie sich einmal klar, wie Sie sich heute fühlen. Was für eine Art von Psalm könnten Sie gebrauchen, um Ihre Gedanken und Gefühle auszudrücken? Versuchen Sie einmal selbst einen Psalm zu schreiben: einen ehrlichen Ausdruck Ihrer Gefühle vor Gott.

7. Januar

Psalm 5,1-7

1 *Anweisung für den Chorleiter: Ein Psalm Davids, für Flötenbegleitung.*
2 O Herr, erhöre mich, wenn ich bete;
vernimm meine Klage;
3 höre meinen Hilferuf, mein Gott und König,
denn nie werde ich zu einem anderen beten als zu dir.
4 Höre meine Stimme am Morgen, Herr. Jeden Morgen trage ich dir
meine Bitten vor und warte voll Ungeduld.
5 O Gott, du hast keine Freude an der Bosheit;
nicht die kleinste Sünde lässt du ungestraft.
6 Deshalb können die Hochmütigen nicht vor dir bestehen,
denn dir sind alle zuwider, die Böses tun.
7 Du wirst die Lügner vernichten.
Der Herr verabscheut Mörder und Betrüger.

Gottes Handeln erwarten

Im Ersten Weltkrieg sollte einmal eine Militärkonferenz stattfinden, aber der Befehlshaber der Alliierten, Feldmarschall Foch, war nicht aufzufinden. Da sagte ein befreundeter Offizier: »Ich glaube, ich weiß, wo er sein könnte.« Man fand Foch in einer ausgebombten Kapelle in der Nähe, wo er betete.

Abraham Lincoln hat einmal gesagt: »Wenn ich nicht erkennen würde, dass ich diesem hohen Amt nie gerecht werden könnte ohne die Hilfe dessen, der größer und stärker ist als ich, wäre ich der größte Dummkopf.«

Auch David hat das erkannt. Obwohl er ein mächtiger König war, sprach er täglich aus, dass er auf einen viel Größeren und Stärkeren angewiesen war.

David fing nicht nur jeden Tag mit Gott an, er wartete auch den ganzen Tag gespannt darauf zu sehen, wie Gott für ihn handeln würde. Wenn man jeden Tag den Blick auf Gott behält, wird man von ihm oft freudig überrascht.

Wahrscheinlich sind Sie weder Feldmarschall noch Präsident oder König, aber für Gott ist es wichtig, was Sie jeden Tag brauchen. Er will Ihnen genauso gern helfen wie Marschall Foch, Präsident Lincoln und sogar David. Wenn Sie heute mit ihm rechnen, können Sie freudige Überraschungen erleben.

LIED:
Herr, meine Burg, mein Fels, mein Hort, vernimm mein Flehn, merk auf mein Wort; denn ich will vor dir beten.
CHRISTIAN FÜRCHTEGOTT GELLERT

WISSENSWERTES:
Das Wörtchen »mein« oder »meine« erscheint in den Psalmen fast 450-mal. Die Psalmisten nennen Gott unter anderem »mein König«, »mein Gott«, »mein Hirte« und »mein Fels«.

NACHDENKENSWERT:
»Unser Beten und Loben soll kein plötzliches heftiges Aufflackern sein, sondern das stetige Brennen eines gut angelegten Feuers.«
CHARLES HADDON SPURGEON

8. Januar

8. Januar

PSALM 5,8-13

8 Deine unwandelbare Liebe lässt mich in dein Haus ein;
voll Ehrfurcht will ich in deinem Tempel anbeten.
9 Führe mich den rechten Weg, o HERR,
sonst werden mich meine Feinde überwältigen.
Sage mir, was ich tun soll,
und zeige mir, wohin ich gehen soll.
10 Meine Feinde sprechen kein einziges wahres Wort.
Ihr größtes Bestreben ist es, anderen zu schaden.
Ihre Rede ist faul wie der Gestank aus einem offenen Grab.
Sie trieft von Schmeichelei.
11 O Gott, sprich sie schuldig.
Lass sie in ihre eigenen Gruben fallen.
Verstoße sie wegen ihrer zahllosen Sünden,
denn sie erheben sich gegen dich.
12 Die aber bei dir Zuflucht suchen, sollen sich freuen;
sie sollen Loblieder singen in alle Ewigkeit.
Beschütze sie,
damit alle, die deinen Namen lieben, voll Freude sind.
13 Denn du segnest die Gottesfürchtigen, o HERR,
und deckst sie mit dem Schild deiner Liebe.

Freude an Gottes Schutz

Als Martin Luther Ende Oktober 1518 nach Augsburg zitiert wurde, sah die Sache für ihn nicht gut aus. Er war wegen Ketzerei angeklagt worden. Bis dahin hatte Friedrich der Weise, Kurfürst von Sachsen, Luther vor den kirchlichen Behörden geschützt, aber jetzt hatte man den Fürsten unter Druck gesetzt, sich von Luther zu distanzieren. Es schien nur noch eine Frage der Zeit zu sein, wann er das tun würde.

In Augsburg fragte man Luther: »Wenn der Kurfürst von Sachsen dich im Stich lässt, wo findest du dann Schutz?«

Der Reformator antwortete: »Gott wird mich schützen.«

Hier im zweiten Teil von Psalm 5 wird klar, dass David sich genau wie Luther darauf verließ, dass Gott ihn vor seinen Feinden retten würde. Es machte ihm Mut, dass Gott ihm bisher eine immer gleich bleibende Liebe gezeigt und es ihm ermöglicht hatte, ihn im Tempel anzubeten. Und im Rahmen dieser Anbetung bat David Gott, auch ihn richtig zu leiten.

Ist der Dichter der Gefahr entgangen? Wir wissen es nicht, aber der Psalm endet mit fröhlichem Lob, denn David wusste, dass Gott ihn jetzt mit seinem Schutz umgab (s. auch Ps 91,4). Wie Luther wusste er, dass Gott selbst ihn schützte.

Lied:
*Unter deinen Schirmen bin ich vor den Stürmen aller Feinde frei.
Lass von Ungewittern rings die Welt erzittern, mir steht Jesus bei.*
Johann Frank

Wörter im Text:
Im Alten Testament werden fünf verschiedene Wörter für »Schild« gebraucht, angefangen von einem kleinen Schild, den man am Arm trug, bis zu einem großen für den ganzen Körper. In Vers 13 ist der größte Schild gemeint, wie ihn auch Goliats Waffenträger trug (s. 1. Sam 17,7). Er verdeckte den ganzen Körper.

Parallelstellen zum Thema:
In Römer 3,13 zitiert Paulus aus Psalm 5.

9. Januar

9. Januar

Psalm 6

1 *Anweisung für den Chorleiter: Ein Psalm Davids,*
für Begleitung mit einem achtsaitigen Streichinstrument.
2 O Herr, züchtige mich nicht in deinem Zorn,
strafe mich nicht in deinem Grimm.
3 Hab Mitleid mit mir, Herr, denn ich bin schwach.
Heile mich, Herr, denn mein Leib leidet Qualen.
4 Mein Herz ist krank.
Wie lange noch, Herr, bis du mich wiederherstellst?
5 Komm wieder, Herr, und rette mich.
Hilf mir um deiner unwandelbaren Liebe willen.
6 Denn wer wird im Tod noch an dich denken?
Wer soll dich aus dem Grab heraus loben?
7 Ich bin erschöpft vom Klagen.
Nacht für Nacht tränke ich mein Bett mit Tränen;
mein Kissen ist nass vom Weinen.
8 Mein Blick ist getrübt vom Kummer;
meine Augen sind müde von meinen vielen Feinden.
9 Fort mit euch, die ihr Böses tut,
denn der Herr hat mein Weinen gehört.
10 Der Herr hat mein Bitten vernommen;
der Herr wird auf mein Gebet antworten.
11 Meine Feinde sollen zuschanden werden und bis ins
Innerste erschrecken.
Sie sollen beschämt abziehen.

Die richtige Blickrichtung finden

Der bekannte Reformator Johannes Calvin zitierte in ausweglosen Situationen immer Vers 2 aus diesem Psalm. Denn eine Situation, die für uns ausweglos ist, braucht für Gott nicht auch so zu sein. Am Anfang seiner Laufbahn wurde Calvin aus Genf vertrieben. Er verließ die Stadt mit dem Gefühl, sie sei nicht zu retten.

Jahre später brachte Gott ihn wieder nach Genf, obwohl Calvin das eigentlich nicht wollte, und Genf wurde zum Zentrum seiner Wirksamkeit und seines Erfolges. In dieser ganzen Zeit lernte Calvin sich immer mehr auf Gott und immer weniger auf das zu konzentrieren, was er augenblicklich erreichte.

Wer diesen Psalm geschrieben hat, dem ging es offenbar miserabel. Er war krank – körperlich und seelisch. Er hatte Schwierigkeiten mit sich selbst und mit Angreifern von außen. Anscheinend glaubte er, sein elender Zustand sei eine Strafe von Gott, und bat ihn um Gnade.

Wenn wir krank sind, betrifft das Leiden oft nicht nur unseren Körper, sondern auch Geist und Seele. Weil wir geistlich nicht »in Form« sind, leidet unsere Gesundheit, und dadurch werden wir geistlich noch leichter angreifbar. Das setzt einen Teufelskreis in Gang. Krankheit führt auch leicht dazu, dass wir uns auf unsere eigenen Probleme konzentrieren, wie David es in den ersten acht Versen beschreibt. Aber in Vers 9 zeigt er uns, dass alles leichter wird, wenn wir uns auf Gott konzentrieren und mit ihm rechnen.

LIED:
Als ich furchtsam und verzagt mich selbst und mein Herz geplagt, als ich manche liebe Nacht mich mit Wachen krank gemacht, als mir aller Mut entfiel, tratst du, mein Gott, selbst ins Spiel, gabst dem Unfall Maß und Ziel.
PAUL GERHARDT

PARALLELSTELLEN ZUM THEMA:
Dies ist einer von sieben Bußpsalmen. Die anderen sind Psalm 32, 38, 51, 102, 130 und 143.

NACHDENKENSWERT:
»Ich kann noch so tief sinken, nichts ist so tief, wie Gottes Gnade reicht.«
ALFRED EDERSHEIM

10 Januar

10. Januar

Psalm 7,1-10

1 *Ein Psalm Davids, den er dem Herrn wegen des Benjaminiters Kusch sang.*
2 Ich flehe zu dir um Schutz, o Herr, mein Gott.
Rette mich vor meinen Verfolgern – hilf mir!
3 Wenn nicht, werden sie mich zerfleischen wie ein Löwe,
werden mich in Stücke reißen, so dass keiner mir mehr helfen kann.
4 O Herr, mein Gott, wenn ich Unrecht tat
oder ungerecht war,
5 wenn ich einen Freund verriet
oder jemanden, der mir ohne Grund Feind war, beraubte,
6 dann liefere mich meinen Feinden aus.
Mögen sie mich zu Boden werfen,
so dass meine Ehre im Staube liegt.

Zwischenspiel

7 Steh auf, Herr, im Zorn!
Erhebe dich gegen die Wut meiner Feinde!
8 Ruf die Völker vor dir zusammen.
Setz dich auf deinen Thron hoch über ihnen.
9 Der Herr richtet die Völker.
Erkläre mich für gerecht, o Herr,
denn ich bin unschuldig, Höchster!
10 Der Bosheit der Gottlosen mach ein Ende,
aber hilf denen, die dir gehorchen.
Denn du siehst tief in den Sinn und in die Herzen,
o gerechter Gott.

Große Probleme kommen in kleinen Schritten

Oft entstehen enorme Probleme aus scheinbar unwichtigen Ursachen. Manchmal werden die Schwierigkeiten gerade darum so groß, weil man die Ursachen nicht erkennt.

Der Stamm Benjamin, der kleinste von Israels Stämmen, machte David mit die größten Schwierigkeiten. Zuerst war es Saul, der erste König von Israel: Er war ein Benjaminiter und verfolgte David kreuz und quer durch die Wüste Juda, um ihn zu töten. Als David dann König war, widersetzte sich der Stamm Benjamin seiner Regierung. Jahre später war es der Benjaminiter Simei, der König David verfluchte, und noch später zettelte der Benjaminiter Scheba einen Aufstand gegen ihn an.

Im ersten Vers steht, den Anlass zu diesem Psalm habe ein Benjaminiter namens Kusch gegeben. Niemand weiß genau, wer Kusch war, aber der Psalm legt nahe, dass er David ohne Grund schaden wollte. David konnte das Problem nicht selbst lösen, also rief er Gott als Richter an; er sollte ihn für unschuldig erklären.

Auch uns können scheinbar kleine Probleme über den Kopf wachsen, wenn wir sie nicht genügend beachten. Wir können sie aber Gott vorlegen, denn ihm ist keine Sache zu unbedeutend, und es braucht uns auch nicht peinlich zu sein, dass wir uns mit so etwas auseinander setzen müssen. Gott will uns ja gerade helfen, unsere Probleme zu meistern und froh und ungehindert für ihn zu leben.

LIED:
Gib, dass ich meinen Feind mit Sanftmut überwind,
und, wenn ich Rat bedarf, dass guten Rat ich find.
JOHANN HEERMANN

NACHDENKENSWERT:
»Gutes mit Bösem zu vergelten ist menschliche Bosheit; auf Gutes mit Gutem zu antworten ist allgemeiner Anstand; aber Böses mit Gutem zu vergelten ist christliche Vollkommenheit. Das ist nicht unser freundliches Wesen, es ist das Wesen von Gottes Freundlichkeit.«
WILLIAM SECKER

11. Januar

11. Januar

Psalm 7,11–18

11 Gott ist mein Schild,
er rettet die Menschen, deren Herzen aufrichtig und gerecht sind.
12 Gott ist ein vollkommen gerechter Richter.
Er zürnt den Bösen jeden einzelnen Tag.
13 Wenn jemand nicht bereut,
schärft Gott sein Schwert;
er beugt sich vor und spannt seinen Bogen.
14 Er nimmt seine tödlichen Waffen zur Hand
und setzt seine Flammenpfeile in Brand.
15 Die Bösen brüten Böses aus;
sie gehen schwanger mit Unrecht
und gebären Lügen.
16 Sie graben anderen Gruben
und fallen selbst hinein.
17 Sie stiften Unheil,
doch es fällt auf sie selbst zurück.
Sie ersinnen Böses gegen andere,
doch es wird ihnen selbst zum Fallstrick.
18 Ich will dem HERRN danken, denn er ist gerecht;
ich will den Namen des HERRN, des Höchsten, preisen.

Wo ist der Schiedsrichter?

Beim Fußball bestimmen die Schiedsrichter, ob es einen Elfmeter gibt oder nicht. Beim Tennis entscheiden die Linienrichter sofort, ob ein Ball noch im Feld gelandet ist. Auch beim Baseball gibt es Schiedsrichter, die sagen, ob etwas regelgerecht war oder nicht.

Aber im Alltag scheint es oft so, dass unfair gespielt wird und niemand da ist, der einschreitet. Schwere Regelverletzungen werden übersehen, allzu viele kommen mit faulen Tricks davon.

Das beschreibt auch David in Psalm 7. Er bittet Gott die zu retten, die ehrlich und gutwillig sind, aber nicht weil er dächte, er hätte noch nie etwas falsch gemacht. Er weiß, dass das nicht stimmt. Aber sein Gegner hielt sich anscheinend nie an die Regeln und wurde nie bestraft. Gab es denn keine Gerechtigkeit?

Manchmal bekommen wir zu spüren, wie schädlich diese faulen Tricks sind (s. Vers 15 oder 4. Mose 32,23). Aber manchmal plant Gott umfassender und langfristiger, als wir erkennen können. Paulus sagte zu den Athenern, dass Gott »einen Tag festgesetzt (hat), an welchem er den Erdkreis richten will mit Gerechtigkeit« (Apg 17,31); wir können uns also darauf verlassen, dass er eines Tages alles richtig stellen wird, auch wenn wir sein Eingreifen nicht sehen, solange wir leben.

David wusste das; darum schließt er seinen Psalm mit Lob und Dank, dass Gott am Ende Gerechtigkeit herstellen wird. Auch für uns ist es ein Geschenk, dass er der gerechte Richter über die ganze Erde ist.

Lied:
Er ist dein Schatz, dein Erb und Teil, dein Glanz und Freudenlicht, dein Schirm und Schild, dein Hilf und Heil, schafft Rat und lässt dich nicht.
Paul Gerhardt

Parallelstellen zum Thema:
Beispiele für Vers 16 stehen in Ester 7,10 und Daniel 6,25: Menschen, deren böse Intrigen ihnen selbst zum Verhängnis wurden.

Nachdenkenswert:
»Jede Sünde ist eine Lüge.«
Augustinus

12. Januar

PSALM 8,1-5

1 *Anweisung für den Chorleiter: Ein Psalm Davids,*
für Begleitung mit einem Streichinstrument.
2 O HERR, unser Herrscher, die Hoheit deines Namens erfüllt die Erde!
Deine Herrlichkeit ist größer als der Himmel.
3 Kinder und Säuglinge hast du gelehrt,
dich zu loben.
Sie bringen deine Feinde zum Schweigen,
die auf Rache sannen.
4 Wenn ich den Nachthimmel betrachte und das Werk
deiner Hände sehe –
den Mond und die Sterne, die du an ihren Platz gestellt hast –,
5 was sind die Sterblichen, dass du an uns denken,
was die Menschen, dass du für uns sorgen solltest?

Sehen und staunen

In klaren Nächten konnte David in Juda wahrscheinlich etwa 5000 Sterne sehen. Heute kann man mit einem 10-cm-Teleskop mehr als zwei Millionen Sterne sehen. Noch mehr: In dem riesigen Spiegel auf dem Mount Palomar in Kalifornien können die Astronomen mehr als eine Milliarde Sterne erkennen! Das Raumschiff Voyager II hatte die Aufgabe, Fotos von unserem Sonnensystem zu uns zu schicken. Es schickte Bilder vom Neptun mit Lichtgeschwindigkeit zur Erde und sie brauchten vier Stunden für den Weg! Dabei ist unsere Galaxis, die Milchstraße, nur eine von mindestens 1000 Milliarden Galaxien, die alle einen Durchmesser zwischen einer Million und zehn Millionen Lichtjahren haben.

All das wusste David nicht, aber trotzdem bewunderte er den Sternenhimmel, wenn er ihn sah. Auch uns geht es so: Wenn wir ein Stückchen von der unvorstellbaren Größe der Schöpfung erkennen, ist das überwältigend! Aber trotz dieses tiefen Eindrucks von Gottes Größe sprach David nie davon, dass Gott weit weg wäre, sondern davon, wie sehr er sich um uns kümmert. Das Weltall ist tatsächlich unvorstellbar groß, aber Gott ist ganz nah. Er denkt an uns und sorgt für uns, und das ist noch mehr Grund ihn zu bewundern. Durch Jesaja hat Gott seinem Volk gesagt: »... auf dass ich den Himmel von neuem ausbreite und die Erde gründe und zu Zion spreche: Du bist mein Volk« (Jes 51,16).

Wir wollen Gott loben, der dieses gewaltige und schöne Universum geschaffen hat und dabei doch für uns sorgt.

LIED:
Himmel, lobe prächtig deines Schöpfers Stärke,
mehr als aller Menschen Werke!
Großes Licht der Sonne, schieße deine Strahlen, die das große Rund bemalen!
Lobet gern, Mond und Stern;
seid bereit zu ehren einen solchen Herren!
JOACHIM NEANDER

WÖRTER IM TEXT:
Die Anrede »Herr« in Vers 2 ist das hebräische »Jahwe«, der hochheilige Eigenname Gottes. Er wird oft mit seinem Bund und seinem Volk assoziiert. Das Wort »Herrscher« ist »Adonai« und betont die Macht und Autorität Gottes.

13. Januar

Psalm 8,6-10

6 Denn du hast uns nur wenig geringer als Gott gemacht
und hast uns mit Herrlichkeit und Ehre gekrönt.
7 Du hast uns über alles gesetzt, was du erschaffen hast,
hast uns Vollmacht über alles gegeben –
8 die Schafe und das Vieh
und alle wilden Tiere,
9 die Vögel am Himmel, die Fische im Meer
und alles, was in den Meeren schwimmt.
10 O Herr, unser Herrscher, die Hoheit deines Namens erfüllt
die Erde!

Mit Ehre gekrönt

Zwei Menschen schauten den Sternenhimmel an. Der eine sagte: »Astronomisch gesehen ist der Mensch völlig unbedeutend.« Da sagte der andere: »Astronomisch gesehen ist der Mensch der Astronom.«

Beide haben Recht. Die erste Hälfte von Psalm 8 betont die Größe des Schöpfers und wie erstaunlich es ist, dass wir ihm wichtig sind, die doch im Vergleich ganz unbedeutend erscheinen. Die zweite Hälfte zeigt uns als »Astronomen«, als die, die für Gottes Schöpfung verantwortlich sind.

Bei genauem Hinsehen erkennt man, dass nicht wir das Thema des 8. Psalms sind, sondern Gott. Er hat uns die Autorität und den Auftrag gegeben, für die Schöpfung zu sorgen (s. 1. Mose 1,26; 2,15). Gott hat diesen Planeten geschaffen; wir sind die Verwalter. So wie

Gott für uns sorgt, so sollen wir uns um die anderen Wunderdinge kümmern, die er geschaffen hat. Welche Ehre, Gott auf der Erde zu vertreten!

LIED:
*Hilf, dass wir dies Gut der Erden treu verwalten immerfort.
Alles soll geheiligt werden durch Gebet und Gotteswort.
Alles, was wir Gutes wirken, ist gesät in deinem Schoß, und du wirst die Ernte senden unaussprechlich reich und groß.*
HEINRICH PUCHTA

WÖRTER IM TEXT:
Wenn Sie eine andere Übersetzung gewöhnt sind, könnte Vers 6 Sie in Schwierigkeiten bringen. Dort heißt es meist, Gott habe uns »wenig niedriger als Engel« gemacht. Das hebräische Wort hier heißt »elohim«; es kann sowohl andere himmlische Wesen als auch Gott selbst bezeichnen.

PARALLELSTELLEN ZUM THEMA:
Gott hat uns die Verantwortung für seine ganze Schöpfung gegeben; aber in Jakobus 3,7-8 wird eine Sache erwähnt, die unter Kontrolle zu halten wir alle Schwierigkeiten haben.

NACHDENKENSWERT:
»Das Zeitalter des Fernrohrs war zugleich das Zeitalter des Mikroskops. Es gibt so viele Wunderwelten, die zu klein für unsere Augen sind, wie solche, die zu groß für unser Denken sind.«
F. B. MEYER

Zwischenspiel: Zuhören lernen

Beim Lesen der Psalmen könnte Ihnen auffallen, dass viele Verse sich anscheinend wiederholen: Der Inhalt einer Zeile erscheint in der nächsten in ähnlicher Form wieder. Solche Wiederholungen verwirren uns manchmal. Und soll Dichtung sich nicht eigentlich reimen?

Die hebräische Dichtung erscheint uns zwar fremd, aber sie folgt wie unsere bestimmten Regeln oder Gesetzen. Eine übliche Gestaltungsform ist der Parallelismus: Dabei werden keine Reime nach dem Wortlaut gesetzt (z. B. Winter ade, Scheiden tut weh), sondern Gedanken. Im Hebräischen gibt es drei Grundformen dieses Parallelismus: synonyme, antithetische und synthetische Parallelismen.

Synonyme Parallelismen:
Diese Form besteht aus zwei Zeilen, die eigentlich dasselbe aussagen, z. B. Psalm 5,2:
»O Herr, erhöre mich, wenn ich bete; vernimm meine Klage.«
Hier fordert der Dichter Gott mit zwei Imperativen auf ihm zuzuhören: erst »erhöre« und dann »vernimm«. Die Worte sind zwar verschieden, aber der Gedanke ist derselbe: Achte auf das, was ich sagen will. Diese gedankliche Wiederholung gibt dem Inhalt mehr Gewicht.

Antithetische Parallelismen:
In manchen hebräischen Gedichten finden wir auch antithetische Parallelismen. Diese bestehen aus zwei Zeilen mit gegensätzlichen Gedanken, z. B. in Psalm 1,6:
»Über die Wege der Gottesfürchtigen wacht der Herr, die Wege der Bösen aber führen ins Verderben.«
In diesem Fall kann der Dichter mit Hilfe des antithetischen Parallelismus die Schicksale zweier Gruppen von Menschen darstellen: das der »Gerechten« und das der »Gottlosen«. Diese Art, Leben und Moral in Gegensätzen darzustellen, ist bei hebräischen Schriftstellern sehr beliebt.

Synthetische Parallelismen:
Manchmal ergänzen sich zwei aufeinander folgende Zeilen in der hebräischen Dichtung. Ein solcher synthetischer Parallelismus steht in Psalm 14,2:

»Der Herr sieht aus dem Himmel herab auf die Menschheit; er hält Ausschau, ob nur ein einziger Einsicht zeigt, ob auch nur einer Gott sucht.«

In diesem Fall ist »auf die Menschheit« natürlich nicht der gleiche Gedanke wie der, dass Gott vom Himmel herunterschaut, aber er bildet auch keinen Gegensatz. Hier vervollständigt die zweite Zeile den Gedanken, den die erste angefangen hat. Dasselbe gilt für »... ob auch nur einer Gott sucht«.

Manchmal kann man schwer entscheiden, ob zwei Zeilen dasselbe bedeuten oder ob die zweite die erste ergänzt. Wenn Sie ein paar Psalmen daraufhin anschauen, werden Sie sehen, dass es manchmal eine reizvolle Aufgabe ist, das herauszufinden.

Zu diesen drei Grundtypen des Parallelismus gibt es noch Variationen. Man braucht nicht alle diese Formen genau zu kennen, um Freude an den Psalmen zu haben. Aber wenn man den Parallelismus als Merkmal der hebräischen Dichtung versteht, lernt man die Psalmen und die Kunstfertigkeit, mit der sie gestaltet wurden, besser zu würdigen.

Lied:
Lob, Ehr und Preis dir, Gottes Lamm, das unsre Sünden auf sich nahm!
Halleluja, Halleluja! Mit deinem Blut als Lösegeld
hast du bezahlt die Schuld der Welt.
Preis und Ehre dir, Lamm Gottes, Halleluja, Halleluja. Amen.
Elsbeth Meyer-Baltensweiler

»Das Buch der Psalmen ist ein Theater, in dem Gott uns sich selbst und seine Werke sehen lässt – eine wunderschöne grüne Wiese – ein riesiger Garten, in dem wir alle Arten von Blumen sehen.« (Paul Gerhardt)

Gibt es eine bessere Art Gottes Größe darzustellen als durch Dichtung? Versuchen Sie einmal einen Psalm zu schreiben, der Ihre Gedanken über Gott ausdrückt. Vielleicht können Sie dafür Stilmittel verwenden, die auch die hebräischen Dichter gebraucht haben?

15. Januar

15. Januar

Psalm 9,1-11

1 *Anweisung für den Chorleiter: Ein Psalm Davids, zu singen nach der Melodie »Tod des Sohnes«.*
2 Ich will dir danken, HERR, von ganzem Herzen;
ich will von deinen herrlichen Werken erzählen.
3 Ich will mich freuen an dir,
will deinen Namen loben, o Höchster.
4 Meine Feinde fliehen;
sie sind zuschanden und vernichtet vor dir.
5 Denn dein Urteil für mich war günstig;
von deinem Thron aus hast du gerecht gerichtet.
6 Du hast die Völker gezüchtigt und die Bösen vernichtet;
hast ihre Namen für immer ausgelöscht.
7 Meine Feinde sind dem Untergang geweiht;
ihre Städte liegen auf ewig in Trümmern.
Keiner gedenkt mehr ihrer zerstörten Städte.
8 Der HERR aber herrscht in Ewigkeit,
er übt von seinem Thron aus Gerechtigkeit.
9 Er wird die Welt gerecht richten
und in Gerechtigkeit über die Völker herrschen.
10 Der HERR ist ein Hort der Unterdrückten,
eine Zuflucht in Zeiten der Not.
11 Die deinen Namen kennen, vertrauen auf dich,
denn du, HERR, hast noch keinen verlassen, der dich sucht.

Der allerhöchste Gott

Heute empfängt man Kriegshelden und Eroberer in Amerika mit Konfetti. Aber als König David nach einem großen Sieg nach Hause kam, schrieb er einen Psalm, in dem er Gott für den Erfolg die Ehre gab.

In Vers 3 dieses Psalms gibt David Gott den Ehrentitel »Elyon«, Allerhöchster.

In der Bibel wird Gott oft Allerhöchster genannt, wenn andere Länder oder Völker beteiligt sind. Melchisedek, der König von Salem, segnete Abraham im Namen Gottes des Allerhöchsten (1. Mose 14,19-20). Bileam prophezeite dem König von Moab im Namen des Allerhöchsten (4. Mose 24,16). Daniel verehrte Gott in Babylon als den Allerhöchsten (Dan 2,44).

Auch andere Völker verehrten ihre Götter, aber David und andere erkannten, dass Israels Gott *Elyon*, der Allerhöchste über allen anderen ist. Darum kann dieser Gott bestimmen, wer siegt. Darum ist es richtig ihn zu preisen. Darum verlassen sich alle auf ihn, die ihn kennen – die nicht nur im Kopf von ihm wissen, sondern ihn im eigenen Leben erfahren haben. Wenn Sie sich heute mit Ihrer Umwelt auseinander setzen müssen, verlassen Sie sich auf *Elyon*, den Allerhöchsten, der über allen Göttern steht. Er regiert für immer und zu ihm kann man in schwierigen Zeiten flüchten.

LIED:
Rühmet, ihr Menschen, den hohen Namen
des, der so große Wunder tut!
Alles, was Odem hat, rufe Amen
und bringe Lob mit frohem Mut.
JOHANN DANIEL HERRENSCHMIDT

WISSENSWERTES:
Dieser Psalm bildet zusammen mit Psalm 10 den ersten akrostischen Psalm (s. die Andacht zum 14. April »Die akrostischen Psalmen«). Das bedeutet, dass bei diesen Psalmen jeder Vers mit dem jeweils folgenden Buchstaben des hebräischen Alphabets anfängt.

PARALLELSTELLEN ZUM THEMA:
Vergleichen Sie die »Ich will«-Aussagen in Vers 1 und 2 mit den »Ich will«-Aussagen in Jesaja 14,12-14.

16. Januar

Psalm 9,12-21

12 Lobt den Herrn, der in Jerusalem herrscht.
Erzählt der Welt von seinen unvergesslichen Werken.
13 Denn er, der jeden Mord rächt, sorgt für die Hilflosen.
Er weist keinen ab, der zu ihm um Hilfe fleht.
14 Herr, hab Mitleid mit mir.
Sieh, wie ich leide von den Händen derer, die mich hassen.
Entreiße mich den Klauen des Todes.
15 Rette mich, damit ich dich loben kann vor den Toren Jerusalems,
damit ich mich freuen kann über meine Rettung.
16 Die Völker sind in die Gruben gefallen, die sie anderen
gegraben haben.
Ihre eigenen Fallen wurden ihnen zum Verhängnis.
17 Der Herr ist bekannt für seine Gerechtigkeit.
Die Bösen haben sich in ihren eigenen Fallstricken verfangen.
Stilles Zwischenspiel
18 Die Bösen müssen hinab ins Grab.
Das ist das Schicksal aller Völker, die Gott nicht achten.
19 Denn die Notleidenden werden nicht für immer vergessen;
die Hoffnungen der Armen werden nicht auf ewig scheitern.
20 Erhebe dich, o Herr!
Lass nicht zu, dass die Sterblichen dich verhöhnen!
Richte die Völker in deiner Gegenwart!
21 Lass sie zittern vor Furcht, o Herr.
Führe ihnen vor Augen, dass sie nur Menschen sind.

Der Verteidiger der Armen und Hilflosen

Obwohl David König und ein großer Feldherr war, lagen ihm immer die Armen und Bedürftigen am Herzen. Die Art, wie er mit dem gelähmten Mefi-Boschet umging, ist ein schönes Beispiel für seine Fürsorglichkeit (2. Sam 9). Diese Geschichte steht gleich im Anschluss an einen Bericht von Davids militärischen Erfolgen; das unterstreicht noch seine klare Haltung in diesen Dingen.

In diesem Psalm drückt David seine Freude aus, dass auch Gott die Armen und Hilflosen in Schutz nimmt. Aus der ganzen Bibel geht hervor, dass die Armen und Bedürftigen Gott besonders am Herzen liegen, genau wie David (s. 5. Mose 15,11; Jes 58,7; Am 2,7; Lk 6,20). Er achtet auf ihr Rufen und wird für ihr Recht sorgen.

Wenn von allen Seiten Schwierigkeiten auf uns einstürmen, denken wir leicht, wir könnten nichts dagegen tun. Aber David wusste und wir sollten es auch wissen, dass wir einem starken Gott gehören, der die Hilflosen schützt. Wir können ihn bitten uns zu helfen und sicher sein, dass er darauf hört. Diese Kraft, die Gott hat, ist viel größer als alle Kraft, die natürliche Geschöpfe haben können.

Lied:
Du bist mein Ziel, mein Gott. Du bist mein Halt, mein Gott. Du lässt mich keinen Tag allein. Du gibst mir Kraft, mein Gott. Und ich vertraue dir. Du willst, Herr, allezeit mein alles sein.
Frank Hernandez / Sherry Sounders

Wörter im Text:
»Enosh« ist das hebräische Wort für die Menschheit, wenn ihre Schwachheit und Sterblichkeit betont werden soll. Dieses Wort steht in Psalm 8,5 und in Psalm 9,19.20.

Nachdenkenswert:
»Das Gebet ist ein Hafen für die Schiffbrüchigen, eine Stütze für zitternde Glieder, eine Edelsteinmine für die Armen, es heilt Krankheiten und schützt die Gesundheit.« Johannes Chrysostomos

17. Januar

PSALM 10,1-11

1 O HERR, warum bist du so fern?
Warum verbirgst du dich, wenn ich dich am nötigsten habe?
2 Schlechte Menschen bedrängen die Armen.
Ihre Arglist soll ihnen zum Fallstrick werden.
3 Denn sie rühmen sich ihrer Unersättlichkeit;
sie preisen die Habgierigen und fluchen dem HERRN.
4 Diese Bösen sind zu selbstgerecht, um Gott zu suchen.
Sie scheinen zu glauben, dass er tot ist.
5 Dennoch gelingt ihnen alles, was sie anpacken.
Sie verschließen die Augen vor der Strafe, die sie erwartet.
Sie verspotten ihre Feinde.
6 Sie sagen sich: »Uns wird nichts zustoßen!
Wir werden niemals Kummer leiden!«
7 Auf ihren Lippen liegen Lug und Trug.
An ihren Fingerspitzen kleben Kummer und Unheil.
8 Sie lauern auf dunklen Wegen
und morden die Unschuldigen, die vorübergehen.
Stets sind sie auf der Suche nach hilflosen Opfern.
9 Sie pirschen sich lautlos an wie Löwen
und lauern auf eine günstige Gelegenheit, sich ihrer Opfer
zu bemächtigen.
Wie Jäger fangen sie ihre Opfer
und schleppen sie in Netzen fort.
10 Die Schwachen werden überwältigt und brechen zusammen;
sie erliegen der Kraft der Bösen.
11 Die Bösen aber sagen sich: »Gott sieht es nicht!
Er wird es nicht merken!«

Mein Gott, warum?

1805 las Henry Martyn Psalm 10 Vers 1, einen Arm um das Mädchen gelegt, das er liebte. Er war 24 Jahre alt und überzeugt, dass Gott wollte, dass er als Missionar nach Indien ging. Aber seine

Freundin Lydia Grenfell war nicht robust genug, um das indische Klima auszuhalten. Als sie diesen Psalm zusammen lasen, waren sie traurig, denn in wenigen Stunden würden sie getrennt sein und sich nie wieder sehen.

Warum, Gott, warum? Warum ließ Gott zu, dass die beiden sich verliebten, wenn Henry doch nach Indien gehen sollte? Wir wissen nicht, ob Henry je den Grund erfahren hat. Wir wissen aber, dass Gott mit dem jungen Henry große Pläne hatte und dass Henry nicht viel Zeit hatte sie zu verwirklichen, denn nur sieben Jahre später starb er. Aber in dieser kurzen Zeit übersetzte er das Neue Testament ins Hindi und sowohl das Neue Testament als auch seine geliebten Psalmen ins Persische. Weil er tat, was Gott für ihn vorgesehen hatte, konnten nun Millionen von Menschen die Bibel in ihrer eigenen Sprache lesen.

Gleich im ersten Vers von Psalm 10 fragt der Dichter Gott nach dem Warum – eine Frage, die die Dichter in den Psalmen immer wieder herausschreien. Vielleicht finden wir nie eine Antwort auf diese Frage, aber die Antwort auf eine viel wichtigere Frage kann uns trösten und beruhigen: Wer? Das drückt der Dichter am Ende dieses Psalms aus. Wenn wir einmal ein Stückchen vom Wesen Gottes erleben, dann können wir lernen, uns auf ihn zu verlassen, auch wenn wir seine jeweilige Absicht nicht erkennen.

LIED:
Ist auch die Zukunft meinem Blick verhüllt, vertrau ich still. Seitdem ich weiß, dass sich dein Plan erfüllt, vertrau ich still. Seh ich nicht mehr als nur den nächsten Schritt, mir ist's genug! Mein Herr geht selber mit. DIAKONISSENMUTTERHAUS AIDLINGEN

WISSENSWERTES:
Die drei Bücher im Alten Testament, die am häufigsten »warum« fragen, sind Hiob, Jeremia und die Psalmen. Das ganze Buch Hiob handelt vom Versuch der Hauptfigur, die Antwort auf diese Frage zu finden. Gottes Antwort ist nicht »darum«, sondern »wer«.

NACHDENKENSWERT:
»Erst wenn die Blüte abgefallen ist, fängt die Frucht an zu reifen.« J. C. GREY

18. Januar

Psalm 10,12-18

12 Erhebe dich, o Herr!
Bestrafe die Bösen, mein Gott!
Vergiss die Hilflosen nicht!
13 Warum dürfen die Bösen Gott fluchen?
Wie können sie denken: »Gott wird uns schon nicht zur Rechenschaft ziehn«?
14 Du siehst Kummer und Leid, die sie anrichten.
Du merkst es und du strafst sie.
Die Hilflosen vertrauen auf dich.
Du bist der Fürsprecher der Waisen.
15 Brich diesen schlechten Menschen die Arme!
Hetze sie, bis auch der letzte dahin ist!
16 Der Herr ist König für immer und ewig!
Wer andere Götter anbetet, soll aus dem Land gejagt werden.
17 Herr, du kennst die Hoffnung der Hilflosen.
Du wirst ihre Bitten erhören und sie trösten.
18 Du wirst den Waisen und Unterdrückten Gerechtigkeit widerfahren lassen,
damit die Menschen sie nicht länger plagen können.

Nur Jesus weiß es

»Niemand weiß, was für Elend ich gesehen habe; niemand außer Jesus«, heißt es in einem Spiritual. Das ist die Kurzfassung dessen, was dieser Psalm aussagt.

Der Dichter spricht für die Bedürftigen, Hilflosen, Waisen und Unterdrückten. Diese Leute haben allen Grund, sich vom Rest der Gesellschaft übergangen zu fühlen; allzu oft haben sie damit Recht. Aber Gott weiß, was sie durchmachen.

Und was ist mit den Unterdrückern? Vielleicht sagen sie: »Gott wird uns schon nicht zur Rechenschaft ziehen« (Vers 13), oder vielleicht denken sie, Gott sei tot (Vers 4). Aber hier wird deutlich gesagt, wie es wirklich ist: Gott sieht, was da passiert (Vers 14). Er weiß, was die Hilflosen sich erhoffen, und er hört auf ihre Hilferufe (Vers 17). Er wird sie trösten (Vers 17) und ihnen ihr Recht geben (Vers 18).

Heißt das also, jetzt brauchten wir nichts mehr zu tun und könnten die Sorge für die Hilflosen und Unterdrückten Gott überlassen? Im Gegenteil! Vielleicht weiß es wirklich niemand außer Jesus, aber es ist die Aufgabe der Christen, das auf der Erde auszuführen, was Gott tun will. Allzu oft gehen wir einfach vorbei (s. Lk 10,31-32) und kümmern uns nicht um die Bedürfnisse und Leiden von anderen.

Was tun Sie, wenn Sie sehen, dass jemand Hilfe braucht? Geht es Ihnen wie dem Leviten, der vorbeiging und sich nicht um den Verunglückten kümmerte, oder eher wie Gott, der es hört und zur Kenntnis nimmt und hilft?

LIED:
*Lehr, o Gott, mich Gutes tun und im Treusein nicht erliegen!
Denn die Zeit dazu ist nun, und sie wird so schnell verfliegen.
Wenn man gleich was Kleines tut:
ist's nur gut, so ist es gut.*
PHILIPP FRIEDRICH HILLER

WÖRTER IM TEXT:
Wenn der Dichter Gott bittet, den Bösen »die Arme zu brechen« (Vers 15), dann bedeutet das, dass er möchte, dass Gott ihnen die Macht nimmt.

PARALLELSTELLEN ZUM THEMA:
Mehr über Gottes Fürsorge für die Armen steht bei Amos 5,10-6,8.

19. Januar

PSALM 11

Anweisung für den Chorleiter: Ein Psalm Davids
1 Ich vertraue darauf, dass der HERR mich beschützt.
Warum sagt ihr zu mir:
»Flieh besser hinauf auf die Berge, wenn du sicher sein willst!
2 Die Bösen spannen ihre Bogen und legen die Pfeile ein.
Aus dem Hinterhalt zielen sie auf die, die Recht tun.
3 Recht und Ordnung sind erschüttert.
Was bleibt den Gerechten noch zu tun?«
4 Doch der HERR thront in seinem heiligen Tempel;
er herrscht noch immer vom Himmel aus.
Er sieht alles
und prüft die Menschen auf Erden.
5 Der HERR prüft Gerechte und Böse.
Er hasst alle, die Grausamkeit lieben.
6 Er lässt glühende Kohlen auf die Bösen regnen
und straft sie mit brennendem Schwefel und heißen Winden.
7 Denn der HERR ist gerecht, und er liebt die Gerechtigkeit.
Wer tut, was recht ist, wird sein Angesicht sehen.

Wenn die Fundamente nicht halten

Es war im Jahr 1606. Die protestantischen schottischen »Covenanters« hatten gehofft und gebetet, dass der neue König von England ihnen mehr Glaubensfreiheit lassen würde. Aber König James VI. nahm ihnen auch noch die letzten Freiheiten. Die Grundordnung des Staates war erschüttert und drohte zu zerbrechen.

Im Oktober desselben Jahres hatte die neue Regierung John Welsh und seine wenigen »Covenanters« ins Gefängnis geworfen. Sie wurden in der Nacht zu einer Gerichtssitzung gerufen. Beim Betreten des

Gerichtssaals sangen die Häftlinge Psalm 11, der mit den Worten anfängt: »Ich vertraue auf Gott«.

Auch der junge David konnte von der Feindschaft von Königen erzählen. Als König Saul versuchte ihn umzubringen, floh David in die Stadt Nob und bekam von dem dortigen Priester etwas zu essen. Als Saul das erfuhr, ließ er alle Einwohner der Stadt Nob niedermetzeln: alle Männer, Frauen und Kinder und sogar die Tiere (1. Sam 21,1-22,19). Es sah aus, als wären die Fundamente der Rechtsstaatlichkeit zerbrochen. Aber David verließ sich weiterhin auf Gott. Am Ende kam Saul im Kampf um und David wurde an seiner Stelle zum König gekrönt.

Was tun Sie, wenn es so aussieht, als ob die Grundlagen des Rechts nicht halten? Wenn Sie spüren, dass Ihr Volk keine Werte mehr anerkennt, Ihre Gemeinde das Wesentliche nicht mehr sieht oder sogar Ihre Familie sich trennt – wie reagieren Sie dann? Fliehen Sie »in die Berge«? David ermutigt uns zuversichtlich mit Gott zu rechnen, denn »wer tut, was recht ist, wird sein Angesicht sehen«.

LIED:
Wie er mich durchbringt, weiß ich nicht; doch dieses weiß ich wohl, dass er, wie mir sein Wort verspricht, mich durchbringt wundervoll.
FRIEDRICH TRAUB

PARALLELSTELLEN ZUM THEMA:
Glühende Kohlen und brennender Schwefel in Vers 6 sind eine Anspielung auf die Zerstörung von Sodom und Gomorra (s. 1. Mose 19,24).

NACHDENKENSWERT:
»Für den Psalmdichter gehörten die augenblicklichen Umstände nicht zu den Lebensgrundlagen. Er sah Gott von seinem Thron aus beobachten und handeln. Das war für ihn die einzige Lebensgrundlage.«
G. CAMPBELL MORGAN

20. Januar

Psalm 12

1 *Anleitung für den Chorleiter: Ein Psalm Davids,*
für Begleitung mit einem achtsaitigen Streichinstrument.
2 O HERR, hilf, die Gottesfürchtigen sterben aus!
Die Treuen sind vom Antlitz der Erde verschwunden!
3 Nachbarn belügen einander,
ihre Lippen sprechen schmeichelnde Worte, doch ihre Herzen sind unaufrichtig.
4 Der HERR möge ihrer Heuchelei ein Ende machen
und ihre falschen Zungen zum Schweigen bringen.
5 Sie sagen: »Wir lügen nach Herzenslust.
Es sind unsere Lippen – wer könnte uns das Reden verbieten?«
6 Der HERR antwortet: »Ich sah, wie den Hilflosen Gewalt angetan wird,
und ich habe das Seufzen der Armen gehört.
Jetzt will ich aufstehen, um sie zu retten,
denn darauf warten sie sehnsüchtig.«
7 Die Verheißungen des HERRN sind lauter
wie im Ofen geläutertes,
siebenmal gereinigtes Silber.
8 Deshalb, HERR, wissen wir, dass du die Unterdrückten beschützt
und sie vor dieser lügnerischen Generation rettest,
9 auch wenn die Bösen umherstolzieren
und das Böse im ganzen Land verherrlicht wird.

Was Gott verspricht, ist wahr

Haben Sie das schon einmal so empfunden, was der Psalmist in den Anfangsversen beschreibt? Nachdem David sich jahrelang vor Sauls Nachstellungen versteckt hatte, hörte er jetzt, dass die Philister die Grenzstadt Keila plünderten. Er zog schnell mit seinen Leuten nach Keila, verfolgte die Philister, schlug sie und brachte den rechtmäßigen Eigentümern allen Besitz zurück (1. Sam 23,1-12). David und seine Leute waren Helden.

Aber als König Saul hörte, dass David in Keila war, schickte er seine ganze Armee hin, um ihn gefangen zu nehmen. David erfuhr von Sauls Plan und fragte Gott, was er tun sollte. Würden die Leute von Keila ihn verraten?

»Ja«, antwortete Gott, »sie werden dich verraten« – trotz allem, was David für sie getan hatte.

Verrat ist ein Dolchstoß von hinten – ob es sich nun um Freunde handelt, die ihr Versprechen nicht halten, um treulose Verbündete oder um Mitarbeiter, die eine Sache sagen, aber das Gegenteil denken.

Paulus schreibt ausdrücklich an Timotheus, dass in den letzten Tagen Menschen trotz allem, was Gott für sie getan hat, ihren Glauben aufgeben werden (1. Tim 4,1). Wenn man sich nicht einmal auf die verlassen kann, die sagen, sie kennen Christus, wem kann man dann vertrauen?

In diesem Psalm (Vers 7) versichert uns David, dass wir uns auf Gottes Versprechen verlassen können. Was er verspricht, ist absolut wahr, darum brauchen wir keine Angst zu haben, wenn um uns herum gelogen und betrogen wird.

LIED:
*Ein Wort, das er gesprochen, wird nimmermehr gebrochen;
selbst seines Namens Ehre verlangt, dass er uns höre.*
ERNST GOTTLIEB WOLTERSDORF

WÖRTER IM TEXT:
»Schmeichelnde Worte« (Vers 3) sind wörtlich »glatte Reden« und »unaufrichtige Herzen« sind »zwei Herzen«. Das bezeichnet eine unentschlossene Person.

PARALLELSTELLEN ZUM THEMA:
Mehr über die Bosheit der Lügner finden Sie in 1. Timotheus 4,1-2 und in 2. Timotheus 3,1-9.

21. Januar

Zwischenspiel: Wer schrieb die Psalmen?

Etwa drei Viertel aller Psalmen haben einen einleitenden Kommentar. Darin steht oft, wer den Psalm zu welchem Anlass geschrieben hat und wie er gesungen werden soll. In diesen Kommentaren werden folgenden Dichtern Psalmen zugeschrieben:

David	73 Psalmen (also fast die Hälfte);
den Söhnen Korach	10 Psalmen;
Asaf	12 Psalmen;
Salomo	2 Psalmen;
Heman dem Esrachiter	1 Psalm;
Etan dem Esrachiter (das ist vielleicht Jedutun):	1 Psalm;
Mose	1 Psalm.

Man kann aber nicht sicher sein, ob diese Kommentare wirklich den Verfasser des Psalms nennen oder ob es sich um andere Informationen handelt. Man weiß nicht genau, wie man den Ausdruck »Ein Psalm …« (z. B. Davids) verstehen muss. Er könnte auch bedeuten »ein Psalm über …« oder »ein Psalm im Stil von …«; auch mehrere andere Lesarten kommen in Frage.

Es scheint, als wären die Erklärungen manchmal später geschrieben worden als die Psalmen selbst, manchmal aber auch gleich mit den zugehörigen Psalmen zusammen. Die Übersetzer der Septuaginta (der griechischen Übersetzung des Alten Testaments, die um 200 v. Chr. fertig gestellt wurde) haben die Erklärungen mit übersetzt; sie müssen also vor dieser Zeit geschrieben worden sein. Manche dieser Kommentare sind vielleicht sehr alt, denn die Übersetzer der Septuaginta haben offensichtlich nicht alle musikalisch-technischen Ausdrücke verstanden und einfach die hebräischen Wörter stehen gelassen.

Wahrscheinlich versteht man die Erklärungen am besten als uralte hebräische Überlieferung darüber, wie die Psalmen geschrieben wurden und wie man sie gebrauchen soll. Dann sollte man sie als

Hilfe für uns betrachten, den jeweiligen Psalm richtig einzuordnen.

Auch wenn diese Kommentare vielleicht nicht bindend sind, können wir doch eine ganze Menge durch sie erfahren. Diese Erklärungen zeigen, dass man die Psalmen mit vielen verschiedenen Menschen in Verbindung gebracht hat, vom König bis zu den Tempelsängern. Die Psalmen spiegeln Gedanken und Gefühle von Menschen in den verschiedensten Ständen und Lebenssituationen wider, und diese selben Psalmen sprechen auch uns heute in den verschiedensten Situationen an. Gleich wo wir heute stehen, wir wissen, dass schon andere vor uns da waren und dass es sehr beruhigend für sie war, sich unter allen Umständen auf Gott verlassen zu können.

LIED:
Dein Wort bewegt des Herzens Grund,
dein Wort macht Leib und Seel gesund,
dein Wort ist's, das mein Herz erfreut,
dein Wort gibt Trost und Seligkeit.
JOHANN OLEARIUS

22. Januar

Psalm 13

1 *Anweisung für den Chorleiter: Ein Psalm Davids.*
2 O Herr, wie lange willst du mich vergessen? Für immer?
Wie lange willst du deinen Blick noch abwenden?
3 Wie lange soll meine Seele noch bekümmert sein
und mein Herz sich täglich aufs Neue grämen?
Wie lange wird mein Feind noch die Oberhand behalten?
4 Wende dich mir zu und antworte mir, o Herr, mein Gott!
Schenk meinen Augen das Licht wieder, oder ich sterbe.
5 Lass nicht zu, dass meine Feinde triumphieren und sagen:
»Wir haben ihn besiegt!«
Lass nicht zu, dass sie über meinen Sturz jubeln.
6 Ich glaube an deine unwandelbare Liebe.
Ich bin voll Freude, weil du mich gerettet hast.
Ich will den Herrn preisen,
weil er so gut zu mir war.

Im Staub leben

Vor etwa hundert Jahren hielt der große Bibellehrer F. B. Meyer eine Predigt für Menschen, die »im Staub leben«. Solche Menschen kennen die Gefühle, die David hier beschreibt: »O Herr, wie lange willst du mich vergessen?«

Meyer nannte fünf Gruppen von Menschen, die im Staub leben: 1. solche, die sich von Gott verlassen fühlen; 2. die, die das Gefühl haben, ihre Gebete kämen nicht an; 3. die, die in ihrem Leben keine Chance sehen; 4. solche, die große finanzielle oder gesundheitliche Schwierigkeiten haben; 5. die, die in einer schlechten Arbeits- oder Familiensituation sind und sie nicht ändern können. Noch schlimmer wird es für jemanden, der gleich in drei oder vier der oben genannten Kategorien fällt.

Wenn Sie so empfinden, ist dieser Psalm besonders für Sie da. In den ersten zwei Versen klagt David über sein Unglück; in den beiden nächsten betet er; in den letzten fasst er Vertrauen und fängt an sich zu freuen. Jetzt lebt er nicht mehr »im Staub«; er erkennt, dass Gott gut zu ihm gewesen ist. Paulus sagt etwas Ähnliches: Gott hat uns aus unserer demütigenden Lage herausgeholt und uns mit Christus einen Platz in Gottes Nähe gegeben (Eph 2,6-7). Bleiben Sie nicht in dem »Wie lange?« der ersten zwei Verse stecken. Schauen Sie Gott an und rechnen Sie mit ihm, dann bringt er Sie wieder dahin, dass Sie sich freuen können.

Lied:
Du bist ja nichts
als lauter Liebe,
mein treuer Heiland
und mein Hort.
Und wenn auch
nichts mehr übrig
bliebe,
so hab' ich doch dein
Himmelswort.

Parallelstellen zum Thema:
Viermal in den ersten beiden Versen fragt der Dichter: »Wie lange?« Diese Frage kommt noch öfter in der Bibel vor: Hiob 8,2; Psalm 79,5; 89,47; 119,84; Jesaja 6,11; Habakuk 1,2; Johannes 10,24; Offenbarung 6,10.

Nachdenkenswert:
»Ich möchte jemand sein, der nach oben und nach außen schaut, nicht jemand, der nach innen und unten schaut.«
Alfred Edersheim

23. Januar

PSALM 14

Anweisung für den Chorleiter: Ein Psalm Davids.

1 Nur Narren sagen sich: »Es gibt keinen Gott.«
Sie sind durch und durch verdorben, ihre Taten sind böse;
nicht einer von ihnen tut Gutes!
2 Der HERR sieht aus dem Himmel herab
auf die Menschheit;
er hält Ausschau, ob nur ein Einziger Einsicht zeigt,
ob auch nur einer Gott sucht.
3 Doch nein, alle haben sich von Gott abgekehrt;
alle sind verdorben.
Keiner tut Gutes, nicht ein Einziger!
4 Werden die, die Böses tun, denn niemals klug?
Sie fressen mein Volk auf wie Brot;
sie denken nicht daran, zum HERRN zu beten.
5 Angst und Schrecken wird sie packen,
denn Gott ist mit denen, die ihm gehorchen.
6 Die Bösen vereiteln die Pläne der Unterdrückten,
doch der HERR wird sein Volk beschützen.
7 O wenn doch das Heil vom Berg Zion käme, um Israel zu retten!
Denn wenn der HERR sein Volk wiederherstellt,
wird Jakob vor Freude singen und Israel wird jubeln.

Zur Rettung ausgesucht

Als John Newton jung war, bezeichnete er sich als Atheist und lebte auch so, dass man sah, dass er nicht an Gott glaubte. Auch die härtesten Matrosen auf seinem Sklavenhändlerschiff ärgerte seine unflätige Sprache. Die männlichen Sklaven behandelte er brutal, die Frauen vergewaltigte er und spornte die anderen Matrosen an, dasselbe zu tun. Schließlich setzte ihn der Schiffskapitän an der afrikanischen Küste ab und dort wurde er zum Diener von Sklavenhändlern.

Endlich wurde er von einem anderen Handelsschiff gerettet, aber wieder verdarb seine Anwesenheit die ganze Atmosphäre. Einmal war er so betrunken, dass er fast über Bord fiel; dem Kapitän wäre das nur recht gewesen. 1748, mitten in einem heftigen Sturm auf See, begegnete ihm Gott überraschend. Mehrere Jahre nach seiner bemerkenswerten Verwandlung sagte Newton: »Ich kann keinen Grund erkennen, warum Gott ausgerechnet mich zur Rettung ausgesucht hat ... außer um zu zeigen, dass bei ihm nichts unmöglich ist.«

Er war einer von denen gewesen, die sagen: »Es gibt keinen Gott«, und jetzt war er wie umgewandelt. Er wurde in ganz England als Prediger und Liederdichter berühmt. Dies ist zweifellos das bekannteste Lied von dem früheren Atheisten (Amazing Grace):

Lied:
*O Gnade Gottes, wunderbar hast du errettet mich.
Ich war verloren ganz und gar, war blind, jetzt sehe ich.*
John Newton

Wörter im Text:
Das hebräische Wort für »Dummkopf« ist »nabal«. Es gab in der Bibel einen Dummkopf, der Nabal hieß: 1. Sam 25,25. Seine Geschichte steht in demselben Kapitel.

Wissenswertes:
In seinem Essay »Über den Atheismus« schreibt Francis Bacon, wenn der Dummkopf zu sich sage, es gäbe keinen Gott, dann sage er das gleichsam mechanisch, um sich selbst davon zu überzeugen.

Parallelstellen zum Thema:
Psalm 14 hat Ähnlichkeit mit Psalm 53. Finden Sie auch Unterschiede?

24. Januar

PSALM 15

Ein Psalm Davids

1 Wer darf in deinem Heiligtum anbeten, HERR?
Wer darf sich dir auf dem heiligen Berge nähern?
2 Menschen, die ein untadeliges Leben führen
und tun, was recht ist.
3 Menschen, die niemanden verleumden,
die ihren Nächsten kein Unrecht zufügen
und nicht schlecht von ihren Freunden sprechen.
4 Menschen, die die verstockten Sünder verachten,
aber die treuen Anhänger des HERRN ehren
und ihr Versprechen halten, auch wenn es schwer fällt.
5 Menschen, die keine Zinsen für verliehenes Geld fordern
und keine Bestechungsgelder annehmen,
um gegen Unschuldige auszusagen.

Solche Menschen werden für immer bleiben.

In den Palast kommen

Um ins Weiße Haus oder in den Palast eines ausländischen Herrschers zu gelangen, muss man die Wachen passieren. Sie müssen alle Besucher überprüfen. Schon ihre Anwesenheit scheint zu sagen: Mit welchem Recht kommen Sie in diesen Palast?

In der Antike standen Priester oft vor ihren Tempeln und passten auf, dass nur Leute hereinkamen, die das Recht dazu hatten. So fängt auch Psalm 15 mit dieser Frage an: Wer darf hinein? Gewöhnlich würde man antworten: »Jeder, der ein Opfer bringen will.« Aber dem

Psalmdichter geht es nicht um die korrekte Form, sondern um die Lebensweise. Es ist nicht wichtig, was man mitbringt, sondern wie man lebt.

Sind Sie ehrlich und unbestechlich? Ihr Reden muss zu Ihrem Verhalten passen.

Ist Ihre Redeweise beherrscht? Lassen Sie sich nicht auf Klatsch ein?

Sind Sie ein zuverlässiger Freund und halten Sie, was Sie versprechen?

Sind Sie in geschäftlichen Dingen ehrlich?

Ist es nicht bemerkenswert, dass dieser Psalm direkt nach dem anderen kommt, in dem es heißt: »Keiner tut Gutes, nicht ein Einziger«?

Wer kann denn nun zu Gott kommen?

Wir dürfen hinein, nicht weil wir so gut sind, sondern weil wir den Sohn des Königs kennen. Er hat uns statt unserer verdreckten Kleider seine sauberen weißen Kleider gegeben.

Lied:
*Ob bei uns ist
der Sünde viel,
bei Gott ist viel
mehr Gnade;
sein Hand zu helfen,
hat kein Ziel,
wie groß auch
sei der Schade.*
Martin Luther

Parallelstellen zum Thema:
Außer Psalm 15 gibt es noch andere Bibelabschnitte, die als Fragen und Antworten aufgebaut sind. Interessant ist ein Vergleich von Psalm 24,3-6 und Jesaja 33,14-17 mit diesem Psalm.

Nachdenkenswert:
Im Zusammenhang mit Psalm 15,3 hatte Augustinus über seinem Tisch den Satz angebracht: »Wenn du gern Menschen kritisierst, die nicht da sind, bist du an diesem Tisch nicht erwünscht.«

25. Januar

PSALM 16,1-6

Ein Psalm Davids.
1 Nimm mich auf, Gott, denn ich habe mich zu dir geflüchtet.
2 Ich habe zum HERRN gesagt: »Du bist mein Herr!
Alles Gute, das ich habe, habe ich von dir.«
3 Die Gottesfürchtigen im Land sind meine wahren Helden!
Ich habe große Freude an ihnen!
4 Die anderen Göttern nachjagen,
sollen Kummer und Sorge zu schmecken bekommen.
Ich will an ihren Opferungen nicht teilnehmen,
ja, ich will die Namen ihrer Götter nicht einmal in den Mund nehmen.
5 HERR, du allein bist mein Besitz,
mein Segenskelch.
Du hütest alles, was mir gehört.
6 Das Land, das du mir schenktest, ist ein schönes Land.
Ein wunderbares Erbe!

Eine wertvolle Erbschaft

Ein reicher Großgrundbesitzer nahm einmal einen Freund mit in den dritten Stock seiner schlossartigen Villa, um ihm zu zeigen, wie groß sein Landbesitz war. Er zeigte aus dem Westfenster und sagte: »Alles, was du siehst, gehört mir.«

Der Gast sagte nichts.

Dann sagte der Eigentümer: »Siehst du den Bauernhof da hinten? Der gehört mir auch.« Dann gingen sie zur Ostseite und der Eigentümer zeigte wieder aus dem Fenster. »Siehst du da unten das Tal? Das ist auch meins.«

Endlich antwortete der Gast. »Gleich hinter dem Tal liegt ein kleines Dorf und da kenne ich eine Frau, die in einem kleinen Häuschen wohnt. Aber sie hat mehr Grund stolz zu sein.«

»Und worauf?«, fragte der Großgrundbesitzer.

Der Gast antwortete: »Sie kann sagen: Christus gehört mir.«

Eine unvergleichliche Erbschaft!

Paulus schreibt an die Römer: »Sind wir aber Kinder, so sind wir auch Erben, nämlich Gottes Erben und Miterben Christi« (Röm 8,17). Und an die Epheser: »In ihm (Christus) sind wir auch zu Erben eingesetzt worden ...« (Eph 1,11).

Über diese besonders wertvolle Erbschaft, die Gott uns gegeben hat, können wir uns freuen wie David in diesem Psalm.

LIED:
Sammeln andre große Schätze, dass ihr Haus in solchem Heil sich an Geld und Gut ergötze, so bist du mein einzig Teil.
LUDWIG HEINRICH SCHLOSSER

WÖRTER IM TEXT:
Der hebräische Ausdruck »mein Segenskelch« in Vers 5 (Luther übersetzt »mein Teil«) bedeutet, dass Gott wie ein Getränk den Durst löscht, den Menschen erfrischt und stärkt. Jesus entwickelt diesen Gedanken noch weiter: Johannes 4,10-14.

PARALLELSTELLEN ZUM THEMA:
Der Stamm Levi besaß kein Land im versprochenen Land Kanaan. Der Grund steht in 4. Mose 18,20.

PSALM 16,7-11

7 Ich will den HERRN, der mich leitet, preisen;
selbst bei Nacht noch unterweist mich mein Herz.
8 Ich weiß, dass der HERR immer bei mir ist.
Ich will nicht mutlos werden, denn er ist an meiner Seite.
9 Deshalb ist mein Herz voller Freude
und mein Mund preist ihn laut!
Mein Leib ruht sicher.
10 Denn du wirst meine Seele nicht bei den Toten lassen,
du wirst nicht dulden, dass dein Gottesfürchtiger im Grab verfault.
11 Du wirst mir den Weg des Lebens zeigen
und mir die Freude deiner Gegenwart
und die Herrlichkeiten des ewigen Lebens bei dir schenken.

Die fünfzig Frühlingstage

Wahrscheinlich in der letzten Maiwoche des Jahres 30 n. Chr. stand ein einfacher Galiläer aufrecht im Hof des Tempels in Jerusalem. Er dachte an das, was Anfang April passiert war. Das war wahrscheinlich die schlimmste Zeit in seinem ganzen Leben gewesen. Er hatte behauptet, diesen Menschen Jesus noch nicht einmal zu kennen und dann gesehen, wie er zur Hinrichtung abgeführt wurde.

Jetzt, nur sieben Wochen später, stand Petrus vor Tausenden von Menschen. »Hört alle gut zu«, rief er, und dann erklärte er, was da vor sieben Wochen passiert war. Jesus, der viele Wunder getan hatte, war gekreuzigt worden, aber – unglaublich! – Gott hatte ihn wieder zum Leben erweckt (s. Apg 2,14-36).

Dann zitierte er die Bibel. »Das hat König David über ihn gesagt«, rief er und zitierte vier Verse aus Psalm 16, die anscheinend von einer Auferweckung handeln. Aber wer wird da auferweckt? David? Natürlich nicht, denn David war immer noch tot. Dies war eine Prophezeiung über Jesus.

Diese Mischung aus dem persönlichen Bericht des Petrus und dem Inhalt der Bibel gebrauchte der Heilige Geist und brachte an diesem Tag, dem Pfingstfest, 3000 Menschen zu Christus. Wenn Anfang April die schlimmste Zeit im Leben des Petrus gewesen war, können Sie sich vorstellen, wie anders jetzt alles am Pfingsttag für ihn aussah?

Es lohnt sich, sich einmal Zeit zu nehmen und sich einfach daran zu freuen, dass Jesus von den Toten auferstanden ist, dass er den Tod für uns entmachtet hat, genau wie David es in diesem Psalm vorausgesagt hat.

LIED:
Jesus lebt! Mit ihm auch ich; Tod, wo sind nun deine Schrecken? Jesus lebt und wird auch mich von den Toten auferwecken.
CHRISTIAN FÜRCHTEGOTT GELLERT

WÖRTER IM TEXT:
Das Ende von Vers 8 heißt wörtlich: »Wir sind an seiner rechten Hand«, das Ende von Vers 11: »In seiner rechten Hand ist Freude für immer«. Im alten Israel wurde der rechten Hand große Bedeutung beigemessen. Gottes rechte Hand gibt uns Sicherheit und was er in der rechten Hand hält, macht uns bleibende Freude.

NACHDENKENSWERT:
»Ihn zu haben bedeutet nicht nur Orientierung (Vers 7) und Sicherheit (Vers 8), sondern Auferstehung (Vers 9 ff.) und ewige Freude (Vers 11).«
DEREK KIDNER

27. Januar

Psalm 17,1-8

Ein Gebet Davids

1 O Herr, vernimm mein Flehen um Gerechtigkeit.
Hör meinen Hilfeschrei.
Lausche meinem Gebet,
denn es kommt aus aufrichtigem Herzen.
2 Sprich mich frei von Schuld,
denn du kennst die Menschen, die recht tun.
3 Des Nachts hast du meine Gedanken geprüft
und mein Herz auf die Probe gestellt.
Du hast mich angesehen und kein Fehl an mir gefunden,
denn ich will nicht sündigen mit meinem Reden.
4 Ich habe deine Gebote gehalten,
und das hat mich davor bewahrt, mich gemein zu machen
mit schlechten Menschen.
5 Meine Füße sind auf deinem Weg geblieben;
und ich bin nicht von dir gewichen.
6 Ich bete zu dir, denn ich weiß, dass du antwortest, Gott.
Neige dich zu mir herab und hör mein Gebet.
7 Zeig mir auf wunderbare Weise deine unwandelbare Liebe.
Du rettest mit deiner Kraft
die Menschen, die Zuflucht vor ihren Feinden suchen.
8 Hüte mich wie deinen Augapfel.
Birg mich im Schatten deiner Schwingen.

Die andere Seite des Berges

Wir wissen nicht genau, wann dieser Psalm geschrieben wurde, aber manche bringen ihn mit Davids Verfolgung durch Saul in der Wüste Maon in Verbindung (1. Sam

23,24-28). Da befand sich David auf einer Seite eines Berges und Saul auf der anderen. David wusste nicht, was Saul da hinter dem Berg tat – und wahrscheinlich war er auch nicht sicher, was Gott vorhatte.

Gerade als Saul und seine Leute David fast umzingelt hatten, bekam Saul die Nachricht von einem Überfall der Philister und musste die Verfolgung abbrechen. Gott hatte David wieder gerettet.

Oft haben wir Angst vor dem, was sich für uns »hinter dem Berg« abspielt. Da entscheiden andere über uns oder es treten Ereignisse ein, die unser Leben verändern, und wir haben keinen Einfluss darauf. Dann fragen wir uns, was uns wohl passiert.

Aber Gott verspricht uns, immer auf uns zu achten, auch wenn wir nicht immer sehen, wie er für uns sorgen wird. Trotzdem können wir uns auf ihn verlassen. Wir sind »sein Augapfel« (Vers 8) und wir können ihn bitten, uns unter seinen Flügeln zu verstecken. Wir brauchen also keine Angst zu haben vor dem, was »hinter dem Berg« ist.

LIED:
*Lobe den Herren,
der alles so herrlich
regieret,
der dich auf Adelers
Fittichen sicher
geführet,
der dich erhält, wie
es dir selber gefällt;
hast du nicht dieses
verspüret?*
JOACHIM NEANDER

WÖRTER IM TEXT:
Der »Augapfel« (Vers 8) ist wörtlich die »Tochter des Auges« – also das, was uns am liebsten und kostbarsten ist. Siehe auch 5. Mose 32,10; Sprüche 7,2 und Sacharja 2,12.

ÜBERBLICK:
*Wenn Sie eine einfache Gliederung für diesen Psalm haben möchten, bietet sich Folgendes an:
1. hören, 2. halten und 3. bergen.
W. Graham Scroggie sagt: »Wen Gott hört, hält und bei sich birgt, der braucht sich auch vor dem schlimmsten Feind nicht zu fürchten.«*

PSALM 17,9-15

9 Schütze mich vor den schlechten Menschen, die mir nach dem Leben trachten,
vor meinen Feinden, die mir nachstellen.
10 Sie kennen keine Gnade.
Hör doch, wie sie prahlen.
11 Sie jagen mich, umzingeln mich
und werfen mich zu Boden.
12 Sie sind wie hungrige Löwen, wollen mich zerreißen –
wie junge Löwen im Hinterhalt lauern sie auf ihre Chance.
13 Erhebe dich, HERR!
Steh gegen sie auf und zwing sie in die Knie!
Rette mich mit deinem Schwert vor den Bösen!
14 Befreie mich mit deiner mächtigen Hand, HERR,
von denen, die nur auf irdischen Gewinn aus sind.
Die Strafe möge sie ereilen.
Sie möge ihre Kinder treffen
und auch über ihre Enkel komme das Gericht.
15 Ich aber habe getan, was recht ist,
deshalb werde ich dich sehen.
Wenn ich erwache, werden alle meine Bedürfnisse gestillt sein,
denn ich werde dich sehen von Angesicht zu Angesicht.

Meine Hoffnung ist Christus

In England ist John Howard als der Vater der Gefängnisreform bekannt. Im 18. Jahrhundert wurde Howard Polizeichef einer Grafschaft; er war entsetzt über die Zustände in den britischen Gefängnissen und beschloss sie zu ändern, wo er konnte. Erst reiste er durch ganz England und dann aufs Festland, besuchte die Bastille in Frankreich, die Gefängnisse der spanischen Inquisition und sogar die Lazarette der Türkei. Er fand Zellen, in denen es Ratten gab, und Gefangene, die mit toten Mitgefangenen im selben Raum leben mussten. Pocken, Tuberkulose und Ruhr gefährdeten sein Leben, aber Howard machte immer weiter. »Ich verlasse mich auf Gottes Schutz und glaube, dass dies meine Aufgabe ist«, sagte er, »darum besuche ich auch die ungesündesten Zellen ohne Angst.«

Was ihn immer wieder antrieb, war Psalm 17, Vers 5: »Meine Füße sind auf deinem Weg geblieben und ich bin nicht von dir gewichen.«

Mit 52 Jahren wurde Howard schwer krank und schrieb an einen Freund: »Jede Zuflucht außer Christus ist trügerisch. Meine Seele soll auf dem Felsen bleiben.« Später schrieb er, er wünsche sich die Inschrift auf seinem Grabstein: »Meine Hoffnung ist Christus«.

John Howard gab den Anstoß, dass die Gefängnisse reformiert wurden – nicht nur in England, sondern in ganz Europa. Er starb während der Vorbereitungen für eine Reise in verschiedene Seuchenzentren Europas. Auf seinen Wunsch hin wurde seine Grabpredigt über den letzten Vers von Psalm 17 gehalten: »Wenn ich erwache, werden alle meine Bedürfnisse gestillt sein, denn ich werde dich sehen von Angesicht zu Angesicht.«

Lied:
Jesus, er, mein Heiland, lebt! Ich werd auch das Leben schauen, sein, wo mein Erlöser schwebt; warum sollte mir denn grauen? (1653)

Parallelstellen zum Thema:
Mehr darüber, Gott selbst zu sehen, steht in 1. Johannes 3,2.

29. Januar

2. Mose 15,19-21 (Mirjams Lied)

19 Als Pharaos Pferde, Streitwagen und Wagenlenker ins Meer jagten,
ließ der Herr die Wasser über ihnen zusammenschlagen.
Das Volk Israel aber war auf trockenem Grund
hindurchgegangen!
20 Dann nahm die Prophetin Mirjam, Moses Schwester,
ein Tamburin und führte die Frauen im Tanz an. Sie sang dazu:
21 »Ich will dem Herrn singen, denn er hat ruhmreich gesiegt;
Ross und Reiter warf er ins Meer.«

Entsprechender Psalm: Psalm 30,12-13

12 Du hast meine Trauer in jubelnden Tanz verwandelt.
Du hast mir die Trauergewänder ausgezogen und mich in
Freude gehüllt,
13 damit ich dich preise und nicht schweige.
o Herr, mein Gott, ich will dir für immer danken!

Drei Stationen eines Lebens

Wie die meisten von uns hat Mirjam in manchen Situationen wahre Größe bewiesen und in anderen nicht:

Als die Tochter des Pharao Mirjams Bruder Mose in einem Korb fand, der im Nil schwamm, schlug Mirjam vor, eine hebräische Amme für das Baby zu suchen. Dann lief sie nach Hause und rief ihre Mutter (2. Mose 2,1-8). Da bewies sie Größe.

Als es aussah, als ob die ägyptische Armee die Israeliten einholen und umbringen würde, teilte Gott das Rote Meer und ließ die Israeliten durchgehen, aber die nachdrängenden Ägypter ertranken. Dies nahm Mirjam zum Anlass, mit den Frauen einen jubelnden Lobgesang an Gott anzustimmen. In der Bibel wird sie sogar Prophetin genannt, denn sie hat dem Volk Israel Gottes Wahrheit gesagt (2. Mose 15,19-21). Auch da zeigte sie Größe.

Später kritisierten Mirjam und Aaron ihren Bruder Mose, weil er eine kuschitische Frau geheiratet hatte. Sie taten das aus Eifersucht auf ihren Bruder, der die Aufgabe hatte, das Volk zu führen. Gott wurde zornig auf sie und bestrafte Mirjam mit Aussatz. Da hatte sie kleinlich gehandelt.

Wir alle können manchmal großherzig sein, aber auch kleinlich und egoistisch. Das sollten wir im Auge behalten und Gott jeden Tag bitten, uns zu dem anzuleiten, was er will.

Lied:
Kommt, stimmet ein ins Lob von ganzem Herzen! Verkündiget unter den Völkern sein Tun und lobsinget seinem Namen.
Klaus Heizmann

Nachdenkenswert:
»Mirjam sang für Gott als erste Sängerin von Israel; sie benutzte ihre Begabung, um Menschen auf eine höhere Seinsstufe mitzunehmen.«
Herbert Lockyer

30. Januar

PSALM 18,1-7

1 *Anweisung für den Chorleiter: Ein Psalm Davids, des Gottesknechts. Er sang dem HERRN dieses Lied an dem Tag, an dem der HERR ihn vor seinen Feinden und vor Saul rettete.*
2 Ich liebe dich, HERR; du bist meine Stärke.
3 Der HERR ist mein Fels, meine Festung, mein Retter.
Mein Gott ist mein Fels, bei dem ich Schutz finde.
Er ist mein Schild, die Stärke meines Heils und meine Burg.
4 Ich will zum HERRN rufen, der des Ruhmes würdig ist,
denn er rettet mich vor meinen Feinden.
5 Die Ketten des Todes umschlangen mich;
die Fluten der Zerstörung gingen über mich hinweg.
6 Das Grab schlug seine Fesseln um mich;
der Tod selbst starrte mir ins Gesicht.
7 Doch in meiner Not schrie ich zum HERRN;
ja, ich betete zu meinem Gott um Hilfe.
Er hörte mich in seinem Heiligtum;
mein Schreien drang an seine Ohren.

Wie groß ist Ihr Gott?

Was ist Gott für Sie? Verstehen Sie ihn heute anders als vor zehn Jahren? Wächst Ihre persönliche Erfahrung mit Gott?

Für David war Gott »meine Stärke«, »mein Fels«, meine Festung«, »mein Retter«, »mein Fels, bei dem ich Schutz suche«, »mein Schild, die Stärke meines Heils« und »meine Burg«. Achtmal in diesen zwei Versen gebraucht er das Wort »mein«. Das zeigt, dass David Gott auf viele verschiedene Weisen persönlich kennen gelernt hatte.

Zweimal nennt er Gott »mein Fels«. Es kann gut sein, dass dieses Bild aus der langen Zeit stammt, die David in der Wüste zubrachte, in der es überall Felsen gab. Wahrscheinlich hat er da die Erfahrung gemacht, dass Felsen für vieles nützlich sind.

Die Erklärung zu diesem Psalm findet sich fast wörtlich in 2. Samuel 22 wieder; sie zeigt, dass er geschrieben wurde, als Saul David nicht mehr bedrohte. Wahrscheinlich waren da auch die Probleme mit seiner Familie noch nicht akut. Wenn er diesen Psalm gegen Ende seines Lebens geschrieben hätte, hätte er dann noch zusätzliche Anreden für Gott gefunden?

Was hat Gott Ihnen vor zehn Jahren bedeutet? Welche neuen Aspekte sind heute dazugekommen? Mit welchen Titeln würden Sie Gott heute anreden?

LIED:
*Er ist ein Fels,
ein sichrer Hort,
und Wunder
sollen schauen,
die sich auf sein
wahrhaftig Wort
verlassen und im
trauen.*
PHILIPP SPITTA

PARALLELSTELLEN ZUM THEMA:
Wie viele Unterschiede finden Sie zwischen 2. Samuel 22,1-7 und Psalm 18,1-7 (einschließlich der Überschrift)?

NACHDENKENSWERT:
»Es täte Ihnen doch sehr gut zu lesen, wie gut Gott zu Ihrem Vater oder Großvater war. So würden sich auch Ihre Kinder und Enkel freuen, wenn sie lesen, wie gut er zu Ihnen ist.«
RICHARD STEELE

31. Januar

PSALM 18,8-20

8 Da bebte die Erde und zitterte;
die Grundfesten der Berge wurden erschüttert;
sie bebten vor seinem Zorn.
9 Rauch drang aus seinen Nüstern;
Zornesflammen schlugen aus seinem Mund;
es loderte um ihn wie glühende Kohlen.
10 Er tat den Himmel auf und kam herab,
dunkle Sturmwolken unter den Füßen.
11 Auf einem mächtigen Engel flog er herbei,
schwang sich empor auf den Flügeln des Windes.
12 Er hüllte sich in Dunkelheit,
verbarg sein Kommen in dichten Regenwolken.
13 Der Glanz seiner Gegenwart brach durch den Nebel,
ließ Hagel und glühende Kohlen regnen.
14 Der HERR schleuderte Donner vom Himmel;
der Höchste ließ seine gewaltige Stimme erschallen.
15 Er schoss Pfeile ab und zerstreute seine Feinde;
sein Blitz flammte auf, und sie verloren den Mut.
16 Auf deinen Befehl, HERR,
auf einen Hauch deines Mundes hin,
wurde der Meeresgrund entblößt
und die Grundfesten der Erde freigelegt.
17 Er griff vom Himmel herab und rettete mich;
er zog mich aus tiefem Wasser herauf.
18 Er erlöste mich von meinen mächtigen Feinden,
von denen, die mich hassten und zu stark für mich waren.
19 Sie fielen über mich her, als ich am schwächsten war,
doch der HERR gab mir Kraft.
20 Er brachte mich an einen sicheren Ort;
er rettete mich, weil er Freude an mir hat.

Ein herrlicher Gott, majestätisch dargestellt

Wie viel Macht hat Ihr Gott? In der Theologie beschreiben wir ihn mit langen, gewichtigen Wörtern wie »allgegenwärtig«, »allmächtig« und »unvergänglich«. Aber oft tragen diese Wörter nicht wirklich dazu bei, dass die Leute ihn besser verstehen. David beschreibt Gott so, dass wir es begreifen können. In klaren, eindrücklichen Bildern stellt er uns einen Gott vor, der Pfeile schießt und Blitze schleudert. Rauch steigt aus seiner Nase und Flammen schlagen aus seinem Mund. Er sieht, wie Gott vom Himmel steigt, wie der Wind ihn auf den Flügeln trägt, wie er sich erst in Dunkelheit hüllt und dann mit strahlendem Licht die Wolken durchbricht.

Wahrhaftig ein majestätisches Bild. Aber warum tut Gott das? Der Grund steht in Vers 7: Gott tut das alles, weil ein Schäferjunge ihn bittet. Zweifellos denkt David daran, wie Gott das Volk Israel immer und immer wieder gerettet hat, aber er denkt auch daran, wie Gott *ihn* gerettet hat.

Wenn Sie zurückblicken, werden Sie sehen, dass diese erhabenen Verse nicht nur für David oder das Volk Israel gelten. Sie sind auch für Sie, denn auch Sie haben einen herrlichen Gott.

LIED:
Wie groß ist mein Gott, kein andrer wie er. Sein Name so hoch, nur er ist der Herr.
TRADITIONAL

WÖRTER IM TEXT:
Der »sichere Ort« in Vers 20 ist wörtlich eine weite Ebene. »Not« in Vers 7 meint eine Einengung, eine »Klemme«. Vielleicht erinnert sich David an die Zeit, als er sich in einer Höhle vor Saul versteckte und sich wünschte, ins Freie zu kommen, wo jede Gefahr rechtzeitig zu sehen ist.

NACHDENKENSWERT:
Ein Zeitungsjunge kämpfte sich nach einem Erdbeben durch die Trümmer des zerstörten San Francisco und sagte: »Das alles zu bauen hat ja lange gedauert, aber Gott hat in einer Minute alles umgeworfen.«

Februar

1. Februar

Psalm 18,21-31

21 Der Herr belohnte mich, weil ich Recht tue,
er schenkte mir den Lohn für meine Unschuld.
22 Denn ich bin die Wege des Herrn gegangen;
ich habe mich nicht von meinem Gott abgewandt,
um dem Bösen nachzulaufen.
23 Alle seine Gesetze stehen mir ständig vor Augen;
nie bin ich von seinen Grundsätzen abgewichen.
24 Ich bin untadelig vor Gott;
ich habe mich von der Sünde fern gehalten.
25 Der Herr hat mich belohnt, weil ich Recht tue,
weil meine Hände in seinen Augen rein sind.
26 Den Treuen erweist du dich als treu;
den Aufrichtigen begegnest du mit Aufrichtigkeit.
27 Den Reinen erweist du dich als rein,
doch den Bösen bist du Feind.
28 Du rettest die Demütigen,
aber die Hochmütigen erniedrigst du.
29 Herr, du hast Licht in mein Leben gebracht;
mein Gott, du hast meine Dunkelheit erhellt.
30 Mit deiner Stärke kann ich ganze Armeen zerschlagen;
mit meinem Gott überwinde ich jede Mauer.
31 Gottes Wege sind vollkommen.
Alle Verheißungen des Herrn sind wahr.
Allen, die sich zu ihm flüchten, ist er ein Schild.

Dank für den neuen Bund

Gib nicht so an, David! Das könnte der erste Gedanke sein, der uns beim Lesen von Vers 21-25 kommt. Aber derselbe David sagt zu Gott: »Gemessen an dir ist niemand vollkommen« (Ps

143,2), und: »Denn ich war ein Sünder ...« (Ps 51,7). David glaubt nicht, er hätte nie etwas Böses getan; er weiß es besser. Vielleicht ist dieser Psalm so zu verstehen wie Paulus' Bemerkung in Philipper 3,6: »... nach der Gerechtigkeit, die das Gesetz fordert, untadelig gewesen.«

Der Bund, den Gott auf dem Berg Sinai mit Mose geschlossen hatte, war für David etwas Kostbares. David wollte Gottes Gesetz einhalten und dem Bund treu bleiben. Aber mit ihm ist Gott noch eine andere Verpflichtung eingegangen, die von David nichts verlangte: Er hat versprochen David und seine Nachkommen zu segnen. Auf dieses Versprechen reagiert David realistisch: »Wer bin ich, Herr Herr, und was ist mein Haus ...? Du kennst ja deinen Knecht, Herr Herr!« (2. Sam 7,18.20).

Auch uns bietet Gott einen neuen Bund an, der nichts von uns verlangt, außer dass wir ihm beitreten. Jesus Christus hat diesen neuen Bund mit seinem Blut besiegelt und uns zu Gottes Volk gemacht (Lk 22,20). Auf diese Bevorzugung können wir eigentlich nur bescheiden und dankbar reagieren und dann bestätigen: »Alles, was der Herr geredet hat, wollen wir tun« (2. Mose 19,8).

LIED:
*Wohl dir, du Kind der Treue!
Du hast und trägst davon
mit Ruhm und Dankgeschreie
den Sieg und Ehrenkron.*
PAUL GERHARDT

PARALLELSTELLEN ZUM THEMA:
in diesem Psalm geht es um den alten mosaischen Bund. In Jeremia 31,31-34, 2. Korinther 3,6 und Hebräer 9,15 wird der neue Bund beschrieben, den Gott uns anbietet.

NACHDENKENSWERT:
»Erst macht Gott uns heilig und dann belohnt er uns dafür. Die Blume bekommt auf der Blumenausstellung den Preis, aber der Gärtner hat sie gezüchtet.«
CHARLES HADDON SPURGEON

2. Februar

PSALM 18,31-37

31 Gottes Wege sind vollkommen.
Alle Verheißungen des HERRN sind wahr.
Allen, die sich zu ihm flüchten, ist er ein Schild.
32 Wer ist Gott außer dem HERRN?
Wer außer Gott ist ein Fels in der Brandung?
33 Gott wappnet mich mit Stärke;
er macht meinen Weg sicher.
34 Er macht meine Schritte leichtfüßig wie die eines Hirschs,
er führt mich sicher über Bergeshöhen.
35 Er rüstet mich zur Schlacht
und macht mich stark, so dass ich einen bronzenen Bogen spannen kann.
36 Du hast mir den Schild deines Heils gegeben.
Deine Rechte hält mich;
deine Güte hat mich groß gemacht.
37 Du hast einen breiten Weg für meine Füße gebahnt,
damit sie nicht ausgleiten.

Über Größe und Freundlichkeit

David war ein großer Krieger und hervorragender Feldherr. Jeder wusste das, besonders die Philister. Aber hier erklärt er, dass er das alles Gott zu verdanken hat. Gott hat ihn vorbereitet, ihm Kraft gegeben und ihn unterstützt.

Im Neuen Testament wird uns gesagt, dass wir gegen finstere Mächte zu kämpfen haben, »mit den Herren der Welt, die in dieser Finsternis herrschen« (Eph 6,12). Wie bereiten wir uns auf diesen geistlichen Krieg vor? Martin Luther schreibt: »Wenn wir uns auf unsere Kraft verließen, hätten wir schon verloren.« Wir müssen zulassen, dass Gott uns seine Rüstung anlegt. Dann können wir auch gewinnen.

Beachten Sie Vers 35: Mitten in all der kriegerischen Sprache stellt David fest: »... deine Güte hat mich groß gemacht«. Letztlich gewinnen wir den Kampf nicht durch bessere Waffen oder klügere Strategie, sondern durch Gottes Freundlichkeit zu uns. Er hat Mitleid mit uns, er kommt zu uns, hilft uns aufstehen und rettet uns.

Sie können Gott heute um Hilfe bitten beim Anlegen der Rüstung, die er uns anbietet. Damit können wir sicher sein, dass er uns hilft alle feindlichen Angriffe abzuwehren.

LIED:
Mit unsrer Macht
ist nichts getan,
wir sind gar bald
verloren;
es streit't für uns der
rechte Mann,
den Gott hat selbst
erkoren.
Fragst du, wer der ist?
Er heißt Jesus Christ,
der Herr Zebaoth, und
ist kein andrer Gott;
das Feld muss er
behalten.
MARTIN LUTHER

WÖRTER IM TEXT:
Der bronzene Bogen in Vers 35 war wahrscheinlich aus Holz, aber mit Metall verstärkt.

PARALLELSTELLEN ZUM THEMA:
David drückt mit Bildern von Kriegsausrüstung aus, wie Gott ihn beschützt. Vergleichen Sie Epheser 6,10-18. Was ist in Paulus' Bildersprache anders als in Davids?

3. Februar

Psalm 18,38-51

38 Ich habe meine Feinde verfolgt und eingeholt;
ich gab nicht auf, bis sie besiegt waren.
39 Ich schlug sie, so dass sie sich nicht mehr erhoben;
sie lagen mir zu Füßen.
40 Du hast mich mit Stärke zum Kampf gerüstet;
du hast mir meine Feinde unterworfen.
41 Du ließest sie umkehren und fliehen;
alle, die mich hassten, habe ich vernichtet.
42 Sie schrien um Hilfe, doch niemand kam, um sie zu retten.
Sie schrien zum Herrn, doch er antwortete ihnen nicht.
43 Ich zermalmte sie fein wie Staub, der vom Wind fortgetragen wird.
Ich kehrte sie wie Schmutz in die Gosse.
44 Du hast mir den Sieg über meine Herausforderer geschenkt.
Du hast mich zum Herrscher über Völker gesetzt;
Menschen, die ich nicht einmal kenne, dienen mir.
45 Sobald sie nur von mir hören, unterwerfen sie sich;
Fremde kriechen vor mir im Staub.
46 Sie verlieren allen Mut
und kommen zitternd aus ihren Festungen.
47 Der Herr lebt! Gepriesen sei mein Fels!
Der Herr meines Heils sei erhöht!
48 Er ist der Gott, der denen vergilt, die mir Böses wollen;
er unterwirft mir die Völker
49 und rettet mich vor meinen Feinden.
Du bringst mich an einen sicheren Ort, entziehst mich dem Zugriff meiner Feinde;
du rettest mich vor der Gewalt meiner Gegner.
50 Dafür, o Herr, will ich dich preisen unter den Völkern;
voll Freude will ich deinen Namen verkünden.
51 Du hast deinem König große Siege geschenkt;
hast deinem Gesalbten nie endende Treue erwiesen,
David und seinen Nachkommen, für immer und ewig.

Gepriesen sei Gott, mein Fels

Felsen sind hart, kalt und tot. Wie kann David da sagen: »Der Herr lebt! Gepriesen sei mein Fels!« (Vers 47)? Das ist ein seltsames Bild. Man sollte denken, um Gottes dynamische Lebendigkeit auszudrücken, würde David ein anderes Bild wählen.

Aber David wusste viel mehr von Felsen als wir. Sicher hat er in der Wüste erlebt, dass Felsen ihn vor der sengenden Sonne, vor Wind und Sandstürmen und auch vor Feinden schützen konnten, die in der Überzahl waren. David wusste auch, dass ein Fels für alles, was lange halten sollte, ein starkes und zuverlässiges Fundament abgeben konnte. Sand war ständig in Bewegung, aber Felsen standen fest. Auf Felsen konnte man sich verlassen. Darum ist Gott für David ein Fels.

Aber die Frage bleibt: Warum sagt David, dass Gott *lebt,* und stellt ihn dann als Felsen dar?

Vielleicht wollte David damit ausdrücken, dass Gott alle Vorzüge eines Felsens hat und trotzdem auch lebt. Das hieße dann, dass die beiden Gedanken nicht dasselbe bedeuten, sondern sich ergänzen sollen.

Gott ist also ein lebendiger Fels. Er ist ein starker und zuverlässiger Schutz für sein Volk und er handelt für uns. Bei allem, was Ihnen heute begegnet, können Sie darauf zählen, dass Gott für Sie ein lebendiger Fels ist.

LIED:
Wir haben einen Felsen, der unbeweglich steht.
Wir haben eine Wahrheit, die niemals untergeht.
Wir haben Wehr und Waffen in jedem Kampf und Streit.
Wir haben eine Wolke von Gottes Herrlichkeit.
GOTTLOB LACHENMANN

NACHDENKENSWERT:
»Wo eine Oase in die Wüste übergeht, ist das Leben ständig vom Sand gefährdet, den der Wind hereintreibt ... aber stellen Sie einen großen Steinblock in den Sand. Schon nach kurzem Regen sprießt Leben auf seiner windgeschützten Seite und bald entsteht ein Garten. Der Fels hat die Düne gestoppt.«
GEORGE ADAM SMITH

4. Februar

Richter 5,1-9 (Deboras Lied)

1 An jenem Tag sangen Debora und Barak, der Sohn Abinoams,
folgendes Lied:
2 »Wenn die Anführer Israels vorangehen
und das Volk ihnen frohen Mutes folgt –
dann preist den HERRN!
3 Hört zu, ihr Könige!
Merkt auf, ihr mächtigen Herrscher!
Denn ich will dem HERRN singen,
will mein Lied erklingen lassen für den HERRN, den Gott Israels.
4 Herr, als du ausgingst von Seïr
und hinzogst über die Felder von Edom,
erzitterte die Erde,
und aus dem Himmel strömte der Regen.
5 Die Berge bebten beim Kommen des HERRN.
Selbst der Sinai schwankte in der Gegenwart des HERRN,
des Gottes Israels.
6 In den Tagen von Schamgar, des Sohnes Anats,
und in den Tagen Jaëls
mieden die Menschen die Hauptstraßen,
die Reisenden hielten sich an die schmalen Seitenwege.
7 Nur noch wenige Menschen lebten in den Dörfern Israels –
bis Debora erstand, eine Mutter Israels.
8 Als Israel sich neue Götter suchte,
brach Krieg an den Stadttoren aus.
Doch weder Schild noch Speer waren
unter vierzigtausend Kriegern in Israel zu finden!
9 Mein Herz fliegt den Anführern Israels entgegen,
und denen, die ihnen frohen Mutes folgten.
Preist den HERRN!«

Entsprechender Psalm: Psalm 18,40-41

40 Du hast mich mit Stärke zum Kampf gerüstet;
du hast mir meine Feinde unterworfen.
41 Du ließest sie umkehren und fliehen;
alle, die mich hassten, habe ich vernichtet.

Interessiert es denn niemanden?

Haben Sie schon einmal vergeblich versucht eine Gruppe von Leuten dazu zu bringen, etwas Bestimmtes zu tun? Viele Mütter kennen diesen »Frust«: Manchmal würden sie wohl am liebsten schreien: »Interessiert es denn niemanden? Kümmert sich niemand darum außer mir?«

So ähnlich ging es zur Zeit Deboras zu. Die Israeliten wurden von den Kanaanitern unterdrückt, aber die Israeliten hatten keine Waffen (Ri 5,8). Die Kanaaniter dagegen hatten 900 Streitwagen! Also tat niemand etwas, um die Lage zu ändern.

Debora hatte drei Ämter: Richterin, Prophetin und »eine Mutter in Israel« (Ri 5,7). Alle drei brauchte Israel gerade in dieser Zeit unbedingt. Die Richterin musste Recht in das zerfallende Land bringen. Die Prophetin musste den Menschen die Nachricht überbringen, dass Gott sie nicht vergessen hatte. Und die Mutter musste sie zum gemeinsamen Handeln bringen.

Deboras Handeln hat Israel vor den Kanaanitern gerettet. Und so wie Gott Debora gebraucht hat, um seine Pläne für sein Volk auszuführen, so kann er Sie gebrauchen. Sie müssen nur seiner Leitung folgen.

LIED:
Du wirst dein herrlich Werk vollenden,
der du der Menschen Heil und Richter bist;
du wirst der Menschheit Jammer wenden,
so dunkel jetzt dein Weg, o Heilger, ist.
Drum hört der Glaub nie auf, zu dir zu flehn;
du tust doch über Bitten und Verstehen.
ALBERT KNAPP

PARALLELSTELLEN ZUM THEMA:
Israel hat militärische Siege oft mit Liedern gefeiert, s. 2. Mose 15,1-18; 4. Mose 21,27-30; 1. Samuel 18,7.

NACHDENKENSWERT:
»Wir wollen den Gott anbeten, vor dem Erde und Himmel, die kein Bewusstsein haben, so reagieren, als erkennten sie ihren Schöpfer und erschauerten vor Ehrfurcht.«
CHARLES HADDON SPURGEON

5. Februar

5. Februar

PSALM 19,1-7

1 *Anweisung für den Chorleiter: Ein Psalm Davids.*
2 Der Himmel verkündet die Herrlichkeit Gottes,
am Firmament leuchten seine wunderbaren Werke.
3 Tag für Tag heben sie neu an zu sprechen;
Nacht für Nacht preisen sie seinen Namen.
4 Sie sprechen ohne Wort und Klang;
ihre Stimme steht schweigend am Himmel;
5 doch ihre Botschaft erreicht die ganze Erde
und ihre Worte die ganze Welt.
Die Sonne wohnt am Himmel,
wo Gott sie hingestellt hat.
6 Sie tritt hervor wie ein strahlender Bräutigam nach der Hochzeit.
Heiter ist sie, wie ein gefeierter Athlet,
der sehnsüchtig auf den Wettkampf wartet.
7 Die Sonne geht an einem Ende des Himmels auf
und zieht ihre Bahn bis ans andere Ende.
Vor ihrem Gleißen kann sich nichts verbergen.

Chromosomen und der Sonnenuntergang

Ein Student stand auf einem Hügel und bewunderte schweigend den Sonnenuntergang. Als die Farben immer intensiver leuchteten, rief er plötzlich: »Recht so, Gott! Fantastisch!« Dann hob er die Hand und lobte seinen Schöpfer.

Dr. Carl Sagan stellte voller Bewunderung fest, dass ein einziges menschliches Chromosom 20 Millionen Einzelinformationen in sich trägt. Das wären 4000 Bücher mit je 500 Seiten – auf einem Chromosom! Aber Dr. Sagan hat nie gesagt, er glaubte an einen Gott.

Wenn es darum geht, Gottes unglaubliche Leistung in der Schöpfung anzuerkennen, sind manche von uns eher wie Dr. Sagan als wie der Student. Wir sind zwar schnell dabei Leute zu verurteilen, die nicht glauben, dass Gott das Weltall geschaffen hat, aber oft genug vergessen wir, all das anzuerkennen, was er gemacht hat.

Die ersten sechs Verse dieses Psalms erinnern uns daran, dass die ganze Natur bestätigt, wie erhaben Gott ist. Der Apostel Paulus stellt das noch einmal klar, wenn er schreibt: »Denn Gottes unsichtbares Wesen, das ist seine ewige Kraft und Gottheit, wird seit der Schöpfung der Welt ersehen aus seinen Werken, wenn man sie wahrnimmt, so dass sie keine Entschuldigung haben« (Röm 1,20).

Wir loben Gott, dass er uns gerettet hat, aber oft genug vergessen wir, ihn für die Schöpfung zu loben. Ob es nun die Schönheit des Himmels oder die Feinheiten eines Chromosoms sind, was unser Schöpfer gemacht hat, nötigt uns Ehrfurcht ab. Sie können ihm heute noch sagen, wie bewundernswert Sie dieses kunstreiche Gebilde finden.

Lied:
Alle die Schönheit Himmels und der Erden
ist verfasst in dir allein.
Nichts soll mir werden lieber auf Erden
als du, der schönste Jesus mein.
Münster 1677

Parallelstellen zum Thema:
Es ist gut, wenn man sieht, dass Gott den Himmel gemacht hat, aber die Bibel warnt uns davor, die Sterne selbst zu verehren: Hiob 31,26-28 und 2. Könige 23,5.

Nachdenkenswert:
Einer der Führer der Französischen Revolution, Jean Bon St. André, sagte zu einem Bauern: »Ich will all eure Kirchtürme abreißen lassen, damit euch nichts mehr an eure alte Religion erinnert.« Der Bauer antwortete: »Aber die Sterne können Sie uns nicht wegnehmen.«

6. Februar

Psalm 19,8-15

8 Das Gesetz des Herrn ist vollkommen,
es nährt und erfrischt die Seele.
Die Ratschlüsse des Herrn sind vertrauenswürdig
und machen die Einfältigen weise.
9 Die Gebote des Herrn sind gerecht
und erfreuen das Herz.
Die Vorschriften des Herrn sind klar
und schenken Einsicht.
10 Die Ehrfurcht vor dem Herrn ist lauter
und währt für immer.
Die Gesetze des Herrn sind wahr;
jedes Einzelne ist gerecht.
11 Sie sind begehrenswerter als Gold,
ja als das feinste Edelmetall.
Sie sind süßer als Honig,
ja als Honig, der aus der Wabe tropft.
12 Sie sind eine Mahnung an jeden, der sie hört;
wer ihnen gehorcht, den erwartet reicher Lohn.
13 Wie kann ich alle Sünden kennen, die in meinem Herzen lauern?
Reinige mich von diesen verborgenen Fehlern.
14 Lass mich nie bewusst eine Sünde begehen!
Lass sie nicht Gewalt über mich gewinnen.
Dann werde ich ohne Schuld sein
und frei von schwerer Sünde.
15 Mögen die Worte meines Mundes und die Gedanken meines
Herzens dir wohl gefallen,
o Herr, mein Fels und mein Erlöser.

Ein Pilger auf der Reise

John Bunyan, der den Klassiker *Die Pilgerreise* geschrieben hat, war als Jugendlicher Atheist gewesen »mit einer großen Gier, die Sünde voll auszukosten«. Aber noch vor seinem 30. Lebensjahr zeigte ihm der Heilige Geist, wie sehr er sich verrannt hatte und dass er jemanden brauchte, der ihn freikaufte.

Danach wurde Bunyans Gewissen so empfindlich, dass er Angst hatte Sünden zu begehen, die nicht vergeben werden können. Bunyan studierte intensiv die Bibel; manchmal gab sie ihm Zuversicht und manchmal wurde sein Schuldgefühl noch schlimmer.

Im Rückblick auf diese schwierige Zeit erkannte Bunyan, dass er schwer wiegende Fehler gemacht hatte: Er hatte Gott zwar gebeten ihn zu reinigen (Vers 13), aber nicht ihn in Zukunft vor Sünden zu schützen (Vers 14). Außerdem »stand er nicht fest auf dem Felsen seines Heils« (Vers 15), obwohl er Christus gebeten hatte ihn zu befreien.

Wenn Sie daran glauben, dass Christus Sie gerettet hat, kann es trotzdem sein, dass Sie auf geistlichem Gebiet Niederlagen erleben. Bitten Sie Gott Ihnen zu helfen, sich jeden Tag fester an ihn zu halten als am Tag vorher. Aber Angst brauchen Sie nicht zu haben, denn, wie Bunyan sagt: »Unsere Gerechtigkeit ist Jesus Christus selbst, der gestern, heute und immer derselbe bleibt.«

LIED:
Christi Blut und Gerechtigkeit,
das ist mein Schmuck und Ehrenkleid,
damit will ich vor Gott bestehn,
wenn ich zum Himmel werd eingehn.
NIKOLAUS LUDWIG GRAF VON ZINZENDORF

WÖRTER IM TEXT:
In Vers 8-11 gebraucht David verschiedene Hauptwörter, Eigenschaftswörter und Verben, um die Gebote und Gesetze Gottes zu beschreiben. Welche?

NACHDENKENSWERT:
»Wenn unser Fels nicht auch unser Erlöser wäre, hätten wir keine Hoffnung. Wenn unser Erlöser nicht unser Fels wäre, könnten wir Angst bekommen. Wir dürfen nie vergessen, dass unsere Erlösung die Kraft des Allmächtigen in sich hat.«
G. CAMPBELL MORGAN

7. Februar

Psalm 20

1 *Anweisung für den Chorleiter: Ein Psalm Davids.*
2 Der HERR möge deinen Hilferuf in diesen Zeiten der Not
vernehmen.
Der Gott Israels möge dich vor allem Unglück bewahren.
3 Möge er dir Hilfe aus seinem Heiligtum schicken
und dich von Jerusalem aus stärken.
4 Möge er deiner Gaben gedenken
und wohlgefällig auf deine Brandopfer blicken.
5 Er möge deine Herzenswünsche erfüllen
und deine Vorhaben mit Erfolg krönen.
6 Wir wollen jubeln vor Freude, wenn wir von deinem Sieg hören
und Siegesfahnen zu Ehren unseres Gottes schwenken.
Möge der HERR alle deine Gebete erhören.
7 Jetzt weiß ich, dass der HERR seinen gesalbten König rettet.
Er wird ihm aus seinem heiligen Himmel antworten
und ihn durch seine große Macht erlösen.
8 Manche Völker rühmen sich ihrer Heere und Waffen,
wir aber rühmen uns des HERRN, unseres Gottes.
9 Diese Völker werden fallen und untergehen,
wir aber werden aufstehen und standhalten.
10 Gib unserem König den Sieg, o HERR!
Vernimm unseren Hilferuf.

In schwierigen Zeiten

Am 8. März 1839 stürzte der Schacht eines Kohlenbergwerks in Musselburg in Schottland ein. Der Schacht füllte sich sofort mit Erde und 13 Bergleute wurden eingeschlossen. Sie versuchten verzweifelt zu entkommen. Erst dachten sie, ein verlassener Schacht könnte ein Ausweg sein, aber immer mehr Erde und Kohle stürzte auf sie ein und schließlich waren sie in einem Raum eingeschlossen, der etwa 6 mal 8 Meter groß, aber nur einen Meter hoch war.

In diesem Raum bereiteten sie sich auf das Unausweichliche vor: die Begegnung mit ihrem Schöpfer. Sie beteten zusammen und dann sangen sie Psalm 20, wie sie ihn aus dem schottischen Psalter gelernt hatten.

Der Psalm spricht von Hoffnung, aber warum sangen ihn die Bergleute in dieser scheinbar hoffnungslosen Lage? Die Leute über Tage gruben hektisch, aber wie konnten sie je den kleinen Raum finden, in dem die Eingeschlossenen saßen? Würde Gott ihnen ihren größten Wunsch erfüllen (Vers 5)? Würde er sie durch seine große Macht retten (Vers 7)? Und wenn alles um sie her zusammenfiel, würden sie selbst aufstehen können (Vers 9)? Der Sauerstoffvorrat in dem Raum nahm schnell ab, aber sie beteten weiter und sangen Psalmen.

Wie durch ein Wunder schafften es die Retter, den Platz zu finden, an dem die Verschütteten waren, und alle dreizehn wurden lebend geborgen, während sie noch Psalm 20 sangen. Wie im schottischen Psalter die Strophe lautet, lesen Sie unter »Lied«.

Lied:
Nun rett' uns, Herr,
ohn' Angst zu sein,
und mache unsere
Hoffnung fest,
bis die Erlösung dann
erschein
und Freud und
Triumph erschallen
lässt.
Alter schottischer Psalter

Wissenswertes:
Zur Zeit des Alten Testaments wurden Pferde hauptsächlich zur Kriegführung gebraucht. Was hier in Vers 8 mit »Heere und Waffen« übersetzt ist, heißt wörtlich »Streitwagen und Pferde«.

Parallelstellen zum Thema:
Der Gebrauch von Bannern, Zeichen oder (Sieges-)Fahnen (Vers 5) wird auch sonst in der Bibel erwähnt:
4. Mose 2,2; Psalm 60,6; Jesaja 11,10.

8. Februar

PSALM 21,1-8

1 *Anweisung für den Chorleiter: Ein Psalm Davids.*
2 Wie freut sich der König an deiner Stärke, o HERR!
Er jubelt vor Freude über deinen Sieg.
3 Denn du hast ihm seinen Herzenswunsch erfüllt;
hast ihm nichts verwehrt, um das er bat.
Zwischenspiel
4 Du hast ihn mit Reichtum und Erfolg überschüttet.
Hast ihm eine Krone aus feinstem Gold aufs Haupt gesetzt.
5 Er hat darum gebetet, dass du sein Leben bewahrst,
und du hast sein Gebet erhört.
Sein Leben wird ewig währen.
6 Dein Sieg bringt ihm große Ehre,
und du hast ihn in Glanz und Herrlichkeit gekleidet.
7 Du hast ihm ewigen Segen gewährt,
hast ihm die Freude deiner Gegenwart geschenkt.
8 Denn der König vertraut auf den HERRN.
Die unwandelbare Liebe des Höchsten
wird ihn vor dem Straucheln bewahren.

Gott geht vor uns her

Heinrich IV. von Frankreich (Heinrich von Navarra) saß wegen seines protestantischen Glaubens in Paris im Gefängnis. Eines Tages gelang es ihm auszubrechen und zu den Hugenotten zu flüchten, die im ganzen Land verfolgt wurden. In einem hugenottischen Gottesdienst hörte er die Gläubigen Psalm 21 singen. Er hörte, dass er von Gottes Segen für den König handelte, und nahm an, man hätte ihn zu seiner Begrüßung ausgesucht. Als man ihm sagte, Psalm 21 sei einfach an der Reihe gewesen, war er überzeugt, dass Gott das so eingerichtet hatte, und bewunderte Gottes vorausschauendes Handeln.

In der King-James-Übersetzung heißt Vers 3: »For thou preventest him with the blessings of goodness« – »du gehst mit deiner großen Güte vor ihm her.« So sprechen Theologen auch von der »vorgreifenden Gnade« und meinen, dass Gott durch sein liebevolles Handeln schon den Weg zu unserer Rettung vorbereitet hat.

Das war es, was Heinrich IV. in Erstaunen versetzte: Gott war vor ihm hergegangen. Dasselbe versetzte auch König David in Erstaunen: Gott war schon da und begrüßte ihn festlich.

Wenn wir auf Gott zugehen, sehen wir, dass er schon auf uns zugegangen ist. Ob wir König oder Arbeiter oder irgendetwas dazwischen sind, Gott hat den Weg zu unserer Rettung schon vorbereitet. Wir müssen nur die Leitung an ihn übergeben.

LIED:
Eh sie noch rufend lallen,
lässt er schon Antwort schallen;
die Hilfe wird gesendet,
eh sie ihr Flehn vollendet.
E. GOTTLIEB WOLTERSDORF

WISSENSWERTES:
Das Targum, eine alte aramäische Übersetzung und Auslegung des Alten Testaments, deutete diesen Psalm als Hinweis auf den Messias. Vers 2 heißt da: »Der König Messias freut sich.«

ÜBERBLICK:
Psalm 20 und 21 entsprechen sich. Beide handeln vom König. Der erste ist ein Fürbittengebet, vielleicht wenn der König in den Krieg zieht. Der zweite ist ein Dankgebet, möglicherweise für seine siegreiche Heimkehr.

9. Februar

PSALM 21,9-14

9 Du wirst alle seine Feinde gefangen nehmen.
Deine starke Rechte wird alle ergreifen, die dich hassen.
10 Du wirst sie vernichten wie in einem glühenden Ofen,
wenn du kommst.
Der HERR wird sie in seinem Zorn verzehren;
Feuer wird sie verbrennen.
11 Du wirst ihre Kinder vom Angesicht der Erde vertilgen;
sie werden keine Nachkommen haben.
12 Sie werden sich gegen dich verschwören,
doch ihre Ränke werden fehlschlagen.
13 Sie werden kehrt machen und fliehen,
wenn sie sehen, dass deine Pfeile auf sie gerichtet sind.
14 Wir loben dich, HERR, für deine große Macht.
Mit Gesang und Musik feiern wir deine mächtigen Werke.

Der übernächste Berg

Der erfahrene Wanderer zeigte auf einen Berggipfel in der Ferne. »Da wollen wir hin. Wenn alles gut geht, schaffen wir es in vier Tagen.« »Vier Tage!«, rief ein junger, unerfahrener Wanderer. »Auf diesem Berg können wir heute Abend sein!«

Der Ältere schüttelte nur lächelnd den Kopf: »Es ist weiter, als du denkst.«

Den ganzen Tag stiegen sie auf dem Waldpfad aufwärts; der Jüngere trieb zur Eile, um am Abend auf dem Gipfel zu sein. Als die Sonne unterging, hörte die Steigung tatsächlich auf und sie kamen auf eine Lichtung. »Siehst du«, rief der junge Wanderer, »wir sind oben.«

Der »alte Hase« lächelte wieder und zeigte auf den nächsten Berg, der noch höher vor ihnen aufragte. »Nein, da wollen wir hin.«

So ist es mit Psalm 21. Vordergründig handelt er von David. Aber wenn man genauer hinschaut, entdeckt man noch eine tiefere und weiter gehende Bedeutung. Vers 5 lautet: »Sein Leben wird ewig währen.« Vers 10: »Du wirst sie vernichten wie in einem glühenden Ofen, wenn du kommst«, erinnert uns an Jesus in Offenbarung 6,16. Auch viele jüdische Gelehrte haben gemeint, dieser Psalm handle vom Messias.

Dieser Psalm gibt Anlass, Gott für seine Wahrhaftigkeit und gerechte Herrschaft zu preisen. Aber das ist nicht alles. Wenn Sie weiter schauen auf den Berg dahinter, ahnen Sie den kommenden Herrscher, der »immer und ewiglich« leben und regieren wird.

LIED:
Er ist Gott und Herr und König,
er regieret ewiglich.
Zion, sei ihm untertänig,
freu mit deinen Kindern dich!
Sieh, dein Herr und Gott ist da;
Halleluja! Er ist nah!
MATTHIAS JORISSEN

NACHDENKENSWERT:
»Wir haben viel zu viel Angst vor denen, die Gott hassen. Sie können ihr Ziel nicht erreichen. Der, der ihnen jeden Augenblick Einhalt gebieten kann, setzt ihnen Grenzen. Die meisten Gefahren bestehen nur in unserer Vorstellung. Das gilt sowohl für die Kirche als auch für die einzelnen Christen.«
ALFRED EDERSHEIM

10. Februar

Psalm 22,1-11

1 *Anweisung für den Chorleiter: Ein Psalm Davids, zu singen nach der Melodie: »Hirschkuh im Morgendämmer.«*
2 Mein Gott, mein Gott! Warum hast du mich verlassen?
Warum bleibst du so fern?
Warum hörst du meine Hilferufe nicht?
3 Jeden Tag rufe ich zu dir, mein Gott,
doch du antwortest nicht.
Jede Nacht fleht meine Stimme zu dir,
aber ich finde keine Hilfe.
4 Und doch bist du heilig.
Der Lobpreis Israels umgibt deinen Thron.
5 Unsere Vorfahren haben dir vertraut,
und du hast sie befreit.
6 Du hast ihre Hilferufe gehört und sie gerettet.
Sie haben dir vertraut und wurden nicht enttäuscht.
7 Ich aber bin ein Wurm und kein Mensch.
Bin von allen verlacht und verachtet!
8 Wer mich sieht, verhöhnt mich.
Sie schnauben wegwerfend, schütteln den Kopf und sagen:
9 »Ist das der Mensch, der sich auf den HERRN verlässt?
Dann soll doch der HERR ihn retten!
Wenn der HERR ihn so sehr liebt,
soll der HERR ihm auch helfen!«
10 Doch du hast mich sicher aus dem Mutterleib geholt
und mich gelehrt, dir zu vertrauen, als ich noch ein kleines Kind war.
11 Seit meiner Geburt bist du mein einziger Halt.
Du bist mein Gott von dem Augenblick meiner Geburt.

Ich bin ein Wurm und kein Mensch

Lancelot Andrewes, ein anglikanischer Geistlicher, der an der Übersetzung der King-James-Bibel mitarbeitete, hielt einmal eine Predigt über den ersten Teil von Vers 7: »Ich aber bin ein Wurm und kein Mensch.«

Er erklärte, dass Angler wissen, dass nie ein Fisch anbeißt, wenn kein Wurm am Haken ist. So ähnlich, sagte er, sei es gewesen, als Jesus kam, um uns loszukaufen: »Er versteckte sein göttliches Wesen in dem Wurm seiner menschlichen Natur. Der Teufel, die große Wasserschlange, wollte diesen menschlichen Wurm fressen, wurde aber am Haken seiner Göttlichkeit gefangen ... Er wollte Christus vernichten und vernichtete dadurch seine eigene Herrschaft und verlor seine Macht.«

Psalm 22 zeigt einen Menschen in tiefster Verzweiflung, der sich von allen verlassen fühlt, auch von Gott. Der ganze Psalm passt genau zum Bericht von der Kreuzigung von Jesus; es liegt also nahe, dass Jesus am Kreuz den ersten Vers zitierte. Da musste er alles Unrecht der Welt tragen und fühlte sich ganz von seinem himmlischen Vater verlassen, der ihn seinen »geliebten Sohn« genannt hatte (Mt 3,17). Aber auch Andrewes bemerkt, dass der Vater seinen Sohn nicht völlig verlassen hatte. Er verfolgte ein größeres, ewiges Ziel: die Rettung der Menschheit.

LIED:
Aber lass mich nicht allein deine Marter sehen:
lass mich auch die Ursach sein und die Frucht verstehen.
Ach, die Ursach war auch ich, ich und meine Sünde!
Diese hat gemartert dich, dass ich Gnade finde.
STEGMUND VON BIRKEN

PARALLELSTELLEN ZUM THEMA:
Inwiefern gleichen sich die Leiden der hier dargestellten Person mit den in Jesaja 52,13-53,12 und Matthäus 27,41-46 beschriebenen?

NACHDENKENSWERT:
»Dies ist ein Trost für ›Verlassene‹. Auch Christus war verlassen. Es kann sein, dass wir nichts davon fühlen, dass Gott uns liebt. So ging es Christus.«
JOHN ROW

11. Februar

PSALM 22,12-22

12 Bleib mir nicht fern,
denn die Not ist so nah.
13 Meine Feinde umzingeln mich wie eine Herde Stiere;
schnaubende Stiere von Baschan schließen mich ein!
14 Wie brüllende Löwen greifen sie ihre Beute an,
kommen mit aufgerissenen Mäulern auf mich zu.
15 Mein Leben ist ausgeschüttet wie Wasser,
meine Gelenke sind ausgerenkt.
Mein Herz ist wie Wachs,
das in mir schmilzt.
16 Meine Stärke ist vertrocknet wie sonnentrockener Lehm.
Meine Zunge klebt mir am Gaumen.
Du hast mich in den Staub gestoßen und liegen lassen wie tot.
17 Meine Feinde umzingeln mich wie ein Rudel Hunde;
eine ruchlose Rotte schließt mich ein.
Sie haben mir Hände und Füße durchbohrt.
18 Ich kann jeden Knochen in meinem Körper zählen.
Meine Gegner weiden sich an meinem Anblick.
19 Sie verteilen meine Kleider unter sich
und würfeln um meine Gewänder.
20 O HERR, bleib nicht fern!
Du bist meine Stärke; eile mir zu Hilfe!
21 Rette mich vor einem gewaltsamen Tod;
beschütze mein kostbares Leben vor diesen Hunden.
22 Entreiße mich den Kiefern der Löwen
und den Hörnern dieser wilden Stiere.

Ein bewunderungswürdiger Retter

Schon die Evangelisten erkannten, dass dieser Psalm von Jesus und seinem Leiden am Kreuz handelt (Mk 15,34; Joh 19,24). Aber wie konnte der Dichter etwas, was erst viele hundert Jahre später eintrat, so genau beschreiben? Als der Psalm geschrieben wurde, gab es noch keine Kreuzigungen.

Die Erklärung besagt, dies sei ein Psalm Davids. Aber wann hat David so Schreckliches erlebt? Manche meinen, er erinnerte eher an Jeremia, der wirklich gefoltert wurde. Gott hat den Dichter inspiriert, ein sehr persönliches Leiden darzustellen, in dem man die Kreuzigung von Jesus Jahrhunderte später wieder erkannte.

In den ersten elf Versen wechseln sich Klagen und Bitten um Erleichterung ab – jeweils zwei oder drei Verse Klagen und dann das Gebet um Hilfe. Aber hier in den mittleren Versen werden alle grausigen Einzelheiten geschildert. Da sehen wir nicht nur Schmerz, sondern auch tiefste Demütigung.

»Du hast mich in den Staub gestoßen«, heißt es da (Vers 16). Wer tut das? Nicht die »gewaltigen Stiere«, die »brüllenden Löwen«, die »Hunde« oder »eine ruchlose Rotte«, sondern »mein Gott, mein Gott« (Vers 2). Auch in Jesaja 53,10 heißt es: »So wollte ihn der Herr zerschlagen mit Krankheit.« Und Jesaja nennt auch den Grund: »Aber er ist um unserer Missetat willen verwundet und um unserer Sünde willen zerschlagen. Die Strafe liegt auf ihm, auf dass wir Frieden hätten, und durch seine Wunden sind wir geheilt« (Jesaja 53,5).

Es ist kaum vorstellbar, dass Jesus all das freiwillig auf sich genommen hat. Es nötigt uns Bewunderung ab, dass wir einen solchen Retter haben.

Lied:
*Es ist das ewige Erbarmen, das alles Denken übersteigt,
es sind die offnen Liebesarme, des, der sich zu dem Sünder neigt,
dem allemal das Herze bricht,
wir kommen oder kommen nicht.*
Johann Andreas Rothe

Wörter im Text:
Baschan (Vers 13) war eine Gegend östlich des Sees Genezareth. Da gab es große ebene Wiesenflächen, so dass das Vieh dort gut ernährt und kräftig war. Siehe auch 5. Mose 32,14 und Hesekiel 39,18.

Nachdenkenswert:
»Christus hat freiwillig Nacktheit ertragen, damit wir mit Gerechtigkeit und Ehre bekleidet werden und ewig in weißen Kleidern mit ihm gehen dürfen.«
George Hutcheson

12. Februar

PSALM 22,23-32

23 Dann will ich meinen Brüdern und Schwestern das Wunder
deines Namens verkünden.
Ich will dich unter meinem ganzen Volk rühmen.
24 Lobt den HERRN, alle, die ihn fürchten!
Ehrt ihn, ihr Nachkommen Jakobs!
Erweist ihm Ehrfurcht, ihr Nachkommen Israels!
25 Denn er hat die Augen nicht vor dem Leid der Bedürftigen
verschlossen.
Er hat sich nicht abgewandt und ist nicht fortgegangen.
Er hat ihre Hilferufe vernommen.
26 Ich will ihn loben im ganzen Volk;
will meine Gelübde vor denen, die ihn anbeten, erfüllen.
27 Die Armen sollen essen und satt werden.
Alle, die den HERRN suchen, werden ihn loben.
Ihre Herzen werden mit ewiger Freude erfüllt sein.
28 Die ganze Erde wird den HERRN anerkennen und zu ihm
zurückkehren.
Die Menschen aller Völker werden sich vor ihm verneigen.
29 Denn der HERR ist König!
Er herrscht über alle Völker.
30 Die Reichen der Erde sollen ein Fest feiern und anbeten.
Die Sterblichen – die geboren werden, um zu sterben –
sollen sich in seiner Gegenwart neigen.
31 Auch künftige Generationen werden ihm dienen.
Unsere Kinder werden die Wunder des HERRN vernehmen.
32 Schon den Ungeborenen wird man von seinen gerechten
Taten erzählen.
Sie werden alles erfahren, was er vollbracht hat.

Kommt zum Fest

Zwischen der Verzweiflung in Vers 22 und der Hochstimmung in Vers 24 dieses Psalms muss etwas Wunderbares passiert sein. Noch in Vers 21 war von einem »gewaltsamen Tod« die Rede. Doch plötzlich lobt der Dichter Gott und fordert alle Menschen auf dasselbe zu tun. Es gibt auch andere Psalmen, die am Anfang von Gefahren reden und mit Lob enden, aber keiner schlägt so plötzlich von tiefster Verzweiflung in jubelnde Freude um.

Wir haben schon gesehen, wie unheimlich genau die Leidensbeschreibung von Psalm 22 auf die Kreuzigung von Jesus passt. Dieser letzte Teil erinnert fast zwangsläufig an die Apostelgeschichte, in der die Jünger in der ganzen bekannten Welt »das Wunder deines Namens verkünden« (Vers 23).

Teil der Freudenäußerung in diesem Text ist die Beschreibung eines Festessens (Vers 26-30), vielleicht in Anlehnung an das Opferfest in 3. Mose 7. Es hat auch Parallelen zu dem Fest, von dem Jesus spricht, zu dem die Armen, Behinderten und Blinden eingeladen werden (Lk 14,15-24). Die Offenbarung beschreibt das Fest, das alle anderen ablöst: das »Hochzeitsmahl des Lammes« (Offb 19,9).

LIED:
So sammle deine Herden dir aus der Völker Zahl,
dass viele selig werden und ziehn zum Abendmahl.
Schließ auf die hohen Pforten!
Es strömt dein Volk heran;
wo's noch nicht Tag geworden,
da zünd dein Feuer an.
CHRISTIAN BARTH

PARALLELSTELLEN ZUM THEMA:
Hat die Einladung zum Herrenmahl in 1. Korinther 11,23-26 Ähnlichkeit mit der Aufforderung hier: »Die Armen sollen essen und satt werden« (Vers 27)?

NACHDENKENSWERT:
»Man kann vor der Tür eines Kornspeichers verhungern. Nimm dir etwas zu essen, indem du an Jesus Christus glaubst. Nimm sein Wort ganz tief in dein Inneres auf, dann gehört es wirklich dir und ernährt dich.«
ALEXANDER MAC LAREN

13. Februar

Psalm 23

Ein Psalm Davids.
1 **Der Herr ist mein Hirte;**
ich habe alles, was ich brauche.
2 Er lässt mich ausruhen in grünen Tälern;
er führt mich an friedlich fließende Ströme.
3 Er schenkt mir Kraft.
Er zeigt mir den richtigen Weg
und macht seinem Namen Ehre.
4 Auch wenn ich durch das dunkle Tal des Todes gehe,
fürchte ich mich nicht,
denn du bist an meiner Seite.
Dein Stecken und Stab
schützen und trösten mich.
5 Du richtest mir ein Fest aus
in Gegenwart meiner Feinde.
Du nimmst mich als Gast auf
und salbst mein Haupt mit Öl.
Mein Becher fließt über von Segnungen.
6 Deine Güte und unwandelbare Liebe begleiten mich
alle Tage meines Lebens,
und ich werde für immer im Hause des Herrn wohnen.

Fünf starke Worte

Alles, was man für die Ewigkeit braucht, steckt in diesen fünf Anfangsworten von Psalm 23.

Der: Gott ist der einzige Gott, wie es im ersten Gebot steht. Er ist nicht *ein* Herr, sondern *der* Herr.

Herr: Dieser Name zeigt uns, wie freundlich, liebevoll und zuverlässig er zu uns ist.

Ist: Die Gegenwartsform macht deutlich, dass Gott lebt. Er ist heute derselbe wie gestern.

Mein: Gott ist keine unpersönliche Kraft. Er will für Sie persönlich der Hirte sein.

Hirte: Und was für ein Hirte! Er kümmert sich so liebevoll um seine Schafe, dass er sogar für sie stirbt.

Ein Pfarrer besuchte einmal einen schwerkranken Jungen. Um ihn zu trösten, erklärte er ihm den Anfang von Psalm 23 Wort für Wort. Bei jedem Wort sollte das Kind einen seiner Finger festhalten, zum Schluss den Daumen bei dem Wort *Hirte*. Der Pfarrer wusste nicht recht, wie viel das Kind davon verstand.

Der Junge starb und kurz darauf sagte die Mutter im Gespräch mit dem Pfarrer: »Kurz bevor er starb, hielt er seinen Zeigefinger ganz fest. Es schien, als wollte er mir etwas sagen.«

Da wusste der Pfarrer, dass das Kind ihn verstanden hatte. Es hatte den Finger festgehalten, der »mein« bedeutete. Es wusste, dass Gott es persönlich »durch das dunkle Tal des Todes« führen würde.

LIED:
*Der Herr, mein Hirte, führet mich.
Fürwahr, nichts mangelt mir.
Er lagert mich auf grünen Aun
bei frischem Wasser hier.*
LOTTE SAUER

PARALLELSTELLEN ZUM THEMA:
In Johannes 10,14-16 wird das Thema »Der Herr ist mein Hirte« weiter ausgeführt.

NACHDENKENSWERT:
»Diese Worte sagen alles. Alles Weitere dient nur dazu, dass wir besser verstehen, wie umfassend diese großartige Wahrheit ist ... Wenn wir unterwegs sind, sind wir nicht verlassen. Auch in den dunkelsten Stunden, ist er immer bei uns. In allen Schwierigkeiten unterstützt er uns.«
G. CAMPBELL MORGAN

14. Februar

Psalm 23

Ein Psalm Davids.
1 Der Herr ist mein Hirte;
ich habe alles, was ich brauche.
2 **Er lässt mich ausruhen in grünen Tälern;**
er führt mich an friedlich fließende Ströme.
3 Er schenkt mir Kraft.
Er zeigt mir den richtigen Weg
und macht seinem Namen Ehre.
4 Auch wenn ich durch das dunkle Tal des Todes gehe,
fürchte ich mich nicht,
denn du bist an meiner Seite.
Dein Stecken und Stab
schützen und trösten mich.
5 Du richtest mir ein Fest aus
in Gegenwart meiner Feinde.
Du nimmst mich als Gast auf
und salbst mein Haupt mit Öl.
Mein Becher fließt über von Segnungen.
6 Deine Güte und unwandelbare Liebe begleiten mich
alle Tage meines Lebens,
und ich werde für immer im Hause des Herrn wohnen.

Tipps von einem Schafzüchter

In dem Buch *Psalm 23 aus der Sicht eines Schafhirten* erzählt Philip Keller von seinen Erfahrungen als Schafzüchter. Ziemlich schnell merkte er: »Schafe sorgen nicht einfach für sich selbst … Sie bedürfen mehr als alle anderen Tiere der ständigen Überwachung und der peinlichsten Pflege.«

Er bemerkte auch, dass Schafe sich nicht ausruhen oder hinlegen, wenn sie Angst oder Streit miteinander haben oder Hunger oder Ungeziefer sie belästigen. Dann zeigt Keller, wie Gott uns von Angst (2. Tim 1,7), Konflikten (Phil 4,6-7), dem täglichen Ärger (Joh 14,27) und geistlichem Hunger befreit (Joh 6,35).

Im Blick auf das »frische Wasser« erklärt Keller, dass Schafe auf drei Arten ihren Durst löschen: 1. indem sie morgens den Tau auflecken, 2. mit Wasser, das man aus Brunnen pumpt, oder 3. mit fließendem Wasser aus Bächen. Auch hier gibt es Parallelen zum Leben des Christen: Der morgendliche Tau erinnert uns, dass wir gleich zum Anfang des Tages geistliche Erfrischung brauchen; die Brunnen und Pumpen können Möglichkeiten darstellen, die Gott uns gibt, unser geistliches Leben zu vertiefen; und das fließende Wasser ist ein Bild für das Handeln des Heiligen Geistes (s. Joh 7,39), der uns zur Wahrheit führt.

Auf unseren guten Hirten kann man sich verlassen. Er sorgt für uns und führt uns dahin, wo wir hingehen müssen.

LIED:
*Unter seinem sanften Stab geh ich aus und ein
und hab alle Tage frische Weide, dass ich keinen Hunger leide;
und sooft ich durstig bin, führt er mich zum Brunnquell hin.*
LUISE VON HAHN

PARALLELSTELLEN ZUM THEMA:
Auch beim Propheten Hesekiel wird Gott als Hirte dargestellt: Hesekiel 34,11-24.

NACHDENKENSWERT:
»Die grünen Auen gab es nur zu bestimmten Jahreszeiten. Im Winter und Frühling wurden die Felder und sogar Teile der Wüste grün. Aber im Sommer und Herbst musste man die Schafe an viele verschiedene Plätze führen, damit sie Futter fanden. Gott sorgt nicht nur zu bestimmten Zeiten für uns, sondern beständig und reichlich.«
WILLEM VAN DEMEREN

15. Februar

PSALM 23

Ein Psalm Davids.
1 Der HERR ist mein Hirte;
ich habe alles, was ich brauche.
2 Er lässt mich ausruhen in grünen Tälern;
er führt mich an friedlich fließende Ströme.
3 **Er schenkt mir Kraft.**
Er zeigt mir den richtigen Weg
und macht seinem Namen Ehre.
4 Auch wenn ich durch das dunkle Tal des Todes gehe,
fürchte ich mich nicht,
denn du bist an meiner Seite.
Dein Stecken und Stab
schützen und trösten mich.
5 Du richtest mir ein Fest aus
in Gegenwart meiner Feinde.
Du nimmst mich als Gast auf
und salbst mein Haupt mit Öl.
Mein Becher fließt über von Segnungen.
6 Deine Güte und unwandelbare Liebe begleiten mich
alle Tage meines Lebens,
und ich werde für immer im Hause des HERRN wohnen.

Wo gehen wir hin?

In George Macdonalds Buch *The Marquis of Lossie* kommt ein verkrüppeltes Kind vor, das ständig jammert: »Ich weiß nicht, wo ich herkomme, und ich weiß nicht, wo ich hingehe!«

Der Philosoph Immanuel Kant machte es sich zur Aufgabe, die Antwort auf drei Fragen zu finden: 1. Was bin ich? 2. Woher komme ich? 3. Wohin gehe ich? Aber trotz jahrzehntelangen Suchens und Forschens konnte er die Fragen nicht beantworten.

Auch heute wissen die meisten Menschen leider nicht, wohin sie gehen. Sie tun jeweils das, was ihnen im Augenblick richtig vorkommt. Manchen gefällt die Reise und sie fragen sich nie, wo sie am Ende ankommen wollen. Andere wechseln ständig die Richtung und finden nie den »richtigen Weg«.

Wir brauchen glücklicherweise nicht in der Wüste umherzuirren, sondern Gott gibt denen, die ihn suchen, die Richtung an und führt sie auf dem richtigen Weg (Vers 3).

Wenn Sie heute unterwegs sein müssen, haben Sie Zeit Gott zu danken, dass er Sie in geistlichen Dingen leitet und Ihnen hilft richtige Entscheidungen zu treffen und ihm Ehre zu machen (Vers 3).

LIED:
Erquickung schenkt er meiner Seel und führet gnädiglich um seines hohen Namens Ehr auf rechter Straße mich.
LOTTE SAUER

PARALLELSTELLEN ZUM THEMA:
Über gerade und krumme Wege finden Sie Aussagen in Sprüche 2,12-15; 5,3-6; 10,9.

NACHDENKENSWERT:
»Schafe gehen gewohnheitsmäßig immer eines hinter dem anderen. Blindlings folgen sie ihrem Vordermann auf dem gleichen schmalen Pfad, bis aus den Pfaden Furchen und aus den Furchen durch die einsetzende Erosion tiefe Gräben geworden sind. Genau so handeln die Menschen. Krampfhaft halten sie an üblen Gewohnheiten fest, obwohl sie genau wissen, dass dadurch im Leben anderer schon viel Unheil angerichtet wurde.«
PHILIP KELLER

16. Februar

Psalm 23

Ein Psalm Davids.
1 Der Herr ist mein Hirte;
ich habe alles, was ich brauche.
2 Er lässt mich ausruhen in grünen Tälern;
er führt mich an friedlich fließende Ströme.
3 Er schenkt mir Kraft.
Er zeigt mir den richtigen Weg
und macht seinem Namen Ehre.
4 **Auch wenn ich durch das dunkle Tal des Todes gehe,**
fürchte ich mich nicht,
denn du bist an meiner Seite.
Dein Stecken und Stab
schützen und trösten mich.
5 Du richtest mir ein Fest aus
in Gegenwart meiner Feinde.
Du nimmst mich als Gast auf
und salbst mein Haupt mit Öl.
Mein Becher fließt über von Segnungen.
6 Deine Güte und unwandelbare Liebe begleiten mich
alle Tage meines Lebens,
und ich werde für immer im Hause des Herrn wohnen.

Friede im Tal

Joseph Addison war einer der besten Essayisten des 18. Jahrhunderts. Er versuchte sich in der Politik, aber er war schüchtern und äußerst ungeschickt und brachte es nicht weiter als bis zum Kabinettsmitglied. Einmal versuchte er vor dem Parlament zu sprechen, aber er fing an zu stottern, verhaspelte sich, wurde rot und hustete. Da entschuldigte er sich, setzte sich und versuchte es nie wieder.

F. S. Boreham berichtet, dass es zwei Dinge gab, die Addison leidenschaftlich liebte: Er hing an den Feldern und Wasserläufen seiner Heimat und er liebte Psalm 23. Addison schrieb auch dichterische Übersetzungen der Psalmen 23 und 19, die 1712 in der Zeitschrift *The Spectator* veröffentlicht wurden.

Addison hatte den 23. Psalm als kleines Kind von seiner Mutter gelernt. Als Schriftsteller bewunderte er seine besondere poetische Schönheit und als Christ beeindruckte ihn seine Aussage. Lord Thomas Macaulay lobte Addison mit diesen Worten: »Er liebte den Psalm, der den Herrscher aller Dinge in dem liebenswerten Bild des Hirten darstellt, der die Herde mit seinem Stab durch unheimliche und verlassene Schluchten zu wasserreichen, üppig grünen Wiesen führt.« Als Addison mit 47 Jahren auf dem Sterbebett lag, hielt er sich an das Versprechen in Vers 4: »... fürchte ich mich nicht, denn du bist an meiner Seite.« Er wusste, dass er sterben würde, und schickte nach seinem Schwiegersohn, dem Grafen von Warwick, der von Gott und verantwortlicher Lebensweise nichts wissen wollte. Als der Graf kam, sagte Addison: »Schau dir an, wie friedlich man als Christ sterben kann.«

LIED:
Sei du mein Stab und Stecken,
so kann mich nicht erschrecken
des Todes finstres Tal;
ja in der Nächte längsten
kann ich mich nimmer ängsten;
ich steh im Lichte allzumal.
ADOLF HARLESS

WÖRTER IM TEXT:
Beachten Sie die Pronomen »er« und »sein«, die in Vers 2 und 3 fünfmal vorkommen. In den letzten drei Versen dagegen sind die Pronomen »du« und »dein«.

WISSENSWERTES:
Der »Stecken« wurde gebraucht, um wilde Tiere niederzuschlagen, die die Schafe bedrohten (vgl. 1. Sam 17,35.43). Mit dem »Stab« wurden die Schafe gelenkt.

17. Februar

PSALM 23

Ein Psalm Davids.
1 Der HERR ist mein Hirte;
ich habe alles, was ich brauche.
2 Er lässt mich ausruhen in grünen Tälern;
er führt mich an friedlich fließende Ströme.
3 Er schenkt mir Kraft.
Er zeigt mir den richtigen Weg
und macht seinem Namen Ehre.
4 Auch wenn ich durch das dunkle Tal des Todes gehe,
fürchte ich mich nicht,
denn du bist an meiner Seite.
Dein Stecken und Stab
schützen und trösten mich.
5 **Du richtest mir ein Fest aus**
in Gegenwart meiner Feinde.
Du nimmst mich als Gast auf
und salbst mein Haupt mit Öl.
Mein Becher fließt über von Segnungen.
6 Deine Güte und unwandelbare Liebe begleiten mich
alle Tage meines Lebens,
und ich werde für immer im Hause des HERRN wohnen.

Ehrengast beim Festessen

Hier in Vers 5 verändert sich das Bild. Der Dichter sieht sich nicht mehr als Schaf, das auf dem grünen Hang weidet, sondern als Ehrengast bei einem luxuriösen Essen.

Festessen kommen in der Bibel häufig vor. Matthäus gab ein Essen für Jesus und seine Jünger, während Feinde (Pharisäer) draußen standen. Die Pharisäer fragten die Jünger: »Isst er mit den Zöllnern und Sündern?« (Mk 2,16).

Später lädt ein Pharisäer Jesus zum Essen ein (Lk 7,36), aber er salbt ihm den Kopf nicht mit Öl. Stattdessen kommt dann eine »Sünderin« und salbt ihm die Füße (Lk 7,36-50).

Auch im Hohenlied Salomos kommt ein Festessen vor. Da sagt die junge Frau: »Er führt mich in den Weinkeller, und die Liebe ist sein Zeichen über mir« (Hld 2,4).

In Psalm 23 lädt der gute Hirte uns »Zöllner und Sünder« zu seinem Fest ein, um zu zeigen, wie sehr er uns liebt, und nicht wir salben ihm den Kopf, sondern er uns! Wenn man in Psalm 15 liest, unter welchen Bedingungen man in Gottes Nähe kommen kann, müsste man annehmen, das sei für uns ausgeschlossen – und so wäre es auch, wenn es auf uns ankäme. Aber das ist das Schöne: Gott hat uns zu seinem Fest eingeladen und behandelt uns als Ehrengäste! Das ist wirklich »überfließende« Liebe.

LIED:
Wenn in dem Kampfe schwerer Leiden der Seele Mut und Kraft gebricht, so salbest du mein Haupt mit Freuden, so tröstet mich dein Angesicht; da spür ich deines Geistes Kraft, die in der Schwachheit alles schafft.
JOHANN GOTTFRIED

PARALLELSTELLEN ZUM THEMA:
Ein anderes Festessen wird in Jesaja 25,6-8 erwähnt. Wie unterscheidet es sich von dem in Psalm 23,5?

NACHDENKENSWERT:
»Die Sünde muss vor der Gnade kapitulieren. Etwas Großes kann in etwas noch Größerem verschwinden. Und Gottes Gnade ist das Einzige noch Größere, das es je geben wird.«
JAMES UND EDWARD HASTINGS

18. Februar

PSALM 23

Ein Psalm Davids.
1 Der HERR ist mein Hirte;
ich habe alles, was ich brauche.
2 Er lässt mich ausruhen in grünen Tälern;
er führt mich an friedlich fließende Ströme.
3 Er schenkt mir Kraft.
Er zeigt mir den richtigen Weg
und macht seinem Namen Ehre.
4 Auch wenn ich durch das dunkle Tal des Todes gehe,
fürchte ich mich nicht,
denn du bist an meiner Seite.
Dein Stecken und Stab
schützen und trösten mich.
5 Du richtest mir ein Fest aus
in Gegenwart meiner Feinde.
Du nimmst mich als Gast auf
und salbst mein Haupt mit Öl.
Mein Becher fließt über von Segnungen.
6 **Deine Güte und unwandelbare Liebe begleiten mich**
alle Tage meines Lebens,
und ich werde für immer im Hause des HERRN wohnen.

Wachhunde bei Gott?

Manche betrachten »Güte und unwandelbare Liebe« (Vers 6) wie Gottes Wachhunde. Der gute Hirte geht voran und die Hunde treiben uns von hinten an.

Dieses Bild erinnert an ein Gedicht von Francis Thompson mit dem Titel »Der himmlische Jagdhund«, das so anfängt:

Ich floh vor ihm den ganzen Tag und nachts;
ich floh vor ihm durch lange Jahresflure;
ich floh vor ihm durch den verschlungenen Weg
des eignen Denkens ...
vor dem, der unermüdlich immer folgte.

Viele flüchten ihr Leben lang vor Gott und seiner Liebe. Auch die, die sagen, sie folgten Gott nach, laufen manchmal vor ihm weg. Warum genau Menschen vor Gott weglaufen, ist nicht ganz klar. Im Blick auf seine eigene Flucht vor Gott erklärte der Dichter George Herbert: »Die Liebe bat mich herein; aber ich scheute zurück, ich war schmutzig und schuldig.« Aber Francis Thompson hat Recht, wenn er sagt: »Die Liebe kann besser verfolgen, als die Angst flüchten kann.« Wenn wir vor Gott weglaufen, kann er uns mit Güte und unwandelbare Liebe einholen und zu seinen grünen Weiden zurückbringen.

LIED:
Ja, deine Güte folget mir mein ganzes Leben lang, und immerdar im Haus des Herrn ertönt mein Lobgesang.
LOTTE SAUER

WISSENSWERTES:
Nach einer langen, anstrengenden Reise hatte John Wesley so schlimme Schmerzen, dass er nicht stehen konnte. Er hielt eine Predigt über Psalm 23 kniend.

NACHDENKENSWERT:
»Ständig unterwegs zu sein ermüdet den Menschen schnell. Jeder sucht einen Platz, den er endgültig sein Zuhause nennen kann.«
NORMAN KELLOW

19. Februar

PSALM 24

Ein Psalm Davids

1 Die Erde und alles, was darauf ist, gehört dem HERRN.
Die Welt und die Menschen sind sein.
2 Denn er hat die Grundfesten der Erde in den Meeren gelegt
und sie auf den Tiefen der Ozeane erbaut.
3 Wer könnte den Berg des HERRN ersteigen?
Wer an seinem heiligen Ort stehen?
4 Nur die, deren Hände und Herzen rein sind,
die keine Götzen anbeten und niemals lügen.
5 Sie empfangen den Segen des HERRN
und haben das Recht, vor Gott, ihren Retter, hinzutreten.
6 Sie allein dürfen sich Gottes Gegenwart nähern
und dem Gott Israels Anbetung weihen.

Zwischenspiel

7 Öffnet euch, ihr Tore aus alter Zeit!
Öffnet euch, ihr Türen,
und lasst den König der Herrlichkeit ein.
8 Wer ist der König der Herrlichkeit?
Der HERR, streng und mächtig,
der HERR, unbesiegbar in der Schlacht.
9 Öffnet euch, ihr Tore aus alter Zeit!
Öffnet euch, ihr Türen,
und lasst den König der Herrlichkeit ein.
10 Wer ist der König der Herrlichkeit?
Der allmächtige HERR –
er ist der König der Herrlichkeit.

Macht die Tore auf!

Dieser Psalm ist vielleicht zur Feier des Tages geschrieben worden, an dem die Bundeslade endlich auf den Berg Zion gebracht wurde (1. Chr 13,8), aber das ist noch nicht alles.

Für die Israeliten muss die Begeisterung, aber auch der festliche Prunk überwältigend gewesen sein (s. 1. Chr 15 und 16). Seit die Bundeslade kurz nach dem Auszug aus Ägypten gebaut wurde, hatte sie immer nur provisorische Standorte gehabt. Jetzt in Jerusalem würde sie endlich einen festen Platz haben.

Die Lade kam und König David kam, aber Gott selbst, der »König der Ehren«, kam noch nicht. Erst tausend Jahre später kam Gott als Baby in Bethlehem, wo David geboren war zur Welt. Jesus wurde erwachsen und zog am Palmsonntag durch das uralte Tor von Jerusalem ein. Eine Woche später wurde er gekreuzigt und begraben, aber er ist auferstanden und »der aufgefahren ist über alle Himmel, damit er alles erfülle« (Eph 4,10).

David befahl, man solle die alten Türen öffnen und den König der Ehren hereinlassen. Jesus möchte, dass wir uns selbst für ihn öffnen und ihn hereinlassen, denn er klopft an (Offb 3,20). Wollen Sie ihm heute die Tür aufmachen?

LIED:
*Wer ist's, wer lässt sich hören
als König aller Ehren?
»Der Herr der Herrlichkeit!
Der ist es, der kommt prächtig,
der Herr, der stark und mächtig,
der Herr, der mächtig ist im Streit.«*
PHILIPP FRIEDRICH HILLER

NACHDENKENSWERT:
»Wenn die Erde des Herrn ist (Vers 1-2) und er heilig ist (Vers 3-6), dann muss die Aufforderung an die uralten Tore der Schlachtruf der Kirche sein (s. 2. Kor 10,5-8).«
DEREK KIDNER

ÜBERBLICK:
Psalm 22, 23 und 24 passen gut zusammen. Psalm 22 handelt vom Retter, der für uns gelitten hat. Psalm 23 spricht vom Hirten, der uns jeden Tag leitet. Psalm 24 besingt Gott als souveränen Herrscher. Alle zusammen zeigen uns Jesus gestern, heute und in Ewigkeit: das Kreuz, den Stab und die Krone.

20. Februar

Zwischenspiel: Singen im Tempel

Beim Namen David denkt man meist an den Schäferjungen, den Riesentöter, den König und den Psalmdichter. Aber David hat sich auch als Erster Berufsmusiker eingestellt, die regelmäßig in der Stiftshütte und dann im Tempel Dienst taten. Sind Ihnen diese Parallelstellen über das Singen im Tempel schon einmal aufgefallen?

»Dies sind aber die, welche David bestellte, um im Hause des Herrn zu singen, als die Lade zur Ruhe gekommen war, und sie dienten vor der Wohnung der Stiftshütte mit Singen, bis Salomo das Haus des Herrn baute zu Jerusalem, und taten ihren Dienst nach ihrer Ordnung« (1. Chr 6,16-17).

»Und sie ließen die Lade Gottes auf einem neuen Wagen aus dem Hause Abinadabs fahren. ... David aber und ganz Israel tanzten mit aller Macht vor Gott her, mit Liedern, mit Harfen, mit Psaltern, mit Pauken, mit Zimbeln und mit Trompeten« (1. Chr 13,7-8).

»Und es war ihre Zahl mit ihren Brüdern, die im Gesang des Herrn geübt waren, allesamt Meister, zweihundertachtundachtzig. Und sie warfen das Los um ihre Ämter, für den Jüngeren wie für den Älteren, für den Meister wie für den Schüler« (1. Chr 25,7-8).

»Und um die Zeit, da das Brandopfer anfing, begann auch der Gesang für den Herrn und die Trompeten und dazu die mancherlei Saitenspiele Davids, des Königs Israels. Und die ganze Gemeinde betete an und der Gesang und die Trompeten ertönten; und das alles währte so lange, bis das Brandopfer vollendet war« (2. Chr 29,27-28).

»So standen die beiden Dankchöre am Hause Gottes und ich und die Hälfte der Ratsherren mit mir, und die Priester ... mit Trompeten ... Und die Sänger sangen laut, und Jisrachja stand ihnen vor« (Neh 12,40-42).

Manche sind der Ansicht, Davids wichtigster Beitrag zu den Gottesdienstformen der Israeliten sei die Einsetzung von hauptberuflichen Tempelmusikern gewesen. Er organisierte drei Gruppen von

Musikern, die die Aufgabe hatten Lob- und Danklieder zu komponieren und zu dirigieren, die man in den Gottesdiensten und bei Tempelfesten sang. Viele von den Psalmen zwischen Psalm 42 und 91 sind von Leitern dieser Gruppen geschrieben worden.

Das Buch, das wir jetzt Psalter nennen, hat zuerst David zusammengestellt, dann haben es seine Chorleiter und ihre Nachkommen weiterentwickelt und gestaltet. Es wurde zum Gesangbuch der Juden. Ein ganzes Kapitel in der Bibel ist den Aufgaben der Musiker gewidmet (1. Chr 25). 4000 Priester waren in Musik- und Gesangsgruppen eingeteilt. Diese Musiker sangen nicht nur, sie spielten auch verschiedene Instrumente. Im jüdischen Gottesdienst sang nicht nur ein Einzelner oder die ganze Gemeinde, sondern oft auch ein Chor.

Der Apostel Paulus spricht von »Psalmen und Lobgesängen und geistlichen Liedern«, die der jungen Gemeinde also auch vertraut waren, und er fordert die Christen auf: »Singt und spielt dem Herrn in eurem Herzen« (Eph 5,19). Ob wir nun das »Jauchzen« aus Psalm 95,1 bevorzugen oder das Singen »in eurem Herzen«, von dem Paulus spricht – wir haben reichlich Grund zum Singen und die Psalmen können uns helfen unsere Freude auszudrücken. Ein lohnender Gedanke: Wofür wollen Sie Gott heute besonders danken?

Lied:
Nun lob, mein Seel', den Herren,
was in mir ist, den Namen sein,
des Gnaden stets sich mehren;
vergiss es nicht, o Herze mein!
Er hat die Sünd vergeben,
heilt deine Schwachheit groß,
beschirmt dein armes Leben,
nimmt dich in seinen Schoß,
mit Trost dich überschüttet,
verjüngt dem Adler gleich.
Der Herr schafft Recht, behütet,
die leiden in sein'm Reich.
Johann Gramann

21. Februar

PSALM 25,1-6

Ein Psalm Davids
1 Zu dir, o HERR, erhebe ich meine Seele.
2 Ich vertraue auf dich, mein Gott!
Nimm deine Gnade nicht von mir
und lass nicht zu, dass meine Feinde sich an meiner Niederlage freuen.
3 Keinem, der auf dich vertraut, wird deine Gnade versagt bleiben,
doch die, die andere betrügen wollen, fallen in Ungnade.
4 Zeige mir die Straße, die ich gehen soll, o HERR;
zeig mir den rechten Weg, den ich wählen soll.
5 Führe mich durch deine Wahrheit und lehre mich,
denn du bist der Gott, der mich rettet.
Den ganzen Tag setze ich meine Hoffnung auf dich.
6 Gedenke, HERR, deiner unwandelbaren Liebe und deines Erbarmens,
die du seit alters gezeigt hast.

Den richtigen Weg finden

Mitten auf der zweiten Missionsreise war sich der Apostel Paulus nicht mehr sicher, wohin er weiterreisen sollte. Er hatte sich von seinem Lehrer Barnabas getrennt und leitete jetzt ein eigenes Team, zu dem auch Silas und Timotheus gehörten. Paulus hatte ein bestimmtes Ziel, aber der Heilige Geist erlaubte ihm nicht dort hinzugehen. Da nahm er eine andere Richtung, aber wieder ging es nicht weiter. Das muss frustrierend gewesen sein! Gott hatte Paulus beauftragt, durch Kleinasien zu reisen und von Jesus zu berichten und er hatte sich dieser Aufgabe gewidmet. Wollte Gott ihn jetzt hier allein lassen?

Ganz sicher hatten Paulus und seine Mitarbeiter dieselben Bitten an Gott wie David in Psalm 25: »Zeige mir die Straße, die ich gehen soll, o HERR; zeig mir den rechten Weg, den ich wählen soll. Führe mich durch deine Wahrheit ...«

Gleich in der nächsten Nacht gab ihnen Gott einen Hinweis: Paulus sah in einer Vision einen Mann, der ihn nach Europa rief (Apg 16,9). Paulus nahm diesen Hinweis von Gott ernst und damit fing die Christianisierung eines ganzen neuen Kontinents an.

Zu allen Zeiten wünschen sich Christen klare Anweisungen von Gott zu hören: »Dies ist der Weg; den geht!« (Jes 30,21). An diesem Punkt wird uns klar, dass »der Herr« wirklich »unser Hirte ist«. Wir können damit rechnen, dass er uns den Weg zeigt.

Bei jedem Problem, das Sie heute zu bewältigen haben, können Sie sich an Gott wenden. Er wird Ihnen genau zur richtigen Zeit das Richtige zeigen.

LIED:
Das Brot bist du für den, der Lebenshunger hat. Und wenn er zu dir kommt, machst du ihn wirklich satt.
CHRISTOPH ZEHENDNER

WISSENSWERTES:
Dieser Psalm ist ein Akrostichon: Jeder Vers beginnt mit dem nächsten Buchstaben des hebräischen Alphabets (ein paar Ausnahmen sind darin). Wahrscheinlich haben Eltern ihre Kinder diesen Psalm gelehrt; in der alphabetischen Reihenfolge lassen sich die Verse leichter merken und der Psalm selbst drückt den Wunsch aus, »gelehrt«, »geleitet« und »angewiesen« zu werden.

NACHDENKENSWERT:
»Wenn du das tust, was du jetzt als deine Pflicht erkennst, wird Gott dir zeigen, was du später tun sollst.«
SAMUEL ANNESLEY

22. Februar

PSALM 25,7-13

7 Vergib mir die wilden Sünden meiner Jugend
und sieh mich an mit den Augen deiner unwandelbaren Liebe,
denn du bist barmherzig, o HERR.
8 Der HERR ist gut und tut das Rechte;
denen, die irregehen, zeigt er den richtigen Weg.
9 Er führt die Demütigen zum Recht
und lehrt sie seine Weise.
10 Mit unwandelbarer Liebe und Treue leitet der HERR
alle, die seinen Bund halten und seinen Geboten gehorchen.
11 Denn die Ehre deines Namens, o HERR,
vergibt meine zahllosen Sünden.
12 Wer fürchtet den HERRN?
Er wird ihnen den Weg zeigen, den sie wählen sollen.
13 Es wird ihnen wohl ergehen
und ihre Kinder werden das Verheißene Land erben.

Ein Schuljungenstreich

Dieses Datum wird nicht vergessen: Am 5. Juli 1800 wurde ein Schuljunge versehentlich in der Westminster Abbey in London eingeschlossen. In der Nacht ging er zum ehrwürdigen Krönungssessel, auf dem die englischen Könige und Königinnen bei der Krönung saßen. Auf diesem Sessel schlief er ein. Als er am Morgen aufwachte, nahm er sein Taschenmesser und schnitzte folgende Inschrift in das solide Eichenholz des Sitzes: »F. Abbot schlief auf diesem Stuhl am 5. Juli 1800.«

Natürlich haben andere Jugendliche viel schlimmeres Unrecht begangen, aber nur wenige haben ihre Taten so unauslöschlich dokumentiert wie F. Abbot.

Das Hauptthema in diesem Psalm ist die Bitte um göttliche Leitung, aber ein Nebenthema ist die Bitte, Gott möge das Unrecht vergeben, das man früher getan hat (Vers 7, 10, 18). David weiß: Wenn er auf Dauer das Richtige tun will, muss er versuchen seine bösen Gewohnheiten loszuwerden. Und in diesem Psalm ist zu erkennen, dass er auch weiß, dass Gott sein Unrecht vergibt, wenn er ihn darum bittet.

Auch wir sind darauf angewiesen, dass uns Unrecht vergeben wird; sonst bleibt es in unser Inneres eingraviert wie der Streich des F. Abbot. Durch Christus kann jedem vergeben werden, der sich schämt, dass er Unrecht getan hat. »Wenn wir aber unsre Sünden bekennen, so ist er treu und gerecht, dass er uns die Sünden vergibt und reinigt uns von aller Ungerechtigkeit« (1. Joh 1,9).

Lied:
Mir ist Erbarmung widerfahren,
Erbarmung, deren ich nicht wert.
Das zähl ich zu dem Wunderbaren,
mein stolzes Herz hat's nie begehrt.
Nun weiß ich das und bin erfreut
und rühme die Barmherzigkeit.
Philipp Friedrich Hiller

Parallelstellen zum Thema:
Gottes Ehre und Ruf bei den Menschen waren im Alten Testament vielen ein Anliegen: Siehe auch Josua 7,9; Jesaja 63,14; Hesekiel 36,22-23.

23. Februar

Psalm 25,14-22

14 Die Freundschaft mit dem Herrn ist denen vorbehalten,
die ihn achten.
Mit ihnen teilt er die Geheimnisse seines Bundes.
15 Meine Augen schauen stets Hilfe suchend auf den Herrn,
denn er allein kann mich aus den Fallen befreien,
die meine Feinde mir stellen.
16 Wende dich zu mir und hab Erbarmen mit mir,
denn ich bin allein und in großer Not.
17 Täglich wird meine Lage schlimmer.
Errette mich daraus!
18 Fühl meinen Schmerz und sieh meinen Kummer.
Vergib mir meine Sünden.
19 Sieh doch, wie viele Feinde ich habe
und wie grimmig sie mich hassen!
20 Beschütze mich! Rette mich vor ihnen!
Entzieh mir deine Gnade nicht, denn ich vertraue auf dich.
21 Aufrichtigkeit und Ehrlichkeit sollen mich beschützen,
denn ich setze meine Hoffnung auf dich.
22 O Gott, erlöse Israel
aus aller seiner Not.

Der beste Freund

William Edwards war Friedensrichter im Distrikt Rohilkhund in Indien, als 1857 der indische Aufstand ausbrach. Mehr als zwei Monate lang war er auf der Flucht und lebte zuerst in einem Kuhstall, dann in einer Hütte auf einer kleinen unfruchtbaren Insel. Er war von Frau und Kindern getrennt und hörte von Massakern, konnte aber nicht erfahren, ob seine Familie in Sicherheit war oder nicht. Er hörte entferntes Gewehrfeuer und hatte Angst.

In dieser Zeit lebte Edwards mit den Psalmen. Am 5. August 1857 schrieb er in sein Tagebuch: »Jeden Tag finden wir etwas, was extra für Leute in unserer schwierigen Lage geschrieben zu sein scheint, das unsere Gefühle ausdrückt und uns gibt, was wir brauchen. Heute Morgen zum Beispiel haben mich Vers 14 und 15 aus dem 25. Psalm unbeschreiblich ermutigt.«

Dann wanderte er fast 300 Kilometer durch feindliches Gebiet am Fluss entlang und kam lebend heraus.

Wenn man weiß, dass Gott einen als Freund betrachtet, kann man viel Belastung aushalten. Das hat David in seinen dunkelsten Zeiten Kraft gegeben, und das kann auch Ihnen Kraft geben. Oft verstehen wir nicht alles, was Gott tut, und dann beten wir so wie David in diesen Versen. Aber es ist sehr ermutigend zu wissen, dass Gott mit uns mitfühlt und uns sehr lieb hat.

Lied:
*Hilf fernerhin,
mein treuer Hort,
hilf mir zu allen
Stunden,
hilf mir an all und
jedem Ort,
hilf mir durch Jesu
Wunden,
damit ich sag bis in
den Tod:
Durch Christi Blut
hilft mir mein Gott;
er hilft, wie er
geholfen.*
Ämelie, Gräfin von Schwarzburg-Rudolstadt

Parallelstellen zum Thema:
Welche Menschen in der Bibel als Gottes Freunde bezeichnet werden, finden Sie in 2. Mose 33,11; Jesaja 41,8; Matthäus 11,19; Johannes 15,15.

Nachdenkenswert:
»Die Heimat von Jesus war die Straße, auf der er mit seinen Freunden ging und neue Freunde suchte.«
Giovanni Papini

24. Februar

PSALM 26,1-5

Ein Psalm Davids
1 Sprich mich frei, o HERR,
denn mein Handeln war stets aufrichtig;
ich habe dem HERRN vorbehaltlos vertraut.
2 Prüfe mich, HERR, und stell mich auf die Probe.
Durchleuchte meine Beweggründe und Gefühle.
3 Denn ich bin mir deiner unwandelbaren Liebe stets bewusst,
und ich habe nach deiner Wahrheit gelebt.
4 Ich vertue meine Zeit nicht in der Gesellschaft von Lügnern
und schmeichle mich nicht bei Heuchlern ein.
5 Ich hasse die Zusammenkünfte derer, die Böses tun,
und mache nicht gemeinsame Sache mit schlechten Menschen.

Den eigenen Standpunkt verteidigen

George Whitefield war frisch ordinierter Pfarrer und erst 25 Jahre alt, als er vor ein kirchliches Gericht gestellt wurde für das Verbrechen, das Evangelium im Freien gepredigt zu haben. Er hatte auf einem Feld vor etwa 200 Bergleuten eine Predigt gehalten. Man warf dem jungen, in Oxford ausgebildeten Kirchenmann auch vor, ein »Enthusiast« und Methodist zu sein.

Auf diese Anklagen antwortete Whitefield: »Jeder Christ muss ein Enthusiast sein (das Wort bedeutet »einer, in dem Gott ist«). Sie glauben, ich wollte Sie systematisch verrückt machen, darum dürften Sie mich so beschimpfen. Aber Christus weiß alles; er achtet darauf und ich überlasse es ihm mich zu verteidigen.« Whitefield muss sich da ähnlich gefühlt haben wie David in diesem Psalm (Vers 1-2).

Dieser Psalm scheint die direkte Fortsetzung des vorigen zu sein, in dem David Gott um Wahrhaftigkeit bittet und ihm sein Vertrauen ausspricht. Hier erklärt sich David für wahrhaftig (Vers 1) und bestätigt Gottes beständige Liebe (Vers 3). Damit bestätigt der Dichter, dass seine Wahrhaftigkeit ein Geschenk von Gott ist.

Das gilt auch für uns. Wenn wir fest mit Gott rechnen, bleiben wir auch wahrhaftig. Gott nicht zu trauen führt allzu leicht dazu, dass wir, um unsere Ziele zu erreichen, das Recht nicht so genau nehmen.

Auf welchen Gebieten besteht Gefahr, dass Sie mit Wahrheit und Recht großzügig umgehen? Sie können Gott bitten Ihnen zu helfen, dass Sie sich in diesen Dingen auf ihn verlassen.

Lied:
Prüfe mich, Herr, erforsche du mein Herz. Prüf mich, o Heiland, flehe ich grad jetzt. Siehe, ob ich auf rechtem Wege sei, reinige mich von Sünd und mach mich frei.
J. Edwin Orr

Parallelstellen zum Thema:
Was von den Leuten zu halten ist, die in Vers 4 genannt werden, finden Sie in Sprüche 6,12-14. Wie der Psalmdichter zu ihnen steht, sagt er in Psalm 1,1.

Nachdenkenswert:
»Zwei Dinge gehen immer zusammen: Liebe zu Gott und Abneigung gegen die Sünde. Es gibt keine Bindung ohne Loslösung.«
W. Graham Scroggie

25. Februar

Psalm 26,6-12

6 Ich wasche meine Hände, um meine Unschuld zu zeigen.
Ich trete vor deinen Altar, o Herr,
7 mit einem Danklied auf den Lippen,
das von deinen Wundern erzählt.
8 Dein Heiligtum ist mir lieb, o Herr,
der Ort, an dem deine Herrlichkeit leuchtet.
9 Lass mich nicht das Schicksal der Sünder erleiden.
Urteile mich nicht mit den Mördern ab.
10 Ihre Hände sind schmutzig von ihren bösen Plänen,
und sie nehmen Bestechungsgelder an.
11 So bin ich nicht; ich tue, was recht ist.
Sei deshalb barmherzig und rette mich.
12 Ich habe meine Wahl getroffen
und will den Herrn vor allen Menschen preisen.

Lob aus dem Frauenbibelkreis

Vielleicht haben wir die Bibel schon sehr oft gelesen. Aber wie oft denken wir gründlich über ihre Bedeutung nach? Wie oft wird uns klar, was Gott uns damit gegeben hat? Oft nehmen wir Gott und die Bibel als selbstverständlich an. Da gab es im alten Rom eine Frauengruppe, deren Umgang mit der Bibel uns weiterhelfen könnte.

Im Jahr 380 n. Chr. traf sich regelmäßig eine Gruppe von gebildeten und kultivierten Frauen im prächtigen Haus der reichen jungen Witwe Marcella auf dem Hügel Aventinus in Rom. Diese Frauen studierten Gottes Wort gründlich. Sie lernten Hebräisch, um die Psalmen in der Ursprache singen zu können. Jeden Tag sangen sie die Psalmen und versuchten sie alle auswendig zu lernen.

Eine dieser Frauen hieß Paula und stammte von dem berühmten Herrschergeschlecht von Sparta und Mykene ab. Als Paula 404 starb, hatte sie gerade Psalm 26,8 auf Hebräisch auswendig gelernt: »Dein Heiligtum ist mir lieb, o HERR, der Ort, an dem deine Herrlichkeit leuchtet.« Nach ihrem Tod sang diese kleine Gemeinde die Psalmen in vier Sprachen: Griechisch, Hebräisch, Latein und Syrisch. Die Frauen wollten damit Hochachtung für sie und ihren Lebenswandel ausdrücken.

Diese Frauen folgten Davids Beispiel in Vers 6 und 7: »Ich trete vor deinen Altar, o HERR, mit einem Danklied auf den Lippen, das von deinen Wundern erzählt.« Haben Sie schon einmal darüber nachgedacht, wie Sie öffentlich Ihre Liebe zu Gott zeigen und erzählen können, was er für Sie getan hat?

LIED:
O Herr, ich habe lieb die Stätte deines Hauses. Ich liebe, Herr, den Ort, wo deine Ehre wohnt. Dort redet man von dir, erzählt von deinen Taten. Du selbst begegnest mir in deinem guten Wort.
WOLFGANG SCHULZE

PARALLELSTELLEN ZUM THEMA:
Auf der Wüstenwanderung war Gottes Herrlichkeit über der Stiftshütte zu sehen (2. Mose 40,34-38). In Johannes 1,14 wird berichtet, wie Gottes Herrlichkeit zur Zeit des Neuen Testaments sichtbar wurde.

NACHDENKENSWERT:
Eine alte Frau, die vollkommen taub war, wurde schriftlich gefragt, warum sie so regelmäßig zur Kirche ging. Da antwortete sie: »Ich komme in Gottes Haus, weil ich es lieb habe, weil ich die Gemeinschaft gern habe und weil ich Gott nicht nur ganz allein dienen will.«

26. Februar

Psalm 27,1-6

Ein Psalm Davids.

1 Der Herr ist mein Licht und mein Heil –
wovor sollte ich mich fürchten?
Der Herr beschützt mich vor Gefahr –
warum sollte ich zittern?
2 Wenn schlechte Menschen kommen, um mich zu vernichten,
wenn meine Feinde und Verfolger mich angreifen,
werden sie stolpern und stürzen.
3 Ein mächtiges Heer umzingelt mich,
doch mein Herz kennt keine Furcht.
Auch wenn sie mich angreifen,
verlässt mich die Zuversicht nicht.
4 Das Einzige, was ich vom Herrn erbitte –
was ich mir am sehnlichsten wünsche – ist,
alle Tage meines Lebens im Hause des Herrn sein zu dürfen,
um mich an seiner Vollkommenheit zu freuen
und in seinem Tempel nachzudenken.
5 Denn er wird mich aufnehmen, wenn die Sorgen kommen;
wird mich in seinem Heiligtum verbergen.
Er wird mich auf einen hohen Berg stellen,
wo mich niemand erreichen kann.
6 Dann werde ich mein Haupt erheben
über meine Feinde, die mich umzingeln.
Jubelnd will ich vor seinem Tabernakel opfern
will singen und den Herrn mit Musik preisen.

Dein kleines Licht

In der Antike war künstliches Licht ein seltener Luxus. Nachts oder in dunklen Höhlen, wo David sich manchmal vor seinen Feinden versteckte, war alles stockdunkel. Auch in den Häusern, ob sie nun

Bauern oder Fürsten gehörten, kam das einzige Licht von einer Fackel, die rauchte, oder von einer winzigen steinernen Öllampe. In unserer Welt der Glühlampen und Leuchtstoffröhren wissen wir Licht nicht mehr so zu schätzen.

Vom Anfang der Schöpfungsgeschichte bis ins letzte Kapitel der Offenbarung wird in der Bibel immer wieder betont, dass Gott Licht ist. David sagt: »Der Herr ist mein Licht« (Vers 1). Jesus sagt: »Ich bin das Licht der Welt« (vgl. Joh 9,5). Johannes schreibt: »Gott ist Licht« (1. Joh 1,5). Und Paulus schreibt: »Denn Gott, der sprach: Licht soll aus der Finsternis hervorleuchten, der hat einen hellen Schein in unsre Herzen gegeben, dass durch uns entstünde die Erleuchtung zur Erkenntnis der Herrlichkeit Gottes in dem Angesicht Jesu Christi« (2. Kor 4,6).

Aber geistlich gesehen ist die Welt so dunkel wie eh und je. Jesus sagt zu uns: »Ihr seid das Licht der Welt« (Mt 5,14) und Paulus sagt, wir leben »mitten unter einem verdorbenen und verkehrten Geschlecht« und darum ist es besonders wichtig, dass ihr »als Lichter in der Welt« (Phil 2,15) scheint. Die Welt braucht unbedingt das Licht Gottes, das durch uns leuchtet, und wir müssen immer wieder Möglichkeiten finden, den Menschen um uns Licht zu bringen.

Lied:
Licht, das in die Welt gekommen,
Sonne voller Glanz und Pracht,
Morgenstern, aus Gott entglommen,
treib hinweg die alte Nacht;
zeuch in einen Wunderschein
bald die ganze Welt hinein!
Rudolf Stier

Parallelstellen zum Thema:
David hat Gott um »eines« gebeten (Vers 4). Auch Paulus wollte »eines« erreichen (Phil 3,13-14). Gibt es auch »eines«, was Sie im Augenblick anstreben?

Nachdenkenswert:
»Du anbetungswürdige Sonne, erleuchte meinen Weg. Sei du der helle Tag für meine Seele; beende ihre Dunkelheit, zerstreue ihre Wolken; verbrenne, trockne aus und verzehre allen Schmutz darin. Gott, meine Sonne, gehe auf über meinem Geist und gehe nie wieder unter.«
Jean Baptiste Avrillon

27. Februar

Psalm 27,7-14

7 Hör meine Bitten, o HERR.
Sei barmherzig und antworte mir!
8 Mein Herz hat dich sagen hören: »Komm und rede mit mir.«
Und es hat geantwortet: »HERR, ich komme.«
9 Verbirg dich nicht vor mir.
Verwirf deinen Knecht nicht im Zorn.
Du hast mir stets geholfen.
Verlass mich jetzt nicht; lass mich nicht im Stich,
o Gott meines Heils!
10 Wenn selbst Vater und Mutter mich verlassen,
wird der HERR doch zu mir halten.
11 Lehre mich zu leben, o HERR.
Führe mich den Weg der Rechtschaffenheit,
denn meine Feinde lauern nur darauf, dass ich falle.
12 Gib mich nicht in ihre Hände.
Denn sie beschuldigen mich vieler Dinge, die ich nicht getan habe,
und werden grausam mit mir verfahren.
13 Doch ich vertraue fest darauf, dass ich die Güte des HERRN noch sehen werde,
solange ich im Lande der Lebenden weile.
14 Warte geduldig auf den HERRN.
Sei mutig und tapfer.
Ja, warte geduldig auf den HERRN.

Der Herr nimmt mich auf

Es gibt wohl Weniges, was so schmerzhaft ist wie der Verlust der Eltern. Man bleibt allein zurück, fühlt sich verlassen.

Vielleicht hatte auch David dieses Gefühl in 1. Samuel 22,3-4. Er war noch jung und war gerade König Saul entkommen, der entschlossen war ihn umzubringen. David flüchtete und versteckte sich mit seinen Brüdern und anderen Verwandten in einer Höhle. Aber seine Eltern waren schon älter und konnten nicht in der Höhle versteckt leben.

David vertraute seine Eltern dem König von Moab an. Das war riskant. Er konnte nicht sicher sein, dass der König seinen Eltern nichts antun würde. Sicher fragte sich David, ob er seine Eltern überhaupt wieder lebendig sehen würde.

Nach der Überlieferung der jüdischen Rabbiner betrog der König von Moab David und brachte dessen Eltern um. Wenn das stimmt, erklärt es auch, warum David sich in 2. Samuel 8,2 an Moab rächte. Es könnte auch Vers 10 in diesem Psalm erklären.

Auch wir fühlen uns manchmal von nahe stehenden Menschen verlassen. Da kann ein Todesfall schuld sein, eine Scheidung oder ein anderes Ereignis, das unser Vertrauen in einen Menschen zerstört. Das kann sogar dazu führen, dass man Gott nicht mehr traut. Aber zugleich spürt man oft ein tiefes Bedürfnis nach einer engen Beziehung.

David hat es sehr geholfen, dass Gott ihn »aufnimmt«, selbst wenn seine eigenen Eltern ihn verlassen (Vers 10). Gott ist so – auch zu Ihnen.

LIED:
Näher, noch näher!
Nichts hab ich hier,
nichts, was als Opfer,
Herr, tauget vor dir;
ach nur ein sündges
Herze ist mein;
Jesus, mein König,
o wasche mich rein,
Jesus, mein König,
o wasche mich rein!
LELIA MORRIS;
ÜBERSETZUNG:
HEDWIG VON REDERN

PARALLELSTELLEN ZUM THEMA:
Wesentliches zum Thema Vergessen und Verlassen steht in Jesaja 49,13-16.

NACHDENKENSWERT:
»Die wirksamste Bitte ist immer Antwort auf Gottes Versprechen (Vers 9). Der, der seine Diener auffordert ihn zu suchen, lässt sie nicht stehen, wenn sie ihm gehorchen.«
A. B. Davison

28. Februar

Zwischenspiel: Der Psalmdichter David

Im Folgenden finden Sie ein paar wesentliche Aussprüche von David aus dem 2. Buch Samuel:

- Über seinen Freund Jonathan, nachdem er gestorben war: »Es ist mir Leid um dich, mein Bruder Jonathan, ich habe große Freude und Wonne an dir gehabt; deine Liebe ist mir wundersamer gewesen, als Frauenliebe ist« (2. Sam 1,26).
- Über seinen Ehebruch mit Batseba: »Da sprach Nathan zu David: Du bist der Mann! ... Da sprach David zu Nathan: Ich habe gesündigt gegen den Herrn« (2. Sam 12,7.13).
- Als David von Absaloms Tod erfuhr, rief er: »Mein Sohn Absalom! Mein Sohn, mein Sohn Absalom! Wollte Gott, ich wäre für dich gestorben! O Absalom, mein Sohn, mein Sohn!« (2. Sam 19,1).
- Die meisten Menschen stellen sich David zuerst als Schäferjungen vor, der sich die Zeit auf den Weiden vertrieb, und dann als König in prächtiger Kleidung. Das sieht aus wie ein idyllisches Leben mit viel Zeit, die Harfe zu spielen und ein paar Psalmen zu schreiben.
- Aber wenn man Davids Lebensbericht liest, merkt man, dass er es meist nicht leicht hatte. Als Junge musste er mit mindestens einem Löwen und einem Bären kämpfen. Seine Brüder hatten anscheinend etwas gegen ihn. König Saul war eifersüchtig, weil David so beliebt war, und versuchte immer wieder, ihn umzubringen. Schließlich flüchtete David zu den Philistern, den Erzfeinden Israels, und führte dort eine Räuberbande an. Ständig musste David Sauls Truppen ausweichen – manchmal in Höhlen, manchmal auf feindlichem Gebiet versteckt, und einmal stellte er sich sogar wahnsinnig.

Als König Saul im Kampf starb, erkannte nur einer von den zwölf Stämmen David als König an. Erst nach sieben Jahren konnte er das ganze Land unter seiner Herrschaft vereinigen. Militärisch vergrößerte er das Gebiet des Landes und unterwarf die feindlichen Nachbarvölker. Er machte Jerusalem zur Landeshauptstadt und auch zum Zentrum der Gottesverehrung.

Aber Davids ganze Regierungszeit war von persönlichen Problemen belastet. Seinem Ehebruch mit Batseba und dem Mord an ihrem Mann folgten katastrophale Fehltritte seiner Kinder: Einer seiner Söhne vergewaltigte die eigene Schwester und wurde daraufhin von seinem Bruder Absalom ermordet. Später versuchte Absalom seinem Vater David mit Gewalt den Thron wegzunehmen.

Das ist noch nicht alles, aber es reicht schon, um zu zeigen, dass der liebliche Sänger Israels alle Arten von Ängsten und Schmerzen kannte. Oft kommt die schönste Musik von denen, die mit den größten Schwierigkeiten zu kämpfen hatten.

LIED:
Gott wird dich tragen
durch Tage der Not;
Gott wird dir beistehn
in Alter und Tod.
Fest steht das Wort,
ob auch alles zerstäubt,
Gott ist ein Gott,
der in Ewigkeit bleibt.
FANNY J. CROSBY

März

1. März

Psalm 28

Ein Psalm Davids

1 O Herr, du bist mein Fels in der Brandung.
Hilf mir; verweigere mir nicht die Antwort.
Denn wenn du schweigst,
ist es besser, ich gebe auf und sterbe.
2 Hör meine Bitte um Barmherzigkeit,
wenn ich zu dir um Hilfe rufe,
wenn ich meine Hände zu deinem Heiligtum erhebe.
3 Verwirf mich nicht zusammen mit den Schlechten –
zusammen mit denen, die Böses tun –,
die freundlich mit ihren Nachbarn reden
und in ihrem Herzen Ränke gegen sie spinnen.
4 Gib ihnen die Strafe, die sie so sehr verdienen!
Miss sie ihnen zu nach ihrer Boshaftigkeit.
Vergilt ihnen ihre bösen Taten!
Gib ihnen selbst von dem zu kosten, was sie anderen angetan haben.
5 Sie kehren sich nicht daran, was der Herr getan hat
und was seine Hände erschaffen haben.
Deshalb wird er sie einreißen wie alte Häuser,
und sie werden nicht wieder aufgebaut werden!
6 Preist den Herrn!
Denn er hat meine Bitte um Barmherzigkeit erhört.
7 Der Herr ist meine Stärke, mein Schild in jeder Gefahr.
Ich vertraue auf ihn von ganzem Herzen.
Er hilft mir, und mein Herz ist voll Freude.
Ich singe ihm Danklieder.
8 Der Herr beschützt sein Volk
und schenkt seinem gesalbten König den Sieg.
9 Rette dein Volk!
Segne Israel, deinen besonderen Besitz!
Führe es wie ein Hirte und trage es für immer auf deinen Armen.

Der Herr ist unser Schild

Im ersten Buch Mose wird von einer Schlacht berichtet, in der vier Könige aus dem Norden heranziehen und gegen fünf Könige am Toten Meer kämpfen (1. Mose 14 und 15). Abraham hat in diesem Kampf nicht Partei ergriffen, aber die vier Könige siegten, plünderten die Stadt Sodom und entführten Abrahams Neffen Lot. Da versammelte Abraham seine Leute und griff die vier Könige nachts an.

Abraham befreite Lot, aber er hatte jetzt eine starke Armee gegen sich. Er konnte nicht sicher sein, dass die vier Könige nicht zurückkommen und ihn angreifen würden. Da sagte Gott zu Abraham (damals noch Abram): »Fürchte dich nicht, Abram! Ich bin dein Schild ...« (1. Mose 15,1).

Abraham glaubte Gott und Gott erklärte ihn wegen dieses Glaubens für gerecht (1. Mose 15,6). Auch für David war Gott »meine Stärke und mein Schild«. »Ich vertraue auf ihn von ganzem Herzen« (Vers 7), sagt er weiter. Paulus nahm in seinem Kampf gegen Angriffe des Bösen eine ähnliche Haltung ein: Er nahm den »Schild des Glaubens« (Eph 6,16).

Wenn Sie heute mit Angriffen rechnen müssen: Der Glaube ist der stärkste und bewährteste Schutz, den es gibt.

LIED:
Gib mir Klarheit,
Geist und Wahrheit,
dass ich gleich bei
deinem Bild,
dass man merke,
meine Stärke sei in dir
und du mein Schild.
MAGDALENA SIBYLLA RIEGER

PARALLELSTELLEN ZUM THEMA:
Vers 9 appelliert an Gottes zärtliche Fürsorge; er spricht von Gott als dem Hirten (s. Ps 23) und von Israel als Gottes Erbe (s. 5. Mose 9,29 und Jes 19,25). Auch wir werden in 1. Petrus 2,9 Gottes besonderes Eigentum genannt.

NACHDENKENSWERT:
»Durch Glauben werden Dinge wirklich, die man noch nicht sieht. Er verändert die Zeitbezüge: Die Zukunft wird zur Gegenwart.«
JOHN TRAPP

2. März
2. März

PSALM 29

Ein Psalm Davids.

1 Gebt dem HERRN die Ehre, ihr Engel;
ehrt den HERRN um seiner Herrlichkeit und Stärke willen.
2 Ehrt den HERRN um der Herrlichkeit seines Namens willen.
Betet den HERRN an im Glanz seiner Heiligkeit.
3 Die Stimme des HERRN hallt wider über dem Meer.
Der Gott der Herrlichkeit schleudert den Donner.
Der HERR schleudert den Donner über das Meer.
4 Die Stimme des HERRN ist voller Kraft;
die Stimme des HERRN ist voll Majestät.
5 Die Stimme des HERRN spaltet mächtige Zedern;
der HERR erschüttert die Zedern des Libanon.
6 Er lässt die Berge des Libanon hüpfen wie Kälber
und den Berg Hermon springen wie einen jungen Stier.
7 Die Stimme des HERRN sprüht grelle Blitze.
8 Die Stimme des HERRN lässt die Wüste erbeben;
der HERR erschüttert die Einöde von Kadesch.
9 Die Stimme des HERRN lässt mächtige Eichen tanzen
und entblättert die Wälder.
»Herrlichkeit!«, rufen alle in seinem Tempel.
10 Der HERR herrscht über die Fluten.
Der HERR ist König auf immer und ewig.
11 Der HERR gibt seinem Volk Stärke.
Der HERR schenkt ihm Frieden.

Gott im Gewitter

Früher wurden die Psalmen nach den Monaten des Jahres geordnet. Dieser Psalm gehörte zum Juli, dem Gewittermonat, weil er so eindrucksvoll beschreibt, wie Gottes Stimme ein schweres Gewitter auslöst.

David beschreibt das Gewitter nicht wie ein Meteorologe aus dem Fernsehen. Er sieht nicht nur Hoch- und Tiefdruckgebiete und Luftmassen; er sieht, wie Gott handelt. Er verfolgt das Gewitter, wie es von der libanesischen Küste herkommt und die riesigen Wälder am Berg Hermon verwüstet. David sieht, wie es über das ganze Land bis zur südlichen Spitze bei der Wüstenstadt Kadesch zieht. Aber in dem allem sieht er Gottes Macht, die sich entfaltet, und hört im Donner Gottes gewaltige Stimme. Blitz und Donner versetzen viele in panische Angst, aber nicht David. Das Gewitter erinnert ihn nicht nur an Gottes Macht, sondern auch an seine erhabene Vollkommenheit; darum betet er ihn an (Vers 2).

Als das Gewitter vorbei ist, wird alles wieder still; da spricht David davon, dass Gott seinem Volk Frieden gibt.

Unser Gott ist zweifellos ein mächtiger, Furcht erregender Gott, und im Gewitter bekommt man einen Eindruck von seiner unvorstellbaren Kraft. Der Donner und der Sturm, der die Bäume biegt und schüttelt, bieten eine gute Gelegenheit dem großen Herrscher unsere Ehrfurcht auszusprechen und uns zu freuen, dass er uns Frieden geben will.

LIED:
*Lobt ihn mit Furcht,
den Herrlichen, der in
Gewittern wohnt;
lobt ihn mit Dank,
den Gütigen, der donnernd uns verschont.*
JOH. LUDWIG HUBER

WISSENSWERTES:
Kaiser Augustus hatte solche Angst vor Gewittern, dass er sich in ein Seehundsfell wickelte und in einem Winkel versteckte. Caligula, auch ein römischer Kaiser, versteckte sich oft unter dem Bett, wenn ein Gewitter kam.

PARALLELSTELLEN ZUM THEMA:
Elia suchte Gott in einem (Gewitter-) Sturm: 1. Könige 19,11-13.

3. März

Psalm 30,1-8

1 *Ein Psalm Davids, zu singen bei der Tempelweihe.*
2 Ich will dich loben, Herr, denn du hast mich gerettet.
Du hast meinen Feinden den Sieg genommen.
3 O Herr, mein Gott, ich habe dich um Hilfe angefleht,
und du hast mich wieder gesund gemacht.
4 Du hast mich aus dem Grab geholt, Herr.
Du hast mich nicht in die Grube des Todes fallen lassen.
5 Singet dem Herrn, ihr Gottesfürchtigen!
Lobt seinen heiligen Namen.
6 Sein Zorn währt einen Augenblick,
doch seine Güte ein Leben lang!
Die Nacht mag noch voll Weinen sein,
doch am Morgen naht die Freude.
7 Als es mir gut ging, sagte ich:
»Nichts kann mich aufhalten!«
8 Deine Güte, o Herr, hat mich fest und stark gemacht wie ein Fels.
Doch dann hast du dich von mir abgewandt,
und ich wurde zerschmettert.

Mit dem Morgen kommt die Freude

Dieser Psalm könnte geschrieben worden sein, nachdem David den Fehler machte, eine Volkszählung anzuordnen. Gott hatte ihm viel Erfolg gegeben; vielleicht weil es ihm so gut ging, hatte er gemeint: »Nichts kann mich aufhalten« (Vers 7).

Solche Zeiten kennen wir alle. Dann kommt eine Trennung vom Ehepartner, ein tragischer Todesfall in der Familie, eine schwere Krankheit, ein finanzieller Zusammenbruch, eine Kirchenspaltung, oder der Arbeitsplatz geht verloren. Oft trifft uns das Unglück da, wo wir uns am stärksten fühlten. Dann merken wir nichts mehr von Gott, trauern und werden depressiv.

So fühlte sich David, wie man in 2. Samuel 24 und 1. Chronik 21 sieht. David zählte seine Krieger, so als ob er mit genügend Soldaten nicht mehr von Gottes Hilfe abhängig wäre. Aber Gott schickte eine Seuche, die 70 000 von Davids Leuten dahinraffte. Da betete David zu Gott: »Siehe, ich habe gesündigt, ich habe die Missetat getan; was haben diese Schafe getan? Lass deine Hand gegen mich und meines Vaters Haus sein!« (2. Sam 24,17).

Dann kaufte David ein Grundstück, um einen Altar zu bauen (später wurde an der Stelle der Tempel gebaut), und brachte Gott Opfer. Und Gott gewährte ihm seine Bitte. Vers 6 ist vielleicht Ausdruck seiner Freude darüber.

Immer wenn Sie schwierige Zeiten erleben wie David, können Sie sich auch von Davids Worten ermutigen lassen. Wir sollen wissen, dass die Dunkelheit schon besiegt ist. Der Morgen kommt und mit ihm die Freude, denn Gott hört auf unser Beten.

LIED:
Muss ich den Abend lang auch weinen, lässt du mir doch die Sonne scheinen, wenn kaum der Morgen wiederkehrt.
JOHANN SAMUEL PASSKE

PARALLELSTELLEN ZUM THEMA:
Der Bericht von der Einweihung des Tempels steht in 1. Könige 8 und 2. Chronik 6 und 7. Das Thema vom Weinen in der Nacht und der Freude am Morgen findet sich auch im Neuen Testament: Apostelgeschichte 12 und 16.

NACHDENKENSWERT:
»Bei Einbruch der Nacht kommt das Weinen als Gast, der ungern geht; aber mit dem Morgen kommt die Freude, um für immer zu bleiben.«
W. GRAHAM SCROGGIE

4. März

PSALM 30,9-13

9 Ich flehte zu dir, o HERR.
Ich bat den HERRN um Barmherzigkeit und sagte:
10 »Was hast du davon, wenn ich sterbe,
wenn ich ins Grab sinke?
Kann mein Staub dich aus dem Grab heraus preisen?
Kann er der Welt deine Treue verkünden?
11 Höre mich, HERR, und hab Erbarmen mit mir.
Hilf mir, o HERR.«
12 Du hast meine Trauer in jubelnden Tanz verwandelt.
Du hast mir die Trauergewänder ausgezogen und mich in Freude gehüllt,
13 damit ich dich preise und nicht schweige.
o HERR, mein Gott, ich will dir für immer danken!

Wird dir der Staub danken?

James Hannington, der in Oxford Theologie studiert hatte, erfuhr, dass in Ostafrika zwei Missionare zu Tode gefoltert worden waren. Kurz darauf gab er seine Pfarrstelle auf und meldete sich als Ersatzmann. Das war 1882, nicht einmal zehn Jahre, nachdem David Livingstone dort gestorben war.

In Afrika bekam Hannington immer wieder Fiebererkrankungen und musste zur Genesung nach England zurück. Ein Jahr später fuhr er wieder nach Afrika.

Er wählte den kürzesten Weg ins Innere des Kontinents, obwohl es auch der gefährlichste war. Hannington zog durch das Land der Massai und überlebte viele Gefahren. Jeden Morgen sagte er seinen »Reisepsalm« (Ps 121) und wanderte dann weiter. Aber dann wurde er plötzlich überfallen, ausgezogen, geschlagen und in eine schmutzstarrende Grashütte gesperrt. Betrunkene Wachen saßen um ihn herum. Da las er die Psalmen und machte kurze Eintragungen in sein Tagebuch.

Am Morgen seines Todestages las Hannington Psalm 30 und schrieb: »Wenn dies das letzte Kapitel meiner irdischen Geschichte ist, dann kommt danach die erste Seite der himmlischen – ohne Flecken und Schatten und ohne Widersprüche.« Im Oktober 1885 wurde James Hannington mit 38 Jahren ermordet.

Ganz England war bewegt von Hanningtons Opfer und Dutzende von Freiwilligen meldeten sich, um seine Arbeit zu übernehmen. In fünf Jahren wurden 12 000 Ostafrikaner Christen. Hannington hat auch nach seinem Tod noch viele von Gottes Treue überzeugt.

LIED:
Einst kommt die Zeit, wo wir auf tausend Weisen – o Seligkeit! – dich, unsern Vater, preisen von Ewigkeit zu Ewigkeit.
GEORG GESSNER

PARALLELSTELLEN ZUM THEMA:
Eine nähere Beschreibung der Freudenkleidung (Vers 12) steht in Jesaja 61,10.

NACHDENKENSWERT:
»Was ist Lob? Die Pacht, die wir Gott schuldig sind. Und je größer das Pachtland, umso höher muss die Pacht sein.«
G. S. BOWES

Psalm 31,1-6

1 *Anweisung für den Chorleiter: Ein Psalm Davids.*
2 O Herr, ich habe dich um Schutz angefleht;
lass mich nicht zuschanden werden.
Rette mich, denn du tust stets, was recht ist.
3 Neig dich zu mir herab und hör mir zu:
Rette mich rasch.
Sei mir ein Fels in der Brandung,
eine Festung, in die ich fliehe vor dem Zugriff meiner Feinde.
4 Du bist mein Fels und meine Festung.
Um der Ehre deines Namens willen rette mich aus der Gefahr.
5 Entreiße mich der Falle, die meine Feinde mir gestellt haben,
denn bei dir allein finde ich Schutz.
6 Ich gebe mich vertrauensvoll in deine Hand.
Rette mich, Herr, denn du bist ein treuer Gott.

Worte zum Leben und Sterben

Viele bewährte Christen sind mit den Worten von Vers 2 oder Vers 6 dieses Psalms gestorben.

Als Karl V., Kaiser des Heiligen Römischen Reiches zur Zeit Luthers, in seine letzten Lebensjahre kam, zog er sich in ein Kloster zurück und nahm einen Kommentar zu Psalm 31,2 mit. Er regelte dort seine politischen Geschäfte, studierte die Psalmen, hörte dem Chor zu und pflegte seinen Garten. Als er merkte, dass er bald sterben würde, bat er darum, dass ihm die Psalmen vorgelesen würden. Dann bekam er das Sterbesakrament und sagte noch einmal Vers 6 aus diesem Psalm. Früh am nächsten Morgen starb er.

Auch der große Missionar Francis Xavier liebte Psalm 31. Er hatte das Christentum nach Indien, Indonesien und Japan gebracht, aber seine eigentliches Ziel war, das Evangelium nach China zu bringen. Die Einreise nach China war Ausländern bei Todesstrafe verboten, aber als er an der chinesischen Küste landete, erlag er nicht Menschen, sondern einer Krankheit. Seine letzten Stunden verbrachte Xavier allein, weit von seiner Heimat und ohne einen menschlichen Freund. Als er so dalag, schien es Xavier, als sähe er Christus, wie er dastand und ihn mit ausgestreckten Armen begrüßte, und er zitierte Psalm 31,2.

Man sieht an diesen Christen aus früheren Zeiten, dass man von den Worten des 31. Psalms leben kann.

LIED:
*Du bist mein Stärk,
mein Fels, mein Hort,
mein Schild, mein
Kraft, sagt mir dein
Wort,
mein Hilf, mein Heil,
mein Leben,
mein starker Gott in
aller Not;
wer mag mir wider-
streben?*
ADAM REUSNER

WISSENSWERTES:
Nicht nur Jesus und Stephanus haben bei ihrem Tod Psalm 31 zitiert, sondern auch Karl der Große, Thomas Becket, Johannes Hus, Hieronymus von Prag, Martin Luther, Philipp Melanchthon, Christoph Kolumbus, Thomas Cromwell, Lady Jane Grey, Maria Stuart, George Herbert und John Knox.

PARALLELSTELLEN ZUM THEMA:
Die erste Hälfte von Vers 6 hat Christus am Kreuz zitiert (Lk 23,46) und Stephanus bei seiner Steinigung (Apg 7,59).

6. März

PSALM 31,7-14

7 Ich verabscheue die, die zu nutzlosen Götzen beten.
Ich vertraue auf den HERRN.
8 Freude über deine unwandelbare Liebe wallt in mir auf,
denn du hast meinen Kummer gesehen,
und meine Seelenpein ist dir nicht gleichgültig.
9 Du hast mich meinen Feinden nicht ausgeliefert,
sondern mich an einen sicheren Ort gebracht.
10 Sei mir barmherzig, HERR, denn ich bin in Not.
Mein Blick ist getrübt vor Tränen.
Mein Leib und meine Seele schwinden dahin.
11 Ich sterbe vor Kummer;
Trauer verkürzt meine Jahre.
Elend hat meine Kraft dahingerafft;
ich trockne von innen her aus.
12 Meine Feinde verhöhnen mich,
und meine Nachbarn verspotten mich –
selbst meine Freunde scheuen meine Nähe.
Wenn sie mich auf der Straße sehen, wenden sie sich ab.
13 Ich werde übersehen, als ob ich bereits tot wäre,
wie ein zerbrochenes Gefäß.
14 Ich habe die üblen Gerüchte über mich gehört
und bin umgeben von Schrecken.
Meine Feinde verschwören sich gegen mich
und wollen mir ans Leben.

Von Schrecken umgeben

Höhen und Tiefen im Leben kennen wir alle und das einzig Überraschende daran ist die Schnelligkeit, mit der die Tiefen kommen. Das galt auch für David.

Aber bei dem Propheten Jeremia scheint es kaum einmal Höhen gegeben zu haben. »Von Schrecken umgeben« (Vers 14) könnte sein Leben ziemlich genau beschreiben. Was ihn erschreckte, war das, was er voraussah und seine Mitmenschen nicht sehen konnten: die Belagerung Jerusalems durch die Babylonier. Jeremia sagte voraus, dass nicht nur er, sondern auch alle anderen von Schrecken umgeben sein würden.

Jeremia hatte es immer schwer: im Stock, in der Zisterne, im Gefängnis. Aber auch in den schlimmsten Zeiten waren ihm zwei Dinge unumstößlich: »Der Herr ist bei mir wie ein starker Held« (Jer 20,11) und »seine Barmherzigkeit hat noch kein Ende, sondern sie ist alle Morgen neu, und deine Treue ist groß« (Klgl 3,22-23).

In einer alten Gastwirtschaft, der Chesa Veglia in St. Moritz in den Schweizer Alpen, steht ein Spruch an der Wand: »Immer wenn du denkst, es geht nicht mehr, kommt von irgendwo ein Lichtlein her.«

Lied:
Bedeckt mit deinem Segen
eil ich der Ruh entgegen; dein Name sei gepreist!
Mein Leben und mein Ende
ist dein; in deine Hände
befehl ich, Vater, meinen Geist.
Christian Fürchtegott Gellert

Überblick:
Viele Psalmen fangen mit Klagen oder Hilferufen an und enden mit Freude. Dieser tut das sogar zweimal. In den ersten Versen beginnt der Dichter mit einer Bitte um Hilfe und als er bei Vers 8 ankommt, kann er schon sagen: »Freude ... wallt in mir auf«. Aber in Vers 10 fängt er wieder an, Gott seine Probleme vorzutragen. Anscheinend gingen seine Gefühle auf und ab wie auf einer Achterbahn.

Parallelstellen zum Thema:
David war nicht der Einzige, der sich von seinen Freunden verlassen fühlte. Ähnlich ging es Hiob (Hiob 19,13-19).

7. März

Psalm 31,15-19

15 Doch ich vertraue auf dich, o Herr,
und sage: »Du bist mein Gott!«
16 Meine Zukunft liegt in deinen Händen.
Rette mich vor denen, die mich so unbarmherzig jagen.
17 Lass deine Güte über deinem Knecht leuchten.
Rette mich in deiner unwandelbaren Liebe.
18 Verwehre mir nicht deine Gnade, o Herr,
denn ich rufe zu dir um Hilfe.
Mögen die Bösen zuschanden werden;
mögen sie im Grabe schweigen.
19 Mögen ihre lügnerischen Lippen verstummen –
diese stolzen und hochmütigen Lippen,
die die Gottesfürchtigen verklagen.

Unsere Zeit in Gottes Händen

1889, mit erst neunzehn Jahren, unternahm Dan Crawford zum ersten Mal die Reise nach Zentralafrika. Mehr als 30 Jahre lang arbeitete er als Missionar und übersetzte die Bibel in Luba-Sanga. Als Crawford 1926 starb, war das Alte Testament gerade frisch gedruckt und die Christen an seinem Einsatzort legten ihm beim Begräbnis ein Exemplar unter den Kopf.

Psalm 31,16 war für Crawford besonders schwierig zu übersetzen gewesen. Nach langem Überlegen entschied er, die beste Art ihn in die fremde Sprache zu übertragen sei diese: »Alles Warum, Wann, Wo und Wozu in meinem Leben ist in Gottes Händen.« Damit stellten die Übersetzer alle Lebensfragen unter Gottes Kontrolle.

Wenn wir anfangen an Gott zu glauben und seine Rettung annehmen, überlassen wir ihm die Vergangenheit. Er vergibt uns und wirft unsere Sünde auf Christus, der für uns gestorben ist. Für unsere Gegenwart ist Gott unser guter Hirte, wie in Psalm 23 dargestellt. Aber auch unsere Zukunft soll ihm gehören. Gott kennt die Zukunft viel besser als wir. Oft beunruhigt uns die Aussicht auf die nächste Woche, den nächsten Monat oder das nächste Jahr. Aber das braucht nicht zu sein. Wenn wir Gott gehören, brauchen wir vor gar nichts Angst zu haben, denn im Grunde bestimmt er, was wir erleben.

LIED:
Die Summe meiner Tage
ist, Jesu, dir bekannt;
mein Glück und meine Plage
stehn, Herr, in deiner Hand.
JOHANN HEINRICH RÖDING

NACHDENKENSWERT:
»Wenn ein Mensch sich seiner Sünde bewusst ist, wenn seine Umgebung ihn angreift und sogar seine Freunde ihn verlassen, und er sich dann an Gott wenden und sagen kann: ›Du bist mein Gott‹ – das ist wahre Glaubensstärke.«

NACHGEFRAGT:
In welchen Situationen könnten sich die »Glaubenshelden« aus Hebräer 11 mit diesen Versen, besonders Vers 16, identifiziert haben?

8. März

Psalm 31,20-25

20 Deine Güte ist so groß!
Du hältst großen Segen für die bereit, die dich ehren.
Du hast so viel für die getan, die dich um Schutz bitten,
und hast sie vor den Augen der Welt gesegnet.
21 Du birgst sie im Schatten deiner Gegenwart,
sicher vor denen, die sich gegen sie verschwören.
Du schenkst ihnen Zuflucht in deiner Gegenwart,
fern von anklagenden Zungen.
22 Lobt den HERRN,
denn er hat mir seine unwandelbare Liebe bewiesen.
Als meine Stadt angegriffen wurde, hat er mich sicher bewahrt.
23 Von Furcht überwältigt, schrie ich zu ihm:
»Ich bin vom HERRN getrennt!«
Doch du hast meine Bitte um Barmherzigkeit vernommen
und meinen Hilfeschrei erhört.
24 Liebt den HERRN, all ihr Getreuen!
Denn der HERR beschützt die, die ihm treu sind,
doch er bestraft die Selbstgerechten.
25 Deshalb seid stark und fasst Mut,
ihr alle, die ihr eure Hoffnung auf den HERRN setzt!

Gutes liegt für uns bereit

Wir wissen nicht, wie Davids Lage war, als er Psalm 31 schrieb. Manche Gelehrten meinen, er bezöge sich auf 1. Samuel 23 oder 27, die Zeit, in der er sich in feindlichen Städten versteckt hielt. Saul verfolgte David bis tief in feindliches Gebiet, aber Gott schützte ihn. Auch als die Stadt angegriffen wurde, sorgte Gott für seine Sicherheit.

Der Prophet Jona kannte diesen Psalm. Im Bauch des Meerungeheuers zitierte er daraus (vgl. Jona 2,4 und Ps 31,23). Wie David bat Jona Gott, ihn zu retten, und Gott tat es aus Mitleid. Jona versprach Gott zu danken und Opfer zu bringen, wenn er gerettet würde, aber ob er es getan hat, wird nicht berichtet. Wir wissen aber, dass er sich beschwerte, weil andere besser behandelt wurden, als sie es verdienten.

Aus diesem Grund musste Jona wahrscheinlich auf manches Gute verzichten, was Gott für ihn bereit hatte (Vers 20). Ist es nicht tragisch, wenn ein Mensch die Bibel so gut kennt und sich doch nicht konsequent danach richtet?

Oft benutzen wir Stücke aus der Bibel, um uns in schwierigen Zeiten Mut zu machen, aber wenn alles gut läuft, vergessen wir gern, was Gott von uns möchte. Gott will, dass wir uns bei ihm völlig sicher fühlen können, aber wir sollten uns nicht wie Jona über seine Wünsche hinwegsetzen. Er verdient unseren Dank, aber auch unsere volle Aufmerksamkeit.

LIED:
Verbirg mein Seel aus Gnaden
bei dir vor allem Leid,
rück sie aus allem Schaden
zu deiner Herrlichkeit.
VALERIUS HERBERGER

ÜBERBLICK:
Die letzten sechs Verse dieses Psalms drücken Dankbarkeit aus, aber sie sind nicht alle gleich. In Vers 20 und 21 dankt der Dichter Gott für die Güte, die er seinem ganzen Volk erweist. Vers 22 und 23 drücken den Dank des Dichters aus, dass Gott ihm persönlich Gutes tut. In Vers 24 und 25 werden die Gläubigen aufgefordert Gott zu lieben und damit zu rechnen, dass er spricht.

NACHDENKENSWERT:
»Alles sichtbare Gute, was Gott uns gibt, ist nur ein undeutlicher Schatten des wirklichen Reichtums, den wir haben können, wenn wir in ständiger Verbindung mit Gott leben. Seine wertvollsten Geschenke stellt er nicht ins Schaufenster, sondern behält sie in den hinteren Räumen. Das Wertvollste ist nicht das, was wir anfassen, probieren, gebrauchen und was andere sehen können.«
ALEXANDER MACLAREN

9. März

PSALM 32,1-5

Ein Psalm Davids

1 Wie groß ist die Freude derer,
deren Auflehnung vergeben
und deren Sünde abgetan ist!
2 Ja, welche Freude empfinden die,
aus deren Lebensbuch der HERR ihre Sünden getilgt hat
und die ein ehrliches Leben führen!
3 Als ich mich weigerte, meine Schuld zu bekennen,
war ich schwach und elend
und stöhnte und jammerte den ganzen Tag.
4 Tag und Nacht lastete deine strafende Hand schwer auf mir.
Meine Kraft vertrocknete wie Wasser in der Sommerhitze.
Zwischenspiel
5 Doch endlich gestand ich dir all meine Sünden
und gab es auf, sie verbergen zu wollen.
Ich sagte mir: »Ich will dem HERRN meine Auflehnung bekennen.«
Und du hast mir vergeben! All meine Schuld ist fort.

Was Vergebung ist

Vielleicht kennen Sie die Geschichte: König sieht Frau. König nimmt Frau. König lässt Ehemann töten. In allen Kulturkreisen der Antike hat es so etwas gegeben. Aber hier, in Israel, war der König einer höheren Autorität verantwortlich.

Als der Prophet Nathan David seinen Ehebruch und Mord vorhielt, gab der König sein Unrecht offen zu und schrieb den sehr persönlichen Psalm 51. Es wurde eine öffentliche Bloßstellung krassester Art: Sein Schuldbekenntnis wurde in das Liederbuch des Volkes aufgenommen und alle folgenden Generationen können lesen, wie David Schuld eingestanden und bereut hat.

Psalm 32 scheint die Fortsetzung von Psalm 51 zu sein. David gesteht seine Schuld ein und Gott vergibt ihm. In Psalm 51 sagt er, dass er auch anderen Sündern Gottes Wege zeigen möchte, damit sie umkehren können, und in Psalm 32 zeigt David diesen anderen Sündern, wie Gott vergibt.

Auf die Frage, welcher Psalm der beste sei, antwortete Martin Luther: »Die Psalmen des Paulus.« Der Frager wusste, dass Paulus keinen Psalm geschrieben hat, und fragte, was er damit meinte. Luther antwortete, das seien die Psalmen 32, 51, 130 und 143. »Sie alle zeigen«, sagte er, »dass die Vergebung der Sünde ohne Gesetz und ohne eigene Leistung dem gilt, der daran glaubt. Genau das sagt Paulus; darum nenne ich sie die Psalmen des Paulus.«

Auch Sie können wie David Gott Ihre Schuld eingestehen und erleben, dass er Ihnen vergibt.

Lied:
*Die Last meiner Sünde trug Jesus, das Lamm, und warf sie weit weg in die Fern;
er starb ja für mich am blutigen Stamm;
meine Seele lobpreise den Herrn!*
Horatio G. Spafford

Wörter im Text:
In Vers 1 und 2 werden drei verschiedene hebräische Wörter für Sünde gebraucht und auch verschiedene Ausdrücke für Vergebung, um zu betonen, dass Gottes Vergebung alles umfasst.

Parallelstellen zum Thema:
Interessant ist, wie Paulus diese Verse in Römer 4,6-8 gebraucht. Könnte es sein, dass Johannes an Vers 5 dachte, als er 1. Johannes 1,9 schrieb?

10. März

Psalm 32,6-11

6 Deshalb sollen die Gottesfürchtigen dir ihre Verfehlungen
bekennen, solange noch Zeit ist,
damit nicht die Fluten des Gerichts über ihnen
zusammenschlagen.
7 Denn du bist meine Zuflucht;
du bewahrst mich vor Kummer.
Du schenkst mir den Sieg.

Zwischenspiel

8 Der Herr spricht: »Ich will dich den besten Weg in deinem
Leben führen.
Ich will dir raten und über dich wachen.
9 Sei nicht wie ein unvernünftiges Pferd oder ein Maultier,
das Gebiss und Zaumzeug braucht, damit es lenkbar ist.«
10 Die Bösen haben viele Sorgen,
aber die auf den Herrn vertrauen, sind in unwandelbare
Liebe gehüllt.
11 Deshalb freut euch im Herrn und seid alle froh,
die ihr ihm gehorsam seid!
Jubelt alle vor Freude, alle, deren Herzen rein sind!

Du bist mein Schirm

Der Theologe Augustinus, der im 4. Jahrhundert lebte, hat die Psalmen immer geliebt. In seinem Hauptwerk *Bekenntnisse* bezieht er sich fast auf jeder Seite auf sie. Er hat die Psalmen immer und immer wieder studiert und zwei Kommentare dazu geschrieben.

Augustinus liebte Psalm 32 so sehr, dass er ihn über sein Bett schreiben ließ, um jeden Morgen gleich beim Aufwachen daran erinnert zu werden. Er sagte, es sei »der Anfang der Weisheit, wenn man weiß, dass man ein Sünder ist«.

Aber erst später erfasste Augustinus die volle Bedeutung des Satzes: »Du bist mein Schirm.« Er war schon älter, als er den Zusammenbruch des Römischen Reiches miterlebte. Ganz kurz vor seinem Tod belagerten die Vandalen seine Heimatstadt Hippo in Nordafrika. Da hat Augustinus sicher gelernt, bei Gott Hilfe zu suchen und nicht bei den politischen Mächten um ihn, so wie David es gelernt hat, als er vor Saul fliehen musste.

Wie muss ein »Schirm«, ein Versteck, beschaffen sein? Es muss leicht zugänglich sein, damit wir da hinkommen können, wenn wir es brauchen; es muss so groß sein, dass wir darin Platz haben, solange wir da sind, und es muss vor allen Feinden völlig sicher sein.

Gott ist unser Versteck, und Jesus Christus ist der Weg, die Tür, die Wahrheit, die uns zu ihm führt.

LIED:
Dein Auge leite
meinen Gang,
dass ich nicht irregeh;
ach bleib mir nah
mein Leben lang,
bis ich dich ewig seh.
GERHARD TERSTEEGEN

PARALLELSTELLEN ZUM THEMA:
Wenn Sie Psalm 32,8 mit Sprüche 3,17 vergleichen, sehen Sie, wie reizvoll Gottes Wege sind.

NACHDENKENSWERT:
»Wenn Sie erfahren wollen, was richtig ist, wird er es Ihnen klarmachen – auf die eine oder die andere Art.«
F. B. MEYER

11 März

11. März

1. Samuel 2,1-7 (Hannas Lied, Teil 1)

1 Hanna betete:
»Mein Herz freut sich am Herrn!
O, wie hat der Herr mich gesegnet!
Jetzt habe ich eine Antwort für alle meine Feinde
und freue mich an deiner Rettung.
2 Keiner ist heilig wie der Herr!
Keiner ist neben dir;
kein Fels ist wie unser Gott.
3 Vergesst euren Stolz und Hochmut!
Hört auf mit euren überheblichen Reden!
Der ist ein Gott, der eure Werke kennt;
und er wird euch richten für das, was ihr getan habt.
4 Die Mächtigen sind nicht länger mächtig;
die Schwachen sind jetzt stark.
5 Die Wohlgesättigten hungern jetzt;
und die hungerten, sind jetzt satt.
Die Unfruchtbare hat jetzt sieben Kinder;
die Frau mit den vielen Kindern aber wird keine mehr haben.
6 Der Herr bringt Tod und Leben;
manche bringt er ins Grab, andere erweckt er.
7 Der Herr macht den einen arm und den anderen reich;
den einen erniedrigt er, den anderen erhebt er.

Entsprechender Psalm: Psalm 126,5

5 Die unter Tränen pflanzen, werden mit Freuden ernten.

Gott hört

Ein junger Mann aus Ontario in Kanada ging nach Chicago, um reich zu werden. Er hatte 60 Dollar; davon kaufte er einen Käsewagen und ein Pferd namens Paddy. Von einem Großhändler kaufte er Käse auf Kredit und versuchte ihn zu verkaufen. Er stand morgens um drei Uhr auf und arbeitete den ganzen Tag schwer, aber nach dem ersten Jahr hatte er 3000 Dollar Schulden und war nicht mehr kreditwürdig.

Er hatte niemanden, mit dem er reden konnte, außer seinem Pferd; also trug er Paddy das Problem vor. Zu seiner Überraschung schien es ihm, als ob eine Stimme zu ihm sagte: »Du versuchst es ohne Gott.« Der junge Mann schaute sich um, sah aber niemanden. Da sagte er: »Paddy, steh auf. Wenn Gott das mit dem Käse besser kann als wir, soll er es machen.«

Also begründete James Kraft eine Partnerschaft mit Gott und fragte ihn von da an sein Leben lang immer wieder, wie er es richtig machen sollte. Als er eine Methode erfand, Käse haltbar zu machen, wuchs sein Geschäft enorm und Kraft-Käse wurde ein Begriff.

Auch Hanna musste schwere Konflikte durchstehen, ehe sie ihr Loblied dichten konnte. Aber am Ende, als sie ganz unten und ihr Selbstwertgefühl fast vernichtet war, weil sie keine Kinder bekam, betete Hanna zu Gott. Gott erfüllte ihre Bitte und sie bekam einen Sohn. Das war der Anlass für dieses Lied.

Was haben Sie heute für Gründe, Hannas Lied zu singen?

LIED:
Es sind ja Gott geringe Sachen,
und seiner Allmacht gilt es gleich,
den Reichen klein und arm zu machen,
den Armen aber groß und reich.
Er ist's, der Wunder stets getan
und stürzen und erhöhen kann.
GEORG NEUMARK

PARALLELSTELLEN ZUM THEMA:
Es lohnt sich Hannas Lied und den Lobgesang Marias in Lukas 1,46-55 zu vergleichen.

NACHDENKENSWERT:
»Was wir durch Gebet gewinnen, können wir ohne Unruhe gebrauchen, aber wir müssen Gott dafür die Ehre geben.«
MATTHEW HENRY

12. März

PSALM 33,1-9

1 Jauchzend sollen die Gottesfürchtigen dem HERRN zujubeln,
denn ihm gebühren Preis und Ruhm.
2 Lobt den HERRN mit dem Klang der Lyra;
spielt ihm auf mit der zehnsaitigen Harfe.
3 Stimmt ihm zu Ehren neue Lieder an;
spielt die Harfe mit kundigen Händen und singt vor Freude.
4 Denn das Wort des HERRN ist wahr,
und alles, was er tut, ist unsres Vertrauens würdig.
5 Er liebt, was gerecht und gut ist,
und seine unwandelbare Liebe erfüllt die Erde.
6 Der HERR hat gesprochen,
und der Himmel war da.
Ein leises Wort von ihm,
und die Sterne waren geboren.
7 Er setzte dem Meer seine Grenzen
und fasste den Ozean in riesigen Becken.
8 Alle Menschen sollen den HERRN achten,
alle sollen in Ehrfurcht vor ihm stehen.
9 Denn als er sprach, nahm die Welt ihren Anfang!
Auf seinen Befehl ist sie entstanden.

Fehlt da etwas?

Vermissen Sie bei diesem Psalm etwas? Bisher hat jeder Psalm außer Psalm 1, 2 und 10 mit einer Art erklärender Überschrift angefangen – und Psalm 10 kann man als Fortsetzung von Psalm 9 betrachten. Aber warum hat dieser Psalm keine solche Überschrift?

Vielleicht findet man die Lösung, wenn man Psalm 33,1 mit Psalm 32,11 vergleicht. Diese Verse sind so ähnlich, dass viele Forscher meinen, Psalm 33 sei einfach an Psalm 32 angefügt worden. Weil Psalm 32 sehr persönlich ist, könnte dieser Psalm als Lied für die Gemeinde angehängt worden sein. Denn wenn man sich durch Psalm 32 vergegenwärtigt hat, wie Gott vergibt und unsere Seele heilt, was liegt da näher, als sich zu freuen und Gott zu loben? Und dazu fordert Psalm 33 uns auf.

Wie soll unser Lob nach Psalm 33 sein? Immer wieder neu, freudig und gut vorgetragen (Vers 3). Weil Gottes Freundlichkeit jeden Morgen neu ist, soll unser Lob sich auch immer erneuern; weil das Evangelium uns lauter Gutes anbietet, sollen wir uns freuen, und weil unser Gott groß ist und Besonderes für uns tut, ist es nur recht, unser Lob besonders schön zu gestalten.

Im Gesamtbild der Psalmen spielt es keine große Rolle, warum diesem Psalm keine Erklärung vorangeht. Viel besorgniserregender ist es, wenn wir Gott nicht immer neu loben, mit Freude und mit unseren besten Fähigkeiten.

Lied:
Wir beten an und loben dich für deine Ehr und danken, dass du, Gott Vater, ewiglich, regierst ohn alles Wanken. Ganz ohne Maß ist deine Macht; allzeit geschieht, was du bedacht. Wohl uns des guten Herren!
Nikolaus Decius

Wörter im Text:
In den Gottesdiensten wurden viele verschiedene Musikinstrumente benutzt: Blas-, Saiten- und Schlaginstrumente, aber die Saiteninstrumente hatten im Tempel einen besonderen Platz (Vers 2). Sie werden häufig in Parallelismen genannt.

Nachdenkenswert:
»Legt das Alte ab ... Ein neuer Mensch, ein neuer Bund, ein neues Lied. Ein neues Lied passt nicht zum alten Menschen; nur der neue Mensch lernt es, der durch Gnade neu geworden ist und das Alte verlassen hat und jetzt zum neuen Bund gehört.«
Augustinus

13. März

13. März

Psalm 33,10-22

10 Der Herr macht die Vorhaben der Völker zunichte
und vereitelt all ihre Pläne.
11 Der Wille des Herrn aber steht auf ewig fest;
niemand kann seine Absichten durchkreuzen.
12 Welche Freude für die Völker, deren Gott der Herr ist,
deren Angehörige er erwählt hat.
13 Der Herr sieht vom Himmel herab auf die Menschen.
14 Von seinem Thron beobachtet er die Erdbewohner.
15 Er hat ihre Herzen gemacht,
deshalb weiß er um alles, was sie tun.
16 Das bestgerüstete Heer kann einen König nicht retten,
ist nicht stark genug, einem Krieger beizustehen.
17 Verlass dich nicht darauf, dass dein Streitross dir den Sieg verschafft – mit all seiner unbändigen Kraft kann es dir nicht helfen.
18 Der Herr aber wacht über die, die ihn achten,
die sich auf seine unwandelbare Liebe verlassen.
19 Er bewahrt sie vor dem Tod
und hält sie in Hungersnöten am Leben.
20 Nur der Herr allein kann uns retten.
Nur er kann uns helfen, uns schützen wie ein Schild.
21 In ihm freut sich unser Herz,
denn wir vertrauen auf seinen heiligen Namen.
22 O Herr, deine unwandelbare Liebe sei um uns,
denn du allein bist unsere Hoffnung.

Gott sorgt für uns

Am 6. November 1627 umzingelte die französische Armee die Stadt La Rochelle. Fast 30 Jahre lang hatten die Hugenotten, die französischen Protestanten, dort gelebt. Jetzt hatte Kardinal

Richelieu eine vollständige Blockade von La Rochelle verfügt. Bald gab es in der Stadt kaum noch Vorräte. Alle Tiere wurden geschlachtet und gegessen, man aß auch Knochen, Gips, Sättel und Lederhandschuhe.

Eine Witwe namens Prosni gab von allem, was sie besaß, den Hungrigen ab. Ihre Schwägerin machte ihr Vorwürfe und sagte: »Was machst du, wenn du auch nichts mehr hast?«

Da antwortete die Witwe Prosni: »Gott sorgt für uns.« Dann zitierte sie Vers 18 und 19 aus Psalm 33: »... und hält sie in Hungersnöten am Leben.«

Die Belagerung dauerte an und die Witwe und ihre vier Kinder hatten nichts mehr zu essen. Ihre Schwägerin half ihr nicht, sie machte nur verächtliche Bemerkungen.

Die Witwe ging nach Hause und beschloss, sich auf Gott zu verlassen, auch wenn sie sterben müsste. Als sie hereinkam, tanzten ihre Kinder vor Freude im Haus herum: Während sie weg war, hatte ein Fremder einen Sack Weizen abgegeben. Das war genug, um die Familie zu ernähren, bis die Belagerung im folgenden Juni abgebrochen wurde.

Nicht immer hilft Gott seinen Leuten so konkret, aber er hat versprochen, uns mit dem zu versorgen, was wir wirklich brauchen. Darauf können wir uns unbedingt verlassen wie diese Witwe, denn Gott ist groß und »der Herr ... wacht über die, die ihn achten« (Vers 18).

LIED:
Will die Sorge nicht von dir weichen, will die Einsamkeit dich beschleichen, will dich Unglück und Tod erreichen, niemals lässt er dich allein.
HERBERT MASUCH

NACHDENKENSWERT:
»Die Räder eines Uhrwerks drehen sich gegeneinander, die einen so herum, die anderen anders herum, aber alle dienen dazu die Zeit anzuzeigen, wie der Uhrmacher es vorgesehen hat. So sieht es manchmal aus, als ob Gott etwas täte, was seinen Versprechen zuwiderläuft: Ein Mensch geht in diese, der andere in eine andere Richtung, aber alle zusammen erfüllen die Absicht Gottes, des großen Schöpfers.«
RICHARD SIBBES

14. März

Zwischenspiel: Singen in der christlichen Gemeinde

Die folgenden Bibelstellen zeigen, dass Gottes Volk schon immer aufgerufen war, seinem Herrn Loblieder zu singen:

- Psalm 33,3
- Apostelgeschichte 16,25
- 1. Korinther 14,26
- Epheser 5,19-20
- Kolosser 3,16

Statthalter Plinius hatte es nicht leicht: Immer mehr Menschen in seiner Provinz Bithynien wurden Christen. Er hatte schon mehrere hinrichten lassen, aber anscheinend hatte das keinen Einfluss auf die wachsende Sekte. Schließlich fragte Plinius Kaiser Trajan in einem Brief um Rat. Er erklärte, er habe sich viel Mühe gegeben, Anklagepunkte gegen sie zu finden, könne aber nichts finden – außer dass sie sich weigerten dem Kaiser Opfer zu bringen. Doch, eines gab es noch, was etwas verdächtig erschien: »Sie treffen sich in der Morgendämmerung und singen ein Lied zur Ehre Christi, den sie als Gott betrachten« – ein eher harmloser Anklagepunkt und zugleich eine der ältesten Beschreibungen des christlichen Gottesdienstes durch einen Außenstehenden.

Singt Psalmen, Lobgesänge und geistliche Lieder, fordert Paulus die Kolosser auf. Die Psalmen waren aus dem Alten Testament; sie hatten durch Jesus Christus neue Bedeutung gewonnen. Die Lobgesänge waren von den ersten Christen zu Gottes Lob komponiert und von der ganzen Kirche akzeptiert worden. Im Lauf des Jahres werden wir dem einen oder anderen begegnen. Geistliche Lieder entstanden wahrscheinlich eher spontan durch einzelne Gemeindeglieder.

Bemerkenswert ist die Begleitung, die Paulus für solche Lieder empfiehlt: Welche Instrumente gespielt werden, ist nicht so wichtig wie die Freude, Dankbarkeit und Einheit der Gemeinde, die man heraushört. Wenn die Musik harmonisch ist, umso besser. Aber Gott legt mehr Wert auf innere Harmonie in der Gemeinde.

Lied:
Frohlocket, jauchzet, rühmet alle,
erhebet ihn mit Lobgesang!
Sein Lob tön im Posaunenschalle,
in Psalter- und in Harfenklang!
Auf, alle Völker, jauchzt zusammen,
Gott macht, dass jeder jauchzen kann;
sein Ruhm, sein Lob muss euch entflammen,
kommt, betet euren König an!
Matthias Jorissen

»Die Urgemeinde war eine singende Gemeinde; sie strahlte eine Freude aus, die die Menschen zum Singen brachte.«
William Barclay

15. März

15. März

Psalm 34,1-11

1 *Ein Psalm Davids aus der Zeit, als er vor Abimelech vorgab, geisteskrank zu sein.*
2 Ich will den Herrn allezeit rühmen.
Immerfort will ich sein Lob im Munde führen.
3 Allein des Herrn will ich mich rühmen;
der Mutlose soll sich ein Herz fassen.
4 Kommt, erzählen wir von der Größe des Herrn;
preisen wir gemeinsam seinen Namen.
5 Ich betete zum Herrn, und er antwortete mir
und nahm mir alle meine Ängste.
6 Die von ihm Hilfe erhoffen, werden strahlen vor Freude;
kein Schatten der Scham soll ihr Gesicht verdunkeln.
7 Ich schrie zum Herrn in meinem Leid, und er hörte mich.
Er nahm mir alle meine Angst.
8 Denn der Engel des Herrn wacht über die, die ihn achten,
und rettet sie.
9 Schmecke und sieh, dass der Herr gut ist.
O welche Freude haben die, die auf ihn vertrauen!
10 Das Volk des Herrn soll mit Ehrfurcht vor ihn treten,
denn die ihn ehren, haben alles, was sie brauchen.
11 Selbst starke Löwen werden hungrig,
aber denen, die auf den Herrn vertrauen, wird es an nichts Gutem mangeln.

Der Engel des Herrn

Sadhu Sundar Singh stammte aus einer adligen Familie in Indien. Seine Mutter erzog ihn zum religiösen Würdenträger der Sikhs. Aber er erlebte eine dramatische Bekehrung wie Paulus und reiste danach als christlicher Evangelist durch ganz Indien, Afghanistan und Tibet. Seine Familie trennte sich von ihm und andere verfolgten ihn, aber er reiste und predigte weiter.

Einmal verirrte sich Sundar im Urwald und es wurde dunkel. Er hörte, wie die Raubtiere auf Jagd gingen. Er war glücklich an einen Fluss zu kommen, denn er wusste, wenn er ihn überqueren könnte, wäre er in Sicherheit. Aber als er ins Wasser stieg, merkte er, dass die Strömung zu stark für ihn war. Was sollte er tun?

Sundar bat Gott um Hilfe. Da sah er einen Mann am anderen Ufer, der rief: »Ich komme und helfe dir.« Der Mann sprang in den Fluss und schwamm zu Sundar. Er ließ ihn auf seinen Rücken steigen und schwamm mit ihm zum anderen Ufer. Gleich nach der Ankunft schaute sich Sundar nach dem Mann um, aber er war verschwunden. Vielleicht hatte Sundar gerade erlebt, dass Psalm 34, 8 wahr ist.

In diesem Psalm erfahren wir viel über Angst und Vertrauen und warum wir bei Gott in Sicherheit sind. Auch wenn wir die Engel nicht sehen, können wir damit rechnen, dass Gott sie geschickt hat, um uns zu bewachen.

LIED:
Ich will dich all mein Leben lang, o Gott, von nun an ehren; man soll, Gott, deinen Lobgesang an allen Orten hören; mein ganzes Herz ermuntre sich, mein Geist und Leib erfreue dich. Gebt unserm Gott die Ehre!
JOHANN JAKOB SCHÜTZ

PARALLELSTELLEN ZUM THEMA:
Ein zusätzlicher Kommentar zu Psalm 34,8 steht in 2. Könige 6,13-17.

NACHDENKENSWERT:
»Es ist viel besser von allen Ängsten befreit zu sein als von allen Schwierigkeiten. Böse Menschen haben manchmal keine Schwierigkeiten, aber sie können nie frei von Ängsten sein. Wirkliche Ruhe und Sicherheit können nur die genießen, die mit Gott verbunden sind.«
RICHARD BAKER

16. März

16. März

PSALM 34,12-23

12 Kommt, meine Kinder, hört mir zu,
und ich will euch lehren, den HERRN zu achten.
13 Wollt ihr ein langes und gutes Leben führen?
14 Dann hütet eure Zunge!
Verbreitet keine Lügen!
15 Kehrt euch ab vom Bösen und tut Gutes.
Bemüht euch, mit anderen in Frieden zu leben.
16 Die Augen des HERRN wachen über die, die recht tun;
seine Ohren sind offen für ihre Hilferufe.
17 Doch er wendet sein Antlitz gegen die, die Böses tun;
er wird ihr Gedächtnis vom Erdboden tilgen.
18 Der HERR hört sein Volk, wenn es ihn um Hilfe anfleht.
Er rettet es aus aller Not.
19 Der HERR ist allen nahe, deren Herzen gebrochen sind;
er rettet die, die den Mut verloren haben.
20 Die Gerechten durchleben viele Gefahren,
doch der HERR errettet sie aus allen.
21 Denn der HERR beschützt sie vor Unheil –
nicht ein Knochen wird ihnen gebrochen werden!
22 Die Bösen hingegen wird das Unglück ereilen,
und die die Gerechten hassen, werden bestraft.
23 Die aber, die ihm dienen, wird der HERR erlösen.
Wer auf ihn vertraut, dem wird vergeben.

Columbas letzter Vers

Am 6. Juni 597 war Columba, der erste Missionar, der nach Schottland gekommen war, bei der Übersetzung der Psalmen in den regionalen Dialekt. Als er Psalm 34, Vers 11 abgeschlossen hatte, sagte er: »Da muss ich aufhören. Baithene (sein Nachfolger) soll dann weiterschreiben.« Am nächsten Morgen starb Columba mit 77 Jahren.

Columba war Ire, ein schwieriger und manchmal jähzorniger Mensch, aber er liebte die Psalmen, Menschen und Tiere (in dieser Reihenfolge). Vielleicht war sogar ein Streit um eine Abschrift der Psalmen der Grund, warum er seinen geliebten Heimatort Donegal verließ und sich auf der kleinen Insel Iona niederließ, um Schottland und Nordirland zu missionieren. Mit einer Gruppe von zwölf Mönchen, die die Bibel abschrieben und dann den Leuten brachten, stellte er sich gegen die Druiden und machte die Könige zu Christen.

Die zweite Hälfte von Psalm 34, in der »Kinder« bestimmte Dinge lernen sollen, passte besonders gut auf Columbas Nachfolger: Er verwendete viel Mühe darauf, neu gewonnenen Christen Bibelunterricht zu geben.

Was sollen die »Kinder« in Psalm 34 lernen? 1. Fürchte Gott; 2. achte auf deine Zunge; 3. höre auf Böses zu tun, und 4. bemühe dich um Frieden. Was davon ist für Sie am schwersten zu lernen?

LIED:
Gib meinem Glauben Mut und Stärke und lass ihn in der Liebe tätig sein, dass man an seinen Früchten merke, er sei kein eitler Traum und falscher Schein.
GEORG JOACHIM ZOLLIKOFER

WISSENSWERTES:
Auch dieser Psalm ist ein Akrostichon, d. h. jeder Vers beginnt mit dem nächstfolgenden Buchstaben des hebräischen Alphabets.

PARALLELSTELLEN ZUM THEMA:
Über die Zunge und ihre Gefährlichkeit (Vers 14) finden Sie weitere Informationen in Sprüche 4,24; 13,13 und in Jakobus 3,2-12.

17. März

17. März

Psalm 35,1-10

Ein Psalm Davids

1 O Herr, sei ein Feind meiner Feinde.
Erkläre meinen Angreifern den Krieg.
2 Leg deine Rüstung an und nimm deinen Schild in die Faust.
Gürte dich zum Kampf und komm mir zu Hilfe.
3 Erhebe Spieß und Speer
und verstell meinen Feinden den Weg.
Lass mich dich sagen hören:
»Ich bin dein Heil!«
4 Erniedrige und verstoße, die versuchen, mich zu töten;
verwirre sie und lass sie umkehren.
5 Blase sie fort wie Spreu im Wind –
einem Wind, vom Engel des Herrn gesandt.
6 Mach ihren Pfad dunkel und schlüpfrig,
und setze den Engel des Herrn auf ihre Spur.
7 Ich habe ihnen kein Unrecht getan,
und trotzdem haben sie mir einen Hinterhalt gelegt.
Ich habe ihnen kein Unrecht getan,
und trotzdem haben sie mir eine Grube gegraben.
8 Deshalb soll sie der Untergang ereilen,
wenn sie es am wenigsten ahnen!
Sie sollen sich in den Fallen verfangen, die sie mir stellten!
Sie sollen in dem Loch, das sie für mich gruben, zu Tode stürzen.
9 Dann will ich mich im Herrn freuen.
Ich will froh sein, weil er mich rettet.
10 Ich will ihn von ganzem Herzen preisen:
»Herr, wer ist dir gleich?
Wer außer dir rettet die Schwachen und Hilflosen
vor den Starken?
Wer außer dir beschützt die Armen und Bedürftigen vor denen,
die sie ausrauben wollen?«

»Ich bin deine Hilfe«

Psalm 35,3 bedeutete einen Wendepunkt im Leben eines niederländischen Jungen namens Thomas Hemerken (später nach seinem Geburtsort von Kempen genannt). 1392 war Thomas von seinen Eltern zu den »Brüdern vom gemeinsamen Leben« geschickt worden, einer Gruppe von frommen Christen, die predigten: »Tue kein Unrecht mehr, lebe wie Jesus und lies die Bibel.«

Thomas glaubte, die Bruderschaft könne ihn retten, aber er merkte bald, dass es nichts nützte, einfach planmäßig bestimmte gute Werke zu tun. Er liebte die Psalmen und hatte wie die Psalmdichter mit seiner eigenen Unzulänglichkeit und mit dem Unverständlichen im menschlichen Leben zu kämpfen. Thomas schrieb ein Buch, *Monolog der Seele*, in dem er auf der Suche nach Rettung und Frieden auf alle Psalmen nacheinander einging. Dabei stieß er auf Psalm 35, Vers 3 und 10 und andere ähnliche Parallelstellen. Es wurde ihm klar, dass er sich auf Christus allein verlassen musste – und das tat er. Sein bekannteres Buch *Von der Nachahmung Christi* verbindet Thomas' Betrachtungen mit über 1 000 Bibelstellen. Dazu gehört auch Psalm 35,3: »Ich bin dein Heil!«

Gott ist wirklich unser Heil und an drei Dingen kann man immer noch erkennen, dass er uns gerettet hat: am Heiligen Geist (Gal 4,6), an unserer Liebe zu anderen Christen (1. Joh 3,14) und an Gottes Zusagen (Joh 1,12). Das veränderte alles bei dem jungen Thomas, und bei uns sollte es auch so sein.

Lied:
Meine Hilfe kommt mir von dem Herrn,
er hilft uns ja von Herzen gern;
Himmel und Erd hat er gemacht,
hält über uns die Hut und Wacht.
Cornelius Becker

Wörter im Text:
»Von ganzem Herzen« (Vers 10) ist ein Ausdruck für »mein tiefstes Inneres, meine Gebeine«. Eine ähnliche Redewendung ist: »Ich spüre es in den Knochen.«

Parallelstellen zum Thema:
Achten Sie einmal auf Ähnlichkeiten und Unterschiede zwischen diesem und dem vorigen Psalm: In beiden kommen Engel vor und beide reden von Befreiung, aber die Gefühlslage ist ganz anders.

18. März

Psalm 35,11-18

11 Böswillige Zeugen sagen gegen mich aus.
Sie legen mir Dinge zur Last, die ich nicht einmal ahnte.
12 Sie vergelten mir das Gute, das ich tue, mit Bösem.
Ich bin krank vor Verzweiflung.
13 Doch als sie krank waren,
sorgte ich mich um sie.
Ja, ich fastete und betete für sie,
aber meine Gebete wurden nicht erhört.
14 Ich trauerte um sie wie um Freunde oder um meine Familie,
weinte um sie, als beweinte ich meine eigene Mutter.
15 Doch jetzt sind sie froh, dass ich in Not bin;
schamlos verbünden sie sich gegen mich.
Menschen fallen über mich her, die ich nicht einmal kenne;
sie hören nicht auf, mich zu verleumden.
16 Sie verhöhnen und verfluchen mich
und fletschen die Zähne gegen mich.
17 Wie lange noch, HERR, willst du all dem untätig zusehen?
Rette mich vor ihren geifernden Ausfällen.
Beschütze mein Leben vor diesen Löwen!
18 Dann will ich dir vor der ganzen Gemeinde danken.
Ich will dich vor dem ganzen Volk loben.

Betrogen

Wenn Sie schon einmal jemand betrogen oder verraten hat, dann verstehen Sie Davids Gefühle, als er diesen Psalm schrieb.

David wurde nicht nur einmal verraten. Als er König wurde, rottete er die Familie seines Vorgängers nicht aus und vertrieb sie auch nicht aus dem Land, sondern behandelte sie freundlich (2. Sam 9). Aber Sauls Diener Ziba versuchte später ihn zu betrügen. Wo bleibt da die Dankbarkeit?

Ein anderes Mal schickte David Gesandte zum König eines Nachbarvolkes, um ihm sein Beileid zum Tod seines Vaters auszusprechen, aber der König beleidigte die Gesandten in der Öffentlichkeit. Später rebellierten Davids Sohn Absalom und sein Berater Ahitofel gegen ihn, dem er vertraut hatte (2. Sam 14;15). Im Lauf des Aufstandes liefen viele Freunde und Verbündete Davids zur Gegenpartei über.

All dieser Verrat muss David hart getroffen haben. Wie fühlen Sie sich, wenn Freunde, denen Sie trauen, hinter Ihrem Rücken gegen Sie handeln? Vielleicht fällt es Ihnen dann schwer überhaupt noch jemandem zu trauen; vielleicht möchten Sie den Betreffenden ihr Unrecht vergelten.

Aber in der Bibel heißt es: »Vielmehr, wenn deinen Feind hungert, gib ihm zu essen ... Lass dich nicht vom Bösen überwinden, sondern überwinde das Böse mit Gutem« (Röm 12,20-21). Das ist schwer zu befolgen, aber wenn wir etwas tun wollen, was Gott will, gibt er uns auch immer die Kraft dazu.

Lied:
Wenn sich der Menschen Treue und
Wohltat all verkehrt,
so wird mir bald aufs
Neue die Huld des
Herrn bewährt;
er hilft in aller Not,
befreit von Sünd und
Schanden,
von Ketten und von
Banden,
und wenn's auch wär
der Tod.
Ludwig Helmbold

Überblick:
Dreimal verfällt der Dichter in Klagen und verzweifelte Hilferufe an Gott (Vers 1, 11, 19), aber obwohl seine Lage hoffnungslos aussieht, schließt jeder Teil des Psalms mit Lob (9, 18, 27). Auch unsere Verzweiflung ändert nichts daran, dass Gott vollkommen und bewundernswert ist.

19. März

Psalm 35,19-28

19 Lass nicht zu, dass meine verräterischen Feinde über meine
Niederlage frohlocken.
Lass nicht zu, dass die, die mich ohne Grund hassen,
sich an meinem Elend weiden.
20 Sie reden nicht vom Frieden;
sie verschwören sich gegen Unschuldige,
die still ihre Pflicht tun.
21 Sie schreien, sie hätten mich Böses tun sehen.
»Aha«, sagen sie, »Aha!
Mit unseren eigenen Augen haben wir gesehen, wie er es tat!«
22 O Herr, du weißt es.
Schweige nicht dazu.
Verlass mich jetzt nicht, o Herr!
23 Wach auf! Tritt für mich ein!
Nimm dich meiner an, mein Gott und Herr.
24 Sprich mich frei von jeder Schuld, o Herr, mein Gott,
denn du spendest Gerechtigkeit.
Lass nicht zu, dass meine Feinde über mich und
meine Not lachen.
25 Lass nicht zu, dass sie sagen: »Sieh! Wir haben bekommen,
was wir wollten!
Jetzt werden wir ihn lebendig verschlingen!«
26 Mögen die, die sich über meine Not freuen,
erniedrigt und verstoßen werden.
Mögen die, die jetzt über mich triumphieren,
in Scham und Schande versinken.
27 Denen aber, die zu mir hielten, schenke Freude.
Mögen sie immer wieder sagen: »Groß ist der Herr,
der seinem Knecht mit Freuden zu Hilfe kommt.«
28 Dann will ich allen Menschen von deiner Gerechtigkeit
und Güte erzählen und will dich rühmen vom Morgen bis
zum Abend.

Das Urteil ist gesprochen

»Wach auf! Tritt für mich ein! Nimm dich meiner an, mein Gott und Herr. Sprich mich frei von jeder Schuld, o Herr, mein Gott, denn du spendest Gerechtigkeit«, bittet David in Vers 23-24.

Das ist ein großartiger Schluss für den Psalm: In den ersten zehn Versen stammen die Bilder aus der Kriegführung: Da ist von Krieg, Rüstung, Schild und Speer die Rede. Im nächsten Teil geht es anscheinend um eine Gerichtsverhandlung; es fallen juristische Begriffe wie Zeugen, Anklage und Verleumdung.

Als der auferstandene Jesus im »Obergemach« vor Thomas stand, der nicht geglaubt hatte, konnte der nur noch sagen: »Mein Herr und mein Gott!« (Joh 20,28). Es scheint, als wäre ihm in diesem Augenblick klar geworden, dass sein Herr mit den vernarbten Händen seinen Prozess übernehmen würde; er würde dafür sorgen, dass das Urteil »nicht schuldig« lautete. Wenn Gott »mein Herr« wird, dann wird der Richter zum Verteidiger.

Im Neuen Testament spricht Gott das Urteil: »Nicht schuldig«. Nach Römer 8,1 gibt es »keine Verdammnis für die, die in Christus Jesus sind«. In 2. Korinther 5,21 heißt es: »Denn er hat den, der von keiner Sünde wusste, für uns zur Sünde gemacht, auf dass wir in ihm die Gerechtigkeit würden, die vor Gott gilt« (also: nicht schuldig).

Manchmal, wenn es uns schlecht geht, fühlen wir uns so weit von Gott weg wie der Psalmdichter oder wie Thomas. Aber dann sagt Gott zu uns wie damals zu Thomas: »Sei nicht ungläubig, sondern gläubig« (Joh 20,27). Wenn wir Jesus Christus glauben, dass er uns gerettet hat, können wir uns darauf verlassen, dass Gott uns für »nicht schuldig« erklärt hat.

Lied:
Nichts ist, das mich von Jesu scheide, nichts, es sei Leben oder Tod. Ich leg die Hand in seine Seite und sage: Mein Herr und mein Gott!
Ämilie, Gräfin von Schwarzburg-Rudolstadt

Parallelstellen zum Thema:
In Johannes 15, 24-25 bezieht sich Jesus auf Psalm 35, Vers 19.

Nachdenkenswert:
»Wenn du alles, was du tust, gut machst, lobst du damit Gott. Richte dich darauf ein, Gott den ganzen Tag dadurch zu loben, dass du deine Arbeit ehrlich tust.«
Augustinus

20. März

Psalm 36,1-8a

1 *Anweisung für den Chorleiter: Ein Psalm Davids,*
des Knechtes des Herrn.
2 Die Sünde verführt die Herzen der Bösen.
Sie sind ohne Gottesfurcht, deshalb können sie ihr
nicht widerstehen.
3 In ihrer Blindheit erkennen sie nicht,
wie schlecht sie wirklich sind.
4 Alles, was sie sagen, ist verkehrt und trügerisch.
Sie wollen nicht weise handeln und nicht tun, was gut ist.
5 Nachts liegen sie wach und schmieden Ränke.
Ihr Handeln ist niemals gut.
Sie versuchen nicht einmal, sich vom Bösen abzuwenden.
6 O Herr, deine unwandelbare Liebe ist so weit wie der Himmel;
deine Treue reicht bis über die Wolken.
7 Deine Gerechtigkeit ist wie die mächtigen Berge
und dein Recht wie das tiefe Meer.
Du sorgst für Menschen und Tiere, o Herr.
8 Wie kostbar ist deine unwandelbare Liebe, o Gott!

Zu weit unten?

J. H. Jowett erzählt, wie er über den Atlantik fuhr und an die Stelle kam, wo die Titanic untergegangen ist: »Und ich dachte, wie viel Leben da zerstört wurde und wie machtlos Menschen sind, es doch noch zu retten ... und dann dachte ich an all die Menschen, die in unvorstellbarer Sünde versunken sind, deren Seele zerstört ist. Zu weit unten. Aber kein Mensch, wie tief auch immer im Grund des tiefsten Meeres von Unrecht versunken, wie zerstört und handlungsunfähig auch immer, kann so weit unten sein, dass Gottes tiefe Liebe ihn nicht erreichen und heilen kann.«

Psalm 36 beschreibt ein »sinkendes Schiff«: die Menschheit ohne Gott. Aber nachdem er den Weg von Menschen ohne Gott verfolgt und ihr Abgleiten in völlige Dunkelheit geschildert hat, fängt der Dichter an, Gottes Liebe, Treue und vollkommene Gerechtigkeit in Bildern von Himmel, Wolken, Bergen und Meerestiefen darzustellen.

Mit einem ähnlichen Gegensatz arbeitet der Apostel Paulus in Römer 3: Nach einer ganzen Serie von Zitaten aus dem Alten Testament (das letzte ist Ps 36,2), mit denen er die Bosheit der Menschen darstellt, erklärt er, dass Gott uns jetzt einen Weg zum richtigen Leben eröffnet hat, nämlich Jesus Christus (Röm 3,21-22).

Vielleicht kann man mit moderner Technik die Schätze der Titanic heben. Aber Menschen, die durch eigenes Unrecht geschädigt sind, kann nur Gott heilen. An ihnen zeigt sich, dass seine Liebe immer Möglichkeiten findet.

Lied:
*Gott, deine Güte reicht so weit, so weit die Wolken gehen;
du krönst uns mit Barmherzigkeit
und eilst, uns beizustehen.
Herr, meine Burg, mein Fels, mein Hort,
vernimm mein Flehn, merk auf mein Wort;
denn ich will vor dir beten.*
Christian Fürchtegott Gellert

Parallelstellen zum Thema:
In Römer 3,9-18 zitiert Paulus sieben Stellen aus dem Alten Testament, um zu zeigen, dass alle Menschen gesündigt haben. Sechs davon stehen in den Psalmen: 14,1-3; 53,1-3; 5,10; 140,4; 10,7 und 36,2. Die siebte ist Jesaja 59,7-8. Inwiefern wird das Fortschreiten der Sünde in Römer 3 anders dargestellt als in Psalm 36?

Nachdenkenswert:
»Nur die menschliche Welt beengt uns. Die Unbeständigkeit des Menschen steht in erbärmlichem Gegensatz zu Gottes zugesagter Liebe und Treue; menschliche Maßstäbe, nach denen alles relativ ist, sind wie ein Sumpf neben der belebenden Weite seiner Gerechtigkeit, die hoch aufragt wie ein Bergmassiv.«
Derek Kidner

21. März

Psalm 36,8b-13

8 Die ganze Menschheit findet Schutz im Schatten deiner Flügel.
9 Du speist sie aus dem Überfluss deines Hauses
und lässt sie aus deinen Freudenflüssen trinken.
10 Denn du bist die Quelle des Lebens,
das Licht, durch das wir sehen.
11 Überschütte die, die dich lieben, mit deiner unwandelbaren Liebe.
12 Lass nicht zu, dass die Hochmütigen mich in den Staub treten;
lass nicht zu, dass die Bösen mich herumstoßen.
13 Sieh! Sie sind gestürzt!
Sie wurden zu Fall gebracht und werden nie wieder aufstehen.

Freudenströme

Uns ist Wasser etwas Selbstverständliches, aber im wasserarmen Nahen Osten verbindet man Freude und Annehmlichkeit mit dem Gedanken daran und in der Offenbarung gehört es zu den Wohltaten, die wir im ewigen Leben finden.

Als Augustinus einen Kommentar zu Psalm 36,9 schrieb, begann er über das ewige Leben nachzudenken. Er stellte sich vor, er befrage den bekannten Bibellehrer Hieronymus über den Himmel.

Hieronymus antwortete, er würde Augustinus' Fragen gern beantworten. »Aber zuerst muss ich dich etwas fragen: Kannst du alles Wasser, das im Meer ist, in einen kleinen Topf füllen? Kannst du seine Menge mit der Hand messen? Kannst du die Berge auf der Waage wiegen? Wenn nicht, kannst du unmöglich mit deinem Verstand auch nur die kleinste Freude des Himmels erkennen.«

Den Himmel können wir nicht ermessen, aber manche von den Freudenströmen Gottes können wir auch hier schon erleben. In Vers 10 sagt David: »Denn du bist die Quelle des Lebens« und im Neuen

Testament ruft Jesus der Menschenmenge in Jerusalem zu: »Wen da dürstet, der komme zu mir und trinke!« (Joh 7,37). Zu der Frau aus Samaria sagt Jesus: »Wer aber von dem Wasser trinken wird, das ich ihm gebe, den wird ewiglich nicht dürsten; sondern das Wasser, das ich ihm geben werde, das wird in ihm eine Quelle des Wassers werden, das in das ewige Leben quillt« (Joh 4,14).

Sie brauchen nicht auf die Ewigkeit zu warten, um die Freude zu erleben, die Gott gibt; Sie können sich gleich jetzt an ihm freuen.

LIED:
Tut mir auf die schöne Pforte,
führt in Gottes Haus mich ein!
Ach, wie wird an diesem Orte
meine Seele fröhlich sein!
Hier ist Gottes Angesicht,
hier ist lauter Trost und Licht.
BENJAMIN SCHMOLCK

WÖRTER IM TEXT:
Das Wort »Freude« oder, wie Luther sagt, »Güte« in Vers 9 ist im Hebräischen die Mehrzahl des Wortes »Eden«.

PARALLELSTELLEN ZUM THEMA:
Welche Ähnlichkeiten und welche Unterschiede finden Sie, wenn Sie Psalm 36,10 mit Johannes 1,3-5 vergleichen?

22. März

Zwischenspiel: Gedächtnishilfe

Eines der ersten Bücher, die in Amerika gedruckt wurden, war *The New England Primer* (die Fibel für Neuengland). Über hundert Jahre lang lernten die Schulkinder mit diesem Buch lesen. Es fing an: »In Adam's fall, we sinned all« (Adam fiel in Sünde und wir alle mit ihm) und fuhr fort: »This Book attend, thy life to mend« (richte dich nach diesem Buch, um dein Leben zu bessern). Der Vers für D hieß: »A Dog will bite a thief at night« (den Dieb, der nachts kommt, beißt der Hund) und der letzte Vers: »Zaccheus he did climb a tree his Lord to see« (Zachäus stieg auf einen Baum, um seinen Herrn zu sehn).

Aber schon 2500 Jahre bevor die Lehrer in Neuengland Verse benutzten, um ihren Kindern das Lesen beizubringen, taten die Lehrer im Tempel von Jerusalem das Gleiche. Manche von diesen Gedichten stehen heute noch im Buch der Psalmen.

Acht oder neun von den uns überlieferten Psalmen sind so genannte Akrostichen; das heißt, dass jede Zeile dieser Psalmen mit dem jeweils folgenden Buchstaben des hebräischen Alphabets anfängt. Diese Form half den Kindern, die Buchstaben zu lernen und den Eltern, die Psalmen im Gedächtnis zu behalten.

- *Psalm 9 und 10* sind zusammen betrachtet anscheinend ein Akrostichon, wenn auch ein unvollständiges.
- *In Psalm 25, 34 und 145* beginnt jeder Vers mit dem jeweils folgenden Buchstaben des hebräischen Alphabets.
- *In Psalm 111 und 112* fängt jeder Halbvers mit dem nächsten Buchstaben an.
- *In Psalm 37* fängt nur jeder zweite Vers mit dem nächstfolgenden Buchstaben an.
- *Psalm 119* ist das Musterbeispiel für ein Akrostichon. Er hat 24 Strophen zu je acht Versen. In der ersten Strophe beginnt jeder Vers mit dem ersten hebräischen Buchstaben, in der zweiten mit dem zweiten usw.

Versuchen Sie doch einmal ein deutsches Akrostichon aus Psalmversen zusammenzustellen. Allzu seltene Anfangsbuchstaben können Sie dabei einfach überspringen. Zum Beispiel so:

- *»**A**uf deinen Befehl, Herr, auf einen Hauch deines Mundes hin, wurde der Meeresboden entblößt und die Grundfesten der Erde freigelegt« (Psalm 18,15).*
- *»**B**eschütze mich! Rette mich vor ihnen!« (Psalm 25,20).*
- *»**D**enn dein Urteil für mich war günstig; von deinem Thron aus hast du gerecht gerichtet« (Psalm 9,5).*
- *»**E**r erlöste mich von meinen mächtigen Feinden, von denen, die mich hassten und zu stark für mich waren« (Psalm 18, 18).*

Lied:
Lehr uns singen, lehr uns beten,
hauch uns an mit deinem Geist,
dass wir vor den Vater treten,
wie es kindlich ist und heißt.
Hieronymus Annoni

23. März

Psalm 37,1-11

Ein Psalm Davids

1 Ärgere dich nicht über die schlechten Menschen.
Beneide die nicht, die Unrecht tun.
2 Denn sie werden vergehen wie Gras,
werden verwelken wie Frühlingsblumen.
3 Vertraue auf den Herrn und tue Gutes.
Dann wirst du sicher leben im Lande, und es wird dir gut gehen.
4 Freu dich am Herrn,
und er wird dir die Wünsche deines Herzens erfüllen.
5 Tu alles, was du tust, für den Herrn.
Vertrau auf ihn, und er wird dir helfen.
6 Er wird deine Unschuld hervorbrechen lassen wie die Morgenröte,
und die Rechtmäßigkeit deiner Sache wird leuchten wie
die Mittagssonne.
7 Sei ruhig in der Gegenwart des Herrn
und warte, bis er eingreift.
Ärgere dich nicht über die Bösen, denen es gut geht,
und fürchte dich nicht vor ihren Ränken.
8 Hör auf zu zürnen!
Lass ab von deiner Wut!
Beneide nicht andere –
das bringt nur Unglück.
9 Denn die Bösen werden vernichtet werden,
die aber auf den Herrn vertrauen, werden das Land besitzen.
10 Noch kurze Zeit, und die Bösen werden verschwinden.
Du wirst sie suchen, doch sie werden fort sein.
11 Den Freundlichen und Demütigen wird das Land gehören;
es wird ihnen gut gehen und sie werden sicher leben.

Guter Rat von Dr. Livingstone

Es ist nicht leicht auf den Herrn zu warten (Vers 7), bis er handelt. Ziemlich am Anfang seiner Missions- und Forschungsreisen in Afrika wurde David Livingstone von einem regionalen Häuptling daran gehindert durch sein Gebiet zu reisen. Nach tagelangem ergebnislosem Hin und Her zog Livingstone einen Revolver und verlangte durchgelassen zu werden. Das hat er sein Leben lang bedauert, denn dieses Verhalten passte nicht zu Psalm 37, den er besonders liebte.

Livingstone zitierte oft Psalm 37,5. Als er einem seiner Freunde eine Bibel gab, schrieb er Psalm 37,5 in der Sechuana-Sprache auf das Vorsatzblatt und die englische Übersetzung darunter. Ein guter Rat für einen neuen Christen.

Livingstone bedauerte, dass er sich keine Zeit für seine Kinder genommen hatte, solange sie klein waren, aber als sie Jugendliche waren und ihre Mutter gestorben war, suchte er das Gespräch mit ihnen. Seinem Sohn Thomas schrieb er: »Was man als seine größte Begabung erkennt, die besonderen Stärken des eigenen Wesens, sollte man versuchen seinem Retter zur Verfügung zu stellen«, und dann zitierte er Psalm 37,5. Ein guter Rat für einen Jugendlichen.

Gegen Ende seines Lebens wurde Livingstone in Afrika von kriegerischen Eingeborenen bedroht, von Angst geplagt und verhungerte fast. In dieser Lage zitierte er immer wieder Psalm 37,5. Dieser Vers hielt ihn über alle seine Forschungsreisen in Afrika aufrecht. Ein guter Rat für jeden Menschen überall und in jeder Lage.

LIED:
Zu Gott ist deine Seele stille
und stets mit seinem Rat vergnügt;
erwarte, wie sein guter Wille
zu deinem Wohlergehn es fügt.
Gott, der uns ihm hat auserwählt,
weiß doch am besten, was uns fehlt.
GEORG NEUMARK

WÖRTER IM TEXT:
Das hebräische Wort für »tu alles« (Vers 5) ist wörtlich »abwälzen«. Wir sollen unsere Lasten von unserem Rücken auf Gott abwälzen.

NACHDENKENSWERT:
»Beachte in Vers 4, was deine und was Gottes Aufgabe ist. Wenn du deine Lust an ihm hast, wird er dir geben.«
CHARLES HADDON SPURGEON

24. März

Psalm 37,12-22

12 Die Bösen verschwören sich gegen die Gottesfürchtigen;
sie verspotten und verhöhnen sie.
13 Doch der Herr lacht nur darüber,
denn er sieht, dass der Tag des Gerichtes naht.
14 Die Bösen ziehen ihre Schwerter und spannen die Bogen,
um die Armen und Unterdrückten zu töten,
um die zu ermorden, die Recht tun.
15 Doch am Ende wird man ihnen ihre eigenen Schwerter
ins Herz stoßen,
und ihre Bogen werden zerbrochen werden.
16 Es ist besser, gottesfürchtig zu sein und wenig Besitz zu haben,
als böse und reich zu sein.
17 Denn die Stärke der Bösen wird zunichte werden,
aber für die Gottesfürchtigen sorgt der Herr.
18 Tag für Tag sorgt der Herr für die Unschuldigen,
und sie werden ewigen Lohn erhalten.
19 Sie werden schwere Zeiten überleben;
und selbst in Hungersnöten werden sie mehr als genug haben.
20 Die Bösen dagegen werden verderben.
Die Feinde des Herrn sind wie Blumen auf dem Feld –
sie werden sich auflösen wie Rauch.
21 Die Bösen borgen und zahlen nicht zurück,
die Gottesfürchtigen jedoch geben großzügig.
22 Die vom Herrn Gesegneten werden das Land besitzen,
die von ihm Verfluchten werden sterben.

Vertrauen unter dem Apfelbaum

Im 17. Jahrhundert musste Paul Gerhardt wegen Glaubensstreitigkeiten mit seiner Familie aus Berlin fliehen. Sie unterbrachen die Reise in einem Gasthaus und fragten sich, warum es Gott zuließ, dass ihnen das passierte. Gerhardts Frau hatte Angst um die Zukunft ihrer kleinen Kinder.

An diesem Abend las Paul Gerhardt seiner Familie Psalm 37 vor. Man kann sich vorstellen, wie er bei Vers 16 langsamer wurde und die Worte betonte: »Es ist besser gottesfürchtig zu sein und wenig Besitz zu haben, als böse und reich zu sein ... aber für die Gottesfürchtigen sorgt der Herr ... Sie werden schwere Zeiten überleben.«

Anscheinend fühlte sich Paul Gerhardt selbst von diesem Psalm angesprochen, denn am nächsten Tag, als er unter einem Apfelbaum saß, schrieb er ein Lied über eben dieses Thema: in schwierigen Zeiten auf Gott zu vertrauen. Am selben Abend kamen zwei Boten zu Gerhardt und boten ihm Schutz und eine Anstellung an der Kirche im nahen Merseburg an.

Das Lied, das Paul Gerhardt damals schrieb: »Befiehl du deine Wege« wurde in Deutschland fast so beliebt wie Luthers »Ein feste Burg ist unser Gott«. Schulkinder sangen es zur Abschlussfeier, und als 1843 in den Vereinigten Staaten die erste lutherische Kirche in Philadelphia eröffnet wurde, wurde als erstes dieses Lied gesungen. John Wesley und andere haben es ins Englische übersetzt. Es bleibt gültig als Bestätigung, dass Gott uns in schwierigen Zeiten liebevoll versorgt.

LIED:
Hoff, du arme Seele, hoff und sei unverzagt!
Gott wird dich aus der Höhle, da dich der Kummer plagt,
mit großen Gnaden rücken; erwarte nur die Zeit, so wirst du schon erblicken die Sonn
der schönsten Freud.
PAUL GERHARDT

PARALLELSTELLEN ZUM THEMA:
Es gibt in der Bibel auch noch andere Empfehlungen, wie man schwere Zeiten überlebt (s. Vers 19): Psalm 73,26; Habakuk 3,17-18; 2. Korinther 6,10 und Philipper 4,12-13.

NACHDENKENSWERT:
»Wenig mit Segen ist besser als großer Reichtum unter dem Fluch; ein Stück Schwarzbrot mit Segen ist besser als ein Festessen unter dem Fluch ...; ein Eckchen am Kamin mit Segen ist besser als ein prächtiger Palast unter dem Fluch.«
THOMAS BROOKS

25. März

Psalm 37,23-29

23 Die Schritte der Gottesfürchtigen werden vom Herrn gelenkt.
Er freut sich an jeder Kleinigkeit ihres Lebens.
24 Auch wenn sie stolpern, werden sie nicht fallen,
denn der Herr hält sie fest an der Hand.
25 Einst war ich jung, jetzt bin ich alt.
Nie habe ich jedoch erlebt, dass die Gottesfürchtigen vergessen wurden,
und nie, dass ihre Kinder um Brot betteln mussten.
26 Die Gottesfürchtigen leihen großzügig,
und ihre Kinder sind ein Segen.
27 Wende dich ab vom Bösen und tu Gutes,
dann wirst du für immer im Lande leben.
28 Denn der Herr liebt Gerechtigkeit
und wird die Gottesfürchtigen niemals verlassen.
Er wird sie für immer bewahren,
die Kinder der Bösen aber werden zuschanden.
29 Die Gottesfürchtigen werden das Land erben
und für immer darin leben.

Die Schritte der Frommen

Durch Charles Dickens' berühmten Roman *Oliver Twist* haben viele von den Problemen der Waisenkinder in England erfahren. Aber George Müller aus Bristol hat etwas dagegen getan.

Müller hatte einen erstaunlichen Glauben. Er spürte, dass Gott ihn aufforderte etwas zu tun, und tat es ohne Widerspruch. 1836 eröffnete er ohne Absicherung ein Waisenhaus für 26 Mädchen. Nur mit Gebet und Glauben, ohne eigenes Geld, eröffnete er immer mehr solche Häuser und 1875 bekamen schon Tausende von Waisen bei ihm Unterkunft und Nahrung. Als er starb, hatten seine Waisenhäuser schon mehr als 10 000 Kinder betreut.

Müller bat nie jemanden um Geld. Er kniete sich einfach hin und betete und das Nötige kam auf unerklärliche Weise, manchmal gerade noch rechtzeitig.

Psalm 37,23 war ihm zweifellos wertvoll. Er war ein Pedant und es ermutigte ihn zu wissen, dass Gott sich an allen Einzelheiten seines Lebens freute. Und Müller bezweifelte nie, dass die Schritte eines Menschen, der Gott gehört, auch von ihm gesteuert werden.

Aber interessanterweise schrieb Müller zwei zusätzliche Worte zu diesem Vers in seine Bibel. Seine Version hieß: »Die Schritte und Pausen der Frommen ...« Vielleicht sieht es aus, als hätte es in Müllers Leben keine »Pausen« oder versperrten Wege gegeben, aber das wusste er besser. Er wusste, dass er sich auf den verlassen konnte, der nicht nur die Schritte, sondern auch die Pausen bestimmt.

LIED:

Sein Wort ist Brot,
so hat's nicht Not;
die Welt muss eh' verderben,
als wir vor Hunger sterben.

BENJAMIN SCHMOLCK

PARALLELSTELLEN ZUM THEMA:

Beispiele, wie Gott Menschen führt, sind Josef in 1. Mose 39-50 und Paulus in Apostelgeschichte 16-18.

NACHDENKENSWERT:

»Wer an Gott glaubt, wird nicht ohne Führer im weglosen Wald stehen gelassen, er braucht sich auch nicht ohne freundliches Licht durch die Dunkelheit zu kämpfen; er ist nicht allein und ohne Hilfe in der Welt. Unsichtbar, aber so, dass er es weiß, hat sein Vater seinen Weg vorbereitet und findet Möglichkeiten, die Menschen zu lenken, die ihn bestimmen lassen, wohin sie gehen.«

JAMES UND EDWARD HASTINGS

26 März

26. März

PSALM 37,30-40

30 Die Gottesfürchtigen bieten guten Rat;
sie können Gutes von Bösem unterscheiden.
31 Sie tragen das göttliche Gesetz im Herzen,
damit sie nie von seinem Weg abirren.
32 Die Bösen belauern die Gottesfürchtigen
und warten auf eine Gelegenheit, sie zu töten.
33 Doch der HERR wird ihre Pläne vereiteln
und nicht zulassen, dass die Gottesfürchtigen verdammt werden,
wenn sie vor dem Richter stehen.
34 Warte nicht so ungeduldig darauf, dass der HERR eingreift!
Geh unbeirrt seinen Weg.
Er wird dich ehren, indem er dir das Land schenkt.
Du wirst sehen, wie die Bösen vernichtet werden.
35 Ich selbst war Zeuge, wie es geschah –
stolze und schlechte Menschen gediehen wie mächtige Bäume.
36 Doch als ich wieder hinsah, waren sie fort!
Ich suchte nach ihnen, doch ich konnte sie nicht finden!
37 Schau auf die, die ehrlich und gut sind,
denn vor denen, die den Frieden lieben,
liegt eine wunderbare Zukunft.
38 Die Bösen aber werden vernichtet werden,
sie haben kein Morgen.
39 Der HERR rettet die Gottesfürchtigen;
er ist ihre Burg in Zeiten der Not.
40 Der HERR hilft ihnen
und rettet sie vor schlechten Menschen.
Er rettet sie, und sie finden Schutz bei ihm.

Gottes Gegenwart einüben

In dem klassischen christlichen Buch *The Practice of the Presence of God* erklärt Bruder Lawrence, wie ein Christ lernen kann, dass Gott nicht nur da ist, wenn er die Bibel liest, betet oder über Gott nachdenkt, sondern auch, wenn er in der Küche Kartoffeln schält.

David musste lernen, dass Gott auch da ist, wenn er mitten unter Menschen ist, die nichts von Gott wissen wollen. In dem ganzen Psalm wechseln Informationen, wie man die »Gottlosen« einschätzen muss, mit Anweisungen zu Vertrauen, Gehorsam und geduldigem Warten ab.

Es ist nicht einfach, das in den Griff zu bekommen: Wir sollen Gottes Gegenwart einüben – die richtige innere Haltung einnehmen –, auch wenn wir Kartoffeln schälen müssen und uns über die stumpfsinnige Arbeit ärgern.

Bruder Lawrence schreibt: »Geschäftige Zeiten sind nicht grundsätzlich anders als Gebetszeiten, und wenn in meiner Küche mehrere Leute zugleich nach verschiedenen Dingen rufen, bin ich ebenso ruhig mit Gott verbunden, als ob ich im Gebet kniete.«

Bruder Lawrence gibt zu, dass das nicht leicht war. Jeden Tag hat er als Erstes Gott gebeten bei ihm zu sein, ihm zu helfen sich auf seine Arbeit zu konzentrieren und das, was er tat, als Geschenk von ihm anzunehmen. Egal wie laut es um Sie her zugeht, egal wie gut es den gewissenlosen Leuten anscheinend geht – auch Sie können lernen, die Gegenwart Gottes einzuüben.

LIED:
Sei still zu Gott, der wunderbar zu sein noch nicht vergessen hat. Harr seiner fest und glaub's, dass er erschein und zeige mit der Tat, wie leicht's ihm ist, in allen Dingen das Herrlichste noch zu vollbringen. Sei still zu Gott!
CHRISTOPH BLUMHARDT

NACHDENKENSWERT:
»Wer wirklich Vertrauen zu Gott hat, wartet Gottes Zeit ab, gebraucht seine Mittel und geht auf seinen Wegen, auch wenn sie wie Umwege aussehen.«
DAVID CLARKSON

27. März

Psalm 38,1-13

1 *Ein Psalm Davids, der uns dem Herrn in Erinnerung rufen soll.*
2 O Herr, strafe mich nicht in deinem Zorn!
Züchtige mich nicht in deinem Grimm!
3 Deine Pfeile haben mich ins Mark getroffen,
und dein Bogen zerbricht mich.
4 Ich bin krank am ganzen Leib wegen deines Zorns;
meine Gesundheit ist dahin wegen meiner Sünden.
5 Meine Schuld überwältigt mich –
sie ist mir eine schwere Last.
6 Meine Wunden eitern und stinken
wegen meiner törichten Sünden.
7 Ich krümme mich vor Schmerzen.
Meine Tage sind voll Leid.
8 Rasendes Fieber verzehrt mich,
meine Gesundheit ist dahin.
9 Ich bin erschöpft und gebrochen.
Stöhnen dringt aus meinem gequälten Herzen.
10 Du weißt, wonach ich mich sehne, Herr;
du hörst jeden meiner Seufzer.
11 Mein Herz schlägt heftig, meine Kraft schwindet,
mein Augenlicht erlischt.
12 Meine Lieben und Freunde bleiben fort,
sie fürchten meine Krankheit.
Selbst meine Angehörigen halten sich von mir fern.
13 Meine Feinde stellen mir überall Fallen;
sie planen meinen Untergang.
Den ganzen Tag brüten sie Verrat.

Ängste und Konflikte

Manche Forscher meinen, diesen Psalm hätte David kurz nach dem Ehebruch mit Batseba geschrieben. Andere sagen, er müsse ihn später verfasst haben, als er krank war. Aber wann immer dieser Psalm entstanden ist: David wusste, dass er krank war und dass er Unrecht begangen hatte.

John Bunyan, der Autor des Buches *Die Pilgerreise*, berichtet von einer ähnlich quälenden Zeit. Bunyan war gerade erst Christ geworden, da ließ er sich zu etwas Verbotenem verleiten. Er geriet immer tiefer in geistliche, gedankliche, emotionale und gesundheitliche Schwierigkeiten. Er schreibt: »Ich verfiel in sehr große Angst, so groß, dass ich manchmal ganze Tage lang spürte, wie auch mein Körper, nicht nur mein Geist, bei dem Gedanken an das entsetzliche Gericht Gottes zitterte und schlotterte ... Durch diese Angst befiel mich auch solche Übelkeit und so ein Brennen im Magen, dass ich manchmal meinte, mein Brustbein würde bersten ... Ich wand und krümmte mich und nahm ab unter der Last, die auf mir lag und mich so niederdrückte, dass ich nicht in Ruhe stehen, gehen oder liegen konnte.«

Gott hat uns so geschaffen, dass unser geistliches Wohlbefinden eng mit unserer körperlichen Gesundheit zusammenhängt. Wenn wir Schuld bei uns sehen, ist da nur noch Kummer, Angst und Einsamkeit. Gibt es da einen Ausweg? Ja! Das steht in 1. Johannes 1,9: »Wenn wir aber unsre Sünden bekennen, so ist er treu und gerecht, dass er uns die Sünden vergibt und reinigt uns von aller Ungerechtigkeit.«

Lied:
O rein'ge du,
Herr Jesu Christ,
mich durch dein
teures Blut!
Ich glaub, dass du
gekreuzigt bist
der Welt und mir
zugut.
Johann Kaspar Schade

Nachdenkenswert:
»David wurde für ein schweres Vergehen bestraft. Aber nicht jede Krankheit ist eine Strafe; die meisten sind es nicht. Das ist wichtig zu sagen, denn körperliches Leiden macht uns oft auch seelisch niedergeschlagen, und in solcher Stimmung neigen wir dazu, unsere früheren Sünden mit der jetzigen Krankheit in Verbindung zu bringen, obwohl sie vielleicht nichts damit zu tun haben. Wir müssen an Hiob denken, der gerecht war und doch leiden musste.«
James Montgomery Boice

28. März

28. März

Psalm 38,14-23

14 Doch ich bin taub für ihre Drohungen.
Ich schweige in ihrer Gegenwart wie einer,
der nicht sprechen kann.
15 Ich will nichts hören,
und gebe keine Antwort.
16 Denn ich harre auf dich, HERR.
Du sollst für mich antworten, o HERR, mein Gott.
17 Ich habe gebetet: »Lass nicht zu, dass meine Feinde
über mich triumphieren,
lass nicht zu, dass sie sich über meinen Sturz freuen.«
18 Ich halte es nicht mehr lange aus,
die ständigen Schmerzen zermürben mich.
19 Doch ich bekenne meine Sünden;
ich bereue, was ich getan habe.
20 Meine Feinde sind zahlreich;
sie hassen mich, obwohl ich ihnen nichts getan habe.
21 Sie vergelten mir Gutes mit Bösem
und sind gegen mich, weil ich für das Richtige einstehe.
22 Verlass mich nicht, HERR.
Bleib nicht fern, mein Gott.
23 Komm mir zu Hilfe, o HERR, mein Retter.

Warum, George?

Der Dichter George Herbert, ein Zeitgenosse Shakespeares, stammte aus einer walisischen Familie, aus der auch viele Staatsmänner und Offiziere kamen. Aber als er über 30 Jahre alt war, merkte er, dass Gott ihm den Auftrag gab, Geistlicher zu werden; also verzichtete er auf Reichtum, Ansehen und Karriere und wurde Priester einer Pfarrgemeinde.

»Warum, George, warum?«, fragte man ihn. Seinen Freunden und Verwandten kam die Berufung zum Geistlichen unsinnig vor. Schließlich berief er sich auf Psalm 38,16: »Du sollst für mich antworten, o Herr, mein Gott.« Dann schrieb er ein Gedicht mit dem Titel »The Quip« (der Witz):

Doch wenn die Zeit kommt und du willst
die Antwort geben für dein Kind,
dann sag nicht viel, nur: Er ist Mein.
Das ist das Wort, das trifft und stimmt.

Davids Problem wurde noch kompliziert durch seine eigene Schuld, und er hat es zugegeben. Seine Gegner beschuldigten ihn unrechtmäßig; aber wenn er sich wehrte, würde es aussehen, als hielte er sich selbst für sündlos. Darum wendete er sich an Gott und sagte: »Du sollst für mich antworten, o Herr, mein Gott.«

Die Lage der beiden war verschieden, aber wie David wusste auch Herbert, dass die beste Antwort oft gar keine Antwort ist – jedenfalls soweit es uns angeht. Wie Jesus vor Pilatus können wir uns darauf verlassen, dass Gott uns genau kennt und irgendwann dafür sorgen wird, dass sich die Wahrheit zeigt.

LIED:
Sei still zu Gott!
Dein Heiland ist
bei dir, der nimmer
dich verlässt. Er
sendet dir von
offner Himmelstür
die Engel mauerfest
um dich und über dir
zum Schutze,
dass dir's gelingt, dem
Feind zum Trutze.
Sei still zu Gott!
CHRISTOPH BLUMHARDT

PARALLELSTELLEN ZUM THEMA:
Wie hat Christus auf die Anklagen gegen ihn reagiert? Jesaja 53,7 und 1. Petrus 2,23 geben Auskunft.

NACHDENKENSWERT:
»Wenn wir Vorwürfe widerlegen, kann es sein, dass wir eine Schlacht gewinnen und den Krieg verlieren; aber wenn wir still sind, kann es sein, dass wir eine Schlacht verlieren und den Krieg gewinnen. Es ist gut, auf einen vorläufigen Sieg zu verzichten, um am Ende alles zu gewinnen.«
W. GRAHAM SCROGGIE

29. März

Psalm 39,1-8

1 *Für Jedutun, den Chorleiter: Ein Psalm Davids.*
2 Ich sagte mir: »Ich will darauf achten, was ich tue,
und nicht sündigen mit meinem Reden.
Ich will meine Zunge fest im Zaum halten,
wenn die Gottlosen in der Nähe sind.«
3 Doch während ich noch still dastand –
und nichts, nicht einmal Gutes, sagte –
kochte der Aufruhr in meinem Innern.
4 Meine Gedanken erhitzten sich in mir; sie fingen Feuer
und leidenschaftliche Worte brachen aus mir heraus:
5 »Herr, erinnre mich daran, wie kurz meine Zeit auf Erden ist.
Erinnere mich, dass meine Tage gezählt sind
und mein Leben dahinflieht.
6 Mein Leben währt nicht länger als die Breite meiner Hand.
Ein ganzes Leben ist ein Augenblick für dich;
das menschliche Dasein nur ein Atemzug.«

Zwischenspiel

7 Wir sind nicht mehr als huschende Schatten,
und all unsre Geschäftigkeit mündet in nichts.
Wir häufen Reichtum an, den ein anderer ausgeben wird.
8 Deshalb frage ich, Herr: Auf wen soll ich meine Hoffnung setzen?
Meine einzige Hoffnung bist du.

Macbeth gegen David

Zwei Könige haben sich über die Kürze des Lebens geäußert und über ihre Konsequenzen nachgedacht. In manchem sind ihre Aussagen ganz ähnlich, aber in anderer Hinsicht auch sehr verschieden.

Der eine war König Macbeth, die Hauptfigur von Shakespeares großem Trauerspiel. Das Drama beruht auf der Geschichte eines Königs, der im 11. Jahrhundert in Schottland lebte, und stellt dar, wie Macbeth alle ermordet, die ihm den Thron streitig machen könnten. Seine Frau wird von ihrem schlechten Gewissen zum Wahnsinn getrieben und begeht Selbstmord. »Aus! Kleines Licht!«, grübelt Macbeth. »Leben ist nur ein wandelnd Schattenbild; ein armer Komödiant, der spreizt und knirscht sein Stündchen auf der Bühn', und dann nicht mehr vernommen wird: ein Märchen ist's, erzählt von einem Dummkopf, voller Klang und Wut, das nichts bedeutet.«

Und dann war da König David. Auch er spricht von Menschen als huschenden Schatten, die sich vergebliche Unruhe machen (Vers 7).

Aber was für ein Unterschied! David fängt seinen Monolog mit den Worten an: »Herr, erinnre mich daran« und beschließt ihn mit der Frage: »Auf wen soll ich meine Hoffnung setzen?«

Ohne Gott hat das Leben keine Bedeutung; das hat Macbeth erkannt. Mit Gott hat es Sinn und Ziel; das hat David erkannt.

Aber auch Christen neigen manchmal eher zu Macbeths Einstellung als zu Davids. Wie wollen Sie Ihr Leben heute gestalten?

LIED:
Wer weiß, wie nahe mir mein Ende!
Hin geht die Zeit, her kommt der Tod.
Wie unvermutet, wie behände
kann kommen meine Todesnot!
Mein Gott, ich bitt durch Christi Blut:
Mach's nur mit meinem Ende gut!
ÄMILIE, GRÄFIN VON SCHWARZBURG-RUDOLSTADT

PARALLELSTELLEN ZUM THEMA:
Auch im Neuen Testament ist Hoffnung ein Schlüsselbegriff. Vgl. dazu Römer 15,13; 2. Thessalonicher 2,16; 1. Timotheus 4,10.

NACHDENKENSWERT:
»Wie wohltuend, dass unsere Hoffnung auf dem ruht, den nichts ins Wanken bringt, bei dem bleibt, der sich nie ändert, uns an den bindet, der als Einziger uns ganz befriedigen kann, dass sie in ihm ist, denn in ihm leben wir.«
E. B. PUSEY

30 März

30. März

Psalm 39,9-14

9 Rette mich vor meiner Auflehnung,
denn selbst die Narren verhöhnen mich, wenn ich aufbegehre.
10 Ich schweige vor dir; kein Wort will ich vor dir sagen.
Denn von dir kommt meine Strafe.
11 Bitte straf mich nicht mehr!
Ich bin erschöpft von den Schlägen deiner Hand.
12 Wenn du dein Volk für seine Sünden strafst,
kann das Leben des Menschen im Nu dahin sein wie
das Leben einer Motte.
Das menschliche Dasein ist vergänglich wie ein Atemzug.
Zwischenspiel
13 Hör mein Gebet, o Herr!
Vernimm meinen Hilfeschrei!
Verschließ die Augen nicht vor meinen Tränen.
Denn ich bin dein Gast –
ein Reisender auf dem Weg,
wie meine Ahnen vor mir.
14 Verschone mich, damit ich wieder lachen kann,
bevor ich fort bin und nicht mehr da.

Nur auf der Durchreise

Vielleicht dachte David an Abraham, als er Vers 13 schrieb. Abraham kam als Ausländer nach Kanaan. Vielleicht dachte er auch an jemanden wie Ittai, einen seiner Generäle.

Ittai war ein Philister aus der Stadt Gat und befehligte eine Abteilung von 600 Gatitern in Davids Armee. Als David vor Absalom flüchtete und alles in Verwirrung war, wollte David Ittai zurückschicken: »...

denn du bist ein Ausländer und von deiner Heimat hierher gezogen ... Denn ich muss gehen, wohin ich gehen kann.«

Aber Ittai antwortete: »Wo immer mein Herr, der König, sein wird, es gerate zum Tod oder zum Leben, da wird dein Knecht auch sein« (2. Sam 15,19-21).

David hätte auch statt an Ittai an seine Urgroßmutter Rut denken können, eine Moabiterin, die freiwillig als Ausländerin im Land Kanaan lebte. Sie hatte zu ihrer Schwiegermutter gesagt: »Dein Volk ist mein Volk, und dein Gott ist mein Gott« (Rut 1,16).

»Meine einzige Hoffnung bist du«, hat David in Vers 8 gesagt. Jetzt erkennt er, dass er Unrecht getan hat, und bittet Gott, ihn nicht zu hart zu strafen. Er weiß, dass er keinen rechtmäßigen Anspruch auf Gottes Wohlwollen hat. Aber Gott hat Gesetze gegeben, um die Ausländer und Reisenden im Land zu schützen, und jetzt kommt David zu Gott, wie Abraham, Ittai und Rut ins Land gekommen sind. Er weiß, wenn jemand als Außenseiter kommt, wenn er bittet anstatt Ansprüche zu stellen und sich auf Gottes Güte verlässt, dann hilft Gott immer gern.

LIED:
Wir sind nur Gast
auf Erden
und wandern ohne
Ruh
mit mancherlei
Beschwerden
der ewgen Heimat zu.
GEORG THURMAIR

WÖRTER IM TEXT:
Über Vers 12: »Die Motten im Nahen Osten sind sehr groß und schön, aber kurzlebig. Nach ein paar Regenschauern sieht man diese prächtigen Insekten überall im Wind flattern, aber die Trockenheit und die vielen Feinde bereiten ihnen allen ein schnelles Ende.«
JOHN KITTO

PARALLELSTELLEN ZUM THEMA:
Einige von den Vorschriften, die Gott erlassen hat, um die Rechte von Gästen und anderen Ausländern im Land zu sichern, findet man in 2. Mose 12,48-49; 22,20; 3. Mose 19, 33-34 und 5. Mose 10,18-19.

31. März

ZWISCHENSPIEL: RÄTSEL UM SELA

Viele Verse in den Psalmen schließen mit dem einzelnen Wort »Sela«, das nur die Aussprache des hebräischen Wortes wiedergibt; es wird in manchen Übersetzungen mit »Zwischenspiel« wiedergegeben. Hier eine Auswahl von Versen, in denen es vorkommt:

- *Psalm 3,5:* »Ich flehte zum Herrn, und er antwortete mir von seinem heiligen Berg.« (Sela).
- *Psalm 24,10:* »Wer ist der König der Herrlichkeit? Der allmächtige Herr – er ist der König der Herrlichkeit.« (Sela).
- *Psalm 39,6:* »Mein Leben währt nicht länger als die Breite meiner Hand. Ein ganzes Leben ist ein Augenblick für sich; das menschliche Dasein nur ein Atemzug.« (Sela).
- *Psalm 59,6:* »O Herr, Gott, Allmächtiger, Gott Israels, erhebe dich, die feindlichen Völker zu strafen. Erweise den ruchlosen Verrätern keine Gnade.« (Sela).
- *Psalm 82,2:* »Wie lange wollt ihr Richter noch ungerecht urteilen? Wie lange wollt ihr die Bösen noch vorziehen?« (Sela)
- *Psalm 143,6:* »Ich strecke meine Hände nach dir aus. Ich verzehre mich nach dir, wie dürres Land nach Regen dürstet.« (Sela).

»Sela« gehört wie auch »Halleluja« zu den Wörtern, die die frühen Übersetzer wie Luther nie versucht haben in unsere Sprachen zu übertragen. Aber da ist ein Unterschied: Sie wussten, dass »Halleluja« »Lobt den Herrn« bedeutet, aber was »Sela« bedeutet, wussten sie anscheinend nicht genau.

Auch 450 Jahre nach Luther rätseln die Gelehrten immer noch, was »Sela« bedeutet, aber manche haben begründete Vermutungen geäußert.

Eine mögliche Bedeutung des Wortes lässt sich aus seiner Ähnlichkeit mit dem hebräischen Wort für »aufheben« ableiten. Wenn diese Theorie stimmt, dann bedeutet es so viel wie »Zwischenspiel«, und mehrere neue Übersetzungen geben das Wort jetzt so wieder. Das

wäre dann ein Zeichen, dass die Sänger eine Pause einlegen sollen, vielleicht für ein Zwischenspiel mit Instrumenten, damit die Gemeindeglieder für sich beten oder das Gehörte auf ihr Leben übertragen können.

Wir alle brauchen solche Zwischenspiele. Die Musik muss ohne uns weiterspielen können. Wir müssen aus der Alltagsroutine heraus, damit wir nachdenken können, was Gott heute für uns vorhat.

Lied:
Liebster Jesu, sieh, ich hülle
mich in dich hinein;
o da bin ich gut geborgen,
kann ich sicher sein.
Rosalie Amstein

Das hebräische Wort »Sela« (oder Zwischenspiel) kommt in der Bibel 74-mal vor, davon 71-mal in den Psalmen. Die übrigen drei Male steht es in dem kleinen Buch Habakuk.

1. April

Psalm 40,1-11

1 *Anweisung für den Chorleiter: Ein Psalm Davids.*
2 Geduldig wartete ich darauf, dass der Herr mir half,
und er wandte sich mir zu und hörte mein Schreien.
3 Er rettete mich aus dem Sumpf der Verzweiflung.
Er stellte mich auf festen Boden
und stützte mich bei meinen ersten Schritten.
4 Er legte mir ein neues Lied auf die Lippen,
ein Loblied für unseren Gott.
Viele werden sehen, was er getan hat, und werden staunen.
Sie werden ihr Vertrauen auf den Herrn setzen.
5 Wie werden sich die freuen, die auf den Herrn vertrauen,
die nicht den Hochmütigen glauben
und nicht den Götzenanbetern.
6 O Herr, mein Gott, du hast viele Wunder für uns getan.
Deine Vorhaben für uns sind zu zahlreich, um sie alle zu nennen.
Wenn ich versuchen wollte, all deine wunderbaren Taten
aufzuzählen, würde ich kein Ende finden.
7 Du hast keine Freude an Opfern und Gaben.
Jetzt, da du mir Ohren zum Hören gegeben hast,
begreife ich endlich –
du willst keine Brand- und Sündopfer.
8 Da sagte ich: »Sieh, ich bin gekommen.
Und das steht in deinem Buch über mich geschrieben:
9 Ich habe Freude daran, deinen Willen zu tun, mein Gott,
denn dein Gesetz ist tief in mein Herz gegraben.«
10 Ich habe deinem Volk von deiner Gerechtigkeit erzählt.
Ich hatte keine Angst, den Mund aufzutun,
wie du, o Herr, wohl weißt.
11 Ich habe die gute Nachricht nicht in meinem Herzen verschlossen;
ich habe von deiner Treue und rettenden Macht erzählt.
Jedem Einzelnen in der großen Versammlung habe ich
von deiner unwandelbaren Liebe und Treue berichtet.

April

Sind Ihre Ohren durchbohrt?

In Psalm 40,7 steht etwas über Ohren, das wir so nicht verstehen. Da spricht David von Opfern und dann sagt er (im Urtext), dass Gott ihm die Ohren durchbohrt hat. Was soll das heißen?

Im Neuen Testament wird diese Stelle aus der griechischen Übersetzung des Alten Testamentes zitiert: »einen Leib aber hast du mir geschaffen« (Hebr 10,5). Diese Übersetzung macht die messianische Bedeutung von Vers 8 und 9 noch deutlicher und lässt uns erkennen, dass Jesus die volle Erfüllung dieses Wortes ist.

Aber was bedeutet der Ausdruck zur Zeit Davids? Manche Forscher meinen, die Stelle bezöge sich auf die Sitte, einem Sklaven, der erklärt sein Leben lang bei seinem Herrn bleiben zu wollen, ein Loch ins Ohr zu stechen (2. Mose 21,6). Aber dem Sklaven wurden nicht beide, sondern nur ein Ohr durchstochen.

Höchstwahrscheinlich bedeutet der Ausdruck, dass Gott David die Ohren auch im übertragenen Sinn geöffnet hat, so dass er hört, versteht und gehorcht.

Auch wir sind darauf angewiesen, dass Gott uns jeden Tag die Ohren »durchbohrt«, damit wir ihn wirklich verstehen und ihm gehorchen.

LIED:
Aber mein Gott wandt es bald, heilt und hielt mich dergestalt, dass ich, was sein Arm getan, nimmermehr gnug preisen kann. Da ich weder hie noch da einen Weg zur Rettung sah, hatt' ich seine Hilfe nah.
PAUL GERHARDT

NACHDENKENSWERT:
»Kein Abgrund in uns oder um uns herum kann so tief sein, dass er Gottes Ohr verstopfen könnte, wenn er hören will. Auch wenn dein Abgrund noch so tief und Grauen erregend ist, du brauchst nur um Hilfe zu rufen wie David, dann wirst du früher oder später wie David daraus befreit. Solange wir wissen und spüren, welche furchtbaren Abgründe in unserem Inneren sind, sind wir nicht ernsthaft gefährdet.«
ROBERT BRUCE

2 April

2. April

Psalm 40,12-18

12 Herr, halte dein gnädiges Erbarmen nicht zurück.
Deine unwandelbare Liebe und Treue sind meine einzige Hoffnung.
13 Denn ich versinke in Bedrängnissen –
sie sind zu viele, um sie zu zählen!
So hoch türmen sie sich auf,
dass ich den Weg nicht mehr vor mir sehe.
Sie sind zahlreicher als die Haare auf meinem Haupt.
Ich bin mutlos geworden.
14 Bitte, Herr, rette mich!
Beeile dich, Herr, und hilf mir.
15 Die mich vernichten wollen,
sollen erniedrigt und zuschanden werden.
Die sich an meinem Unglück weiden,
sollen selbst zuschanden werden.
16 Sie sollen sich entsetzen über ihre Schmach,
denn sie sagten einst: »Aha! Jetzt haben wir ihn!«
17 Die dich jedoch suchen,
sollen voll Freude und Heiterkeit sein.
Die dein Heil lieben,
sollen begeistert rufen: »Der Herr ist groß!«
18 Ich bin arm und bedürftig,
doch jetzt wird der Herr meiner gedenken.
Du bist mein Helfer und mein Retter.
Zögere nicht, o mein Gott.

Leiden ohne Zahl

Jeden Tag spielen Millionen Menschen bei den Lotterien und hoffen auf einen großen Gewinn. Sie stellen sich vor, wenn sie gewinnen würden, brauchten sie nicht mehr zu arbeiten, könnten eine große Villa kaufen und sich alles leisten. Dann hätten sie nur noch das Problem, das viele Geld zu zählen.

Die Gemeinde von Laodizea prahlte: »Ich bin reich und habe genug und brauche nichts!« (Offb 3,17). Anscheinend hatten sie ihren Lotteriegewinn schon. Aber diese Gemeinde steckte in sehr großen Schwierigkeiten: Wenn man sich in seinem eigenen Reichtum sonnt, erwartet man keine Hilfe mehr von Gott.

In diesem Stück aus Psalm 40 hat David mehr Probleme, als er zählen kann. Er steckt so tief darin, dass er keinen Ausweg sehen kann. Kennen Sie das Gefühl?

Was muss er da tun? Ein Lotterielos kaufen? Bestimmt nicht. David erwartet eine andere Art von Reichtum, von der er schon in Vers 6 gesprochen hat: die vielen Wunder, Pläne und erstaunlichen Taten, die Gott für seine Leute hat. David betont, dass er nicht annähernd alles aufzählen könnte, was Gott an Großartigem tut – und das wiegt all seine zahllosen Probleme auf. Gottes Fürsorge für uns ist immer größer als unsere Schwierigkeiten.

David ist der König von Israel, aber trotzdem sagt er selbst, er sei »arm und bedürftig« (Vers 18). Das konnte die selbstgerechte Gemeinde von Laodizea nicht zugeben. Aber erst wenn wir eingestehen, dass wir es nötig haben, fängt Gott an uns zu helfen.

LIED:
So wie ich bin,
so arm und blind,
am Guten leer
und voll von Sünd,
bedrückt von Reu
und tiefer Scham:
so komme ich,
o Gotteslamm!
CHARLOTTE ELLIOTT

PARALLELSTELLEN ZUM THEMA:
Psalm 40,14-18 ist fast gleich wie Psalm 70. Gibt es Unterschiede und wo könnten sie herkommen?

NACHDENKENSWERT:
»Dem eigenen Zustand Gottes Wesen entgegenzusetzen (Vers 18: Ich bin ... Du bist) ist beruhigend, aber für Gottes Ehre zu beten ist Befreiung, es führt zum Sieg und ist das, was Christus selbst getan hat.«
DEREK KIDNER

3. April

Psalm 41

1 *Anweisung für den Chorleiter: Ein Psalm Davids.*
2 Welche Freude wird denen zuteil, die freundlich zu den Armen sind.
Der Herr rettet sie in Zeiten der Not.
3 Der Herr beschützt sie
und bewahrt ihr Leben.
Er lässt es ihnen gut gehen
und rettet sie vor ihren Feinden.
4 Der Herr pflegt sie, wenn sie krank sind,
und lindert ihre Schmerzen und ihre Pein.
5 Herr, betete ich, hab Erbarmen mit mir.
Heile mich, denn ich habe gegen dich gesündigt.
6 Aber meine Feinde sprechen nur schlecht über mich.
»Wird er denn nicht bald sterben und vergessen sein?«, fragen sie.
7 Sie besuchen mich, als wären sie meine Freunde,
doch währenddessen sammeln sie heimlich Klatsch,
und wenn sie gehen, verbreiten sie ihn allerorten.
8 Alle, die mich hassen, tuscheln über mich
und hoffen das Schlimmste für mich.
9 »Was er auch hat, auf jeden Fall ist es tödlich«, sagen sie.
»Er wird nicht wieder aufstehn!«
10 Selbst mein bester Freund, dem ich vollkommen vertraute,
mit dem ich mein Essen teilte,
hat sich gegen mich gewandt.
11 Herr, hab Erbarmen mit mir.
Mach mich gesund, damit ich mich an ihnen rächen kann!
12 Ich weiß, dass du Freude an mir hast,
denn du hast meine Feinde nicht über mich triumphieren lassen.
13 Du hast mein Leben bewahrt, weil ich schuldlos bin;
du hast mich für immer in deine Gegenwart geholt.
14 Gepriesen sei der Herr, der Gott Israels,
der lebt, schon immer und auf ewig.
Amen und amen!

Die göttliche Pflege

Vor etwa 100 Jahren erzählte ein Pfarrer seiner Gemeinde eine Geschichte von einem kranken Freund, der sagte, er ruhe sich auf drei Kissen aus: Gottes unendlicher Macht, Liebe und Weisheit. Mehrere Monate später berichtete eine junge Frau in der Gemeinde, sie habe sich kürzlich einer schweren Operation unterziehen müssen. Der Arzt habe ihr ein Kissen weggenommen, an das sie sich klammerte, aber sie habe gesagt, sie habe noch drei Kissen, die er ihr nicht wegnehmen könne: Gottes unendliche Macht, Liebe und Weisheit.

Auch David wusste, wie Gott trösten kann. In Psalm 23 spricht er von Gott als einem fürsorglichen Hirten und in Psalm 103 stellt er ihn als liebevollen Vater dar, der Mitleid mit seinen Kindern hat. In diesem Psalm beschreibt David Gott als jemanden, der Kranke pflegt und ihr Leiden lindert (Vers 4).

Als David diesen Psalm schrieb, litt er unter den Folgen eines Unrechts, das er begangen hatte. Seine Freunde besuchten ihn, aber sie dachten, er würde nie mehr gesund werden. Auch Davids bester Freund (Ahitofel?) hatte sich gegen ihn gestellt. Aber bei all dem freut sich David über Gottes Schutz und fordert alle auf ihn zu loben.

Auch wenn man krank ist, ist es gut sich an Gott zu wenden. Er hat nicht nur die Macht zu heilen, er ist auch mitfühlend und will uns gerade das geben, was wir am nötigsten brauchen.

LIED:
Herr, du kannst
die Furcht und Pein
in der Seele stillen.
Lass mich ganz
ergeben sein
in des Vaters Willen!
HEINRICH PUCHTA

NACHDENKENSWERT:
»Welch rührende Umsicht und zärtliche Fürsorge zeigt Gott da (Vers 4)! Man fühlt sich fast so, wie sich Petrus vielleicht fühlte, als Jesus zu ihm kam und ihm die Füße waschen wollte. Hier nimmt der große Gott und Herr des Himmels wirklich die Gestalt eines Dieners an und erfüllt liebevoll und gewissenhaft alle Aufgaben einer gewissenhaften Krankenschwester.«
BARTON BOUCHIER

4. April

Zwischenspiel: Fünf Bücher der Psalmen

Wenn Sie sagen, es gäbe fünf Bücher der Psalmen, werden Ihnen viele nicht glauben. Sie schauen in das Inhaltsverzeichnis ihrer Bibel und sagen: »Ich sehe nur eins. Wo sind die anderen vier?« Aber Sie brauchen nur Psalm 42, 73, 90 und 107 aufzuschlagen und zu sehen, was direkt über dem Psalm steht. Das ist in allen Übersetzungen gleich.

Hier ist eine kurze Übersicht über jedes dieser Bücher:

Buch I: Psalm 1-41

Die Erklärungen weisen die meisten dieser Psalmen als Werke von David aus. Die meisten handeln vom Dichter persönlich. Gott wird fast immer als Jahwe (der HERR) bezeichnet. Der Schlüsselvers ist Psalm 23,1: »Der Herr ist mein Hirte; mir wird nichts mangeln.«

Buch II: Psalm 42-72

Von diesen Psalmen werden 18 David zugeschrieben und sieben Korach und seinen Nachkommen. Sie handeln größtenteils vom Volk Israel. Gott wird im Allgemeinen als Elohim (Gott) bezeichnet. Der Schlüsselvers ist Psalm 51,19: »Ein zerknirschtes, reuiges Herz, o Gott, wirst du nicht verachten.«

Buch III: Psalm 73-89

Die meisten von diesen Psalmen werden Davids Chorleiter Asaf zugeschrieben, manche auch Korach und seinen Nachkommen. Diese Psalmen handeln größtenteils vom Volk Israel. Gott wird oft Elohim (Gott) genannt. Der Schlüsselvers ist Psalm 80,4: »Lass dein Antlitz auf uns herableuchten. Nur dann können wir gerettet werden.«

Buch IV: Psalm 90-106

Einer von diesen Psalmen wird Mose zugeschrieben, zwei David. Die übrigen haben keine persönliche Zuordnung. Diese Psalmen sind zum größten Teil Anbetungslieder. Gott wird im Allgemeinen Jahwe (der HERR) genannt. Der Schlüsselvers ist Psalm 98,6: »Mit Trompeten und dem Klang von Widderhörnern spielt dem Herrn, eurem König, eine fröhliche Melodie.«

Buch V: Psalm 107-150
Fünfzehn von diesen Psalmen werden David zugeschrieben. Die Psalmen sind im Allgemeinen gottesdienstliche Lieder, viele davon sind *hallel*, also Loblieder. Gott wird oft Jahwe (der HERR) genannt. Der Schlüsselvers ist Psalm 125,1: »Die auf den Herrn vertrauen, sind so sicher wie der Berg Zion; sie werden nicht zu Schanden werden, sondern ewig leben.«

Wenn Sie nachschlagen, wo die Bücher jeweils anfangen, achten Sie auch einmal darauf, wie die vorhergehenden Kapitel abschließen: In allen fünf Büchern endet der letzte Vers mit einem Lob Gottes.

Frühe jüdische Kommentatoren vergleichen die fünf Bücher der Psalmen mit den ersten fünf Büchern des Alten Testaments: »Wie Mose Israel fünf Gesetzesbücher, so hat David dem Volk fünf Psalmenbücher gegeben.«

Es gibt eine Theorie, dass die Psalmen so aufgeteilt wurden, damit man sie parallel zu den Gesetzesbüchern im öffentlichen Gottesdienst vorlesen konnte. Früher lasen die Juden die Gesetzesbücher in einem dreijährigen Zyklus im öffentlichen Gottesdienst. An 41 Sabbaten wurde das erste Buch Mose und parallel das erste Buch der Psalmen gelesen (es enthält 41 Psalmen), an 31 Sabbaten das zweite Buch Mose und das zweite Buch der Psalmen (es enthält 31) usw.

Wie dem auch sei, die Psalmen sind heute ganz ähnlich zusammengestellt wie die Lieder in einem Gesangbuch. Die modernen Gesangbücher sind Sammlungen aller Arten von christlichen Liedern und Gospel-Songs und gewöhnlich nach verschiedenen Themen geordnet. Manchmal ist es klar, warum ein Lied nach einem bestimmten anderen kommt, manchmal auch nicht. So ist es auch bei den Psalmen.

Das Ergebnis ist eine Vielfalt von Stimmungen und Stilrichtungen, die das ganze Buch bestimmt und den Leser immer wieder überrascht. Es gibt kaum ein menschliches Gefühl oder eine Stimmung, die nicht in irgendeinem Psalm angesprochen werden.

LIED:
Ich suchte Trost und fand ihn nicht; da ward das Wort
der Gnade mein Labsal, meine Zuversicht, die Fackel meiner Pfade.
Sie zeigte mir den Weg zu dir und leuchtet meinen Schritten
bis zu den ew'gen Hütten.
BERNHARD GARVE

5. April

Zweites Buch: Psalm 42-72

Psalm 42,1-6

1 *Anweisung für den Chorleiter: Ein Psalm der Nachkommen Korachs.*
2 Wie der Hirsch nach Wasser lechzt,
so sehne ich mich nach dir, o Gott.
3 Mich dürstet nach Gott, dem lebendigen Gott.
Wann darf ich kommen und vor ihm stehen?
4 Tränen sind meine Speise, bei Tag und in der Nacht,
während meine Feinde mich verspotten und höhnen:
»Wo ist nun dein Gott?«
5 Mein Herz will brechen,
wenn ich zurückdenke, wie es einmal war:
Ich ging in der Schar der Beter,
führte einen großen Festzug zum Hause Gottes,
und dabei sang ich vor Freude und sagte Dank –
noch höre ich die festlichen Klänge eines großen Fests!
6 Warum hat mein Mut mich verlassen?
Warum bin ich so traurig?
Ich will auf Gott hoffen!
Ich will ihn wieder loben –
meinen Retter und meinen Gott!

Der »verlorene Prinz«

König Davids Sohn zettelte einen Aufstand gegen seinen Vater an und verleitete die Israeliten, ihm zu folgen. Er gewann so viel politische und militärische Macht, dass sein Vater aus Jerusalem fliehen musste (2. Sam 15).

Stellen Sie sich einmal Davids Gefühle vor. Psalm 42 hat zwar nicht er geschrieben, aber er drückt doch Emotionen aus, die in eine solche Lage passen – überhaupt in jede Lage, in der wir uns verraten und hoffnungslos vorkommen.

Mit seiner Flucht verließ David nicht nur seine Hauptstadt; er konnte auch nicht mehr Gott vor der Bundeslade anbeten. Sicher fragte sich David in dieser Zeit: »Wann kann ich wieder Gott begegnen?«

Als David über den Ölberg ging, weinte er und seine Gegner zeigten ihm ihre Verachtung (2. Sam 15,30-16,8), genau wie beim Psalmdichter. Absalom behauptete, Gott hätte ihn jetzt als Herrscher eingesetzt. Wo war Gott in dieser schweren Zeit? Warum musste das passieren? Vielleicht war David nach den vielen Kämpfen wirklich ein »Kriegsmann« (1. Chr 28,3), der Blut vergossen hatte, und bekam nun, was er verdiente.

Zweifellos erinnerte sich David an die Zeit, in der er vor der Bundeslade Freudengottesdienste gehalten hatte, und wünschte sich, wieder zur Stiftshütte kommen zu können. Würde er das noch einmal erleben? Wie der Psalmist konnte David nur hoffen.

Haben Sie auch solche Fragen? Kennen Sie solche schwer erträglichen Zeiten? Mit Gott können Sie rechnen, wie es der Dichter in Vers 6 tut. Wenn Sie das tun, wird es eines Tages wieder hell und Sie können Ihren Gott und Helfer wieder mit Freude loben.

LIED

*Wie ein Hirsch
am Mittag lechzet
nach dem Strom,
der frisch und hell,
so hat ihre Seel
geächzet
nach dem rechten
Lebensquell.
Nun ihr Durst gestillet ist,
denn sie sind bei Jesu
Christ.*

HEINRICH THEOBALD SCHENK

WISSENSWERTES:

Der durstige Hirsch war ein Symbol der frühen Kirche für die Sehnsucht des Christen nach Gott.

NACHDENKENSWERT:

»Die Sehnsucht des Psalmisten richtet sich direkt auf die Gottesdienste in seinem Heiligtum. Wer keine Lust hat zur Kirche zu gehen, heute wie früher, hat nie erlebt, was es wirklich bedeutet Gott anzubeten.«

NORMAN SNAITH

6. April

Psalm 42,7-12

7 Jetzt bin ich mutlos,
doch ich will unbeirrt an deine Güte denken –
vom Berg Hermon, von der Quelle des Jordan,
vom Land des Berges Misar.
8 Ich höre das Toben des wütenden Meeres,
während deine Wellen und Gezeiten über mich hinweggehen.
9 Tag für Tag gießt der Herr seine unwandelbare Liebe über mich aus,
und Nacht für Nacht singe ich seine Lieder
und bete zu Gott, der mir das Leben schenkt.
10 »O Gott, mein Fels«, rufe ich,
warum hast du mich verlassen?
Warum muss ich in Finsternis wandeln,
unterdrückt von meinen Feinden?
11 Ihr Hohn durchbohrt mich wie eine tödliche Wunde.
Sie spotten: »Wo ist nun dein Gott?«
12 Warum bin ich so mutlos?
Und warum so traurig?
Ich will auf Gott hoffen!
Ich will ihn wieder loben –
meinen Retter und meinen Gott!

Erlebnis auf dem Berg

»Warum in die Kirche gehen? Gott kann man doch auch auf einem Berg oder am Meer anbeten.« Das haben Sie vielleicht schon von christlichen »Einzelkämpfern« gehört, die sich nicht gern nach anderen Christen richten. Das Problem ist, dass daran etwas Wahres ist.

Man kann Gott wirklich auf einem Berg oder am Meer anbeten, wie Psalm 42 zeigt, aber das ist nur die eine Seite.

Man kann sich den Dichter auf einem Berghang in Galiläa vorstellen, im Norden den hoch aufragenden Hermon und unter ihm das wirbelnde Wasser des Sees. Diese sichtbaren Dinge helfen ihm, Gottes Macht und Freundlichkeit neu zu verstehen. Wenn er an die Verachtung seiner Feinde denkt (Vers 11), braucht er vielleicht die Bestätigung durch die Natur: Gott ist da, hier bei ihm. Die Berge, Seen und Meere machen seine Souveränität sichtbar. Die Jahreszeiten zeigen uns, wie Gott handelt. Die Schönheit seiner Schöpfung belebt uns innerlich.

Aber wenn man auf dem Berg bleibt, kann es passieren, dass man anfängt den Berg zu verehren und nicht mehr den Gott, der ihn geschaffen hat. Aber der Berg hilft uns nicht, Abstand von unseren Problemen zu gewinnen und das Meer spült sie nicht einfach weg. Befreien kann uns nur Gott. Die Wunder der Schöpfung können uns den Blick für Gott wieder öffnen, so dass wir zuversichtlich mit ihm rechnen können. Aber dann brauchen wir unbedingt die anderen – Leute mit Problemen, Leute, die manchmal kämpfen müssen, Zweifel oder »Tiefs« haben. Mit ihnen zusammen sollen wir uns an Gott freuen, der uns neue Kraft gibt.

Lied:
*Die Stunde kommt
früh oder spät,
wo Freud und Dank
aus Leid entsteht;
vielleicht, dass,
eh du ausgeweint,
dir Gott mit seiner
Hilf erscheint.*
Johann Kasper Lavater

Wörter im Text:
Der Berg Misar (das Wort bedeutet »klein«) war anscheinend ein kleiner Berg in der Nähe des Hermon, aber manche Forscher glauben auch, damit sei der Berg Zion gemeint.

Nachdenkenswert:
»Kummer ist immer das Gefühl, dass uns etwas fehlt. Der größte Kummer ist das Gefühl, dass uns Gott fehlt.«
G. Campbell Morgan

7. April

Psalm 43

[1] O Gott, tritt für mich ein!
Verteidige mich gegen diese Gottlosen.
Rette mich vor diesen ungerechten Lügnern,
[2] denn du bist Gott, meine einzige Rettung.
Warum hast du mich verstoßen?
Warum muss ich in Finsternis sein,
unterdrückt von meinen Feinden?
[3] Schicke dein Licht und deine Wahrheit;
sie sollen mich leiten.
Sie sollen mich zu deinem heiligen Berg führen,
zu dem Ort, an dem du wohnst.
[4] Dort will ich vor Gottes Altar treten,
vor Gott – die Quelle meiner Freude.
Ich will dich mit meiner Harfe loben,
o Gott, mein Gott!
[5] Warum bin ich so mutlos?
Und warum so traurig?
Ich will auf Gott hoffen!
Ich will ihn wieder loben –
meinen Retter und meinen Gott!

Der einsame Prophet

Vielleicht dachte Elia an diesen Psalm, als er auf den Berg Karmel stieg, um die Baalspropheten herauszufordern (1. Kön 18-19). Alle Nachbarvölker verehrten Baal als den mächtigen Himmelsgott, der Regen und Donner schickte. Nun hatte sich auch Israel unter dem willensschwachen König Ahab und seiner Frau Isebel, die fremde Götter anbetete, mitten in den Baalskult gestürzt.

»O Gott, tritt für mich ein.« Man kann sich gut vorstellen, dass Elia vor seiner Begegnung mit den Baalspriestern so betete. Bestimmt fühlte er sich sehr allein in seinem Bemühen, die abgefallenen Israeliten wieder zu Gott zu rufen und zu einem gehorsamen und treuen Leben.

Und Gott führte Elias Sache: Er schickte Feuer, das sein Opfer verbrannte. Aber trotz dieses Sieges fühlte sich Elia noch einsam. Im nächsten Kapitel steht er völlig niedergeschlagen am Berg Sinai. Depressionen sind nicht leicht zu überwinden, aber es gibt Hoffnung. Gott sagt Elia, dass es noch 7000 Menschen außer ihm gibt, die Gott treu geblieben sind, und er gibt Elia Anweisungen, den bösen König Ahab ablösen zu lassen.

Dieser Gott ist unser Gott. Darum können wir auch in den dunkelsten Zeiten auf den Refrain dieses Psalms zurückkommen: »Ich will ihn wieder loben – meinen Retter und Gott« (Vers 5).

LIED:
Wohl, mein Herz,
du sollst ihm trauen!
Was er dir verheißen
hat,
wirst du auch erfüllet
schauen.
Kommt es auch
nicht gleich zur Tat,
spart er's auch oft
weit hinaus,
es wird doch ein
Amen draus.
BENJAMIN SCHMOLCK

PARALLELSTELLEN ZUM THEMA:
Weiteres zur Freude an Gott steht in Psalm 71,23; Jesaja 61,10; Habakuk 3, 3,18-19 und Römer 5,11.

NACHDENKENSWERT:
»Wie Sauerstoff für die Lunge, so ist Hoffnung für den Sinn des Lebens.«
EMIL BRÜNNER

8. April

Psalm 44,1-9

1 *Anweisung für den Chorleiter: Ein Psalm der Nachkommen Korachs.*
2 O Gott, wir haben es mit eigenen Ohren gehört –
unsere Vorfahren haben uns erzählt
von dem, was du vormals vollbracht hast,
vor langer Zeit:
3 Du hast die heidnischen Völker vertrieben
und das Land unsren Vorfahren geschenkt;
du hast ihre Feinde vernichtet
und unsere Ahnen befreit.
4 Sie haben das Land nicht mit ihren Schwertern erobert;
sie haben nicht aus eigener Kraft gesiegt.
Deine große Macht war es, die ihnen zum Sieg verhalf;
weil du ihnen wohlgesonnen warst und dein Lächeln auf ihnen lag.
5 Du bist mein König und mein Gott.
Auf dein Wort hin gehört deinem Volk der Sieg.
6 Nur durch deine Macht können wir unsere Feinde schlagen;
nur in deinem Namen können wir sie besiegen.
7 Ich traue nicht meinem Bogen;
Ich zähle nicht auf mein Schwert, dass es mich rettet.
8 Du bist es, der uns den Sieg über unsere Feinde schenkt;
du bist es, der die erniedrigt, die uns hassen.
9 O Gott, wir rühmen dich alle Tage,
und unablässig preisen wir deinen Namen.

Sich auf das Richtige verlassen

Wahrscheinlich kennen Sie die Geschichte, als der junge David den Riesen Goliat erschlug (1. Sam 17). Ein Detail daraus ist komisch, aber auch lehrreich:

Der Riese hatte die Israeliten aufgefordert einen Krieger zu schicken, der mit ihm kämpfen sollte, und König Sauls besten Soldaten schlotterten die Knie. David, der den Auftrag hatte, seinen Brüdern etwas zu essen zu bringen, schockierte alle mit seiner Bereitschaft, kämpfen zu wollen. Er war überzeugt, dass Gott ihm den Sieg geben würde. Schließlich erlaubte Saul dem Jungen zu kämpfen, aber er wollte David seine eigene königliche Rüstung anziehen.

Das muss ein lustiges Bild gewesen sein. Immerhin war Saul einen Kopf größer als alle anderen Israeliten, seine Rüstung war also viel zu groß für David, der wahrscheinlich noch gar nicht ganz erwachsen war. So marschierte David in der kompletten, viel zu großen Rüstung klirrend durch das Lager. Zum Glück merkte er gleich: »Ich kann so nicht gehen« und zog die Rüstung aus (1. Sam 17,39).

David traute menschlicher Kraft und Ausrüstung nicht, er verließ sich lieber auf Gott. Nur mit einer Steinschleuder und fünf glatten Steinen, die er aus einem Bachbett genommen hatte – und mit der Macht des lebendigen Gottes – tötete er den Riesen.

Auch für uns gilt: Nicht nur unsere Vorbereitungen und Strategien bestimmen, ob wir Schwierigkeiten bewältigen: »Du bist es, der uns den Sieg über unsere Feinde schenkt«, sagt der Dichter (Ps 44,8).

Lied:
Satan, Welt und ihre Rotten
können mir nichts mehr hier tun als meiner spotten.
Lass sie spotten, lass sie lachen!
Gott, mein Heil,
wird in Eil
sie zuschanden machen.
Paul Gerhardt

Parallelstellen zum Thema:
Wie Gott für sein Volk kämpft, sieht man in 5. Mose 20,4; Josua 1,8-9; Jesaja 41,10 und 50,7-9.

Nachdenkenswert:
»Die Verbindung zur Vergangenheit (Vers 2-4) ist umso stärker, als die Taten der Vorfahren nicht ihre eigenen waren; Gott hat sie getan.«
Derek Kidner

9. April

Psalm 44,10-20

10 Doch jetzt hast du uns in Unehre verstoßen.
Du ziehst nicht mehr vor unserem Heer in die Schlacht.
11 Du lässt uns vor unseren Feinden fliehen
und gestattest ihnen, unser Land zu plündern.
12 Du hast uns behandelt wie Schafe,
die auf ihre Schlachtung warten;
du hast uns unter die Völker zerstreut.
13 Du hast uns – dein kostbares Volk – für einen Hungerlohn verkauft.
Wir waren dir nichts wert.
14 Du hast zugelassen, dass unsere Nachbarn uns verlachen.
Wir sind den Völkern um uns herum zum Spott geworden.
15 Du hast uns zur Zielscheibe ihres Hohns gemacht;
die ganze Welt lacht über uns.
16 Wir können der Demütigung nicht entrinnen;
die Scham steht uns ins Gesicht geschrieben.
17 Wir hören nur den Hohn unserer Spötter.
Wir sehen nur unsre rachedurstigen Feinde.
18 All das geschah, obwohl wir dir treu waren.
Wir haben deinen Bund nicht verletzt.
19 Unsere Herzen haben dich nicht verlassen.
Wir sind nicht von deinem Weg abgewichen.
20 Dennoch hast du uns in der Wüste geschlagen,
hast uns mit Dunkelheit und Tod bedeckt.

Die Höhen und Tiefen des Lebens

Als die Israeliten endlich über den Jordan ins versprochene Land gezogen waren, stießen sie gleich auf ein großes Hindernis: die befestigte Stadt Jericho. Ihr Schlachtplan, insgesamt dreizehnmal um die Stadt zu marschieren, war allerdings sehr ungewöhnlich; aber die Mauern von Jericho stürzten ein und Gottes Volk hatte einen Brückenkopf in seinem neuen Land. Der Sieg war ein beeindruckendes Beispiel von Gottes Macht.

Die zweite Schlacht verlief nicht so gut. Die kleine Stadt Ai war kaum größer als ein Maulwurfshaufen auf einem Hügel, aber bei ihrem ersten Angriff wurden die Israeliten zurückgeschlagen. Ohne Wissen der meisten Israeliten hatte einer von ihnen etwas aus Jericho für sich behalten und damit gegen Gottes ausdrücklichen Befehl gehandelt. Darum erlebte das ganze Volk diese peinliche Niederlage. Man kann sich denken, dass Josua sich bei Gott mit den Worten des Psalms beklagte: »Doch jetzt hast du uns in Unehre verstoßen. Du ziehst nicht mehr vor unserem Heer in die Schlacht« (Vers 10).

Das Leben mit Gott hat Höhen und Tiefen. Wir erleben unglaubliche Erfolge, aber manchmal auch unerklärliche Niederlagen. Wenn Sie sich wundern und fragen, warum das Leben in letzter Zeit so schwierig ist, sind Sie damit nicht allein. Hier und auch in anderen Psalmen klingt deutlich die Frage durch: »Gott, was machst du da nur?« Aber Gott weiß immer, was er macht. Er hat den Israeliten eine zweite Chance gegeben, Ai zu erobern und diesmal hatten sie Erfolg.

Morgen werden wir das Ende des Psalms lesen. Es ist ein Appell an Gottes »Güte«. Wenn es aussieht, als hätte Gott Sie vergessen, dann ist es besonders wichtig zu wissen, dass er Sie liebt und dass Sie ihn zu Hilfe rufen können.

LIED:
Gott steht von Anbeginn,
und er wird alles enden.
In seinen starken Händen
liegt Ursprung, Ziel und Sinn.
MARKUS JENNY

PARALLELSTELLEN ZUM THEMA:
Der Gedanke, Gott habe sein Volk verkauft (Vers 13), kommt auch in Richter 2,14 und Jesaja 52,3 vor.

NACHDENKENSWERT:
»Manchmal nimmt uns Gott alle spürbare Freude und Ermutigung weg, um zu sehen, ob es uns wirklich um ihn selbst geht.«
F. B. MEYER

10. April

Psalm 44,21-27

21 Wenn wir uns von unserem Gott abgewandt
oder unsere Hände im Gebet zu fremden Göttern erhoben hätten,
22 hätte Gott es mit Sicherheit gewusst,
denn er kennt die Geheimnisse der Menschenherzen.
23 Um deinetwillen werden wir jeden Tag getötet;
wir werden hingeschlachtet wie Schafe.
24 Wach auf, o Herr! Warum schläfst du?
Erhebe dich! Stoß uns nicht für immer zurück.
25 Warum wendest du deinen Blick von uns ab?
Warum verschließt du die Augen vor unserm Leid und
unserer Unterdrückung?
26 Wir sinken in den Staub,
liegen mit dem Gesicht im Schmutz.
27 Erhebe dich! Komm und hilf uns!
Rette uns um deiner unwandelbaren Liebe willen.

Wo ist Gott?

Dieser Psalm stellt harte Fragen: Wo ist Gott, wenn wir leiden? Warum tut er nichts? Interessiert er sich nicht mehr für uns? Zweifellos kommen darin die Gedanken von anderen Gestalten des Alten Testamens zum Ausdruck wie etwa Hiob, der ohne Schuld Schlimmes ertragen musste. Oder Josef, der Gott verehrte und dem man trotzdem immer wieder Unrecht tat. Auch Jeremia hatte solche Gefühle; er wurde fast umgebracht, weil er seinem rebellischen Volk die Wahrheit prophezeite. Und der Psalmausschnitt gibt die Gefühle von Millionen von Christen im Lauf der Jahrhunderte wieder. Um die Wahrheit zu sagen: Manchmal ist es regelrecht gefährlich an Gott zu glauben.

Aber der Apostel Paulus hilft uns die Größenordnungen zu erkennen: »Denn ich bin überzeugt, dass dieser Zeit Leiden nicht ins Gewicht fallen gegenüber der Herrlichkeit, die an uns offenbart werden soll« (Röm 8,18). Es hört nicht auf, solange wir hier leben. Gute Menschen erleben schreckliche Dinge, aber durch das alles sorgt Gott dafür, dass »denen, die Gott lieben, alle Dinge zum Besten dienen« (Röm 8,28). Es sieht nicht immer danach aus. Paulus selbst zitiert sogar später im Römerbrief Psalm 44,23: »Wir sind geachtet wie Schlachtschafe« (Röm 8,36). Aber das Wertvollste, was wir haben, kann uns kein Feind je wegnehmen: Gottes Liebe zu uns.

Wenn Sie also harte Schicksalsschläge erleben, heißt das nicht, dass Gott Sie nicht mehr liebt. Im Gegenteil: »Selig sind, die um der Gerechtigkeit willen verfolgt werden; denn ihrer ist das Himmelreich« (Mt 5,10).

LIED:
*Ihn, ihn lass tun
und walten!
Er ist ein weiser Fürst
und wird sich so verhalten,
dass du dich wundern
wirst,
wenn er, wie ihm
gebühret,
mit wunderbarem Rat
das Werk hinausgeführet,
das dich bekümmert
hat.*
PAUL GERHARDT

WISSENSWERTES:
Einer der Pioniere des Lobgesangs in der frühen Kirche, Bischof Ambrosius, starb, während er an einem Kommentar zu Psalm 44 arbeitete. Als er zu Vers 24 kam, wo Gott aufgefordert wird aufzuwachen, »schlief er ein« und wachte in der Ewigkeit wieder auf.

NACHDENKENSWERT:
»Aus Freundlichkeit zu uns erhält Gott uns in Schwierigkeiten die Selbstachtung. Er könnte uns für unsere Sünden bestrafen, aber er gibt uns einen guten Grund für unser Leiden: ›um deinetwillen‹«.
DAVID DICKSON

11. April

ZWISCHENSPIEL: DIE NOT BEIM NAMEN NENNEN

Oft assoziieren wir die Psalmen zuerst mit Lob und Dank an Gott. Tatsächlich ist Lob eines ihrer Hauptthemen, doch nur wenige wissen, dass es über 50 Psalmen gibt, die man »Klagen« nennt.

Es gibt sieben Elemente, die in einem typischen Klagepsalm vorkommen können – aber kaum einer enthält alle sieben zugleich:

Hilferuf an Gott:
»Vernimm mein Gebet, o Gott. Verschließ deine Ohren nicht meinem Hilferuf« (Ps 55,2)

Berufung auf Gottes gute Taten in der Vergangenheit oder auf sein Wesen:
»O Herr, du bist so gütig, immer bereit zu vergeben, voll unwandelbarer Liebe für alle, die deine Hilfe erbitten« (Ps 86,5).

Beschreibung des Unglücks:
»Dauernd verdrehen sie mir die Worte im Mund; den lieben langen Tag überlegen sie, wie sie mir schaden können« (Psalm 56,6).

Ausdruck des Vertrauens:
»Du bist meine Stärke; ich harre darauf, dass du mich rettest, denn du bist meine Zuflucht, o Gott«. (Psalm 59,10).

Bitte um Erhörung und Rettung:
»Bitte, Herr, rette mich! Beeile dich, Herr, und hilf mir« (Psalm 40,14).

Weitere Bitten und Fragen:
»Bitte straf mich nicht mehr! Ich bin erschöpft von den Schlägen deiner Hand« (Psalm 39, 11).

Lob und Dank für Erhörung oder das Versprechen, nach der Erhörung zu preisen und anzubeten:
»Ewig will ich dich loben, o Gott, für alles, was du getan hast ...« (Psalm 52,9).

Was ist ein »Klagepsalm«? Es ist ein Psalm, in dem der Dichter seine Schwierigkeiten ausdrückt und Hilfe sucht. Er erlebt eine körperlich, geistlich oder emotional belastende Situation; etwas in ihm oder ein Einfluss von außen, z. B. der Angriff eines Feindes, kann diese Situation ausgelöst haben. Aber mit dem Hilferuf an Gott zeigt er die Zuversicht, dass Gott ihn hört und ihm helfen wird durch Schutz, Vergebung oder etwas anderes, was er gerade braucht. Oft lobt der Dichter Gott für etwas, was er tun wird, auch wenn noch nicht erkennbar ist, was passieren wird.

Die Probleme, unter denen der Dichter zu leiden hatte, als er einen solchen Psalm schrieb, können sehr verschieden sein. In Psalm 51 zum Beispiel ist es seine eigene Sünde; in Psalm 54 braucht er praktische Hilfe und Schutz; in Psalm 55 leidet er unter Angst und Hoffnungslosigkeit.

Wie die Psalmdichter der Antike haben auch wir immer wieder mit Problemen zu kämpfen und brauchen Hilfe von Gott. Manchmal entsteht die Schwierigkeit durch unsere eigene Sünde. Dann wieder brauchen wir praktischen Beistand. Oder wir geraten unter emotionalen Druck. Was immer uns trifft, die Psalmdichter zeigen uns, dass wir zu Gott um Hilfe schreien und ihm unser Elend vortragen können. Wir können sicher sein, dass Gott zuhört und uns Hilfe anbieten wird.

LIED:
Von Gott will ich nicht lassen;
denn er lässt nicht von mir,
führt mich zur rechten Straßen,
wenn ich geh in der Irr.
Er reicht mir seine Hand;
den Abend wie den Morgen
tut er mich wohl versorgen,
wo ich auch bin im Land.
LUDWIG HELMBOLD

12. April

Psalm 45,1-10

1 *Anweisung für den Chorleiter: Ein Psalm der Nachkommen Korachs, zu singen zu der Weise ›Lilien‹. Ein Liebeslied.*
2 Mein Herz ist erfüllt von schönen Gedanken!
Ich will dem König ein Liebeslied anstimmen,
denn meine Zunge gleicht der Feder des begnadeten Dichters.
3 Du bist der Herrlichste von allen.
Worte voll Güte strömen von deinen Lippen.
Gott selbst hat dich gesegnet für alle Zeit.
4 Gürte dich mit deinem Schwert, mächtiger Held!
Wie bist du so herrlich und erhaben!
5 In deinem Glanz sollst du dem Sieg entgegenreiten,
sollst Gerechtigkeit, Wahrheit und Demut schützen.
Auf zu ruhmreichen Taten!
6 Deine Pfeile sind scharf,
sie durchbohren die Herzen unserer Feinde.
Vor dir fallen die Völker
und liegen dir zu Füßen.
7 Dein Thron, o Gott, steht für alle Ewigkeit.
Deine Macht offenbart sich in Gerechtigkeit.
8 Du liebst das Recht und hasst das Unrecht.
Deshalb hat der HERR, dein Gott, dich gesalbt
und das Öl der Freude über dich ausgegossen,
reichlicher als über alle anderen.
9 Deine Gewänder sind mit Myrrhe getränkt
und mit Aloe und Kassia.
In Elfenbeinpalästen erfreut man dich mit Harfenmusik.
10 Unter deinen Konkubinen sind Königstöchter.
Zu deiner Rechten steht die Königin,
geschmückt mit feinstem Goldschmuck aus Ofir!

Königliche Hochzeit

Wenn Sie sich an das Jahr 1981 erinnern können, wissen Sie bestimmt etwas über die königliche Hochzeit in Großbritannien. Prinz Charles, der Thronfolger, heiratete Lady Diana. Es war ein äußerst feierliches Ereignis.

Um solch eine Festlichkeit geht es in Psalm 45. Hier, im ersten Teil, preist der Dichter (vielleicht der königliche Hofdichter?) den König, der sich eine Frau nehmen will. Manche Forscher meinen, dies sei Salomos Hochzeit mit der Tochter des Pharao gewesen (1. Kön 3,1) oder mit einer anderen ausländischen Prinzessin. Das muss ein spektakuläres Ereignis gewesen sein!

Aber in Vers 7 nimmt der Psalm eine andere Richtung. Nach den Schmeichelreden an den »schönen« König und siegreichen Feldherrn richtet der Dichter den Blick auf den König des Himmels, den kommenden Messias. Der Rest des Psalms hat zwei verschiedene Ebenen: die Hochzeit des menschlichen Königs mit seiner Prinzessin und die Verbindung des Messias mit seinem Volk.

Die prächtige Hochzeit des britischen Prinzenpaares ging vorbei und ebenso die prächtige Hochzeit Salomos. Charles und Diana lebten sich auseinander und Salomo heiratete noch Hunderte von Frauen. Aber Gottes Treue zu seinem Volk hört nie auf.

LIED:
Gott ist getreu. Er tut, was er verheißt; er hält, was er verspricht. Wenn mir sein Wort den Weg zum Leben weist, so gleit und irr ich nicht. Gott ist kein Mensch, er kann nicht lügen, sein Wort der Wahrheit kann nicht trügen. Gott ist getreu.
EHRENFRIED LIEBICH

WÖRTER IM TEXT:
Myrrhe und Aloe waren Bestandteile des kostbarsten Duftöls, das als heiliges Öl benutzt wurde (2. Mose 30,23-33). Die Israeliten durften diese Duftstoffe nicht für ihren privaten Bedarf verwenden.

NACHDENKENSWERT
(über Vers 3): »Sicher hat niemand auf dieser Erde je so liebevolle, zärtliche Worte gesagt, wie sie von Christus kurz vor seinem Leiden im 13. bis 17. Kapitel des Johannesevangeliums überliefert sind.«
JOHN ROW

13. April

PSALM 45,11-18

11 Höre mich, o Königstochter; nimm dir zu Herzen, was ich sage:
Vergiss dein Volk und deine ferne Heimat.
12 Denn dein königlicher Gemahl freut sich an deiner Schönheit;
ehre ihn, denn er ist dein Herr.
13 Die Fürsten von Tyrus werden dich mit Gaben überschütten.
Reiche Männer werden um deine Gunst buhlen.
14 Die Braut, eine Prinzessin, wartet in ihrem Zimmer,
gekleidet in ein golddurchwirktes Nachtgewand.
15 In ihren prachtvollen Gewändern wird sie dem König zugeführt,
begleitet von ihren Brautjungfern.
16 Welch freudiger Triumphzug,
wenn sie den Palast des Königs betreten!
17 Deine Söhne werden Könige sein wie ihr Vater.
Du wirst sie zu Herrschern über viele Länder machen.
18 Ich will deinen Namen ehren von Generation zu Generation.
Deshalb werden die Völker dich in Ewigkeit preisen.

Dein Mann freut sich an deiner Schönheit

Gestern haben wir gesehen, dass Psalm 45 ein Hochzeitspsalm ist. Man kann sich vorstellen, dass die ersten zehn Verse für den König gesungen wurden, als er vor dem Festumzug herging, um seine Braut abzuholen. In Vers 11-14 wird uns die Braut vorgestellt, wie sie zu Hause wartet. Dann »führt man sie zum König« (Vers 15) und sie gehen im »freudigen Triumphzug« (Vers 16) zum Königspalast.

Wenn wir die zweite Bedeutung der Worte mit erfassen (der königliche Bräutigam als Messias), können wir uns selbst als die Braut sehen. Dann lernen wir hier zwei wesentliche Dinge über unsere Beziehung zum König:

»Vergiss dein Volk und deine ferne Heimat« (Vers 11). Wenn wir uns Gott anschließen, ist das wie eine Heirat. Wir müssen alles andere zurücklassen. Alle persönlichen Beziehungen, die wir bisher gehabt haben, müssen zurückstehen. Gott muss im Zentrum unserer Liebe und Aufmerksamkeit stehen.

»Denn dein königlicher Gemahl freut sich an deiner Schönheit« (Vers 12). Zwischen Menschen ist das normal, aber wenn es sich um Gott, den König, handelt, ist es unvorstellbar. Gott hat Freude an uns! Wenn wir diese atemberaubende Tatsache wirklich annehmen können, bleibt kein Platz für Angst oder Unsicherheit.

LIED:
Alle Schönheit Himmels und der Erden ist verfasst in dir allein. Nichts soll mir werden lieber auf Erden als du, der schönste Jesus mein.
MÜNSTER 1677

PARALLELSTELLEN ZUM THEMA:
Das Bild von der Braut, die sich auf die Hochzeit mit ihrem Mann vorbereitet, kommt auch in Jesaja 61,10 und im Hohenlied Salomos vor.

NACHDENKENSWERT:
»In den Schriften des Alten Testaments gibt es keine andere Stelle, die so viel vom Geheimnis der Gemeinde sichtbar macht wie dieser Psalm.«
G. CAMPBELL MORGAN

14. April

PSALM 46,1-8

1 *Anweisung für den Chorleiter: Ein Psalm der Nachkommen Korachs, zu singen von Sopranstimmen. Ein Lied.*
2 Gott ist unsre Zuflucht und unsre Stärke;
er hilft uns in Zeiten der Not.
3 Deshalb kennen wir keine Furcht, auch dann nicht,
wenn die Erde bebt
und die Berge ins Meer stürzen.
4 Mögen die Ozeane wüten und schäumen.
Mögen die Berge zittern, wenn die Wasser hochschlagen!
Zwischenspiel
5 Ein Fluss speist die Stadt unseres Gottes mit Freude,
die heilige Wohnstatt des Höchsten.
6 Gott selbst wohnt in dieser Stadt; sie ist uneinnehmbar.
Gott beschützt sie beim Anbruch jedes einzelnen Tages.
7 Die Völker sind in Aufruhr,
und Königreiche fallen!
Gott schleudert Donner,
und die Erde schmilzt!
8 Der HERR, der Allmächtige, ist unter uns;
der Gott Israels ist unsere Festung.

Kampf mit dem Teufel

Martin Luther war ein bulliger, forscher und kühner Mann. Er kannte Macht, aber er kannte auch Angst. Den jungen Luther erschreckte Gottes Macht, die er in einem Gewitter erlebte, so sehr, dass er versprach ihm als Mönch zu dienen. Er stürzte sich eifrig in seine Mönchspflichten aus Angst, Gottes Zorn zu erregen, wenn er nicht jede nur mögliche gute Tat täte.

Aber mit der Zeit löste Gott Luthers innere Anspannung und überzeugte ihn, dass er auch Liebe kennt und nicht nur Gericht. Beim Lesen der Bibel erkannte Luther, dass Menschen, die richtig handeln, das ewige Leben dadurch bekommen, dass sie sich auf Christus verlassen, und dass man es nicht durch gute Taten verdienen kann. Er merkte, dass Gott kein anspruchsvoller Tyrann ist, sondern eine Zuflucht, Ermutigung und Hilfe.

Der Rest ist bekannt. Luthers Lehre von der »Rettung durch den Glauben« führte zur Reformation und veränderte das Gottesverständnis von Millionen von Menschen. Er schrieb viele Bücher und Aufsätze, aber Luthers berühmtestes Werk ist das Lied »Ein feste Burg ist unser Gott«, eine Nachdichtung von Psalm 46. Nur wenige Texte drücken so starken Glauben an Gott aus wie dieses Lied.

Luther hatte kein leichtes Leben. Er wurde verhaftet, exkommuniziert, versteckt gehalten und verraten. Aber Luther wusste, dass er sich vor dem »alt bösen Feind« und all seinen Angriffen nicht zu fürchten brauchte, denn Gott war seine Zuflucht, »ein gute Wehr und Waffen«.

Lied:
*Ein feste Burg ist unser Gott, ein gute Wehr und Waffen.
Er hilft uns frei aus aller Not, die uns jetzt hat betroffen.
Der alt böse Feind, mit Ernst er's jetzt meint;
groß Macht und viel List
sein grausam Rüstung ist,
auf Erd ist nicht seinsgleichen.*
Martin Luther

Wissenswertes:
Es wird überliefert, dass die Übersetzer der King-James-Version (seit 1611 die maßgebende Bibelübersetzung in England) diesen Psalm gebrauchten, um ihren Dichterkollegen William Shakespeare an seinem 46. Geburtstag zu ehren. Das 46. Wort in Psalm 46 ist »shake« (hier: beben) und von hinten gezählt ist das 46. Wort »spear« (Speer).

Nachdenkenswert:
»Zwei Pfeiler tragen unseren Glauben: die unendliche Macht, mit der Gott sich das Universum unterwerfen kann, und die väterliche Liebe, die er in seinem Wort zum Ausdruck bringt.«
Johannes Calvin

15. April

PSALM 46,9-12

9 Kommt und seht die mächtigen Taten des HERRN:
Seht, wie er Zerstörung über die Welt bringt
10 und den Kriegen auf der ganzen Erde ein Ende setzt.
Er zerbricht die Bögen und spaltet die Speere in zwei Hälften;
er verbrennt die Schilde im Feuer.
11 »Seid still und erkennt, dass ich Gott bin!
Ich will verehrt werden von allen Völkern.
Ich will verehrt werden auf der ganzen Welt.«
12 Der HERR, der Allmächtige ist unter uns;
der Gott Israels ist unsere Festung.

Der Gott Jakobs ist unser Schutz

Das 14. Jahrhundert war für die Russen eine harte Zeit. Vor hundert Jahren waren die mongolischen Horden unter Dschingis Khan in Russland eingebrochen und beherrschten es noch immer. Die Leute stöhnten unter dem »mongolischen Joch«.

Aber unmerklich breitete sich eine neue Liebe zu Christus aus. Ein Mann namens Sergius hatte nahe bei Moskau eine Mönchsgemeinschaft gegründet, um eine engere Beziehung zu Gott zu finden. Die geistliche Leidenschaft dieser Mönche wirkte ansteckend: In den umliegenden Gemeinden fingen einfache und hochrangige Personen gleichermaßen an, sich mehr für Gott zu interessieren. Sie setzten auch eine rasante Entwicklung der Kunst in Gang und in vielen Kirchen der Gegend wurden neue Ikonen geschaffen.

In dieser Zeit wurde Dimitri mit zwölf Jahren Großfürst von Russland. Er lebte in Moskau und lernte viel von seinem religiösen Erzieher Sergius. Später zog Dimitri russische Truppen zusammen, um gegen die Mongolen zu kämpfen, und er ermutigte sie mit den Worten aus Psalm 46: »Der HERR, der Allmächtige ist unter uns; der Gott Israels ist unsere Festung.« Durch diese Worte fassten sie so viel Mut, dass Dimitri eine wichtige Schlacht gegen die Mongolen gewann.

Nun dürfen wir daraus natürlich nicht schließen, dass Gott uns siegen ließe, nur weil wir unseren Schlachtruf aus Psalm 46 wählen. Aus Vers 10 ist ersichtlich, dass Gott grundsätzlich Frieden will und am Ende dafür sorgen wird, dass alle Kriege aufhören. Aber wir können uns darauf verlassen, dass Gott uns schützt, und wir können bei ihm Zuflucht vor denen suchen, die uns schaden wollen.

LIED:
*Herr Gott,
dich loben wir,
dass du die Pfeil
und Wagen,
Schild, Bogen,
Spieß und Schwert
zerbrochen und
zerschlagen.
Der Strick ist
nun entzwei;
darum so singen
wir mit Herz und
Zung und Mund:
Herr Gott, wir
danken dir.*
JOHANN FRANCK

WISSENSWERTES:
Als John Wesley im Sterben lag, ließ er diesen Psalm vorlesen und fand Frieden.

NACHDENKENSWERT:
Vers 11 »erinnert an den Befehl an ein anderes aufgewühltes Meer: ›Schweig und verstumme!‹ Das Ziel, um das es geht, ist nicht das, was wir uns erhoffen, sondern Gottes Ehre.«
DEREK KIDNER

16. April

Hiob 38,8-18 (Gottes erste Rede)

8 Wer hat dem Meer Grenzen gesetzt,
als es aus dem Schoss hervorbrach
9 und ich es in Wolken und Finsternis hüllte?
10 Denn ich sperrte es hinter verriegelte Tore
und begrenzte seine Küsten.
11 Ich sprach: ›Bis hierher und nicht weiter.
Hier sollen sich deine stolzen Wellen brechen!‹
12 Hast du jemals dem Morgenstern geboten zu erscheinen
oder die Morgenröte im Osten aufgehen lassen?
13 Hast du je dem Tageslicht befohlen, die Enden der Erde zu
erfüllen und der Bosheit der Nacht ein Ende zu machen?
14 Denn die Erde nimmt Gestalt an, wenn das Licht aufgeht,
und die Morgenröte ist rot gekleidet.
15 Das Licht vernichtet die Schlupfwinkel der Bösen und gebietet
dem Arm Einhalt, der sich zur Gewalt erhoben hat.
16 Hast du die Quellen erforscht, aus denen die Meere hervorgehen?
Bist du über sie gewandert und hast ihre Tiefen erkundet?
17 Weißt du, wo die Tore des Todes liegen? Hast du je die Tore der
tiefsten Verzweiflung erblickt?
18 Weißt du, wie weit die Erde reicht? Sag es mir, wenn du es weißt!

Entsprechender Psalmvers: Psalm 46,11

11 »Seid still und erkennt, dass ich Gott bin!«

Nicht warum, sondern wer

Alle Eltern wissen, dass Kinder mit Vorliebe »Warum« fragen. Vielleicht meinen wir, das sei einfach eine Phase, die das Kind irgendwann hinter sich lässt, aber in Wahrheit begleiten uns die Warum-Fragen das ganze Leben lang.

Auch als Erwachsene fragen wir immer wieder: Warum? Wenn ein Angehöriger bei einem Unfall stirbt, wenn ein Elternteil Alzheimer hat oder wenn unsere Kinder Probleme haben – immer kommen wir auf diese Frage zurück.

Auch Hiobs wesentlichste Frage war anscheinend: Warum? Friedrich Nietzsche hat einmal gesagt: »Wer weiß warum, kann jedes Wie ertragen.« Das dachte anscheinend auch Hiob und wir meinen es oft auch, aber es stimmt nicht.

In den 42 Kapiteln des Buches Hiob antwortet Gott nie auf die Frage: »Warum?« Stattdessen zeigt er Hiob, dass es viel wichtiger ist zu wissen *wer* als *warum*. Wenn wir wissen *wer*, kommen wir mit dem *Warum* zurecht. Wie eine Mutter, die dem Kind nach einer Reihe von Warum-Fragen nur noch antwortet: »Weil ich es sage«, so muss Gott uns oft sagen: »Glaube mir, auch wenn du keine Antwort bekommst.« Wir sollen vom Glauben leben – nicht nur am Anfang unseres Christseins, sondern immer.

Lied:
Herr, ich glaube deinen Worten, deiner Macht vertrau ich noch: streiten auch der Hölle Pforten, sieget deine Rechte doch.
Philipp Friedrich Hiller

Parallelstellen zum Thema:
Dieser Abschnitt aus dem Buch Hiob gibt uns einen kleinen Eindruck von der Größe unseres Schöpfers. Noch einen solchen Eindruck gibt uns Psalm 148,5-6.

Nachdenkenswert:
»Gott beantwortet keine von Hiobs Fragen; sie sind falsch gestellt. Stattdessen lässt er Hiob durch sein schöpferisches Handeln etwas von sich selbst erkennen. Hiobs Fragen, was Gott tut, können nur durch das Wissen beantwortet werden, wie Gott ist.«
William E. Hulme

17. April

Psalm 47

1 *Anweisung für den Chorleiter: Ein Psalm der Nachkommen Korachs.*
2 Kommt, klatscht in die Hände vor Freude!
Lobt Gott mit Freudenliedern!
3 Denn der HERR, der Höchste, ist Ehrfurcht gebietend.
Er ist der Herrscher der ganzen Welt.
4 Er unterwirft die Völker vor uns
und legt uns unsere Feinde zu Füßen.
5 Er hat das Verheißene Land zu unserem Erbe bestimmt,
zum stolzen Besitz der Nachkommen Jakobs, den er lieb hat.
Zwischenspiel
6 Gott schwang sich empor mit mächtigem Ruf.
Der HERR hat sich erhoben mit Trompetenklang.
7 Lobt Gott, preist ihn;
lobt unseren König, preist ihn!
8 Denn Gott ist König über die ganze Welt.
Lobt ihn mit einem Psalm!
9 Gott herrscht über die Völker
von seinem heiligen Thron aus.
10 Die Herrscher der Welt sind zusammengekommen.
Mit uns vereint preisen sie den Gott Abrahams.
Denn alle Könige auf Erden sind Gottes Eigentum.
Von allen wird er verehrt.

In die Hände klatschen

Heute gibt es in manchen Kirchengemeinden Streit um die Frage: Klatschen oder nicht?

Wenn ein Solist wirklich bewegend »Stille Nacht« singt oder der Chor uns mit »Wie groß bist du« in seinen Bann zieht, dann finden es viele Gemeindeglieder nur recht, ihnen Beifall zu klatschen. Das war doch toll! Andere finden, der Applaus störe die andächtige Stimmung und verkehre die Kirche in einen Club. Wo bleibt da die Ehrfurcht?

Der Psalm heute stellt klar, dass Klatschen an sich nichts Schlimmes ist. Offenbar haben fromme Israeliten Gott auf diese Weise geehrt. Aber Vorsicht! Dieses Lob wird nicht dem Musiker Asaf gespendet, sondern Gott. Wo ist da die Ehrfurcht? Sie füllt den ganzen Raum. In Vers 3 steht es: »Denn der HERR, der Höchste, ist Ehrfurcht gebietend.«

Sie können also in der Kirche klatschen oder auch nicht – wichtiger ist, dass Sie sich ehrlich an Gott selbst freuen. Dieser Freude können Sie mit Stimme und Gesten Ausdruck geben.

LIED:
*Großer Gott,
wir loben dich,
Herr, wir preisen
deine Stärke.
Vor dir neigt
die Erde sich
und bewundert
deine Werke.
Wie du warst
vor aller Zeit,
so bleibst du
in Ewigkeit.*
IGNAZ FRANZ

NACHDENKENSWERT:
In Vers 6 ist Gott mit seiner großen Macht vom Himmel gekommen, um sein Volk zu befreien, und kehrt jetzt zurück auf seinen Thron. – W. O. E. Osterley nennt das »den krönenden Abschluss des eschatologischen Dramas«.

18. April

Psalm 48,1-9

1 *Ein Psalm der Nachkommen Korachs. Ein Lied.*
2 Groß ist der Herr
und sehr zu loben
in der Stadt unseres Gottes,
hoch auf seinem heiligen Berg!
3 Sie ist herrlich gelegen –
die ganze Erde freut sich an ihrem Anblick!
Der Berg Zion, der heilige Berg,
ist die Stadt des großen Königs!
4 Gott selbst wohnt in den Türmen Jerusalems
und verteidigt seine Stadt.
5 Die Könige der Erde haben ihre Heere vereinigt
und sind gegen die Stadt marschiert.
6 Doch als sie sie sahen, waren sie wie gelähmt;
sie erschraken und flohen.
7 Panik ergriff sie
wie eine Frau, die sich in den Wehen krümmt vor Schmerzen,
8 oder wie die mächtigen Schiffe von Tarsis,
die von einem starken Ostwind zerstreut wurden.
9 Wir haben von der Herrlichkeit der Stadt gehört,
doch nun haben wir sie mit eigenen Augen gesehen –
die Stadt des Herrn, des Allmächtigen.
Es ist die Stadt unseres Gottes;
er wird sie für immer sicher machen.

Eine Stadt, die bleibt

Jerusalem ist eine herrliche Stadt. Sie liegt auf vier Bergen und zur Zeit Davids gab es eine Quelle in der Stadt, die ihr Wasser spendete. Als Salomo den Tempel und die Stadtmauer gebaut hatte, gab sie ein noch eindrucksvolleres Bild ab. Heute vermitteln uns ironischerweise die glänzenden Kuppeln einer islamischen Moschee eine ungefähre Vorstellung, wie prächtig der Tempel damals vor dem Hintergrund der heiligen Stadt ausgesehen haben muss.

In Psalm 48 wird dargestellt, dass Jerusalems Feinde so »erschreckt« waren, dass sie »flohen« und ihren Angriff aufgaben. Tatsächlich hat Jerusalem mehrere Angriffe erlebt, auf die diese Beschreibung passen würde – aber es kann auch sein, dass der Dichter vom himmlischen Jerusalem spricht. Jerusalem bedeutete dem Volk schon immer mehr als irgendeine befestigte Hauptstadt: In Jerusalem wohnt Gott. Darum kann man den Psalm auch so verstehen, dass er unsere ewige Heimat bei Gott beschreibt, ein »himmlisches Vaterland« (Hebr 11,14.16).

Das irdische Jerusalem ist leider in verschiedenen Kriegen erobert worden. Auch heute noch gibt es Bombenanschläge auf Marktplätzen und an Bushaltestellen. Die Stadt ist noch nicht »für immer sicher« (Vers 9) – aber wir sind es. Gott hat uns zugesichert, dass wir für immer bei ihm zu Hause sein werden, und dass diesen Platz kein geistlicher Feind zerstören kann.

Lied:
In deinem Haus bin ich gern, Vater, wo du mein Denken füllst; da kann ich dich hören, Vater, sehn, was du willst. In deinem Haus will ich bleiben, Vater, du weist mich nicht hinaus; und nichts soll mich vertreiben, Vater, aus deinem Haus.
Manfred Siebald

Parallelstellen zum Thema:
Auch an einer anderen Stelle in der Bibel wird berichtet, dass ein Tarsisschiff vom Sturm schwer mitgenommen wurde: Jona 1,1-16. Auch Salomo hatte Tarsisschiffe, also Handelsschiffe: 1. Könige 10,22. Manche Forscher halten Tarsis für die Küste von Spanien.

Nachdenkenswert:
»Zion ist nur darum schön und fröhlich, weil dort der Tempel ist und weil der Gott des Himmels diesen Tempel zu seiner irdischen Wohnung gemacht hat.«
Robert Allen

19. April

PSALM 48,10-15

10 O Gott, wir sinnen über deine unwandelbare Liebe nach,
wenn wir dich in deinem Tempel anbeten.
11 Wie es deinem Namen zukommt, o Gott,
wirst du gepriesen bis an die Enden der Erde.
Deine starke Rechte hält den Sieg.
12 Die Menschen auf dem Zion sollen sich freuen.
Die Städte Judas sollen frohlocken,
denn deine Urteile sind gerecht.
13 Geht, betrachtet die Stadt Jerusalem.
Schlendert herum und zählt ihre vielen Türme.
14 Bewundert die befestigten Mauern
und umrundet die Zitadellen,
damit ihr sie künftigen Generationen beschreiben könnt.
15 Denn so ist Gott.
Er ist unser Gott für immer und ewig
und wird uns leiten bis zum Tod.

Führung in der Stadt Gottes

Wenn Sie als Tourist nach Jerusalem kommen, suchen Sie sich wahrscheinlich einen Fremdenführer, der Sie durch die Stadt führt und Ihnen die vielen historischen Stätten zeigt: die Klagemauer, Hiskias Tunnel, den Teich Siloah, das Damaskustor. Dann tun Sie genau das, was in Vers 13 beschrieben wird: eine Bestandsaufnahme von der Stadt machen. Und Ihr Fremdenführer tut das, wovon in Vers 14 die Rede ist: »den künftigen Generationen beschreiben«.

Wenn man darüber nachdenkt, ist es erstaunlich, dass hier angenommen wird, dass die Türme die Zeit nicht überdauern werden. Der Dichter wusste, dass diese massiven Steinbauten irgendwann einstürzen würden. Warum sonst müsste man sie »den künftigen Generationen beschreiben«? Genau das sieht man heute in Jerusalem: die Ruinen von Gebäuden, die vor langer Zeit einmal starken Schutz boten.

Trotzdem ist in diesem Psalm keine Spur von Angst zu erkennen. Im Gegenteil! Die Menschen sollen sich freuen, weil sie nicht auf irdische Schutzmaßnahmen angewiesen sind, sondern mit Gott rechnen können. Zwar wird der Tempel, in dem sie Gottesdienst halten, eines Tages zerfallen, aber was sie feiern, ist seine Güte (Vers 10). Gottes Güte wird durch nichts zerstört. »Denn so ist Gott. Er ist unser Gott für immer und ewig und wird uns leiten bis zum Tod« (Vers 15) – auch über dieses Leben hinaus.

Lied:
Alle Hoffnungen der Welt vergehn, und es bleibt nur banges Sorgen. Doch weil wir in dir die Hoffnung sehn, sind wir schon jetzt geborgen.
Gerhard Schnitter

Nachdenkenswert:
»Ich lobe Gott, denn er lenkt mich nicht nur in die richtige Richtung, er macht auch meine Fehler unwirksam.«
H. Norman Pell

20. April

Psalm 49,1-10

1 *Anweisung für den Chorleiter: Ein Psalm der Nachkommen Korachs.*
2 Hört, ihr Völker!
Horcht auf, ihr Menschen!
3 Hoch und Niedrig –
Reich und Arm – hört zu!
4 Denn meine Worte sind weise
und meine Gedanken voller Einsicht.
5 Aufmerksam lausche ich vielen Sprüchen
und löse so manche Rätsel bei Harfenklang.
6 Ich habe keinen Grund zur Furcht, wenn schlimme
Zeiten kommen,
wenn Feinde mich umzingeln.
7 Sie vertrauen auf ihren Reichtum
und rühmen sich ihrer Besitztümer.
8 Doch vom Tod können sie sich nicht freikaufen,
sie können Gott kein Lösegeld zahlen.
9 So leicht ist Erlösung nicht zu haben,
und niemand kann so viel zahlen,
10 dass er ewig leben darf
und das Grab nicht sehen muss.

Der Tod ist nicht bestechlich

Frankreich ist heute eines der Länder auf der Welt, in denen die Religion die geringste Rolle spielt. Offiziell ist das Land zu 90 % katholisch, aber von diesen 90 % nehmen nur wenige regelmäßig an religiösen Veranstaltungen teil. Einer, der zu diesem Rückgang des Interesses am Glauben beigetragen hat, ist Voltaire. Dieser französische Philosoph lebte im 18. Jahrhundert und führte einen Propagandakrieg gegen jeden »Aberglauben«, auch den Glauben an Gott. Voltaire hat wichtige Gedanken zur Naturwissenschaft und zur Geschichte veröffentlicht und an der Kirche seiner Zeit gab es viel zu kritisieren. Aber er trug auch zu einer skeptischen Grundhaltung bei, die sein Land und die ganze westliche Welt nachhaltig beeinflusste.

Voltaires Schriften, etwa die Satire *Candide*, waren in seiner Zeit außerordentlich beliebt und machten ihn reich. Aber man erzählt sich, dass Voltaire kurz vor seinem Tod zu seinem Arzt gesagt haben soll: »Ich gebe Ihnen die Hälfte von allem, was ich besitze, wenn Sie mir noch ein halbes Jahr zu leben geben.«

Das konnte der Arzt natürlich nicht. Auch heute noch – auch wenn sich reiche Bürger die neueste Medizintechnik leisten können, um ihren Körper etwas länger in Gang zu halten – kann man den Tod nicht auf Dauer überlisten. Wenn Gott es bestimmt, ist unser Leben auf der Erde zu Ende. Und wie uns Vers 8 bestätigt, reicht alles Geld der Welt nicht aus, um Gott zu bestechen. Auf Reichtum kann man sich also nicht verlassen – nur auf Gott. Er bietet uns durch seinen Sohn das Leben an.

LIED:
Bei dir gilt nichts denn Gnad und Gunst, die Sünde zu vergeben;
es ist doch unser Tun umsonst
auch in dem besten Leben.
Vor dir niemand sich rühmen kann;
des muss dich fürchten jedermann
und deiner Gnade leben.
MARTIN LUTHER

NACHDENKENSWERT:
»Reichtum kann uns dazu verleiten zu glauben, wir seien unabhängig.«
DAVID ALLAN HUBBARD

21. April

PSALM 49,11-21

11 Die Weisen müssen ebenso sterben
wie die Törichten und Unvernünftigen;
alle müssen ihren Besitz zurücklassen.
12 Das Grab ist ihre ewige Heimat,
darin liegen sie für immer.
Sie mögen ihre Ländereien nach sich benennen,
ihren Reichtum aber müssen sie andern vererben.
13 Sie überdauern nicht, trotz ihres Reichtums –
sondern sterben wie die Tiere.
14 Das ist das Schicksal von Toren,
auch wenn man sie für Weise hält.

Zwischenspiel

15 Wie Schafe werden sie zum Grab geführt,
wo der Tod sie hüten wird.
Am Morgen werden die Gottesfürchtigen über sie herrschen.
Ihre Leiber werden im Grab verwesen,
fern ihrer großen Ländereien.
16 Mein Leben aber wird Gott freikaufen.
Er wird mich der Macht des Todes entreißen.

Zwischenspiel

17 Deshalb erschreckt nicht, wenn die Bösen reich
und ihre Häuser noch prachtvoller werden.
18 Denn wenn sie sterben, nehmen sie nichts mit.
Ihr Reichtum folgt ihnen nicht ins Grab.
19 In diesem Leben wähnen sie sich glücklich,
und die Welt spendet ihnen Beifall.
20 Doch sie werden sterben wie alle andern
und das Licht des Tages nicht mehr sehen.
21 Menschen, die sich ihres Reichtums rühmen, erkennen nicht,
dass sie sterben müssen wie die Tiere.

Reiche Narren

Jesus hat einmal die Geschichte von einem reichen Mann erzählt, dem sein Wohlstand viel zu wichtig war (Lk 12,16-21). Er hatte so viel Getreide, dass er es in seinen Scheunen nicht unterbringen konnte. Darum beschloss er, die Scheunen abzureißen und neue zu bauen. (Warum hat er nicht einfach zusätzliche Scheunen gebaut? So zeigt Jesus, wie Reichtum zu unsinniger Verschwendung führt.) Der Mann dachte, wenn er das täte, wäre er für den Rest seines Lebens versorgt. Dann brauche er nicht mehr zu arbeiten: »Iss, trink und habe guten Mut!«

Aber Gott hatte etwas anderes vor. In derselben Nacht würde der Mann sterben und seinen ganzen Reichtum anderen hinterlassen. »So geht es dem, der sich Schätze sammelt und ist nicht reich bei Gott«, schließt Jesus.

Für Menschen ist oft Geld der Maßstab, aber Gott misst ganz anders. Eine alte Redensart sagt: »Man kann nichts mitnehmen.« Das Einzige, was man mitnehmen kann, ist der Reichtum, der in der Beziehung zu Gott liegt. Also folgert der Dichter: »Deshalb erschreckt nicht, wenn die Bösen reich und ihre Häuser noch prachtvoller werden« (Vers 16). Ein wenig Nachdenken zeigt Ihnen, was wirklich Wert für Sie hat.

LIED:
Alles, was ist
auf dieser Welt,
es sei Gold,
Silber oder Geld,
Reichtum und
zeitlich Gut,
das währt nur
eine kleine Zeit
und hilft doch
nichts zur Seligkeit.
(UM 1560)

NACHDENKENSWERT:
»Es ist dumm, aber auch gefährlich, sich auf etwas zu verlassen, was noch weniger stabil ist als der Mensch selbst.«
JOHN I. DURHAM

22. April

Psalm 50,1-14

Ein Psalm Asafs.
1 Der mächtige Gott, der Herr, hat gesprochen;
er hat die Menschheit aus Osten und Westen zusammengerufen!
2 Vom Berg Zion, dem Inbegriff der Schönheit,
leuchtet Gott in strahlendem Glanz.
3 Unser Gott kommt im Rollen des Donners.
Feuer verzehrt, was ihm im Weg steht,
und Sturm umbraust ihn.
4 Himmel und Erde sollen seine Zeugen sein,
wenn er sein Volk richtet:
5 »Holt mir mein treues Volk – die, die einen Bund mit mir
schlossen, indem sie mir Opfer darbrachten.«
6 Dann soll der Himmel seine Gerechtigkeit verkünden,
denn Gott selbst wird der Richter sein.

Zwischenspiel

7 »O mein Volk, hör zu, wenn ich rede.
Dies sind meine Vorwürfe gegen dich, Israel:
Ich bin Gott, dein Gott!
8 Mir missfallen deine Gaben
und die Brandopfer, die du ständig zu meinem Altar bringst.
9 Ich will keine Stiere mehr aus deinen Scheunen
und keine Ziegen mehr aus deinen Pferchen.
10 Denn alle Tiere des Waldes gehören mir,
und mir gehört das Vieh auf tausend Hügeln.
11 Alle Vögel der Berge
und alle Tiere des Feldes sind mein.
12 Wenn ich hungrig wäre, würde ich es dir nicht sagen,
denn die ganze Welt und alles, was darin ist, gehört mir.
13 Ich brauche die Stiere nicht, die du opferst;
brauche nicht das Blut der Ziegen.
14 Ich will stattdessen, dass ihr Gott dankt
und die Gelübde, die ihr vor dem Höchsten abgelegt habt, erfüllt.

Keine Stiere mehr

Wo ist Samuel? So fragten sich Saul und seine Truppen, als sie sich auf den Kampf mit den Philistern vorbereiteten. Der alte Priester war noch nicht gekommen und er musste das gewohnte Opfer bringen, bevor die Soldaten in den Kampf gingen. Die Sonne stieg schon hoch und mit jeder Stunde flüchteten mehr ängstliche Israeliten aus dem Lager. Schließlich hatte Saul das Gefühl, nicht länger warten zu können. Er nahm die Sache selbst in die Hand, übernahm die Rolle des Priesters und bereitete das Brandopfer vor. Als die Feierlichkeit fast beendet war, kam Samuel an.

Dem Priester gefiel das nicht. Saul versuchte sich zu entschuldigen, aber Samuel wollte nichts davon hören. Saul hatte Gottes Befehl nicht gehorcht und die Folge war, dass ihm die Königsherrschaft weggenommen werden würde.

Was hatte Saul falsch gemacht? Er hatte sich auf das Opfer verlassen und nicht auf Gott selbst. Er hatte geglaubt, allein durch die kultische Handlung den Sieg über die Philister zu bekommen, und nicht berücksichtigt, dass es ein persönlicher Gott war, der ihm seine Macht gegeben hatte.

Der heutige Psalm zeigt uns Gott, wie er im Zentrum der Welt sein Volk richtet. »Danke für all eure Opfer«, sagt er ungefähr, »aber ich brauche keine Stiere und Ziegenböcke mehr. Ich will, dass ihr mir ehrlich dankbar seid und mir gehorcht.« Das hätte Saul sich merken sollen und auch wir können es lernen.

LIED:
So ist dies unser Trost allein,
dass wir zusammen insgemein
dich anrufen, o treuer Gott,
um Rettung aus der Angst und Not.
PAUL EBER

PARALLELSTELLEN ZUM THEMA:
Nach Vers 14 können und sollen wir das ganze Jahr über Dankfeste feiern. Siehe auch Psalm 69,31; 2. Korinther 9,11 und Epheser 5,20.

NACHDENKENSWERT:
»Unsere schlimmste Sünde ist nicht das Unrecht, das wir tun, sondern die Tatsache, dass dieses Unrecht uns unfähig macht unsere höchste Aufgabe zu erfüllen, nämlich zu Gottes Ehre da zu sein.«
G. CAMPBELL MORGAN

23. April

Psalm 50,15-23

15 Vertraut auf mich in Zeiten der Not,
und ich will euch retten,
so dass ihr mich verherrlichen werdet.«
16 Zu den Bösen aber spricht Gott:
»Führt nicht länger meine Gesetze im Mund,
und gebt nicht vor, mir zu gehorchen.
17 Denn ihr nehmt meine Strafe nicht an
und behandelt meine Gesetze wie Dreck.
18 Wenn ihr einen Dieb seht, helft ihr ihm;
ihr verbringt eure Zeit mit Ehebrechern.
19 Euer Mund ist voller Bosheit
und eure Zunge voller Lüge.
20 Ihr lungert herum und verleumdet euren Bruder –
den Sohn eurer eigenen Mutter.
21 Zu alldem habe ich geschwiegen,
und ihr dachtet, ich kehre mich nicht daran.
Doch jetzt will ich euch bestrafen
und alle meine Klagen gegen euch geltend machen.
22 Bereut, ihr Menschen, die ihr mich missachtet habt,
oder ich zerschmettere euch,
und keiner wird euch helfen.
23 Dank zu sagen ist jedoch ein Opfer, das mich wahrhaft ehrt.
Wenn ihr auf meinem Wege bleibt,
werde ich euch die Rettung Gottes zeigen.«

Die Sünde des Origenes

Origenes (185-253) war ein beispielhafter Christ in schwieriger Zeit. Er war der Sohn eines christlichen Märtyrers und wollte selbst Märtyrer werden. Er hat wichtige theologische Werke geschrieben, die der jungen Kirche mehr Sicherheit gaben.

Aber als die Christen wieder einmal verfolgt wurden, gab auch Origenes nach. Damals musste jeder, der vor die römischen Gerichte gebracht wurde, dem Kaiser eine Prise Weihrauch opfern und ihn als Gott grüßen. Viele Christen weigerten sich und wurden hingerichtet. In der akuten Lebensgefahr opferte Origenes den Weihrauch.

Später reiste Origenes in verschiedene Städte, gab privaten Unterricht und schrieb Bücher. Die Leute staunten über seine Weisheit. In Jerusalem wurde er einmal gebeten, im Gottesdienst zu predigen. Er nahm das Buch der Psalmen, betete und schlug Psalm 50,16 auf: »Führt nicht länger meine Gesetze im Mund, und gebt nicht vor, mir zu gehorchen.«

Plötzlich fiel Origenes ein, dass er den Weihrauch geopfert hatte; er schlug das Buch zu, setzte sich, ohne ein Wort zu sagen, und fing an zu weinen. Endlich sagte er: »Der Prophet David selbst hat mir den Mund verschlossen.«

Dieser Teil von Psalm 50 richtet sich gegen Leute, die tun, was sie wollen, aber vorgeben Gott zu gehorchen. Origenes war überzeugt, dass er zu ihnen gehörte. Es kann sein, dass wir auch dazugehören. Gott ruft uns auf: Hört auf zu schauspielern! Kehrt um! Kommt wieder auf den richtigen Weg, dann zeige ich euch, wie ihr gerettet werdet!

LIED:
Helfer der Schwachen,
kehre dich zu mir!
Aus meiner Not,
Herr, rufe ich zu dir,
so wie der Hirsch
nach frischem Wasser
schreit.
Ich bin gewiss, die
Hilfe ist nicht weit!
ECKART ZUR NIEDEN

PARALLELSTELLEN ZUM THEMA:
Zu merken, was wir tun (Vers 22), und unsere bösen Gewohnheiten aufzugeben ist auch eine wichtige Forderung des Neuen Testaments: Matthäus 11,20; Lukas 13,3.5; 15,7.10; Apostelgeschichte 2,38.

NACHDENKENSWERT:
»Es ist immer noch leichter einen Stier oder einen Ziegenbock zu opfern, eine besondere Spende zu geben oder eine Arbeit zu übernehmen, als sich mit der harten Wirklichkeit ehrlichen Glaubens auseinander zu setzen.«
JOHN I. DURHAM

24. April

PSALM 51,1-14

1 *Anweisung für den Chorleiter: Ein Psalm Davids aus der Zeit,*
2 *als der Prophet Nathan zu ihm kam, nachdem David mit Batseba Ehebruch begangen hatte.*
3 Hab Erbarmen mit mir, o Gott,
um deiner unwandelbaren Liebe willen.
Um deines unendlichen Erbarmens willen
lösch die Flecken meiner Sünden aus.
4 Wasche mich rein von meiner Schuld.
Reinige mich von meiner Sünde.
5 Ich bekenne mein schändliches Tun –
es verfolgt mich Tag und Nacht.
6 Gegen dich, gegen dich allein habe ich gesündigt;
ich habe getan, was in deinen Augen böse ist.
Du wirst Recht behalten mit dem, was du sagst,
und dein Urteil über mich ist gerecht.
7 Denn ich war ein Sünder –
von dem Augenblick, als meine Mutter mich empfing.
8 Du aber forderst Aufrichtigkeit des Herzens,
damit du mich tief innere Weisheit lehren kannst.
9 Reinige mich von meinen Sünden, und ich werde rein sein;
wasche mich, und ich werde weißer sein als Schnee.
10 Gib mir meine Freude zurück;
du hast mich zerbrochen –
jetzt schenk mir wieder Freude.
11 Sieh meine Sünde nicht mehr an.
Tilge den Makel meiner Schuld.
12 Schaffe in mir ein reines Herz, o Gott.
Wirke in mir einen rechtschaffenen Geist.
13 Verstoß mich nicht aus deiner Gegenwart
und nimm deinen Heiligen Geist nicht von mir.
14 Gib mir die Freude an deinem Heil zurück
und mach mich willig, dir zu gehorchen.

Skandal im Palast

König David hatte eine Frau gesehen und wollte sie haben. Was der König wollte, bekam er auch, obwohl sie mit einem anderen Mann, einem treuen Soldaten in Davids Armee, verheiratet war. Als sie schwanger wurde, versuchte David, aus Angst vor einem Skandal, die Affäre zu vertuschen. Aber seine Pläne gingen nicht auf und am Ende arrangierte er alles so, dass der Ehemann im Kampf fiel. Dann nahm er die Witwe des Helden zur Frau.

Fast wäre der König davongekommen.

Aber dann kam der Prophet Nathan und erzählte ihm eine Geschichte: Ein armer Mann hatte ein Lamm, das er sehr liebte, aber sein reicher Nachbar wollte das haben, was der Arme liebte; er stahl das Lamm und schlachtete es.

Ungeheuerlich, dachte David. »Wer ist der Reiche?«, fragte er. »Ich will für Gerechtigkeit sorgen!«

»Du bist der Mann«, antwortete Nathan. Und plötzlich sah David, welches Unrecht er getan hatte. Seine Vertuschungsversuche hatten alles nur schlimmer gemacht. Jetzt musste er sein Unrecht vor dem ganzen Volk eingestehen. Dieses Eingeständnis ist Psalm 51.

Durch alle Jahrhunderte haben Juden und Christen Davids Worte gebraucht, um ihre Reue auszudrücken. Wir halten uns an die Vergebungsbereitschaft unseres liebevollen Gottes und bitten ihn, unsere schlimmen Taten auszulöschen. Und wir können uns darauf verlassen, dass er die Bitte erfüllt und uns die Schuld abnimmt, so dass wir »weißer als Schnee« werden (Vers 9).

Lied:
O Vater der Barmherzigkeit,
ich falle dir zu Fuße:
Verstoß den nicht, der zu dir schreit
und tut doch endlich Buße.
Hannoverisches Gesangbuch 1646

Nachdenkenswert:
»Ein solches Gebet kann man nicht an irgendeinen Gott richten. Niemand geht nur darum zu Gott, weil er weiß, wie arm er in seiner Sünde ist. Er muss auch wissen, wie reich Gott an Barmherzigkeit ist.«
David Redding

25. April

Psalm 51,15-21

15 Dann will ich die Sünder deine Wege lehren,
und sie werden zu dir zurückkehren.
16 Vergib mir, dass ich Blut vergossen habe, o rettender Gott;
dann will ich voll Freude das Lied von deiner Vergebung singen.
17 Nimm das Siegel von meinen Lippen, o HERR,
damit ich dich lobe.
18 Du wärst nicht zufrieden mit Opfern,
sonst würde ich sie dir darbringen.
Brächte ich dir ein Brandopfer dar,
du würdest es nicht annehmen.
19 Das Opfer, das du willst, ist ein gebrochener Geist.
Ein zerknirschtes, reuiges Herz, o Gott,
wirst du nicht verachten.
20 Blicke gnädig auf Zion und hilf ihr;
baue die Mauern Jerusalems wieder auf.
21 Dann wirst du zufrieden sein mit den rechten Opfern
und unseren ganzen Brandopfern;
und auf deinem Altar werden wieder Stiere dargebracht werden.

Das Lächeln des Savonarola

Um die Zeit, als Columbus die Neue Welt entdeckte, wurde in Florenz in Italien ein Mönch namens Savonarola zum Kopf einer Erweckungsbewegung. Er sprach sich mutig gegen die Gier und Korruption der führenden Familien und auch der Kirchenbeamten aus und fand Unterstützung beim Volk. Die Reformen, die er forderte, wurden eine Zeit lang tatsächlich durchgeführt, aber dann taten sich seine Gegner zusammen und übernahmen wieder die Macht.

Savonarola wurde aus der Kirche ausgeschlossen und wegen Verrat und Ketzerei verurteilt. Im Gefängnis wurde er grausam gefoltert. Sein linker Arm wurde ausgerenkt und gebrochen, aber den rechten Arm ließen die Gefängniswärter unbeschädigt, damit er ein Geständnis schreiben konnte, dass er ein Betrüger sei. Stattdessen schrieb er mit der rechten Hand eine Andacht über Psalm 51. Das war ein Bekenntnis, aber nicht die Art, die man von ihm forderte. Seine Sünden konnte er Gott bekennen, aber immer wieder erinnerte er die führende Klasse daran, dass sie auch, wie damals David, ihr Unrecht zugeben mussten.

Zeugen berichten, in der Nacht vor seiner Hinrichtung habe er fest geschlafen mit einem ruhigen Lächeln auf den Lippen. Zweifellos wusste er, dass Gott ihn gereinigt hatte. Und als ein Künstler aus Florenz mit dem Namen Michelangelo das berühmte Bild von diesem Reformator malte, fand er das passende Motto dazu in Psalm 51,13: »Dann will ich die Sünder deine Wege lehren, und sie werden zu dir zurückkehren.« Das ist Savonarolas Lebensgeschichte.

LIED:
Den heil'gen Geist nimm nicht von mir; den bösen Geist vertreibe, damit er mir nicht nehme dir und ich stets deine bleibe. Beherrschet mein Herz, Sinn und Mut der heil'ge Geist, so ist es gut im Leben und im Sterben.
ÄMILIE GRÄFIN VON SCHWARZBURG-RUDOLSTADT

WISSENSWERTES:
In Shakespeares »Hamlet« klagt der Brudermörder und König Claudius:
»Wie? Wär diese Hand
Auch um und um in Bruderblut getaucht:
Gibt es nicht Regen g'nug im milden Himmel,
Sie weiß wie Schnee zu waschen?«

NACHDENKENSWERT:
»Gott sucht den Menschen, der weiß, wie wenig er verdient und wie viel er schuldig ist.«
DEREK KIDNER

26. April

26. April

Psalm 52

1 *Anweisung für den Chorleiter: Ein Psalm Davids aus der Zeit,*
2 *als der Edomiter Doëg Saul hinterbrachte, dass Ahimelech David*
Zuflucht gewährt hatte.
3 Hältst du dich gar für einen Helden?
Warum rühmst du dich dieses Verbrechens,
du, der du Schande über das Gottesvolk gebracht hast?
4 Den ganzen Tag sinnst du auf Zerstörung.
Deine Zunge schneidet wie ein scharfes Messer;
du bist ein wahrer Meister der Lüge.
5 Du liebst das Böse mehr als das Gute
und die Lüge mehr als die Wahrheit.

Zwischenspiel

6 Du liebst es, andere mit deinen Worten zu kränken, du Lügner!
7 Doch Gott wird dich ein für alle Mal bestrafen.
Er wird dich aus deiner Heimat vertreiben
und aus dem Land der Lebenden verbannen.

Zwischenspiel

8 Die Gerechten werden es sehen und staunen.
Sie werden lachen und sagen:
9 »Schaut, was den mächtigen Kriegern geschieht,
die nicht auf Gott vertrauen.
Sie bauen auf ihren Reichtum
und werden immer dreister in ihrer Bosheit.«
10 Ich aber bin wie ein Olivenbaum,
der im Hause Gottes gepflanzt ist.
Ich baue auf Gottes unwandelbare Liebe
für immer und ewig.
11 Ewig will ich dich loben, o Gott,
für alles, was du getan hast.
Ich will auf deine Barmherzigkeit warten
im Angesicht deines Volkes.

Ode an einen bösen Menschen

David war ein zuverlässiger Diener am Königshof. Oft spielte er Harfe, um König Sauls Stimmung zu heben. Aber Saul war sicher, dass David eine Gefahr war, und wollte ihn umbringen. David wurde von Sauls Sohn Jonathan gewarnt, der eng mit ihm befreundet war, und floh. Unterwegs legte er in Nob eine Pause ein und veranlasste den Priester, ihm etwas vom heiligen Brot der Priester und Goliats Schwert zu geben.

Leider war da zufällig auch einer von Sauls Viehhirten, der Doëg hieß. Er benachrichtigte Saul, dass der Priester Ahimelech David auf der Flucht geholfen hatte. Der König, der an Verfolgungswahn litt, lud den Priester zum Verhör vor. Ahimelech beteuerte, er habe dem König nicht schaden, sondern nur seinem Freund David helfen wollen, aber das wollte Saul nicht hören. Er befahl Doëg, den Priester und auch alle anderen Priester, die in Nob lebten, zu töten – und Doëg tat es ohne Zögern.

Später bekam Davids wegen dieses Vorfalls ein schlechtes Gewissen. Er hätte wissen müssen, dass Doëg ihn dem König verraten würde. Mit diesem Psalm reagiert er auf das Ereignis und prangert Doëgs Bosheit an. Er versichert, dass Gott den Bösen ihre Taten heimzahlen wird.

LIED:
Wir haben niemand, dem wir uns vertrauen,
vergebens ist's, auf Menschenhilfe bauen.
Wir traun auf dich, wir schrein in Jesu Namen:
Hilf, Helfer! Amen!
JOHANN HEERMANN

WÖRTER IM TEXT:
Manche nehmen an, die Stadt Nob, wo dies alles stattfand, habe auf dem Ölberg gelegen. Siehe auch Psalm 1,3.

PARALLELSTELLEN ZUM THEMA:
Ölbäume werden in der Bibel oft erwähnt. Wen sie jeweils bezeichnen, steht in Psalm 1,3; Römer 11,17.24; Sacharja 4,3.11-14.

27. April

Psalm 53

1 *Anweisung für den Chorleiter: Eine Meditation Davids.*
2 Nur Narren sagen in ihrem Herzen:
»Es gibt keinen Gott.«
Sie sind schlecht, und ihre Handlungsweise ist böse;
kein Einziger von ihnen tut etwas Gutes!
3 Gott blickt vom Himmel auf die Menschheit herab,
um zu sehen, ob auch nur ein Einziger Einsicht zeige,
ob auch nur einer Gott sucht.
4 Doch nein, alle haben sich von Gott abgewandt;
alle sind schlecht.
Keiner tut Gutes, nicht einer!
5 Die, die Böses tun – werden sie jemals verständig werden?
Sie verzehren mein Volk wie Brot;
zu Gott zu beten, kommt ihnen nicht in den Sinn.
6 Doch der Schrecken wird sie packen,
ein Schrecken, wie sie ihn noch nie erlebt haben.
Gott wird die Gebeine deiner Feinde zerstreuen.
Du wirst sie zuschanden machen, denn Gott hat sie verworfen.
7 O, dass doch das Heil vom Berg Zion käme, um Israel zu retten!
Denn wenn Gott sein Volk wiederherstellt,
wird Jakob vor Freude jubeln und Israel wird frohlocken.

Wichtiger als mein Leben

Johannes Hus wurde im ersten Jahr des 15. Jahrhunderts zum Priester geweiht. Das war keine leichte Zeit für konsequente Christen. Die Kirche war durch und durch korrupt. Hus war Universitätsprofessor und Prediger und erwarb sich den Ruf, dass er nicht zögerte seine Meinung zu sagen.

Eine Zeit lang arbeitete er für den Erzbischof und überprüfte angebliche Wunder, aber leider musste er feststellen, dass die meisten dieser Meldungen Betrug von Leuten waren, die schnell reich werden wollten. Gab es jemanden, auf den man sich verlassen konnte?

In dieser Zeit wurde alles politisch verstanden und Böhmen versuchte die Gratwanderung, zwischen der Kirche und dem Heiligen Römischen Reich unabhängig zu bleiben. Eine Zeit lang gab es zwei Päpste, dann drei, und jeder exkommunizierte die beiden anderen. Hus versuchte neutral zu bleiben und hielt sich an keinen Papst, sondern an die Autorität der Bibel. Schließlich wurde Hus vor ein kirchliches Gericht zitiert und die Würdenträger behaupteten, seine Lehre sei Ketzerei. Man gab ihm Gelegenheit seine Worte zu widerrufen, aber Hus antwortete: »Auch für eine ganze Kirche voll Gold würde ich nicht von der Wahrheit abweichen.« Also wurde Johannes Hus 1415 als Ketzer verbrannt. Kurz vor seinem Tod zitierte er Psalm 53; das war der richtige Text für einen ehrlichen Mann unter lauter korrupten Zeitgenossen.

Auch wir kommen manchmal in die schwierige Lage, in einer korrupten Umgebung für Wahrheit und Recht eintreten zu müssen. Dann kann uns – wie Johannes Hus – Psalm 53 Mut und die Sicherheit geben, dass Gott auf uns achtet und uns Kraft gibt.

LIED:
Sieh dein Volk in Gnaden an. Hilf uns, segne, Herr, dein Erbe; leit es auf der rechten Bahn, dass der Feind es nicht verderbe. Führe es durch diese Zeit, nimm es auf in Ewigkeit.
IGNAZ FRANZ

WISSENSWERTES:
Dieser Psalm und Psalm 14 sind fast gleich.

PARALLELSTELLEN ZUM THEMA:
Was aus biblischer Sicht ein »Narr« ist, wird in Psalm 92, 6-7; Sprüche 14,7-9 und Lukas 12,20-21 erklärt.

NACHDENKENSWERT:
»Gottesfurcht ist entweder ein starker Antrieb, der die Richtung unseres Lebens bestimmt, oder sie wird zu einer zwanghaften Angst, die zur Zerstörung führt.«
G. CAMPBELL MORGAN

28. April

Psalm 54

1 *Anweisung für den Chorleiter: Eine Meditation Davids aus der Zeit,*
2 *als die Sifiter kamen und zu Saul sagten: »Wir wissen, wo David sich versteckt.« Für Begleitung mit Streichinstrumenten.*
3 Komm mit Macht, Gott, und rette mich!
Verteidige mich mit deiner Stärke.
4 O Gott, erhör mein Gebet.
Vernimm meine Bitte.
5 Denn Fremde greifen mich an;
grausame Menschen wollen mich töten.
Sie kehren sich nicht an Gott.

Zwischenspiel

6 Aber Gott ist mein Helfer.
Der HERR ist es, der mein Leben bewahrt!
7 Mögen die Ränke meiner Feinde ihnen selbst zum Verhängnis werden.
Halte, was du versprochen hast, und mach ihnen ein Ende.
8 Ich will dir ein freiwilliges Opfer darbringen;
ich will deinen Namen loben, o HERR, denn er ist gut.
9 Denn du wirst mich aus meiner Not retten
und wirst mir helfen, über meine Feinde zu triumphieren.

Wer uns am Leben erhält

Auf der Flucht vor König Saul hatte David mit allerhand Schurken zu tun. Als er mit seinen Leuten draußen im Hügelland von Sif ein Lager aufgeschlagen hatte, liefen sofort ein paar Bewohner der Gegend zum König und meldeten: »Wir wissen, wo sich David versteckt hält ... Wir wollen ihn fangen und dir ausliefern« (vgl. 1. Sam 23,19-20).

Zum Glück hatte David auch Spione. Die meldeten ihm, dass Saul auf dem Weg zu ihm war. Schon vorher war Sauls Sohn Jonatan, Davids bester Freund, in das Hügelland von Sif gekommen, um David zu suchen. »Hab keine Angst«, hatte Jonatan ihn beruhigt, »mein Vater wird dich nicht finden« (vgl. 1. Sam 23,17).

Aber fast hätte Saul David doch gefunden; er kam Davids Truppen immer näher, bis nur noch ein Berg zwischen den beiden Parteien lag. Und dann kam eine dringende Nachricht an den König: »Die Philister greifen Israel schon wieder an!« Die königliche Armee zog eilig den Philistern entgegen und David war gerettet.

Dieser Psalm ist Davids Hilferuf an Gott, ihn vor Saul zu retten, und drückt die Zuversicht aus, dass Gott es tun wird.

Genau wie David können auch wir uns in gefährlichen Situationen an Gott wenden. Auch für uns gilt: »Aber Gott ist mein Helfer. Der HERR ist es, der mein Leben bewahrt!« (Vers 6).

LIED:
Heilig, Herr Gott Zebaoth! Heilig, Herr der Himmelsheere! Starker Helfer in der Not! Himmel, Erde, Luft und Meere sind erfüllt von deinem Ruhm; alles ist dein Eigentum.
IGNAZ FRANZ

PARALLELSTELLEN ZUM THEMA:
In Vers 8 ist die Rede von einem »freiwilligen Opfer«. Wie ein solches Opfer beschaffen sein soll, steht in 3. Mose 22,18.21; dort heißt es »Opfer von freiem Willen«.

NACHDENKENSWERT:
(zu Vers 6): »Was für ein Glaube! Kaum ist das Gebet ausgesprochen, da ist dem Beter schon bewusst, dass Gott ihm helfen wird. Das zeigt die Gegenwartsform: ›Aber Gott ist mein Helfer‹.«
F. B. MEYER

29. April

PSALM 55,1-9

1 *Anweisung für den Chorleiter: Ein Psalm Davids,*
für Begleitung mit Streichinstrumenten.
2 Vernimm mein Gebet, o Gott.
verschließ deine Ohren nicht meinem Hilferuf!
3 Höre mich und antworte mir,
denn die Sorgen schlagen über mir zusammen.
4 Meine Feinde schreien mir Drohungen nach.
Sie bedrängen
und hetzen mich ohne Gnade.
5 Mein Herz ängstigt sich.
Der Schrecken des Todes überwältigt mich.
6 Angst und Schrecken überkommen mich,
ich zittere unaufhörlich.
7 O hätte ich doch Taubenflügel;
ich würde fortfliegen und mich ausruhen!
8 Weit fort würde ich fliegen
in die Stille der Wüste.

Zwischenspiel

9 Wie rasch würde ich entkommen –
weit fort von diesem Sturm des Hasses.

Die Stille der Wüste

Hieronymus war ein viel beschäftigter Mann. Anscheinend gab er ständig Bibelunterricht, unternahm Pilgerreisen oder leitete wohltätige Aktionen, aber eigentlich wünschte er sich nur, er könnte sich irgendwo verkriechen und die Bibel studieren.

Es war am Ende des 4. Jahrhunderts und das Christentum war nach über 200 Jahren Verfolgung noch dabei, zu sich selbst zu finden.

Jetzt bestimmten die Christen selbst, aber sie hatten eine Menge Probleme zu lösen – sowohl theologische als auch praktische. Hieronymus wusste zu jedem etwas. Eine Zeit lang arbeitete er in Rom als »rechte Hand« des Papstes Damasus. Dort fing er auch die Arbeit an, die ihn dann berühmt machte: die Bibel ins Lateinische zu übersetzen. Aber dann starb der Papst und Hieronymus war enttäuscht, dass er nicht zum Nachfolger bestimmt wurde. Jetzt fingen auch Hieronymus' Gegner an ihn offener zu kritisieren. Wo sollte er hingehen, um endlich Ruhe zu haben?

Schließlich landete er in Bethlehem; dort verbrachte er die letzten 35 Jahre seines Lebens mit Schreiben. Es sieht so aus, als hätte er dort endlich die Zuflucht gefunden, die er sich schon immer wünschte. In Bethlehem stellte Hieronymus seine Bibelübersetzung, die *Vulgata*, fertig und schrieb noch viele Aufsätze und Kommentare.

Es ist nicht überraschend, dass er Psalm 55 liebte, besonders die Verse 7 und 8: »O hätte ich doch Taubenflügel; ich würde fortfliegen und mich ausruhen! Weit fort würde ich fliegen in die Stille der Wüste.«

Lied:
Du bist mein Zufluchtsort, du bist mein Schirm, mein Gott! Du wirst vor Angst mich behüten, dass ich, mein Herr, errettet gar fröhlich dich rühmen kann. Und wenn ich mich fürchte, hoffe ich auf dich.
Jo Ann Cate
Deutsch: Bärbel Röschl

Wörter im Text:
»Ängstigt sich« in Vers 5 bedeutet wörtlich: »zittert vor Schmerzen«. In bestimmten Wendungen wird das Wort auch gebraucht, um die Geburtsschmerzen einer Frau zu beschreiben.

Nachdenkenswert:
»Für Raubvögel wie den Falken und den Milan spannt man kein Netz aus, sondern nur für harmlose kleine Vögel, die an nichts Böses denken.«
John Rawlinson

30. April

Psalm 55,10-24

10 Vernichte sie, Herr, und mach ihre Rede unklar,
denn ich sehe Gewalt und Streit in der Stadt.
11 Tag und Nacht sind ihre Mauern gegen Eindringlinge bewacht,
doch die wahre Gefahr ist die Bosheit drinnen.
12 Mord und Raub sind an der Tagesordnung;
Erpressung und Betrug herrschen auf den Straßen.
13 Es ist kein Feind, der mich verhöhnt –
das könnte ich ertragen.
Es sind nicht meine Widersacher, die mich so hochmütig
verspotten – vor ihnen könnte ich mich verbergen.
14 Du bist es – meinesgleichen,
mein Begleiter und Freund.
15 Wir waren einst so gute Kameraden,
als wir zusammen zum Hause Gottes gingen.
16 Möge der Tod meine Feinde jäh überfallen;
möge das Grab sie lebendig verschlingen,
denn das Böse nistet in ihren Herzen.
17 Ich aber will zu Gott rufen,
und der Herr wird mich retten.
18 Morgens, mittags und abends bete ich laut in meiner Not,
und der Herr hört meine Stimme.
19 Er rettet mich und bewahrt mich
in dem Kampf, der gegen mich geführt wird,
auch wenn noch so viele gegen mich sind.
20 Gott, der König ist auf ewig,
wird mich erhören und sie erniedrigen.

Zwischenspiel

Denn meine Feinde weigern sich, ihre Wege zu verlassen;
sie fürchten Gott nicht.
21 Was meinen Freund betrifft, er hat mich verraten;
er hat seine Versprechen gebrochen.
22 Seine Worte sind weich wie Wachs,
doch in seinem Herzen herrscht Krieg.
Seine Worte sind sanft wie Sahne,
doch dahinter stecken Dolche!

Bring deinen Kummer zum HERRN,
er wird für dich sorgen.
Er wird nicht zulassen, dass die Gottesfürchtigen ausgleiten
und fallen.

Die Bösen dagegen wirst du, o Gott, in die Grube der
Vernichtung fahren lassen.
Mörder und Lügner werden jung sterben,
ich aber vertraue darauf, dass du mich rettest.

Hinterrücks angegriffen

Können Sie sich vorstellen, wie das beim Abendmahl war, als Jesus um sich schaute und sagte: »Einer unter euch … wird mich verraten« (Mk 14,18)? Mussten sich die Jünger nicht fragen, wie las sein konnte, dass einer von ihnen ihn verraten würde?

Schließlich ging Judas Ischariot leise hinaus, aber wahrscheinlich lachte sich niemand etwas dabei. Er verwaltete ja das Geld. Die meisen waren sicher schockiert, als Judas ein paar Stunden später mit iner Abteilung Soldaten auftauchte.

Wir gehen davon aus, dass Jesus von Anfang an wusste, dass Judas ich gegen ihn stellen würde. Aber macht das die Situation weniger chmerzlich? Sicher empfand er sehr intensiv, was Psalm 55 in Vers 13 ınd 14 ausdrückt: den Schock über den Verrat eines engen Freundes.

Auch das kann uns passieren: Freunde, denen wir trauen, können ıns verraten. Aber selbst dann können wir »unseren Kummer zum Herrn (bringen), er wird uns versorgen« (vgl. Vers 23).

LIED:
Auf Gott steht mein Vertrauen,
ein Antlitz will ich chauen
wahrhaft durch Jesus Christ,
ler für mich ist gestorben,
les Vaters Huld erworben
und so mein Mittler worden ist.
NÜRNBERG UM 1555

NACHDENKENSWERT:
»Wirf deine Last auf ihn (Vers 23), genau wie ein Schiff im Sturm seine Last auf den Anker wirft, der unbewegt an seinem Platz bleibt.«
J. M. NEALE

Mai

1. Mai

1. Mai

Psalm 56,1-8

1 *Anweisung für den Chorleiter: Ein Psalm Davids aus der Zeit,*
als die Philister ihn in Gat ergriffen. Zu singen nach der Melodie
»Taube auf fernen Eichen«.
2 Hab Erbarmen mit mir, o Gott.
Feindliche Heere umzingeln mich.
Meine Widersacher bedrängen mich den ganzen Tag.
3 Meine Verleumder sitzen mir ständig im Nacken,
und viele greifen mich ganz offen an.
4 Doch wenn ich Angst habe,
setze ich mein Vertrauen auf dich.
5 O Gott, ich preise dein Wort.
Ich vertraue auf Gott, warum sollte ich mich fürchten?
Was können Sterbliche mir anhaben?
6 Dauernd verdrehen sie mir die Worte im Mund;
den lieben langen Tag überlegen sie, wie sie mir schaden können.
7 Sie tun sich zusammen und schnüffeln mir nach –
beobachten jeden meiner Schritte, begierig, mich zu töten.
8 Lass sie nicht mit ihrer Bosheit davonkommen;
schmettere sie in deinem Zorn zu Boden, o Gott.

Worauf verlassen Sie sich?

Für König Hiskia und die Einwohner von Jerusalem sah es nicht gut aus. Das Nordreich Israel war von den Assyrern erobert worden, und jetzt stand der Gesandte des assyrischen Königs vor der Stadtmauer von Jerusalem und forderte Hiskia zur Kapitulation auf. Hiskia hielt an seinem Glauben an Gott fest und lehnte ab.

»Was ist das für ein Vertrauen, das du da hast?«, spottete der Assyrer. »Meinst du, bloße Worte seien schon Rat und Macht zum Kämpfen?« Dann fragte er sich, ob Hiskia vielleicht darauf wartete, dass die Ägypter ihm zu Hilfe kämen. »Siehe, verlässt du dich auf diesen zerbrochenen Rohrstab, auf Ägypten, der jedem, der sich darauf stützt, in die Hand dringen und sie durchbohren wird?« (2. Kön 18,19-21). Dann forderte der Gesandte das Volk auf sich zu ergeben und drohte mit einer Belagerung, wenn es sich weigerte. Zuletzt meinte er, es sei Gottes Wille, dass sie sich ergäben.

Aber Hiskia hielt an seinem Glauben fest. Er antwortete nicht direkt auf die assyrischen Drohungen, sondern betete. Gott versprach die Stadt zu befreien und in der nächsten Nacht starben 185 000 assyrische Soldaten im Schlaf. Wer noch lebte, zog so schnell wie möglich nach Hause.

Hiskia reagierte in dieser Lage ganz ähnlich wie David. Vielleicht besann er sich sogar auf Psalm 56, um Mut zu schöpfen. Worauf verließ sich Hiskia? Nicht auf einen Stab, der zerbrechen kann, sondern auf Gott, der ihn leiten wollte. Genauso können wir in aussichtslosen Lagen um Leitung bitten.

Lied:
Jesus, leite mich mit deinen Augen. Ich will gehn, weil du mich gehen heißt. Doch weil meine Kräfte nicht viel taugen, bitte ich um deinen starken Geist.
Peter Strauch

Parallelstellen zum Thema:
In Vers 5 wird die Macht von Davids Feinden relativiert, ähnlich auch in Jesaja 31,3 und Hebräer 13,6. Warum kann der Dichter sagen: »Was können Sterbliche mir antun?«

Nachdenkenswert:
»Es ist möglich, dass Menschen Angst haben und doch zugleich glauben (Vers 4). Sich auf Gott zu verlassen, wenn es reichlich Anlass zu Angst und Schrecken gibt – das ist der Glaube der Auserwählten Gottes, der überwindet.«
Charles Haddon Spurgeon

2. Mai

PSALM 56,9-14

9 Du vermerkst jede einzelne meiner Sorgen.
Du hast all meine Tränen in einem Gefäß gesammelt,
hast jede einzelne in deinem Buch verzeichnet.
10 An dem Tag, an dem ich dich zu Hilfe rufe,
werden meine Feinde sich zurückziehen.
Weiß ich doch eins: Gott ist auf meiner Seite.
11 O Gott, ich preise dein Wort.
Ja, HERR, ich preise dein Wort.
12 Ich vertraue auf Gott, warum sollte ich mich fürchten?
Was können Sterbliche mir anhaben?
13 Ich will die Gelübde halten, die ich vor dir ablegte, o Gott,
und dir ein Dankopfer für deine Hilfe darbringen.
14 Denn du hast mich vor dem Tode gerettet,
hast meine Füße vor dem Ausgleiten bewahrt.
Deshalb kann ich jetzt in deiner Gegenwart sein, o Gott,
in deinem Leben spendenden Licht.

Man muss verrückt sein, um hier zu leben

Als David vor König Saul fliehen musste, versteckte er sich, wo seine Verfolger ihn bestimmt nicht suchen würden: in der Philisterstadt Gat. Saul hatte gegen die Philister gekämpft und sie hassten ihn, aber das galt auch für David. Vielleicht erinnern Sie sich, wie David Goliat erschlug. Wissen Sie auch, woher Goliat stammte? Richtig – aus Gat.

David ließ also seine Soldaten zurück und ging allein in die Stadt, wo man ihn hasste. Das tut nur ein Verrückter! Und das war auch sein Plan. David tat, als wäre er unheilbar wahnsinnig, sabberte und kratzte an den Türen. Die Philister beobachteten ihn mit Argusaugen, aber sein Theater überzeugte sie wohl, dass er ziemlich harmlos sei. Also gewährten sie ihm sozusagen Asyl für eine gewisse Zeit. Dann ließen sie ihn unbehelligt gehen und ein anderes Versteck vor König Saul suchen (1. Sam 21,11-22,1).

Psalm 56 beruht auf diesem Erlebnis in Gat. Man spürt ständig die Spannung, denn David muss ja seine Rolle weiterspielen. Aber er verlässt sich auf Gott und das gibt ihm Mut. Gott weiß, was David durchmacht. Jede Träne bewahrt er in seinem Gefäß auf. Weil er das weiß, kann David sagen: »Was können Sterbliche mir anhaben?« (Vers 12).

Am Ende zogen sich Davids Gegner zurück und die Gefahr war vorbei. Gott hatte sich wieder als zuverlässig erwiesen und David konnte sich frei in seinem Leben spendenden Licht bewegen.

Lied:
Ist Gott für mich, so trete gleich alles wider mich;
sooft ich ruf und bete, weicht alles hinter sich.
Hab ich das Haupt zum Freunde
und bin geliebt bei Gott,
was kann mir tun der Feinde
und Widersacher Rott?
Paul Gerhardt

Parallelstellen zum Thema:
Licht (Vers 14) wird in der Bibel als Lebensspender betrachtet und oft mit Orientierung assoziiert, z. B. in Hiob 33,30; Johannes 8,12; 12, 35-36.

Nachdenkenswert:
»Das Öl, mit dem die Frau im Haus des Pharisäers (vielleicht Maria Magdalena) Christus die Füße salbte, war sehr kostbar; aber die Tränen, mit denen sie sie wusch, waren noch mehr wert als ihr Nardenöl.«
Abraham Wright

3. Mai

3. Mai

Psalm 57,1-6

1 *Anweisung für den Chorleiter: Ein Psalm Davids aus der Zeit,*
als er vor Saul in eine Höhle floh. Zu singen nach der Melodie
»Du sollst nicht vernichten!«
2 Hab Erbarmen mit mir, o Gott, hab Erbarmen!
Schutzsuchend schaue ich auf zu dir.
Unter dem Schatten deiner Flügel will ich mich bergen,
bis das Toben des Sturms vorüber ist.
3 Ich rufe zu Gott, dem Höchsten,
zu Gott, der sein Vorhaben mit mir einhält.
4 Er wird Hilfe vom Himmel schicken, mich zu retten
und mich von denen erlösen, die mich verfolgen.
Zwischenspiel
Mein Gott wird seine unwandelbare Liebe und Treue
auf den Plan rufen.
5 Ich bin umgeben von wilden Löwen,
die gierig ihre menschliche Beute verschlingen –,
ihre Zähne durchbohren wie Pfeil und Speer,
und ihre Zungen schneiden wie das Schwert.
6 Erhöht seist du, o Gott, über den höchsten Himmel!
Deine Herrlichkeit leuchte über die ganze Erde.

Hilfe kommt in die Höhle

Bei unserer letzten Begegnung mit David wurde er gerade aus Gat vertrieben; das war ein kurzfristiges, aber sehr sicheres Versteck gewesen (vgl. den gestrigen Text). Jetzt musste David einen anderen Platz suchen, der ihn vor dem aggressiven Wahn des Königs schützte. Endlich fand er eine Höhle im Hügelland von Juda (1. Sam 22,1).

Man kann sich vorstellen, wie er in diese Höhle »einzieht« und beschließt, eine Weile da zu wohnen. Psalm 57 gibt ein wenig seine Gefühle in dieser Zeit wieder. Er wollte ein Versteck in Gottes Fürsorge finden, bis das »Unglück« von Sauls Feindschaft vorbei wäre. Irgendwie würde Gott Hilfe »vom Himmel senden« – aber wie?

Dann kamen Leute: alte Freunde, Soldaten, Verwandte. Er war in der Nähe aufgewachsen und kannte vielleicht manche von den Bewohnern. Und es kamen immer mehr: Obdachlose, Verschuldete, solche, die mit dem Gesetz in Konflikt gekommen waren. Das war beileibe nicht die »crème de la crème«, aber wie Schafe sammelten sie sich um David. Bald hatte dieser einsame Mann eine Armee von 400 Soldaten. Gott hatte ihm eine Verteidigungstruppe gegeben.

Aus Davids Erlebnis können wir auch für uns selbst etwas erkennen: 1. Ja, Gott führt seinen Plan zu Ende (Vers 3). 2. Er gebraucht dazu oft andere Menschen. 3. Das sind nicht immer die Leute, die wir uns als Helfer ausgesucht hätten. Es kann wichtig werden daran zu denken, wenn man sich einmal in einem einsamen Versteck wieder findet.

LIED:
Kommt auch die Hilfe anders als gedacht,
stets hast du es noch gut mit mir gemacht!
Weil ich's erfuhr und weil dein Wort es lehrt,
bin ich gewiss: mein Beten wird erhört!
ECKART ZUR NIEDEN

PARALLELSTELLEN ZUM THEMA:
Die Zuflucht unter Gottes »Flügeln« kommt auch in Rut 2,12 vor, wo Boas zu Rut spricht, und in Matthäus 23,37, wo Jesus zu Jerusalem spricht.

NACHDENKENSWERT:
»Wenn wir das Licht von Gottes Angesicht nicht sehen können, ist es gut, sich im Schatten seiner Flügel zu verstecken.«
CHARLES HADDON SPURGEON

4. Mai

4. Mai

Psalm 57,7-12

7 Meine Feinde haben mir eine Falle gestellt.
Ich bin müde von Kummer und Sorge.
Sie haben eine tiefe Grube auf meinem Weg gegraben,
doch sie sind selbst hineingefallen.
Zwischenspiel
8 Mein Herz vertraut auf dich, o Gott;
deshalb kann ich dich preisen!
9 Wach auf, meine Seele!
Wacht auf, Harfe und Lyra!
Ich will den Tag mit meinem Lied aufwecken.
10 Ich will dir danken, Herr, vor allen Menschen.
Ich will dein Loblied unter den Völkern singen.
11 Denn deine unwandelbare Liebe ist so hoch wie der Himmel.
Deine Treue reicht bis zu den Wolken.
12 Erhöht seist du, o Gott, über den höchsten Himmel.
Deine Herrlichkeit leuchte über die ganze Erde.

Das Böse durch das Gute überwinden

Haman, der erste Minister, wollte von jedem mit einem Kniefall gegrüßt werden, wenn er vorbeiging. Er erhob Anspruch auf die Aufmerksamkeit der Bürger. Schließlich war er der wichtigste Mann in Persien; nur König Xerxes stand noch über ihm.

Mordechai fiel nicht auf die Knie, wenn Haman vorbeikam, und das machte den Minister wütend. Als Haman erfuhr, dass Mordechai Jude war, beschloss er sich zu rächen, und zwar nicht nur an Mordechai, sondern am ganzen Volk der Juden. Er plante eine Massenvernichtung und ließ ein besonderes Podium bauen, auf dem Mordechai hingerichtet werden sollte. Aber Ester, Mordechais Cousine und Adoptivtochter, war in demselben Jahr Königin geworden, und sie sprach König Xerxes mutig an und berichtete ihm von den Plänen gegen ihr Volk. Daraufhin wurde Haman verhaftet und an dem Galgen aufgehängt, den er für Mordechai hatte bauen lassen. Das und noch mehr können Sie im Buch Ester nachlesen.

Immer wieder gibt es Menschen, die Gottes Leuten Fallen stellen (s. Vers 7), aber oft verfangen sie sich selbst darin. Auch wenn sie noch so viel gegen gutwillige Menschen planen, schlägt ihre Bosheit am Ende auf sie zurück (s. Spr 26,27). Manchmal können wir das in unserem Leben beobachten, aber wenn nicht, können wir sicher sein, dass es in der Ewigkeit passiert. Wir brauchen also nicht um unser Recht auf dieser Welt zu kämpfen. Wir können stattdessen versuchen das Böse mit Gutem zu überwinden, wie Christus es uns aufgetragen hat (Röm 12,17-21).

Lied:
*Dein Wort, das ist geschehen:
ich kann das Licht noch sehen,
von Not bin ich befreiet,
dein Schutz hat mich erneuet.*
Paul Gerhardt

Wissenswertes:
Der englische Dichter John Milton gebraucht in seinem Gedicht »L'Allegro« dasselbe Bild wie David in Vers 9. Nur ist es bei Milton nicht die Musik des Dichters, sondern der Lärm einer Jagdgesellschaft, der den schlafenden Morgen weckt.

Parallelstellen zum Thema:
Auch in Psalm 108,1-3 will der Dichter mit seinem Lied den Morgen wecken.

Nachdenkenswert:
»Das Böse ist ein Bach, der irgendwann zu seiner Quelle zurückfließt.«
Charles Haddon Spurgeon

5. Mai

Zwischenspiel: Gottes vollkommenes Wort und die Gefühle unvollkommener Menschen

Im Neuen Testament wird mehr auf die Psalmen zurückgegriffen als auf irgendeine andere Schrift des Alten Testaments: Ein Gelehrter hat 93 Stellen gezählt! Zehn wichtige Parallelstellen dieser Art sind hier aufgeführt:

- In einer Diskussion mit den Pharisäern zitiert Jesus Psalm 110,1 (Mt 22,43-44).
- Jesus zitiert Psalm 78,2, um zu erklären, warum er Gleichnisse benutzt (Mt 13,35).
- Wegen der Ablehnung, die er erfährt, zitiert Jesus Psalm 118,22-23 (Mt 21,42).
- Am Kreuz zitiert Jesus Psalm 22,2 (Mt 27,44).
- Jesus bezeichnet die Psalmen als prophetische Schrift (Lk 24,44).
- In der Pfingstpredigt zitiert Petrus Psalm 16,8-11 (Apg 2,25-28.34-35).
- Als Jesus die Händler aus dem Tempel vertrieb, fiel den Jüngern Psalm 69,10 ein (Joh 2,17).
- Als Paulus über Zorn spricht, zitiert er Psalm 4,5 (Eph 4,26).
- Der Schreiber des Hebräerbriefs zitiert Psalm 110,4, um zu zeigen, dass Jesus »Priester nach der Ordnung Melchisedeks« ist (Hebr 5,6).
- Paulus fordert die Christen auf Psalmen zu singen (Eph 5,19).

Wir müssen zugeben, dass uns manche Psalmen stören. Mit ihnen fühlen wir uns nicht recht wohl. Natürlich lieben wir den 23. Psalm, aber manche von den anderen klingen – sagen wir einmal – nicht sehr christlich. Vorstellungen wie die, dass man dem Feind die Zähne ausschlägt, kann man kaum mit der Einstellung des Neuen Testaments in Einklang bringen.

Aber wenn Paulus schreibt: »Alle Schrift, von Gott eingegeben, ist nütze zur Lehre, zur Zurechtweisung, zur Besserung, zur Erziehung in der Gerechtigkeit« (2. Tim 3,16), dann meint er alle Psalmen. Die Verfasser des Neuen Testaments zitierten sogar mit Vorliebe Psalmen zu allen möglichen Themen – und nicht nur die »freundlichen« Verse.

Psalm 22 zum Beispiel ist eine ziemlich schreckliche Beschreibung, wie es einem Menschen geht, der von seinen Feinden gefoltert wird und sich von Gott verlassen fühlt. Die ersten Christen verstanden diesen Psalm als eine erstaunlich genaue prophetische Darstellung der Leiden von Jesus. Auch Psalm 69 beklagt die Leiden der Gehorsamen und schreit nach Rache. Aber Johannes versteht ihn als Beschreibung der leidenschaftlichen Liebe von Jesus zu Gottes Haus, als er die Geldwechsler hinauswarf.

Manchmal werden die Psalmen im Neuen Testament auch zur Ermutigung und Belehrung gebraucht. Aber in vielen Psalmen geht es um Gefühle; darum werden sie im Neuen Testament oft zitiert, um Gefühlsreaktionen zu unterstützen, zu erklären oder zu steuern. Psalm 4 zum Beispiel durchläuft eine Reihe von Gefühlen, von Verzweiflung über Wut bis zu Dankbarkeit und Frieden. So ist es kein Wunder, dass Paulus ihn passend findet, um die Christen zu ermutigen sich nicht vom Zorn beherrschen zu lassen (Eph 4,26).

Die Psalmen sind von Gott inspiriert; also haben sie uns etwas zu sagen. Und weil sie Gefühle ausdrücken, die aus der Beziehung des Dichters zu Gott entspringen, können sie uns auch in unseren Gefühlskonflikten helfen? Die Psalmen zeigen uns, dass wir alles, was uns angeht, Gott vortragen können, ob wir die »richtigen« Gefühle haben oder nicht. Gott will nicht auf uns einreden, er sucht ein offenes Gespräch mit uns.

Auch das Neue Testament bestätigt das und fordert uns auf: »Lehrt und ermahnet einander in aller Weisheit; mit Psalmen und Lobgesängen und geistlichen Liedern singt Gott dankbar in euren Herzen« (Kol 3,16).

Lied:
Dir, dir, Jahwe, will ich singen;
denn wo ist doch ein solcher Gott wie du?
Dir will ich meine Lieder bringen;
ach gib mir deines Geistes Kraft dazu,
dass ich es tu im Namen Jesu Christ,
so wie es dir durch ihn gefällig ist.
Bartholomäus Grasselius

6. Mai

Psalm 58

1 *Anweisung für den Chorleiter: Ein Psalm Davids,*
zu singen nach der Melodie »Du sollst nicht vernichten!«
2 Gerechtigkeit – ihr Herrscher, wisst ihr überhaupt, was das heißt?
Richtet ihr die Menschen gerecht?
3 Nein, alles, was ihr tut, ist Unrecht;
ihr übt Grausamkeit statt Gerechtigkeit.
4 Diese schlechten Menschen sind als Sünder geboren;
von Geburt an haben sie gelogen und sind ihren eigenen Weg gegangen.
5 Sie speien Gift wie tote Schlangen;
sie sind wie Kobras, die nicht hören wollen
6 und die Flöten der Schlangenbeschwörer missachten,
ganz gleich, wie lieblich sie spielen.
7 Brich ihre Fänge auf, o Gott!
Zerschmettere die Kiefer dieser Löwen, o HERR!
8 Mögen sie verschwinden wie Wasser in der durstigen Erde.
Mach ihre Waffen nutzlos in ihren Händen.
9 Sie sollen sich wie Schnecken in Schleim auflösen,
wie ein tot geborenes Kind sollen sie die Sonne nicht sehen.
10 Gott wird sie fortspülen, Jung und Alt,
schneller, als ein Topf über offenem Feuer heiß wird.
11 Die Gottesfürchtigen werden sich freuen, wenn sie sehen,
dass die Ungerechtigkeit gerächt wird.
Sie werden ihre Füße im Blut der Bösen waschen.
12 Dann endlich werden alle sagen:
»Wahrhaftig, es gibt einen Lohn für jene, die für Gott leben;
es gibt einen Gott, der gerecht richtet hier auf Erden.«

Mit Jeremia in der Zisterne

Der Prophet Jeremia hatte reichlich Erfahrung mit Bestechlichkeit in den höchsten Staatsämtern. Was er zu sagen hatte, ärgerte die führenden Leute von Jerusalem, also beschwerten sich vier Regierungsbeamte beim König, und der sagte: »Macht, was ihr wollt. Ich hindere euch nicht« (vgl. Jer 38,5). Da ließen sie Jeremia mit Seilen in eine Zisterne hinab. Es war kein Wasser darin und er sank in den Schlamm am Boden.

Wir wissen nicht, ob Jeremia damals an Psalm 58 dachte, aber er hätte sicher zu seiner Lage gepasst. Dieser Psalm klagt gerade die Leute wegen Ungerechtigkeit an, die eigentlich gerecht regieren sollten. David wünscht sich, sie würden »verschwinden wie Wasser in der durstigen Erde« (Vers 8). Bestimmt hatte Jeremia auch Grund zu fürchten, er würde einfach versinken und verschwinden.

In Vers 2 ist ein interessantes hebräisches Wortspiel: Das Wort »Herrscher« kann auch »Stumme« bedeuten. Vielleicht war das das Problem: Die Regierenden blieben stumm, als die Ungerechtigkeit das Land erfasste. Darum war Jeremia den Beamten ausgeliefert. Der König schaute weg, als sie gegen ihn vorgingen.

Zum Glück für den Propheten war ein Beamter da, der nicht stumm blieb. Der Äthiopier Ebed-Melech lief zum König und erklärte, er müsse Jeremia dort herausholen, sonst würde er sterben. Durch diesen einen Menschen, der für Gerechtigkeit eintrat, wurde Jeremia gerettet. Darum ist es so wichtig, dass auch wir für das Recht eintreten, wenn wir sehen, wo in unserer Gesellschaft Unrecht getan wird.

Lied:
Wo ein Mensch
den andern sieht,
nicht nur sich
und seine Welt,
fällt ein Tropfen
von dem Regen,
der aus Wüsten
Gärten macht.
Hans-Jürgen Netz

Parallelstellen zum Thema:
Die Verse 11 und 12 beziehen sich auf den Tag, an dem Gott richten wird; ebenso Offenbarung 14,19 und 19,11.

Nachdenkenswert:
»Der Grundsatz bösen Handelns ist noch schlimmer als die Ausführung; absichtliches Unrecht ist doppelte Schuld.«
George Rogers

7. Mai

Psalm 59,1-11

1 *Anweisung für den Chorleiter: Ein Psalm Davids aus der Zeit,*
als Saul Soldaten schickte, die Davids Haus bewachen sollten,
um ihn zu töten. Zu singen nach der Melodie »Du sollst nicht
vernichten!«
2 Rette mich vor meinen Feinden, Gott.
Beschütze mich vor denen, die mir nach dem Leben trachten.
3 Befreie mich von diesen Verbrechern;
rette mich vor diesen Mördern.
4 Sie haben mir einen Hinterhalt gelegt.
Voll Mordlust lauern meine Feinde da draußen,
obwohl ich ihnen nichts getan habe, Herr.
5 Ich bin ohne Schuld, und doch wollen sie mich töten.
Steh auf und hilf mir! Sieh meine Not!
6 O Herr, Gott, Allmächtiger, Gott Israels,
erhebe dich, die feindlichen Völker zu strafen.
Erweise den ruchlosen Verrätern keine Gnade.

Zwischenspiel

7 Sie kamen bei Nacht,
knurrend wie bissige Hunde,
die durch die Straßen streunen.
8 Hör nur die unflätigen Äußerungen, die aus ihrem Munde kommen,
das Sausen der scharfen Schwerter, die aus ihren Lippen
hervorschießen.
»Wer kann uns schon etwas anhaben?«, so feixen sie.
9 Doch du, Herr, lachst nur über sie.
Du verspottest alle feindlichen Völker.
10 Du bist meine Stärke; ich harre darauf, dass du mich rettest,
denn du bist meine Zuflucht, o Gott.
11 Mein Gott in seiner unwandelbaren Liebe wird kommen und
mir beistehen.
Er wird mich über meine Feinde triumphieren lassen.

Ein sicherer Platz

Er war gerade bei der Arbeit, d. h. er spielte die Harfe für König Saul – da flog plötzlich ein Speer an ihm vorbei und blieb in der Wand hinter ihm stecken! Da wusste David, dass er hier weg musste! Es war nicht nur ein falscher Ton, der Saul so aufgebracht hatte; der König war neidisch auf Davids Erfolge im Krieg und war entschlossen ihn zu töten.

In derselben Nacht schickte Saul Soldaten, die Davids Haus bewachen und ihn am nächsten Morgen, wenn er herauskäme, überfallen sollten. Zum Glück war David mit Sauls Tochter Michal verheiratet. Sie verriet ihm, was Saul vorhatte. Dieses Erlebnis liegt Psalm 59 zugrunde. Zwar hat David in dieser Lage wahrscheinlich nichts aufgeschrieben, aber sicher wusste er noch, wie er es empfunden hatte, von dem König, dem er treu gedient hatte, verraten und von Soldaten, mit denen er zusammen gekämpft hatte, gejagt zu werden (1. Sam 19,8-17).

Aber die Geschichte geht gut aus: David entkam durch ein Fenster und Michal verzögerte die Verfolgung am nächsten Morgen: Sie erklärte den Soldaten, David läge krank im Bett. Sie hatte sogar ein Götzenbild ins Bett gelegt, es zugedeckt und ihm eine Perücke aufgesetzt.

Wenn er an dies und an viele andere Ereignisse dachte, konnte David mit Überzeugung sagen, dass Gott für ihn ein sicherer Platz war und dass er kommen und ihm helfen würde (Vers 10-11). Gott sei Dank! Wir können uns genauso darauf verlassen, dass er uns hilft.

Lied:
Es ist gar viel
und groß Gefahr
des Nachts im
Finstern, das ist wahr.
Wenn du, Gott, sorgst
und hältst die Wacht,
sind wir behütet Tag
und Nacht.
Cornelius Becker

Parallelstellen zum Thema:
Die Hilferufe der Jünger an den schlafenden Jesus in Markus 4,38 erinnern stark an Psalm 59,5. Manchmal sieht es aus, als ob Gott trotz unserer Sorgen schliefe – aber er »wird nicht müde und nicht schläfrig« Ps 121,4.

Nachdenkenswert:
»David macht sich über die Angeberei seiner Feinde lustig, denen kein Vorhaben zu schwer vorkam, weil sie so viele waren.«
Johannes Calvin

8. Mai

Psalm 59,12-18

12 Töte sie nicht einfach, denn mein Volk vergisst solche
Lehrstücke rasch;
überwältige sie mit deiner Macht und zwing sie in die Knie,
o Herr, unser Schild.
13 Für all die sündigen Worte, die sie sprechen,
für all das Böse, das auf ihren Lippen ist,
sollen sie sich in ihrem Hochmut, ihren Flüchen und Lügen fangen.
14 Vernichte sie in deinem Zorn!
Lösch sie aus!
Dann wird die ganze Welt wissen,
dass Gott in Israel herrscht.

Zwischenspiel

15 Meine Feinde kommen bei Nacht,
knurrend wie bissige Hunde,
die durch die Straßen streunen.
16 Sie sind auf der Jagd nach Nahrung,
doch sie müssen sich hungrig niederlegen.
17 Ich aber will von deiner Macht singen.
Jeden Morgen will ich jauchzen vor Freude über deine
unwandelbare Liebe.
Denn du warst meine Zuflucht,
ein sicherer Hafen am Tag der Not.
18 O meine Stärke, dir singe ich Loblieder,
denn du, Gott, bist meine Zuflucht,
der Gott, der mich in unwandelbare Liebe hüllt.

Warten und singen

Im hebräischen Original fängt Vers 18 bis auf ein Buchstabenpaar genau so an wie Vers 10. Das Wort für »warten« und das für »singen« unterscheiden sich in der Schreibweise nur durch einen Buchstaben. Vers 10 heißt also: »Meine Stärke, ich warte auf dich« und Vers 18: »Meine Stärke, ich singe für dich«. Vielleicht ist der Unterschied gar nicht so groß?

Wenn man sich vorstellt, wie David in seinem Haus eingesperrt war und Soldaten an der Tür Wache hielten, kann man sich nicht denken, dass er viel Lust zum Singen hatte. Aber warum nicht? Er hat entschieden darauf zu warten, dass Gott in dieser Lage seine Macht zeigt. Und was soll man sonst machen, wenn man wartet? Wenn man sicher ist, dass Gott einem helfen wird, ist Singen genau das Richtige!

Paulus und Silas wurden in einer fremden Stadt verhaftet, weil sie ein junges Mädchen von einem bösen Geist befreit hatten (Apg 16). In ihrem Verlies sangen sie geistliche Lieder, denn sie waren ganz sicher, dass Gott auf sie achtete. Da schickte Gott ein Erdbeben und befreite sie und dadurch bekehrte sich sogar der Gefängniswärter!

In welchem Gefängnis sitzen Sie? Sind Sie sicher, dass Gott auf Sie achtet und die Macht hat Sie zu befreien? Dann können Sie fest damit rechnen, dass er eingreift – und während des Wartens Loblieder singen!

LIED:
Mein erst Gefühl
sei Preis und Dank;
erheb ihn, meine Seele!
Der Herr hört deinen Lobgesang;
lobsing ihm, meine Seele!
CHRISTIAN FÜRCHTEGOTT GELLERT

NACHDENKENSWERT:
»Je schwerer unsere Lage heute ist, umso lauter wird unser Singen und umso größer unsere Freude und Dankbarkeit in Zukunft sein.«
CHARLES HADDON SPURGEON

9. Mai

Psalm 60

1 *Anweisung für den Chorleiter: Ein Psalm Davids, nützlich zur Lehre, aus der Zeit,*
2 *als David mit Aram-Naharajim und Aram-Zoba kämpfte und Joab zurückkehrte und zwölftausend Edomiter im Salztal erschlug.*
Zu singen nach der Melodie »Lilie des Zeugnisses«.
3 Du hast uns verstoßen, Gott, und unsere Verteidigungswälle eingerissen.
Du hast uns gezürnt; nun sei uns wieder gnädig.
4 Du hast unser Land bis in die Grundfesten erschüttert.
Nun versiegle die Risse, bevor es völlig einstürzt.
5 Du warst streng mit uns,
du hast uns Wein zu trinken gegeben, so stark, dass wir taumelten.
6 Doch für die, die dich ehren, hast du ein Banner aufgerichtet –
hast ihnen einen Sammelpunkt im Auge des Angriffs gesetzt.
Zwischenspiel
7 Rette uns mit deiner starken Rechten
und befreie dein geliebtes Volk.
8 Dies hat Gott in seiner Heiligkeit versprochen:
»Voll Freude will ich Sichem aufteilen.
Ich will das Tal von Sukkot ausmessen.
9 Gilead gehört mir,
und Manasse ist mein Eigen.
Ephraim wird meine Krieger hervorbringen
und Juda meine Könige.
10 Moab wird mein ergebener Diener werden
und Edom mein Sklave.
Ich will laut triumphieren über die Philister.«
11 Doch wer wird mir Eingang in die befestigte Stadt verschaffen?
Wer wird mir den Sieg über Edom schenken?
12 Hast du uns verstoßen, o Gott?
Wirst du nicht mehr mit unseren Heeren marschieren?
13 Hilf uns gegen unsere Feinde,
denn alle menschliche Hilfe ist nutzlos.
14 Mit Gottes Hilfe aber werden wir große Taten vollbringen,
denn er wird unsere Widersacher niederwerfen.

Das Geheimnis von Davids Erfolg

Als David endlich an die Macht kam, gab es für ihn eine Menge zu tun. Von allen Seiten fielen Feinde ins Land Israel ein und besetzten Teile davon. Im Westen hatte Saul versucht, sich gegen die Philister zu wehren, aber der heftige Kampf gegen David hatte ihn dabei stark behindert. Saul kam sogar in einer Schlacht gegen die Philister um, die Israel verlor. Inzwischen wurde das Land Israel von den Moabitern, den Aramäern und den Edomitern bedroht. Als er König wurde, machte David schnell seine Truppen mobil, griff die Feinde an und hatte auf allen Seiten Erfolg.

War David ein genialer Militärstratege? Vielleicht. Aber er hatte noch ein anderes Geheimnis, das er in Psalm 60 nennt: Wenn Israel so handelt, wie Gott es möchte, geht alles gut; aber wenn das Volk sich von Gott abwendet, gerät alles aus den Fugen. Dieser Psalm dient als Sündenbekenntnis für das ganze Volk. Saul wird darin nicht erwähnt, aber anscheinend stellt David hier die Gefährdungen dar, denen das Volk unter seiner Regierung ausgesetzt war, als er Gott nicht mehr gehorchte. Jetzt aber hatte Davids Armee gesiegt. Offensichtlich hatte Gott wieder Freude an ihnen.

Hier muss man vorsichtig sein. Glück bedeutet nicht immer, dass man richtig lebt, und Misserfolge und Schwierigkeiten bedeuten nicht automatisch, dass man Böses tut. Andere Schriften wie das Buch Hiob und auch andere Psalmen bestätigen das. Aber man kann sicher sein, dass das Unrecht, das wir tun, immer irgendwann auf uns zurückschlägt und dass richtiges Handeln zu guten Ergebnissen führt, auch wenn wir diese Ergebnisse erst im ewigen Leben sehen.

LIED: *Wir haben niemand, dem wir uns vertrauen;*
vergebens ist's, auf Menschenhilfe bauen.
Mit dir wir wollen Taten tun
und kämpfen, die Feinde dämpfen.
JOHANN HEERMANN

NACHDENKENSWERT:
»Solange die Fakten gute Gründe zur Zuversicht bieten, haben Glaube und Hoffnung keinen Platz; solange reichlich menschliche Hilfe da ist, ist Gnade nicht gefordert. Aber die Stärke des Glaubens zeigt sich, wenn das alles fehlt.«
WILLIAM STRUTHER

10. Mai

PSALM 61

1 *Anweisung für den Chorleiter: Ein Psalm Davids,*
für Begleitung mit Streichinstrumenten.
2 O Gott, vernimm mein Schreien!
Erhöre mein Gebet!
3 Von den Enden der Erde
schreie ich zu dir um Hilfe,
denn mein Herz hat Angst.
Führe mich zu den mächtigen Felsen deiner Sicherheit,
4 denn du bist mein sicherer Hafen,
eine Burg, in der ich vor meinen Feinden geborgen bin.
5 Lass mich für immer in deinem Heiligtum leben,
sicher unter dem Schutz deiner Schwingen!
Zwischenspiel
6 Denn du hast meine Schwüre gehört, o Gott.
Du hast mir ein Erbe gegeben,
das denen aufbewahrt ist, die deinen Namen achten.
7 Füge dem Leben des Königs noch viele Jahre hinzu!
Möge er viele Generationen überleben!
8 Möge er unter Gottes Schutz herrschen für immer und ewig.
Lass deine unwandelbare Liebe und Treue über ihn wachen.
9 Dann will ich deinen Namen für immer preisen,
während ich täglich meine Gelübde erfülle.

Von Gott zum Felsen geführt

Über zwanzig Jahre lang war William O. Cushing Pfarrer in kleinen Gemeinden in New York. Es war eine schwere Arbeit mit sehr bescheidenem Einkommen, aber er und seine Frau taten sie sehr gern und die Gemeinden liebten sie. Dann plötzlich starb

Cushings Frau und er fiel in Depressionen. Bald setzte eine fortschreitende Lähmung seiner Stimmbänder ein und er konnte nicht mehr predigen. Mit 47 Jahren fühlte er sich völlig allein und verlassen.

Was sollte er tun?

Dann fiel ihm ein, dass er vor ein paar Jahren ein Lied für seine Sonntagsschulkinder geschrieben hatte: »Wenn Er kommt.« Durch dieses kleine Lied hatte Gott viel erreicht. Vielleicht würde Gott auch anderes gebrauchen können, was er schrieb.

Um diese Zeit bekam er einen Brief von Ira Sankey, der Gesangsleiterin des berühmten Predigers Dwight L. Moody. Frau Sankey bat Cushing, für Moody ein neues Lied zu schreiben. Cushing betete darüber und danach fiel ihm der Text des Liedes »Hiding in Thee« ein. Später sagte er: »Das war die Frucht vieler Tränen, vieler innerer Konflikte und Sehnsüchte, von denen die Welt nichts wissen konnte.« In den nächsten 30 Jahren schrieb Cushing mehr als 300 christliche Lieder.

Wie David hatte Cushing gelernt, wie gut es ist, auf dem hohen Felsen Zuflucht zu suchen, der Gottes Schutz ist (Vers 3). Auf diesem Felsen will Gott auch uns Schutz und Sicherheit bieten.

Lied:
Stern, auf den ich schaue, Fels, auf dem ich steh,
Führer, dem ich traue, Stab, an dem ich geh,
Brot, von dem ich lebe, Quell, an dem ich ruh,
Ziel, das ich erstrebe: alles, Herr, bist du!
K. F. A. Krummacher

Nachdenkenswert:
»Der Fels, der höher ist als der Dichter (Vers 3), muss auch höher sein als alle anderen Menschen; denn David war ein mächtiger König. Er kann also nur von Gott sein.«
Fountain Elwin

11. Mai

PSALM 62,1-8

1 *Für Jedutun, den Chorleiter: Ein Psalm Davids.*
2 Ich warte still vor Gott,
denn meine Rettung kommt von ihm.
3 Er ist mein Fels und mein Heil,
meine Burg, in der mir nichts geschehen kann.
4 So viele Feinde gegen einen einzigen –
und alle wollen sie mich töten.
Für sie bin ich nur eine eingestürzte Mauer,
ein schwacher Zaun.
5 Sie versuchen, mich von meiner Höhe zu stürzen.
Mit Absicht verbreiten sie Lügen über mich.
Nach außen tun sie freundlich mit mir,
doch in ihren Herzen schmähen sie mich.

Zwischenspiel

6 Ich warte still vor Gott,
denn er ist meine Hoffnung.
7 Er ist mein Fels und mein Heil,
meine Burg, in der mir nichts geschehen kann.
8 Meine Rettung und meine Ehre kommen von Gott allein.
Er ist meine Zuflucht, ein starker Fels, auf dem kein Feind mich erreicht.

Von Gott allein

In Psalm 62 wird David als Dichter und Jedutun als Chorleiter angegeben. Der Name Jedutun kommt noch in Verbindung mit zwei anderen Psalmen vor; anscheinend war er einer der leitenden Musiker an Davids Hof. Er hatte sechs Söhne, die denselben Beruf ergriffen (1. Chr 25,3).

Stellen Sie sich einmal vor, Sie wären einer von Jedutuns Söhnen und leiteten den Tempelchor zum ersten Mal. Vielleicht soll sogar dieser Psalm gesungen werden. Wie nervös wären Sie, wenn Ihr Vater Sie beobachtete und die ganze Gemeinde darauf wartete, Ihren Chor zu hören? Hätten Sie Angst, dass Ihnen andere Musikschüler Konkurrenz machen könnten, vielleicht sogar Ihre eigenen Brüder? Würden die Sie kritisieren und jeden Fehler analysieren?

Ganz sicher muss David mit solchen Gefühlen den Thron bestiegen haben; aber auch wir können so empfinden bei fast allem, was wir tun. Gibt es Leute, die Sie aus Ihrer Stellung drängen wollen? Reden sie freundlich mit Ihnen und fallen Ihnen dann in den Rücken? Wie kann man damit umgehen? »Ich warte still vor Gott« (Vers 6). Er ist unsere Zuflucht, von ihm kommt Hilfe und von ihm auch unsere Ehre (Vers 8).

Lied:
Ich steh in meines Herren Hand und will drin stehen bleiben; nicht Erdennot, nicht Erdentand soll mich daraus vertreiben. Und wenn zerfällt die ganze Welt, wer sich an ihn und wen er hält, wird wohlbehalten bleiben.
Philipp Spitta

Parallelstellen zum Thema:
Gott wird oft mit einem Felsen verglichen (Vers 7), z. B. in 5. Mose 32,18.31; Jesaja 44,8; Habakuk 1,12.

Nachdenkenswert:
»Wer in einer unrühmlichen Weltverachtung verharrt, der soll Gott anschauen, denn Gott ist Herrlichkeit.«
Abraham Wright

12. Mai

Psalm 62,9-13

9 Vertraue allezeit auf ihn, o mein Volk.
Schütte ihm dein Herz aus,
denn Gott ist unsre Zuflucht.

Zwischenspiel

10 Vom Höchsten bis zum Niedrigsten –
vor seinen Augen sind sie nichts.
Wenn man sie wiegt,
sind sie leichter als Luft.
11 Versuche nicht, dich durch Ausbeutung oder Raub zu bereichern.
Und wenn du reich wirst,
mach den Reichtum nicht zum Wichtigsten in deinem Leben.
12 Gott hat klar und deutlich gesprochen,
ich habe ihn viele Male gehört:
Die Macht, o Gott, gehört dir;
13 die unwandelbare Liebe, o Herr, ist dein.
Du wirst die Menschen nach ihren Taten richten.

Ein Windstoß

Wenn man das Buch des Predigers durchsieht, hört man förmlich das Seufzen des Autors, der sich »der Prediger« nennt. Der Prediger hatte alles: Geld, Erfolg, Weisheit, hohes Ansehen. Aber trotzdem war er nicht wirklich befriedigt. Alles, was er erreicht hatte, entpuppte sich als leer und sinnlos, »Haschen nach Wind«.

Der Ausdruck, der mit »sinnlos« oder »Eitelkeit« übersetzt wird, ist im Hebräischen mit dem Wort »Atem« verwandt. Alles, was man auf der Erde anstrebt, sagt er, ist nur »heiße Luft«.

Dasselbe Wort erscheint hier in Vers 10 im gleichen Zusammenhang. Die Leute finden es sehr wichtig, wer arm oder reich, wer berühmt oder nur ein gewöhnlicher Mensch ist. Aber von Gott aus gesehen wiegen alle diese Menschen nur so viel wie Luft, »ein Windstoß«. All ihr Reichtum, ihre Macht und Berühmtheit macht sie in der ewigen Ordnung der Dinge nicht wichtiger. Gott wartet darauf, ob wir mit ihm rechnen statt mit all diesem (Vers 9) und so leben, wie er es möchte (Vers 13).

Investieren Sie nicht in heiße Luft. Wenn Sie stattdessen mit ihm rechnen, werden Sie einen unvergänglichen, unermesslich wichtigen Besitz bekommen.

Lied:
*Liebe Leute, traut beständig auf ihn als auf euern Hort!
Er ist Gott und heißt lebendig, ist euch nah an jedem Ort.
Wann und wo euch Hilfe nötig, da klopft an: er ist zu Haus, kommt und ist zur Hilf erbötig; schüttet euer Herz nur aus!*
August Hermann Francke

Nachdenkenswert:
»Eine Feder lässt sich auf der Waage wiegen (Vers 10), Eitelkeit hat kein Gewicht und Vertrauen auf eigene Pläne noch weniger. Aber der Mensch ist allgemein so fasziniert davon, dass er menschlichen Möglichkeiten vor der Kraft des unsichtbaren, aber allmächtigen Schöpfers den Vorrang gibt.«

Nachgefragt:
Wenn der Dichter in Vers 10 sagt, alle Menschen, hoch angesehene und einfache, seien zusammen nicht mehr als ein »Windstoß«, »leichter als Luft«, was meint er damit?

13. Mai

Psalm 63,1-6

1 *Ein Psalm Davids aus der Zeit, als David sich in der Wüste Juda aufhielt.*
2 O Gott, du bist mein Gott;
ich suche dich von ganzem Herzen.
Meine Seele dürstet nach dir;
mein ganzer Leib sehnt sich nach dir
in diesem dürren, trockenen Land,
in dem es kein Wasser gibt.
3 Ich habe dich in deinem Heiligtum gesehen
und deine Macht und Herrlichkeit bestaunt.
4 Deine unwandelbare Liebe bedeutet mir mehr als das Leben;
ich preise dich von ganzem Herzen!
5 Ich will dich ehren, solange ich lebe,
und meine Hände im Gebet zu dir erheben.
6 Du beglückst mich mehr als die köstlichste Speise.
Ich will dich mit Freudenliedern preisen.

Einsichten aus der Wüste

Psalm 63 handelt von der Zeit, »als David sich in der Wüste Juda aufhielt«. Die Bibel berichtet von zwei Aufenthalten dort: einmal auf der Flucht vor seinem Vorgänger Saul und später vor seinem aufständischen Sohn Absalom. Aber beim ersten Mal war er noch nicht König, was Vers 12 voraussetzt (siehe Andacht morgen); der Psalm muss also von seiner Flucht vor Absalom handeln.

In diesen Versen lernen wir einen Charakterzug Davids kennen, den Absalom nicht hatte. Absalom war unzufrieden: Erst rächte er sich an seinem Bruder Amnon, dann hegte er einen starken Groll gegen seinen Vater. Er bekam nicht alles, was er wollte, und das nahm er übel. Aber in diesem Psalm sehen wir, dass David in Gott alles fand, wonach er sich sehnte. Gottes Liebe war für ihn »mehr als das Leben« (Vers 4). Sogar in der Wüste, als er vorläufig gestürzt worden war, konnte David Loblieder singen.

Noch eines ist interessant an diesem Psalm. Es ist Davids Aussage: »Meine Seele dürstet nach dir« (Vers 2). Die Wüste Juda ist ein deprimierend ausgedörrtes und lebensfeindliches Gebiet mit vielen steilen Schluchten, Felsspalten und Höhlen. Man kann zwar schattige Plätze finden, aber in der Trockenzeit gibt es kein Wasser. Die Luft ist so trocken, dass sie allen Schweiß aufnimmt, so dass der ganze Körper durstig wird. Vielleicht ist das die Art Durst, die David in Vers 2 meint.

Wonach sehnen Sie sich – nach »mehr« wie der Sohn oder nach Gott wie der Vater? »Dürstet« Ihre Seele nach Gott, wie David es beschreibt?

Lied:
Mein Gott, du bist und bleibst mein Gott; das macht mir tausend Freuden. Es kann mich weder Not noch Tod von deiner Liebe scheiden; denn hab ich dich, so werden mich die Flammen nicht ergreifen, die Fluten nicht ersäufen.
Benjamin Schmolck

Nachdenkenswert:
»Unser Unglück ist, dass wir so wenig ›Durst‹ nach diesen wesentlichsten Dingen haben und so viel nach den trügerischen Kleinigkeiten der irdischen Sphäre.«
Charles Haddon Spurgeon

14. Mai

14. Mai

PSALM 63,7-12

7 Ich liege wach und denke über dich nach,
sinne die ganze Nacht.
8 Ich denke daran, wie sehr du mir geholfen hast;
ich juble vor Freude im Schatten deiner schützenden Schwingen.
9 Ich folge dir dicht auf dem Fuße;
deine starke Rechte hält mich sicher.
10 Doch die, die mich vernichten wollen, werden fallen.
Sie werden in den Tiefen der Erde verschwinden.
11 Sie werden sterben durch das Schwert
und zur Beute der Schakale werden.
12 Der König aber wird sich freuen in Gott.
Alle, die auf ihn vertrauen, werden ihn preisen,
doch die Lügner werden verstummen.

Friedliche Gedanken

Theodor Beza war in vieler Hinsicht Johannes Calvins »rechte Hand«. Im 16. Jahrhundert, als Martin Luther ganz Nordeuropa reformierte, veränderte Calvin die Schweiz und Frankreich. Und Beza arbeitete eng mit Calvin zusammen und verteidigte seine neuen Lehren über Glauben, Gerechtigkeit und die Herrschaft Gottes. Beza war selbst ein bekannter Gelehrter und übertrug viele Psalmen in französische und lateinische Verse, damit die neuen reformierten Gemeinden Gott »ein neues Lied singen« konnten.

Aber Theodor Beza hatte ein Problem: Nach Tagen, an denen er viel arbeiten, also predigen oder übersetzen musste, konnte er oft einfach nicht einschlafen. Was ihm dagegen half? Psalm 63,7. Wenn er wach lag, dachte er über Gott nach und oft ging er in Gedanken die Psalmen durch. Manchmal schlief er mit diesen Gedanken friedlich ein. Aber auch wenn das nicht ging, hatte er die Zeit wenigstens positiv genutzt.

Wenn Sie schlafen gehen, verlieren Sie keine Zeit mit Ärger über Leute, die Sie nicht mögen, oder über Ihre Alltagsprobleme. Denken Sie nachts über Gott nach, dann kann er Ihnen die innere Ruhe und Erholung geben, die Sie brauchen.

LIED:
Nun schläfet man; und wer nicht schlafen kann, der bete mit mir an den großen Namen, dem Tag und Nacht wird von der Himmelsmacht Preis, Lob und Ehr gebracht. O Jesu, Amen.
GERHARD TERSTEEGEN

WISSENSWERTES:
Schon im 3. Jahrhundert gebrauchten Christen den 63. Psalm als Morgengebet.

NACHDENKENSWERT:
»Über etwas nachzudenken ist angenehmer als die reine Erinnerung. Das Gedächtnis ist die Truhe, in der man eine Erkenntnis aufbewahren kann, aber das Nachdenken ist der Gaumen, mit dem man sie schmeckt und aufnimmt.«
JOHN WELLS

15. Mai

Psalm 64

1 *Anweisung für den Chorleiter: Ein Psalm Davids.*
2 O Gott, vernimm meine Klage.
Lass nicht zu, dass meine Feinde mich niederzwingen.
3 Beschütze mich vor den Anschlägen der schlechten Menschen,
vor den Nachstellungen derer, die Böses tun.
4 Scharfe Zungen sind die Schwerter, die sie führen,
bittere Worte die Pfeile, die sie abschießen.
5 Sie zielen aus dem Hinterhalt auf Unschuldige,
greifen sie plötzlich an ohne alle Scheu.
6 Sie bestärken einander darin, Böses zu tun,
und überlegen, wo sie ihre Fallen aufstellen können.
»Wer merkt es schon!«, sagen sie.
7 Und wenn sie sich Untaten ausdenken, sagen sie:
»Dieser Plan ist gut!«
Ja, das Herz und der Verstand des Menschen sind voll Hinterlist.
8 Doch Gott selbst wird sie erschießen.
Seine Pfeile werden sie jäh durchbohren.
9 Ihre eigenen Worte werden gegen sie verwendet werden und sie vernichten,
und alle, die es sehen, werden verächtlich den Kopf schütteln.
10 Dann werden alle voll Ehrfurcht dastehen,
die mächtigen Taten Gottes verkünden
und die Wunder erkennen, die er vollbringt.
11 Die Gottesfürchtigen werden sich im Herrn freuen
und Schutz in ihm finden.
Und die tun, was recht ist, werden ihn preisen.

Die Verschwörung gegen Paulus

Es gab Menschen, die Paulus umbringen wollten. Über 40 Juden hatten geschworen nicht zu essen oder zu trinken, bis sie ihn getötet hätten. Sie schlugen den Hohenpriestern und Oberen vor, die Römer zu bitten, die Paulus in Gewahrsam genommen hatten, dass er noch einmal zur weiteren Prüfung des Falles in den Rat gebracht würde. Diese 40 Männer wollten dann an der Straße im Hinterhalt liegen.

Paulus' Neffe erfuhr irgendwie von der Verschwörung und erzählte es Paulus. Der schickte ihn zum römischen Hauptmann. Weil Paulus das römische Bürgerrecht hatte, wollte der Hauptmann ihm einen Prozess nach römischem Recht sichern; darum ließ er ihn von Soldaten bewacht zum römischen Gouverneur in Cäsarea bringen, so dass er gar nicht in den Hinterhalt geriet (Apg 23,12-24). Da müssen wohl über 40 Leute ziemlich hungrig irgendwo an der Straße gesessen haben.

In Psalm 64 bittet David Gott, ihn vor »seinen Feinden« zu schützen (Vers 2), und äußert seine Zuversicht: »Die Gottesfürchtigen werden sich im Herrn freuen und Schutz in ihm finden« (Vers 11). Das ist auch aus dem Erlebnis des Paulus zu sehen: Die Verschwörung führte dazu, dass Paulus vor zwei römischen Statthaltern und einem jüdischen König von Jesus sprechen konnte. Später wurde er in Ketten nach Rom geschickt, aber da verbreitete er das Evangelium noch weiter. Gott kann das, womit andere Schaden anrichten wollen, für gute Zwecke gebrauchen (s. 1. Mose 50,20).

Lied:
Mir hat die Welt trüglich gericht't
mit Lügen und falschem Gedicht
viel Netz und heimlich Stricke.
Herr, nimm mein wahr in der Gefahr,
behüt mich vor falscher Tücke.
Adam Reusner

Parallelstellen zum Thema:
Hinweise, wie man Fallen entgehen kann, stehen in Psalm 91,2-3 und Sprüche 1,17-19.

Nachdenkenswert:
»Die tiefsten und bestgehüteten Geheimnisse derer, die gegen Gott arbeiten, müssen voll und ganz öffentlich gemacht werden. Gott weiß sie und wenn es soweit ist, werden sie allen bekannt sein.«
John I. Durham

16. Mai

16. Mai

Psalm 65,1-6

1 *Anweisung für den Chorleiter: Ein Psalm Davids. Ein Lied.*
2 Lob und Preis, o Gott,
gebühren dir in Zion.
Wir werden halten, was wir dir gelobten,
3 denn du erhörst unsere Gebete,
und die Menschen werden zu dir kommen.
4 Unsere Herzen sind voll Sünde,
doch du vergibst sie alle.
5 Wie werden die sich freuen, die zu dir strömen
und in deinen heiligen Vorhöfen wohnen dürfen!
Welche Freude erwartet uns
in deinem heiligen Tempel.
6 Getreulich erhörst du unsere Gebete und vollbringst Ehrfurcht gebietende Taten,
o Gott, unser Retter.
Du bist die Hoffnung aller Menschen auf Erden,
auch derer, die auf fernen Meeren segeln.

Die Freude, die uns erwartet

Endlich hatte der junge Mann Michelle, das Mädchen, das er aus der Ferne bewunderte, einmal zum Essen einladen können. Danach fragte ihn seine Mutter, wie es war:

»Wo wart ihr?«, fragte sie.

»Ich weiß nicht«, sagte der Junge.

»Was habt ihr gegessen?«

»Das weiß ich nicht mehr.«

»Wie war das Restaurant?«

»Darauf habe ich nicht geachtet.«

Die Mutter hob die Hände. »Weißt du denn überhaupt etwas von der Einladung?«

»Ja«, antwortete der verliebte Junge, »Michelle war da.«

Etwas von dieser Qualität sollte der Kirchenbesuch für uns haben. Das Entscheidende daran sollte nicht sein, wie gut der Chor gesungen hat, welche Lieder gesungen wurden und wie die Predigt war. Wenn Gott da ist, dann ist das das Wichtigste. »Wie werden sich freuen, die zu dir strömen ...«, heißt es in Psalm 65,5. Was ist da so tröstlich? Dass Gott selbst da ist. Beten, Bibellesen und Gottesdienste – all das ist nur sinnvoll, weil wir da unserem liebevollen Herrn und Vater, dem vollkommenen Gott, begegnen können.

Lied:
Gott ist gegenwärtig, lasset uns anbeten und in Ehrfurcht vor ihn treten. Gott ist in der Mitten. Alles in uns schweige und sich innigst vor Ihm beuge. Wer ihn kennt, wer Ihn nennt, schlag die Augen nieder, kommt, ergebt euch wieder.
Gerhard Tersteegen

Wörter im Text:
Das hebräische Wort für »vergeben« in Vers 4 ist »kaphar«, wörtlich »zudecken«.

Nachdenkenswert:
»Je bedürftiger wir sind, umso mehr Grund haben wir zu Gott zu kommen.«
F. B. Meyer

17. Mai

Psalm 65,7-14

7 Du hast die Berge durch deine Macht gebildet
und dich in große Kraft gehüllt.
8 Du hast die tosenden Ozeane mit ihren aufgewühlten Wogen gestillt
und die Völker zum Verstummen gebracht.
9 Die an den Enden der Erde leben,
stehen in Ehrfurcht vor deinen Wundern.
Von Sonnenaufgang bis Sonnenuntergang
gibst du den Menschen Grund zur Freude.
10 Du sorgst für die Erde und lässt sie trinken,
machst sie üppig und fruchtbar.
Gottes Flüsse werden nicht austrocknen;
sie schenken eine überreiche Ernte,
denn so hast du es angeordnet.
11 Du tränkst den gepflügten Boden mit Regen,
lässt die Wolken schmelzen und füllst die Schluchten.
Du schenkst der Erde sanfte Schauer
und segnest ihre köstliche Frucht.
12 Du krönst das Jahr mit reicher Ernte;
selbst die steinigen Wege fließen über von Fülle.
13 Die Wüste wird zur üppigen Weide,
und die Berghänge erblühen in Heiterkeit.
14 Die Täler sind voller Schafherden
und auf den Feldern steht strotzend das Korn.
Alle jubeln und singen vor Glück!

Alle guten Gaben

Wir pflügen und wir streuen den Samen auf das Land, doch Wachstum und Gedeihen steht in des Himmels Hand: der tut mit leisem Wehen sich mild und heimlich auf und träuft, wenn heim wir gehen, Wuchs und Gedeihen drauf.

Dieses alte Lied sangen Teenager in bunten Kostümen am Schluss des ersten Aktes von *Godspell.* Dieses Musical aus den 60er Jahren erzählt das Leben von Jesus in Form von Schauspiel und Musik. Und so geht es weiter:

Alle gute Gabe kommt her von Gott dem Herrn, drum dankt ihm, dankt, drum dankt ihm, dankt, und hofft auf ihn!

Den krönenden Schluss bildet ein Solo mit einem wunderschönen Motiv: »Ich will dir so sehr danken, Herr.« Es ist ein erhebender Augenblick echter und schlichter Freudenäußerung.

In dieser Inszenierung spielten Christen und Nichtchristen mit. Ein großer Teil des Textes stammt direkt aus den Evangelien und viele von den Gesangsstücken sind bekannte alte Lieder, aber das Stück gefällt Menschen mit den verschiedensten Überzeugungen. Zum Teil ist das Musical zweifellos darum so beliebt, weil es im ganzen Stück immer wieder Freudenszenen gibt.

In Psalm 65 sehen wir etwas Ähnliches: Er ist nicht nur ein Wetterbericht, er ist ein Freudenausbruch. Gott hat uns eine so schöne Welt gegeben, »dass man jauchzet und singt«!

Lied:
O der du uns so freundlich liebst und segnest unser Feld und uns die reiche Ernte gibst, gelobt sei, Herr der Welt!
Joh. Ludwig Huber

Nachdenkenswert:
»Diese anregend lebendige Beschreibung der fruchtbaren Erde, die in der Vorstellung gipfelt, wie Berge und Felder zusammen feiern, lässt sich kaum überbieten.«
Derek Kidner

18. Mai

Zwischenspiel: Namen Gottes

Wenn wir von Gott sprechen, gebrauchen wir gewöhnlich zwei Namen: Gott oder der Herr. Im großen Ganzen sind diese Namen für uns austauschbar.

Die Israeliten dagegen hatten mehrere verschiedene Namen oder Titel für Gott, von denen jeder einen anderen Aspekt seines Wesens bezeichnet. Ein paar von diesen Namen finden sich auch in den Psalmen:

Jahwe: Mehr als 700-mal wird Gott in den Psalmen *Jah* oder *Jahwe* genannt. Dieser Name drückt sein Wesen, aber auch seine Verbundenheit mit seinem Volk durch seinen Bund aus. Meist wird er mit HERR in Großbuchstaben wiedergegeben.

Beispiel: »Der HERR (Jahwe) ist mein Hirte; ich habe alles, was ich brauche« (Ps 23,1).

El oder *Elohim*: Mehr als 400-mal wird Gott in den Psalmen mit einem Namen genannt, der mit *El* anfängt. Dieser Name drückt Gottes Macht und Erhabenheit aus und wird gewöhnlich einfach mit »Gott« übersetzt.

Beispiel: »... dass du allein Herr genannt wirst, dass du allein der Höchste (Elyon) bist« (Ps 83,19).

Adonai: *Adon* oder *Adonai* wird Gott über 60-mal in den Psalmen genannt. Mit diesem Namen wird ausgedrückt, dass Gott unser Herr ist. Er wird gewöhnlich mit »Herr« in normaler Schrift übersetzt. Er wird oft gebraucht, wenn ein Gläubiger persönlich mit Gott spricht, und drückt nicht nur Gehorsamsbereitschaft aus, sondern auch Glauben und Dankbarkeit.

Beispiel: »Ich bin arm und bedürftig; doch jetzt wird der Herr (Adonai) meiner gedenken« (Ps 40,18).

Oft haben die Psalmdichter auch verschiedene Namen Gottes in unterschiedlichen Kombinationen gebraucht:

»Der mächtige Gott, der HERR, (*El Elohim Jahwe*), hat gesprochen; er hat die Menschheit aus Osten und Westen zusammengerufen« (Ps 50,1).

Was ein Name aussagt, kann ganz unterschiedlich sein.

Offenbar haben die Psalmdichter auch viel Wert auf Namen gelegt – besonders wenn es um Gott ging –, denn mehr als hundertmal ist in den Psalmen davon die Rede, Gottes Namen zu preisen oder ihm zu vertrauen. Aber was bedeutet die ganze Sache mit Gottes Namen?

Wir bezeichnen die einzige Gottheit, die wir anerkennen, mit dem Wort *Gott.* Aber dasselbe Wort benutzen wir für die mythologischen Gestalten aus Rom oder Griechenland.

Für die Israeliten zur Zeit des Alten Testaments war die Situation ähnlich. Überall um sie her lebten kanaanitische Stämme, die ihren höchsten Gott *El* nannten; ihm untergeordnet war Baal, ein Fruchtbarkeitsgott, der auch als Herr über Wind und Sturm galt. Aber der *El*, den die Kanaaniter anbeteten, war nicht derselbe *El*, an den die Israeliten glaubten; zum Beispiel wird berichtet, dass die Kanaaniter ihren Göttern manchmal ihre eigenen Kinder opferten (Jer 19,4-6). Also gaben die Israeliten ihrem Gott andere Namen, die der kanaanitische Gott nicht hatte. Sie nannten Gott *El Elyon* (den allerhöchsten Gott) oder *Elohim* (den ungemein mächtigen und herrlichen Gott) oder *El Shaddai* (den Gott, der alles umfasst).

Während *El* und *Elohim* Gottes Macht ausdrücken, sagt der Name *Jahwe* (der HERR) etwas über Gottes Wesen aus. Dieser Name Gottes wird in den Psalmen am häufigsten gebraucht. Wenn die Psalmisten von *Jahwe* sprechen, meinen sie einen Gott, der sein Volk liebt und der hält, was er ihm versprochen hat. Diesen Gott konnten sie als ihren Hirten bezeichnen.

Aber im Lauf der Zeit wurde der Name Jahwe für die Israeliten so heilig, dass sie ihn nur ungern laut aussprachen; stattdessen sprachen sie jetzt von Gott als Adonai, dem verständnisvollen Herrn, zu dem man mit seinen Belastungen und Problemen kommen durfte.

Wir Christen dienen heute demselben Gott, den damals die Israeliten verehrten. Immer noch hat er alle Wesenszüge, die seine vielen Namen bezeichnen. Wir können den HERRN anrufen, den allerhöchsten Gott, den souveränen Schöpfer und zugleich den, der sich um jede noch so kleine Schwierigkeit kümmert.

Man sagte Adonai: Ewig bist du. Derselbe täglich neu. In dir ist Ruh.
Du sprichst dein Segenswort zu uns an jedem Ort
und machst für immer frei, Gott Adonai.

Karl Heinz Knöppel

19. Mai

Psalm 66,1-7

Anweisung für den Chorleiter: Ein Psalm. Ein Lied.
1 Preist Gott mit lautem Jubel, alle Geschöpfe auf Erden!
2 Singt von der Herrlichkeit seines Namens!
Sagt der Welt, wie herrlich er ist.
3 Sagt zu Gott: »Wie wunderbar sind deine Werke!
Deine Feinde beugen sich deiner Macht.
4 Alles auf Erden wird dich anbeten;
alle Menschen werden dich rühmen
und deinen Namen in herrlichen Liedern preisen.«
Zwischenspiel
5 Kommt und seht, was euer Gott getan hat,
welch Ehrfurcht gebietende Wunder er für sein Volk tut!
6 Er bahnte einen trockenen Weg durchs Rote Meer,
und sein Volk schritt zu Fuß hindurch.
Kommt, wir wollen uns an ihm freuen.
7 Denn durch seine große Macht herrscht er für immer und ewig.
Er sieht jede Bewegung der Völker;
kein Aufrührer darf ihm Trotz bieten.

Wie er ist

»Letzte Woche haben mir meine Eltern ein neues Fahrrad gekauft«, sagte die zehnjährige Brittany. »Das ist richtig cool. Und letzten Monat hab ich neue Kleider für die Schule bekommen, dreimal alles neu. Und nächsten Monat bekomme ich einen eigenen Computer.«

»Wow«, sagte Kristi, »da musst du deine Eltern ja sehr lieb haben, wenn sie dir so viel schenken.«

»Ja, denk ich schon«, antwortete Brittany. »Was hast du von deinen Eltern bekommen?«

Kristi musste einen Augenblick nachdenken. »Na ja, sie haben nicht viel Geld, aber ... also mein Papa, der ist so lustig! Jeden Abend beim Abendessen erzählt er einen Witz. Manchmal sind die gar nicht so witzig, aber trotzdem erzählt er so lustig. Und jeden Abend, bevor ich ins Bett gehe, umarmt mich meine Mama ganz fest.«

»Wow«, sagte Brittany, »am liebsten hätte ich deine Eltern.«

Es ist gut, wenn wir Gott danken, dass er uns so viele gute Dinge gibt. Aber das Beste ist doch, dass er so ist, wie er ist, und dass wir uns an seinem Wesen freuen können (s. Vers 6).

LIED:
Jesu, du bist unaussprechlich herrlich deinem Kind;
Gnad und Friede, Heil und Leben, Herr, in dir ich find.
ROSALIE AMSTEIN

PARALLELSTELLEN ZUM THEMA:
»Kommt und seht ...«, fordert der Dichter uns auf (Vers 5). Ähnliche Aufforderungen gibt es in Johannes 1,35-39.45-46. Sehen ist der erste Schritt zum Glauben. Dass Gott alle Menschen sieht und bewacht (Vers 7), steht auch in Sprüche 15,3; 2. Mose 14,24 und Hiob 31,4.

20. Mai

PSALM 66,8-15

8 Die ganze Welt soll unseren Gott preisen
mit lauter Stimme.
9 Unser Leben liegt in seiner Hand,
er bewahrt unsere Füße vor dem Stolpern.
10 Aber du hast uns auch geprüft, o Gott;
du hast uns geläutert wie im Feuerofen geschmolzenes Silber.
11 Du hast uns in deinem Netz gefangen
und uns die Last der Sklaverei auferlegt.
12 Du hast Heere gesandt, die über unsere verkrümmten Leiber
hinweg ritten.
Wir sind durch Feuer und Flut gegangen.
Doch du hast uns an einen Ort der Fülle gebracht.
13 Jetzt komme ich mit Brandopfern in deinen Tempel,
um die Gelübde zu erfüllen, die ich vor dir abgelegt habe –
14 die heiligen Eide, die du mich sprechen hörtest,
als ich in größter Not war.
15 Deshalb bringe ich dir Brandopfer dar –
meine besten Widder als Wohlgeruch.
Stiere und Ziegen will ich opfern.

Wenn das Versprechen gebrochen wird

Ein Ertrinkender betet: »Herr, hilf mir! Wenn du mich hier herausholst, gebe ich dir die Hälfte von allem, was ich habe.« Aber das Meer ist immer noch aufgewühlt und er kämpft um sein Leben.

»Sechzig Prozent, wenn du mich rettest, Herr ... siebzig ... na gut, achtzig Prozent. Das gehört dir.«

Plötzlich wird das Wasser ruhig, der Mensch kann sich wieder halten und schwimmt sicher an Land. Als er ans Ufer steigt, sagt er: »Also, Herr, wegen der zehn Prozent, die ich dir versprochen habe …«

Das tun wir ständig: Wir handeln mit Gott und ändern dann die Bedingungen. Auch in Psalm 66 sehen wir einen Menschen, der in Gefahr war und Gott Dinge versprochen hat. Das sieht wie Bestechung aus, aber Gott weiß, dass wir uns in Schwierigkeiten leichter an ihn wenden. Die Frage ist, was wir tun, wenn die Gefahr vorbei ist. Der Psalmdichter hält sein Versprechen. Sie auch?

LIED:
Ich will zu deinem Tempel wallen, dort bring ich dir mein Opfer dar, bezahl mit frohem Wohlgefallen Gelübde, die ich schuldig war, Gelübde, die in banger Stunde – an allem, nicht an dir verzagt – ich dir, o Gott, mit meinem Munde so feierlich hab zugesagt.
MATTHIAS JORISSEN

PARALLELSTELLEN ZUM THEMA:
Weiteres über Opfer, die Gott gefallen, steht in 1. Samuel 15,22 und Römer 12,1-2.

NACHDENKENSWERT:
»Was Korn einbringt, weiß man erst, wenn es gedroschen wird; wie ergiebig Weintrauben sind, sieht man, wenn man sie presst. Gottes Freundlichkeit versteckt sich in der Natur wie gutes Wasser in Rosenblättern. Erst das Feuer der Not bringt sie zutage.«
F. B. MEYER

21. Mai

PSALM 66,16-20

16 Kommt und hört zu, ihr alle, die ihr Gott fürchtet,
ich will euch erzählen, was er für mich getan hat.
17 Denn ich schrie zu ihm um Hilfe,
und rühmte ihn mit meinem Mund.
18 Hätte ich meine Sünde nicht in meinem Herzen bekannt,
hätte mein HERR mich nicht gehört.
19 Gott hat mir aber zugehört!
Er hat mein Gebet vernommen.
20 Lobt Gott, der mein Gebet ernst nimmt
und mir seine unwandelbare Liebe nicht entzogen hat.

Kommt und hört

Sie ging gerade zum Brunnen, um Wasser zu holen, aber da traf sie einen Mann, der ihr Leben veränderte. Er sagte, er wolle ihr »lebendiges Wasser« geben, und er wusste alles über sie – auch dass sie fünf Männer gehabt hatte. Aber er sprach trotzdem mit ihr. Er sprach davon, Gott in Geist und Wahrheit anzubeten und nicht nur mit Ritualen. Er sprach davon, dass Gott sich für sie interessierte. Bestimmt war er ein Prophet, aber konnte er der versprochene Messias sein?

Jesus sagte ihr, dass er wirklich dieser Messias war. Als die samaritische Frau das hörte, rannte sie in die Stadt, um es weiterzuerzählen. »Kommt, sehet einen Menschen, der mir gesagt hat alles, was ich getan habe, ob er nicht Christus sei!«, rief sie.

Die Leute in der Stadt kannten die Frau wahrscheinlich; manche verachteten sie vielleicht sogar wegen ihres zweifelhaften Rufs. Wie kam es dann, dass sie heraus und an den Brunnen strömten, um Jesus zu sehen? Konnten sie schon sehen, dass sie sich verändert hatte? Messias oder nicht, sie mussten unbedingt sehen, wovon sie da redete – und viele kamen zurück und glaubten auch an Jesus (Joh 4).

Am Schluss von Psalm 66 tut der Dichter praktisch dasselbe: »Kommt und hört zu«, ruft er, »… ich will euch erzählen, was er für mich getan hat« (Vers 16). Wenn es darauf ankommt, ist das das Einzige, was wir tun können. Niemand will theologische Vorlesungen hören oder moralische Angriffe auf seine Lebensführung – aber warum Sie sich verändert haben, das will man wissen. Wenn Sie Christ sind, können Sie auch berichten, was Gott für Sie getan hat.

LIED:
O Gott, dir sei Ehre,
der Großes getan!
Du liebtest die Welt,
nahmst der Sünder
dich an!
Dein Sohn hat sein
Leben zum Opfer
geweiht.
Der Himmel steht
offen zur ewigen
Freud.
FANNY J. CROSBY

WISSENSWERTES:
John Bunyan, der auch »Die Pilgerreise« geschrieben hat, hat Psalm 66,16 als Einleitung an den Anfang seiner Autobiografie gesetzt.

NACHDENKENSWERT:
»Gebet ist das Beste und Höchste, wozu die Sprache gebraucht werden kann.«
P. T. FORSYTH

22. Mai

22. Mai

Psalm 67

1 *Anweisung für den Chorleiter: Ein Psalm, für Begleitung mit Streichinstrumenten. Ein Lied.*
2 Gott sei uns barmherzig und segne uns.
Sein Antlitz leuchte gnädig auf uns herab.
Zwischenspiel
3 Deine Wege sollen auf der ganzen Welt bekannt werden,
so wie deine rettende Macht unter den Menschen.
4 Die Völker sollen dich preisen, o Gott.
Ja, alle Nationen sollen dich loben.
5 Wie froh werden die Völker sein und singen vor Freude,
weil du sie gerecht regierst
und die Geschicke der Welt lenkst.
Zwischenspiel
6 Die Völker sollen dich preisen, o Gott.
Ja, alle Nationen sollen dich loben.
7 Dann wird die Erde ihre Ernten geben,
und Gott, unser Gott, wird uns überreich segnen.
8 Ja, Gott wird uns segnen,
und die Völker der Welt werden ihn achten.

Damit die Welt erkennt

Als die Israeliten durch die Wüste wanderten, gab Gott Aaron einen Segen, den er über dem Volk aussprechen sollte, um ihnen Sicherheit zu geben, dass die Beziehung zu ihm noch bestand:

»Der Herr segne dich und behüte dich; der Herr lasse sein Angesicht leuchten über dir und sei dir gnädig; der Herr hebe sein Angesicht über dich und gebe dir Frieden« (4. Mose 6,24-26).

Dieser einfache Segen steht mitten zwischen den Gesetzen Israels, aber er spricht weder von guter Lebensführung noch vom Einhalten von Gesetzen, sondern von Gottes liebevoller Fürsorge, und er sollte das Kennzeichen der Israeliten sein (s. 4. Mose 6,27).

Psalm 67 fängt da an, wo dieser Segen aufhört. Aber er beschränkt ihn nicht auf die Israeliten, sondern fordert die ganze Welt auf, von Gottes Güte zu profitieren. Wenn alle Menschen Gott danken, »wird die Erde ihre Ernten geben« (s. Vers 7).

Oft denken wir, das Alte Testament handle nur von den Israeliten und ihrer Rolle als Gottes auserwähltes Volk, aber das ist ein Irrtum. Durch das ganze Alte Testament geht die Nachricht, dass Gott alle Menschen liebt. Durch Abraham hat Gott versprochen, »sollen gesegnet werden alle Geschlechter auf Erden« (1. Mose 12,3). Das wird in Psalm 67 wieder betont und wir können uns dem Gebet des Dichters anschließen, dass alle Völker dahin kommen sollen, Gott zu danken.

Lied:
So danken, Gott, und loben dich die Heiden überalle,
und alle Welt, die freue sich und sing mit großem Schalle,
dass du auf Erden Richter bist
und lässt die Sünd nicht walten;
dein Wort die Hut und Weide ist, die alles Volk erhalten,
in rechter Bahn zu wallen.
Martin Luther

Wissenswertes:
Frühchristliche Schriftsteller haben Psalm 67 »das Vaterunser des Alten Testaments« genannt.

Nachdenkenswert:
»Wir können ... ohne Angst beten, denn er ist unser Gott. Aber er gehört nicht uns allein und er wird auch dann nicht weniger ›unser Gott‹ sein, wenn alle seine rechtmäßigen Untertanen ihn anerkennen.«
Derek Kidner

23. Mai

PSALM 68,1-15

1 *Anweisung für den Chorleiter: Ein Psalm Davids. Ein Lied.*
2 Erhebe dich, Gott, und zerstreue deine Feinde.
Die Gott hassen, sollen um ihr Leben laufen.
3 Vertreibe sie wie Rauch, der vom Wind verweht wird.
Lass sie schmelzen wie Wachs im Feuer.
In der Gegenwart Gottes sollen die Bösen zugrunde gehen.
4 Die Gottesfürchtigen hingegen sollen sich freuen.
Sie sollen froh sein in der Gegenwart Gottes.
Sie sollen mit Freude erfüllt werden.
5 Lobt Gott und seinen Namen!
Lobt den, der auf den Wolken reitet.
Sein Name ist der HERR –
freut euch in seiner Gegenwart!
6 Vater der Vaterlosen, Verteidiger der Witwen –
das ist Gott, dessen Wohnung heilig ist.
7 Gott birgt die Einsamen in Familien;
er befreit die Gefangenen und schenkt ihnen Freude.
Doch für die, die sich auflehnen, hält er nur Hunger und Not bereit.
8 O Gott, als du dein Volk aus Ägypten herausführtest,
als du durch die Wüste gewandert bist,
Zwischenspiel
9 bebte die Erde, und vom Himmel strömte Regen
vor dir, dem Gott des Sinai,
vor dem HERRN, dem Gott Israels.
10 Du hast reichlichen Regen gesandt, o Gott,
um das ausgedörrte Land der Verheißung zu erquicken.
11 Dort hast du dein Volk schließlich zur Ruhe gebracht,
und mit überreicher Ernte, o Gott,
hast du für dein Not leidendes Volk gesorgt.
12 Der HERR verkündet den Sieg,
und Scharen von Frauen rufen die gute Nachricht aus.
13 Feindliche Könige und ihre Heere fliehen,
während die Frauen Israels die Beute teilen.
14 Einst lebten sie zwischen Pferchen,
jetzt sind sie mit Silber und Gold bedeckt
wie eine Taube von ihren Flügeln.

15 Der Allmächtige hat die feindlichen Herrscher versprengt
wie ein Schneesturm auf dem Berg Zalmon.

Die Wunder miterleben

Stellen Sie sich vor, Sie wären einer von den Israeliten, die endlich Ägypten verlassen können. Gott befreit Sie aus der brutalen Sklaverei und führt Sie in ein neues Land. Das kann nur Gott!

Aber dann: Ein Meeresarm versperrt den Weg und zugleich schickt der Pharao seine Streitwagen, um Sie alle einzuholen.

Da macht Gott einen Weg durch das Meer frei. Sie gehen auf dem Trockenen durch. Dann sehen Sie, wie hinter Ihnen das Wasser über den ägyptischen Verfolgern zusammenschlägt. Sie sind frei!

Noch Jahrhunderte später reden die Leute von den Ereignissen am »Schilfmeer«. Hier in Psalm 68 zeichnet David den Weg nach, den Gott sein Volk geführt hat: Unaufhörlich hat er sich für sie eingesetzt und ihnen rechtzeitig Regen gegeben, damit sie Nahrungsmittel anbauen konnten. Das ist derselbe Gott, an den wir heute glauben, und er setzt sich unablässig für uns ein. Nichts ist ihm zu schwierig, wir können ihm also die Führung überlassen und wissen, dass er für alles sorgt, was wir brauchen, genau wie damals vor langer Zeit auf der Wüstenwanderung.

LIED:
Er erhebt sich, unser Gott, seht, wie er verstummt, der Frechen Spott, wie seine Feinde fliehen! Sein furchtbar majestät'scher Blick schreckt, die ihn hassen, weit zurück, zerstäubt all ihr Bemühen.
MATTHIAS JORISSEN

WISSENSWERTES:
Antonius, der Vater des Klosterwesens, sang immer Psalm 68, wenn er einen geistlichen Feind besiegt hatte. Die Bewohner der Stadt verwirrte das oft: Sie hörten seinen Schlachtruf, sahen aber keinen Angreifer.

PARALLELSTELLEN ZUM THEMA:
Dieser Psalm ist vielleicht für den Festzug geschrieben worden, mit dem die Bundeslade vom Haus des Obed-Edom nach Jerusalem gebracht wurde: 2. Samuel 6,12.

24. Mai

PSALM 68,16-27

16 Die herrlichen Berge von Baschan
ragen bis in den Himmel.
17 Ihr zerklüfteten Berge, warum blickt ihr mit Neid
auf den Zion, wo Gott seine Heimstatt bereitet hat,
wo der HERR für immer wohnen will?
18 Inmitten von Tausenden von Streitwagen
kam der HERR vom Sinai in sein Heiligtum herab.
19 Als du in die Höhen hinaufstiegst,
hast du Gefangene mit dir geführt.
Du hast von den Völkern Gaben angenommen,
sogar von denen, die sich gegen dich auflehnten.
Jetzt wird der HERR mitten unter uns wohnen.
20 Lobt den HERRN; lobt Gott, unseren Retter!
Denn jeden Tag trägt er uns auf seinen Armen

Zwischenspiel

21 Unser Gott ist ein Gott, der rettet!
Der allmächtige HERR befreit uns vom Tod.
22 Die Häupter seiner Feinde aber wird Gott zerschmettern,
die Schädel derer, die ihre sündigen Wege lieben,
wird er zertrümmern.
23 Der HERR spricht: »Ich will meine Feinde von Baschan herabbringen;
ich will sie aus den Tiefen des Meeres heraufholen.
24 Du, mein Volk, sollst deine Füße in ihrem Blut baden,
und selbst deine Hunde sollen ihr Teil bekommen!«
25 Dein Triumphzug ist bereits zu sehen, Gott –
der Zug meines Gottes und Königs,
der in sein Heiligtum einzieht.
26 Sänger gehen voraus, Spielleute hinterher;
bei ihnen sind junge Frauen, die Tamburine schlagen.
27 Lobt Gott, ihr Völker Israels;
lobt den HERRN, Israels Lebensquell.

Nicht ganz einfach

Wenn Sie die Psalmen im Gottesdienst vor der Gemeinde lesen, würden Sie Vers 22 und 24 dieses Psalms vielleicht am liebsten überspringen. Was da steht, macht doch einen sehr aggressiven Eindruck.

Was hat das in der Bibel zu suchen? Wenn Jesus uns im Neuen Testament befiehlt unsere Feinde zu lieben, warum sollen wir dann jetzt die Füße im Blut unserer Feinde waschen?

Das Erste und Wichtigste: Hier kämpft Gott, nicht wir. David sagt nicht: »Herr, ich möchte heute ein paar Philister zerfleischen!« Er rechnet damit, dass Gott für ihn kämpft.

Zweitens können wir Gott zutrauen gerecht zu handeln. Was er entscheidet, ist immer richtig, auch wenn wir es nicht immer verstehen. Er bestimmt, ob und wann jemand mit seinen Taten konfrontiert wird, und es ist nicht unsere Sache zu kritisieren, was er tut. Gott will Frieden, aber zu diesem Zeitpunkt musste er sein Volk offensichtlich dadurch vor seinen Feinden retten, dass er zuließ, dass verantwortungslose Leute die Folgen ihres Handelns zu spüren bekamen.

Schließlich sollte man darauf achten, wie liebevoll Gott mit seinen eigenen Leuten umgeht: »Jeden Tag trägt er uns auf seinen Armen« (Vers 20). Im Grunde geht es ihm um Liebe. Im Neuen Testament wird ganz klar, dass Gott sich wünscht, dass jeder Mensch zu ihm kommt und seine Liebe und Freundlichkeit erlebt (s. 1. Tim 2,3-4).

LIED:
Steht auf, steht auf zum Streite! Hier ist Immanuel!
Der Feind flieht in die Weite;
errettet ist die Seel.
Dem Sieger winkt entgegen als selger Gnadenlohn
des Himmels Heil und Segen, des ewgen Lebens Thron.
GEORGE DUFFIELD

PARALLELSTELLEN ZUM THEMA:
In Epheser 4,8 bezieht Paulus Psalm 68,19 auf Christus. Für Paulus sind die »Gaben« die Apostel, Propheten, Evangelisten, Hirten und Lehrer.

NACHDENKENSWERT:
»Immer noch kann die Gemeinde von Israel lernen, Gott mit jubelnder Freude anzubeten. Ein öffentlicher Gottesdienst ist jedes Mal, wenn er stattfindet, ein Siegesfest.«
EUGENE PETERSON

25. Mai

PSALM 68,28-36

28 Seht, der kleine Stamm Benjamin führt den Zug an.
Hinter ihm schreiten viele Fürsten aus Juda
und die Fürsten aus Sebulon und Naftali.
29 Sammle deine Macht, o Gott.
Zeige deine Stärke, o Gott, wie du es in der Vergangenheit tatest.
30 Die Könige der Erde bringen dir Tribut
in deinen Tempel in Jerusalem.
31 Strafe die feindlichen Nationen –
diese wilden Tiere, die im Schilf lauern,
diese Herde Stiere unter Kälbern.
Erniedrige die, die Tribut von uns fordern.
Zerstreue die Völker, die Freude am Krieg haben.
32 Ägypten soll mit Gaben von kostbaren Erzen kommen;
Äthiopien soll sich demütig vor Gott neigen.
33 Singt Gott, ihr Königreiche der Erde.
Preist den HERRN.

Zwischenspiel

34 Lobt den, der über den alten Himmel dahersprengt,
dessen gewaltige Stimme im Donner aus den Wolken spricht.
35 Erzählt allen von Gottes Macht.
Seine Herrlichkeit leuchtet auf Israel hinab;
seine Stärke ist größer als der Himmel.
36 Gott ist herrlich in seinem Heiligtum.
Der Gott Israels schenkt seinem Volk Macht und Stärke.

Wie der Psalmist die Welt sieht

Kennen Sie das Poster mit dem Titel: »Die Welt aus der Sicht eines New Yorkers«? Im Vordergrund steht die bekannte Silhouette von Manhattan mit dem Stadtteil Bronx auf der einen und

Brooklyn auf der anderen Seite. Auf dem anderen Flussufer ist New Jersey und weiter entfernt Chicago; Los Angeles ist nur ein heller Punkt im Hintergrund. Inzwischen gibt es eine ganze Reihe ähnlicher Poster aus dem »Blickwinkel« anderer Städte.

Der Schluss von Psalm 68 gibt uns einen vergleichbaren Eindruck von der Weltsicht des Psalmdichters: Im Vordergrund steht der Tempel, in dem Israels Gott wohnt. Die Könige aller anderen Völker kommen und bringen ihm in Jerusalem ihren Tribut. Ägypter und Äthiopier kommen von weit her, um ihn zu ehren, und bringen ihm Geschenke. Die beherrschenden Völker der Welt bilden nur den Hintergrund, denn Gott ist Herrscher über alle und er lebt hier, direkt bei seinem Volk.

LIED:
Durch deines Gottes Huld allein kannst du geführt und sicher sein; mein Volk, sieh seine Werke! Herr, führ an uns und unserm Haus dein Heil, dein Werk in Gnaden aus, nur du bist unsre Stärke.
MATTHIAS JORISSEN

NACHDENKENSWERT:
»Dieser Psalm ist ein Lob des Lobens; er lebt vom Jubel. Da hören wir, wie der Kampflärm in das Triumphlied übergeht. Gott ist der Sieger.«
W. GRAHAM SCROGGIE

NACHGEFRAGT:
Was die Könige anregt Geschenke zu bringen, ist, dass Gott selbst in Jerusalem ist. John Durham sagt: »Nur durch das Kommen und die Gegenwart Gottes wird der Mensch anders.« Welchen Unterschied macht es für Sie, dass Gott persönlich bei Ihnen ist? Was für ein Geschenk könnten Sie ihm geben?

26. Mai

Zwischenspiel: Die ganze Schöpfung singt

In der Bibel ist immer wieder von der Natur die Rede. Allein Bäume kommen über 300-mal vor! Wir haben zehn Stellen ausgesucht, in denen von Bäumen und Wäldern gesprochen wird:

Psalm 1,3

»Sie sind wie Bäume, die am Ufer des Wassers wurzeln und jedes Jahr Frucht tragen. Ihre Blätter welken nicht ...«

Psalm 29,5

»Die Stimme des Herrn spaltet mächtige Zedern. Der Herr erschüttert die Zedern des Libanon.«

Psalm 52,10

»Ich aber bin wie ein Olivenbaum, der im Hause Gottes gepflanzt ist.«

Psalm 80,11

»Unsere Schatten haben die Berge verdeckt; unsere Zweige die mächtigen Zedern verborgen.«

Psalm 92,13

»Die Gottesfürchtigen dagegen werden aufschießen wie Palmen und wachsen und stark werden wie die Zedern des Libanon.«

Psalm 96,12-13

»Die Felder und ihre Ernten brechen in Jubel aus! Die Bäume des Waldes sollen Lobpreis rauschen vor dem Herrn! Denn der Herr kommt!«

Psalm 104,16

»Die Bäume des Herrn sind wohl versorgt – die Zedern des Libanon, die er gepflanzt hat.«

Psalm 137,2

»Wir ließen unsere Lyras traurig sinken und hängten sie in die Äste der Weiden.«

Psalm 148,7.9

»Preist den Herrn auf der Erde ... Berge und Hügel, Obstbäume und Zedern ...«

In dem Maße, wie die Städte immer mehr Raum in unserer Welt einnehmen, wird es schwieriger, zu sehen und zu würdigen, was Gott geschaffen hat, sich wirklich daran zu freuen und ihm dafür zu danken. Ist der Frühling nicht ein vielfarbiger Ausbruch freudiger Erwartung? Aber wir nehmen gar nicht viel von der Jahreszeit wahr. Außerdem haben wir uns angewöhnt, in der Natur in erster Linie die mechanischen Abläufe zu sehen. Wir kaufen im Supermarkt einen Laib Brot und denken kaum an den Gott, der dafür gesorgt hat. Der Meteorologe erklärt uns, dass es nach der Lage der Hochs, Tiefs, Luftströme u. a. mit 50 Prozent Wahrscheinlichkeit regnen wird.

Die Psalmdichter wussten nicht viel von Meteorologie, aber was Gott in der Natur tut, das konnte sie richtig begeistern. Da sollen »die Flüsse in die Hände klatschen vor Freude« (Ps 98,8) und in Psalm 65 spricht der Dichter davon, dass die Berghänge vor Freude aufblühen und die Täler mit Korn bedeckt sind, und zum Schluss fordert er die ganze Natur auf zu jubeln und zu singen (s. Ps 65,14).

Die Psalmdichter wussten, dass es Gott ist, der die Erde pflegt und ihr Wasser gibt (Ps 65,10), und überall in den Psalmen wird er als ihr Schöpfer geehrt. Die Psalmisten erkannten an: »Aus deiner Heimstatt im Himmel schickst du Regen in die Berge, du füllst die Erde mit der Frucht deiner Arbeit. Du lässt Gras für das Vieh wachsen und Pflanzen sprießen für die Menschen« (Ps 104,13-14). Und gegen Ende des Psalm-Buches werden wir erinnert: »Er hat deinem Volk Frieden geschenkt und dich mit feinstem Weizen in Fülle gesättigt« (Psalm 147,14). Achten Sie einmal darauf, wie Gott aus dem grauen Alltag Farben, aus Eintönigkeit Vielfalt, aus Hässlichem Schönheit wachsen lässt. So ist der Gott, den wir anbeten, und er will auch Ihr Leben in dieser Art verwandeln.

Lied:
Schön sind die Wälder, schöner sind die Felder
in der schönen Frühlingszeit;
Jesus ist schöner, Jesus ist reiner,
der mein traurig Herz erfreut.
Aus dem Gesangbuch der Stadt Münster

27. Mai

Psalm 69,1-8

1 *Anweisung für den Chorleiter: Ein Psalm Davids,*
zu singen nach der Melodie: »Lilien«.
2 Rette mich, o Gott,
denn das Wasser steht mir bis zum Hals.
3 Immer tiefer versinke ich im Schlamm;
mein Fuß findet keinen Halt.
Ich stehe im tiefen Wasser
und die Flut überspült mich.
4 Ich bin müde vom Rufen nach Hilfe;
meine Kehle ist rau und trocken.
Meine Augen sind geschwollen vom Weinen
im Warten darauf, dass mein Gott mir hilft.
5 Die mich grundlos hassen,
sind zahlreicher als die Haare auf meinem Haupt.
Die Feinde, die mich vernichten wollen,
haben keinen Grund für ihr Tun.
Sie greifen mich mit Lügen an
und fordern zurück, was ich nicht genommen habe.
6 O Gott, du weißt, wie viele Fehler ich mache;
meine Sünden bleiben dir nicht verborgen.
7 Lass nicht zu, dass die, die auf dich vertrauen,
meinetwegen straucheln,
o HERR, Allmächtiger.
Lass nicht zu, dass sie meinetwegen erniedrigt werden,
o Gott Israels.
8 Denn ich werde verhöhnt und verspottet um deinetwillen;
die Demütigung steht mir ins Gesicht geschrieben.

Nicht fromm genug

Es war nicht leicht, aber einer musste es machen: Jeremia musste voraussagen, dass die Babylonier Jerusalem erobern würden. Alle anderen schienen sicher zu sein, dass die heilige Stadt verschont würde, nur Jeremia kündigte immer wieder Schlimmes an. Damit er endlich still war, ließen ihn seine Gegner in eine schlammige Zisterne hinunter. Als der Prophet in den Sumpf einsank, könnten ihm gut diese Worte aus Psalm 69 eingefallen sein.

Jeremia wollte eigentlich kein Prophet sein; er gehorchte nur Gott. Die führenden Priester sagten ihm, er läge völlig falsch. Gott würde niemals zulassen, dass Fremde seinen Tempel überrannten! Hatte Jeremia denn keinen Glauben? Das musste sich der Prophet manchmal selbst fragen. Er bekam Zweifel, ob er richtig gehört hatte, wie David in Vers 6 und 7. Aber hartnäckig sprach er immer wieder das aus, was er sah.

Jesus war in einer ähnlichen Lage: Auch er wurde von den religiösen Führern seiner Zeit angegriffen. Wir sehen es meistens nicht von dieser Seite, aber Jesus wurde gekreuzigt, weil er nicht »fromm« genug war – jedenfalls nicht so, wie es die Pharisäer und Schriftgelehrten verstanden. Ihrer Ansicht nach übertrat er das Sabbatgebot, verunglimpfte den Tempel und lästerte sogar Gott.

Unser erstes Ziel sollte nie sein, es anderen recht zu machen. Wenn wir immer darauf achten, es Gott recht zu machen, können uns andere leicht missverstehen und kritisieren – so ist es auch David, Jeremia und Jesus ergangen – aber dann ist Gott mit uns zufrieden.

LIED:
Jesus Christus herrscht als König, alles wird ihm untertänig, alles legt ihm Gott zu Fuß. Aller Zunge soll bekennen, Jesus sei der Herr zu nennen, dem man Ehre geben muss.
PHILIPP FRIEDRICH HILLER

ÜBERBLICK:
Dieser Psalm ist zugleich ein messianischer Psalm, der von der Passion und Auferstehung von Christus spricht. Versuchen Sie einmal beim Lesen beide Sichtweisen zu erkennen.

NACHDENKENSWERT:
»Nähe zu Gott kann manchmal Entfremdung von Menschen bedeuten.«
EUGENE PETERSON

28. Mai

PSALM 69,9-22

9 Selbst meine Brüder geben vor, mich nicht zu kennen;
sie behandeln mich wie einen Fremden.
10 In mir lodert die Leidenschaft für dein Haus;
deshalb schmähen, die dich schmähen, auch mich.
11 Wenn ich weine und faste vor dem HERRN,
verspotten sie mich.
12 Wenn ich mich in Sackleinen kleide, um der Welt meinen
Kummer zu zeigen, verlachen sie mich.
13 Ich bin Stadtgespräch,
und die Trunkenbolde zerreißen sich das Maul über mich.
14 Doch ich lasse nicht ab vom Gebet, HERR,
von der Hoffnung, dass du mir diesmal gnädig bist.
In deiner unwandelbaren Liebe, o Gott,
antworte auf mein Gebet mit deinem Heil, das feststeht.
15 Zieh mich aus dem Morast,
lass mich nicht noch tiefer sinken!
Rette mich vor denen, die mich hassen,
und hol mich herauf aus dem tiefen Wasser.
16 Lass nicht zu, dass die Flut über mich hinweggeht
und die tiefen Wasser mich verschlucken
oder die Grube des Todes mich verschlingt.
17 Erhöre meine Gebete, o HERR,
denn deine unwandelbare Liebe ist wunderbar.
Wende dich zu mir und sorge für mich,
denn deine Gnade ist überreich.
18 Verbirg dich nicht vor deinem Knecht;
erhöre mich bald, denn ich bin in großer Not!
19 Komm und rette mich;
befreie mich von meinen Feinden.
20 Du kennst die Schmähungen, die ich erdulde –
die Schande und die Demütigungen.

Du hast alle meine Feinde gesehen
und weißt, was sie gesagt haben.
21 Ihre Schmähungen haben mir das Herz gebrochen,
und ich bin verzweifelt.
Wenn doch nur ein Einziger Mitleid gezeigt hätte,
wenn doch nur ein Einziger sich umgewandt und
mich getröstet hätte.
22 Stattdessen geben sie mir Gift zu essen;
bieten mir sauren Wein für meinen Durst an.

Erlebnisse von Jesus geschildert

Es ist auffällig, wie viel von dem, was Jesus auf der Erde erlebt hat, Psalm 69 beschreibt. Einmal war Jesus in einem Haus in Galiläa; da kamen so viele Leute zu ihm, dass er und die Jünger keine Zeit zum Essen fanden. Als die Mutter von Jesus und seine Brüder das hörten, machten sie sich Sorgen und kamen von Nazareth, um Jesus nach Hause zu holen (Mk 3,20-21). Auch bei anderen Gelegenheiten haben seine Angehörigen Jesus einfach nicht verstanden. Der Apostel Johannes schreibt: »Auch seine Brüder glaubten nicht an ihn« (Joh 7,5). Diese traurige Tatsache klingt in Vers 9 dieses Psalms an.

Auch darin stimmt die Haltung von Jesus mit dem Psalm überein, dass ihn eine Leidenschaft für Gottes Haus bestimmte, dass man über ihn klatschte und ihn falsch beschuldigte. Am Kreuz wurde ihm Essig zum Trinken angeboten (Vers 22; vgl. Mt 27,48). Gott hat seine Gebete erhört, aber nicht indem er das Leiden wegnahm, das er durchmachte. Er trug ihn durch und erweckte ihn am Ende wieder zum Leben.

Lied:
Herr, bleib bei mir, der Abend bricht herein. Es kommt die Nacht, die Finsternis fällt ein. Wo fänd ich Trost, wärst du, mein Gott, nicht hier? Hilf dem, der hilflos ist: Herr, bleib bei mir!
Theodor Werner nach Henry Francis Lyte

Nachdenkenswert:
»Verfolgung ist dann am schwersten zu ertragen, wenn sie von nahen Angehörigen ausgeht.«
W. Graham Scroggie

29. Mai

PSALM 69,23-37

23 Möge ihnen ihr überreich gedeckter Tisch zur Falle werden
und ihre Sicherheit zum Fallstrick.
24 Lass sie erblinden, so dass sie nichts mehr sehen,
und lass sie von Tag zu Tag schwächer werden.
25 Gieß deinen Zorn über sie aus;
verzehre sie mit deinem brennenden Grimm.
26 Mögen ihre Häuser leer werden
und ihre Zelte veröden.
27 Bei denen, die du gestraft hast, fügen sie zum Schaden noch
den Spott hinzu; sie machen sich lustig über den Schmerz derer,
die du geschlagen hast.
28 Häufe ihre Sünden hoch auf
und lass sie nicht ungestraft davonkommen.
29 Tilge ihre Namen aus dem Buch des Lebens;
lass nicht zu, dass sie zu den Gerechten gezählt werden.
30 Ich leide Schmerz und Pein.
Erlöse mich, o Gott, durch deine rettende Macht.
31 Dann will ich Gottes Namen mit Singen preisen
und will ihn mit Danksagung ehren.
32 Das wird dem HERRN besser gefallen als die Opferung
eines Ochsen oder die Darbringung eines Stieres mit seinen
Hörnern und Hufen.
33 Die Demütigen werden ihren Gott am Werk sehen und froh sein.
Mögen alle, die Gottes Hilfe suchen, in Freude leben.
34 Denn der HERR hört die Schreie der Hilflosen;
er lässt sein unterdrücktes Volk nicht zuschanden werden.
35 Lobt ihn, Himmel und Erde,
ihr Meere und alles, was darin lebt.
36 Denn Gott wird Jerusalem retten
und die Städte Judas wieder aufbauen.
Sein Volk wird dort wohnen und das Land in Besitz nehmen.
37 Die Nachkommen derer, die ihm gehorchen, werden das Land
erben, und die, die ihn lieben, werden in Sicherheit leben.

Haben und nicht haben

Im ersten Teil von Psalm 69 schildert David seine Leiden: Offensichtlich wird er von Leuten, die überzeugt sind, sie täten das Richtige, falsch beschuldigt (Vers 5). In diesem letzten Teil bittet er Gott das Blatt zu wenden: seine mächtigen Ankläger zu bestrafen und »Elende« und »Arme« wie ihn selbst zu belohnen.

Dieser Gedanke, dass Gott sich um die Habenichtse kümmert, kommt in der Bibel immer wieder vor. David redet in den Psalmen immer wieder davon. Vielleicht können wir uns nicht vorstellen, dass so ein großer König einmal arm war. Aber bevor er König wurde, musste David lange Zeit von einem Versteck ins andere flüchten. Anscheinend weiß er noch, wie sehr er Gott braucht, auch um den Reizen des Luxuslebens standzuhalten.

Auch Jesus betont, wie wichtig dieses Thema ist, vor allem in den Seligpreisungen (Mt 5,3-12): »Selig sind, die da geistlich arm sind ... die da Leid tragen ... die Sanftmütigen.« Das ist die Erfüllung des Versprechens aus Psalm 69,33-34. Gott hört es wirklich, wenn die Armen rufen.

In jeder Gesellschaft – und manchmal sogar in der christlichen Gemeinde – sieht es aus, als ob manche Leute alles haben und andere Not leiden. Oft werden die Armen verachtet oder ignoriert, diffamiert und falsch beschuldigt. Aber wenn sie Gott um Hilfe bitten, hört er sie immer und gibt ihnen viel Gutes.

LIED:
Rühret eigner Schmerz
irgend unser Herz,
kümmert uns ein
fremdes Leiden,
o so gib Geduld zu
leiden; richte unsern
Sinn
auf das Ende hin.
NIKOLAUS VON ZINZENDORF

PARALLELSTELLEN ZUM THEMA:
Aufschlussreich ist ein Vergleich zwischen Davids Reaktion auf die Verfolgung (Vers 24) und der von Jesus in Lukas 23,34.

NACHDENKENSWERT:
»Davids Wut wurde noch verstärkt durch seine Liebe zur Gerechtigkeit, die das Alte Testament uns ja vor Augen stellen soll; aber Christus hat die Gerechtigkeit durch die Sühne vollkommen gemacht.«
DEREK KIDNER

30. Mai

Psalm 70

1 *Anweisung für den Chorleiter: Ein Psalm Davids,*
der uns dem Herrn in Erinnerung bringen soll.
2 Bitte, Gott, rette mich!
Eile, Herr, und hilf mir.
3 Die meinen Untergang wollen, sollen gedemütigt und beschämt werden.
Die Freude an meiner Not haben,
sollen zuschanden werden.
4 Sie sollen erbeben angesichts ihrer Schande,
denn sie haben gesagt: »Ah! Jetzt haben wir ihn!«
5 Die dich jedoch suchen,
sollen fröhlich sein und sich freuen.
Die dein Heil lieben,
sollen ohne Unterlass rufen: »Gott ist groß!«
6 Doch ich bin arm und hilflos;
komm mir zu Hilfe, o Gott.
Du bist mein Helfer und Retter;
o Herr, zögere nicht!

Auf nach Süden

Auf dem Berg Karmel hatte Elia buchstäblich ein »Gipfelerleb nis«: Er forderte die Baalspriester zu einer Art Opfer-Wettkamp heraus. Wenn Israels Gott Feuer vom Himmel schicken würde um das Opfer zu verbrennen, würden sie ihn als Gott anerkennen Nun, Baal trat an diesem Tag nicht in Erscheinung, aber Gott ver brannte Elias Opfer vollständig, obwohl es von Wasser durchnäss war.

Aber diese Blamage machte die böse Königin Isebel nur noch wütender. Sie beschloss Elia fangen und töten zu lassen. Vielleicht hatte Elia mit einem Volksaufstand gerechnet, der die Königin und ihre Götzenpriester stürzen würde. Aber jetzt musste er sich schleunigst in Sicherheit bringen.

Er ging nach Süden, erst zum Toten Meer und dann weiter in die Wüste Sinai. Da setzte er sich und trauerte über sein Unglück.

So ähnlich muss es David gegangen sein, als er Psalm 70 schrieb. Er bittet Gott seine Feinde endgültig zu besiegen. Gott musste Elia einer grundlegenden Behandlung unterziehen, komplett mit Sturm, Erdbeben, Feuer und endlich mit einem sanften Säuseln. David dagegen scheint in Vers 5 selbst wieder Mut fassen zu können. Er ist zwar »elend und arm«, aber er weiß, dass Gott die Macht hat, ihm zu helfen.

LIED:
Mach End, o Herr, mach Ende mit aller unsrer Not; stärk unsre Füß und Hände und lass bis in den Tod uns allzeit deiner Pflege und Treu empfohlen sein, so gehen unsre Wege gewiss zum Himmel ein.
PAUL GERHARDT

WÖRTER IM TEXT:
Das Wort für »Heil« in Vers 5 ist Jeschua, die hebräische Form des Namens Jesus.

NACHDENKENSWERT:
»Es ist uns nicht verboten, wenn es uns sehr schlecht geht, Gott zu bitten, uns möglichst schnell zu helfen.«
CHARLES HADDON SPURGEON

31. Mai

31. Mai

Psalm 71,1-8

1 O Herr, du bist meine Zuflucht;
lass mich nicht aus deiner Gnade fallen.
2 Erlöse mich! Rette mich vor meinen Feinden,
denn du bist gerecht.
Erhöre mich und befreie mich.
3 Sei mir ein Fels in der Brandung,
der mir allezeit Zuflucht gewährt.
Befiehl, mich zu retten,
denn du bist mein Fels und meine Festung.
4 Mein Gott, rette mich vor der Macht der Bösen,
aus der Gewalt grausamer Unterdrücker.
5 O Herr, du allein bist meine Hoffnung.
Ich habe dir vertraut, o Herr, von Kindesbeinen an.
6 Ja, du warst mit mir seit meiner Geburt;
vom Mutterleib an hast du für mich gesorgt.
Deshalb preise ich dich allezeit!
7 Mein Leben ist ein Vorbild für viele,
denn du warst meine Stärke und mein Schild.
8 Deshalb kann ich nicht aufhören, dich zu loben;
den ganzen Tag verkünde ich deine Herrlichkeit.

Politisch nicht korrekt

Im Alter von 25 Jahren beschloss William Wilberforce seinen Glauben konsequent zu praktizieren. Er war gerade ins britische Parlament gewählt worden; im harten politischen Alltag würde sich diese Entscheidung wohl nicht unbedingt günstig auswirken.

Der junge Wilberforce fragte einen angesehenen Pfarrer namens John Newton um Rat. Newton war vor seiner Entscheidung für Christus im Sklavenhandel aktiv gewesen, aber jetzt setzte er sich energisch gegen die Sklaverei ein. Newton machte Wilberforce Mut, in der Politik zu bleiben und für das Recht zu kämpfen. Genau das tat Wilberforce und wurde in seiner Generation zur stärksten Kraft gegen den Sklavenhandel.

Die Sklavenhändler beherrschten alle politischen Tricks und machten es Wilberforce schwer, seine Einstellung zu verteidigen. Aber Wilberforce ließ nicht nach und 1807 brachte er ein Gesetz durch, das den Kauf und Verkauf von Sklaven in Großbritannien verbot. Aber auch danach kämpfte er weiter für die völlige Abschaffung der Sklaverei.

Wilberforce litt darunter, dass er sich immer wieder Feinde machte, und las oft die Psalmen, um Bestätigung für sein Vorgehen zu finden. Einmal nach einem besonders heftigen Streit sagte er zu seiner Frau: »Den 71. Psalm habe ich kürzlich auswendig gelernt und er hat mich sehr ermutigt.« Tatsächlich war Gott für Wilberforce »eine Festung«, zu der er immer fliehen konnte (Vers 3), und seine treue politische Arbeit erwies sich als »ein Vorbild für viele« (Vers 7).

LIED:
Gott ist mein Trost,
mein Zuversicht,
mein Hoffnung
und mein Leben.
Was mein Gott will,
dass mir geschicht,
will ich nicht
widerstreben.
HERZOG ALBRECHT VON PREUSSEN

WISSENSWERTES:
Dies war der Lieblingspsalm von Athanasius, dem umstrittenen Bischof im 4. Jahrhundert, der auch an der Einführung des Glaubensbekenntnisses von Nizäa mitgewirkt hat.

NACHDENKENSWERT:
»Wir hoffen nicht auf die Herrlichkeit des Himmels, auf Freude oder Ruhe nach den Anstrengungen des Lebens – nichts, was Gott schaffen könnte, erwarten wir, sondern Gott selbst, der unser Erlöser ist.«
E. B. PUSEY

Juni

1. Juni

PSALM 71,9-18

9 Lass mich nicht fallen, nun, da ich alt bin,
verlass mich nicht, wenn meine Stärke schwindet.
10 Denn meine Feinde verbünden sich heimlich gegen mich.
Sie haben sich verschworen, mich zu töten.
11 Sie sagen: »Gott hat ihn verlassen.
Jetzt haben wir ihn,
denn er hat niemand mehr, der ihm jetzt noch hilft.«
12 O Gott, bleib nicht fern.
Mein Gott, eile mir zu Hilfe.
13 Lass meine Ankläger zuschanden werden und vernichte sie.
Demütigung und Schande sollen die ereilen, die mir Böses wollen.
14 Ich werde nicht aufhören, auf deine Hilfe zu hoffen;
immer inniger will ich dich preisen.
15 Ich will allen Menschen von deiner Gerechtigkeit erzählen.
Den ganzen Tag will ich deine rettende Macht verkünden,
denn ich sehe mit Staunen, wie viel du für mich getan hast.
16 Ich will deine großen Taten rühmen,
o allmächtiger HERR.
Ich will allen erzählen, dass du allein gerecht und gut bist.
17 O Gott, du warst mein Lehrer von frühester Kindheit an,
und ich habe den anderen
stets von deinen herrlichen Taten erzählt.
18 Nun, da ich alt und grau bin,
verlass mich nicht, o Gott.
Lass mich deine Macht auch dieser neuen Generation verkünden,
von deinen mächtigen Wundern allen sagen, die nach mir kommen.

Die goldenen Jahre

Der Bischof war schon weit über achtzig, als man ihn verhaftete. Der Kaiser hatte beschlossen, hart gegen die Christen vorzugehen, besonders gegen die Leiter, weil sie die römischen Götter und auch das Bild des Kaisers nicht anbeten wollten. Viele Gläubige hatten den Bischof versteckt und zu anderen weitergeleitet, weil die Behörden nach ihm suchten.

Als sie Bischof Polykarp endlich fanden, lud er seine Verfolger zum Essen ein und ging dann friedlich mit ihnen. Sie brachten ihn in eine Arena und er musste vor dem römischen Prokonsul aussagen. Jetzt hatte er noch eine Chance sich zu retten: »Nimm Rücksicht auf dein hohes Alter«, bat ihn der Prokonsul, »und verfluche Christus.«

Polykarps Antwort war Gold wert: »Sechsundachtzig Jahre habe ich ihm gedient und er hat mir nie etwas Böses getan. Wie könnte ich meinen König verleumden? Er hat mich gerettet.« Polykarp wurde wegen seines Eigensinns verbrannt.

Der Bischof war ein lebendiges Beispiel für Psalm 71. Auch im hohen Alter verließ er sich auf Christus und erzählte allen, was Gott getan hatte.

Lied:
Verwirf mich nicht im Alter, verlass mich nicht, mein Gott! Bist du nur mein Erhalter, so werd ich nie zu Spott.
Philipp Friedrich Hiller

Parallelstellen zum Thema:
Mehr über Lehre, die von Gott kommt (Vers 17), finden Sie in Johannes 16,13; Hesekiel 36,26-27; Psalm 119,98-100.

Nachdenkenswert:
»Wenn ein Mensch sieht, dass er alt wird, ist es nicht falsch, um die besondere Fähigkeit zu bitten, das zu bewältigen, wovor er zwangsläufig Angst hat.«
Albert Barnes

2. Juni

2. Juni

PSALM 71,19-24

19 Deine Gerechtigkeit, o Gott, reicht bis in den höchsten Himmel.
Du hast herrliche Taten vollbracht.
Wer ist dir gleich, o Gott?
20 Du hast zugelassen, dass ich Not leide,
doch du wirst mir das Leben neu schenken
und mich aus der dunkelsten Tiefe holen.
21 Du wirst mich zu noch höheren Ehren bringen
und mich wieder trösten.
22 Dann will ich dich mit Harfenklängen loben,
denn du bist deinen Verheißungen treu, o Gott.
Ich will dir mit der Lyra aufspielen,
o Heiliger Israels.
23 Ich will jubeln und dein Loblied singen,
denn du hast mich erlöst.
24 Den ganzen Tag will ich deine gerechten Werke preisen,
denn alle, die mir schaden wollten,
wurden gedemütigt und zuschanden.

Wer ist dir gleich?

Michael Jordan ist in seinem Fach der Beste, den es gibt. Es gibt viele gute Basketballspieler außer ihm, aber er ist in seiner Karriere unerreicht geblieben. Im Geschäftsleben wollen die Geldanleger auf ihrem jeweiligen Gebiet die besten Berater an sich binden; ein erstklassiges Krankenhaus sucht die besten Chirurgen, wer verdächtigt wird, ein Verbrechen begangen zu haben, engagiert die besten Anwälte, die er sich leisten kann. Und was ist schöner für eine Mutter zu hören als: »Mama, du bist die Beste«?

Wir vergessen es manchmal, aber die Israeliten lebten mit Menschen im Umfeld, die an viele Götter glaubten. Die Nachbarvölker hatten eigene Götter, zu denen sie um gutes Gelingen beteten. An vielen Stellen in der Bibel wird beschrieben, wie der Gott der Israeliten sich mit diesen anderen Göttern auseinander setzt und sich als Sieger erweist.

Aber die Israeliten gingen noch einen Schritt weiter. In Psalm 71,19 fragt der Dichter: »Wer ist dir gleich, o Gott?« Israels Gott ist nicht nur besser als die anderen, er ist unvergleichlich – der beste, den es gibt. Er ist sogar der Einzige, auf den es ankommt.

Heute beten viele die Götter Geld und Spaß an. Sie sind bereit, ihnen Opfer zu bringen. Manche geben ihr Familienleben auf und arbeiten 80 Stunden in der Woche. Das ist dumm! Der wahre Gott ist nicht nur besser als solche Ziele, er ist der Beste überhaupt. Wenn man ihn einmal kennt, hält ihm nichts anderes mehr stand.

Lied:
Gott ist das Größte,
das Schönste,
das Beste;
Gott ist das Süßte
und Allergewisste,
aus allen Schätzen
der edelste Hort.
Paul Gerhardt

Parallelstellen zum Thema:
Auch im Neuen Testament wird bestätigt, wie unvergleichlich groß Gott ist, z. B. Epheser 1,21; 3,14-21.

Nachdenkenswert:
»Wenn man in den Hochalpen wandert, ist man oft überwältigt vor Ehrfurcht. Das gilt noch viel mehr, wenn wir Gottes Heiligkeit betrachten.«
Charles Haddon Spurgeon

3. Juni

PSALM 72,1-7

Ein Psalm Salomos.
1 Verleih dem König Gerechtigkeit, o Gott,
und Gerechtigkeit schenk auch dem Sohn des Königs.
2 Hilf ihm, dein Volk gerecht zu richten;
sorge dafür, dass den Armen ihr Recht wird.
3 Mögen die Berge Gedeihen für alle hervorbringen
und die Hügel fruchtbar sein,
weil der König tut, was recht ist.
4 Hilf ihm, die Armen zu schützen,
die Kinder der Hilflosen zu retten
und ihre Ausbeuter zu vernichten.
5 Er möge leben, solange die Sonne scheint,
solange der Mond am Himmel steht.
Ja, für immer und ewig!
6 Seine Herrschaft sei so erfrischend wie ein Frühlingsregen –
wie die Schauer, die die Erde tränken.
7 Die Gottesfürchtigen sollen unter ihr aufblühen.
Und es soll Überfluss herrschen bis ans Ende der Zeiten.

In uns ist noch Licht

Im April 1822 sprach James Montgomery auf einer methodistischen Missionskonferenz und wollte mit einem Lied abschließen, das er vor kurzem in Anlehnung an Psalm 72 geschrieben hatte. Aber mitten in seiner Rede ging das Licht aus. Die Leute verfielen in Panik. Da rief der Vorsitzende der Konferenz laut: »In uns ist noch Licht!« Der Tumult hörte auf und Montgomery sprach weiter.

Dieser kleine Vorfall kann uns dazu dienen, unsere Zeit zu beurteilen. Macht die »Dunkelheit« unserer Kultur Ihnen Angst? Christen erscheinen heute oft eher ängstlich als zuversichtlich. Aber Aufregung ist unnötig. In uns ist noch Licht. Gott ist trotz allem in uns lebendig und sein Licht leuchtet nach außen auf die Menschen, die sich durch die Dunkelheit tasten. Gott hat alles fest in der Hand.

Auf dieser Missionskonferenz hat Montgomery sein Lied doch noch vorgelesen. Psalm 72 war ursprünglich an den König von Israel gerichtet, aber Montgomery hält sich an die messianischen Voraussagen, die darin sind. Diese triumphierende Hoffnung ist für uns heute sehr notwendig.

LIED:
*Du bist Immanuel:
Mit uns ist Gott!
Dein Name leuchtet hell an jedem Ort.
Und du gehst stets voran,
leitest auf rechter Bahn.
Es lobt dich unsre Seel, Immanuel.*
KARL HEINZ KNÖPPEL

PARALLELSTELLEN ZUM THEMA:
Das schöne Bild vom Regen in Vers 6 und 7 könnten Davids letzte Worte angeregt haben (2. Sam 23,2-4), ein gerechter König sei für seine Untertanen wie Sonne und Regen. Dieses Bild vom König und seinem Reich ist auch Jesajas messianischen Prophetien sehr ähnlich (z. B. Jes 11, 1-5; 60,1-62,12).

4. Juni

Psalm 72,8-20

8 Er möge herrschen von Meer zu Meer,
vom Euphrat bis an die Enden der Erde.
9 Wüstenvölker werden sich vor ihm verneigen;
seine Feinde werden vor ihm in den Staub sinken.
10 Die Könige des Westens, aus Tarschisch und von den Inseln,
werden ihm Tribut zollen.
Die Könige des Ostens, aus Saba und Seba,
werden ihm Gaben bringen.
11 Alle Könige werden sich vor ihm neigen
und alle Völker ihm dienen.
12 Er wird den Armen helfen, wenn sie zu ihm schreien;
er wird die Unterdrückten befreien, die keinen Verteidiger haben.
13 Er hat Mitleid mit den Schwachen und Hilflosen
und wird sie retten.
14 Er wird sie erretten aus Unterdrückung und Gewalt,
denn ihr Leben ist ihm kostbar.
15 Lang lebe der König!
Man soll ihm das Gold von Saba bringen.
Die Menschen sollen allezeit für ihn beten,
den ganzen Tag sollen sie ihn preisen.
16 Im Land soll es reiche Ernten geben,
bis hoch hinauf in die Berge.
Die Obstbäume sollen blühen wie im Libanon,
sie sollen sprießen wie Gras auf der Wiese.
17 Der Name des Königs soll für immer bestehen;
er soll währen, solange die Sonne scheint.
Durch ihn seien alle Völker gesegnet und alle sollen ihn loben.
18 Gepriesen sei Gott, der HERR, der Gott Israels,
der allein so herrliche Werke vollbringt.
19 Gepriesen sei sein ruhmreicher Name für immer!
Die ganze Erde sei erfüllt von seiner Herrlichkeit.
Amen und Amen!
20 *(Hier enden die Gebete Davids, des Sohnes Isais.)*

Die Ehre des Königs

Einen kurzen, herrlichen Augenblick lang war der Staat Israel eine Weltmacht. Unter Salomos Herrschaft reichte Israels Staatsgebiet von Ägypten bis zum Euphrat. Aus der ganzen Welt kamen Händler, um mit Israel Geschäfte zu machen. Und fremde Könige zahlten dem großen Salomo Tribut. Was hier in Psalm 72 beschrieben wird, traf also ziemlich genau ein.

Jedenfalls ist ein Teil dieser Darstellung aber auch nicht eingetreten: Salomo hat zwar hohe Ehren genossen, aber Gott nicht. Viele politische Heiraten machten Salomo zwar sehr einflussreich, zogen ihn aber von Gott weg zu fremden Göttern. Es gab keine weltweite Erweckung. Als Salomo starb, fiel der Staat in ein Chaos.

Damit »die ganze Erde sei erfüllt von seiner Herrlichkeit« (Vers 19), brauchte es einen ganz anderen König. Dieser König bekam schon als Baby Geschenke von einflussreichen Fürsten aus dem Osten und er wuchs auf, um »den Armen (zu) helfen, wenn sie zu ihm schreien; er wird die Unterdrückten befreien, die keinen Verteidiger haben« (Vers 12). Dieser König ist Jesus und er macht in allen Ländern Menschen glücklich und dankbar.

LIED:
Jesu Name nie verklinget, ewiglich bleibt er bestehn. Jesu Name Ruhe bringet, Fried und Freude wunderschön.
C. CARVASSO GAUNLETT NACH DAVID WELANDER

PARALLELSTELLEN ZUM THEMA:
Dies ist eine sehr schöne Darstellung des Königs Salomo; aber Salomo erhob sehr hohe Steuern von seinen Bürgern (s. 1. Kön 12,4-14). Für Christen ist Jesus der König und er regiert ganz anders als Salomo: Vgl. dazu Matthäus 11,28.

NACHDENKENSWERT:
»Amen (Vers 19) ist ein kurzes Wort, aber wunderbar prägnant und voller Leben. Dieses Wort besiegelt die ganze Wahrheit Gottes ... Wenn Gott den Menschen nicht dazu führt, ist er nie bereit »Amen« zu sagen und kann es auch nicht.«
RICHARD SIBBES

5. Juni

ZWISCHENSPIEL: ASAF UND SEINE SÄNGERFAMILIE

Jetzt sollten Sie Asaf und seine Familie von Musikern kennen lernen, denn die nächsten elf Psalmen werden alle dieser Familie zugeschrieben. In vielen Psalmen und in den alttestamentlichen Büchern Chronik, Esra und Nehemia taucht Asafs Familie jedes Mal auf, wenn von Musik die Rede ist. Asaf war der Gründer einer der drei Familien von Tempelmusikern, die von König David den Auftrag bekamen für den Gesang in den Gottesdiensten zu sorgen. Gelegentlich wird angemerkt, dass sie die Zimbel spielen, aber im Allgemeinen singen sie.

Asaf und seine Nachkommen haben auch mehrere Psalmen geschrieben. Hier sind ein paar Kostproben aus seinen Liedern:

Psalm 50,15

»Vertraut auf mich in Zeiten der Not, und ich will euch retten, so dass ihr mich verherrlichen werdet.«

Psalm 73,26

»Meine Gesundheit mag schwinden, mein Geist mag schwach werden, Gott bleibt die Stärke meines Herzens; er gehört mir für immer und ewig.«

Psalm 76,5

»Du bist herrlicher und erhabener als die ewigen Berge.«

Psalm 77,15

»Du bist der Gott der Zeichen und Wunder! Du zeigst deine Ehrfurcht gebietende Macht unter den Völkern.«

Psalm 82,3

»Richte die Armen und Waisen gerecht; vertretet die Sache der Notleidenden und Unterdrückten.«

In den 1920er und 30er Jahren wurde ein neues Lied bei Gospelsängergruppen sehr beliebt; es hieß »das Mäklerlied« und fing so an:

Es gibt gewisse Leute, man trifft sie ab und zu,
die über alles mäkeln und geben keine Ruh.

Und dann der Refrain:
Ja, sie mäkeln am Montag, mäkeln am Dienstag,
mittwochs mäkeln sie auch.
Mäkeln am Donnerstag, mäkeln am Freitag,
das ist ihr täglicher Brauch.

Asafs Familie war da ganz anders. Einmal kam eine riesige Armee auf Juda zu. Alle waren verängstigt, auch König Joschafat. Da betete der König: »Unser Gott ... in uns ist keine Kraft ... Wir wissen nicht, was wir tun sollen« (2. Chr 20,12). Und Gott bestimmte einen aus Asafs Familie und ließ ihn sagen: »Ihr sollt euch nicht fürchten ... denn nicht ihr kämpft, sondern Gott ... Tretet nur hin und steht und seht die Hilfe des Herrn, der mit euch ist ...« (2. Chr 20,14-17). König Joschafat bestellte also Sänger, die vor der israelitischen Armee hergingen. Als sie anfingen Gott zu loben, griffen die feindlichen Armeen sich gegenseitig an! An dem Tag hat Gott seinem Volk einen großen Sieg gegeben – und das, weil sie sich mit Lob und Dank an ihn wendeten.

Wie kommen Sie mit den täglichen Schwierigkeiten zurecht? Sind Sie ein Mäkler? Oder loben Sie Gott in jeder Lage, so wie er es uns befohlen hat (Eph 5,20)? Man kann aus der Mäklergesellschaft austreten und sich als Ehrenmitglied Asafs Familie anschließen!

Lied:
Sing, bet und geh auf Gottes Wegen,
verricht das Deine nur getreu
und trau des Himmels reichem Segen,
so wird er bei dir werden neu.
Denn welcher seine Zuversicht
auf Gott setzt, den verlässt er nicht.
Georg Neumark

Im Alten Testament ist in 1. Chronik 15,19; 16,5-7; 25,1-2.6.9; 2. Chr 5,12; 29,30; 35,15; Esra 2,41; 3,10 und Nehemia 12,46 von Asafs Familie die Rede.

6. Juni

Drittes Buch: Psalm 73-89

Psalm 73,1-6

Ein Psalm Asafs.
1 Gott ist Israel gnädig,
er ist denen gut, die reinen Herzens sind.
2 Ich aber war dem Untergang so nah!
Meine Füße glitten aus, und fast wäre ich gestürzt.
3 Denn ich habe die Hochmütigen beneidet,
als ich sah, wie gut es ihnen trotz ihrer Bosheit ging.
4 Sie scheinen ein sorgloses Leben zu führen,
sind stark und gesund.
5 Sie haben keine Sorgen wie andere Menschen,
keine Nöte wie alle übrigen.
6 Sie tragen ihre Selbstgerechtigkeit wie einen kostbaren Halsschmuck, und ihre Gewänder sind aus Grausamkeit gewoben.

Das Leben verpasst

Das ist unfair! Haben Sie das schon einmal zu Gott gesagt, wenn Betrüger beruflich vor Ihnen bevorzugt werden, charakterlose Leute reich und berühmt werden oder Raser in Traumautos Sie auf der Autobahn überholen? Dann fragen wir uns alle manchmal: »Was stimmt da nicht?« So geht es auch Asaf in Psalm 73.

»Gott ist Israel gnädig«, fängt er an, aber es scheint ihm schwer zu fallen das zu sagen. Beim Weiterlesen sieht man, dass Gottes Güte ihn nicht gerade begeistert. Schon Vers 2 fängt an: »Ich aber ...« Es sieht aus, als ob Gottes große Versprechen nicht für ihn gelten. Er sieht, wie stolze und böse Leute es sich wohl sein lassen, während er selbst versucht, richtig und gut zu leben und um das Nötigste kämpfen muss.

Wir möchten alle gern glauben, dass Verbrechen sich nicht lohnen, aber manchmal tun sie es doch – jedenfalls im Augenblick. Aber später erkennt Asaf, dass er nicht das Ganze gesehen hat. Gott ist wirklich gut zu Israel und zu denen, die durch Glauben in Gottes Familie gekommen sind. Aber das zeigt er uns nicht immer in Form von Gesundheit und Geld. Er gibt uns sich selbst. Das ist ein unvergleichlich großes Geschenk, aber die Stolzen und Bösen verzichten bewusst darauf.

LIED:
Herr, du mein Gott,
du bist gut!
Herr, ich weiß keinen,
keinen außer dir,
der dieses Wortes
würdig wär:
Du bist gut!
HELGA POPPE

PARALLELSTELLEN ZUM THEMA:
In Hiob 20,5 findet sich eine Antwort auf Asafs Problem.

NACHDENKENSWERT:
»Neid ist eine Krankheit, die nur der Glaube heilen kann.«
MATTHEW A. CASTILLE

7. Juni

PSALM 73,7-14

7 Diese fetten Katzen haben alles,
was ihr Herz begehrt!
8 Sie spotten und reden nur Böses;
in ihrem Hochmut versuchen sie andere zu zertreten.
9 Sie prahlen selbst vor dem Himmel,
die ganze Welt hört ihre großsprecherischen Worte.
10 Die Menschen sind deshalb verwirrt und durcheinander
und saugen ihre Worte förmlich ein.
11 »Merkt Gott überhaupt, was da vor sich geht?«,
fragen sie.
»Sieht der Höchste, was hier geschieht?«
12 Schau dir diese Selbstgerechten an –
sie führen ein angenehmes, sorgloses Leben,
während ihr Reichtum wächst.
13 War es denn umsonst, dass ich mein Herz rein hielt
und kein Unrecht getan habe?
14 Jetzt habe ich nur Sorgen von früh bis spät;
jeder Morgen bringt mir neuen Kummer.

Das große Ganze

Sie haben vielleicht schon die Behauptung gehört, Nero habe »Geige gespielt«, als Rom brannte. Was man weiß, ist, dass es in Rom im Sommer 64 n. Chr. einen schrecklichen Brand gab. Wir wissen nicht, ob Kaiser Nero in dieser Zeit Geige übte, aber sicher hat er die Katastrophe ausgenutzt, das verbrannte Land zu seinem Eigentum erklärt und sich einen Palast darauf gebaut. Er behauptete auch, die Christen seien an dem Feuer schuld, und löste eine große Verfolgung aus, der Petrus, Paulus und viele andere zum Opfer fielen. Nero war einer von den »fetten Katzen«, über die sich Asaf in Psalm 73 beschwert. Egal wie man es betrachtet, ist es einfach nicht richtig, dass ein Verbrecher wie Nero die Macht hat, Christen wie Petrus und Paulus umzubringen. Hat Gott nicht gesehen, was da passierte?

Und wenn treue Apostel gewissenlosen Herrschern ausgeliefert sind, warum soll man sich dann die Mühe machen, treu zu sein? Wir sollten das Ganze nicht aus den Augen verlieren. Gott sieht alles, auch wenn wir es oft nicht sehen.

Als Jesus Petrus seinen Tod ankündigte, sagte er, er würde damit »Gott preisen« (Joh 21,19). Paulus sagt: »Christus ist mein Leben und Sterben ist mein Gewinn« (Phil 1,21). Neros Sieg war nur vorübergehend. Oft sieht es aus, als ob die Bösen triumphieren, aber am Ende gewinnt Gott und mit ihm sein Volk.

Lied:
Christus, der ist mein Leben; Sterben ist mein Gewinn. Ihm will ich mich ergeben; mit Frieden fahr ich hin.
Anfang 17. Jh.

Wörter im Text:
Die »fetten Katzen« in Vers 7 sind nicht nur eine flapsige Idee des Übersetzers. Im hebräischen Text steht wörtlich: »Ihre Augen quellen vor Fett heraus«.

Nachdenkenswert:
»Der Weg zum Himmel ist mit Schwierigkeiten belastet, oft kaum erkennbar und wird immer wieder angegriffen ... Man sagt, Königin Elizabeth I. sei durch ein Meer von Leiden zum Thron geschwommen.«
John Trapp

8. Juni

8. Juni

Psalm 73,15-24

15 Wenn ich wirklich so geredet hätte,
wäre ich zum Verräter an deinem Volk geworden.
16 Deshalb suchte ich zu begreifen, warum es den Bösen so gut geht.
Doch das ist wahrlich nicht einfach!
17 Dann kam ich eines Tages in dein Heiligtum, o Gott,
und dachte über das Schicksal der Bösen nach.
18 Du hast sie auf einen schlüpfrigen Pfad gestellt
und über die Klippen in die Vernichtung stürzen lassen.
19 In einem Nu sind sie fort,
fortgespült vom Entsetzen.
20 Ihr jetziges Leben ist nur ein Traum,
der vorüber ist, wenn sie erwachen.
Wenn du dich erhebst, o HERR,
wirst du sie aus diesem Leben auslöschen.
21 Da erkannte ich, wie verbittert ich war,
welcher Groll in mir aufstieg, wenn ich all dies sah.
22 Wie töricht und unwissend war ich –
ich muss dir wie ein unvernünftiges Tier erschienen sein.
23 Doch ich bin noch immer dein;
du hältst meine rechte Hand.
24 Du wirst mich weiter leiten mit deinem Rat
und mich zu einem wunderbaren Ziel führen.

Im Heiligtum

Wenn wir erfahren, wie bedeutende Personen Christus als Herrn anerkannt haben, möchten wir oft auch wissen, wo eine solche Entscheidung gefallen ist. Martin Luther stieg unter Gebeten eine Treppe in Rom hinauf, als ihm klar wurde, »dass der Mensch gerecht wird ohne des Gesetzes Werke, allein durch den

Glauben« (Röm 3,28). John Wesley erlebte in einem Gottesdienst eine »unbekannte Wärme« im Innern.

Für Asaf bekommt das Ganze einen Sinn, als er in Gottes Heiligtum geht. Sechzehn Verse lang hat er gerätselt, warum böse Menschen Erfolg haben. »Warum dann gut sein?«, fragte er (vgl. Vers 13). Aber im Heiligtum erkennt er endlich das ganze Bild: Die Bösen bewegen sich auf einem gefährlichen Weg zur eigenen Zerstörung. Was sie jetzt haben, ist nur ein Traum; die handfeste Wirklichkeit kommt erst später.

Da gesteht Asaf ein: »Wie töricht und unwisssend war ich« (Vers 22). Jetzt dankt er Gott, dass er ihn trotz der Zweifel an seiner Güte die ganze Zeit festgehalten hat. Die Bibel drückt sich nicht vor schweren Fragen und macht auch keine billigen Kompromisse mit leichten Antworten. Hiob, Elia und Jeremia stellen Gott Fragen und hier tut es auch Asaf. Das Fragen selbst ist nicht bedenklich, nur die Bitterkeit. Als Asaf Gott nicht mehr anschaute, versank er in seinem eigenen Neid und das brachte ihn in Schwierigkeiten.

Irgendwann haben wir alle Fragen und oft auch Zweifel. Aber wir können immer Gottes Hand festhalten und immer zu seinem Heiligtum kommen.

Lied:

Und meines Glaubens Unterpfand ist, was er selbst verheißen: dass nichts mich seiner starken Hand soll je und je entreißen.
Was er verspricht, das bricht er nicht; er bleibet meine Zuversicht.
Ich will ihn ewig preisen.

Philipp Spitta

Wörter im Text:

Das Wort für »Heiligtum« in Vers 17 steht in der Mehrzahl; vielleicht bedeutet es mehr als nur den sichtbaren Tempel. Es kann jeden Platz bezeichnen, wo Gott ist, zum Beispiel auch unser Inneres.

Nachdenkenswert:

»Als ich einmal im Hyde-Park spazieren ging, sah ich ein Stück Papier auf dem Rasen. Ich hob es auf; es war ein Teil eines Briefes. Der Anfang fehlte, das Ende auch ... So ist die Vorsehung. Man kann Anfang und Ende nicht sehen, nur ein Teilstück. Wenn man das Ganze sehen kann, werden wir das Geheimnis wissen.«

Thomas Jones

9. Juni

Psalm 73,25-28

25 Wen habe ich im Himmel außer dir?
Ich begehre dich mehr als irgendetwas auf Erden.
26 Meine Gesundheit mag schwinden, mein Geist mag schwach werden,
Gott bleibt die Stärke meines Herzens;
er gehört mir für immer und ewig.
27 Die aber, die ihn verlassen, werden umkommen,
denn du vernichtest alle, die sich von dir abwenden.
28 Doch mir geht es gut, weil ich Gott nahe bin!
Ich habe den allmächtigen HERRN zu meinem Schild gemacht,
und ich will allen von deinen wunderbaren Werken erzählen.

Der letzte Vers

Charles Wesley hat mehr als 7000 geistliche Lieder geschrieben. Wenn man jeden Tag ein Lied schriebe, müsste man zwanzig Jahre arbeiten, um das zu schaffen. Und ehrlicherweise muss man zugeben, dass man für Kostbarkeiten wie »And Can It Be?« und »Hark the Herald Angels Sing« wohl mindestens zwei oder drei Tage brauchen würde. In den meisten protestantischen englischsprachigen Gesangbüchern stehen Dutzende von Wesleys Liedern; aber sein letztes ist kaum bekannt.

Wesley liebte die Psalmen; sie inspirierten ihn nicht nur zu neuen Liedern, sie gaben ihm auch persönlich Frieden. Als er mit 80 Jahren auf dem Sterbebett lag, dachte Wesley über Psalm 73 nach. Dann rief er seine Frau an sein Bett und diktierte ihr sein letztes Lied.

Asaf, der diesen Psalm geschrieben hat, war selbst ein bedeutender Liederdichter. Oft verbindet man die Psalmen mit David, aber auch Asaf hat etwa zwölf davon verfasst. In Psalm 73 zeigt er uns seine großen emotionalen Probleme und wir sehen, dass sein Glaube an Gott am Ende stärker geworden ist. Trotz aller Schmerzen und Zweifel ist ihm Gott immer noch wichtiger als alles andere. Damit hat er zweifellos Wesleys volle Zustimmung gefunden.

Lied:
Herzlich lieb hab ich dich, o Herr. Ich bitt, wollst sein von mir nicht fern mit deiner Güt und Gnaden. Die ganze Welt erfreut mich nicht, nach Erd und Himmel frag ich nicht, wenn ich nur dich kann haben.
Martin Schalling

Parallelstellen zum Thema:
Auch andere Personen der Bibel mussten sich mit Asafs Frage über Bosheit auseinander setzen und bekamen die gleiche Antwort wie er in Vers 25; vgl. Hiob 42,1-6.

Nachdenkenswert:
»Der Epikureer, sagt Augustinus, würde sagen: ›Es ist gut für mich, das natürliche Leben zu genießen.‹ Der Stoiker würde sagen: ›Es ist gut für mich, die Freuden von Geist und Seele zu erleben.‹ Der Apostel sagt: ›Es ist gut für mich, an Christus festzuhalten.‹«
Lorinus

10. Juni

10. Juni

Zwischenspiel: Hoffnungspsalmen

Wenn Sie an alttestamentliche Prophetien über den Messias denken, fällt Ihnen höchstwahrscheinlich Jesaja ein. Er war es ja, der vorausgesagt hat, dass eine Jungfrau schwanger werden und einen Sohn bekommen würde, der Immanuel heißen sollte. Er war es auch, der angekündigt hat, dass der leidende Gottesknecht und Mann der Schmerzen für unsere Schuld verwundet und geschlagen würde und dass Gott ihm alle unsere Sünden aufladen wollte.

Aber wenn man die Psalmen liest, findet man fast auf jeder Seite Anspielungen auf den Messias. Hier finden Sie ein paar messianische Prophetien aus den Psalmen, die in der Osterwoche erfüllt worden sind, in der Jesus starb und auferstand:

- *»Gepriesen sei, der da kommt im Namen des Herrn. Wir preisen dich, der du aus dem Hause des Herrn stammst«* (Ps 118,26; vgl. Mk 11,9).
- *»Selbst mein bester Freund, dem ich vollkommen vertraute, mit dem ich mein Essen teilte, hat sich gegen mich gewandt«* (Ps 41,10; vgl. Joh 13,18).
- *»Wer mich sieht, verhöhnt mich. Sie schnauben wegwerfend, schütteln den Kopf und sagen: ›Ist das der Mensch, der sich auf den Herrn verlässt? Dann soll der Herr ihn retten! Wenn der Herr ihn so sehr liebt, soll der Herr ihm auch helfen!‹«* (Ps 22,8-9; vgl. Mt 27,42-43).
- *»Sie haben mir Hände und Füße durchbohrt«* (Ps 22,17; vgl. Mt 27,35).
- *»Sie verteilen meine Kleider unter sich und würfeln um meine Gewänder«* (Ps 22,19; vgl. Joh 19,23-24).
- *»Stattdessen geben sie mir Gift zu essen; bieten mir sauren Wein für meinen Durst an«* (Ps 69,22; vgl. Mk 15,36).
- *»Mein Gott, mein Gott, warum hast du mich verlassen?«* (Ps 22,2; vgl. Mk 15,34).
- *»Denn du wirst meine Seele nicht bei den Toten lassen, du wirst nicht dulden, dass dein Gottesfürchtiger im Grabe verfault«* (Ps 16,10; vgl. Apg 2,27).

»Der Stein, den die Bauleute verworfen haben, ist zum Eckstein geworden« (Ps 118, 22; vgl. Apg 4,11).
»Der Herr sprach zu meinem Herrn: ›Setze dich auf den Ehrenplatz zu meiner Rechten, bis ich deine Feinde demütige und sie zum Schemel unter deinen Füßen mache‹« (Ps 110,1; vgl. Hebr 10,13).

Es ist erstaunlich, wie viel man aus den Psalmen über den Messias (Jesus) erfährt. Auch wenn wir das Neue Testament nicht hätten, wüssten wir schon einiges über ihn.

Überall in den Psalmen wird der Messias als Prophet, Priester und König dargestellt. Aus Psalm 2 geht auch hervor, dass er ein Sohn Gottes ist, der zu Gott gehört. Man sieht es daran, dass Gott jemanden seinen »Sohn« nennt, den er mit noch mehr Würde als David umgibt.

In Psalm 23 wird Gott der gute Hirte genannt; so nennt Jesus sich selbst in Johannes 10.

Aber Psalm 22 zeigt uns, dass dieser Messias auch leidet und auf unwürdige Weise stirbt. Dieser Psalm beschreibt drastisch die Einzelheiten der Kreuzigung, lange bevor die Römer diese Hinrichtungsart erfanden. Aber wir erfahren auch, dass der Messias nicht im Grab bleibt, sondern aufersteht (Ps 16).

Am Ende sitzt der Messias auf dem Ehrenplatz an Gottes rechter Seite (Ps 110) und als König aller Könige erweitert er Gottes Herrschaftsbereich auf die ganze Erde (Ps 72).

In Lukas 24 geht Jesus mit zweien seiner Jünger den Weg nach Emmaus. Da »fing (er) an bei Mose und allen Propheten und legte ihnen aus, was in der ganzen Schrift von ihm gesagt war« (Vers 27) und sie spürten eine seltsame Wärme (Vers 32). Kein Wunder! Die Psalmen und auch andere Bücher des Alten Testaments sind voll mit erstaunlichen Aussagen über ihn! Und wir haben die Aussicht, dass alle, die glauben, eines Tages gemeinsam die Wahrheit dieser Aussagen erkennen werden.

LIED:
Sind mit Sorgen wir beladen,
sei es frühe oder spät,
hilft uns sicher unser Jesus,
fliehn zu ihm wir im Gebet.
JOSEF SCRIVER

11. Juni

Psalm 74,1-11

Ein Psalm Asafs.

1 O Gott, warum hast du uns für immer verstoßen?
Warum ist dein Zorn auf die Schafe deiner Weide so groß?
2 Denk daran, wir sind das Volk, das du erwählt hast,
der Stamm, den du als deinen besonderen Besitz erlöst hast!
Und denk an Jerusalem, deine Wohnstatt hier auf Erden.
3 Geh durch die düsteren Ruinen der Stadt
und schau dir an, wie der Feind dein Heiligtum geschändet hat.
4 Hier haben deine Feinde siegestrunken ihre Schlachtrufe
ausgestoßen und ihre Standarten gehisst.
5 Sie haben den Eingang eingerissen
wie Holzfäller im Wald.
6 Mit Äxten und Hacken haben sie die geschnitzte Decke zerstört.
7 Sie haben den Ort, der deinen heiligen Namen trägt,
dem Erdboden gleichgemacht.
8 Dann dachten sie wohl bei sich: »Wir wollen lieber alles
zerstören!«
Und sie brannten alle Stätten nieder, an denen zu Gott
gebetet wurde.
9 Wir sehen keine wunderbaren Zeichen,
Zeichen dafür, dass du uns retten wirst.
Es gibt keine Propheten mehr;
keiner kann uns sagen, wie dies alles enden wird.
10 Wie lange noch, Gott, wirst du zulassen, dass unsere Feinde
uns verhöhnen?
Willst du für immer zusehen, wie sie Schande über deinen
Namen bringen?
11 Warum hältst du deine starke Rechte zurück?
Öffne deine mächtige Hand und versetz ihnen den Todesstoß.

So weit weg!

Die Eroberung Jerusalems 586 v. Chr. war das Ende einer langen, demütigenden Niederlage. Schon vor mehreren Jahren hatten die Babylonier Juda gezwungen, sich ihrer Herrschaft zu unterwerfen und hohe Tribute zu zahlen. Dann setzten sie in Juda einen König nach ihren Wünschen ein und verschleppten die meisten hochrangigen Bewohner Jerusalems ins Exil. Schließlich rebellierte das Volk noch einmal; da plünderte die babylonische Armee die Stadt und brachte noch viel mehr Bewohner ins Ausland.

Jeremia erlebte das alles mit und wusste, dass es eine Strafe von Gott war. Die Leute hatten ihn als »Jammerpropheten« verspottet und ihn Verräter genannt, weil er die Zerstörung Jerusalems vorausgesagt hatte. Im Buch der Klagelieder wird genauer gesagt, was Jeremia durchmachte. »Warum willst du uns so ganz vergessen«, fragt er Gott, »und uns lebenslang so ganz verlassen?« (Klgl 5,20).

Psalm 74 wird Asaf zugeschrieben, aber er findet Worte für Jeremias Trauer. Viele von uns kennen solche Gefühle. Manchmal passieren so schreckliche Dinge in unserem Leben und wir fragen uns, was Gott da tut. Ist er überhaupt noch da? Und warum ist er so wütend auf uns?

Manchmal fühlt man sich schuldig, wenn einem solche Gedanken kommen, aber das braucht man nicht. Wir sehen in Psalm 74 wie auch in den Klageliedern, dass solche Gefühle verständlich und natürlich sind. Aber sowohl Asaf als auch Jeremia hörten nicht auf, zu Gott zu beten, als er so weit weg zu sein schien. So brachte sie ihre Trauer näher zu Gott, nicht weiter weg.

LIED:
*Erhebe dich und steure dem Herzeleid auf der Erd;
bring wieder und erneure
die Wohlfahrt deiner Herd.*
PAUL GERHARDT

ÜBERBLICK:
Was Asaf hier betet, bedeutet im Prinzip: »Herr, bitte nimm die Hände aus den Taschen und tu etwas.«

PARALLELSTELLEN ZUM THEMA:
In 2. Könige 25,13-17 wird im Einzelnen geschildert, was passierte, als der Tempel 586 v. Chr. zerstört wurde.

12. Juni

Psalm 74,12-23

12 Du, o Gott, bist mein König seit uralter Zeit,
du hast der Erde das Heil gebracht.
13 Du hast durch deine Kraft das Meer geteilt
und den Seeungeheuern das Haupt zerschmettert.
14 Du hast die Häupter des Leviatan zertrümmert
und ihn den Wüstentieren zum Fraß überlassen.
15 Du hast Quellen und Flüsse aufbrechen
und Ströme, die nie austrockneten, versiegen lassen.
16 Tag und Nacht gehören dir;
du hast das Sternenlicht und die Sonne geschaffen.
17 Du hast die Grenzen der Erde gesetzt
und Sommer und Winter gemacht.
18 Sieh, wie diese Feinde dich verhöhnen, HERR.
Ein törichtes Volk hat deinen Namen entehrt.
19 Lass nicht zu, dass diese wilden Tiere unsere Tauben umbringen.
Vergiss dein bedrängtes Volk nicht für immer.
20 Denke an deine Bundesverheißungen,
denn das Land ist voller Finsternis und Gewalt!
21 Lass nicht zu, dass die in den Staub Getretenen deine Gnade für immer verlieren,
sondern gib den Armen Grund, deinen Namen zu preisen.
22 Erhebe dich, o Gott, und tritt für deine Sache ein.
Denke daran, wie diese Toren dich den ganzen Tag lang schmähen.
23 Verschließ nicht die Ohren vor dem, was deine Feinde sagen.
Ihr Hetzgeschrei wird lauter und lauter.

Es ist noch nicht vorbei

Dies ist das wichtigste Basketballspiel der Saison. Die State University hat den Spieler des Jahres, aber überraschenderweise ist Jackson dieses Mal nicht auf dem Spielfeld. Er sitzt auf der Bank – nicht verletzt. Er spielt nur nicht. Die Mannschaft von State gibt sich große Mühe, aber ihr fehlt der Starspieler. Zur Halbzeit liegt die Mannschaft um zwölf Punkte zurück. Im dritten Viertel sitzt Jackson immer noch auf der Bank und das Team gerät immer mehr in Rückstand. Die Fans werden wütend. »Warum hat der Trainer dieses Spiel abgeschrieben?«

Zu Anfang des letzten Viertels ist State um 16 Punkte im Rückstand. Aber dann kommt Jackson zu seinen Kollegen auf das Spielfeld und die Buhrufe verwandeln sich in Hurrarufe. Der Star spielt unglaublich kraftvoll, erreicht jeden Ball, fängt Zielwürfe ab, trifft unhaltbar in den Korb. Die Mannschaft von State holt auf zehn Punkte Rückstand auf, dann auf fünf, dann auf zwei, und in der letzten Minute sichert Jackson dem Team drei Punkte Vorsprung. Die Menge tobt. Ein sagenhafter Trainer!

Man kann dem Psalmdichter keinen Vorwurf machen, wenn er sich fragt, warum sein Star, nämlich Gott selbst, nicht in das Spiel eingreift. Warum sitzt er draußen, wenn seine Mannschaft geschlagen wird? Manchmal fragen wir uns das auch. Aber keine Angst: Das Spiel ist noch nicht vorbei.

Lied:
Gott der Tage,
Gott der Nächte,
meine Seele
harret dein,
lehnet sich an
deine Rechte;
nie kannst du
mir ferne sein.
Johann Kaspar Lavater

Parallelstellen zum Thema:
Im 8. Kapitel des Hebräerbriefs steht mehr über die Zusagen, die zum Bund Gottes gehören (Vers 20).

Nachdenkenswert:
»Wer glaubt, ist nie blind für das Elend. Er sieht genau alle schrecklichen Fakten. Aber er sieht noch mehr: Er sieht Gott.«
G. Campbell Morgan

13. Juni

Psalm 75

1 *Anweisung für den Chorleiter: Ein Psalm Asafs, zu singen nach der Melodie »Du sollst nicht vernichten!« Ein Lied.*
2 Wir danken dir, Gott!
Wir sagen dir Dank, weil du nahe bist.
Überall erzählen sich die Menschen von deinen wunderbaren Zeichen.
3 Gott spricht: »Zu der Zeit, die ich ausersehen habe,
werde ich die Bösen gerecht richten.
4 Wenn die Erde bebt und die Menschen in Aufruhr geraten,
bin ich es, der ihren Grundmauern Halt gibt.
Zwischenspiel
5 Ich habe die Hochmütigen gewarnt: ›Hört auf mit eurem Prahlen!‹
Zu den Bösen sprach ich: ›Ballt nicht die Fäuste!
6 Erhebt eure Hände nicht im Trotz gegen den Himmel,
lasst euch nicht hinreißen zu selbstgerechten Worten!‹«
7 Denn kein Mensch auf Erden – aus Ost oder West
oder auch aus der Wüste –
kann einen anderen Menschen erhöhen.
8 Gott allein richtet;
er entscheidet, wer erhöht wird und wer fällt.
9 Der HERR hält einen Kelch in seiner Hand;
er ist voll schäumenden Weins, gemischt mit Gewürzen.
Diesen Wein wird er beim Gericht ausgießen,
und alle Bösen müssen ihn trinken,
müssen ihn bis auf den Bodensatz leeren.
10 Ich aber will allezeit von Gottes Werken reden;
ich will den Gott Israels preisen.
11 Denn Gott spricht: »Ich will die Macht der Bösen aufheben,
doch die Kraft der Gottesfürchtigen will ich stärken.«

Das Lob hinausposaunen

Niemand kann besser für einen anderen werben als ein Verliebter. Wenn man in jemanden verliebt ist, möchte man am liebsten allen erzählen, wie großartig die geliebte Person ist. Alles, was sie tut, wird glorifiziert. Jeder, der gerade da ist, muss davon erfahren. Das gilt für Mütter, die ihr Kind sehr lieben, ebenso wie für die hoffnungslosen Romantiker, die ständig das Lob dieser einen Person hinausposaunen.

Von solchen Leuten ist im ersten Vers dieses Psalms die Rede. Der Psalmdichter Asaf ist begeistert von Gott und kann nicht aufhören zu erzählen, was er getan hat (s. Vers 10).

Aber dann gibt es da aufsässige Leute, die die Faust gegen den Himmel strecken. Sie reden auch ständig von einer Person: von sich selbst (Vers 5)! Sie verlassen sich auf ihre Kraft und sehen keinen Bedarf für Gott. Solche Leute werden am Ende von Gott beurteilt.

Aus diesem Psalm wird klar, dass Gott will, dass wir ihn – und nicht uns selbst – als Gott anerkennen. Er bringt Eingebildete auf den Boden der Tatsachen und gibt den Unsicheren Selbstachtung. Zwei der schönsten Gebete in der Bibel, das Gebet Hannas (1. Sam 2,1-10) und das Gebet Marias (Lk 1,46-55), stellen diese Tatsache heraus. Der Psalm schließt mit der einfachen Feststellung derselben Sache: Er gibt denen Kraft, die ihm gehorchen wollen, und denen, die selbst bestimmen wollen, entzieht er sie.

Wem gilt Ihre Hochachtung? Ihnen selbst oder Gott?

LIED:
Ich danke meinem Gott von ganzem Herzen! Von all seinen Wundern will ich laut erzählen und lobsingen seinem Namen. Ich freue mich und bin fröhlich, Herr, an dir. Halleluja!
KLAUS HEIZMANN

PARALLELSTELLEN ZUM THEMA:
Mehr über den Becher oder Kelch, aus dem böse Menschen trinken müssen, steht in Jesaja 51,17; Jeremia 25,15 und Habakuk 2,16.

NACHDENKENSWERT:
»Wie beruhigend ist es zu wissen, dass Gott in all dem Chaos und der Anarchie, die die Welt so auffällig durcheinander bringen, die unsichtbaren Grundlagen festhält, auf die wir uns verlassen.«
F. B. MEYER

14. Juni

Psalm 76

[1] *Anweisung für den Chorleiter: Ein Psalm Asafs, für Begleitung mit Streichinstrumenten. Ein Lied.*
[2] Gott ist wohlbekannt in Juda;
sein Name ist groß in Israel.
[3] Er wohnt in Jerusalem;
der Berg Zion ist seine Heimstatt.
[4] Dort zerbricht er die Pfeile des Feindes,
die Schilde, Schwerter und Waffen seiner Widersacher.
Zwischenspie
[5] Du bist herrlicher und erhabener als die ewigen Berge.
[6] Deine mächtigsten Feinde sind überwältigt.
Sie liegen vor uns im Todesschlaf.
Kein Krieger vermochte auch nur die Hand gegen uns zu erheben
[7] Als du sie straftest, o Gott Jakobs,
blieben ihre Pferde und Streitwagen stehen.
[8] Deshalb fürchten dich alle!
Wer kann vor dir bestehen, wenn dein Zorn aufflammt?
[9] Du hast aus dem Himmel das Urteil über deine Feinde gesprochen
die Erde erbebte und stand still vor dir.
[10] Gott, du erhobst dich, um die zu richten, die Böses tun,
um die Unterdrückten der ganzen Welt zu erlösen.
Zwischenspie
[11] Der Trotz der Menschen macht deine Herrlichkeit nur umso größer,
denn du gebrauchst ihn als Schwert deines Gerichts.
[12] Legt vor dem Herrn, eurem Gott, Gelübde ab und erfüllt sie.
Alle Menschen sollen dem Ehrfurcht Gebietenden Tribut zollen.
[13] Denn er bricht den Starrsinn von Fürsten
und die Herrscher der Erde fürchten ihn.

Die Stolzen müssen beraubt werden

Zur Zeit Hiskias, des Königs von Juda, bedrohte die assyrische Armee Jerusalem. Assyrien war damals die »Weltmacht« im Nahen Osten und war bekannt für seine effiziente und grausame Kriegsführung. Darum war es ein erschreckendes und demütigendes Erlebnis, als eine assyrische Gesandtschaft in Jerusalem Einlass forderte und dann die Bevölkerung und ihren Gott verspottete (vgl. den Text vom 1. Mai/ Ps 56,1-8).

Aber Hiskia trug die Sache Gott vor, und Gott versprach sein Volk vor den Assyrern zu retten. Wie? Das erklärte Gott nicht, aber Hiskia glaubte ihm.

Man weiß heute noch nicht, wie es genau passiert ist, aber Jerusalem wurde wirklich befreit. Lebensmittelvergiftung? Oder irgendeine Seuche? Giftgas aus einer Erdspalte? All diese natürlichen Möglichkeiten könnte Gott genutzt haben, um seinen Plan auszuführen. Wir wissen nicht mehr als das, was darüber in der Bibel steht: »Da fuhr aus der Engel des Herrn und schlug im assyrischen Lager hundertfünfundachtzigtausend Mann. Und als man früh am Morgen sich aufmachte, siehe, da lag alles voller Leichen« (Jes 37,36). Man kann sich denken, dass die restlichen Soldaten sich beeilten nach Hause zu kommen.

Nach so einem Erlebnis wäre es nicht überraschend, wenn man Psalm 76 zum Gottesdienstpsalm für den nächsten Sabbat bestimmt hätte! Der Allmächtige hatte gehandelt.

LIED:
Herr Gott, dich loben wir, dass du die Pfeil und Wagen, Schild, Bogen, Spieß und Schwert zerbrochen und zerschlagen.
JOHANN FRANCK

WISSENSWERTES:
Als 1588 bekannt wurde, dass England die spanische Armada besiegt hatte, verbreitete Robert Bruce in Edinburgh gedruckte Blätter mit diesem Psalm.

NACHDENKENSWERT:
»Gott hat vom rebellischen menschlichen Geist schon immer Anerkennung erzwungen.«
G. CAMPBELL MORGAN

15. Juni

15. Juni

PSALM 77,1-13

Für Jedutun, den Chorleiter: Ein Psalm Asafs.

2 Aus tiefstem Herzen schreie ich zu Gott.
O dass er mich doch hörte!
3 Als ich in großer Not war,
suchte ich den HERRN.
Die ganze Nacht habe ich gebetet,
die Hände bittend zum Himmel erhoben.
Es gibt keine Freude mehr für mich, ehe er nicht eingreift.
4 Ich denke an Gott und seufze
vor Sehnsucht nach seiner Hilfe.

Zwischenspiel

5 Du lässt mich nicht schlafen,
nicht einmal beten kann ich vor Kummer!
6 Ich denke an die gute alte Zeit, lange ist´s her,
7 als meine Nächte von freudigen Liedern klangen.
Ich suche in meiner Seele und sinne darüber nach,
wie anders jetzt alles ist.
8 Hat der HERR mich für immer verstoßen?
Wird er mir nie mehr gnädig sein?
9 Habe ich seine unwandelbare Liebe für immer verloren?
Bleiben seine Verheißungen auf ewig unerfüllt?
10 Hat Gott vergessen, gütig zu sein?
Hat er die Tür seines Erbarmens zugeschlagen?

Zwischenspiel

11 Und ich sagte: »Es ist mein Schicksal,
dass die Segnungen des Höchsten sich in Hass verwandelt haben.«
12 Ich erinnere mich an alles, was du getan hast, o HERR;
ich weiß noch die wunderbaren Werke, die du einst vollbrachtest.
13 Sie stehen mir ständig vor Augen.
Ich kann nicht aufhören, an sie zu denken.

Wenn der Pilger nicht weiterreist

Wenn Christen anfangen zu zweifeln, zweifeln sie oft gar nicht an Gott, sondern an sich selbst. Sie wissen, dass Gott im Himmel herrscht, aber sie wissen auch, wie abhängig sie körperlich und seelisch von der Welt sind. Dann werden sie unsicher, ob Gott sie überhaupt noch haben will. Vielleicht kennen Sie das.

Dem Prediger John Bunyan, der im 17. Jahrhundert lebte und auch *Die Pilgerreise* geschrieben hat, waren solche Gedanken nicht fremd. Er hat sogar in seiner Autobiografie davon berichtet. Mehr als zwei Jahre lang fühlte er sich sehr weit von Gott entfernt. Er spürte sehr genau, dass er sich oft falsch verhielt, und es entmutigte ihn, dass es ihm nicht gelang, es richtig zu machen. Immer wieder kamen ihm die Worte aus Psalm 77 in den Sinn: »Hat der Herr mich für immer verstoßen? Wird er mir nie mehr gnädig sein?« (Vers 8).

Aber als er eines Tages über ein Feld ging, sorgenvoll wie immer, fiel ihm plötzlich etwas anderes ein: »... damit wir in ihm die Gerechtigkeit würden, die vor Gott gilt« (2. Kor 5,21). Da verstand er, dass Gott von ihm gar keine Gerechtigkeit forderte, weil Christus seine Gerechtigkeit war. Bunyan ging voll Freude nach Hause und hatte »Frieden mit Gott durch unsern Herrn Jesus Christus« (Röm 5,1).

Ja, Psalm 77 fasst die Besorgnis vieler Christen in Worte (für Bunyan war er eine der »schrecklichen Bibelstellen«). Aber wir dürfen nicht bei dem Zwischenspiel nach Vers 9 stehen bleiben. Wir sollten weiterdenken, welche großen Taten Gott in der Geschichte und in unserem eigenen Leben getan hat. Er hat noch etwas mit uns vor.

LIED:
Schickt er mir ein Kreuz zu tragen, dringt herein Angst und Pein, sollt ich drum verzagen? Der es schickt, der wird es wenden; er weiß wohl, wie er soll all mein Unglück wenden.
PAUL GERHARDT

NACHDENKENSWERT:
»Melancholie und Depression stellen gern Fragen, aber der Glaube weiß eine Antwort.«
F. B. MEYER

16. Juni

16. Juni

Psalm 77,14-21

14 O Gott, deine Wege sind heilig.
Gibt es einen Gott, dessen Macht der deinen gleichkommt?
15 Du bist der Gott der Zeichen und Wunder!
Du zeigst deine Ehrfurcht gebietende Macht unter den Völkern.
16 Du hast dein Volk durch deine Stärke befreit,
die Nachkommen Jakobs und Josefs durch deine Macht.
Zwischenspiel
17 Als das Rote Meer dich sah, o Gott,
erbebten seine Wasser!
Die See wurde erschüttert bis in ihre tiefsten Tiefen.
18 Der Himmel öffnete seine Schleusen;
der Donner rollte in den Wolken.
Jäh blitzten deine Lichtpfeile auf.
19 Die Donnerschläge ertönten aus dem Sturm;
die Blitze erhellten die Welt!
Die Erde zitterte und bebte.
20 Dein Weg führte durchs Meer,
deine Straße durch die mächtigen Wasser –
einen Pfad, von dem niemand gewusst!
21 Du hast dein Volk diesen Weg geführt wie eine Schafherde,
und Mose und Aaron waren deine Hirten.

Der versteckte Weg

Unser Gott weckt Ehrfurcht, das ist keine Frage. Er hat in der Geschichte Unglaubliches bewirkt, wie dieser Psalm berichtet. Aber wir müssen beachten, dass dies nur die zweite Hälfte eines Psalms ist, dem die erste Hälfte vorangeht.

Wenn Sie das gestrige Stück noch einmal lesen und dann das heutige – scheinen sie nicht aus völlig verschiedenen Situationen zu kommen? Vers 11 fasst die ganze Verzweiflung der vorangegangenen Verse in der Feststellung zusammen: »Gott hasst mich.« Dann gibt Vers 12 mit der Erinnerung an die »vorigen Wunder« den Ton für den restlichen Psalm an. Wo ist da die Verbindung?

Vielleicht sollten wir uns klarmachen, dass viele Menschen nie wirklich die Verbindung zwischen beiden Tatsachen herstellen. Natürlich, Gott hat Großes getan, aber was hat das mit mir zu tun? Mir geht es immer noch katastrophal.

Die Verse für heute sagen, dass Gott dabei ist, erstaunliche Entwicklungen für seine Leute in die Wege zu leiten. Was er tut, tut er nicht um Eindruck zu machen, sondern um uns seine Liebe zu zeigen. Vers 20 sollten wir nicht überlesen: Gott hat sein Volk geführt, aber der Weg ging durch das Meer. Und so wie Gott für die Israeliten einen Weg durch das Meer frei gemacht hat, so kann er uns unbeschadet durch unsere Schwierigkeiten führen auf einem Weg, von dem wir jetzt noch gar nichts wissen!

Wenn Sie also meinen, Gott hätte Sie verlassen, schauen Sie konsequent nach *vorn*. Vielleicht schafft Gott schon einen Weg, den Sie jetzt noch nicht sehen können.

Lied:
Bei der Hand will er dich fassen; scheinst du gleich von ihm verlassen, glaube nur, und zweifle nicht!
Johann Kaspar Lavater

Parallelstellen zum Thema:
Die Verse 17-21 geben uns ein eindrucksvolles poetisches Bild der geschichtlichen Ereignisse, die in 2. Mose 14,21-31 berichtet werden. In Markus 4,39 wird deutlich, dass Gott auch jetzt noch über Wasser und Wogen bestimmt.

Nachdenkenswert:
»Wie ein Bach die Fußspuren unsichtbar macht, die sich in seinen weichen Grund eindrücken, so sind auch Gottes Fußspuren unsichtbar. Wenn er uns seine Wunder und Taten nicht zeigt, können wir sie nicht erforschen. Die Schritte, mit denen er durch die Zeiten geht, können wir nicht verfolgen.«
F. B. Meyer

17. Juni

Zwischenspiel: Zorn in den Psalmen

Eine der Predigten, die die große Erweckung in Amerika im 18. Jahrhundert auslösten, hielt Jonathan Edwards: »Sünder in der Hand eines zornigen Gottes«. Heute hört man keine Predigten mehr über einen zornigen Gott. Christen fällt es oft schwer, sich mit Zorn auseinander zu setzen – mit dem eigenen und auch mit dem von anderen. Er macht uns Angst und wir werden nicht gern mit zornigen Leuten konfrontiert.

Aber so erstaunlich es scheint: Die Psalmen beschäftigen sich vorrangig mit dem Thema Zorn. Wir müssen zugeben, dass wir manchmal zornig sind, und das ist richtig so. Zorn ist ein Gefühl, das Gott uns gegeben hat. Wir lesen da auch von Gottes Zorn, und im Vergleich damit kommt uns der Zorn von uns Menschen oft unbedeutend vor.

Hier sind ein paar Verse, in denen Gottes Zorn beschrieben wird:

Psalm 30,5:
»Sein Zorn währt einen Augenblick, doch seine Güte ein Leben lang! Die Nacht mag noch voll Weinen sein, doch am Morgen naht die Freude.«

Psalm 76,8:
»Deshalb fürchten dich alle! Wer kann vor dir bestehen, wenn dein Zorn aufflammt?«

Psalm 85,5:
»Nun wende dich uns wieder zu, Gott unseres Heils. Vergiss deinen Zorn auf uns.«

Psalm 89,47:
»O Herr, wie lange soll das noch gehen? Willst du dich für immer verbergen? Wie lange wird dein Zorn noch wie Feuer brennen?«

Psalm 95,9:
»... sie haben meinen Zorn herausgefordert, obwohl sie Zeugen meiner Wunder waren.«

Psalm 145,8 (vgl. auch Ps 86,15; 103,8):

»Der Herr ist freundlich und barmherzig, langsam im Zorn und voll unwandelbarer Liebe.«

Manchmal macht der Eigensinn seiner Kinder Gott zornig. Psalm 78 stellt dar, wie Gott mit seinem Zorn die Israeliten bestraft hat, und fügt hinzu: »Dennoch war er barmherzig und vergab ihnen ihre Sünden und vernichtete sie nicht alle. Oft und oft zügelte er seinen Zorn und ließ seinem Grimm nicht freien Lauf!« (Vers 38). In mehreren Psalmen fragt Asaf: »O Herr, allmächtiger Gott, wie lange noch willst du uns zürnen und unsre Gebete zurückweisen?« (z. B. Ps 80,6).

Gottes Zorn gegen seine Kinder dient zu ihrer Erziehung, aber irgendwann wird sein uneingeschränkter Zorn die Menschen treffen, die ihn ablehnen: »Gieß deinen Zorn über die Völker aus«, betet der Dichter in Psalm 79,6. Damit fühlen sich viele von uns nicht wohl, denn oft konzentrieren wir uns so sehr auf Gottes Liebe, dass wir seine Heiligkeit und Gerechtigkeit nicht ernst genug nehmen. Aber die Bibel bestätigt beides.

Ganz sicher warnt uns die Bibel davor, unserem eigenen Ärger freien Lauf zu lassen, denn unser Zorn ist ja nicht immer berechtigt. »Sündigt nicht, überwältigt von eurem Zorn«, sagt David. »Überdenkt es bei Nacht und verhaltet euch still« (Ps 4,5). Und an anderer Stelle: »Hör auf zu zürnen! Lass ab von deiner Wut! Beneide nicht andere – das bringt nur Unglück« (Ps 37,8). Danach scheint es, dass Zorn ein Gefühl ist, das man ruhig zugeben soll, dass wir aber darauf achten müssen, ihn unter Kontrolle zu behalten.

Lied:
Straf mich nicht in deinem Zorn, großer Gott, verschone;
ach lass mich nicht sein verlorn, nach Verdienst nicht lohne.
Hat die Sünd dich erzürnt, lass um Christi willen
deinen Zorn sich stillen.
Dresden 1694

»Die Psalmdichter fordern uns auf, negative menschliche Gefühle nicht zu übergehen, sondern mit unserem Zorn fertig zu werden. Das bedeutet unseren Ärger vor Gott auszubreiten, dadurch von bösen Gefühlen befreit zu werden und Hoffnung auf den Anfang von Gottes uneingeschränkter Herrschaft zu bekommen.«
Willem A. VanGemeren

18. Juni

Psalm 78,1-8

Ein Psalm Asafs.

1 Höre auf meine Lehre, mein Volk.
Leiht meiner Rede euer Ohr,
2 denn ich will in einem Gleichnis zu euch sprechen.
Ich will euch Verborgenes aus eurer Vergangenheit zeigen –
3 Geschichten, die wir oft hörten und wohl kennen,
Geschichten, die unsere Vorfahren an uns weitergegeben haben.
4 Wir wollen diese Wahrheiten unsren Kindern nicht vorenthalten,
sondern der nächsten Generation
von den wunderbaren Werken des Herrn erzählen.
Wir wollen von seiner Macht und den großen Wundern,
die er vollbrachte, berichten.
5 Denn er teilte Jakob seinen Ratschluss mit;
er gab Israel sein Gesetz und gebot unsren Vorfahren,
ihre Kinder dieses Gesetz zu lehren,
6 damit auch die nächste Generation es kennt –
selbst die noch ungeborenen Kinder –,
und es wiederum ihre Kinder lehre.
7 So kann jedes Geschlecht seine Hoffnung
von neuem auf Gott setzen, seiner herrlichen Wunder gedenken
und seinen Geboten gehorchen.
8 Sie werden nicht sein wie ihre Ahnen –
halsstarrig, widersetzlich und untreu,
und sich weigern, Gott ihr Herz zu schenken.

Das Jubiläum

Stellen Sie sich vor, Sie wären bei der Jubiläumsfeier einer Gemeinde, die schon viele Jahre in Ihrer Gegend besteht. Da kommen ehemalige Pfarrer und Gemeindeglieder, die weggezogen sind. Man erfährt Neues voneinander: »Wie alt sind eure Kinder jetzt?«

Irgendwann kommt das Gespräch auf die Geschichte der Gemeinde selbst. »Weißt du noch, wie wir dieses Grundstück gekauft haben? War das nicht toll?« »Und damals der Erweckungsgottesdienst, bei dem die Jugendgruppe sich geschlossen für Christus entschieden hat!« »Und Gott hat Linda vom Krebs geheilt. Sie ist heute auch da und es geht ihr gut.«

Bei dem Fest sind auch Kinder, die nicht dabei waren, als all diese erstaunlichen Dinge passierten, aber jetzt hören sie die Geschichten und nehmen sie in ihre eigene Erinnerung auf.

Vielleicht gibt es auch andere Geschichten, die man nicht so öffentlich erzählt, sondern nur leise im kleinen Kreis: »Weißt du noch, wie der alte Jones so aufgebracht war, dass er aus der Kirche austrat und all sein Geld mitnahm?« »Und wie dieser eine Pfarrer weggegangen ist und die halbe Gemeinde mit?« Aber auch die gehören zur besonderen Geschichte dieser Gemeinde. Wir lernen aus Erfolgen und auch aus Rückschlägen.

Psalm 78 ist so ein »Jubiläumsfest«, ein Rückblick auf das, was Gott in und durch und für sein Volk getan hat. Aber es soll nicht bei der Erinnerung bleiben. Man gibt sie weiter, »so kann jedes Geschlecht seine Hoffnung von Neuem auf Gott setzen« (Vers 7).

Lied:
Du weißt, wie oft wir mutlos sind, wie die Angst gewinnt und uns jede Hoffnung nehmen will. Doch deine Liebe ist so groß und lässt uns nicht los. Bei dir werden alle Ängste still.
Peter Strauch

Parallelstellen zum Thema:
Gott hat seinem Volk ausdrücklich befohlen, zukünftigen Generationen zu berichten, wie er in der Vergangenheit immer wieder in die Geschichte seines Volkes eingegriffen hat: 2. Mose 10,2; 13,8.14 und 5. Mose 4,9.

Nachdenkenswert:
»Jeder, der erlebt, wie Gott ihm Gutes tut, ist verpflichtet weiterzugeben, was er weiß.«
Eugene Peterson

19. Juni

Psalm 78,9-16

9 Die Krieger Ephraims, in Waffen starrend,
machten kehrt und flohen am Tag der Schlacht.
10 Sie hielten Gottes Bund nicht
und weigerten sich, nach seinem Gesetz zu leben.
11 Sie vergaßen, was er getan hatte –
die großen Wunder, die er ihnen erwies,
12 Wunder, die er für ihre Vorfahren in Ägypten,
in der Ebene von Zoan, tat.
13 Denn er teilte das Meer vor ihnen und führte sie hindurch!
Die Wasser ragten wie Wände neben ihnen auf!
14 Tagsüber führte er sie in Gestalt einer Wolke
nachts in Gestalt einer Feuersäule.
15 Er spaltete die Felsen in der Wüste
und gab ihnen Wasser wie aus einer sprudelnden
Quelle zu trinken.
16 Er ließ aus dem Fels Ströme hervorbrechen,
ließ die Wasser niederstürzen wie einen Fluss!

In Sorgen ertrinken

Die Jünger von Jesus fuhren in einem Fischerboot über den See und Jesus lag völlig erschöpft in einer Ecke. Wahrscheinlich hatte er viele Stunden lang gepredigt und Kranke geheilt und brauchte Schlaf. Aber dann brach ein sehr heftiger Sturm los und die Wellen schwappten ins Boot. Sogar diese erfahrenen Fischer hatten Angst. »Jesus, wach auf! Wir ertrinken!«

Der Rabbi schlug die Augen auf und sagte zu dem Sturm: »Sei still!« Er gehorchte sofort. Dann, vielleicht während er sich wieder schlafen legte, fragte er seine Jünger: »Warum habt ihr solche Angst? Glaubt ihr immer noch nicht an mich?« (vgl. Mk 4,35-40).

Die Jünger hatten gesehen, wie Jesus Lepra, Lähmungen und Blindheit heilte. Er hatte böse Geister vertrieben und Wasser zu Wein gemacht. Wenn Jesus solche Macht besaß und mit ihnen im Boot war, warum sollte man da Angst vor einem Gewitter auf dem See haben?

Im heutigen Stück des Psalms wird von einem Ereignis berichtet, von dem wir nichts wissen. Der Stamm Ephraim war der stärkste von allen Stämmen Israels, aber diesmal waren die Ephraimiter feige und flohen vor ihren Feinden. Aber wovor hatten sie Angst? Hatten sie nicht gesehen, wie souverän Gott handelte? Wussten sie nicht, dass der Gott, der die Ägypter ertränkt und die Wüste passierbar gemacht hatte, auch weiter auf ihrer Seite war?

Auch heute begegnen uns heftige Gewitter verschiedenster Art. Aber wir können Mut fassen, denn wir wissen, dass der Gott, der alle Macht hat, sich für uns einsetzt.

Lied:
»Wasserströme will ich gießen«, spricht der Herr, »aufs dürre Land; kühlend sollen Quellen fließen in der Wüste heißem Sand; wo jetzt Wandrer schmachtend ziehn, soll ein Gottesgarten blühn.«
Sophie Herwig

Wörter im Text:
Wenn in der Bibel Bilder von Felsen gebraucht werden wie in Vers 15 und 16, liegt oft der Gedanke an Christus nahe. In 1. Korinther 10,4 erwähnt Paulus dasselbe Ereignis, von dem hier in Psalm 78 die Rede ist (Wasser aus dem Felsen), aber er ergänzt: »... Der Fels aber war Christus«. Das war natürlich ein sehr schönes Bild, das die Gemeinde im Lauf der Zeit immer wieder gebraucht hat.

Nachdenkenswert:
»Die Geschichte nützt uns nichts, wenn wir nicht an sie denken. All die vielen mächtigen Taten, die Gott immer wieder getan hat, geben uns weder Einsicht noch Mut, wenn wir nichts davon wissen.«
Eugene Peterson

20. Juni

Psalm 78,17-33

17 Doch sie fuhren fort zu sündigen
und sich in der Wüste gegen den Höchsten aufzulehnen.
18 Absichtlich stellten sie Gott auf die Probe
und verlangten Nahrung, nach der es sie gelüstete.
19 Sie lehnten sich gegen Gott selbst auf und sagten:
»Gott kann uns in der Wüste keine Speise geben.
20 Er kann zwar an einen Felsen schlagen,
so dass Wasser herausströmt,
aber er kann seinem Volk kein Fleisch und Brot geben.«
21 Als der Herr das hörte, wurde er zornig.
Das Feuer seines Zorns loderte auf gegen Jakob.
Ja, sein Grimm entbrannte gegen Israel,
22 denn sie glaubten Gott nicht
und vertrauten nicht darauf, dass er für sie sorgte.
23 Er aber befahl dem Himmel, sich zu öffnen –
er tat die Tore des Himmels auf –
24 und ließ Manna regnen, so dass sie zu essen hatten.
Er gab ihnen Brot aus dem Himmel.
25 Sie aßen die Speise der Engel!
Gott gab ihnen, so viel sie verzehren konnten.
26 Er ließ den Ostwind am Himmel frei
und gebot dem Südwind durch seine große Macht.
27 Er ließ Fleisch regnen, dicht wie Staub –
Vögel, so zahlreich wie Sandkörner am Meeresstrand!
28 Er ließ die Vögel auf ihr Lager fallen
und rund um ihre Zelte niedergehen.
29 Die Leute aßen, bis sie satt waren.
Er gab ihnen, was sie wollten.
30 Doch noch bevor die Speise, die sie sich wünschten, verzehrt war,
während sie das Fleisch noch kauten,
31 entflammte Gottes Zorn gegen sie,
und er tötete ihre stärksten Männer;
er streckte die besten von Israels jungen Männern nieder.
32 Trotzdem fuhren die Leute fort zu sündigen.
Sie wollten nicht an seine Wunder glauben.
33 Deshalb ließ er ihr Leben vergeblich dahingehen
und schickte ihnen Jahre voll Schrecken.

Auf Gott vertrauen lernen

Da stehen wir nun in der Wüste. Gerade sind wir aus Ägypten entkommen und durch das Rote Meer gezogen. Aber jetzt werden wir hungrig.

Doch, Gott sorgt selbst für das nötige Essen. Am nächsten Morgen liegt überall auf dem Boden etwas Weißes. »Was ist das?«, fragen wir (auf Hebräisch heißt diese Frage *Man-na*?). Mose sagt, wir sollen es essen, und es schmeckt gut und macht satt.

Nach mehreren Jahren haben wir genug von dem Manna vom Himmel. Wir wollen Fleisch, etwas Richtiges zu essen. Ein paar von uns beschweren sich bei Mose und Gott schickt Wind, der einen Schwarm Wachteln vom Meer herträgt. Jetzt essen wir Wachtelfleisch, so viel wir mögen, aber die Unzufriedensten werden krank und sterben; das ist Gottes Strafe für Sünde.

Das ist die Geschichte von Israel nach dem Auszug aus Ägypten. Es könnte auch die Geschichte der Menschheit überhaupt sein: Gott gibt und gibt und gibt, aber wir glauben trotzdem noch nicht, dass er gut für uns sorgt. Eher hätten wir Grund ihm für all das zu danken, was er für uns tut.

LIED:
Lobe den Herren, der sichtbar dein Leben gesegnet,
der aus dem Himmel mit Strömen der Liebe geregnet.
Denke daran, was der Allmächtige kann,
der dir mit Liebe begegnet.
JOACHIM NEANDER

PARALLELSTELLEN ZUM THEMA:
Der schreckliche, aber berechtigte Zorn Gottes, von dem in Vers 21 die Rede ist, wird in 4. Mose 11,1 beschrieben.

NACHDENKENSWERT:
»Bei Gott gibt es kein ›Wenn‹. Seine Allmacht wird durch nichts eingeschränkt außer durch deinen Unglauben.«
F. B. MEYER

21. Juni

Psalm 78,34-39

34 Erst als Gott manche von ihnen tötete,
begann der Rest ihn endlich zu suchen.
Es tat ihnen Leid, und sie kehrten zu Gott zurück.
35 Sie erinnerten sich wieder daran, dass Gott ihr Fels,
dass der Höchste ihr Erlöser war.
36 Doch sie taten ihm nur mit Worten schön;
mit ihrem Reden belogen sie ihn.
37 Im Herzen waren sie ihm nicht treu.
Sie hielten seinen Bund nicht.
38 Dennoch war er barmherzig und vergab ihnen ihre Sünden
und vernichtete sie nicht alle.
Oft und oft zügelte er seinen Zorn
und ließ seinem Grimm nicht freien Lauf!
39 Denn er dachte daran, dass sie nur Sterbliche waren,
vergänglich wie ein Hauch im Wind, und nicht
zurückkehren würden.

Worte, Worte, Worte

Dem Propheten Hosea befahl Gott, eine untreue Frau zu heiraten. Können Sie sich vorstellen, wie es in dieser Beziehung zuging? Manchmal muss seine Frau mit tausend Entschuldigungen zu ihm geflüchtet sein, aber dann hat sie sich wohl doch wieder einen anderen Liebhaber gesucht und seine Hoffnungen zerschlagen. Konnte Hosea ihr überhaupt irgendetwas glauben?

Der Schmerz, den Hosea deswegen empfand, ist ein Bild für den Schmerz, den Gott fühlte, als seine geliebte Braut Israel ihn verließ. In Hosea 6,1 versucht der Prophet seinem Volk Worte der Reue in den

Mund zu legen: »Kommt, wir wollen wieder zum Herrn.« Aber ein paar Verse später weist Gott es zurück: »Was soll ich dir tun, Ephraim? ... Denn eure Liebe ist wie eine Wolke am Morgen und wie der Tau, der frühmorgens vergeht« (Vers 4).

In dem historischen Überblick, den Psalm 78 bietet, sehen wir, dass die Israeliten Gott »nur mit Worten schöntaten, mit ihrem Reden belogen sie ihn« (Vers 36). Sie wussten, was man sagen muss, aber sie wussten nicht, wie man leben muss. Sie kamen mit Opfern zu Gottes Tempel, aber sie opferten ihm nicht ihren Willen. »Ich habe Lust an der Liebe und nicht am Opfer«, sagt Gott durch Hosea und auch durch andere (Hosea 6,6). Die Leute hielten alle Riten ein, aber sie ließen sich nicht von Gottes Gefühlen erreichen.

Auch heute leben viele von uns so. Gott wünscht sich eine tiefe, leidenschaftliche liebevolle Beziehung zu uns. Ein so kostbares Geschenk sollten wir nicht ausschlagen wie die Israeliten.

LIED:
Ich will folgen dir,
o Jesus.
Lass mich immer
bei dir sein.
Ich will folgen dir,
o Jesus,
meine Kraft bist
du allein.
LOTHAR GASSMANN

PARALLELSTELLEN ZUM THEMA:
Hosea 5,15-6, 6 ist eine wichtige Parallelstelle zu diesem Teil von Psalm 78; beide handeln von Gottes Nachsicht gegen die Untreue seines Volkes.

NACHDENKENSWERT:
»Die Israeliten wollten Gutes von Gott bekommen, aber selbst bestimmen. Trotzdem hatte Gott Mitleid mit ihnen.«
JOHN I. DURHAM

22. Juni

PSALM 78,40-55

40 Wie oft lehnten sie sich in der Wüste gegen ihn auf
und betrübten sein Herz in der Wildnis.
41 Immer wieder stellten sie seine Geduld auf die Probe
und enttäuschten den Heiligen Israels.
42 Sie vergaßen, wie mächtig er war
und dass er sie vor ihren Feinden gerettet hatte.
43 Sie vergaßen seine Zeichen in Ägypten,
seine Wunder in der Ebene von Zoan.
44 Denn er hatte ihre Flüsse in Blut verwandelt,
so dass niemand mehr daraus trinken konnte.
45 Er hatte riesige Fliegenschwärme gesandt,
die die Menschen überfielen,
und Frösche, die ihnen Verderben brachten.
46 Er gab ihre Ernten den Raupen,
ihre Erträge fraßen die Heuschrecken.
47 Er vernichtete ihre Weinstöcke mit Hagel
und ihre Sykomoren mit Graupeln.
48 Er überließ ihre Rinder dem Hagelschlag
und ihr Vieh den Blitzen.
49 Er goss seinen ganzen übermächtigen Zorn über sie aus,
seine Wut, seinen Grimm und seine Feindschaft.
Er schickte ihnen Zerstörer-Engel auf den Hals.
50 Er ließ sie seinen Zorn spüren
und schonte auch das Leben der Ägypter nicht,
sondern sandte ihnen die Plagen.
51 Er tötete den ältesten Sohn in jeder Familie,
die Blüte der Jugend im ganzen ägyptischen Land.
52 Sein eigenes Volk aber führte er, einer Schafherde gleich,
und leitete es sicher durch die Wüste.
53 Er beschützte sie, so dass sie sich nicht zu fürchten brauchten;
doch über ihren Feinden schloss sich das Meer.
54 Er brachte sie bis an die Grenze seines heiligen Landes,
das Land der Hügel, das er für sie erobert hatte.
55 Er trieb die Völker vor ihnen hinaus
und teilte ihnen durch das Los ihr Erbe zu.
Er brachte die Stämme Israels in ihre Heimat.

Gottes Taten nicht vergessen

Alma hatte 40 Jahre lang für ihre Firma gearbeitet. Sie hatte sie wachsen sehen und dabei geholfen. Sie hatte als Sekretärin eines Abteilungsleiters angefangen, und der war zum großen Teil dank ihrer hervorragenden Arbeit und Ideen schnell aufgestiegen.

Jahre später wurde die Firma verkauft. Die neuen Besitzer brachten ihre eigenen Manager mit. Almas Chef bekam eine großzügige Frühpensionierung, aber sie selbst wurde in ein Schreibbüro versetzt.

Bald geriet die Firma in ernsthafte Schwierigkeiten. Alma tat es Leid, dass der Betrieb, den sie mit aufgebaut hatte, so absackte, aber was konnte sie machen? Alle ihre Vorschläge wurden ignoriert. Die neuen Eigentümer suchten hektisch nach jemandem, der den Betrieb stabilisieren könnte, aber wie die Israeliten in Psalm 78 hatten sie vergessen, wer ihnen früher immer geholfen hatte.

Was Gott getan hat, dürfen wir nie, nie, nie vergessen.

Lied:
Vergiss nicht zu danken dem ewigen Herrn,
er hat dir viel Gutes getan.
Bedenke, in Jesus vergibt er dir gern,
du darfst ihm so wie du bist nahn.
Heino Tangermann

Parallelstellen zum Thema:
Dieser Psalm nennt einige von den Plagen, die in 2. Mose 7-12 beschrieben werden.

Nachdenkenswert:
»Es dürfte nicht leicht gewesen sein (Gottes Macht) zu vergessen. Die Beweise göttlicher Macht aus dem Gedächtnis zu löschen, die sogar die Ägypter in Erstaunen versetzt hatten, muss eine ungewöhnliche Anstrengung erfordert haben.«
Charles Haddon Spurgeon

23. Juni

Psalm 78,56-72

56 Doch obwohl er all dies für sie tat,
hörten sie nicht auf, seine Geduld auf die Probe zu stellen.
Sie lehnten sich gegen den Höchsten auf
und weigerten sich, seinen Ratschlüssen zu gehorchen.
57 Sie fielen ab und waren so treulos,
wie ihre Eltern es gewesen waren.
Sie waren nutzlos wie ein verkrümmter Bogen.
58 Sie zogen Gottes Zorn auf sich, weil sie andern Göttern Altäre
errichteten; sie schürten seine Eifersucht mit ihren Götzen.
59 Als Gott das sah, stieg Zorn in ihm auf,
und er verstieß Israel endgültig.
60 Er verließ sein Haus in Silo,
den Tabernakel, in dem er unter dem Volk gewohnt hatte.
61 Er ließ es zu, dass die Lade erbeutet wurde;
er gab seine Herrlichkeit in die Hände seiner Feinde.
62 Er wehrte nicht, als sein Volk mit dem Schwert hingeschlachtet
wurde, so zornig war er auf sein ureigenes Volk –
seinen besonderen Besitz.
63 Ihre jungen Männer kamen im Feuer um; ihre jungen Mädchen
starben, bevor sie Hochzeitslieder singen konnten.
64 Ihre Priester wurden ermordet
und die Witwen durften ihren Tod nicht einmal betrauern.
65 Da erhob sich der Herr, als erwache er aus dem Schlaf,
wie ein Mächtiger, der aus der Trunkenheit aufwacht.
66 Er vertrieb seine Feinde
und schickte sie in die ewige Schande.
67 Josefs Nachkommen aber verstieß er;
der Stamm Ephraim wurde nicht erwählt.
68 Statt seiner wählte er den Stamm Juda,
den Berg Zion, den er liebte.
69 Dort baute er sein hohes Heiligtum,
fest und dauerhaft wie die Erde selbst.
70 Er machte David zu seinem Knecht
und berief ihn aus den Schafhürden.
71 Er holte David fort von Mutterschafen und Lämmern
und machte ihn zum Hirten der Nachkommen Jakobs –
Gottes ureigenen Volkes, Israel.
72 Er sorgte für es mit lauterem Herzen
und führte es mit kluger Hand.

Sich wehren oder mitgehen

Stephanus war praktisch schon tot. An dem offenen und kritischen Leiter der jungen Gemeinde wollten die Behörden ein Exempel statuieren. Wie Jesus selbst war Stephanus mit falschen Zeugenberichten der Gotteslästerung angeklagt worden. Und wie er würde er hingerichtet werden.

Aber noch hatte Stephanus die Chance etwas zu sagen. Es würde seine letzte Rede sein, da konnte er auch versuchen so viel wie möglich zu sagen.

Stephanus fing bei Abraham an, der auf Gottes Anweisung hörte, dann kamen Isaak, Jakob und Josef. Er sprach von Mose und dem Widerstand, den das eigene Volk ihm entgegensetzte. Dann redete er weiter von Josua, David und Salomo. Er klagte seine Ankläger an, sie widersetzten sich Gottes Absichten. »Welchen Propheten haben eure Väter nicht verfolgt?«, (Apg 7,52), rief er aus. Endlich ließen diese sich nicht länger beschimpfen und steinigten ihn.

Die letzte Rede dieses Märtyrers hat viel Ähnlichkeit mit Psalm 78: lang, ja, aber auch historisch und herausfordernd. Auch mit uns hat Gott Absichten. Alles kommt darauf an, ob wir uns wehren oder mitgehen.

Lied:
Ich wart, dass einer mit mir geht, der auch im Schweren zu mir steht, der in den dunklen Stunden mir verbunden. Ich wart, dass einer mit mir geht.
Hanns Köbler

Parallelstellen zum Thema:
Von Vers 67 dieses Psalms an sehen wir, wie Gott Menschen auswählt. Diese Wahl trifft er nicht danach, was sie verdienen, sondern nach dem, was er vorhat. Vgl. 2. Timotheus 1,9.

Nachdenkenswert:
»Gottes Wunder begeistern die Menschen immer nur kurzfristig; und weil der Mensch so fasziniert von sich selbst ist, wird Gott allzu schnell vergessen oder verlassen.«
John I. Durham

24. Juni

ZWISCHENSPIEL: GESCHICHTEN IN DEN PSALMEN

Die drei Psalmen 78, 105 und 106 beschäftigen sich fast ausschließlich mit Israels Geschichte und auch viele andere Psalmen enthalten Anspielungen auf Ereignisse, durch die Gott früher für sein Volk gehandelt hat. Es gibt sogar mehr als 50 solche Hinweise auf Geschichten aus dem Alten Testament in den Psalmen, wobei Davids Erlebnisse nicht mitgezählt sind. Hier ein paar Beispiele:

Die Schöpfung: Psalm 19,5

»Die Sonne wohnt am Himmel, wo Gott sie hingestellt hat.«

Gottes Bund mit Abraham: Psalm 105,9

»Das ist der Bund, den er mit Abraham schloss, der Eid, den er Isaak schwor.«

Josef in Ägypten: Psalm 105,21

»Josef wurde Verwalter des Königshauses, Herr über den gesamten Besitz des Königs.«

Der Auszug aus Ägypten: Psalm 78,13

»Denn er teilte das Meer vor ihnen und führte sie hindurch! Die Wasser ragten wie Wände neben ihnen auf!«

Der Weg durch die Wüste: Psalm 136,16

»Dankt ihm, der sein Volk durch die Wüste führte.«

Die Siege der Richter: Psalm 83,10

»Verfahre mit ihnen, wie du es mit den Midianitern getan hast oder mit Sisera und Jabin am Kischon.«

Im Allgemeinen liest man nicht bei Dichtern nach, wenn man sich über Geschichte informieren will. Shakespeare hat zwar viele historische Dramen geschrieben, aber mit den Fakten war er nicht immer sehr genau. Auch Longfellow hat epische Gedichte geschrieben wie *Das Lied von Hiawatha* und *Die Werbung des Miles Standish*, aber darin steht viel mehr, als man wirklich weiß.

Gewöhnlich sucht man auch in der Religion nicht nach historischer Information. In den meisten Weltreligionen geht es um Philosophie und Ethik. Wenn darin Geschichte vorkommt, sind es oft Legenden oder es ist unwichtig für den betreffenden Glauben.

Aber das Christentum (und vorher schon das Judentum) ist anders. Für uns als Christen ist das, was Gott in der Geschichte getan hat, ein wesentlicher Bestandteil des Glaubens. Wir irren uns, wenn wir glauben, im Christentum ginge es nur um das, was im Katechismus steht, und das, was Jesus gelehrt hat (z. B. die Seligpreisungen). Das Christentum ist in der Geschichte verwurzelt. Wir glauben, dass frühere Ereignisse unser Leben entscheidend beeinflussen.

Als der Apostel Paulus in 1. Korinther 15 über die Auferstehung schreibt, berichtet er gleich am Anfang über ein geschichtliches Ereignis: Jesus Christus ist von den Toten auferweckt worden. Mehr als 500 Leute haben das gesehen und die meisten lebten noch und konnten es bestätigen, als Paulus den Brief schrieb.

Die Christen glauben: Als Jesus Christus vor über 2000 Jahren in Bethlehem geboren wurde, da wurde Gott Mensch. Das Zentrum des Evangeliums ist nicht seine Lehre, so beeindruckend sie ist, sondern sein Sterben für uns auf einem kleinen Hügel bei Jerusalem und seine Auferstehung, etwa im Jahr 30 n. Chr.

Die alttestamentliche Geschichte zeigt, wie Gott für sein Volk handelt. Was Gott seinem Volk versprochen hat, das ist jeweils als historisches Ereignis eingetreten. Darum war es so wichtig, dass jüdische Eltern ihre Kinder immer wieder mit Erzählungen und Geschichtspsalmen wie Psalm 77, 78, 81 und 83 daran erinnerten. Diese Beispiele, wie Gott für sein Volk eingetreten ist, geben nachfolgenden Generationen – auch unserer – die Hoffnung, dass Gott auch weiter für uns handeln wird. So gesehen ist die Geschichte für uns Gottes Geschichte.

Lied:
Die Völker haben dein geharrt,
bis dass die Zeit erfüllet ward;
da sandte Gott von seinem Thron
das Heil der Welt, dich, seinen Sohn.
Christian Fürchtegott Gellert

25. Juni

Psalm 79,1-8

Ein Psalm Asafs.
1 O Gott, heidnische Völker haben dein Land,
deinen ureigenen Besitz, erobert.
Sie haben deinen heiligen Tempel entweiht
und Jerusalem in Trümmer gelegt.
2 Sie haben die Leiber deiner Knechte liegen lassen als Beute
für die Vögel am Himmel.
Das Fleisch deiner Gottesfürchtigen ist zur Speise der
wilden Tiere geworden.
3 Wie Wasser floss das Blut in Jerusalem;
keiner ist mehr übrig, der die Toten begraben könnte.
4 Unsere Nachbarn verhöhnen uns,
unseren Mitmenschen sind wir zum Gegenstand
des Spotts geworden.
5 O Herr, wie lange willst du noch mit uns zürnen? Für immer?
Wie lange noch wird deine Eifersucht brennen wie Feuer?
6 Gieß deinen Zorn über die Völker aus,
die sich halsstarrig weigern, dich anzuerkennen –
über die Königreiche, die nicht deinen Namen anrufen.
7 Denn sie haben dein Volk Israel verschlungen
und das Land zur öden Wüste gemacht.
8 Rechne uns nicht die Schuld unsrer früheren Sünden zu!
Lass dein gnädiges Erbarmen unserer Ohnmacht ein Ende setzen,
denn wir wurden tief in den Staub getreten.

Nimm und lies

Er war jung und lebte in einer Welt, die sich rasch veränderte: Aurelius Augustinus hatte Philosophie und Rhetorik studiert und mit römischen Senatoren zusammengearbeitet. Er war sogar kaiserlicher Berater.

Das war am Ende des 4. Jahrhunderts und das Christentum war offizielle Religion geworden. Bischof Ambrosius von Mailand galt zu

Recht als der mächtigste Mann der Welt, es war also gut für die Karriere des jungen Aurelius ihn kennen zu lernen. Damit bekam er etwas, was er nicht angestrebt hatte: Ambrosius hatte einen starken, leidenschaftlichen Glauben, der Aurelius faszinierte. Er war offiziell Christ (wie fast alle), aber er hatte sich nie wirklich Christus ausgeliefert.

Eines Tages saß Aurelius in einer Ecke seines Hofes und versuchte Klarheit über dieses Thema zu gewinnen. Schließlich rief er laut die Worte von Psalm 79,5-8: »O Herr, wie lange willst du noch mit uns zürnen? Für immer? Wie lange noch wird deine Eifersucht brennen wie Feuer? ... Rechne uns nicht die Schuld unsrer früheren Sünden zu!« Da hörte er plötzlich ein Kind sagen: »Nimm und lies.« Er nahm eine Bibel, schlug sie irgendwo auf und fand Römer 13,14: »Sondern zieht an den Herrn Jesus Christus und sorgt für den Leib nicht so, dass ihr den Begierden verfallt.«

Der Rest ist Geschichte. Aurelius Augustinus beschloss, Jesus über sein Leben bestimmen zu lassen. Er gab seine politische Karriere auf und setzte seine Fähigkeiten für die Kirche ein. Er wurde der Bischof und Schriftsteller, den wir als den Kirchenvater Augustinus kennen.

LIED:
Jesus ist mein starker Held. Wenn der Teufel mich anfällt, wenn die Sünde groß sich macht, dann gewinnt mein Herr die Schlacht.
GOTTFRIED ARNOLD

NACHDENKENSWERT:
»Ein Stück Eisen im Wert von einem Pfund Sterling kann man zu Hufeisen verarbeiten; dann ist es 2 Pfund wert. Wenn man Nadeln daraus macht, ist es 70 Pfund wert, als Messerklingen 650 Pfund, als Uhrfedern sogar 50 000 Pfund. Je mehr man es hämmert und ausglüht und poliert, umso wertvoller wird es. Die Menschen, die am meisten leiden, bringen auch den größten Nutzen.«
F. B. MEYER

26. Juni

PSALM 79,9-13

9 Hilf uns, Gott unseres Heils!
Hilf uns um der Ehre deines Namens willen.
Rette uns und vergib uns unsre Sünden
um deines Namens willen.
10 Warum sollen heidnische Völker uns verspotten
und fragen dürfen:
»Wo ist denn nun ihr Gott?«
Zeig uns deine Rache an den Völkern,
denn sie haben das Blut deiner Knechte vergossen.
11 Höre das Seufzen der Gefangenen.
Zeig deine große Macht
und rette die, die sonst sterben würden.
12 O HERR, nimm siebenfach Rache an unseren Nachbarn,
für die Verachtung, die sie dir entgegenbrachten.
13 Dann werden wir, dein Volk, die Schafe deiner Weide,
dir für immer und ewig danken
und deine Größe preisen von Generation zu Generation.

Kinder des Todes

Verständlicherweise ist Psalm 79 in Zeiten der Christenverfolgung immer besonders beliebt gewesen. Nach der Überlieferung haben ihn verschiedene Gruppen von Verurteilten auf dem Weg zum Gefängnis oder zur Hinrichtung gesungen. Im 16. Jahrhundert sangen ihn die protestantischen Hugenotten auf Französisch, um ihre katholischen Gefängniswärter zu provozieren. Im 17. Jahrhundert sangen ihn die Puritaner bei ihrem Widerstand gegen die herrschenden Anglikaner. Im 18. Jahrhundert, als in Frankreich viele

Christen unter der Guillotine starben, hörte man dieselben Worte wieder.

Das wirft eine Frage auf: Alle diese Leute haben Gott gebeten: »Rette die, die sonst sterben würden« (Vers 11). Aber die meisten sind doch umgekommen. Die Hinrichtungen wurden nicht in letzter Minute verhindert. Die Guillotine fiel trotzdem.

Hat Gott nun diese »Kinder des Todes« am Leben erhalten? Das kommt darauf an, was man unter »erhalten« versteht. Gott sieht immer mehr als wir. Wir suchen oft einfach natürlichen Schutz und Sicherheit vor ganz konkreten Angreifern. Auch das gibt Gott uns manchmal, aber immer gibt er uns längerfristige Hilfe. Er erhält unser geistliches Leben und schützt uns für alle Ewigkeit. In einem viel umfassenderen Sinn sind wir alle »Kinder des Todes« und er rettet uns, wenn wir uns an ihn wenden.

Ein schwieriges Thema in diesem Psalm ist auch der Wunsch nach Rache. Es beunruhigt uns vielleicht, dass der Psalmdichter solche Wünsche formuliert, aber wichtig ist, dass er das Problem Gott vorträgt. Das können wir auch tun: unsere Wut und Aggressionen Gott vorlegen in dem Wissen, dass er mit denen, die uns Unrecht tun, das Angemessene tut.

LIED:
Herr, unser Gott, lass nicht zu Schanden werden
die, so in ihren Nöten und Beschwerden
bei Tag und Nacht auf deine Güte hoffen
und zu dir rufen.
JOHANN HEERMANN

NACHDENKENSWERT:
»Wenn wir für Gottes Ehre eintreten, haben wir ein Argument, das nicht widerlegt werden kann: Johannes 14,13.«
F. B. MEYER

27. Juni

Psalm 80,1-8

1 *Anweisung für den Chorleiter: Ein Psalm Asafs,*
zu singen nach der Melodie »Lilien des Bundes«.
2 Höre, o Hirte Israels,
der du Israel wie eine Herde geführt hast.
O Gott, der du über den Cherubim thronst,
zeig deine strahlende Herrlichkeit
3 Ephraim, Benjamin und Manasse.
Zeig uns deine große Macht.
Komm und erlöse uns!
4 Mach, dass wir uns dir wieder zuwenden, Gott.
Lass dein Antlitz auf uns herableuchten.
Nur dann können wir gerettet werden.
5 O Herr, allmächtiger Gott,
wie lange noch willst du uns zürnen
und unsre Gebete zurückweisen?
6 Du hast uns mit Sorgen gesättigt
und uns Eimer voll Tränen zu trinken gegeben.
7 Du hast uns zum Spott für unsere Nachbarvölker gemacht..
Unsere Feinde verachten uns.
8 Mach, dass wir uns dir wieder zuwenden, allmächtiger Gott.
Lass dein Antlitz auf uns herableuchten.
Nur dann können wir gerettet werden.

Böses in Gutes verwandeln

Zehn von Jakobs Söhnen waren draußen auf der Weide und hüteten Schafe, als sie ihren jüngeren Bruder Josef auf sich zukommen sahen. »Da kommt der Träumer«, sagten sie. Josef war Papas Liebling und hatte immer wieder Träume, wie er über seine Familie herrschen würde. Darum überfielen die Brüder Josef und warfen ihn in eine Grube. Aber sie beschlossen, ihn nicht umzubringen, sondern an eine Karawane zu verkaufen, die vorbeikam.

Damit geriet Josef in ein Wechselbad von Höhen und Tiefen: Aus dem Sklaven wurde ein Hausverwalter; er wurde falsch beschuldigt und gefangen gesetzt und wurde auch da zum Verwalter und dann durch einen mutigen Auftritt vor dem König zum zweiten Mann im Staat. Eine Hungersnot führte zum Wiedersehen mit seinen Brüdern und dem Vater. In all dem blieb Josef überzeugt, dass Gott ihn leitete. »Ihr gedachtet es böse mit mir zu machen, aber Gott gedachte es gut zu machen« (1. Mose 50,20), sagte er später zu seinen Brüdern.

Psalm 80 scheint Josefs Empfindungen wiederzugeben. Sogar der Name, mit dem das Volk Israel in Vers 2 bezeichnet wird, ist im Hebräischen Josef. Bestimmt hat Josef in der Grube und im Gefängnis oft so gebetet.

Wie Josef wendet sich auch der Psalmdichter immer wieder an Gott und verlässt sich darauf, dass er das Böse in Gutes verwandelt. Das ist es auch, was uns hilft, schwierige Zeiten durchzuhalten.

LIED:

Wohl, mein Herz, du sollst ihm trauen!
Was er dir verheißen hat,
wirst du auch erfüllet schauen.
Kommt es auch nicht gleich zur Tat,
spart er's auch oft weit hinaus,
es wird doch ein Amen draus.

BENJAMIN SCHMOLCK

WÖRTER IM TEXT:

Vers 3: Ephraim und Manasse waren Josefs Söhne und ihre Stämme hatten eine vorherrschende Stellung im Nordreich Israel. Benjamin war Josefs einziger Bruder, der dieselbe Mutter hatte, und sein Stamm schloss sich dem Südreich Juda an. Dieser Psalm könnte also eine Bitte an Gott sein, das Nord- und Südreich ebenso zu retten, wie er Josef gerettet hat.

NACHDENKENSWERT:

Elizabeth Barrett Browning gebraucht in ihrem Gedicht »Das Maß« das Bild aus Vers 6.
Und können wir, die nur aus Erde sind, zu Erde werden, Erde nur erwerben, die sich im Erdenleben doch verbraucht, Gott sagen: »Keine Tränen mehr! Das Maß ist voll«?

28. Juni

28. Juni

PSALM 80,9-20

9 Du hast uns aus Ägypten herausgebracht wie einen jungen Weinstock; du hast die heidnischen Völker vor uns vertrieben und uns in deinem Lande eingepflanzt.
10 Du hast den Boden für uns gepflügt,
und wir haben Wurzeln geschlagen und das Land erfüllt.
11 Unsre Schatten haben die Berge verdeckt;
unsre Zweige die mächtigen Zedern verborgen.
12 Wir haben unsere Zweige nach Westen bis ans Mittelmeer,
unsere Glieder nach Osten bis an den Euphrat ausgebreitet.
13 Warum hast du jetzt unsere Mauern eingerissen,
dass alle, die vorübergehen, unsere Früchte stehlen können?
14 Der Eber aus dem Wald verschlingt uns,
und die wilden Tiere ernähren sich von uns.
15 Komm zurück, wir bitten dich, allmächtiger Gott.
Sieh aus dem Himmel auf unsere Not herab.
Hüte und pflege den Weinstock,
16 den du selbst gepflanzt hast,
den Sohn, den du dir aufgezogen hast.
17 Denn wir werden von unseren Feinden niedergeworfen und gebrandschatzt.
Mögen sie beim Anblick deiner gefurchten Stirn zugrunde gehen.
18 Stärke den Mann, den du liebst,
den Sohn, den du erwählt hast.
19 Dann werden wir dich nimmermehr vergessen.
Erwecke uns zu neuem Leben, damit wir deinen Namen wieder anrufen können.
20 Bekehre uns wieder zu dir, o HERR, allmächtiger Gott.
Lass dein Antlitz auf uns herableuchten.
Nur dann können wir gerettet werden.

Der Weinberg

Ein Grundbesitzer legte einen Weinberg an mit Mauer, Kelter und Wachtturm. Das war eine Anlage nach dem neuesten Stand. Dann verpachtete er ihn an Weinbauern und zog in eine andere Gegend. Nach der nächsten Weinernte schickte er Angestellte hin, um die Pacht abzuholen. Aber die Bauern schlugen die Leute übel zusammen und brachten sogar mehrere um.

Wenn Ihnen die Geschichte bekannt vorkommt, dann weil Jesus sie in Matthäus 21,33-41 erzählt. In der Bibel wird Israel oft als Weinberg dargestellt und Jesus will daran zeigen, wie selbstsüchtig die Pharisäer und ihresgleichen mit dem Volk umgehen. Sie sind da tatsächlich schon entschlossen den Sohn des »Besitzers« zu töten.

Psalm 80 erzählt eine ähnliche Geschichte, aber aus der Sicht der Weinstöcke selbst. Sie werden von vielen Feinden misshandelt und rufen zu Gott um Hilfe. Wir wissen, dass diese Hilfe letztlich von seinem Sohn Jesus Christus kommt. Und so gesehen ist die Wendung in Vers 18 sehr erstaunlich. Wörtlich übersetzt würde sie lauten: »Lass deine (stärkende) Hand auf dem Mann an deiner rechten Seite sein, dem Menschensohn, den du dir erzogen hast.« Bei solchen Worten ist es nicht schwer zu sehen, dass Jesus die Erhörung des Gebets ist, das der Dichter formuliert hat.

Lied:
Wer ist meines Glaubens Grund? Wer stärkt und erweckt den Mund? Wer trägt meine Straf und Schuld? Wer schafft mir des Vaters Huld? Jesus, der Gekreuzigte.
Johann Christoph Schwedler

Wörter im Text:
In Shakespeares weniger bekanntem Stück »Timon von Athen« beschreibt ein Senatsmitglied einen Rebellenführer mit Worten aus Psalm 80,14: »Wie ein wildes Schwein zerwühlt er den Frieden im Land.«

Nachdenkenswert:
»Wenn wir zugeben, dass wir zurückgewichen sind, wird Gott nach vorn kommen. Wo Rückschritt ist, kann kein Licht leuchten.«
W. Graham Scroggie

29. Juni

29. Juni

Psalm 81,1-11

1 *Anweisung für den Chorleiter: Ein Psalm Asafs,*
für Begleitung mit einem Streichinstrument.
2 Lobt Gott, unsere Stärke.
Preist den Gott Israels.
3 Singt! Schlagt das Tamburin.
Spielt die liebliche Lyra und die Harfe.
4 Lasst die Trompete erklingen für ein heiliges Fest,
wenn Neumond ist,
wenn der Mond voll ist.
5 Denn das verlangen die Gesetze Israels;
so lautet das Gesetz des Gottes Jakobs.
6 Er hat es für Israel eingesetzt,
als er Ägypten heimsuchte, um uns zu befreien.
Ich hörte eine unbekannte Stimme sprechen:
7 »Jetzt will ich eure Schultern von ihrer Last befreien,
will eure Hände frei machen von ihrer schweren Arbeit.
8 Ihr habt mich in der Not angerufen, und ich habe euch gerettet;
ich habe euch aus den Wolken des Donners erhört.
Ich habe euren Glauben bei Meriba geprüft,
als ihr euch beklagtet, weil ihr kein Wasser hattet.

Zwischenspiel

9 Hör auf mich, mein Volk, wenn ich dich warne!
Wenn du nur hören wolltest, Israel!
10 Nie darfst du dir eine fremde Gottheit wählen;
nie darfst du das Haupt vor einem Götzen neigen.
11 Denn ich war es, der HERR, dein Gott,
der dich aus Ägypten befreit hat.
Öffne deinen Mund weit, ich will ihn mit guten Dingen füllen.

Dem unbekannten Gott

Können Sie sich vorstellen, wie der Apostel Paulus durch die Straßen von Athen ging? Am Abend sollte er vor den Philosophenschulen der Stadt reden und musste nun einen Weg finden, ihnen seinen Glauben zu erklären. In den meisten Städten ging er von den hebräischen Schriften aus und erklärte daran, dass Jesus der Messias ist, denn gewöhnlich sprach er in Synagogen zu Juden. Aber die griechischen Philosophen hier interessierte der jüdische Glaube nicht. Was sie fesselte, war eine Mischung aus neuartigen Ideen mit alter Mythologie.

Paulus kam an Altären für alle möglichen Götter vorbei, aber dann sah er einen Altar, der anders war als die anderen. »Dem unbekannten Gott«, stand darauf. Anscheinend hatten die Leute ihn für den Fall gebaut, dass sie irgendeiner Gottheit nicht die nötige Ehre erwiesen hatten. Damit hatte Paulus einen Aufhänger für seine Rede. Manche Philosophen in Athen sprachen schon von einem Gott, der keinen Namen hatte, aber allen anderen übergeordnet war. Paulus wusste: Das war sein Gott.

In Vers 6 dieses Psalms ist die Rede von einer »fremden Sprache« oder einer »unbekannten Stimme«, die den Leuten sagt, was der Eigentümer für sie tun will und schon getan hat. Diese »unbekannte Stimme« könnte demselben Gott gehören, von dem Paulus in seiner Rede gesprochen hat.

Das ist der Gott, dem wir gehören, und er hat viel und Wesentliches für uns getan. Er will uns von belastenden Zwängen frei machen und wir können das Angebot ruhig annehmen (Vers 7).

Lied:
Er selber, Gottes Sohn,
verließ des Vaters
Thron,
litt Schande, Spott
und Not,
ging für uns in
den Tod.
GERHARD SCHNITTER

Parallelstellen zum Thema:
Wichtig ist, was in Kolosser 2,16-17 gesagt wird, dass nämlich Feiern und Fasten nur der Schatten des Eigentlichen sind, das Christus selbst ist.

Nachdenkenswert:
»Glücklich das Kind, das im Donnerschlag die Stimme des Vaters erkennt. Furcht ist nicht in der Liebe, sondern die völlige Liebe treibt die Furcht aus; denn die Furcht hat Pein.«
F. B. MEYER

30. Juni

30. Juni

PSALM 81,12-17

12 Doch nein, mein Volk wollte nicht hören.
Israel war nichts an meiner Gegenwart gelegen.
13 Deshalb überließ ich es seiner Blindheit und Verstocktheit,
ließ es nach seinen eigenen Wünschen leben.
14 O dass mein Volk doch auf mich hören wollte!
O dass Israel mir doch folgen und meine Wege gehen wollte!
15 Wie rasch wollte ich dann seine Feinde unterwerfen!
Wie schnell legte ich meine Hand schwer auf seine Widersacher!
16 Die den HERRN hassen, würden sich vor ihm zu Boden werfen;
ihr Verderben wäre besiegelt.
17 Euch aber würde ich mit den köstlichsten Speisen laben.
Ich würde eure Sehnsucht stillen mit wildem Honig aus dem Felsen.

Der beste Platz

Zwei Schulfreundinnen wählten nach dem Abschluss verschie dene Berufslaufbahnen, aber sie blieben in Verbindung. Kristen wurde eine bekannte Schauspielerin, Sandy eine Geschäftsfrau Einmal kam Kristen auf einer Tournee auch in Sandys Wohnort; si rief ihre alte Freundin an und lud sie für einen bestimmten Tag zu dem Stück ein. Beide freuten sich auf das Wiedersehen.

Sandy kam erst kurz vor Spielbeginn ins Theater. Sie konnte sich nur einen Platz auf dem zweiten Rang leisten, aber da oben genoss si die Aufführung. Inzwischen suchte Kristen von der Bühne aus un sah einen leeren Platz in der ersten Reihe: den Platz, den sie für Sand reserviert hatte.

Erst später klärte sich das Missverständnis auf. Kristen hatte ihre Freundin den bevorzugten Platz sichern wollen, aber Sandy wusst nicht, dass sie nach der für sie reservierten Karte fragen musste.

In Psalm 81 bietet Gott uns die allerbesten Plätze an, einen Luxus, den wir uns nicht leisten könnten: »Euch aber würde ich mit den köstlichsten Speisen laben« (Vers 17). Aber wir nehmen allzu oft den Platz auf den Rängen. Das wirft Gott den Israeliten in diesem Psalm vor. Er will ihnen helfen, ihre Wünsche befriedigen, aber dazu müssten sie auf ihn hören und gehorchen.

Dasselbe will er für uns. Kommen Sie näher, dann erkennen Sie besser, wie gut er ist. Sie könnten sonst das Beste verpassen.

Lied:
Willst du mir geben, womit mein Leben ich kann ernähren, so lass mich hören allzeit im Herzen dies heilige Wort: Gott ist das Größte, das Schönste und Beste.
Paul Gerhardt

Parallelstellen zum Thema:
In Psalm 81,13 wird gesagt, dass die Israeliten ihren eigenen Wünschen nachgehen. In 2. Petrus 1,4 kann man lesen, dass Gott uns vor den Charakterschäden schützen will, die durch böse Wünsche entstehen.

Nachdenkenswert:
»Er gibt uns das Beste und schafft auch aus dem Harten, Bedrohlichen und völlig Unabänderlichen noch Gutes.«
Derek Kidner

Juli

1. Juli

Psalm 82

Ein Psalm Asafs.

1 Gott spricht Recht im himmlischen Gericht;
er spricht das Urteil über die Richter:
2 »Wie lange wollt ihr Richter noch ungerecht urteilen?
Wie lange wollt ihr die Bösen noch vorziehen?

Zwischenspiel

3 Richtet die Armen und Waisen gerecht;
vertretet die Sache der Notleidenden und Unterdrückten.
4 Helft den Armen und Hilflosen;
erlöst sie aus den Klauen schlechter Menschen.
5 Doch diese Unterdrücker wissen gar nichts;
sie sind so dumm!
Weil sie in Finsternis leben,
wird die Welt bis in die Grundfesten erschüttert.
6 Ich sage: ›Ihr seid Götter
und Kinder des Höchsten.
7 Doch im Tod seid ihr nur Menschen.
Ihr werdet fallen wie alle Fürsten,
denn alle müssen sterben.‹«
8 Erhebe dich, Gott, und richte die Erde,
denn alle Völker sind dein.

Gott und die Volksführer

In dem ständigen Streit mit den religiösen Führern seiner Zeit wär Jesus einmal fast wegen Gotteslästerung gesteinigt worden, weil e sich selbst als Gott bezeichnet hatte. Er verteidigte sich mit einen Zitat aus Psalm 82: In Vers 6 sagt Gott zu den Führern des Volkes: »Ih seid Götter.« Mit diesem genialen Schachzug setzte Jesus seine Feind durch ein Detail ins Unrecht und zog sich aus der Affäre. Aber diese Wortspielerei hat einen wichtigen Hintergrund, den wir beachten sollten.

Gott gibt den Führern des Volkes eine gottähnliche Stellung: Sie haben Autorität und können die Achtung des Volkes genießen. Aber gebrauchen sie ihre Autorität so wie Gott? Handeln sie gerecht und barmherzig? Kümmern sie sich um die Armen wie Gott selbst?

Die Herrschenden zur Zeit von Jesus kamen ihren Pflichten als Vertreter Gottes nicht nach: Sie waren oft ungerecht und gleichgültig gegen die Armen. Jesus dagegen hat vieles getan, was Gottes Wesen entspricht. »Um welches dieser Werke willen wollt ihr mich steinigen?«, fragt er herausfordernd (Joh 10,32). Nach dem Maßstab von Psalm 82 hatte er das Recht, Gott genannt zu werden, aber sie hatten kein Recht, ein Volk zu führen.

Diese Gedanken sprechen nicht dagegen, dass Jesus wirklich Gott ist; eher sagen sie uns etwas über das Wesen des Regierens. Regierende sind auf unser Gebet angewiesen, damit sie ihre Autorität so ausüben, wie Gott es will. Und wo wir selbst Autorität ausüben: Sind wir gerecht und barmherzig gegen die, auf die wir Einfluss haben?

LIED:
Vater, du hast
mir erzeiget
lauter Gnad
und Gütigkeit,
und du hast zu
mir geneiget,
Jesu, deine
Freundlichkeit,
und durch dich,
o Geist der Gnaden,
werd ich stets noch
eingeladen.
LUDWIG ANDREAS GOTTER

WISSENSWERTES:
Einmal verbeugte sich eine Frau vor Franz I. von Frankreich und bat ihn um Gerechtigkeit. Da sagte er zu ihr: »Gerechtigkeit bin ich dir schuldig. Wenn du um etwas bittest, dann bitte um Gnade.«

NACHDENKENSWERT:
»Herrscher müssen verstehen, dass sie nicht über Stöcke und Steine regieren, auch nicht über Schweine und Hunde, sondern über die Gemeinde Gottes; darum, wenn sie ungerecht handeln, müssen sie fürchten gegen Gott selbst zu handeln.«
MARTIN LUTHER

2. Juli

2. Juli

Psalm 83,1-9

1 *Ein Psalm Asafs. Ein Lied.*
2 Sitz nicht müßig auf deinem Thron, o mein Gott,
schweige nicht und bleib nicht untätig!
3 Hörst du nicht den Aufruhr, den deine Feinde aufstacheln?
Siehst du nicht, was deine dreisten Widersacher tun?
4 Sie spinnen Intrigen gegen dein Volk,
schmieden hinterhältige Pläne gegen die, die dir teuer sind.
5 »Auf«, sagen sie, »wir wollen das Volk Israel auslöschen.
Wir wollen die Erinnerung an diese Nation aus dem Gedächtnis der Menschen tilgen.«
6 So lautete ihr einmütiger Beschluss.
Sie haben einen Vertrag unterzeichnet und schlossen ein Bündnis gegen dich –
7 die Edomiter und Ismaeliter,
Moabiter und Hagariter,
8 Gebaliter, Ammoniter und Amalekiter
und die Völker aus dem Philisterland und aus Tyrus.
9 Auch Assyrien hat sich ihnen zugesellt
und zum Verbündeten der Nachkommen Lots gemacht.

Verschwörungstheorien

Wenn jemand wusste, wovon in Psalm 83 die Rede ist, dann König Ahas. Zwei Staaten aus dem Norden hatten sich gegen ein Volk zusammengetan und wollten den kleinen Staat Juda erobern – man musste etwas Entscheidendes unternehmen. Das jedenfalls dachte König Ahas.

Aber der Prophet Jesaja wusste es besser. Gott sagte zu Jesaja: »Sprich zu ihm: Hüte dich und bleibe still; fürchte dich nicht« (s. Je

7,4). Diese Drohung würde nicht wirksam werden. »Ihr sollt nicht alles Verschwörung nennen, was dies Volk Verschwörung nennt, und vor dem, was sie fürchten, fürchtet euch nicht und lasst euch nicht grauen, sondern verschwört euch mit dem Herrn Zebaoth; den lasst eure Furcht und euren Schrecken sein« (s. Jes 8,12-13).

Leider hörte Ahas nicht auf ihn. Er kehrte nicht um, um sich an Gott zu wenden, sondern suchte Hilfe bei dem mächtigen Staat Assyrien. Assyrien brachte seine brutale Streitmacht dorthin, besiegte Judas Feinde und wendete sich dann gegen Juda selbst (s. Ps 83,9). Jerusalem wurde nur verschont, weil Gott für Ahas' frommen Sohn Hiskia eingriff und ein großes Wunder tat.

Heute haben viele Christen das Gefühl, alle hätten sich gegen sie verschworen und würden einen Großangriff auf alle, die Gott gehören, starten. Sie fürchten sich vor der Regierung, den Medien und der Gesellschaft allgemein – und Psalm 83 kann diese Ängste noch fördern. Aber was Jesaja gesagt hat, gilt immer noch: »Fürchtet euch nicht ..., sondern verschwört euch mit dem Herrn Zebaoth; den lasst eure Furcht und euren Schrecken sein ...«

LIED:
Fürchte dich nicht,
denn du bist mein,
fürchte dich nicht,
denn du bist mein,
ich habe dich erlöst.
ELISABETH AEBI

WISSENSWERTES:
Benedikt, ein Mönch, der im 7. Jahrhundert lebte und den Benediktinerorden gründete, war in seinen letzten Lebenstagen gelähmt und ließ sich die Psalmen vorlesen. Der letzte, den er hörte, war Psalm 83.

3. Juli

Psalm 83,10-17

10 Verfahre mit ihnen, wie du es mit den Midianitern getan hast
oder mit Sisera und Jabin am Kischon.
11 In Endor wurden sie getötet,
und ihre verwesenden Leichname düngten die Erde.
12 Lass ihre Vornehmen sterben wie Oreb und Seeb.
Lass all ihre Fürsten umkommen wie Sebach und Zalmunna,
13 denn sie sagten: »Wir wollen diese Weiden Gottes für uns selbst!«
14 O mein Gott, blase sie fort wie wirbelnden Staub,
wie Spreu im Wind!
15 Wie ein Feuer im Wald wütet
und eine Flamme Berge in Brand setzt,
16 so jage sie mit deinen Feuerstürmen;
schrecke sie mit deinen Unwettern.
17 Richte sie zugrunde,
bis sie sich deinem Namen unterwerfen, o HERR.

Hörner, Fackeln und Tonkrüge

Es klang wie ein unsinniger Plan. Die Midianiter hatten eine riesige Armee versammelt, viel größer als die der Israeliten. Was tat also der Feldherr Gideon? Er verkleinerte sein Heer von 30 000 auf 10 000 Mann. Und dann verkleinerte er es noch einmal auf 300!

Die Soldaten müssen doch gedacht haben: *Ist Gideon verrückt?*

Aber es war Gott, der das Vorgehen bestimmte. Er wollte nicht, dass jemand mit der eigenen Kampfkraft prahlen könnte, darum half er seinem Volk auf seine eigene Art.

Gideon gab jedem Mann ein Horn und einen Tonkrug mit einer Fackel darin. In der Nacht stellten sich die israelitischen Soldaten rund um das midianitische Lager und stießen dann plötzlich in die

Hörner und zerschlugen die Krüge. Die Midianiter fingen in Panik an, sich gegenseitig zu bekämpfen und wegzulaufen. So wurden die Soldaten dieser riesigen midianitischen Armee besiegt (s. Ri 7,1-22).

Der zweite Teil von Psalm 83 erinnert an diese Niederlage der Midianiter. Gideon wird hier passenderweise gar nicht erwähnt; denn nicht er, sondern Gott hat den Kampf gewonnen.

Fühlen wir uns nicht manchmal von einer Übermacht von Feinden umzingelt? Dann können wir nichts Besseres tun, als Gott um Hilfe zu bitten. Für ihn ist es nicht schwer uns zu helfen – auch wenn wir in seinen Methoden keinen Sinn erkennen. »... Kämpfen wir doch nicht auf fleischliche Weise«, sagt Paulus. »Denn die Waffen unseres Kampfes sind nicht fleischlich, sondern mächtig im Dienste Gottes« (2. Kor 10,3-4).

LIED:
*Steht auf, steht auf
zum Streite,
ihr Gotteskinder all!
Wohlan, wohlan,
noch heute
folgt dem
Posaunenschall.
Des Königs Fahnen
wehen,
nun geht's zum heil-
gen Krieg;
zu Jesu lasst uns
stehen,
er führt von Sieg zu
Sieg.*
GEORGE DUFFIELD

WÖRTER IM TEXT:
In Vers 13 heißt es, dass der Feind die Weiden (bei Luther: die Häuser) Gottes haben will. Hier wird dasselbe Wort gebraucht wie für die »grüne Aue« in Psalm 23.

4. Juli

ZWISCHENSPIEL: BUSSPSALMEN FÜR DAS VOLK

Mindestens sechs Psalmen (44, 74, 79, 83 und 137) sind als Klagepsalmen für die ganze Gemeinde bekannt und es gibt noch mehrere ähnliche. Diese Psalmen sind in nationalen Krisenzeiten geschrieben worden; mit ihnen ruft das Volk Gott um Hilfe an.

Hier sind ein paar Verse aus solchen nationalen Klagepsalmen:

Psalm 44,26:
»Wir sinken in den Staub, liegen mit dem Gesicht im Schmutz.«

Psalm 74,9:
»Wir sehen keine wunderbaren Zeichen, Zeichen dafür, dass du uns retten wirst. Es gibt keine Propheten mehr; keiner kann uns sagen, wie dies alles enden wird.«

Psalm 79,9:
»Hilf du uns, Gott unseres Heils! Hilf uns um deines Namens willen. Rette uns und vergib uns unsre Sünden um deines Namens willen.«

Psalm 80,20:
»Lass dein Antlitz auf uns herableuchten. Nur dann können wir gerettet werden.«

Psalm 90,16:
»Lass uns deine Wunder wieder sehen; zeig unseren Kindern das Wirken deiner Herrlichkeit.«

Manchmal empfinden wir die Psalmen als Ausdruck persönlicher Liebe zu Gott wie in Psalm 23. Aber ursprünglich sollten sie das Gesangbuch für das ganze Volk sein. Von Zeit zu Zeit rief ein gehorsamer König wie Josia oder Hiskia oder eine führende Person wie Esra oder Nehemia das ganze Volk zusammen, um zu fasten, Sünden zu bereuen und Gott zu suchen. Für solche Zeiten sind die Psalmen der gemeinsamen Klage geschrieben worden.

Für die Amerikaner war 1857 kein gutes Jahr: In der ganzen Welt war die Geldwirtschaft zusammengebrochen. Die Industrieproduktion stand still. An der Börse lief nichts mehr. Nord und Süd lagen im Streit wegen der Sklaverei, der Arbeitsmarkt wurde von irischen und deutschen Einwanderern überschwemmt und das Interesse am Glauben war so gering wie seit Jahrzehnten nicht mehr. Da rief ein christlicher Laie namens Jeremiah Lamphier in New York City ein mittägliches Gebetstreffen ins Leben. Zuerst kamen nur wenige. Aber bald wurde die Idee auch in anderen Städten aufgenommen. Pfarrer in Pittsburgh und Cincinnati forderten die Menschen auf, einen Tag lang zu beten, zu fasten und Gott wieder die Ehre zu geben. Darauf entstand eine Erweckung im ganzen Land. Innerhalb von zwei Jahren entschieden sich zwischen 500 000 und einer Million Menschen für ein Leben mit Christus.

Es gibt verschiedene Möglichkeiten, für ein Land zu beten: Man kann Gott bitten einzugreifen, wie die Psalmisten es taten. Man kann die Leute zur Umkehr aufrufen wie Jeremiah Lamphier im Jahr 1857. Unser Land hat viel Gutes erlebt und ist doch sehr weit von Gott entfernt. Wäre es nicht gut, wenn viele darum beten würden, dass es wieder mehr auf ihn hört?

LIED:

Du bist der Held,
der sie kann un-
tertreten und das
bedrängte kleine
Häuflein retten.
Wir traun auf dich,
wir schrein in Jesu
Namen: Hilf,
Helfer! Amen.
JOHANN HEERMANN

5. Juli

Psalm 84,1-8

1 *Anweisung für den Chorleiter: Ein Psalm der Nachkommen Korachs, für Begleitung mit Streichinstrumenten.*
2 Wie lieblich ist deine Wohnung, allmächtiger Herr.
3 Ich sehne mich, ja ich vergehe vor Sehnsucht,
den Hof des Herrn zu betreten.
Aus freudigem Herzen will ich dort den lebendigen Gott anrufen.
4 Selbst der Spatz findet dort ein Heim,
und die Schwalbe baut ihr Nest
und zieht ihre Jungen auf –
an einem Ort bei deinem Altar,
o allmächtiger Herr, mein Gott und König!
5 Wie glücklich sind die, die in deinem Hause leben dürfen
und allezeit dein Loblied singen.

Zwischenspiel

6 Glücklich sind die, deren Stärke der Herr ist,
die in ihren Gedanken auf Pilgerschaft nach Jerusalem gehen.
7 Wenn sie das Tal der Tränen durchqueren,
wird es zu einem Ort erfrischender Quellen werden,
wo sich das Wasser nach dem Regen in Segensteichen sammelt!
8 Sie werden wachsen und stärker werden,
und jeder Einzelne von ihnen wird in Jerusalem vor Gott erscheinen.

Ein Platz für die Vögel

In diesem Psalm ist in Vers 4 von einem Sperling die Rede, der im Tempel, wo Gott ist, Unterschlupf findet. Auch Jesus hat davon gesprochen, dass Gott auf die Sperlinge achtet.

Jesus hat seinen Jüngern angekündigt, dass sie mit Verfolgung rechnen müssten, wenn sie mit ihm gingen, aber er hat auch gesagt sie sollten sich nicht vor denen fürchten, die ihren Körper töten, aber ihrer Seele nichts anhaben können (Mt 10,28-31). Dann folgt eine liebevolle Zusage: Kein einziger Sperling fällt auf die Erde, ohne dass unser Vater es weiß, und seine Nachfolger sind ihm viel wichtiger als Sperlinge.

Sperlinge gab es in Israel zu Spottpreisen zu kaufen. Sie flogen überall herum und schienen keinen Wert zu haben. Aber Gott beachtet sie alle.

Wenn Gott die Sperlinge so ernst nimmt, sind Sie ihm dann nicht erst recht wichtig? Für Gott sind Sie mehr wert als ein ganzer Schwarm Sperlinge.

Jesus sagt nicht, Sperlinge könnten nie herunterfallen, und er sagt auch nicht, wer ihm nachfolgt, würde nie körperlich Schaden nehmen. Aber er betont, dass Gott liebevoll auf uns achtet. Manchmal rettet Gott seine Leute aus Gefahren und manchmal lässt er sie leiden und sogar sterben – aber er lässt sie nie aus den Augen. Sie bleiben für alle Ewigkeit in seiner Nähe.

Psalm 84 zeigt uns, wie Menschen sich im Tempel an Gottes Nähe freuen, wo auch die Vögel sicher nisten können. Gleich welche Schwierigkeiten und Leiden wir vielleicht durchmachen müssen, bei Gott finden wir immer einen Platz, an dem Friede ist.

IED:
ann doch selbst
ein Tod uns töten,
ondern reißt unsern
eist aus viel tausend
öten,
chließt das Tor der
ittern Leiden
nd macht Bahn, da
nan kann gehn zu
immelsfreuden.
AUL GERHARDT

PARALLELSTELLEN ZUM THEMA:
In Vers 7 wird geistliches Wachstum direkt mit einer engen Bekanntschaft und Beziehung zu Gott selbst in Verbindung gebracht. Ein ähnlicher Gedanke steht noch deutlicher in 2. Korinther 3,18.

NACHDENKENSWERT:
»Schmerzen, Kummer und Enttäuschungen lassen sich umwandeln; wir können durch den Regen zum Regenbogen kommen. Unser irdisches Leben sollte ein ständiger Sieg in und über die äußeren Umstände sein.«
W. GRAHAM SCROGGIE

6. Juli

PSALM 84,9-13

9 O HERR, allmächtiger Gott, vernimm mein Gebet.
Höre mich, o Gott Israels.
Zwischenspiel
10 Lass deine Augen wohlgefällig auf unsrem Beschützer,
dem König, ruhn, o Gott!
Hab Erbarmen mit deinem Gesalbten.
11 Ein einziger Tag an deinem Hof
ist besser als tausend Tage an einem anderen Ort!
Lieber lebte ich als Torhüter im Haus meines Gottes,
als ein vornehmes Leben in den Häusern der Bösen zu führen.
12 Denn Gott der HERR ist unser Licht und unser Schutz.
Er schenkt uns Gnade und Ehre.
Der HERR wird denen nichts Gutes vorenthalten,
die tun, was recht ist.
13 O allmächtiger HERR,
glücklich sind die, die dir vertrauen.

Türhüter in Gottes Haus

Die Geschichte ist voll von Beispielen, wie Christen einträgliche Karrieren aufgegeben haben, um hauptberuflich für Gott da zu sein, wie zum Beispiel: der Steuereintreiber Matthäus, der vielversprechende Politiker Augustinus und Martin Luther, der seine Juristenlaufbahn aufgab und Priester wurde.

Als der angesehene Doktor der Philosophie Thomas von Aquin sich entschloss Mönch zu werden, begründete er seine Entscheidung mit Psalm 84,11: »Lieber lebe ich als Torhüter im Haus meines Gottes als ein vornehmes Leben in den Häusern der Bösen zu führen.«

Der Türhüter war ein Diener im Tempel. Für jeden Menschen in gehobener Stellung wäre das ein großer sozialer Abstieg. Aber für den Dichter ist es ein wichtiger Fortschritt: Diener in Gottes Haus zu sein, ist besser als sich irgendwo anders bedienen zu lassen, denn Gott sorgt dafür, dass unsere wichtigsten Bedürfnisse erfüllt werden. Dafür hat Franz von Assisi auf eine kaufmännische Laufbahn verzichtet, darum ist der Läufer Eric Liddell Missionar geworden und David Livingstone als Arzt ins unerschlossene Afrika gegangen. Sie alle arbeiteten als Türhüter für Gott: Sie öffneten anderen den Weg zu ihm selbst. Wie viele sind durch solche Arbeiter zu Gott gekommen!

Nicht jeder hat die Aufgabe, hauptberuflich in der Kirche zu arbeiten. Aber jeder von uns sollte das tun, was Gott ihm aufgetragen hat. In jedem Beruf, den ein Christ haben kann, bietet sich von Zeit zu Zeit die Möglichkeit ein »Türhüter« zu sein. Das ist etwas Großartiges und bringt unvorstellbaren Gewinn!

LIED:
Er sieht sich berufen
von Stufen zu Stufen;
und weil er auf Gottes
Verheißung sich
lehnet,
so wird er mit himmlischem Segen
gekrönet.
JOH. ALBRECHT BENGEL

NACHDENKENSWERT:
»Diese Dichter (der Psalmen) hatten viel weniger Grund als wir Gott zu lieben. Sie wussten nicht, dass er ihnen ewige Freude geben wollte, und erst recht nicht, dass er sterben würde, um diese Freude für sie zu erwerben. Trotzdem äußern sie Sehnsucht nach ihm, einfach nach seiner Nähe ... Sie möchten am liebsten ihr ganzes Leben im Tempel verbringen ... Nur da fühlen sie sich geborgen wie ein Vogel in seinem Nest (Ps 84,4). Ein einziger Tag in dieser ›Freude‹ ist besser als ein ganzes Leben an einem anderen Ort (11).«
C. S. LEWIS

7. Juli

Psalm 85,1-8

1 *Anweisung für den Chorleiter: Ein Psalm der Nachkommen Korachs.*
2 Herr, du hast wunderbaren Segen über dein Land ausgegossen!
Du hast Israel das Glück wiedergeschenkt.
3 Du hast deinem Volk seine Schuld vergeben –
ja, du hast alle seine Sünden zugedeckt.

Zwischenspiel

4 Du hast von deinem Zorn abgelassen,
hast deinem wütenden Grimm ein Ende gemacht.
5 Nun wende dich uns wieder zu, Gott unsres Heils.
Vergiss deinen Zorn auf uns.
6 Willst du uns denn für immer zürnen?
Willst du deinen Grimm auf alle künftigen Generationen ausdehnen?
7 Willst du uns nicht lieber neues Leben schenken,
damit dein Volk sich wieder an dir freuen kann?
8 Erweise uns deine unwandelbare Liebe, HERR,
und schenke uns dein Heil.

Ein Volk wieder beleben

Als Oliver Cromwell 1653 die Macht übernahm, hatte England mehrere Jahrzehnte lang einen schweren Bürgerkrieg durchlebt. Als oberster Befehlshaber der Armee entmachtete Cromwell Parlament und König und leitete eine Zeit relativer Ruhe ein. Cromwell war Puritaner und schätzte den persönlichen Glauben höher ein als die Macht der Kirche. Auch er liebte die Psalmen, zitierte sie oft öffentlich und ermunterte andere sie zu lesen.

1656 eröffnete er seine zweite Parlamentssitzung mit Psalm 85. Dann sprach er über seine Vision für England: Gott sollte wieder geehrt werden. Nach den Zerstörungen des Bürgerkrieges wünschten sich die Leute sehr, dass Gott von seinem Zorn »ablassen« und ihnen wieder Wohlstand schenken würde.

Aber man muss sehr vorsichtig sein, wenn man Gottes Versprechen an Israel auf ein anderes Land überträgt. Solange Cromwell regierte, hatte England Frieden, aber danach kam wieder Krieg. England war nicht das Volk, das Gott ausgewählt hatte, um sich auf der Erde zu erkennen zu geben, ebenso wenig wie heute die Vereinigten Staaten oder Deutschland. Aber es gibt doch manches allgemein Gültige in Gottes Versprechen an Israel: Immer wenn Gottes Leute – in jedem Land – Gott für sich als Herrn anerkennen, neu anfangen ihm zu gehorchen und ihn ehren, wie es in 2. Chronik 7,14 steht, dann ändern sie sich, und das hat oft weit reichende Wirkung auf die umgebende Gesellschaft.

LIED:
Herr, der du vormals hast dein Land mit Gnaden angeblicket und unser Volk aus Feindes Hand erlöset und erquicket; der du die Sünd und Missetat, die alles Volk begangen hat, hast väterlich verziehen.
PAUL GERHARDT

PARALLELSTELLEN ZUM THEMA:
Auch Psalm 30,6 bestätigt, dass Gott nicht lange zornig bleibt, wenn Menschen zu ihm zurückkommen.

NACHDENKENSWERT:
»Herr, wenn mein Glaube von Staub überdeckt wird, lass den Wind deines Geistes blasen, damit er wieder leuchtet. Wenn mein Gehorsam zur festgefahrenen Gewohnheit wird, öle ihn mit dem Öl deines Geistes. Gib mir wieder die erste, begeisterte Liebe zu dir.«
EUGENE PETERSON

8. Juli

PSALM 85,9-14

9 Ich lausche aufmerksam auf das, was Gott, der HERR, spricht,
denn er spricht seinem Volk, seinen Getreuen, Frieden zu.
Lass nicht zu, dass sie auf ihre törichten Wege zurückkehren.
10 Ganz gewiss ist sein Heil denen nahe, die ihm die Ehre geben;
unser Land wird von seiner Herrlichkeit erfüllt sein.
11 Liebe und Wahrheit haben sich vereint.
Gerechtigkeit und Frieden küssen sich!
12 Wahrheit geht aus von der Erde,
und Gerechtigkeit lächelt vom Himmel herab.
13 Ja, der HERR lässt seinen Segen regnen.
Unser Land wird reiche Ernte tragen.
14 Gerechtigkeit schreitet wie ein Herold vor ihm einher
und bereitet seinen Schritten den Weg.

Ein Fest in Jerusalem

Die Gefangenschaft der Israeliten war beendet und viele waren aus Babylon in ihr Heimatland zurückgekommen. Nehemia hatte den Wiederaufbau der Stadtmauer von Jerusalem geplant und geleitet und jetzt war es Zeit für einen Dankgottesdienst.

Der Priester Esra holte die Schriftrolle mit Gottes Gesetz und las vom frühen Morgen bis zum Mittag daraus vor. Offensichtlich war der Text vielen neu.

Esra lobte Gott und die Leute riefen »Amen!«, hoben die Hände und beugten sich bis zur Erde. Dann gingen die anderen Priester von einem zum anderen und erklärten, was im Gesetz stand. Als die Leute merkten, wie sehr sie von dem abgewichen waren, was Gott will, fingen sie an zu weinen.

Aber Nehemia und Esra versuchten sie wieder aufzuheitern und sagten: »Die Freude am Herrn ist eure Stärke!« Da aßen und tranken und feierten die Leute (Neh 8,1-12).

Auch in Psalm 85 begegnen wir einem Volk im Übergangsstadium. Wie zur Zeit Esras fängt das Unglück an, sich in Erfolg zu verwandeln und die Leute loben Gott deswegen. Wie die Gottesdienstgemeinde in Nehemia 8 erkennen sie, was sie falsch gemacht haben, aber sie rechnen mit Gottes Vergebung und freuen sich darauf, dass er sich wieder an ihnen freut. Vor allem »hören« sie: Sie hören genau zu, was Gott sagt. Das ist das Wesentliche für geistliche Erneuerung in jedem Volk.

LIED:
Lass alle, die regieren,
ihr Amt getreulich
führen,
schaff jedermann sein
Recht,
dass Fried und Treu
sich müssen
in unserm Lande
küssen.
BENJAMIN SCHMOLCK

WÖRTER IM TEXT:
Die Gegensätze in Vers 11 sind viel sagend: Liebe und Wahrheit (Luther: Treue) sind nicht immer leicht zu vereinen, auch nicht Gerechtigkeit und Friede. Offensichtlich hat Gott da seine Hand im Spiel.

PARALLELSTELLEN ZUM THEMA:
Dieser Psalm steht im Zusammenhang mit Israels Befreiung aus Babylon. Ein anderer Hinweis auf dieses Ereignis findet sich in Haggai 2,7-9.

9. Juli

PSALM 86,1-10

Ein Gebet Davids.

1 Neige dich zu mir herab, o HERR, und vernimm mein Gebet;
erhöre mich, denn ich brauche deine Hilfe.
2 Beschütze mich, denn ich bin dir ganz ergeben.
Rette mich, denn ich diene dir und vertraue auf dich.
Du bist mein Gott.
3 Hab Erbarmen, HERR,
denn ich flehe unablässig zu dir.
4 Mach mich glücklich, HERR,
denn mein Leben liegt in deiner Hand.
5 O HERR, du bist so gütig, immer bereit zu vergeben,
voll unwandelbarer Liebe für alle, die deine Hilfe erbitten.
6 Erhöre mein Gebet, o HERR,
vernimm meinen flehentlichen Hilferuf.
7 Zu dir will ich kommen, wann immer mich die Sorgen
überwältigen, und du wirst mich erhören.
8 Kein heidnischer Gott ist dir gleich, HERR.
Es gibt keine Wunder wie die, die du tust.
9 Alle Völker – und du hast sie alle erschaffen –
werden kommen und sich vor dir neigen, HERR;
sie werden deinen großen und heiligen Namen preisen.
10 Denn du bist groß und vollbringst große Wunder.
Du allein bist Gott.

Unseren Herrn anrufen

In den meisten Bibeln findet man das Wort »Herr« manchmal in Kapitälchen gedruckt. Das ist ein Hinweis auf den ursprünglichen hebräischen Text.

Immer wenn das Wort HERR da steht, bezeichnet es den Namen, den Gott sich selbst gegeben hat (JHWH). Manche meinen, er sei ursprünglich »Jahwe« ausgesprochen worden. Dieser Name wurde für fromme Juden so heilig, dass sie ihn nicht mehr aussprachen. Wenn sie ihm in einem Bibeltext begegneten, ersetzten sie ihn durch *Adonai*; dieser Name wird im Deutschen gewöhnlich mit »Herr« wiedergegeben. Das Wort bedeutet auch »Herr«.

Hier in Psalm 86 steht zweimal (V. 1 und 6) Gottes Eigenname HERR, aber daneben siebenmal das Wort »Herr« oder *Adonai*. Damit wiederholt sich David nicht einfach wie manche Christen, die beim Beten immer wieder »Herr« sagen, sondern höchstwahrscheinlich redet er Gott so an, wie ein Diener seinen Herrn anredet: »Ja, Herr, ich will tun, was du sagst. Sei nicht zu streng mit mir, Herr.« Hier tritt David bescheiden auf, er beteuert nicht seine Unschuld, fordert nicht, dass Gott ihm hilft, und drängt nicht darauf, dass er seine Feinde vernichtet (sonst tut er das manchmal).

Aus diesem Gebet von David können wir lernen, Gott so gegenüberzutreten wie ein Diener seinem Herrn.

LIED:
Hier legt mein Sinn sich vor dir nieder; mein Geist sucht seinen Ursprung wieder. Lass dein erfreuend Angesicht zu meiner Armut sein gericht't.
CHRISTIAN FRIEDRICH RICHTER

WISSENSWERTES:
Dieser Psalm ist ein Mosaik von Stücken aus ungefähr zwanzig anderen Psalmen. Auch Gedanken aus 2. und 5. Mose, Jesaja und Jeremia sind darin aufgenommen.

NACHDENKENSWERT:
»Hundertmal bist du gefallen und schämst dich, schon wieder zu Gott zu kommen; es ist wohl zu viel verlangt, dass er dich wieder aufnimmt. Aber er tut es, denn er vergibt gern.«
F. B. MEYER

10. Juli

PSALM 86,11-17

11 Lehre mich deine Wege, HERR,
damit ich nach deiner Wahrheit lebe!
Schenke mir ein reines Herz,
damit ich dich ehre.
12 Von ganzem Herzen will ich dich preisen, o HERR, mein Gott.
Ich will deinen Namen stets verherrlichen,
13 denn deine Liebe zu mir ist groß.
Du hast mich aus den Tiefen des Todes gerettet!
14 O Gott, ruchlose Leute rotten sich gegen mich zusammen;
grausame Menschen wollen mich töten.
Ihnen bedeutest du nichts.
15 Doch du, HERR, bist ein gnädiger und barmherziger Gott,
langsam im Zorn,
voll der unwandelbaren Liebe und Wahrheit.
16 Sieh herab und hab Erbarmen mit mir.
Gib deinem Knecht Kraft;
ja, rette mich, denn ich bin dein Knecht.
17 Schenk mir ein Zeichen deines Wohlwollens.
Das wird die, die mich hassen, beschämen,
denn du, HERR, hilfst mir und tröstest mich.

Die Wundertäterin

Haben Sie einmal den Film oder das Theaterstück *Die Wundertäterin* gesehen? Das ist die Geschichte von Helen Keller, aber es ist auch die Geschichte von Anne Sullivan. Frau Sullivan war die Lehrerin, die das Wunder an Helen Keller möglich gemacht hat.

Helen Keller war als kleines Kind infolge einer Krankheit blind und taub geworden. Ihre Eltern stellten Anne Sullivan als Lehrerin für sie ein. Aber wie kann man jemanden sprechen lehren, der nicht sehen und hören kann? Man kann Buchstaben auf ihre Hand drücken, aber wie kann sie lernen, dass die Dinge Namen haben, die man schreiben kann? Und wie kann man so ein wildes Kind überhaupt so lange zum Stillsitzen bringen, dass es etwas lernt?

Mit Geduld und viel harter Arbeit.

Eindrucksvoll zeigt *Die Wundertäterin* die Kämpfe der Lehrerin und der Schülerin: Disziplin einführen, Vertrauen gewinnen, alles wieder und wieder einüben – bis endlich der entscheidende Augenblick kommt. »Waa! Waa!«, sagt Helen und planscht mit den Händen im kalten Wasser. Es ist Babysprache, aber sie sagt den Namen dieser Sache. Endlich hat die Lehrerin den Zugang zu ihr gefunden.

»Weise mir, Herr, deinen Weg«, sagt David in diesem Psalm. Und manchmal wirken wir wahrscheinlich so blind und taub wie Helen Keller. Dann wollen wir nicht sehen, was Gott tut, und nicht hören, was er sagt. Aber es ist gut, dass wir einen genialen Lehrer haben. Mit Geduld und viel harter Arbeit findet Gott den Zugang zu uns und zeigt uns, wie wir nach seiner Wahrheit leben können.

Gott sei Dank, dass es Lehrer gibt und dass er selbst ein so geduldiger Lehrer für uns ist.

Lied:
Weiß ich den
Weg auch nicht,
du weißt ihn wohl;
das macht die Seele
still und friedevoll.
Ist's doch umsonst,
dass ich mich sorgend
müh,
dass ängstlich schlägt
mein Herz,
sei's spät, sei's früh.
Hedwig von Redern

Parallelstellen zum Thema:
Luther übersetzt den zweiten Teil von Vers 11 wörtlicher: »Erhalte mein Herz bei dem einen, dass ich deinen Namen fürchte.« Das bedeutet, dass David Gott bittet die Situation zu ändern, die auch Paulus in Römer 7,15 beklagt, dass er eigentlich das Gute tun will, es aber nicht tut.

11. Juli

Psalm 87

Ein Psalm der Nachkommen Korachs. Ein Lied.

1 Hoch auf dem heiligen Berg thront die vom Herrn
gebaute Stadt.
2 Er liebt die Stadt Jerusalem
mehr als irgendeine in Israel.
3 O Stadt Gottes,
welch wunderbare Geschichten erzählt man sich von dir!
Zwischenspiel
4 Ägypten und Babylon zähle ich zu denen, die mich kennen –
ebenso das Philisterland und Tyrus, ja selbst das ferne Äthiopien.
Sie alle sind Einwohner Jerusalems!
5 Und von Jerusalem wird es heißen:
»Hier ist jeder ein Bürger geworden.«
Der Höchste selbst wird die Stadt segnen.
6 Wenn der Herr die Nationen aufzählt,
wird er sagen: »Dies Volk ist ein Bürger Jerusalems geworden.«
Zwischenspiel
7 Auf allen Festen werden die Leute singen:
»Die Quelle meines Lebens ist in Jerusalem!«

Der Mittelpunkt der Welt

Historiker nennen das 20. Jahrhundert manchmal »das Jahrhundert Amerikas«. Tatsächlich hat Amerika durch militärisches Eingreifen, durch die Industrie und durch die Medien großen Einfluss in der Welt gewonnen. Dadurch ist Englisch zu einer Weltsprache geworden und irgendwie treten überall in der Welt Menschen in engere Verbindung mit Amerika, auch wenn sie sich nicht einbürgern lassen.

Ein ähnliches Bild finden wir in Psalm 87. Der Dichter sieht einen Tag kommen, an dem fremde Völker Gott kennen lernen und als Bürger Jerusalems gelten werden. Zunächst meint man eine nationalistische Verherrlichung der Hauptstadt Israels vor sich zu haben, aber dann wird eine offene Einladung daraus. Jeder, der den Herrn dieser Stadt kennen lernen will, ist gern gesehen.

Diese Zukunftsvision wird im Wesentlichen durch das Christentum erfüllt. Die Christen halten schon immer daran fest, dass sie den Gott Israels anbeten, und weil das Evangelium sich so weit verbreitet hat, glauben jetzt Heiden aus aller Welt an einen jüdischen Zimmermann und lesen die heilige Schrift der Hebräer (das Alte Testament). Jerusalem, der Ort, wo Jesus gestorben und auferstanden ist, steht im Mittelpunkt des christlichen Glaubens. So ist auch für uns die »Quelle des Lebens« in Jerusalem (vgl. Vers 7) und wir freuen uns auf ein Leben mit Gott im »neuen Jerusalem« (Offb 21). Paulus sagt, die Christen seien als Adoptivkinder in die Familie der Juden aufgenommen worden. So gesehen kann man sagen, dass alle Gläubigen Bürger Jerusalems sind.

LIED:
Wohlauf! Mit Macht umgürte dich,
du Arm des Herrn, so werden sich
die Völker um dich drängen.
Alsdann wird man fröhlich singen,
Palmen schwingen,
wenn man schauet,
wie Jahwe Zion bauet.
ALBERT KNAPP

PARALLELSTELLEN ZUM THEMA:
Jesaja 60 enthält auch eine sehr schöne Beschreibung von Jerusalem.

NACHDENKENSWERT:
Bernard sagt über das Kloster Clairvaux: »Man erzählt herrliche Dinge darüber, weil der herrliche und wunderbare Gott darin große Wunder tut!« Dasselbe sagt David in Psalm 87 über Jerusalem.

12. Juli

Psalm 88,1-11

1 *Anweisung für den Chorleiter: Ein Psalm der Nachkommen Korachs, zu singen nach der Melodie »Das Leiden der Not«. Ein Psalm des Esrachiters Heman. Ein Lied.*
2 O Herr, Gott meines Heils,
Tag und Nacht schrei ich zu dir.
3 Höre mein Gebet;
vernimm meinen Ruf.
4 Denn mein Leben besteht aus Tränen,
ich bin dem Tode nah.
5 Ich bin weggeschickt worden als einer, der tot ist,
ein einstmals Starker, der keine Kraft mehr hat.
6 Sie haben mich dem Tod überlassen,
und nun bin ich so gut wie tot.
Ich bin vergessen,
verlassen selbst von deiner Fürsorge.
7 Du hast mich in die tiefste Grube geworfen,
in die finsterste Tiefe.
8 Schwer lastet dein Zorn auf mir;
Woge um Woge geht über mich hin.

Zwischenspiel

9 Du hast mich meinen Freunden entfremdet;
hast sie alle fortgeschickt.
Ich sitze in der Falle und sehe keinen Ausweg.
10 Meine Augen sind blind vor Tränen.
Jeden Tag bitte ich dich um Hilfe, o Herr;
ich erhebe meine Hände zu dir und flehe um Barmherzigkeit.
11 Was nützen deine Wunder den Toten?
Stehen sie etwa auf und loben dich?

Hilferuf aus dem Bauch des Fisches

Gott schickte Jona in die assyrische Hauptstadt Ninive, aber der Prophet nahm ein Schiff in die entgegengesetzte Richtung. Da kam ein heftiger Sturm, der das Schiff fast zum Sinken brachte, und Jona wusste, dass er der Grund dafür war. Er sagte, die Matrosen sollten ihn ins Wasser werfen, und sobald er fiel, hörte der Sturm auf. Aber für Jona fing der »Sturm« erst richtig an: Ein großer Fisch kam und verschluckte ihn mit Haut und Haar.

Da unten im Fischmagen betete der Prophet. Sein Gebet war sehr ähnlich wie Psalm 88, und das ist kein Wunder. Bestimmt fühlte er sich verlassen und vergessen, im Dunkeln eingesperrt, dicht vor dem Tod und bedrängt von »Woge um Woge« (Vers 8). Er bat Gott um Hilfe und versprach ihm die gebührende Achtung zu erweisen.

Gott hörte auf Jonas Gebet und ließ den Fisch Jona ans Ufer spucken. Da brach Jona nach Ninive auf, um den Leuten dort auszurichten, was Gott ihnen sagen wollte.

Manchmal fühlt man sich wie Heman, der Psalm 88 geschrieben hat: Es geht einem schlecht und man weiß nicht warum. Aber manchmal weiß man auch genau warum, so wie Jona, und fühlt sich darum umso schlimmer. Man fragt sich: Kann Gott mir vergeben? Wird er mir heraushelfen?

Im Neuen Testament steht, dass Jona ein Bild für Jesus ist, der auch drei Tage an einem dunklen Ort bleiben musste (Mt 12,40). Gott war mächtig genug, um Jesus von den Toten aufzuerwecken, und diese selbe Kraft kann auch in Ihrem Leben wirksam werden.

Lied:
So wahr Gott Gott ist und sein Wort, muss Teufel, Welt und Höllenpfort und was dem tut anhangen endlich werden zu Hohn und Spott.
Jakob Fabricius

Parallelstellen zum Thema:
In Vers 7 sagt der Dichter, er sei »in die tiefste Grube« und »in die finsterste Tiefe« gelegt worden. Auch Jesus musste ins Grab und wir selbst müssen sterben und uns von unserem verdorbenen natürlichen Ich trennen. Aber damit werden wir auf eine Auferstehung und ein neues Leben vorbereitet, genau wie Christus von den Toten auferstanden ist: Philipper 3,10-11.

13. Juli

Psalm 88,12-19

12 Können die, die im Grab liegen, deine unwandelbare Liebe verkünden?
Können sie am Ort der Vernichtung noch von deiner Treue sprechen?
13 Kann die Finsternis deine Wunder erzählen?
Kann im Land des Vergessens jemand von deiner Gerechtigkeit reden?
14 O Herr, ich rufe zu dir.
Ich will dich anflehen Tag für Tag.
15 O Herr, warum verstößt du mich?
Warum wendest du dein Gesicht von mir ab?
16 Seit meiner Jugend war ich krank und dem Tode nah.
Hilflos und verzweifelt stand ich vor deinem schrecklichen Handeln.
17 Dein grimmiger Zorn hat mich überwältigt.
Deine Schrecken haben mich niedergeworfen.
18 Jeden neuen Tag umgeben sie mich wie Wasserfluten.
Sie haben mich eingeschlossen.
19 Du hast mir meine Gefährten und Allerliebsten genommen;
was bleibt, ist Finsternis.

Das Todesurteil

Für König Hiskia sah es nicht gut aus. Er war schwer krank geworden und der Prophet Jesaja sagte zu ihm: »Bestelle dein Haus; denn du wirst sterben ...« (Jes 38,1).

Hiskia reagierte darauf mit Angst und Trauer. Er »wandte sein Angesicht zur Wand und betete zum Herrn und sprach: Gedenke doch, Herr, wie ich vor dir in Treue und ungeteilten Herzens gewandelt bin und habe getan, was dir gefallen hat.« Dann »weinte (er) sehr« (Jes 38,2-3).

Hiskias Trauer hat Ähnlichkeit mit der Trauer in Psalm 88. Auch der Psalmdichter fühlt sich wie Hiskia vom Tod bedroht und der Psalm bietet keinen hoffnungsvollen Schluss. Aber Hiskia bekommt noch einmal eine Gnadenfrist: Als Gott sein Gebet gehört hat, lässt er ihm etwas anderes sagen: »Siehe, ich will deinen Tagen noch fünfzehn Jahre zulegen« (Jes 38,5). Als Hiskia wieder gesund war, schrieb er ein Lob- und Danklied.

Hiskias Danklied schließt mit Freude: »Du aber hast dich meiner Seele herzlich angenommen, dass sie nicht verdürbe; denn du wirfst alle meine Sünden hinter dich zurück« (Jes 38,17).

Auch uns kann eine akute Notlage alle Kraft und Freude rauben. Dann dürfen wir trauern wie in Psalm 88, aber wir sollen uns nicht in unser Elend zurückziehen, sondern die Verbindung zu Gott suchen. Er kann uns leicht helfen und uns in den Stand setzen, wie Hiskia Lob- und Danklieder zu singen.

Lied:

Lobe den Herren,
der künstlich und fein
dich bereitet,
der dir Gesundheit
verliehen, dich freund-
lich geleitet.
In wie viel Not
hat nicht der gnädige
Gott
über dir Flügel
gebreitet.
Joachim Neander

Parallelstellen zum Thema:

Jesus wusste, wie äußere Leiden auch die Seele angreifen. Man sieht das in Jesaja 53,3; Matthäus 26,38; Markus 14,33-34 und Lukas 22,44.

Nachdenkenswert:

In seinem Gedicht »Der Ausflug« zitiert William Wordsworth Psalm 88: ... Traurig, langsam, tief die Töne, wie von Psalmen: Grabgesang! Wir hörten zu und schauten auf das Haus und sahen niemand; doch von unten her kam noch Musik, vergeistigt wie zuvor. Jetzt konnt' ich deutlich diese Worte hören: »Wird man im Grab noch deine Liebe kennen, im Tod noch deine Treue?«

14. Juli

14. Juli

PSALM 89,1-8

1 *Ein Psalm des Esrachiters Etan.*
2 Ich will die gütige Barmherzigkeit des HERRN allezeit preisen!
Jung und Alt sollen von deiner Treue hören.
3 Deine unwandelbare Liebe währt ewig.
Deine Treue steht fest wie der Himmel.
4 Der HERR sprach: »Ich habe einen feierlichen Bund mit David,
meinem erwählten Knecht, geschlossen.
Ich habe ihm geschworen:
5 ›Ich will deine Nachkommen für immer als Könige einsetzen;
sie werden von jetzt an bis in alle Ewigkeit auf deinem Thron sitzen.‹«

Zwischenspiel

6 Der ganze Himmel preist deine Wunder, HERR;
Myriaden von Engeln loben dich für deine Treue.
7 Denn wer im ganzen Himmel kommt dem HERRN gleich?
Welcher noch so mächtige Engel ist wie er?
8 Die höchsten Engelmächte stehen in Ehrfurcht vor Gott
der ehrfurchtgebietender ist als alle, die seinen Thron umgeben.

Drei Musiker

Als die Bundeslade in die Stiftshütte in Jerusalem gebracht wurde, hatten drei Männer die Ehre, den Chor bei der Feierlichkeit zu leiten: Asaf, der mehrere Psalmen geschrieben hat, Heman, der Psalm 88 verfasst hat, und Etan, der den Psalm für heute geschrieben hat (vgl. 1. Chr 15-16).

Wenn Etan einen Psalm schreibt, geht er ganz anders vor als sein Kollege Heman. Heman entfaltet in Psalm 88 eine freudlose Weltsicht – das Wort vom Jammertal würde sie vielleicht treffend beschreiben (s. Vers 4). Aber Psalm 89 fängt gleich mit einem Lob von Gottes Güte an. Wir müssen erst zwei Drittel dieses Liedes von Etan lesen, bevor wir merken, dass es auch Probleme gibt.

Kennen Sie solche Menschen? Sie haben eine wesentliche Erfahrung gemeinsam: Gott ist größer als unsere Probleme. Das wusste Etan offenbar.

»Ja, das Königreich Israel zerfällt«, sagt Etan, »aber Gott ist gut. Seine Liebe und Freundlichkeit bleibt ewig.« *Etan* bedeutet »beständig, dauerhaft« und man kann sehen, dass seine Sicht der Dinge ihn in allen Krisen stabil hält. Ganz gleich was passiert, er erkennt Gottes große Güte und redet darüber.

Interessant ist auch, dass Etan seinen Namen später zu Jedutun geändert hat; das heißt: »Der Herr ist beständig«. Weil Gott beständig ist, können wir in allen Krisen, Verletzungen und Schwierigkeiten zuversichtlich bleiben.

LIED:
Die Gnade wird doch ewig sein,
die Wahrheit doch gewiss,
bräch auch des Himmels Feste ein
und sänk in Finsternis.
PHILIPP FRIEDRICH HILLER

PARALLELSTELLEN ZUM THEMA:
Was Gott selbst über seine Güte und Freundlichkeit sagt, steht in Jesaja 55,3.

NACHDENKENSWERT:
»Gnade ist ein Bauwerk, das nie fertig wird: Immer kommt noch eine Schicht, noch ein Stockwerk, noch eine Stufe. Gottes Treue ist so zuverlässig wie der Himmel selbst.«
F. B. MEYER

15. Juli

15. Juli

Psalm 89,9-19

9 O Herr, allmächtiger Gott!
Wer kommt dir an Macht gleich, Herr?
Dein Wesen ist ewige Treue.
10 Du gebietest über die Meere.
Wenn ihre Wellen im Sturm sich turmhoch erheben,
unterwirfst du sie.
11 Du hast das große Seeungeheuer zerschmettert.
Du hast deine Feinde mit deinem starken Arm zerstreut.
12 Der Himmel ist dein, und die Erde ist dein;
alles auf Erden gehört dir – du hast es erschaffen.
13 Du hast Norden und Süden gemacht.
Der Berg Tabor und der Berg Hermon preisen deinen Namen.
14 Stark ist dein Arm!
Mächtig ist deine Hand!
Deine Rechte ist erhoben in herrlicher Kraft.
15 Dein Thron ist auf zwei starke Säulen gegründet – Recht und Gerechtigkeit.
Liebe und Wahrheit schreiten als Herolde vor dir einher.
16 Glücklich die, die den hellen Ruf zum Gottesdienst vernehmen,
denn sie werden im Licht deiner Gegenwart wandeln, Herr.
17 Den ganzen Tag freuen sie sich an deinem wunderbaren Ruhm.
Sie jubeln über deine Gerechtigkeit.
18 Du bist ihre herrliche Stärke.
All unsere Macht beruht auf deiner Gnade.
19 Ja, unser Schutz kommt vom Herrn,
und er, der Heilige Israels, hat uns unsren König geschenkt.

Beständigkeit und Treue

Als die Israeliten gegen die wilden Amalekiter kämpfen mussten, führte Josua die Soldaten in den Kampf, während Mose von einem nahe gelegenen Berg aus zusah. Immer wenn Mose seinen Stab hochhielt, war die israelitische Armee stärker. Wenn er ihn sinken ließ, verlor sie (2. Mose 17,8-13).

Im hebräischen Originaltext ist das Wort für »beständig«, das hier gebraucht wird, dasselbe, das in Psalm 89,9 mit »Treue« (Luther: Wahrheit) übersetzt ist. Dasselbe Wort erscheint in Habakuk 2,4 als »Glaube«; da klagt der Prophet die eigensinnigen Leute seiner Zeit an: »Wer halsstarrig ist, der wird keine Ruhe in seinem Herzen haben; der Gerechte aber wird seines Glaubens leben.«

Dieser Psalm macht klar, dass Treue eine ganz zentrale Eigenschaft Gottes ist. Gott *versucht* nicht nur seine Versprechen zu halten; er hat auch die Macht alles auszuführen. Seine Arme sind allein stark genug, er braucht keine Helfer, die sie stützen (s. Vers 15). Der Dichter nennt noch eine ganze Menge andere Wesenszüge Gottes: Recht und Gerechtigkeit, Barmherzigkeit und Wahrheit. All das zusammen ergibt ein Bild von einem Gott, auf den man sich verlassen kann – auch wenn alles andere im Leben wegzubrechen scheint.

Wenn wir uns beständig auf Gottes gleich bleibende Treue verlassen, können wir leben, auch wenn überall um uns zerstörerische Kräfte sind. Er hält uns mit seinen starken Armen fest und lässt uns nicht los.

LIED:
Du, du trittst hervor in Klarheit, in Gerechtigkeit, Gericht, dass man soll aus deinen Werken
deine Güt und Allmacht merken.
Tausendmal sei dir, großer König, Dank dafür.
LUDWIG ANDREAS GOTTER

PARALLELSTELLEN ZUM THEMA:
Über die Macht von Gottes rechter Hand steht mehr in 2. Mose 15,6-12.

NACHDENKENSWERT:
Alexander MacLaren meinte, Vers 16 sollte ungefähr so übersetzt werden: »O wie glücklich sind die, die wissen, dass Gott bei ihnen ist, und die sich in diesem Wissen mit Liebe und Ehrfurcht vor ihm verneigen.«

16. Juli

Psalm 89,20-29

20 Einst sprachst du in einer Vision zu deinem Propheten
und sagtest:
»Ich habe einem Krieger Hilfe geschickt.
Ich habe ihn aus dem Volk zum König ausersehen.
21 Ich habe meinen Knecht David gefunden
und ihn mit meinem heiligen Öl gesalbt.
22 Ich will ihn standhaft machen,
will dafür sorgen, dass er stark wird.
23 Seine Feinde werden sein Kostbarstes nicht bekommen,
und die Bösen werden ihn nicht überwältigen.
24 Ich will seine Widersacher vor ihm schlagen
und die vernichten, die ihn hassen.
25 Meine Treue und unwandelbare Liebe werden mit ihm sein,
und ich werde ihm große Macht verleihen.
26 Seine Herrschaft soll vom Mittelmeer im Westen
bis zu Euphrat und Tigris im Osten reichen.
27 Und er wird zu mir sagen: ›Du bist mein Vater,
mein Gott, der Fels meines Heils.‹
28 Ich will ihn zu meinem Erstgeborenen machen,
zum mächtigsten König auf Erden.
29 Ich will ihn lieben und ihm für immer gnädig sein;
mein Bund mit ihm wird niemals enden.

Der Schäferjunge als König

Mit Saul klappte es einfach nicht. Der erste König von Israel nahm die Dinge immer wieder selbst in die Hand und wartete nicht ab, was Gott sagte. Schließlich entschied Gott, das zu ändern. Er schickte den Propheten Samuel auf die Weiden von Bethlehem, um einen neuen König zu suchen, der ihm die Ehre geben und gehorchen würde. Einen von Isais Söhnen sollte er zum König salben. Aber welchen?

Bei näherer Betrachtung hat die Geschichte Ähnlichkeit mit der vom Aschenputtel. Sieben große, kräftige Söhne Isais traten vor den Propheten, um sich prüfen zu lassen, aber keinem von ihnen passte der goldene Schuh. Sie sahen zwar aus, als könnten sie die Richtigen sein – aber das tat auch Saul. Gott wollte jemanden, der sich ehrlich für ihn einsetzen würde.

David hätten sie fast vergessen. Der Jüngste war draußen auf der Weide und sorgte für die Tiere. Jemand musste ja die Schmutzarbeit machen. Vielleicht wegen dieser Bereitschaft das Notwendige zu tun, kam David für das Amt in Frage. Jeder Dummkopf kann König werden, aber nur ein kluger König kann Diener sein.

Psalm 89 besingt die Wahl dieses Schäfers David zum König von Israel. Er war nicht nur der zweite in einer ganzen Reihe von Königen – er war der Gründer einer beständigen Dynastie. Davids Nachkommen sollten Gottes Volk für immer regieren. Der Dichter sah eine unsichere Zukunft vor sich und klammerte sich an dieses Versprechen; es würde seinem Volk Sicherheit geben. Heute sehen wir als Christen, wie es durch Jesus erfüllt worden ist. Der König, der gekommen ist zu dienen, der gute Hirte und Sohn Davids.

LIED:
Der Hirt, am Kreuz gestorben,
hat Fried und Heil erworben;
nun heißt bei seinen Schafen
das Sterben ein Entschlafen.
PHILIPP FRIEDRICH HILLER

WÖRTER IM TEXT:
»(Gottes) Erstgeborener« (Vers 28) ist ein Titel, den streng genommen nur Christus führen darf (vgl. Röm 8,29). Dieser Absatz gilt nicht nur für David; es ist gut daran zu denken, dass auch Christus damit gemeint ist.

PARALLELSTELLEN ZUM THEMA:
Dieser Teil von Psalm 89 enthält noch einmal das Versprechen aus 2. Samuel 7,8-16.

17. Juli

PSALM 89,30-38

30 Ich will ihm einen Erben schenken;
sein Thron wird ewig sein wie die Tage des Himmels.
31 Doch wenn seine Söhne mein Gesetz vergessen
und nicht auf meinen Wegen bleiben,
32 wenn sie meinen Ratschlüssen nicht gehorchen
und meine Gebote nicht halten,
33 dann will ich ihre Sünde mit der Rute strafen
und ihren Ungehorsam mit Schlägen.
34 Doch ich will nicht aufhören, ihn zu lieben
und die Verheißungen, die ich ihm gab, nicht aufheben.
35 Nein, ich will meinen Bund nicht brechen;
will nicht ein einziges Wort, das ich sprach, zurücknehmen.
36 Ich habe David einen Eid geschworen,
und in meiner Heiligkeit kann ich nicht lügen:
37 Sein Geschlecht wird niemals verlöschen;
sein Thron steht so fest wie die Sonne,
38 er ist ewig wie der Mond,
mein treuer Zeuge am Himmel!«

Ein erstaunlicher Rekord

Die meisten Fans, die nach Camden Yards fuhren, um das Spiel der *Baltimore Orioles* am 21. September 1998 zu sehen, wussten nicht, dass dieses Spiel in die Rekordlisten eingehen würde. Aber die Sensation, die sie miterlebten, konnten sie nicht sehen; sie bestand darin, dass jemand *nicht* zu sehen war.

Als die *Baltimore Orioles* auf das Spielfeld kamen, war Cal Ripken Jr. nicht dabei und seine Abwesenheit war äußerst bemerkenswert.

Ripken hatte nämlich in 16 Jahren in 2 632 Baseballspielen hintereinander gespielt. Er hatte kein einziges Spiel verpasst. Aber an diesem Tag entschied er, die Serie sei lang genug, und sagte dem Manager, er solle seinen Namen von der Liste der Spieler streichen. Ripkens unglaublicher Ausdauerrekord kam zum Abschluss.

Anscheinend kommt in dieser Welt alles irgendwann zum Abschluss. Aber zu David hat Gott gesagt, dass seine Liebe zu ihm nie aufhören wird (s. 2. Sam 7,15), und das wird in diesem Psalm noch einmal bestätigt.

Mit dieser Liebe, die nie aufhört, betrachtet Gott auch uns. Was Gott zu uns sagt, würde auf sportlicher Ebene ausgedrückt etwa so klingen: »Auch wenn du zwanzigmal nacheinander daneben schlägst, keinen einzigen Ball triffst und bei jeder Gelegenheit die dümmsten Fehler machst, hat das auf meine Liebe überhaupt keinen Einfluss. Ich liebe dich immer.«

2 632 Spiele hintereinander? Für Gott ist das nicht viel, verglichen mit den liebevollen Plänen, die er seit Bestehen der Welt und bis in alle Ewigkeit für uns verwirklicht.

LIED:
Wie wird uns sein, wenn wir ihn hören rufen: Kommt, ihr Gesegneten! Wenn wir im Licht dastehend an des Gottesthrones Stufen, ihm schauen in sein gnädig Angesicht; die Augen sehn, die einst von Tränen flossen um Menschennot und Herzenshärtigkeit, die Wunden, die das teure Blut vergossen, das uns vom ewgen Tode hat befreit!
KARL JOHANN PHILIPP SPITTA

NACHDENKENSWERT:
»In der Person von Jesus ist die Reihe von Davids Nachfolgern endlos und die Familie von Jesus zeigt keine Degeneration. Keine menschliche oder teuflische Macht kann die Erbfolge der Christen durchbrechen ... Nachkommenschaft und Thron sind die großen Versprechen des Bundes. Wir sind die Nachkommenschaft, die ewig weitergeht, und der König, der ewig König bleibt, schützt uns und macht uns würdig.«
CHARLES HADDON SPURGEON

18. Juli

18. Juli

PSALM 89,39-46

39 Doch nun hast du ihn verstoßen.
Warum zürnst du so sehr mit dem, den du doch zum König erwählt hast?
40 Du hast deinen Bund mit ihm gelöst,
denn du hast seine Krone in den Staub geworfen.
41 Die Mauern, die ihn schützten, hast du eingerissen
und alle Festungen, die ihn verteidigten, in Schutt gelegt.
42 Jeder, der zufällig daherkam, hat ihn ausgeplündert,
derweil sich seine Nächsten über ihn das Maul zerrissen.
43 Du hast seine Feinde stark gemacht
und über ihn triumphieren lassen.
44 Du hast sein Schwert stumpf werden lassen
und dich geweigert, ihm im Kampf zu helfen.
45 Du hast seiner Herrlichkeit ein Ende gesetzt
und seinen Thron umgestürzt.
46 Du hast ihn vor der Zeit altern lassen
und ihn in aller Öffentlichkeit beschämt.

Sünde hat Folgen

Das 10. Jahrhundert v. Chr. war Israels ruhmreiche Zeit. David erweiterte die Grenzen des Landes durch seine militärische Tüchtigkeit und Salomos kluge Diplomatie machte den Staat reich. Wenigstens für ein paar Jahrzehnte gehörte Israel zu den mächtigsten Staaten der Welt.

Aber dieser Zustand war nicht von Dauer. Als Salomos Sohn Rehabeam auf den Thron kam, erhob er gegen den Rat kluger Staatsmänner zusätzliche Steuern; damit zwang er sein überfordertes Volk, noch schwerer zu arbeiten. Aus diesem Grund spalteten sich die zehn nördlichen Stämme ab und wählten einen Mann namens Jerobeam zum König.

Aber Jerobeam sah gleich eine Schwierigkeit: Wenn seine Untertanen Gott in Jerusalem anbeten wollten, mussten sie ins Südreich reisen. Darum machte er zwei goldene Kälber und bot den Leuten an, sie statt Gott anzubeten (1. Kön 12). Auch die zwei Stämme des Königs Rehabeam fingen an, fremde Götter anzubeten (1. Kön 14,22ff.).

Von da an ging es mit dem einst stolzen Staat steil bergab. Die zehn Nordstämme blieben bei ihrem Götzendienst und waren innerhalb von 200 Jahren als Staat verschwunden. Die ruhmreiche Zeit war eindeutig vorbei.

Psalm 89 beklagt die Folgen der Sünde, die das Volk getan hat. Es hatte Davids Nachfolger abgelehnt und vom Thron gestürzt. Aber die Geschichte geht noch weiter: Noch einmal stellte Gott den Staat wieder her. Außerdem lebt Davids Familie in Jesus weiter und die Sünde, die den Staat Macht und Wohlstand gekostet hat, hat am Kreuz und am leeren Grab alle Kraft verloren.

LIED:
Israels Schutz, mein Hüter und mein Hirte, zu meinem Trost dein sieghaft Schwert umgürte;
bewahre mich durch deine große Macht, wenn mir der Feind nach meiner Seele tracht'.
JOACHIM NEANDER

NACHDENKENSWERT:
»Gott ist treu; sein Wille setzt sich am Ende durch; aber ob wir Sieger sind oder nicht, das entscheidet sich daran, wie wir uns zu seinem Willen verhalten.«
W. GRAHAM SCROGGIE

19. Juli

PSALM 89,47-53

47 O HERR, wie lange soll das noch so gehen?
Willst du dich für immer verbergen?
Wie lange wird dein Zorn noch wie Feuer brennen?
48 Bedenke, wie kurz mein Leben ist,
wie hohl und vergeblich das menschliche Dasein!
49 Niemand lebt ewig; alle müssen sterben.
Keiner entkommt der Macht des Grabes.

Zwischenspiel

50 HERR, wo bleibt da deine unwandelbare Liebe?
Du hast David einen feierlichen Eid geschworen.
51 Sieh doch, wie deine Knechte beschämt werden, HERR!
Ich trage in meinem Herzen die Kränkungen so vieler Völker.
52 Deine Feinde haben mich verspottet, o HERR;
sie verlachen deinen gesalbten König.
53 Gepriesen sei der HERR auf ewig!
Amen und Amen!

Vertrauen lernen

Marta war wütend. Als sie nach Jesus schickte, hatte ihr Bruder Lazarus im Sterben gelegen. Nachdem sie ihn so oft als Gast bedient hatte, sollte man doch denken, er käme schnell, wenn sie ihn brauchte. Aber jetzt, als er endlich kam, war Lazarus tot und verweste schon im Grab.

»Herr, wärest du hier gewesen, mein Bruder wäre nicht gestorben!«, warf sie ihm vor.

»Dein Bruder wird auferstehen«, sagte Jesus. Natürlich. Das sagt man zu trauernden Hinterbliebenen: Denk an das Jenseits. Aber dann stellt er klar: »Ich bin die Auferstehung und das Leben« (Joh 11,17-25).

Meinte Jesus die geistliche Auferstehung? Natürlich, aber er wollte seine geistliche Macht auch ganz materiell beweisen. Er rief in das Grab hinein und forderte Lazarus auf, wieder zu den Lebenden zu kommen. »Herr«, sagte Marta, »er stinkt schon!« Aber da kam Lazarus auch schon heraus – lebendig (Joh 11,39-44)!

Das Ende von Psalm 89 ist voller Fragen: Wo ist deine Liebe und Freundlichkeit, Herr? Warum warst du nicht hier, als wir dich brauchten? Marta hatte dieselben Fragen, aber sie lernte damit zu rechnen, dass Jesus zur rechten Zeit eingreift, und sie erlebte eine wunderbare Überraschung. Wenn wir lernen, Gott ebenso zu vertrauen, wird er uns auch überraschen wie Marta.

Der letzte Vers von Psalm 89 bringt die Wende und schließt den Kreis: Man kann ihn einfach vor Vers 1 setzen und das Ganze so noch einmal lesen. Auch wenn es noch so schlimm kommt, können wir uns darauf verlassen, dass Gott uns überrascht.

LIED:
Quält dich ein schwerer Sorgenstein, dein Jesus wird ihn heben; es kann ein Christ bei Kreuzespein in Freud und Wonne leben. Wirf dein Anliegen auf den Herrn und sorge nicht, er ist nicht fern, weil er ist auferstanden.
LORENZ LORENZEN

WÖRTER IM TEXT:
Der Schlussvers dieses Psalms erinnert stark an Psalm 41,14 und Psalm 72,18-19. Das doppelte »Amen« war wahrscheinlich die Antwort der Gemeinde.

NACHDENKENSWERT:
»Es ist kein Zufall, dass das Wort Gnade in diesem Psalm fünfmal und das Wort Wahrheit siebenmal vorkommt. Die Gemeinde wird vor die Entscheidung gestellt, ob sie sich auf Gott oder auf sich selbst verlässt.«
JOHN I. DURHAM

20. Juli

Zwischenspiel: Engel in den Psalmen

Es ist kein Witz: Im Mittelalter haben Theologen wirklich darum gestritten, wie viele Engel auf einer Nadelspitze stehen können. Aber wenn jemand versuchen wollte sie zu zählen, könnte er sie nur schwer dazu bringen, lange genug still zu stehen. In den Psalmen sind sie ständig in Bewegung!

Stückchenweise erfahren wir in den Psalmen eine ganze Menge über Engel. Dazu ein paar Beispiele:

Psalm 34,8:

»Denn der Engel des Herrn wacht über die, die ihn achten, und rettet sie.«

Psalm 35,6:

»Mach ihren Pfad dunkel und schlüpfrig, und setze den Engel des Herrn auf ihre Spur.«

Psalm 91,11:

»Denn er befiehlt seinen Engeln, dich zu schützen, wo immer du hingehst.«

Psalm 103,20-21:

»Ja, lobt den Herrn, ihr Engelscharen, die ihr ihm dient und seinen Willen tut! Alles, was er erschaffen hat, lobe den Herrn, überall in seinem Reich. Und ich – auch ich will den Herrn preisen.«

Psalm 148,2:

»Preist ihn, all ihr Engel! Preist ihn, ihr himmlischen Heerscharen!«

Die Psalmen zeigen uns, dass Engel viel zu tun haben, aber nie etwas für sich selbst tun. Andere Bibelstellen bestätigen das. Engel loben Gott (vgl. Ps 148,2 und Lk 2,13-14). Sie achten auf Gläubige und helfen ihnen in Gefahr (vgl. Ps 34,8 und Apg 12,6-10). Manchmal vollstrecken sie eine Strafe an Menschen, die nicht glauben (vgl. Ps 35,5-6, 2. Kön 19,35 und Apg 12,23). Sie sorgen für Gottes Leute und schützen sie (vgl. Ps 91,11 und Hebr 1,14).

Manchmal können Engel sichtbar werden, aber im Allgemeinen sieht man sie nicht. Erinnern Sie sich an die Geschichte in 2. Könige 6, wo Elisas Diener Angst vor der feindlichen Armee hat, die sie umzingelt hat? »O weh, mein Herr! Wie sollen wir nun tun?«, rief er aus.

»Fürchte dich nicht!«, sagte Elisa zu ihm, »denn derer ist mehr, die bei uns sind, als derer, die bei ihnen sind« (V. 15-16). Dann konnte der Diener das Unsichtbare sehen und erkannte eine ganze Armee von Engeln, die den Feind umzingelten. Solange Gottes Engel da waren, war Elisa nicht in Gefahr. So ist es auch bei Ihnen.

Die Psalmen lassen uns wissen, dass Gott, unser guter Hirte, uns führt und dass seine Engel um uns sind. Wenn man so gut geschützt ist, wovor braucht man sich da zu fürchten?

LIED:
Sei still zu Gott!
Dein Heiland ist bei dir,
der nimmer dich verlässt.
Er sendet dir von offner Himmelstür
die Engel mauerfest
um dich und über dir zum Schutze,
dass dir's gelingt, dem Feind zum Trutze.
Sei still zu Gott!
CHRISTOPH BLUMHARDT

NACHDENKENSWERT:
»Sie sehen, wie lieb uns Gott hat, und darum erfüllen diese Engel ihre Aufgabe mit ganzem Eifer und vernachlässigen von unserer Geburt bis zum Ende unseres Lebens nie ihre Pflicht.«
HENRY LAWRENCE

21. Juli

Psalm 90,1-9

Ein Gebet Moses, des Gottesmannes.

1 Herr, Generationen lang warst du unsre Heimat!
2 Noch bevor die Berge erschaffen wurden,
bevor du die Welt und die Erde schufst,
bist du Gott, ohne Anfang und ohne Ende.
3 Du machst die Menschen wieder zu Staub, indem du sprichst:
»Werdet zu Staub!«
4 Denn für dich sind tausend Jahre wie gestern!
Sie sind wie wenige Stunden!
5 Du wischst die Menschen fort wie Träume,
die am Morgen verblassen,
oder wie Gras, das in der Frühe wächst.
6 Am Morgen grünt es und blüht,
doch am Abend schon ist es welk und trocken.
7 So welken wir dahin unter deinem Zorn;
dein Grimm schlägt uns zu Boden.
8 Du stellst unsre Sünden vor uns hin –
unsre geheimsten Sünden – und siehst sie alle.
9 Unter deinem Zorn bringen wir unser Leben hin
und hauchen es am Ende qualvoll aus.

Unser Ehrfurcht gebietender Gott

1865 stieg eine Gruppe von Engländern auf den Gipfel des Matterhorns, den bis dahin noch niemand erreicht hatte. Tatsächlich bezwangen sie den Berg, aber beim Abstieg verloren vier Männer den Halt und stürzten in den Tod. Einer von ihnen war der Pfarrer Charles Hudson. Als die anderen Teilnehmer der Exkursion seine Leiche fanden, war in seiner Tasche ein Gebetbuch. Da schlug jemand vor, gleich an Ort und Stelle einen Beerdigungsgottesdienst zu halten.

Ein anderer Pfarrer mit Namen McCormick las aus Hudsons Gebetbuch Psalm 90 und hielt einen kurzen Gottesdienst. »Ich bin überzeugt«, sagte McCormick, »dass unser Freund voll Freude und Dankbarkeit war, da zu stehen, wo noch nie ein Mensch vor ihm gestanden hat, und von diesem neuen Standpunkt aus die Werke unseres großen Schöpfers zu sehen.«

McCormick fand, Psalm 90 »passe außergewöhnlich gut« zu dieser Situation. Hier konnte man Gott als herrlich und schrecklich zugleich erleben, als den Schöpfer großer Schönheit, aber auch als Herrn über Leben und Tod. Ein Hauptthema in diesem Psalm ist die Vergänglichkeit des menschlichen Lebens: Es geht vorbei »wie Träume« (Vers 5). Aber unser Gott bleibt ewig, schon lange bevor die höchsten Gebirge Gestalt annahmen und noch lange nachdem sie zerfallen sind. Wenn Gott nicht unser Zuhause ist, woher soll dann Sicherheit kommen?

LIED:
Ist doch nichts,
das lang bestehet;
alles Irdische vergehet
und fährt wie ein
Strom dahin.
UM 1676

WÖRTER IM TEXT:
Manche jüdischen Rabbis übersetzen Vers 3 so: »Komm wieder zu mir, du Richter des menschlichen Geistes.«

PARALLELSTELLEN ZUM THEMA:
Für Gott ist Zeit nichts. Vers 4 wird bestätigt in 2. Petrus 3,8.

22. Juli

Psalm 90,10-17

10 Siebzig Jahre sind uns geschenkt!
Manchen auch achtzig.
Doch selbst die besten darunter sind voller Kummer und Schmerz;
sie fliegen vorbei, und wir sind wieder fort.
11 Wer kann deinen Ingrimm begreifen?
Dein Zorn nötigt genauso viel Furcht ab, wie dir Ehrfurcht gebührt.
12 Lehre uns, unsere Zeit zu nutzen,
damit wir an Weisheit wachsen.
13 O Herr, komm zu uns zurück!
Wie lange zögerst du noch?
Hab Mitleid mit deinen Knechten!
14 Überschütte uns schon am Morgen mit deiner unwandelbaren Liebe,
damit wir voll Freude singen bis ans Ende unserer Tage.
15 Schenke uns so viel Glück, wie du uns zuvor Elend geschickt hast!
Mache die schlechten Jahre durch gute wett.
16 Lass uns deine Wunder wieder sehen;
zeig unsren Kindern das Wirken deiner Herrlichkeit.
17 Der Herr, unser Gott, sei uns wohlgesonnen
und kröne unsere Mühe mit Erfolg.
Ja, er kröne unsere Mühe mit Erfolg!

Nicht gerade lustig

Im 16. Jahrhundert lud Königin Elizabeth I. einen anglikanischen Bischof namens Rudd ein, bei ihr im Palast zu predigen. Rudd war bei seinen Kollegen hoch angesehen und viele erwarteten, dass er der nächste Erzbischof von Canterbury würde, also das Oberhaupt der anglikanischen Kirche. Als der damalige Erzbischof die Einladung an Rudd weiterleitete, riet er ihm: »Die Königin findet keinen Geschmack mehr an geistreichen Einfällen und rhetorischen Tricks. Sie hört jetzt lieber Predigten, die ihr Herz bewegen.«

Daraufhin wählte Bischof Rudd Psalm 90,12 als Predigttext: »Lehre uns, unsere Zeit zu nutzen, damit wir an Weisheit wachsen.« Mit Hilfe der Verse davor und danach sprach er über das Altern und seine Schwierigkeiten und die Unausweichlichkeit des physischen Todes. Er nahm an, jetzt in ihrem Alter würde das Thema die Königin ansprechen.

Es sprach sie mehr an als vorgesehen: Es zeigte sich, dass die Königin durch seine direkte Erwähnung ihres Alterns und Sterbens tief gekränkt war. Sie sorgte dafür, dass Bischof Rudd nicht der nächste Erzbischof von Canterbury wurde. Damit war seine Karriere schwer geschädigt, aber er kam in den Ruf ein Prediger zu sein, der sagte, was Gott ihm auftrug, ob es der Königin gefiel oder nicht.

Mose, dem dieser Psalm zugeschrieben wird, hätte Bischof Rudds Verhalten zu schätzen gewusst. Er selbst hat nie um etwas herumgeredet, auch nicht vor dem Pharao von Ägypten. Am Ende kann Erfolg nur daher kommen, dass Gott mit unserem Handeln zufrieden ist (Vers 17) – niemand sonst bestimmt das.

LIED:
*Gib mir fleißig zu betrachten
meines Lebens Flüchtigkeit;
lehre mich es wichtig achten,
täglich sein zum Tod bereit.*
MARTIN WIELAND

PARALLELSTELLEN ZUM THEMA:
Die Hoffnung, die der Psalmist in Vers 14-15 ausspricht, wird in 2. Korinther 4,17-18 von einer noch viel größeren Hoffnung übertroffen.

NACHDENKENSWERT:
*T. S. Eliots Gedicht »Die hohlen Menschen« schließt mit den Worten:
So endet die Welt:
kein großer Knall,
nur ein Winseln.*

23. Juli

23. Juli

Psalm 91,1-6

1 Die im Schutz des Höchsten leben,
werden im Schatten des Allmächtigen Ruhe finden.
2 Das sage ich über den Herrn:
Er allein ist meine Zuflucht, mein rettender Hafen;
er ist mein Gott, und ich vertraue auf ihn.
3 Denn er wird dich aus aller Bedrängnis befreien
und dich vor Todesnot beschützen.
4 Er wird dich unter seinen Flügeln bergen.
Er wird dich mit seinen Federn decken.
Seine Verheißungen sind dein Schutz und dein Schild.
5 Fürchte dich nicht vor den Schrecken der Nacht,
hab keine Angst vor den Gefahren des Tages,
6 zittere nicht vor der Heimsuchung, die im Dunkeln lauert
und vor dem Unglück, das am hellen Tag zuschlägt.

Was gegen Angst hilft

Terrorismus ist in letzter Zeit zu einem beunruhigenden Teil unseres Alltags geworden: Die Gründe für den Terror können ganz unterschiedlich sein, aber die Waffe ist dieselbe: Angst. Wenn man erreichen kann, dass die Menschen nicht wagen den Bus zu benutzen, auf den Markt zu gehen oder sogar ihre Post zu öffnen, dann ist das Alltagsleben beeinträchtigt. Man braucht keine Armee, um seine Sache zu vertreten – nur Terror.

Wenn wir in den Medien von verseuchter Nahrung, vergiftetem Wasser und der Erderwärmung erfahren, möchten wir am liebsten einfach nur zu Hause bleiben – aber in unserem Haus sammelt sich wahrscheinlich schon Radon!

Der Dichter schlägt uns eine bessere Reaktion vor: sicher bei Gott bleiben. Sich von ihm schützen lassen. Weder die Schrecken der

Nacht noch die Gefahren des Tages sind zu groß für den allmächtigen Gott. Er führt Sie durch, darauf können Sie sich verlassen.

Das klingt gut. Aber waren zum Beispiel bei der Bombenexplosion in Oklahoma City keine Christen unter den Opfern? Doch, sicher. Aber Christen haben eine andere Sicherheit, die über unsere Zeit hinausreicht. Wir wissen, dass der Tod für uns nur ein Umzug ist – noch näher zu Gott, als wir jetzt sein können. Wenn wir das wissen, brauchen wir vor nichts und niemandem Angst zu haben. Gott ist bei uns und in ihm sind wir sicher, ganz gleich was passiert. In seinem liebevollen Schutz sind wir für alle Ewigkeit sicher.

Lied:
Wo ich auch gebettet bin,
lieg ich dir in Händen;
wo mein Auge siehet hin,
wird's zu dir sich wenden.
Mein Gebet bestärke du,
lass es nicht ermatten;
lass mich finden sanfte Ruh
unter deinem Schatten.
Heinrich Puchta

Wörter im Text:
In den ersten zwei Versen kommen vier Namen für Gott vor. »Höchster« zeigt Gottes Stellung über allen Göttern eventueller Feinde. »Allmächtiger« betont Gottes große Macht, sein Volk zu beschützen (vgl. 2. Mose 6,3). »HERR« ist Gottes persönlicher Name Jahwe, der Gott, der Israel zu seinem Volk gemacht hat. »Mein Gott« lässt erkennen, wie eng und persönlich die Beziehung des Psalmdichters zu ihm ist. Alle diese Gottesnamen zusammen ergeben ein Bild völliger Sicherheit.

Nachdenkenswert:
»Gott ist unser sicherer Zufluchtsort, die Festung, die uns verteidigt, und in allen Dingen unser Gott.«
W. Graham Scroggie

24. Juli

Psalm 91,7-10

7 Wenn neben dir auch Tausende fallen,
wenn um dich herum Zehntausende sterben –
dir kann nichts geschehen.
8 Du wirst es mit eigenen Augen sehen;
du wirst sehen, wie die Bösen bestraft werden.
9 Wenn du dir den Herrn als Zuflucht erwählst,
wenn du beim Höchsten Schutz suchst,
10 wird das Böse dir nichts anhaben können;
kein Unglück wird dein Haus heimsuchen.

Wenn wir krank und müde sind

Als der berühmte englische Prediger Charles Haddon Spurgeon gerade den Dienst in seiner Londoner Gemeinde aufgenommen hatte, brach eine schreckliche Seuche in der Stadt aus. Fast in jeder Familie seiner Gemeinde erkrankte jemand an der asiatischen Cholera und viele starben. Der junge Mann tat, was er konnte, um seiner Gemeinde zu helfen, aber mehr war einfach nicht möglich. Es machte ihn sehr müde, die vielen Kranken zu besuchen, Beerdigungen zu halten und die Hinterbliebenen trösten zu müssen.

Als er eines Tages wieder von einer Beerdigung nach Hause ging, sah er im Schaufenster einer Schusterwerkstatt ein Schild. Da stand vom Besitzer selbst geschrieben: »Wenn du dir den Herrn als Zuflucht erwählst, wenn du beim Höchsten Schutz suchst, wird das Böse dir nichts anhaben können; kein Unglück wird dein Haus heimsuchen« (Ps 91,9-10). »Es wirkte sofort auf mich«, schreibt Spurgeon. »Ich fühlte mich sicher, erfrischt und von der Kraft der Unsterblichkeit gestützt. Ich konnte jetzt mit Ruhe und Frieden die Sterbenden besuchen; ich hatte keine Angst vor dem Bösen und habe keinen Schaden genommen.« Dann lobt Spurgeon Gott.

Wenn wir uns in beängstigenden Verhältnissen wieder finden, können wir uns auf das Versprechen in Psalm 91 berufen. Es bedeutet nicht, dass wir nie krank werden oder in Gefahr kommen, aber wir wissen, dass Gott uns vor jedem Schaden für die Ewigkeit schützt.

LIED:

Ich traue seiner Gnaden,
die mich vor allem Schaden,
vor allem Übel schützt.
Leb ich nach seinen Sätzen,
so wird mich nichts verletzen
(und gar) nichts fehlen, was mir nützt.

PAUL FLEMING

PARALLELSTELLEN ZUM THEMA:

Vers 9 und 10 sind kühne allgemeine Behauptungen. Ähnliche Zusagen finden wir auch in Römer 8,28 und Lukas 21,17-19: Nichts kann Gottes Leute angreifen, wenn er es nicht erlaubt.

NACHDENKENSWERT:

Vers 10 »ist die Feststellung, dass Gott aufpasst, und kein Zauberspruch gegen Unglück.«

DEREK KIDNER

25. Juli

PSALM 91,11-16

11 Denn er befiehlt seinen Engeln,
dich zu schützen, wo immer du gehst.
12 Sie halten dich mit ihren Händen,
damit deine Füße niemals straucheln.
13 Löwen und giftige Schlangen wirst du in den Staub treten;
du wirst wütende Löwen und Schlangen unter deinen Füßen zermalmen!
14 Der HERR spricht: »Ich will die retten, die mich lieben.
Ich will die beschützen, die auf meinen Namen vertrauen.
15 Wenn sie zu mir rufen, will ich antworten;
Ich will ihnen in der Not beistehen.
Ich will sie retten und mit Ehren schmücken.
16 Ich will ihnen ein langes Leben schenken
und sie an meinem Heil teilhaben lassen.«

Eine höllische Zeit

In der Wüste versuchte der Teufel den hungrigen Jesus zu überreden, Steine in Brot zu verwandeln. Aber die Hauptaufgabe von Jesus war nicht, jemandes körperlichen Hunger zu lindern – auch nicht seinen eigenen. Selbst wenn er jeden Stein in ganz Palästina in ein Brötchen verwandelt hätte, wären die Leute doch geistlich hungrig geblieben. Sie mussten Gott kennen lernen.

Lukas berichtet, dass es bei der nächsten Versuchung um einen einfachen Tausch ging (Lk 4,1-13): Der Teufel wollte Jesus alle Staaten der Welt geben; dafür sollte Jesus den Teufel anbeten. Das war wieder nichts. Nur Gott sollen wir anbeten.

Zweimal versuchte es der Teufel und wurde mit einem Bibelzitat von Jesus abgewiesen. Also nahm der Teufel Jesus mit auf das Tempeldach und überlegte sich ein passendes Bibelzitat – aus Psalm 91. »Spring, Jesus! Es heißt doch, die Engel behüten dich, ›dass du deinen Fuß nicht an einen Stein stoßest‹!«

Jesus antwortete: »Du sollst Gott, deinen Herrn, nicht versuchen.« Der Vater schützt uns, aber das heißt nicht, wir sollten von Dächern springen.

Bei all diesen Versuchungen ging es um die Aufgabe, die Jesus zu erfüllen hatte. Der Teufel tat sein Bestes, um Jesus davon abzubringen, aber er hielt sich an seinen Auftrag.

Matthäus schreibt, als der Teufel Jesus verließ, seien Engel gekommen und hätten ihn versorgt (Mt 4,11). Also haben sie ihn die ganze Zeit beschützt! Jesus brauchte sich auf keine spektakulären Mutproben einzulassen; er sollte nur an seinem Ziel festhalten, dann würde Gott ihn dorthin führen. Das gilt auch für uns. Gott hilft denen, die ihn lieben.

LIED:
Seine Engel stellen sich dir zur Seiten; wenn du dich hier willst oder dorthin wenden, tragen sie dich auf Händen.
PAUL GERHARDT

WÖRTER IM TEXT:
Die Verse 12 und 13 zeigen Gottes Diener nicht nur als Überlebende, sondern als Sieger, die ihre lebensgefährlichen Feinde niedertreten.

PARALLELSTELLEN ZUM THEMA:
In Vers 14 wird gesagt, dass Gott die rettet, die ihn lieben. Aber in 5. Mose 7,7-8 und 10,15 und in 1. Johannes 4,10 werden wir daran erinnert, dass Gott uns zuerst geliebt hat.

26. Juli

ZWISCHENSPIEL: ANBETUNG IN DEN PSALMEN

Die Psalmen sind voll mit Ausdrücken der Anbetung Gottes: Immer wieder wird davon gesprochen, vor Gott zu kommen und ihm Ehre zu geben. Hier ein paar Beispiele:

Psalm 5,8:
»Deine unwandelbare Liebe lässt mich in dein Haus ein; voll Ehrfurcht will ich in deinem Tempel anbeten.«

Psalm 29,2:
»Ehrt den Herrn um der Herrlichkeit seines Namens willen. Betet den Herrn an im Glanz seiner Heiligkeit.«

Psalm 95,6-7:
»Kommt, lasst uns anbeten und uns verneigen. Lasst uns niederknien vor dem Herrn, unsrem Schöpfer. Denn er ist unser Gott ...«

Psalm 99,9:
»Erhöhet den Herrn, unsren Gott, und betet seinen heiligen Namen in Jerusalem an, denn der Herr, unser Gott, ist heilig.«

Psalm 100,2:
»Alle Welt bete ihn voll Freude an. Tretet vor ihn hin und singt ein frohes Lied.«

Psalm 138,2:
»Ich neige mich in Anbetung vor deinem heiligen Tempel, ich will deinem Namen danken für deine unwandelbare Liebe und Treue, denn deine Verheißungen sind gewiss um der Ehre deines Namens willen.«

»Anbetung«, sagt John MacArthur, »ist die Reaktion unseres Wesens auf Gottes Wesen.«

Aber wie sollen wir das machen? Wenn wir in der Kirche sitzen, merken wir, dass unsere Gedanken abschweifen. Wenn wir zu Hause die Bibel lesen, fallen uns ein Dutzend Dinge ein, die wir noch tun müssen. Wir müssen es schon zugeben: Wenn unsere Anbetungsversuche mit Zensuren beurteilt würden, würden wir wahrscheinlich in den Kindergarten zurückversetzt.

Da ist es gut, dass die Psalmen beim Thema Anbetung benutzerfreundlich sind. In uns sind eine Menge ungeordnete Gefühle, und die Psalmen können uns helfen, da herauszufinden. Wir sind dankbar für das, was Gott für uns getan hat, und wir denken mit Ehrfurcht daran, dass wir zu ihm kommen dürfen. Da ist auch das Gefühl, nicht gut genug zu sein, und wir bedauern, dass wir Böses getan haben. Und dann sind da noch tiefer liegende, versteckte Fragen: Warum tut Gott nicht für meine Familie, worum ich ihn bitte? Warum hat Gott ein bestimmtes Unglück zugelassen?

Die Psalmen helfen uns auch diese Fragen zu erkennen und zeigen uns, dass man sie ruhig stellen darf. Sie zeigen uns, dass man weinen darf und sogar wütend sein. Manchmal verwirrt uns das alles so, dass wir nur sehr unsicher in Gottes Nähe kommen; auch das erlaubt er. Gott ist groß genug und kann damit umgehen, und auch das zeigen uns die Psalmen. Gott kennt uns besser als wir selbst, und was wir ihm von uns selbst erzählen, kann ihn nicht schockieren. Er will, dass wir so zu ihm kommen, wie wir sind, und alle Gedanken und Gefühle mitbringen, die uns kommen. Wir sollen ihm das alles vorlegen und einfach sagen: »Ich habe dich lieb, Herr.«

Das ist die Vorbereitung, damit wir uns auf ihn konzentrieren können, und damit beginnt die eigentliche Anbetung.

Lied:
Sei Lob und Ehr dem höchsten Gut,
dem Vater aller Güte,
dem Gott, der alle Wunder tut,
dem Gott, der mein Gemüte
mit seinem reichen Trost erfüllt,
dem Gott, der allen Jammer stillt.

Gebt unserm Gott die Ehre!
Johann Jakob Schütz

27. Juli

PSALM 92,1-9

1 *Ein Psalm, zu singen am Tag des HERRN. Ein Lied.*
2 Es ist gut, dem HERRN zu danken,
den Höchsten zu preisen.
3 Es ist gut, am Morgen deine unwandelbare Liebe zu verkünden
und deine Treue am Abend,
4 unter Begleitung von Harfe und Flöte
und dem lieblichen Klang der Lyra.
5 Ich bebe vor Freude über alles, was du für mich getan hast, HERR!
Ich singe vor Glück über deine Taten.
6 O HERR, welch große Wunder vollbringst du!
Und wie tief sind deine Gedanken.
7 Nur ein Unwissender weiß nichts davon!
Nur ein Tor würde es nicht erkennen.
8 Zwar gedeihen die Bösen wie Unkraut,
und schlechte Menschen häufen Erfolg auf Erfolg,
doch auf sie wartet ewiger Tod.
9 Du aber thronst hoch im Himmel.
Du, o HERR, lebst ewig.

Keine Ahnung

Haben Sie schon einmal versucht, einem Freund etwas zu erklären und plötzlich gemerkt, dass Ihr Freund keine Ahnung hatte, wovon Sie reden? Vielleicht haben Sie Ihre Idee sogar sehr gut erklärt, aber Ihr Freund hat sie einfach nicht verstanden.

Eine solche Reaktion bedeutet nicht unbedingt, dass jemand dumm ist. Oft sind Menschen sogar auf manchen Gebieten sehr kompetent, aber auf anderen finden sie sich gar nicht zurecht. Zum Teil kann solches Unverständnis daher kommen, dass sie von dem Thema nicht die geringste Ahnung haben. Wenn jemand keine Möglichkeit hat Informationen einzuordnen, kommt ihm alles, was er darüber hört, vollkommen fremd vor. Es geht zum einen Ohr hinein und zum anderen hinaus, ohne etwas auszulösen.

Das wirft der Dichter in Psalm 92,7 dem »Tor« vor, der nicht weiß, was für große Wunder Gott getan hat. Gott vollbringt ständig und überall spannende Dinge, aber solche Leute nehmen es nicht wahr. Um zu erkennen, was Gott tut, muss man allerdings seine Haltung ändern; erst dann kann man sehen, was wirklich passiert. Eine Möglichkeit, diese neue Einstellung zu lernen, wird im ersten Teil dieses Psalms aufgezeigt: Es ist gut, Gott zu danken und ihn zu loben. Wenn man dankbar ist, hat man Freude an dem, was Gott tut, und diese Dankbarkeit schafft einen Rahmen, in den man Gottes große Wunder immer besser einordnen kann. Dankbarkeit zu pflegen ist möglich und auch hilfreich. Mit ihr kann man besser wahrnehmen, wie schön und spannend ein Leben mit Gott ist.

Lied:
Ach könnt ich dich nur besser ehren, welch edles Loblied stimmt ich an! Es sollten Erd und Himmel hören, was du, mein Gott, an mir getan.
Johann Gottfried Herrmann

Nachdenkenswert:
»Kommt, lasst uns einen Psalm singen und den Teufel vertreiben.«
Martin Luther

Zum Nachdenken:
Wenn wir Gottes Wunder betrachten (Vers 6), denken wir an seine Schöpfung und an seine Fürsorge für uns. Aber das Wunder der Erlösung sollten wir auch nicht vergessen.

28. Juli

Psalm 92,10-16

10 Deine Feinde, Herr, werden sterben;
alle Übeltäter werden zerstreut werden.
11 Doch mich hast du stark gemacht wie einen jungen Stier.
Deine Macht hat mich gestärkt!
12 Mit meinen eigenen Augen habe ich den Sturz meiner Feinde gesehen,
mit meinen eigenen Ohren die Niederlage meiner Widersacher vernommen.
13 Die Gottesfürchtigen dagegen werden aufschießen wie Palmen
und wachsen und stark werden wie die Zedern des Libanon.
14 Denn sie sind im Hause des Herrn gepflanzt.
Sie blühen in den Gärten unseres Gottes.
15 Noch im hohen Alter werden sie Frucht bringen,
werden grün und lebendig bleiben.
16 Sie werden sagen: »Der Herr ist gerecht!
Er ist mein Fels!
In ihm ist nichts als Güte!«

Der Türhüter

John Emerich war ein lustiger Bursche, rundlich, mit rosigen Wangen und einer Brille mit Drahtgestell. In jedem Dezember spielte er in der örtlichen Grundschule den Nikolaus – und er brauchte sich nicht besonders dafür zu verkleiden.

Und jeden Sonntag stand er in der Eingangshalle seiner baptistischen Kirche, begrüßte neu Ankommende und Bekannte. Er kam als Erster und ging als Letzter. Besucher behielten sein ansteckendes Lächeln im Gedächtnis. Kinder liebten seine schelmische Art.

Er erlebte mit, wie seine Gemeinde von einer Hand voll Leute in einem Feuerwehrhaus auf hundert in einer renovierten Scheune und dann auf dreihundert in einer ganz neuen Kirche wuchs. Er würde es nie zugeben, aber dieses Wachstum war zum großen Teil ihm zu verdanken. Er war »wie die Zedern des Libanon« (Vers 13), ein Mann, der Gott liebte und sich in seinem Haus wohl fühlte.

In vielen Gemeinden gibt es Leute wie John Emerich, so treu und einsatzbereit, als wären sie an der Kirchentür zu Hause. Wenn Gottesdienst ist, sind sie da und begrüßen alle, die kommen. Solche Leute sind freundlich und friedliebend und immer bereit das Nötige zu tun. »Noch im hohen Alter werden sie Frucht bringen, werden grün und lebendig bleiben« (Vers 15).

Psalm 92 ist als festliches Lied für den Sabbat geschrieben. Da passt es, dass hier fromme Menschen dargestellt werden wie Bäume, die »gepflanzt sind in dem Hause des Herrn« (vgl. Vers 14). Das ist eine gute Gelegenheit, Gott für die zuverlässigen Christen zu danken, die wir kennen, und für alle in der Welt, die wie John Emerich jeden Sonntag mit einem Händedruck und einem freundlichen Wort auf andere zugehen.

Lied:
*Erwähle mich zum Paradeis
und lass mich bis zur letzten Reis
an Leib und Seele grünen!
So will ich dir und deiner Ehr
allein und keinem andern mehr
hier und dort ewig dienen.*
Paul Gerhardt

Nachdenkenswert:
»Wenn wir eine hoch gewachsene Palme sehen, die aufrecht mitten in der ausgedörrten Wüste steht, dann können wir uns den Menschen vorstellen, der Gott liebt, wie er unabhängig von den äußeren Umständen von Gott die Möglichkeit bekommt zu leben und zu gedeihen, wo alle anderen umkommen.«
Charles Haddon Spurgeon

Nachgefragt:
Was für ein herrlicher Psalm für ältere Menschen! Gott versetzt uns nicht in den Ruhestand. Wenn wir in ihm leben, werden wir nur immer besser, oder nicht?

29. Juli

Psalm 93

1 Der HERR ist König! Er ist in Herrlichkeit gehüllt.
Ja, der HERR ist in Herrlichkeit gekleidet und gewappnet mit seiner Stärke.
Die Welt ist fest gegründet;
nichts kann ihr Fundament erschüttern.
2 Dein Thron, HERR, steht seit ewigen Zeiten.
Du selbst bist von Anbeginn an.
3 Die mächtigen Meere toben, o HERR.
Die mächtigen Ozeane rollen wie Donner;
die mächtigen Wogen schlagen ans Ufer.
4 Doch mächtiger noch als das Wüten des Meeres,
mächtiger als die Brecher am Ufer –
mächtiger als sie ist der HERR in der Höhe!
5 Deine königlichen Beschlüsse sind unumstößlich.
O HERR, das Wesen deiner Herrschaft ist Heiligkeit in Ewigkeit.

Wem das Meer gehorcht

Seit uralten Zeiten flößt die Gewalt des Meeres den Menschen Ehrfurcht ein. Immer neue Wellen schlagen gegen die Küste und ziehen sich wieder zurück. An Felsküsten schlagen die Wellen laut und heftig und die Gischt spritzt hoch und weit. Draußen auf See kann schwerer Seegang große Schiffe hin- und herwerfen. Ein Wirbelsturm kann Wogen zu Waffen machen.

Aber einer ist noch mächtiger als das Meer.

Viele Menschen sitzen gern am Meer und denken nach. Das rhythmische Schlagen der Wellen schafft im Inneren des Menschen ein Gefühl der Harmonie. Aber die Christen wissen, wer diese Wellen geschaffen hat. Wir haben eine Beziehung zu dem, der als Erster Wasserstoff und Sauerstoff verbunden hat. Der uns am Leben erhält, ist mächtiger als die stärkste Unterströmung.

Wir verehren das Meer nicht; wir ehren den, der das Meer geschaffen hat. Wir meditieren nicht nur zum sanften Schlag der Wellen am Ufer; wir sprechen mit dem, der den Rhythmus bestimmt. Wir verehren Christus, den ewigen König, der unser Herr und unser bester Freund ist.

LIED:
*Dich predigt Sonnen-
schein und Sturm,
dich preist der Sand
am Meere.
Bringt, ruft auch der
geringste Wurm,
bringt meinem
Schöpfer Ehre!
Mich, ruft der Baum
in seiner Pracht,
mich, ruft die Saat,
hat Gott gemacht;
bringt unserm
Schöpfer Ehre!*
CHRISTIAN FÜRCHTEGOTT GELLERT

WISSENSWERTES:
Im Mittelalter glaubte man, die Erde sei ein feststehender Körper, den die Sonne und die anderen Gestirne umkreisten. Dieser Glaube wurde teilweise mit Psalm 93,1 begründet: »Die Welt ist fest gegründet.«

NACHDENKENSWERT:
»Schon ewig, vor der Erschaffung der Welt, bleibt Gott in sich immer derselbe. Er braucht nicht die Schöpfung oder irgendein Geschöpf, um dadurch eine neue Vollkommenheit zu erreichen.«
LORINUS

30. Juli

PSALM 94,1-7

1 O HERR, Gott, dem die Rache gehört,
o Gott der Rache, zeig deine herrliche Gerechtigkeit!
2 Erhebe dich, Richter der Erde.
Teile den Hochmütigen die Strafen zu, die sie verdienen.
3 Wie lange noch, HERR?
Wie lange noch dürfen die Bösen ihre Schadenfreude genießen?
4 Hör doch ihre selbstgerechten Reden!
Wie sie sich rühmen und prahlen!
5 Sie unterdrücken dein Volk, HERR,
sie schmähen die Menschen, die du liebst.
6 Sie töten Witwen und Fremde
und ermorden Waisen.
7 »Der HERR schaut nicht hin«, sagen sie,
»den Gott Israels wird es nicht kümmern.«

Überfall

Er war Prediger und widmete sein Leben ganz den Menschen in Not. Als andere die Innenstadt verließen, zog er dorthin, kümmerte sich um die Armen und erzählte allen von Jesus.

Es war nicht leicht. Verbrechen nahmen zu. Drogenhändler standen an den Straßenecken und zerstörten Leben. Verbrecher übernahmen die Macht in den Straßen, aber der Prediger blieb. Hartnäckig setzte er seine Arbeit für Gott fort – sogar noch, als er überfallen wurde.

Jemand schlug ihn von hinten auf den Kopf. Als er vom Boden aufschaute, sah er ein paar Kinder – vielleicht dreizehn oder fünfzehn Jahre alt -, die versuchten ihm die Brieftasche wegzunehmen. »Lass das!«, sagte er. »Hört auf, den Leuten Angst zu machen! Hört auf mit Rauben und Stehlen! Wir haben alle genug davon.«

Sie traten überrascht zurück, aber er sprach weiter. »Ich bin Pfarrer. Wenn ihr einen Pfarrer zusammenschlagen und ausrauben wollt, dann passt nur auf.«

Er ging zum Angriff über, aber die Kinder rannten weg. An der nächsten Ecke hielt der kleinste Junge an und drehte sich um. »Herr Pfarrer«, sagte er, »könnten Sie Gott bitten, dass er mich segnet?«

»O HERR, Gott, dem die Rache gehört«: Ihn ruft der Dichter an, damit er Recht herstellt. Aber Gott hat Möglichkeiten, von denen wir kaum etwas wissen. Wir wünschen uns manchmal, dass Gott die Festungen unserer Feinde mit Panzern und Kanonen überrennt, aber meist zieht er treue alte Prediger vor.

Wie könnte es für Sie aussehen, seine Gerechtigkeit sichtbar machen zu helfen?

LIED:
Richtig wandeln, weise handeln wollst du künftig mir verleihn; gib die Triebe reiner Liebe voller in mein Herz hinein. Welcher Segen ist zugegen, wenn es heißt: Du mein, ich dein!
MAGDALENA SIBYLLA RIEGER

WÖRTER IM TEXT:
»Unterdrücken« in Vers 5 heißt im Hebräischen »in Stücke zerbrechen«. Das hebräische Wort wird auch oft für »zertreten« benutzt (s. Jes 3,15).

NACHDENKENSWERT:
»Dieses ›Wie lange?‹ (Vers 3) klingt wie einer der traurigsten Ausdrücke von Elend und Klage. Sehr oft hat man solche bitteren Klagen in den Verliesen der Inquisition, bei Strafmaßnahmen in der Sklaverei und bei politischen und religiösen Gefangenen gehört. Wenn es Zeit ist, wird Gott öffentlich dazu Stellung nehmen, aber noch sind wir nicht am Ende.«
CHARLES HADDON SPURGEON

31. Juli

PSALM 94,8-15

8 Denkt doch nach, ihr Narren!
Wann werdet ihr endlich begreifen?
9 Kann denn der, der eure Ohren gemacht hat, taub sein?
Kann der, der euch die Augen gab, blind sein?
10 Er bestraft die Völker – wird er nicht auch euch bestrafen?
Er weiß alles – sollte er nicht auch wissen, was ihr tut?
11 Der HERR kennt die Gedanken der Menschen,
er weiß, dass sie nichtswürdig sind!
12 Glücklich sind die, die du züchtigst, HERR,
und die du dein Gesetz lehrst.
13 Du schenkst ihnen Trost in Zeiten der Trauer,
bis eine Grube die Bösen verschlingt.
14 Der HERR wird sein Volk nicht verstoßen;
er wird sein Eigentum nicht aufgeben.
15 Das Gericht der Gerechten wird kommen,
und die Aufrechten werden belohnt werden.

Der Sheriff

Heute erscheint uns Richten als etwas Schlechtes. Wenn man sich anschaut, was im Fernsehen darüber gesagt wird, kommt man zu dem peinlichen Schluss, dass die einzige Bibelstelle, die irgendjemand beachtet, Matthäus 7,1 ist: »Richtet nicht.« Auch wenn Christen davon sprechen, dass Gott Richter ist, erwähnen sie schnell seine Gnade, um die Aussage abzumildern. Das hat natürlich gute Gründe in der Theologie des Neuen Testaments: Wir sind schuldig und verdienen die Todesstrafe, aber weil Christus sie auf sich genommen hat, können wir begnadigt werden. Vor Gottes Gericht brüstet man sich nicht mit seiner eigenen Heiligkeit. Nein, da bittet man den Richter um Gnade.

Aber in den Psalmen wird das Richten noch anders gesehen. Wer Gott gehört, freut sich auf Gottes Gericht, weil es gerecht und wahr ist – nicht so wie die Urteile der korrupten Würdenträger, die man schon damals kannte. Die Welt ist wie der Wilde Westen ohne Sheriff. Wer das Gute will, sehnt sich nach einem Wyatt Earp, der mit gezielten Schüssen für Ordnung sorgt. Und wie er das macht, bestimmt er selbst.

Auf den ersten Blick kommt uns Psalm 94 sehr problematisch vor, so viel ist von Gottes Strafen die Rede. Aber da stehen auch Sätze wie: »Der Herr wird sein Volk nicht verstoßen« (Vers 14); »denn Recht muss doch Recht bleiben« (vgl. Vers 15). Wer richtig handelt, wird belohnt. Die gewissenlosen Verbrecher, die meinen, sie könnten ungestraft morden, müssen umdenken. Gott sieht, was sie tun, und wird für Gerechtigkeit sorgen. Der Sheriff ist da und die braven Bürger können sich freuen.

LIED:
Wenn du richtest, Herr, sind wir verloren. Auf unsern Schultern lastet schwere Schuld. Lass deine Gnade, Herr, vor Recht ergehen;
von gestern und von morgen sprich uns los. Gott schenkt Freiheit, seine größte Gabe gibt er seinen Kindern.
CHRISTA WEISS

PARALLELSTELLEN ZUM THEMA:
Vers 14 findet eine starke und für Christen ungemein ermutigende Bestätigung in Johannes 10,28.

NACHDENKENSWERT:
»Gott sieht, dass die Härten des Lebens sehr gut für uns sind; wie die Samen, die im Winter am dicksten mit Schnee bedeckt sind, im Frühling am kräftigsten wachsen oder wie Feuer, wenn der Wind es niederdrückt, umso höher und heißer brennt, so verbindet Gott, wenn er uns mehr Freude und Dankbarkeit schenken will, sie mit den Tränen der Not.«
H. G. SALTER

August

1. August

PSALM 94,16-23

16 Wer wird mich vor den Bösen beschützen,
wer hilft mir gegen die Übeltäter?
17 Hätte der HERR mir nicht geholfen,
wäre es längst aus mit mir.
18 Ich schrie: »Ich falle!«
Doch deine unwandelbare Liebe, HERR, hielt mich aufrecht.
19 Als ich von Zweifeln zerfressen wurde,
gab dein Trost mir neue Hoffnung und Freude.
20 Können ungerechte Führer im Namen Gottes handeln –
Führer, deren Gesetze Ungerechtigkeit dulden?
21 Sie greifen Gerechte an
und verurteilen Unschuldige zum Tod.
22 Doch meine Burg ist der HERR;
mein Gott ist ein mächtiger Fels, unter dem ich mich bergen kann.
23 Gott wird die Sünden der Bösen gegen sie selbst kehren.
Er wird sie um ihrer Sünden willen vernichten.
Der HERR, unser Gott, wird sie auslöschen.

Wer steht bei mir?

Dies ist ein Gleichnis aus der Schule: Ben kam als Siebtklässler in die Schule von Middletown und geriet sofort in große Schwierigkeiten: Er war neu. Er war klein. Er war ungeschickt. Er war schüchtern. Er trug eine starke Brille.

Ben war augenblicklich Zielscheibe von Spott und sogar von hässlichen Streichen. Fast jeden Tag nahmen ihm die anderen Jungen das Geld für das Mittagessen weg. Als er das meldete, bekam er Klassenprügel; also sagte er nichts mehr. Was konnte er tun?

Eines Tages setzte sich ein Junge namens Josh zu Ben an den Mittagstisch. Josh war in der achten Klasse, beliebt und sportlich, und die Mädchen mochten ihn. Am Vormittag hatte Josh gesehen, wie ein paar Jungen Ben ärgerten, und jetzt wollte er helfen.

Wie gewöhnlich kam ein Junge und wollte Bens Essen wegnehmen, aber Josh hielt ihn am Handgelenk fest. »Ben ist mein Freund«, sagte er streng. »Lass ihn in Ruhe.« Nach der Schule wartete Josh auf Ben und begleitete ihn nach Hause. Ein paar Quälgeister kamen vorbei, aber Josh ließ nicht zu, dass sie Ben ärgerten.

Seit Josh sein Freund und Beschützer war, wurde Ben besser behandelt als früher. Er war nicht mehr so schüchtern und wurde besser akzeptiert. Die schlimme Zeit war vorbei. Aber dann sah er, wie ein paar Jungen auf einem anderen wehrlosen Siebtklässler herumhackten. Was meinen Sie, was er tat?

Der heutige Text fängt mit Bens Frage an: Wer tritt zu mir? Gott. Und wir freuen uns über seine Hilfe. Aber der strenge Ton gegen die Einflussreichen zeigt uns, dass wir auch andere schützen müssen.

LIED:
Wie gebrechlich
ist die Kraft,
wie verzagt
der Glaube!
Wenn dein Arm
nicht Hilfe schafft,
liegen wir im Staube.
HEINRICH PUCHTA

PARALLELSTELLEN ZUM THEMA:
Auch an anderen Stellen in der Bibel erkennen wir, dass Menschen Ähnliches erleben: Die Einsamkeit in Vers 16 sehen wir in 2. Timotheus 4,16; die unglückliche Lage des Dichters in Vers 18 begegnet uns auch in Psalm 73,2. In beiden Fällen hilft Gott.

NACHDENKENSWERT:
»Gott hat bewiesen, dass er allem gewachsen ist, was der Feind schicken kann.«
DEREK KIDNER

2. August

Zwischenspiel: Psalmen für Entmutigte

Warum lesen wir gern die Psalmen, wenn wir mutlos sind oder jemanden besuchen wollen, der Schweres durchgemacht hat? Weil die Psalmdichter – von Mose über David bis zu Asaf – geschrieben haben, was sie erlebten. Wenn man in so schwierigen Zeiten die Psalmen liest, spürt man die Echtheit. Die Dichter sind wirklich dort gewesen, haben genau das getan und gefühlt.

David zum Beispiel wusste wahrscheinlich mehr von Mutlosigkeit als die meisten Menschen. Sein Herr warf Speere nach ihm; seine Frau schimpfte ihn aus; sein Sohn führte einen Aufstand gegen ihn an und so ging es immer weiter.

Wir wollen hier ein paar Verse aus den Psalmen anführen, die Ihnen helfen können, wenn Sie mutlos sind:

Psalm 9,19:

»Denn die Notleidenden werden nicht für immer vergessen; die Hoffnungen der Armen werden nicht auf ewig scheitern.«

Psalm 78,7:

... dass sie setzten auf Gott ihre Hoffnung und nicht vergäßen der Taten Gottes und seine Gebote hielten ...

Psalm 33,18.22:

»Der Herr aber achtet auf die, die ihn achten, die sich auf seine unwandelbare Liebe verlassen. O Herr, deine unwandelbare Liebe sei um uns. Denn du allein bist unsere Hoffnung.«

Psalm 130,7:

»O Israel, hoffe auf den Herrn; denn beim Herrn ist unwandelbare Liebe und Rettung ohne Ende.«

Psalm 102,18:

»Er wird die Gebete der Hilflosen erhören und sich ihren Bitten nicht verschließen.«

Wenn Sie die Psalmen lesen, die von Problemen und Belastungen handeln, wird Ihnen bald auffallen, dass viele davon einen positiven Schluss haben. Wie kommt das? Wie schaffen es die Dichter, aus fast jeder solchen Klage gestärkt hervorzugehen und Gott zu loben? Wie sind sie über die Mutlosigkeit weggekommen?

Die Psalmdichter gingen von drei wichtigen Fakten aus, die Gott betreffen und die wie Medizin gegen Depressionen und Mutlosigkeit wirken können: Gottes Versprechen, Gottes Liebe und Gottes absolute Beständigkeit. Immer wieder werden diese drei Kennzeichen Gottes wiederholt:

Gottes Versprechen: »Der Herr wird sein Volk nicht verstoßen; er wird sein Eigentum nicht aufgeben« (Ps 94,14). Er bleibt seinem Volk immer treu und hält die Versprechen, die er ihm gegeben hat. Wir können uns darauf verlassen, dass er uns festhält, auch wenn die Lage sehr schwierig ist.

Gottes Liebe: »Denn der Herr ist gütig. Seine unwandelbare Liebe währt ewig, und jeder neuen Generation schenkt er seine Treue« (Ps 100,5). Mit Gottes Liebe zu uns können wir immer rechnen. Auch wenn wir uns noch so schuldig und unzulänglich fühlen, auch wenn andere uns verachten, können wir wissen, dass wir Gott wichtig sind.

Gottes gleich bleibender Charakter: »Er ist unser Gott für immer und ewig und wird uns leiten bis zum Tod« (Ps 48,14). Gott ist ewig. Er ist zuverlässig und wir können fest mit ihm rechnen. Alles um uns her ist unsicher und unbeständig, aber Gott bleibt immer gleich.

Jemand hat einmal gesagt, Entmutigung sei das Allzweckwerkzeug des Teufels. Wenn er uns nicht anders »unterkriegen« kann, versucht er es damit. Wenn er es wieder einmal bei Ihnen versucht, können Sie diese Medizin aus den Psalmen anwenden. Wenn Sie alle drei Komponenten abends vor dem Schlafengehen nehmen, kann es gut sein, dass Sie trotz allem gut schlafen und sich am Morgen besser fühlen.

LIED:
Auf, auf, gib deinem
Schmerze und Sorgen
gute Nacht,
lass fahren, was das
Herze betrübt und
traurig macht;
bist du doch nicht
Regente,
der alles führen soll,
Gott sitzt im
Regimente
und führet alles wohl.
PAUL GERHARDT

3. August

Psalm 95,1-7a

1 Kommt, lasst uns dem Herrn singen!
Lasst uns dem Fels unseres Heils zujubeln!
2 Lasst uns mit Dank auf den Lippen vor ihn hintreten.
Lasst uns Loblieder anstimmen auf ihn.
3 Denn der Herr ist ein großer Gott,
der große König über allen Göttern.
4 Ihm gehören die Tiefen der Erde,
und die höchsten Berge sind sein.
5 Das Meer gehört ihm, denn er hat es erschaffen.
Seine Hand hat das trockene Land geformt.
6 Kommt, lasst uns anbeten und uns verneigen.
Lasst uns niederknien vor dem Herrn, unsrem Schöpfer.
7 Denn er ist unser Gott.
Wir sind das Volk, über das er wacht,
die Schafe, die er beschützt.

Große Erwartungen

Gegen Ende des 18. Jahrhunderts hatte William Carey, ein einfacher Schuster, die Idee, die ganze Welt sollte vom Evangelium erreicht werden. Aber seine englischen Mitbürger waren nicht begeistert von dem Vorhaben. Wenn Gott die Heiden retten wollte, dachten sie, dann würde er eine Möglichkeit dazu finden. Carey blieb dabei, dass er und die anderen britischen Christen diese Möglichkeit waren.

»Erwarte viel von Gott. Versuche viel für Gott.« Mit diesem Wahlspruch versuchte er die selbstzufriedene Kirche aufzurütteln. Er glaubte, weil Gott die Welt geschaffen hat und alle Menschen liebt, sollten die, die an ihn glauben, die Verehrung des wahren Gottes in der ganzen Welt verbreiten helfen. Darum gründete Carey 1793 die Missionsgesellschaft der Baptisten und reiste nach Indien aus.

In dieser Zeit muss Carey sehr einsam gewesen sein. Er musste mit anderen Christen über den Wert der äußeren Mission diskutieren. Die Reise war lang und gefährlich. Seine Frau und Kinder folgten ihm nur ungern. Manchmal muss sich Carey gefragt haben, ob Gott ihn überhaupt beachtete. War er wirklich eines der »Schafe, die er beschützt« (Vers 7)?

Aber dann stellte sich heraus, dass ein Deutscher namens Christian Friedrich Schwartz schon vor 40 Jahren im Auftrag der dänischen Missionsgesellschaft ausgereist war und in verschiedenen Gegenden von Indien und Ceylon Gemeinden gegründet hatte. William Carey wurde sehr ermutigt, als er las, was Schwartz über die Tür der Missionskirche hatte schreiben lassen: »Kommt, lasst uns anbeten und uns verneigen« (Vers 6).

LIED:
So kommet vor sein Angesicht,
mit Jauchzen Dank zu bringen;
bezahlet die gelobte Pflicht
und lasst uns fröhlich singen:
Gott hat es alles wohl bedacht
und alles, alles recht gemacht!
Gebt unserm Gott die Ehre!
JOHANN JAKOB SCHÜTZ

NACHDENKENSWERT:
»Wenn man von Gott erfüllt ist, drückt sich die Liebe in einer sichtbaren Tat aus.«
F. B. MEYER

4. August

PSALM 95,7B-11

7 O, wenn ihr doch heute auf seine Stimme hörtet!
8 Der HERR spricht: »Verhärtet eure Herzen nicht,
wie Israel es bei Meriba tat,
wie sie es bei Massa in der Wüste machten.
9 Dort haben eure Vorfahren meine Geduld auf die Probe gestellt;
sie haben meinen Zorn herausgefordert, obwohl sie Zeugen meiner Wunder waren.
10 Vierzig Jahre lang war ich zornig auf sie und sprach:
›Sie sind ein Volk, dessen Herz sich von mir abkehrt.
Sie weigern sich zu tun, was ich ihnen sage.‹
11 Deshalb schwor ich in meinem Zorn:
›Sie sollen meine Stätte der Ruhe niemals betreten!‹«

Hört auf ihn!

Auf der Wanderung durch die Wüste fanden die Israeliten nicht die richtige innere Haltung. Gott hatte das Meer für sie geteilt und ihnen auf wunderbare Weise Essen verschafft. Aber jetzt hatten sie Durst – also beklagten sie sich.

»Warum versucht ihr den Herrn?«, fragte Mose die Leute. Dann wandte er sich an Gott und fragte: »Was soll ich mit dem Volk tun?« Gott befahl Mose seinen Stab zu nehmen und auf einen Felsen zu schlagen, dann würde Wasser herausströmen. Mose tat es und Wasser floss aus dem Felsen, wie Gott es versprochen hatte (s. 2. Mose 17,1-7).

Dieses Problem der inneren Haltung tauchte in der Wüste immer wieder auf. Am schlimmsten war es, als die führenden Leute gegen Moses Willen beschlossen, nicht nach Kanaan zu ziehen, weil die Einwohner ihnen zu groß waren, obwohl Gott gesagt hatte, dass er das Land den Israeliten geben wollte. Darum ließ Gott sein Volk noch 40 Jahre länger durch die Wüste wandern. Fast alle, die damals erwachsen waren, starben und erst ihre Kinder konnten in das versprochene Land einziehen.

Im Brief an die Hebräer wird Psalm 95 ausführlich zitiert und Vers 7 wird sogar wiederholt: »Heute, wenn ihr seine Stimme hören werdet, so verstockt eure Herzen nicht …« (Hebr 3,7-15). Kommt zu Gott, glaubt ihm und macht nicht denselben Fehler wie die Israeliten. Nur dann kann man wirklich Frieden mit Gott haben.

Machen Sie sich Sorgen über entscheidende Fragen Ihres Lebens? Fragen Sie sich, wie Sie bekommen können, was Sie brauchen? Dann achten Sie darauf, was Gott sagt. Der gute Hirte will für Sie sorgen – wenn Sie ihn lassen.

Lied:
Höret und merkt,
ihr lieben Leut,
die ihr jetzt Gott
ergeben seid:
lasst euch die Müh
nicht reuen,
halt' fest am heilgen
Gotteswort,
das ist eu'r Trost und
höchster Hort,
Gott wird euch schon
erfreuen.
Georg Grünwald

Parallelstellen zum Thema:
Über die Ruhe, die man bei Gott finden kann, erfahren Sie mehr in Hebräer 4,9-10.

Nachdenkenswert:
Psalm 95 »klingt wie das Läuten von Kirchenglocken, fröhlich und zugleich ernst und feierlich, zuerst mit einem lebhaften Klang und dann wie eine Totenglocke, als ob sie die Beerdigung der Generation einläutete, die in der Wüste umkam.«
Charles Haddon Spurgeon

5. August

PSALM 96,1-6

1 Singt dem HERRN ein neues Lied!
Die ganze Erde singe dem HERRN!
2 Singt dem HERRN; preist seinen Namen.
Verkündet täglich neu die gute Nachricht, dass er ein rettender Gott ist.
3 Erzählt den Völkern von seinen mächtigen Taten.
Sagt allen, welch erstaunliche Wunder er tut.
4 Der HERR ist groß! Er ist hoch zu rühmen!
Ihm gebühren Lob und Preis vor allen Göttern.
5 Die Götter anderer Völker sind nur Götzen,
der HERR aber hat den Himmel erschaffen!
6 Ehre und Herrlichkeit sind um ihn;
Stärke und Schönheit erfüllen sein Heiligtum.

Über alle Götter

Anfang des 4. Jahrhunderts ließ Kaiser Konstantin das Christentum im Römischen Reich offiziell zu und machte es zur Staatsreligion. Aber nicht einmal 50 Jahre später versuchte Konstantins Neffe Julian, diese Reformen rückgängig zu machen. Julian glaubte an die alten heidnischen Götter Roms und versuchte, diesen Glauben der römischen Gesellschaft aufzuzwingen. Er bestimmte, dass der heidnische Glaube in den Schulen gelehrt wurde, restaurierte die alten Tempel und gab hohe Regierungsämter nur an seine Glaubensgenossen. Er tat alles, was er konnte, um den Einfluss des Christentums zu schwächen.

Die Christen wurden von dieser plötzlichen Feindseligkeit überrascht, denn Julian selbst (später »Apostata«, der Abtrünnige genannt) hatte sich als Christ bezeichnet, bis er auf den Thron kam. Fast 50 Jahre lang hatten die Christen freie Religionsausübung genossen. Jetzt mussten sie ihren Glauben verteidigen und ihren heidnischen Nachbarn zeigen, dass Jesus Christus wirklich die Lösung ihrer Probleme ist.

In dieser Zeit war Psalm 96 einer der Lieblingspsalmen der Gemeinde, und das ist kein Wunder. Er betont: »Der Herr ist groß! Er ist hoch zu rühmen! Ihm gebühren Lob und Preis über alle Götter« (Vers 4). Alle Götter (hebräisch: *elohim*) der Heiden sind Götzen (*elilim* – das Wortspiel ist gut zu erkennen). Das Wort für »Götzen« kann auch bedeuten: unbrauchbare Dinge.

Am Ende fiel Julian im Kampf gegen die Perser, und das Christentum wurde wieder zur Staatsreligion. Wieder einmal hatte sich der Gott der Christen stärker als »alle Götter der Völker« gezeigt.

Lied:
Singet dem Herrn ein neues Lied, denn er tut Wunder. Er sieget mit seiner Rechten und mit seinem heiligen Arm; der Herr lässt sein Heil verkündigen, er offenbart seine Gerechtigkeit.

Überblick:
In Vers 2 nimmt die Aussage eine leichte Wendung: Erst sollen alle für Gott singen, dann sollen sie weitersagen, was er tut. Anbetung und Mission sind sehr eng verbunden.

Zum Nachdenken:
Der Psalmist führt hier einen Gedanken aus – nämlich dass Gott allen anderen Göttern überlegen ist – aber er singt statt zu argumentieren. Gottes Leute erreichen immer dann am meisten, wenn sie von Singen und Freude geprägt sind.

6. August

6. August

Psalm 96,7-13

7 Ihr Völker der Welt, neigt euch vor dem HERRN;
erkennt, dass der HERR herrlich und stark ist.
8 Gebt dem HERRN die Ehre, die ihm gebührt!
Bringt eure Opfer dar und kommt, ihn anzubeten.
9 Betet den HERRN in seiner heiligen Herrlichkeit an.
Die ganze Erde soll vor ihm erbeben.
10 Erzählt allen Völkern, dass der HERR König ist.
Die Welt ist fest gegründet und kann nicht fallen.
Er wird alle Völker in Gerechtigkeit richten.
11 Der Himmel freue sich, und die Erde frohlocke!
Das Meer und alles, was darin ist, verkünde seinen Ruhm!
12 Die Felder und ihre Ernten brechen in Jubel aus!
Die Bäume des Waldes sollen Lobpreis rauschen
13 vor dem HERRN!
Denn der HERR kommt!
Er kommt, um die Erde zu richten.
Er wird die Welt richten in Gerechtigkeit
und alle Völker in seiner Wahrheit.

Bringt ihm Ehre

Die Bundeslade wurde auf den Berg Zion gebracht, in das besondere Zelt, das David für sie errichtet hatte. Die Leute sangen und jubelten, Trompeten wurden geblasen und David tanzte. Man brachte Speisopfer und die Leviten sangen ein Danklied, das David aus diesem Anlass geschrieben hatte.

Offensichtlich wurde das Lied so gut aufgenommen, dass ein Teil davon in die Liedersammlung der Gemeinde aufgenommen wurde, denn der Text von Psalm 96 findet sich auch in Davids Lied, wie es in 1. Chronik 16,8-36 wiedergegeben wird.

In diesen Versen wird die ganze Schöpfung – Himmel, Meer, Felder und Bäume – dazu aufgefordert, zusammen mit Menschen aus allen Völkern Gott die Ehre zu geben. Der Ausdruck »bringt dar« bedeutet im Hebräischen zugleich »erkennt an«. Ähnlich ist unser Ausdruck »die Ehre geben« zu verstehen: Erst wenn wir anerkennen, dass alle Ehre eigentlich Gott gehört, geben wir sie ihm wirklich – nicht wie eine großmütige Spende, sondern wir geben ihm sein Eigentum zurück.

Dieser Psalm spricht auch von Gottes »heiliger Herrlichkeit« (Vers 9). Die alte King-James-Übersetzung spricht in diesem Zusammenhang von der »Schönheit der Heiligkeit«. Heiligkeit hat immer eine Ausstrahlung von Schönheit und Gott gibt uns etwas von dieser Heiligkeit. Durch Jesus Christus betrachtet er uns als heilig – und das ist etwas Schönes.

LIED:
*Wir beten an und loben dich,
für deine Ehr und danken,
dass du, Gott Vater, ewiglich
regierst ohn alles Wanken.*
NIKOLAUS DECIUS

WISSENSWERTES:
Manche Forscher halten Psalm 96 für eine Zusammenstellung von Zitaten aus anderen Bibelteilen. Allein in diesem Teil sind Anklänge an Psalm 86,9; 100,4; 29,2 und 97,1.

NACHDENKENSWERT:
»Wie unvorstellbar herrlich muss die Schönheit seiner Heiligkeit sein! Sie ist ja das vollkommene Zusammenspiel all seiner unendlichen Vollkommenheit.«
JOSEPH LE CONTE

7. August

7. August

PSALM 97,1-6

1 Der HERR ist König! Es freue sich die ganze Erde!
Noch die fernsten Inseln sollen frohlocken.
2 Wolken und Dunkelheit hüllen ihn ein.
Recht und Gerechtigkeit sind die Stützpfeiler seines Throns.
3 Feuer flammt von ihm aus
und verzehrt seine Widersacher.
4 Seine Blitze zucken über die Erde.
Die Erde sieht es und bebt.
5 Die Berge schmelzen wie Wachs vor dem HERRN,
vor dem HERRN der Welt.
6 Der Himmel verkündet seine Gerechtigkeit;
und alle Völker sehen seine Herrlichkeit.

Ungeheure Kraft

Oft beschließt eine Stadt, ein altes Gebäude abzureißen und an der Stelle ein neues zu bauen. Manchmal werden dann Sprengstoffexperten beauftragt, an den entscheidenden Stellen Dynamit zu legen. Mit einem ungeheuren Knall und einer Staubwolke fällt das Gebäude in sich zusammen. Eben noch war es ein großer Block aus Stahl und Stein, jetzt ist es nur noch ein Trümmerhaufen. Manchmal wird ein solcher Vorgang öffentlich gezeigt und die Leute schauen im Fernsehen zu, wie das Gebäude zusammenbricht. Warum? Weil man gern sieht, wie eine so ungeheure Kraft wirkt, besonders wenn sie für einen guten Zweck eingesetzt wird.

Viele erinnern sich noch an die Bilder von verbogenem Stahl und Trümmern nach dem Bombenanschlag in Oklahoma City 1994. Da sind ungeheure Kräfte für zerstörerische Zwecke missbraucht worden.

Auch diese Fernsehbilder faszinierten uns, aber sie weckten auch Angst und Widerwillen.

Kraft kann zum Guten und zum Bösen eingesetzt werden. Das zeigt auch die Tatsache, dass der Erfinder des Dynamits Alfred Nobel war, nach dem der Friedenspreis benannt ist.

Der Psalmdichter ist fasziniert von der ungeheuren Kraft Gottes und von dem Feuer, das seine Feinde verzehrt. Diese Verse schildern Ereignisse, vor denen alle Filmeffekte von Hollywood verblassen. Versuchen Sie sich einmal vorzustellen, wie die Blitze zucken und die Berge »zerschmelzen wie Wachs«. Natürlich ist das für die Feinde nicht schön. Aber wir, die Gott lieben, brauchen keine Angst zu haben. Er ist unser König. Seine gewaltige Kraft setzt er für die ein, die sich nach ihm richten. Die ganze Erde soll sich freuen, dass er kommt!

Lied:
Gloria sei dir gesungen
mit Menschen- und mit Engelzungen,
mit Harfen und mit Zimbeln schön!
Des jauchzen wir und singen dir
das Halleluja für und für.
Philipp Nicolai

Parallelstellen zum Thema:
In Vers 1 ist vom Kommen Gottes als König des ganzen Weltalls die Rede. Ähnliche Parallelstellen finden sich in Jesaja 66,15-16; 2. Thessalonicher 1,7-10; 2. Petrus 3,3-10.

Nachdenkenswert:
»Das Halleluja kann erst richtig klingen, wenn wir selbst und die ganze Schöpfung erkannt haben: ›Der allmächtige Gott hat das Reich eingenommen.‹«
F. B. Meyer

8. August

Psalm 97,7-12

7 Die Götzenanbeter stehen beschämt –
alle, die sich ihrer nutzlosen Götter rühmen –,
denn alle Götter müssen sich ihm beugen.
8 Jerusalem hat es gehört und frohlockt,
und alle Städte Judas freuen sich
über deine Gerechtigkeit, Herr!
9 Denn du, Herr, stehst hoch über der ganzen Welt,
höher als alle Götter.
10 Ihr, die ihr den Herrn liebt, hasst das Böse!
Er bewahrt das Leben der Gottesfürchtigen
und beschützt sie vor der Macht der Bösen.
11 Licht umgibt die Gottesfürchtigen,
und Freude erwartet die, die Recht tun.
12 Alle Gottesfürchtigen sollen glücklich sein im Herrn
und seinen heiligen Namen preisen!

Der Höchste in allen Landen

Die Stadt Antiochia am Mittelmeer war schon früh ein Zentrum christlicher Arbeit. Diese Gemeinde war die erste, die versuchte die Heiden zu erreichen: Sie schickte Paulus und Barnabas auf die erste Missionsreise.

Während der Verfolgung im 3. Jahrhundert wurde Babylas, der beliebte Bischof von Antiochia, zu Tode gefoltert. Man begrub ihn in einem Wäldchen am Fluss Orontes. Dort hatte früher ein Altar für Apollo gestanden. Eine Zeit lang hörte die Christenverfolgung auf, aber dann kam der Kaiser Julian an die Macht. Wie wir schon in der Andacht zum 5. August erfahren haben, versuchte Julian das Reich wieder zu der alten heidnischen Religion zurückzubringen. Es gehörte u seiner Strategie, heidnische Heiligtümer wieder herzurichten – uch das am Ufer des Orontes. Dazu musste die Leiche des Bischofs erlegt werden. Julian ordnete an, dass sie exhumiert würde.

Was konnten die Christen in Antiochia da tun? Sie beschlossen inen Gottesdienst daraus zu machen. In einer feierlichen Prozession rugen sie die Leiche des Bischofs zu einer anderen Grabstelle. Wähend des Zuges sangen sie Psalm 97.

Damit gaben sie zu verstehen: »Euren Apollo könnt ihr haben. Wir haben einen Gott, der über die ganze Erde regiert. Ihr könnt uns wingen, den Körper unseres Bischofs umzubetten, aber wir wissen, vo sein Geist ist. Ihr könnt uns das Leben schwer machen, aber wo nser Licht und unsere Freude herkommt, wisst ihr nicht. Gott chützt uns und in ihm sind wir glücklich.«

LIED:
Er hat die Welt auf Lieb gestellt; so fasst er auch die Seinen: nach Nacht und Leid und Traurigkeit muss dir sein Antlitz scheinen.
ALBERT ZELLER

PARALLELSTELLEN ZUM THEMA:
Uns an Gott zu freuen und glücklich zu sein müssen wir alle lernen und üben (Vers 11-12). Siehe auch Habakuk 3,17-18.

NACHDENKENSWERT:
»Jeder Akt der Selbstverleugnung ist ein Samenkorn für die Ernte der Freude.«
F. B. MEYER

9. August

PSALM 98,1-9

Ein Psalm.

1 Singt dem HERRN ein neues Lied, denn er hat herrliche Dinge getan.
Durch seine Macht und Heiligkeit hat er einen großen Sieg errungen.
2 Der HERR hat seinen Sieg verkündet
und seine Gerechtigkeit allen Völkern offenbart!
3 Er hat seine Verheißung nicht vergessen, Israel zu lieben
und ihm treu zu sein.
Die ganze Welt war Zeuge der Rettung, die unser Gott vollbracht hat.
4 Die ganze Erde juble dem HERRN zu,
sie jauchze vor Freude und preise ihn laut!
5 Lobt den HERRN mit der Harfe,
mit der Harfe und lieblichen Liedern,
6 mit Trompeten und dem Klang von Widderhörnern.
Spielt dem HERRN, eurem König, eine fröhliche Melodie.
7 Das Meer und alles, was darin ist, soll ihn preisen!
Die Erde und alles, was auf ihr lebt, stimme ein.
8 Die Flüsse sollen in die Hände klatschen vor Freude!
Die Berge sollen Freudenlieder
9 vor dem HERRN erschallen lassen.
Denn der HERR kommt, die Erde zu richten.
Er wird die Welt richten in Gerechtigkeit
und alle Völker in seiner Wahrheit.

Singt ein neues Lied

Gerade hatte ein junges Mädchen namens Maria einen ungeheuren Schreck bekommen und das Erlebnis sollte ihr Leben grundlegend verändern. Ein strahlend helles Wesen war ihr erschienen. Der Engel musste ihr Mut zusprechen, aber dann sagte er Maria, dass sie ein Kind von Gott selbst bekommen sollte, obwohl sie noch unberührt war. »Bei Gott ist kein Ding unmöglich«, sagte der Engel zu ihr (Lk 1,26 ff.).

Maria sprach mit ihrer Verwandten Elisabeth (die auch auf wunderbare Weise ein Kind erwartete, nämlich Johannes den Täufer) und dichtete dann ein Loblied.

Aber Maria hatte erkannt, dass das, was sie erlebte, zu Gottes großem Vorhaben in der Geschichte der Menschen gehörte; das sieht man an ihrem Lied.

Vielleicht haben sie die Worte von Psalm 98 angeregt: »Singt dem Herrn ein neues Lied«, das von seinen Taten berichtet. Genau das tut Maria. Wie der Psalm spricht sie davon, dass Gott »mächtig« und »heilig« ist. »Er hat seine Verheißung nicht vergessen«, heißt es im Psalm (Vers 3). »Er gedenkt der Barmherzigkeit«, sagt Maria (Lk 1,54). Und noch eines ist bemerkenswert: Das Wort »Sieg« in Vers 1 ist verwandt mit dem hebräischen Wort *Jeschua*. Das ist der Name, den Maria ihrem Kind gegeben hat. Die griechische Übersetzung davon ist »Jesus«.

LIED:
*Das Weltmeer brause aller Enden,
jauchzt, Erde, Menschen, jauchzt vereint!
Die Ströme klatschen wie mit Händen;
ihr Berge, hüpft, der Herr erscheint!
Er kommt, er naht sich, dass er richte
den Erdkreis in Gerechtigkeit und zwischen Recht und Unrecht schlichte;
des sich die Unschuld ewig freut.*
MATTHIAS JORISSEN

PARALLELSTELLEN ZUM THEMA:
Vers 4 heißt wörtlich: »Brecht in Jubel aus ...« Diesen Ausdruck gebraucht auch Jesaja oft (z. B. Jes 44,23 und 55,12). Außerdem ist dieser Psalm ein einziges großes Loblied, ähnlich wie Offenbarung 5,12-14.

NACHDENKENSWERT:
»Die Handlung findet auf zwei Ebenen statt: Eine ist der Tag, an dem Gott in seiner Macht kommt; die andere ist die Vorfreude darauf, die wir erleben, wenn wir ihn anbeten. Die Psalmen, die wir jetzt singen, sind die Proben, und dass Gott bei denen ist, die ihn ehren, ist ein Vorspiel zu seinem Kommen vor der ganzen Welt.«
DEREK KIDNER

Zwischenspiel: Musik in den Psalmen

Die Überschriften mancher Psalmen enthalten musikalische Anweisungen. Manche geben an, welche Instrumente den Gesang begleiten sollen, andere, wie oder auf welche Melodie der Psalm gesungen werden soll. So sollte Psalm 4 mit Saiteninstrumenten begleitet werden, Psalm 5 mit einer Flöte und Psalm 6 mit einem sechssaitigen Instrument. Psalm 8 sollte wahrscheinlich von der Gittit, einer Art Leier, begleitet werden.

Die folgenden Instrumente werden in den Überschriften und auch in den Psalmtexten selbst erwähnt:

Saiteninstrumente:

- die zehnsaitige Harfe oder die phönizische Zither: »Lobt den Herrn mit dem Klang der Lyra; spielt ihm auf mit der zehnsaitigen Harfe« (Ps 33,2);
- die Davidsharfe mit Saiten aus Schafsdarm und einem Resonanzkörper darunter: »... die liebliche Lyra und die Harfe« (Ps 81,3);
- die Harfe, größer und lauter als die Davidsharfe. Sie war flaschenähnlich geformt mit einem bauchigen Resonanzkörper darunter. »Wach auf, meine Seele! Wacht auf, Harfe und Lyra« (Ps 57,9).

Blasinstrumente:

- die Trompete aus Silber oder Gold, etwa einen Meter lang und mit ausgeprägter Stürze, wurde nur von Priestern gespielt. »Lobt den Herrn ... mit Trompeten ... Spielt dem Herrn, eurem König, eine fröhliche Melodie« (Ps 98,5-6);
- das Widderhorn (Luther: Posaune). Später wurden die Hörner aus anderem Material gemacht und gerader geformt. Sie wurden weniger für Musik als für Signale benutzt. »Lobt den Herrn mit ... dem Klang von Widderhörnern« (Ps 98,5-6);
- die Flöte (Pfeife) wurde in Ägypten häufig gespielt. Bei Salomos Krönung wurden Doppelflöten gespielt, aber sie werden in den Psalmen nicht erwähnt. »Preist ihn mit Saiteninstrumenten und Flöten!« (Ps 150,4)

Schlaginstrumente:

- die Zimbel. Sie war das einzige Schlaginstrument, das im Tempel gespielt wurde. In Psalm 150 werden zwei verschiedene Arten genannt, die vielleicht verschiedene Größen oder Materialien bedeuten. »Preist ihn mit lautem Zymbelnklang« (Ps 150,5);
- das Tamburin (Pauke). Das war eine Handtrommel, die hauptsächlich Frauen spielten. Es war ähnlich wie ein modernes Tamburin, aber vielleicht ohne die Schellen. »Schlagt das Tamburin« (Ps 81,2).
- Kastagnetten und Rasseln kannte David auch (2. Sam 6,5), aber in den Psalmen werden sie nicht erwähnt.

Wie schon gesagt enthalten manche Psalmen Anweisungen für die Art der Aufführung. In der Überschrift zu Psalm 46 erscheint das hebräische Wort *alamoth*; das bedeutet wahrscheinlich, dass er von jungen Frauen gesungen werden soll. Psalm 53 wird als »Unterweisung« bezeichnet. Das könnte heißen, dass er langsam oder in ruhigem Ton gesungen werden soll. Psalm 9 gibt an, dass er auf die Melodie »Tod des Sohnes« passt. Auch andere Melodien werden genannt: »Hirschkuh im Morgendämmer« (Ps 22), »zu der Weise Lilien« (Ps 45), »Taube auf fernen Eichen« (Ps 56) und »du sollst nicht vernichten« (Ps 57). Das waren damals wahrscheinlich bekannte Melodien und die Dichter benutzten sie, um den Leuten das Singen für Gott zu erleichtern.

Bei der Übersetzung der Psalmüberschriften gibt es mehr Unsicherheiten als in irgendeinem anderen Teil der Bibel. Aber wie die Dichter Gott sahen, daran gibt es keinen Zweifel. Der Herr ist ein Fels, eine Festung, ein Schild. Und heute können wir genau so mit ihm rechnen wie David vor 3000 Jahren, auch wenn wir die Melodie »du sollst nicht vernichten« nicht kennen und nicht wissen, wie eine Gittit aussieht, wenn es so etwas überhaupt gegeben hat. Wir glauben an etwas viel Sichereres als eine Gittit.

Lied:

Ich singe dir mit Herz und Mund,
Herr, meines Herzens Lust;
ich sing und mach auf Erden kund,
was mir von dir bewusst.
Paul Gerhardt

11. August

Psalm 99,1-5

1 Der Herr ist König!
Zittert, ihr Völker!
Er sitzt auf seinem Thron, umgeben von Cherubim.
Erbebe, Erde!
2 Der Herr thront in Herrlichkeit in Jerusalem,
hoch erhaben über alle Völker.
3 Sie sollen deinen großen und Ehrfurcht gebietenden Namen preisen.
Dein Name ist heilig!
4 Mächtiger König, der du die Gerechtigkeit liebst,
du hast das Recht eingesetzt.
Du hast in ganz Israel recht und gerecht gehandelt.
5 Erhöht den Herrn, unsren Gott!
Neigt euch tief vor ihm, denn er ist heilig!

Heilig, heilig, heilig

Nach jahrzehntelangem religiösen Verfall versuchte König Usia energisch den Staat Juda wieder zu Gott zurückzubringen. Aber gegen Ende seiner langen und erfolgreichen Regierungszeit wurde Usia hochmütig und verbrannte Weihrauch auf dem Altar im Tempel – eine Aufgabe, die nur den Priestern vorbehalten war. Zur Strafe wurde Usia von Aussatz befallen und musste den Rest seines Lebens allein verbringen. Es war ein trauriger Schluss für eine großartige Karriere.

In dem Jahr, als König Usia starb, hatte ein junger Mann namens Jesaja eine Vision: Er sah Gott auf einem hohen Thron, und die Schleppe seines Gewandes fiel über den Thronrand und füllte den ganzen Tempel. Alles war voll Rauch, wahrscheinlich Weihrauch, und um ihn waren Serafim, die sangen: »Heilig, heilig, heilig ist der Herr Zebaoth; alle Lande sind seiner Ehre voll!« (Jes 6,1-3).

Jesaja merkte sofort, dass er hier nicht hingehörte. Wenn ein großer König wie Usia bestraft wurde, weil er Weihrauch verbrannte, wie würde es ihm ergehen? Er beklagte laut seine Unwürdigkeit. Aber einer von den Serafim nahm mit einer Zange eine glühende Kohle vom Altar, berührte Jesajas Lippen damit und sagte: »Siehe, hiermit sind deine Lippen berührt, dass deine Schuld von dir genommen werde und deine Sünde gesühnt sei« (Jes 6,7).

In seinem ganzen Prophetenleben vergaß Jesaja nie, was auch Psalm 99 sagt: dass Gott heilig ist, Furcht erregend heilig. Heilig, heilig, heilig – das zu wissen lässt uns etwas von seiner unbeschreiblichen Größe und von dem riesigen Unterschied zu unserer natürlichen Begrenztheit ahnen.

Lied:
Heilig, heilig, heilig ist der Herr Zebaoth, alle Lande sind seiner Ehre voll. Hosianna in der Höhe.
Steinau 1726

Parallelstellen zum Thema:
In diesem Psalm kommt dreimal das Wort »heilig« vor: Vers 3, 5 und 9. Auch in Jesaja 6,3 und in Offenbarung 4,8 wird das Wort dreimal wiederholt.

Nachdenkenswert:
»Je mehr wir uns vor Gott erniedrigen, umso mehr erhöhen wir ihn.«
F. B. Meyer

12. August

Psalm 99,6-9

6 Mose und Aaron waren seine Priester;
Samuel rief seinen Namen an.
Sie flehten zum Herrn um Hilfe,
und er erhörte sie.
7 Er sprach zu ihnen aus der Wolkensäule,
und sie befolgten die Vorschriften und Gebote, die er ihnen gab.
8 O Herr, unser Gott, du hast sie erhört.
Du warst ein Gott, der vergibt,
doch wenn sie Unrecht taten, hast du sie bestraft.
9 Erhöht den Herrn, unsern Gott,
und betet seinen heiligen Namen in Jerusalem an,
denn der Herr, unser Gott, ist heilig!

Der Ruf in der Nacht

Jetzt war es schon das dritte Mal in einer Nacht! Der kleine Samuel träumte, er hörte Stimmen im Dunkeln und weckte den Priester Eli, weil er meinte, der hätte ihn gerufen.

Der Junge bestand darauf, dass er klar und deutlich seinen Namen gehört hatte: »Samuel! Samuel!«

»Geh wieder schlafen«, sagte der alte Priester, der wohl meinte, das Kind habe es sich eingebildet.

Aber beim dritten Mal dämmerte es Eli, dass es vielleicht doch keine Einbildung war. Vielleicht war es Gott, der versuchte ihm etwas zu sagen. Gott hatte zu Mose aus einem brennenden Busch gesprochen und zu Gideon unter einer Eiche. Warum sollte er diesen Jungen nicht in seinem Schlafzimmer ansprechen?

»Leg dich wieder hin«, sagte Eli zu ihm. »Wenn wieder jemand ruft, dann sage: ›Ja, Herr, dein Diener hört‹« (vgl. 1. Sam 3,4-10).

Die Stimme rief ihn wirklich wieder an und Gott gab dem kleinen Samuel eine Botschaft an das Volk: die erste von vielen, die dieser Prophet noch bekommen sollte. Aber auch Samuel rief Gott immer wieder an, wie es Mose und Aaron getan hatten, und mit ihnen allen sprach Gott. Das ist das Wunder, das in Psalm 99 geschildert wird: Gott lässt die Erde beben, aber er spricht mit Menschen auf der Erde. Er setzt sein Vorhaben nicht nur mit Donner und Blitz, sondern auch mit heimlichen nächtlichen Botschaften durch. Gott erregt Ehrfurcht, sogar Furcht, aber er nennt uns auch seine Kinder.

Lied:
So wahr ich lebe,
spricht dein Gott,
mir ist nicht lieb des
Sünders Tod;
vielmehr ist dies mein
Wunsch und Will,
dass er von Sünden
halte still,
von seiner Bosheit
kehre sich
und lebe mit mir
ewiglich.
Johann Heermann

Nachdenkenswert:
»Er hat den Sündern vergeben, aber ihre Sünden erschlagen.«
Charles Haddon Spurgeon

Nachgefragt:
Wie reagiere ich auf die Tatsache, dass Gott heilig ist? Vgl. 1. Petrus 1,16.

13. August

Psalm 100,1-3

Ein Dankpsalm.
1 Die Erde juble dem HERRN zu!
2 Alle Welt bete ihn voll Freude an.
Tretet vor ihn hin und singt ein frohes Lied.
3 Erkennt, dass der HERR Gott ist!
Er hat uns erschaffen, ihm gehören wir.
Sein Volk sind wir, die Schafe seiner Weide.

Wir gehören zweimal ihm

Der neunjährige Joey schnitzte und feilte fast ein Jahr lang an einem Spielzeugschiff. Als er fertig war, nahm er es mit zum Fluss und probierte es aus. Aber der Wind war zu stark und trieb das kleine Schiff mitten in den Fluss. Joey war sehr traurig, als er sah, wie sein schönstes Werk wegschwamm.

Ein paar Monate später ging Joey in die Stadt und sah mit Staunen, dass sein Schiff in einem Schaufenster stand. Er sagte dem Besitzer, dass das Schiff ihm gehörte, aber der Mann sagte: »Das kann schon sein, aber jemand hat es am Fluss gefunden und mir verkauft. Ich muss die Unkosten wieder hereinbekommen.«

Mehrere Wochen lang arbeitete Joey sehr eifrig, um Geld zu verdienen und sein Schiff zurückkaufen zu können. Als er endlich genug verdient hatte, lief er schnell zum Laden und kaufte sein Schiff. Er nahm es liebevoll in die Arme und sagte: »So, mein Schiffchen, jetzt gehörst du zweimal mir. Ich habe dich gemacht und gekauft.«

So ähnlich muss es Gott mit uns gehen, seinem schönsten Werk. Wir sind ihm aus eigenem Willen weggeschwommen, aber er hat uns zurückgekauft. »Er hat uns erschaffen, ihm gehören wir«, heißt es in

Psalm 100 (Vers 3). Im selben Vers werden wir »Schafe seiner Weide« genannt; das passt, denn Schafe neigen zum Weglaufen. Jesaja sagt: »Wir gingen alle in die Irre wie Schafe, ein jeder sah auf seinen Weg. Aber der Herr warf unser aller Sünde auf ihn (Jesus)« (Jes 53,6). Der gute Hirte hat sein Leben hergegeben und uns für den, der uns gemacht hat, zurückgekauft. Wir gehören also ihm – zweimal.

Lied:
*Er hat uns ferner wohl bedacht
und uns zu seinem Volk gemacht,
zu Schafen, die er ist bereit
zu führen stets auf gute Weid.*
David Denicke nach Cornelius Becker

Wissenswertes:
Britische Christen haben diesem Psalm eine Melodie gegeben, mit der er als »Old Hundredth« (der alte Hundertste) bekannt wurde. Longfellow nennt dieses Lied in »The Courtship of Miles Standish« »das herrliche alte Lied der Puritaner«.

Parallelstellen zum Thema:
Vielleicht wurde dieser Psalm in Verbindung mit einem Dankopfer für Gottes gute Gaben gesungen. Diese Opfer werden in 3. Mose 7,11-18 beschrieben.

Nachdenkenswert:
»Wenn ich an Gott denke, bin ich so voll Freude, dass die Noten tanzen und hüpfen, wenn ich sie aufschreibe; und weil Gott mir ein fröhliches Herz gegeben hat, diene ich ihm mit Freude.«
Joseph Haydn

14. August

PSALM 100,4-5

4 Durchschreitet seine Tore mit Dank auf den Lippen;
tretet ein in seine Höfe mit Lobpreis.
Dankt ihm und preist seinen Namen.
5 Denn der HERR ist gütig.
Seine unwandelbare Liebe währt ewig,
und jeder neuen Generation schenkt er seine Treue.

Einladung zum Fest

Ein Mensch veranstaltete ein Fest und lud alle seine Freunde ein. Aber als es anfangen sollte, fingen die Gäste an sich herauszureden:

»Ich habe ein Grundstück gekauft und muss es besichtigen.«

»Ich habe gerade ein neues Computerprogramm bekommen, das muss ich ausprobieren.«

»Ich habe geheiratet, da muss ich mich noch um einiges kümmern.«

Da saß der Gastgeber mit der Kapelle und allen möglichen Delikatessen, aber ohne Gäste. Was tat er da? Er ging hinaus auf die Straße und lud jeden, den er sah, zu seinem Fest ein: Reisende, Polizisten, Taxifahrer, Straßenmädchen, Drogenhändler, Bettler. »Kommt nur! Es ist reichlich Platz und zu essen für alle da!«

Eine ganz ähnliche Geschichte erzählt Jesus, um Gottes Reich zu beschreiben (Lk 14,16-24). Weil so viele Gäste vorgesehen waren und dann doch nicht kamen, ließ Gott jeden hereinkommen: Arme und Reiche, Juden und Heiden, Gute und Böse. Die erste Gruppe von Gästen legte keinen Wert auf die Einladung, aber die zweite war begeistert. Sicher gingen sie »zu seinen Toren ein mit Dank auf den Lippen«

Psalm 100 erlaubt uns einen Blick auf Gottes großes Fest. Da ist Musik und fröhliches Rufen und Lachen, Dank und Lob. Die ganze Erde ist eingeladen Gottes Freundlichkeit anzunehmen. Gott hat für alles gesorgt, wir brauchen also nur zu kommen.

LIED:
Gott Vater in dem höchsten Thron
und Jesus Christ, sein eig'ner Sohn,
samt Gott, dem werten Heilgen Geist,
sei nun und immerdar gepreist.
LÜNEBURG *1652*

WISSENSWERTES:
Vielleicht war der erste Teil des Psalms das Lied für die Menschen, die Brandopfer brachten, und der letzte Teil die Antwort, die der ganze Chor sang, wenn Feuer an das Opfer gelegt wurde.

NACHDENKENSWERT:
»Bars haben meist eine so genannte ›Happy Hour‹. Ich wünschte, wir hätten eine ›Happy Hour‹ in der Kirche, nur ohne Alkohol.« Rundfunkprediger Vernon McGee in einem Kommentar zu Psalm 100

15. August

PSALM 101,1-8

Ein Psalm Davids.

1 Ich will deine Liebe und Gerechtigkeit verkünden.
Ich will dich mit Liedern preisen, o HERR.
2 Ich will mich mühen, untadelig zu leben –
wirst du mir beistehen?
In meinem Kreis will ich ein unbescholtnes Leben führen.
3 Schändliches und Gemeines will ich nicht einmal ansehn.
Zwielichtige Geschäfte sind mir verhasst;
nie will ich mich darin verstricken.
4 Ich will schlechte Gedanken aus meinem Kopf verbannen
und mich von allem Bösen fern halten.
5 Ich will nicht hinnehmen, dass einer seinen Nächsten
verleumdet.
Betrug und Hochmut will ich nicht dulden.
6 Stattdessen will ich auf die Gottesfürchtigen Acht haben,
damit sie sicher bei mir wohnen.
Nur Leute ohne Fehl und Tadel
dürfen in meinen Diensten stehen.
7 Ich werde nicht zulassen, dass meine Knechte Betrüger sind,
ich will keine Lügner in meiner Gegenwart dulden.
8 Es wird meine tägliche Pflicht sein, Übeltäter aufzuspüren
und die Stadt des HERRN von ihnen zu befreien.

Der Psalm des Herzogs

Ernst las schon in früher Jugend Vers 2 dieses Psalms und beschloss, ihn zu seinem Wahlspruch zu machen und »untadelig zu leben«. Vielleicht darum bekam er den Beinamen Ernst der Fromme – aber man weiß nicht, ob der Name Spott oder eher Bewunderung ausdrückt.

Ernst war im 17. Jahrhundert Herzog von Sachsen, in einer Zeit großer Unruhen. Die Reformation hatte Länder nach Religion, Volkszugehörigkeit und Wirtschaftsinteressen geteilt. Ernst übernahm die Herrschaft mitten im Dreißigjährigen Krieg (1618-1648); diesen Krieg könnte man als den allerersten »Welt-Krieg« betrachten: Europäische Fürsten arbeiteten mit Bündnissen und Intrigen, um mehr Land für sich herauszuschlagen. »Zwielichtige Geschäfte« waren an der Tagesordnung. Mehr als die Hälfte der deutschen Bevölkerung kam in den verbissenen Kämpfen um.

Gleich nach dem Krieg versuchte Herzog Ernst sein Land wieder aufzubauen. Er ließ Kirchen, Krankenhäuser, Gerichte und andere öffentliche Einrichtungen wiederherstellen. Psalm 101 war die Grundlage für dieses Bemühen. Wenn er erfuhr, dass ein staatlicher Beamter Unrecht getan hatte, schickte er ihm ein Exemplar dieses Psalms. Das wurde sogar zur Redensart in Sachsen: Wenn jemand gescholten wurde, hieß es, »er bekam des Herzogs Psalm zu lesen«.

Aber der Psalm selbst ist keine Abfolge von Vorwürfen, sondern drückt den Wunsch aus ein ehrliches, untadeliges Leben zu führen – ein Ziel, das wir alle übernehmen können.

LIED:
Sing, bet und geh
auf Gottes Wegen,
verricht das Deine
nur getreu
und trau des Himmels
reichem Segen,
so wird er bei dir
werden neu.
Denn welcher
seine Zuversicht
auf Gott setzt,
den verlässt er nicht.
GEORG NEUMARK

PARALLELSTELLEN ZUM THEMA:
Wenn man Römer 13,1-2 ansieht: Könnte Paulus an einen Herrscher gedacht haben, der sich verpflichtet hatte das einzuhalten, was David in Psalm 101 verspricht?

NACHDENKENSWERT:
»Moderne Regierende machen dem Volk Versprechungen; dieser König gibt Gott Versprechen. Das ist die eigentliche Quelle der Regierungsmacht.«
JOHN I. DURHAM

16. August

PSALM 102,1-12

1 *Gebet eines von Sorgen Überwältigten, der seine Not vor den HERRN bringt.*
2 HERR, höre mein Gebet!
Vernimm meine Bitte!
3 Verlass mich nicht
in Zeiten der Not.
Neige mir dein Ohr
und antworte mir rasch, wenn ich zu dir rufe,
4 denn meine Tage vergehen wie Rauch
und meine Gebeine verwandeln sich in glühende Kohlen.
5 Mein Herz ist krank, es welkt wie Gras,
ich habe auf nichts mehr Appetit.
6 Mein unablässiges Klagen
hat mich abmagern lassen bis auf Haut und Knochen.
7 Ich bin wie eine Eule in der Wüste,
eine einsame Eule in einer entlegenen Einöde.
8 Ich liege schlaflos,
einsam wie ein einzelner Vogel auf dem Dach.
9 Meine Feinde verhöhnen mich Tag für Tag.
Sie verspotten und beschimpfen mich.
10 Ich esse Asche statt Nahrung.
Meine Tränen füllen meinen Becher,
11 Tränen über deinen Zorn und Grimm.
Denn du hast mich hochgehoben und fortgeworfen.
12 Mein Leben schwindet dahin wie die Abendschatten,
und ich vertrockne wie Gras.

Ein einsamer Vogel

Haben Sie einmal beobachtet, wie Vögel sich auf Hochspannungsleitungen versammeln? Ich weiß nicht, warum sie das tun, aber es sieht ein wenig wie ein Kirchenchor aus, der sich zum Singen aufstellt. Wenn ein Vogel ankommt und sich auf dem schon vollen Draht niederlassen will, machen die anderen Platz.

Vielleicht haben Sie auch schon gesehen, wie Wildgänse auf ihrem Zug nach Norden oder Süden in V-Form fliegen. Wie bestimmen sie, wer den Zug anführt? Haben sie eine offizielle Hackordnung?

Haben Sie einmal gehört, wie Vögel sich nachts gegenseitig rufen oder wie frühmorgens einer den anderen zum Singen anregt? Vögel sind gesellige Geschöpfe. Instinktiv halten sie sich zu anderen Vögeln und oft verhält sich ein ganzer Schwarm, als wäre er ein einziges Tier.

Darum kann man sich kaum etwas Einsameres vorstellen als einen einsamen Vogel (Vers 7-8). Er ruft, aber niemand antwortet. Er fliegt, aber ohne Formation. So muss sich der Dichter gefühlt haben – und so geht es auch uns oft.

Aber da gibt es eine Kleinigkeit, die uns Mut geben kann: Ein ungewöhnliches Symbol der frühen Christen für Christus ist der Pelikan; das geht auf eine andere Übersetzung des Wortes zurück, das in Vers 7 mit »Eule« wiedergegeben ist. Wir wissen nicht genau, welchen Vogel der Verfasser meint, aber wenn wir ihn als Bild für Christus betrachten, kann uns das Mut machen. Auch Jesus wusste, wie es ist, einsam zu sein, und er fühlt mit uns, wenn wir allein und in Schwierigkeiten sind und uns so fehl am Platz fühlen wie … eben wie ein Pelikan in der Wüste.

LIED:
Wann die Stunden sich gefunden, bricht die Hilf mit Macht herein, und dein Grämen zu beschämen, wird es unversehens sein.
JOHANN DANIEL HERRENSCHMIDT

WISSENSWERTES:
In Venedig gibt es eine alte Sonnenuhr, auf der Vers 12 geschrieben steht.

NACHDENKENSWERT:
»Der Herr erlaubt seinen kleinen Kindern, in ihrer Kindersprache zu ihm zu reden.«
DAVID DICKSON

17. August

17. August

Psalm 102,13-18

13 Du aber herrschst für immer, Herr.
Dein Ruhm reicht von einer Generation zur andern.
14 Du wirst dich erheben und Jerusalem Barmherzigkeit erweisen –
jetzt ist es Zeit, mit der Stadt Erbarmen zu haben,
jetzt ist es Zeit für die Hilfe, die du versprochen hast.
15 Denn dein Volk liebt jeden einzelnen Stein innerhalb ihrer Mauern,
liebevoll betrachtet es noch den Staub ihrer Straßen.
16 Die Völker werden vor dem Herrn erzittern.
Die Könige der Erde werden erbeben im Angesicht seiner Herrlichkeit.
17 Denn der Herr wird Jerusalem wieder aufbauen.
Er wird kommen in seiner Herrlichkeit
18 Er wird die Gebete der Hilflosen erhören
und sich ihren Bitten nicht verschließen.

Dass sie gebaut würde

Das Einzige, was von dem einst großartigen Bauwerk des Tempels in Jerusalem noch steht, ist die westliche Mauer des Vorhofs. Was die Römer im Jahr 70 n. Chr. nicht geschleift haben, haben Witterung, Vandalismus und Kreuzfahrer zerstört oder verschleppt – nur diese Mauer steht noch, hoch oben auf dem Berg und heute neben zwei moslemischen Moscheen. Darum heißt sie die Klagemauer.

»Denn dein Volk liebt jeden einzelnen Stein innerhalb ihrer Mauern« (Vers 15), sagt der Dichter von Jerusalem. Man spürt das, wenn orthodoxe Juden kommen, um an der Klagemauer zu beten, wenn sie sich nach ihrem Brauch hin- und herwiegen und manchmal laut singen oder rufen. Manche schreiben Bitten oder die Namen von nahe Stehenden auf ein Stück Papier, falten es und stecken es in die Mauerritzen. Gott denkt doch sicher an sein Volk, so wie es an ihn denkt.

»Denn der HERR wird Jerusalem wieder aufbauen« (Vers 17), das ist ein Versprechen. Seit langem streiten sich die Theologen, wann und wie es erfüllt werden wird. Materiell? Geistlich? Durch die Kirche? In der Endzeit? Wir können die Frage auf diesem kleinen Raum nicht klären, aber trotzdem erfahren wir etwas aus diesen Versen:

Gott handelt auch heute. Er wird uns sehen lassen, wie herrlich er ist. Er kann Städte wieder aufbauen und er kann das Leben von Menschen neu machen. Die Leute kommen zur Klagemauer, weil sie überzeugt sind, dass Gott immer noch handelt. Darauf können auch wir uns verlassen und zuversichtlich beten.

LIED:
Betet, und ihr sollt es nicht vergeblich tun. Suchet, und ihr werdet finden. Klopft an, und euch wird die Türe aufgetan. Halleluja, Halleluja.
MÜNDLICH ÜBERLIEFERT

WÖRTER IM TEXT:
Die Hauptverben in Vers 17-18 sind in der Zukunftsform übersetzt. Das verlangt der Textzusammenhang. Aber im hebräischen Original stehen sie in der Gegenwart: Gott baut, erscheint, hört und verschmäht nicht. Da ist der Psalmist so sicher, dass er die kommenden Ereignisse wie gegenwärtige betrachtet.

NACHDENKENSWERT:
»Wer in Not ist, weiß, wie man betet. Man braucht es ihm nicht zu zeigen. Seine Probleme selbst leiten ihn perfekt zum Beten an. Wir sollen wissen, wie arm wir sind, damit wir wissen, wie wir beten müssen.«
STEPHEN MARSHALL

18. August

Psalm 102,19-29

19 Und dies sei künftigen Generationen mit auf den Weg gegeben,
damit das Volk, das einst erstehen wird, den Herrn preist.
20 Sagt ihnen, der Herr blickte herab
aus seinem himmlischen Heiligtum.
Er sah aus dem Himmel auf die Erde hinunter.
21 Er vernahm die Seufzer der Gefangenen
und ließ die zum Tode Verurteilten frei.
22 Deshalb wird der Ruhm des Herrn in Zion verkündet,
darum wird er gepriesen in Jerusalem,
23 wenn Tausende zusammenströmen
und Königreiche kommen, um den Herrn anzubeten.
24 Er hat mich mitten aus dem Leben gerissen
und meine Tage verkürzt.
25 Doch ich schrie zu ihm: »Mein Gott, der du für immer lebst,
nimm mir nicht das Leben, da ich noch so jung bin!
26 Einst hast du die Grundfesten der Erde gelegt,
der Himmel ist das Werk deiner Hände.
27 Sie werden vergehen, du aber bleibst ewig;
sie werden verblassen wie alte Gewänder.
Du wirst sie ausziehen wie ein Kleidungsstück,
und sie werden fort sein.
28 Doch du bist immer und ewig derselbe;
deine Jahre haben kein Ende.
29 Die Kinder deines Volkes werden in Sicherheit leben.
Ihre Kindeskinder werden blühen in deiner Gegenwart.«

Spätere Generationen

»Generation« ist heute zum Schlagwort geworden: die Kriegs-, Nachkriegs-, 68er, Beatgeneration, die nachfolgenden Generationen und beliebig viele Neuschöpfungen versucht man über Werbung und Medien für alles Mögliche heranzuziehen.

Auch Gemeinden beteiligen sich an dem Trend zur »Positionierung«: Manche Gemeinden werden noch von der Vorkriegsgeneration bestimmt, aber die Wirtschaftswundergeneration in den Gemeinden hat enorm zugenommen. In diesen Gemeinden sind manche alten Gewohnheiten durch neue Formen abgelöst worden, die die 60er-Jahre-Generation ansprechen. Es gibt auch einzelne Versuche mit alternativen Gottesdiensten für die Generationen X oder Y.

Vielleicht lässt Sie all das »Ansprechen« und »Positionieren« kalt. Vielleicht ist Ihnen doch die »Aufbaugeneration« sympathischer, die sich fragt, ob sie den nachfolgenden Generationen brauchbare Werte hinterlassen kann.

Psalm 102 schließt mit einem Blick nach vorn auf zukünftige Generationen. Und was kann der Dichter den Nachkommen anbieten? Geschichten. Berichte, wie Gott in und mit seinem Volk gehandelt hat. Wenn die ältere Generation treu bleibt und Gott die gebührende Ehre gibt, werden die kommenden Generationen in seiner Gegenwart »gedeihen«. Das war damals so und es stimmt immer noch. Formen können sich ändern, aber wir alle sollen immer wieder berichten, wie erstaunlich Gott handelt, jeder so, wie es ihm liegt.

LIED:
Was du sprichst,
das wird geschehen;
der Himmel und die
Welt vergehen;
du bleibst alleine, der
du bist.
Wie ein Kleid wird es
veralten,
wie ein Gewand
sich umgestalten,
was deiner Hände
Schöpfung ist.
HEINRICH PUCHTA

PARALLELSTELLEN ZUM THEMA:
Vers 28 sagt, dass Gott immer derselbe bleibt, und Hebräer 13,8 sagt das auch von Jesus Christus. Vers 26-28 dieses Psalms werden auch in Hebräer 1,10-12 zitiert; wir können ihn also auch als messianischen Psalm verstehen.

19. August

19. August

Psalm 103,1-7

Ein Psalm Davids

1 Ich nehme mir selbst vor: Lobe den Herrn;
von ganzem Herzen will ich seinen heiligen Namen preisen.
2 Ich nehme mir vor: Lobe den Herrn
und vergiss nicht das Gute, das er für dich tut.
3 Er vergibt mir alle meine Sünden
und heilt alle meine Krankheiten.
4 Er kauft mich vom Tode frei
und hüllt mich in Liebe und Güte ein.
5 Er macht mein Leben reich.
Ich bin jung und stark wie ein Adler!
6 Der Herr schenkt Recht
und Gerechtigkeit allen, die Unrecht erfahren.
7 Er hat Mose sein Wesen enthüllt
und Israel seine Taten gezeigt.

Zu schön, um wahr zu sein?

Psalm 103 klingt zu schön, um wahr zu sein. Sicher kann Gott mir alle Sünden vergeben, aber heilt er wirklich »alle meine Krankheiten« (Vers 3)? Ich bin immer noch manchmal erkältet und ich kenne entschiedene Christen, die an ihren Krankheiten gestorben sind. Wo war da die Heilung? Ja, er gibt mir viel Gutes, aber warum nimmt er mir das Schlechte nicht ab?

Diese Fragen sind berechtigt, aber um genauer zu sehen, müssen wir ein wenig Abstand gewinnen. Gott heilt wirklich alle unsere Krankheiten, aber nicht unbedingt jetzt. Für uns ist eine Welt vorgesehen, in der es keine Tränen, keine Krankheit und keinen Tod mehr gibt. Da gibt es endgültige und vollständige Heilung für alle. Das erwarten wir, wenn wir beten: »Dein Reich komme«. Wenn wir Gott bitten einen todkranken Angehörigen zu heilen, dann bitten wir ihn, ein Stück von dieser zukünftigen Welt in die jetzige hereinzubringen. Manchmal tut er das, aber manchmal sagt er auch, dass wir noch warten müssen.

Das Warten auf Gott ist ein häufiges Thema in den Psalmen und auch in anderen Büchern der Bibel. Wer geduldig wartet, bis Gott handelt, der erlebt am Ende, dass Gott antwortet, aber nicht immer so, wie er dachte. Außerdem findet er, dass Gott ihm Kraft gibt. Jesaja schreibt: »Die auf den Herrn harren, kriegen neue Kraft, dass sie auffahren mit Flügeln wie Adler, dass sie laufen und nicht matt werden, dass sie wandeln und nicht müde werden« (Jes 40,31).

LIED:
*Nun lob, mein Seel,
den Herren,
was in mir ist, den
Namen sein,
des Gnaden stets
sich mehren;
vergiss es nicht,
o Herze mein!
Er hat die Sünd
vergeben,
heilt deine
Schwachheit groß,
beschirmt dein
armes Leben,
nimmt dich in
seinen Schoß.*
JOHANN GRAMANN

PARALLELSTELLEN ZUM THEMA:
Erklärende Stellen zu Psalm 103,2 sind 5. Mose 6,12; 8,11.14.

NACHDENKENSWERT:
»Die Erinnerung hat eine ungesunde Neigung, Dinge zu verfälschen: Sie bewahrt den Abfall der Vergangenheit auf und lässt unschätzbar Wertvolles achtlos liegen.«
CHARLES HADDON SPURGEON

20. August

20. August

Psalm 103,8-14

8 Der Herr ist barmherzig und gnädig;
er ist langsam im Zorn und voll der unwandelbaren Liebe.
9 Er wird uns nicht für immer Vorwürfe machen
und nicht ewig zürnen.
10 Er hat uns nicht für all unsre Sünden bestraft
und behandelt uns nicht, wie wir es verdienen.
11 Denn seine unwandelbare Liebe zu denen, die ihn achten,
ist so groß wie der Himmel über der Erde.
12 Er hat unsre Widersetzlichkeit weggenommen,
so weit von uns fort, wie Osten von Westen entfernt ist.
13 Der Herr ist wie ein Vater zu seinen Kindern,
zärtlich und voll Erbarmen für alle, die ihn achten.
14 Denn er weiß, dass wir schwach sind;
er weiß genau, dass wir nur Staub sind.

Höhere Mathematik

In der zweiten Klasse soll eine Rechenarbeit geschrieben werden. Die Schüler halten ihre Bleistifte bereit, aber als die Blätter verteilt werden, sind sie völlig verwirrt: Die Arbeit ist ein Aufnahmetest für das College! Die Schüler kennen noch nicht einmal die Symbole, von Aufgabenlösen ganz zu schweigen. Sie sind auf 2 + 2 vorbereitet und sollen jetzt die Koordinaten der gemeinsamen Punkte von mehreren Funktionsgleichungen finden!

Ein Kind hebt ängstlich die Hand. »Miss Jones? Diese Aufgaben können wir noch nicht.«

»Was ist los mit euch?«, schnappt sie zurück. »Ich denke, ihr seid kluge Kinder. Wenn ihr in Mathe eine gute Zensur haben wollt, müsst ihr solche Aufgaben können. Fangt endlich an!«

Aber sie sind erst in der zweiten Klasse! Sie brauchen einen Lehrer, der weiß, was sie können, der sie geduldig anleitet und nicht mit Aufgaben belastet, die sie nicht verstehen können.

Manchen Leuten kommt Gott so vor wie diese Lehrerin, die verlangt, dass sie etwas vollkommen beherrschen, während sie immer noch Fehler machen. Sie haben Angst wegen der vielen »schlechten Zensuren«, die Gott ihnen bestimmt gibt, weil sie es oft nicht schaffen das Richtige zu tun, obwohl sie sich Mühe geben. Aber Psalm 103 betont, dass Gott unsere Schwächen versteht. Er »erbarmt sich« wie ein Vater über seine Kinder. Unsere Sünde stört ihn, aber trotzdem liebt er uns. Und durch den Tod von Christus hat er uns die Schuld ganz abgenommen: »Er hat unsre Widersetzlichkeit weggenommen, so weit von uns fort, wie Osten von Westen entfernt ist« (Vers 12).

LIED:
Du kennst, o Vater, wohl das schwache Wesen, die Unmacht und der Sinne Unverstand; man kann uns fast an unsrer Stirne lesen, wie es um schwache Kinder sei bewandt. Drum greifst du zu und hältst und trägest sie.
GOTTFRIED ARNOLD

PARALLELSTELLEN ZUM THEMA:
Zu Gottes mitfühlender Vaterliebe, die wir hier sehen, erzählt Jesus die Geschichte vom verlorenen Sohn: Lukas 15,11-32.

NACHDENKENSWERT:
»Wenn Sünde vergeben ist, wird sie uns nie wieder vorgeworfen; die Schuld kann nicht wiederkommen, so wie Osten nicht Westen werden kann.«
STEPHEN CHARNOCK

21. August

Psalm 103,15-22

15 Unsre Tage auf Erden sind wie Gras;
wie wilde Blumen erblühen wir und sterben.
16 Der Wind weht, und wir sind fort –
als seien wir nie da gewesen.
17 Die Liebe des Herrn aber bleibt für immer
bei denen, die ihn achten.
Seine Rettung erreicht noch die Kindeskinder
18 derer, die seinem Bund treu sind
und seinen Geboten gehorchen!
19 Der Herr hat den Himmel zu seinem Thron gemacht;
von dort herrscht er über alles.
20 Lobt den Herrn, ihr seine Engel,
ihr mächtigen Wesen, die seine Beschlüsse ausführen
und auf seine Gebote lauschen.
21 Ja, lobt den Herrn, ihr Engelscharen,
die ihr ihm dient und seinen Willen tut!
22 Alles, was er erschaffen hat, lobe den Herrn,
überall in seinem Reich.
Und ich – auch ich will den Herrn preisen.

Ich auch!

Jedes Kind kommt irgendwann in ein Alter, in dem es unbedingt beteiligt sein will: »Ich auch!«, passt in jeder Lage. Wenn Sie aus der Wohnung gehen, will das Kind mit. Wenn Sie irgendeine Meinung äußern – von Ihrer Lieblingsfarbe bis zu den Staatsschulden – wird das Kind höchstwahrscheinlich zustimmen: »Ja, das glaube ich auch.«

In mancher Hinsicht legen wir das nie ab. Jede Mode beruht auf dem Wunsch: »Ich auch!« Wenn das Nachbarskind einen Hula-Reifen hat, wollen wir auch einen. Wenn die Familie gegenüber einen sportlichen Wagen kauft, müssen wir auch einen haben. Wenn eine Menge Leute an der Straßenecke stehen und in den Himmel starren, was tun wir dann? Auch schauen! Wenn es da oben etwas Tolles gibt, wollen wir es doch sehen!

Dieser letzte Teil von Psalm 103 zeigt uns etwas sehr Interessantes, was da oben und überall vorgeht. Gott regiert vom Himmel aus und Engel warten nur darauf seine Aufträge auszuführen. Alle Dinge im ganzen Universum sind zu einem großen gemeinsamen Lob für den allmächtigen Schöpfer aufgerufen. »Ich auch!«, ruft der Dichter. Wenn es auch noch so kurzlebig ist, an diesem Lob will er beteiligt sein.

Sie auch?

Lied:
*O du, meine Seele,
singe fröhlich, singe,
singe deine
Glaubenslieder!
Was den Odem
holet, jauchze,
preise, klinge!
Wirf dich in den
Staub darnieder!
Er ist Gott Zebaoth;
er nur ist zu loben
hier und ewig droben.*
Joachim Neander

Parallelstellen zum Thema:
In Vers 20 warten Engel auf die Gelegenheit zu tun, was Gott befiehlt (siehe auch Mt 26,53).

Nachdenkenswert:
»Dieser Psalm hat mehr Inhalt, als tausend Federn aufschreiben können. So wie in den Alpen einzelne Bergspitzen höher aufragen als alle anderen, so überragt dieser Psalm alle anderen.«
Charles Haddon Spurgeon

22. August

PSALM 104,1-12

1 Ich nehme mir vor: Lobe den HERRN;
o HERR, mein Gott, wie groß du bist!
In Ehre und Herrlichkeit bist du gehüllt
2 und trägst ein Gewand aus Licht.
Du breitest das sternenbesäte Tuch des Himmels aus;
3 Du hüllst den First deines Hauses in Regenwolken.
Du machst die Wolken zu deinen Streitwagen
und reitest auf den Flügeln des Windes.
4 Die Winde sind deine Boten;
Feuerflammen deine Diener.
5 Du hast die Welt auf festen Grund gestellt,
und sie ist nicht mehr zu erschüttern.
6 Du hast die Erde in Wasserfluten gebettet,
so hoch, dass sie selbst die Berge bedeckten.
7 Doch auf ein Wort von dir floh das Wasser;
auf den Klang deines Donners zog es sich zurück.
8 Berge schoben sich auf und Täler entstanden
so hoch oder tief, wie du es bestimmt hast.
9 Dann hast du dem Meer eine Grenze gesetzt,
damit es die Erde nicht mehr bedecke.
10 Aus Quellen lässt du Wasser in die Schluchten strömen,
dass klare Bäche aus den Bergen herabfließen.
11 Sie bringen Wasser für die Tiere,
die wilden Esel stillen ihren Durst an ihnen.
12 Die Vögel nisten an den Wasserläufen
und singen im Geäst der Bäume.

Richtig angezogen

Ein Reisender kam von einer Expedition in den Urwald zurück, auf der er für sein neues Buch Kulturen von Naturvölkern erforscht hatte. In England fand er einen neuen Freund, der alles über seine vielen Abenteuer in der ganzen Welt wissen wollte.

Es zeigte sich, dass der Freund in der besten britischen Gesellschaft verkehrte. Er lud den Reisenden für ein paar Tage zu sich nach Hause ein, damit er seine Frau und ein paar Freunde kennen lernte. Am Wochenende sollte es ein feierliches Diner mit einer Herzogin geben, die sich über die Erzählungen des Reisenden sehr freuen würde.

Der Reisende wurde ganz aufgeregt. Noch vor einer Woche hatte er mit Menschen aus einer steinzeitlichen Kultur in einem Zelt gelebt. Jetzt sollte er mit einer Herzogin speisen. Aber es gab ein Problem: Er hatte nichts anzuziehen. Seine Reisekleider waren fleckig und zerlumpt; einen passenden Anzug für eine hochadlige Gesellschaft besaß er nicht.

»Das macht nichts«, sagte sein Gastgeber. »Ich kaufe dir alles, was erwartet wird.« Der Forscher wurde also mit dem Feinsten ausgestattet, was das Land zu bieten hatte, und konnte die Herzogin standesgemäß begrüßen.

Auch in Psalm 104 geht es um höchsten Adel: um Gott, den König der Könige. »(Du) trägst ein Gewand aus Licht« (Vers 2), sagt der Dichter. Aber er sorgt auch dafür, dass die Erde standesgemäß ausgestattet ist (Vers 6 ff.). Das weist uns auf das hin, was im Neuen Testament gesagt wird: Gott kleidet uns in die Gerechtigkeit von Jesus, damit wir an seinem Tisch speisen dürfen.

Lied:
*Herr, dir ist niemand zu vergleichen,
kein Lob kann deine Größ erreichen,
kein noch so feuriger Verstand.
Pracht, Majestät und Ruhm umgeben dich,
aller Wesen Quell und Leben; Licht ist dein strahlenvoll Gewand.*
Johann Andreas Kramer

Parallelstellen zum Thema:
Licht wird oft als zu Gott gehörig betrachtet: z. B. Matthäus 17,2; 1. Timotheus 6,16; 1. Johannes 1,5.

Nachdenkenswert:
In Vers 2 »wird gezeigt, wie Gott den Himmel schafft und wie einen Vorhang gebraucht, damit sein strahlendes Licht uns nicht blendet.«
W. E. Barnes

23. August

Psalm 104,13-23

13 Aus deiner Heimstatt im Himmel schickst du Regen in die Berge,
du füllst die Erde mit der Frucht deiner Arbeit.
14 Du lässt Gras für das Vieh wachsen
und Pflanzen sprießen für die Menschen.
Sie dürfen Nahrung von der Erde empfangen –
15 Wein, der sie fröhlich macht,
Olivenöl als Salbe für die Haut
und Brot, das ihnen Kraft schenkt.
16 Die Bäume des Herrn sind wohl versorgt –
die Zedern des Libanon, die er gepflanzt hat.
17 Dort bauen Vögel ihre Nester,
und Störche beziehen ihre Nester in den Tannen.
18 Hoch auf den Bergen liegen Weiden für die wilden Ziegen,
und die Felsen bieten den Bergdachsen Zuflucht.
19 Du hast den Mond geschaffen, der die Jahreszeiten bestimmt,
und die Sonne, die weiß, wann sie untergehen muss.
20 Du hast die Dunkelheit geschickt, und es wird Nacht,
in der die Waldtiere auf Beutezug gehen.
21 Dann brüllen die jungen Löwen nach Nahrung,
doch auch sie sind abhängig von Gott.
22 Bei Morgengrauen ziehen sie sich in ihre Höhlen zurück,
um zu ruhen.
23 Dann machen die Menschen sich an ihr Tagwerk;
sie arbeiten, bis wieder die abendlichen Schatten fallen.

Dichterische Freiheit

Im 16. Jahrhundert stritten sich zwei Gelehrte über den Wert der antiken Dichtung. Der eine behauptete, mit den klassischen Dichtern wie Ovid oder Sophokles sei nichts zu vergleichen. Der andere, Henry Stephanus, arbeitete gerade an einem Kommentar zu den Psalmen. Er meinte, sein allzu überzeugter Freund sollte vielleicht auch die hebräische Dichtung mit einbeziehen.

Der Altphilologe lachte. Die Psalmen, meinte er, seien primitiv und roh. Er habe gehört, ein Dichter habe versucht die Psalmen ins Lateinische zu übersetzen, aber das könne gar nicht gelingen. Er sagte, das sei, »wie wenn man Samenkörner in trockenen Sand legt«.

»Haben Sie denn in letzter Zeit einmal die Psalmen gehört?«, fragte Stephanus und dann las er ihm den 104. Psalm vor. Konnte etwas poetischer und inspirierender sein als dieses alte Gedicht?

Der andere Gelehrte hörte mit wachsendem Erstaunen zu. Ja, er habe diese Dichtung unterschätzt, gab er zu. Mit wenigen genialen Strichen hatte ihm der Dichter die ganze Welt vor Augen gestellt. In den treffenden Worten des Psalmisten spiegelt sich Gottes ganze erhabene Schöpfung und die ausgesuchten Bilder und starken Verben verleihen ihr Leben und Bewegung.

Stephanus erkannte an, dass jede Übersetzung scheitern kann, aber das liegt nicht an der Erde, sondern am Sämann. Psalm 104 ist eine geniale Würdigung eines genialen Schöpfers. Wir sollten den Psalm nicht unterschätzen – und auch nicht sein Thema.

LIED:
Und also wächst des Menschen Speise,
der Acker selbst wird ihm zu Brot;
es mehret sich vielfält'gerweise,
was anfangs schien, als wär es tot,
bis in der Ernte jung und alt
erlanget seinen Unterhalt.
KASPAR NEUMANN

PARALLELSTELLEN ZUM THEMA:
Auch im Buch des Predigers ist vom Sonnenuntergang (Vers 19) und von der Arbeit der Menschen die Rede (Vers 23). Aber der Psalmdichter hat eine viel positivere Haltung.

NACHDENKENSWERT:
»Je mehr wir von den Wundern des Weltalls erfahren, umso deutlicher erkennt man darin Gottes Handeln.«
FRANK BORMAN

24. August

Psalm 104,24-35

24 O Herr, welche Vielfalt hast du geschaffen!
In deiner Weisheit hast du sie alle gemacht.
Die Erde ist bevölkert mit deinen Geschöpfen.
25 Da ist der Ozean, weit und wild,
in dem es von Leben aller Art wimmelt,
groß und klein.
26 Sieh die Schiffe, wie sie dahingleiten,
und den Leviatan, den du schufst, damit er sich im Meer vergnüge.
27 Sie alle sind darauf angewiesen,
dass du ihnen die Nahrung gibst, die sie brauchen.
28 Wenn du es tust, sammeln sie sie.
Du öffnest deine Hand, um sie zu nähren,
und sie werden satt.
29 Doch wenn du dich von ihnen abkehrst, packt sie die Furcht.
Wenn du ihnen den Atem nimmst, sterben sie
und werden wieder zu Staub.
30 Wenn du deinen Geist sendest, wird neues Leben geboren,
das das Leben auf Erden wieder erneuert.
31 Die Herrlichkeit des Herrn währe immer und ewig!
Der Herr hat Freude an dem, was er geschaffen hat!
32 Die Erde erbebt unter seinem Blick;
auf seine Berührung hin gehen Berge in Flammen auf.
33 Ich will den Herrn preisen, solange ich lebe.
Ich will meinen Gott loben bis zum letzten Atemzug!
34 Mögen ihn diese Gedanken erfreuen,
denn auch ich freue mich am Herrn.
35 Mögen alle Sünder vom Angesicht der Erde verschwinden;
mögen die Bösen für immer vergehn.
Und ich – ich will den Herrn preisen!

Staub im Wind

Lady Jane Grey geriet mitten in einen politisch-religiösen Krieg in England. Im 16. Jahrhundert kämpften Katholiken und Protestanten gegeneinander, und Lady Jane als Protestantin war plötzlich Königin. Neun Tage lang trug sie den Titel. Dann wurde sie abgesetzt, gefangen genommen und zum Tod verurteilt.

Kurz vor ihrer Hinrichtung schrieb sie an ihren Vater und versicherte ihm, alles würde gut werden. Dazu gebrauchte sie Psalm 104,29-30. Ja, schrieb sie ihm, wir sterben und werden zu Staub. Aber Gottes Geist bringt neues Leben. Darauf verließ sie sich.

Der Psalmdichter gebraucht hier ein sehr altes Bild: Als Gott den ersten Menschen schuf, formte er ihn aus Erde oder Staub und blies ihm dann seinen Atem ein; dadurch wurde er lebendig (1. Mose 2,7). Das Wort für »Atem« bedeutet auch »Wind« und »Geist«.

Vor ein paar Jahrzehnten gab es ein beliebtes Lied mit dem Titel: »(Wir sind nur) Staub im Wind«. Das klingt ziemlich deprimierend, aber für Christen liegt in diesem Titel Hoffnung, denn wenn Gottes »Wind« oder Geist uns trifft, dann werden wir mit Leben erfüllt. Es ist also nur folgerichtig, wenn wir Gott loben »bis zum letzten Atemzug« (s. Vers 33).

LIED:
Nun, solang ich in der Welt
haben werde Haus und Zelt,
soll mir dieser Wunderschein
stets vor meinen Augen sein;
ich will all mein Leben lang
meinem Gott mit Lobgesang
hierfür bringen Lob und Dank.
PAUL GERHARDT

PARALLELSTELLEN ZUM THEMA:
Das Meer (Vers 26) flößt den biblischen Dichtern immer Ehrfurcht ein, z. B. auch in Hiob 38,16 und Psalm 74,13.

NACHDENKENSWERT:
»Dieser Psalm ... verliert nie die große Erhabenheit und Heiligkeit aus dem Blick und sieht doch zugleich, ... dass Gott in der Welt anwesend ist, die er gemacht hat.«
WILLIAM BARCLAY

25. August

ZWISCHENSPIEL: SÜNDE UND VERGEBUNG IN DEN PSALMEN

Vor ein paar Jahren streikte die Müllabfuhr in New York. Das war nicht nur hässlich und unangenehm, es gefährdete auch die Gesundheit. Immer neuer Müll wurde aufgehäuft und niemand wollte ihn wegbringen.

Widerlich, nicht wahr? So sieht unsere Sünde für Gott aus.

Aber bleibt es dabei? Müssen wir immer mehr Sünden vor Gott aufstapeln, so dass er nichts anderes mehr von uns sieht? In den Psalmen wird gesagt, dass Gott diesen »Müll« verabscheut, aber es wird auch gesagt, dass er etwas dagegen tun kann. Das heißt Vergebung.

Die folgenden Stellen aus den Psalmen handeln von Sünde und Vergebung.

Sünde:

Psalm 102,5: *»Mein Herz ist krank, es welkt wie Gras, ich habe auf nichts mehr Appetit.«*

Psalm 38,5: *»Meine Schuld überwältigt mich – sie ist mir eine schwere Last.«*

Psalm 51,5: *»Ich bekenne mein schändliches Tun – es verfolgt mich Tag und Nacht.«*

Vergebung:

Psalm 103,3: *»Er vergibt mir alle meine Sünden und heilt alle meine Krankheiten.«*

Psalm 32,1-2: *»Wie groß ist die Freude derer, deren Auflehnung vergeben und deren Sünde abgetan ist! Ja, welche Freude empfinden die, aus deren Lebensbuch der Herr ihre Sünden getilgt hat und die ein ehrliches Leben führen.«*

In diesen letzten Versen werden drei verschiedene Wörter für Sünde gebraucht: 1. *pesha*, das bedeutet Rebellion oder Meuterei gegen Gott, 2. *hataah*, Zielverfehlung, wie wenn ein Pfeil die Zielscheibe nicht trifft, und 3. *avon*, das ist ein Abweichen von Gottes Weg, das auch uns selbst verbiegt.

Auch für Gottes Vergebung werden an dieser Stelle drei verschiedene Wörter gebraucht: 1. *nasa*, das bedeutet, dass unsere Sünde weggeschafft wird wie der Müll; 2. *kasah*, das heißt zudecken, für uns durch das Blut von Christus; und 3. *hashav*, unsere Sünde wird uns nicht mehr angerechnet: Die Rechnung ist voll bezahlt und das Strafregister gelöscht.

Indem er Sünde auf drei verschiedene Arten benennt und auch drei Arten der Vergebung erwähnt, macht der Dichter klar, dass Gott *alle* Sünden wegnehmen kann. Es gibt nichts – keine Rebellion, keine Verfehlung oder Verdrehung seines Willens – was nicht vergeben werden könnte.

Und diese Sünde ist Bestandteil von uns allen. Ein Kolumnist der *Times* in London schloss seine Artikel regelmäßig mit der Frage: »Woran krankt die Welt?« Als der bekannte britische Schriftsteller G. K. Chesterton das mehrfach gelesen hatte, schrieb er einen Brief an den Herausgeber:

Sehr geehrter Herausgeber,
woran krankt die Welt? An mir.
Mit freundlichen Grüßen, G. K. Chesterton

So sieht es auch der Psalmdichter. Man braucht nicht viele Psalmen zu lesen, um zu sehen, dass die Sünde nicht nur in heidnischen Völkern und bei Davids Feinden in Israel zu Hause ist, sondern auch in David selbst, ja, auch in diesem Menschen, den Gott »einen Mann ... nach seinem Herzen« nennt (1. Sam 13,14). Aber wie wir gesehen haben, gibt es auch Vergebung.

Der bekannte Psychiater Karl Menninger hat einmal gesagt, wenn er seine Patienten überzeugen könnte, dass ihre Sünden vergeben sind, könnten drei Viertel von ihnen am nächsten Tag nach Hause gehen. Er wusste, wie Sünde Menschen belasten kann, und er wusste, dass die Lösung des Problems Vergebung ist.

Wenn Gott also sagt, dass er unsere Sünde weggeschafft hat, »so weit von uns fort, wie Osten von Westen entfernt ist« (Ps 103,12), dann ist es gut, ihm auch zu glauben.

LIED:
Straft nicht nach unsrer Schuld,
die Gnad tut er nicht sparen,
den Schwachen ist er hold;
sein Güt ist hoch erhaben
ob den, die fürchten ihn;
so fern der Ost vom Abend,
ist unsre Sünd dahin.
JOHANN GRAMANN

26. August

26. August

PSALM 105,1-8

1 Dankt dem HERRN und verkündet seine Größe.
Die ganze Welt soll von seinen Taten erfahren.
2 Singt ihm ein Lied; ja, stimmt sein Lob an.
Allen Menschen erzählt von seinen Wundern.
3 Freut euch in seinem heiligen Namen;
die ihr zum HERRN betet, frohlockt!
4 Sucht den HERRN und seine Stärke
und hört niemals auf.
5 Denkt an seine mächtigen Taten,
an seine Wunder und Strafgerichte,
6 ihr Kinder Abrahams, des Gottesknechts,
ihr Nachkommen Jakobs, des Erwählten Gottes.
7 Er ist der HERR, unser Gott.
Seine Herrschaft zeigt sich im ganzen Land.
8 Er steht zu seinem Bund –
zu dem Abkommen, das er mit tausend Geschlechtern getroffen hat.

Sucht sein Antlitz

Das Ende des 20. Jahrhunderts könnte in der Kirchengeschichte als die Zeit der »suchenden Kirche« betrachtet werden. Viele Gemeinden suchen heute den »suchenden Menschen« und machen ihre Gottesdienste interessanter für solche, die noch nicht an Christus glauben. Dadurch sind kurzweiligere Gottesdienste (wie immer man das beurteilen mag) und ein freundlicheres kirchliches Umfeld entstanden.

Viele Christen sind unsicher, ob das etwas Gutes ist. Das können wir in diesem kurzen Text nicht klären. Aber die Beachtung der

Suchenden legt nahe, dass wir auch über unser eigenes geistliches Leben nachdenken: Suchen wir Gott so, wie es richtig ist?

Wenn wir uns verpflichten, Christus nachzufolgen, sind wir damit noch nicht am Ziel des Christenlebens. Viele Christen schalten anscheinend irgendwo unterwegs ab. Sie lassen sozusagen ihre Fahrkarte zum Paradies entwerten, nehmen sich ein oberes Bett und schlafen ein. Aber als Christen sollten wir versuchen, Gott besser kennen zu lernen. Paulus betete darum, »dass eure Liebe immer noch reicher werde an Erkenntnis und aller Erfahrung« (Phil 1,9) und wünschte sich, »dass Christus durch den Glauben in euren Herzen wohne und ihr in der Liebe eingewurzelt und gegründet seid« (Eph 3,17).

Psalm 105 fängt mit einem beeindruckenden Anbetungsgottesdienst an: Dank, Verkündigung, Lob, Jubel – und Suchen. »Sucht den Herrn und seine Stärke und hört niemals auf« (Vers 4). Es lohnt sich, diesen Gott immer besser kennen zu lernen, der eine ständig wachsende Beziehung zu uns sucht.

LIED:
Fragt nach dem Herrn und seiner Stärke;
der Herr ist groß in seinem Werke.
Sucht doch sein freundlich Angesicht:
den, der ihn sucht, verlässt er nicht.
Denkt an die Wunder, die er tat,
und was sein Mund versprochen hat.
MATTHIAS JORISSEN

NACHDENKENSWERT:
»Christsein ist ein ganzes Geflecht von Wundern, und jeder einzelne Teil der Erlösung des Menschen ist ein Wunder. Wer wirklich gelernt hat an Christus zu glauben, kann von früh bis spät von Wundern berichten.«
ADAM CLARKE

27. August

27. August

PSALM 105,9-22

9 Das ist der Bund, den er mit Abraham schloss,
der Eid, den er Isaak schwor.
10 Vor Jakob bestätigte er ihn als seinen Ratschluss,
vor dem Volk Israel als ewig-gültigen Vertrag:
11 »Ich will dir das Land Kanaan zum Eigentum geben.«
12 Das sagte er, als sie noch wenige waren,
eine kleine Fremdlingsschar in Kanaan.
13 Sie wanderten unter den Völkern umher,
von einem Königreich zum andern.
14 Doch er ließ nicht zu, dass sie unterdrückt wurden.
Er warnte die Könige ihretwegen:
15 »Rührt dieses Volk nicht an, das ich erwählt habe,
fügt meinen Propheten kein Leid zu.«
16 Er ließ eine Hungersnot über Kanaan kommen
und gab ihnen keine Nahrung mehr.
17 Dann schickte er einen Mann vor ihnen her nach Ägypten –
Josef, der als Sklave verkauft wurde.
18 Dort, im Gefängnis, legten sie seine Füße in Fesseln
und seinen Hals in eine eiserne Klammer.
19 Bis die Zeit kam, dass er sein Wort erfüllte,
bis der HERR Josef auf die Probe stellte.
20 Da schickte Pharao nach ihm und schenkte ihm die Freiheit;
der Herrscher des Volkes öffnete die Gefängnistür.
21 Josef wurde Verwalter des Königshauses,
Herr über den gesamten Besitz des Königs.
22 Er durfte den Beamten des Königs befehlen, wie es ihm gefiel,
und die königlichen Ratgeber belehren.

Aus dem Gefängnis entlassen

Er hatte der Familie zuverlässig gedient. Er war oberster Diener in einem adligen Haushalt. Der Hausherr traute diesem Diener zu, seine Geldgeschäfte zu regeln und mit seiner Frau allein zu bleiben. Aber eines Tages gab die Frau an, der Diener hätte sie angegriffen, und zeigte als Beweisstück ein zerrissenes Kleidungsstück vor, das er bei ihr gelassen hatte. Man kann sich denken, wie der Hausherr ihm wütend nachschaute, als er in Ketten abgeführt wurde: *Ich habe dir vertraut! Wie konntest du mich so hintergehen?*

Das Problem war nur, dass der Diener unschuldig war. Die Hausherrin hatte oft versucht, ihn zu verführen und sich am Ende diese Geschichte ausgedacht, um sich zu rächen, weil er nicht auf sie eingegangen war. Es funktionierte: Jetzt saß der Diener, Josef, in einem ägyptischen Gefängnis. *Er* war hintergangen worden – von der Frau, von seinem Herrn, von den Brüdern, die ihn in die Sklaverei verkauft hatten, und anscheinend auch von Gott. Er hatte ihm viel versprochen und nichts davon war eingetroffen.

Aber all das diente dazu, seinen Charakter zu formen.

Fühlen Sie sich manchmal gefangen? Hat man Sie hintergangen? Haben Sie Bedenken, ob Gott halten wird, was er versprochen hat? Ganz bestimmt wird er das, aber es kann sein, dass Sie noch warten müssen. Wenn Sie sich wie Josef nicht beirren lassen, werden Sie bald erleben, dass der Herrscher über das Weltall Sie herauslässt (vgl. Vers 20).

Lied:
*O seht, wie Gott sein Volk regieret,
aus Angst und Not zur Ruhe führet.
Er hilft, damit man immerdar
sein Recht und sein Gesetz bewahr. O wer ihn kennt, dient ihm gern. Gelobet sei der Nam des Herrn.*
Matthias Jorissen

Wörter im Text:
In Vers 18 heißt es: »... legten sie seine Füße in Fesseln«. Im Hebräischen ist das Bild noch krasser; da heißt es wörtlich: »Seine Seele (nephesh) wurde in Eisen gelegt«.

Nachdenkenswert:
Nur wenige können plötzliche große Erlebnisse ohne Stolz und Selbstherrlichkeit bewältigen. Man muss erst Schwierigkeiten und Demütigungen erleben, um dabei bescheiden zu bleiben.«
Samuel Lee

28. August

Psalm 105,23-36

23 Dann kam Israel nach Ägypten;
als ein Fremder lebte Jakob im Lande Ham.
24 Und der Herr vermehrte das Volk Israel,
bis es zu mächtig für seine Feinde wurde.
25 Da wandten die Ägypter sich gegen die Israeliten
und verschworen sich gegen die Knechte des Herrn.

26 Doch der Herr sandte seinen Knecht Mose
und Aaron, den er erwählt hatte.
27 Sie vollbrachten Wunder unter den Ägyptern
und wirkten Zeichen im Lande Ham.
28 Der Herr überzog Ägypten mit Finsternis,
denn es war seinem Befehl nicht gefolgt,
sein Volk ziehen zu lassen.
29 Er verwandelte das Wasser in Ägypten in Blut
und vergiftete die Fische.
30 Dann überschwemmten Frösche das Land;
sie drangen bis in die privaten Gemächer des Königs.
31 Auf sein Wort hin ließen sich Fliegen auf Ägypten nieder,
und Mückenschwärme erfüllten die Luft.
32 Statt Regen schickte er tödlichen Hagel,
und Lichtblitze zuckten übers Land.
33 Er ließ ihre Trauben und Feigen verderben
und alle Bäume umkommen.
34 Er sprach, und Heuschreckenschwärme fielen ein –
Heuschrecken ohne Zahl.
35 Sie fraßen alles Grün im Land auf
und vernichteten die ganze Ernte.
36 Dann tötete er das älteste Kind in jedem ägyptischen Haushalt,
den Stolz und die Freude jeder Familie.

Wenn nichts mehr hält

Versetzen Sie sich einmal in die Lage eines israelitischen Sklaven in Ägypten. Den ganzen Tag müssen Sie für den Pharao Ziegel streichen. Dann taucht plötzlich einer auf und behauptet, Gott wolle Sie befreien und Ihnen eine neue Heimat geben. Dieser Mose ist zwar Israelit, aber er ist im Haus des Pharao aufgewachsen. Nach den ersten Gesprächen mit dem Pharao müssen Sie doppelt so viel arbeiten und bekommen nur schlechtes Material. Nein danke, Mose!

Dann gerät die Welt buchstäblich aus den Fugen. Im Nil fließt Blut. Überall tauchen Frösche auf. Fliegen und Mücken nehmen überhand und Heuschrecken fressen die Ernte auf. Sogar das Wetter spielt verrückt mit Gewittern und Hagelschlägen.

Sie denken schon, das sei das Ende der Welt, da merken Sie, dass all diese Katastrophen nur die Ägypter getroffen haben. Sie als Israelit sind nicht zu Schaden gekommen. Merkwürdig! Ob das wirklich Gott gemacht hat? Womöglich hat Mose sogar Recht!

Dann kommt die Nachricht, dass man Lammblut an die Tür streichen soll, damit die ältesten Söhne nicht dem Todesengel zum Opfer fallen. Vor einem Monat hätten Sie vielleicht gelacht, aber die Gewitter und die Heuschrecken haben Ihnen gezeigt, dass es ernst ist. Nun essen Sie in Reisekleidern zu Abend, damit Sie gehen können, sobald Sie das Signal hören. Nach dieser letzten Katastrophe sind Sie endlich frei.

Zweifellos haben viele Israeliten den Gott Abrahams, Isaaks und Jakobs in Ägypten vergessen. Aber das war früher. Jetzt hat Gott eingegriffen und bestimmt die Gegenwart.

LIED:
Nun danket Gott, erhebt und preiset die Gnaden, die er euch erweiset, und zeiget allen Völkern an die Wunder, die der Herr getan. O Volk des Herrn, sein Eigentum, besinge deines Gottes Ruhm.
JOHANNES STAPFER

PARALLELSTELLEN ZUM THEMA:
In Vers 28 wird die Dunkelheit erwähnt, die sich über Ägypten legte. Auch sonst wird Dunkelheit als Strafe verstanden, z. B. Joel 2,2 und Offenbarung 16,10-11.

NACHDENKENSWERT:
»Gott ist stärker als Feuer und Zerstörung, und auch in den finstersten Tälern werden uns Stecken und Stab in die Hand gegeben und Brücken über den Abgrund gebaut.«
HELMUT THIELICKE

29. August

PSALM 105,37-45

37 Sein Volk aber führte er sicher aus Ägypten, beladen mit
Silber und Gold;
es gab keine Schwachen oder Kranken unter ihnen.
38 Ägypten war froh, als sie endlich fort waren,
denn die Angst vor ihnen war groß.
39 Der HERR breitete eine Wolke als Decke über sie
und gab ihnen ein großes Feuer, das die Finsternis erhellte.
40 Sie baten um Fleisch, und er schickte ihnen Wachteln;
er gab ihnen Manna – Brot vom Himmel.
41 Er öffnete einen Felsen, und Wasser schoss heraus;
er ließ einen Fluss aus dem trockenen, unfruchtbaren Boden
hervorquellen.
42 Denn er gedachte seiner heiligen Verheißung an seinen
Knecht Abraham.
43 Deshalb führte er sein Volk im Triumph aus Ägypten heraus.
44 Er gab seinem Volk die Länder der heidnischen Nationen,
und sie ernteten, was andere vor ihnen gepflanzt hatten.
45 All dies geschah, damit sie seine Gebote hielten
und seinen Gesetzen gehorchten.

Lobet den HERRN!

Verkündiget sein Tun

Richard Baxter fiel manchen auf die Nerven. Er war so ... so ... penetrant christlich und versuchte ständig, auch andere dazu zu bringen ihren Glauben ernst zu nehmen. Baxter war einer der ersten Puritaner, die die anglikanische Kirche im 17. Jahrhundert reformieren wollten. Heute haben Puritaner einen schlechten Ruf, sie gelten als fanatisch und vergnügungsfeindlich, aber eigentlich wollten sie nur, dass die Leute wirklich mit Freude Jesus Christus nachfolgten.

Baxter war ein begabter Prediger. In seiner langen Amtszeit in Kidderminster wurde die Stadt ganz verändert. Jemand sagte: »Am Tag des Herrn war auf den Straßen nichts Ungehöriges zu sehen, aber man hörte hundert Familien Psalmen singen und Predigten vorlesen.«

Trotzdem hatte Baxter Feinde. Manche Leute störte es, dass er so viel Wert darauf legte, zu Gottes Ehre zu leben. Wahrscheinlich ging es ihm wie den Israeliten in Psalm 105: »Ägypten war froh, als sie endlich fort waren«, heißt es in Vers 38. Das kann Ihnen selbst auch so gehen: Wenn Gott an Ihnen etwas tut, dann merken es die Leute. Manche freuen sich wahrscheinlich sehr darüber, aber andere fühlen sich angegriffen.

Das sollte man nicht zu schwer nehmen. Am besten achtet man weiter darauf, wie Gott schrittweise führt und vorsorgt. Er tut das für uns, genau wie er die Israeliten geleitet und versorgt hat. Wir können uns einfach an den Vers halten, der an der Kanzel von Baxters Kirche in Kidderminster eingeschnitzt ist: »Dankt dem Herrn und verkündigt seine Größe. Die ganze Welt soll von seinen Taten erfahren« (Ps 105,1).

Lied:
Das tat der Herr,
weil er gedachte
des Bunds, den er mit
Abram machte.
Er führt an seiner
treuen Hand
sein Volk in das verheißne Land,
damit es diene
seinem Gott
und dankbar halte
sein Gebot.
Johannes Stapfer

Überblick:
Dieser Psalm schließt, wie er angefangen hat: positiv. Gott gehört die Ehre, auch wenn sein Volk sich verirrt hat. Denen, die er liebt, zeigt er immer wieder seine Fürsorge.

Nachgefragt:
Vers 44 erinnert uns daran, dass Gottes Volk in das Land kam, weil Gott es dahin brachte, nicht weil es so tüchtig war. Natürlich gilt das auch in geistlichen Dingen: Wir dürfen zu Gott kommen, weil er es möglich macht, nicht weil wir so gute Leistungen vorweisen können (s. Römer 4,14; 6,23; Epheser 2,8-9).

30. August

2. Mose 15,1-2.11-13.17-18 (Moses Lied)

1 Dann sangen Mose und das Volk Israel dem HERRN folgendes Lied:
»Ich will dem HERRN singen, denn er hat ruhmreich gesiegt;
er hat Ross und Reiter ins Meer geworfen.
2 Der HERR ist meine Stärke und mein Lied;
er ist mein Sieg geworden.
Er ist mein Gott, und ich will ihn loben;
er ist meines Vaters Gott, und ich will ihn erhöhen!
11 Wer unter den Göttern ist wie du, o Herr?
Wer ist herrlich in Heiligkeit wie du –
so Ehrfurcht gebietend in seinem Glanz
und vollbringt solche Wunder?
12 Du hast deine Hand erhoben,
und die Erde verschlang unsere Feinde.
13 Mit unwandelbarer Liebe wirst du dieses Volk führen,
das du erlöst hast.
Du wirst sie geleiten in deiner Kraft
an die Stätte, wo deine Heiligkeit wohnt.
17 Du wirst sie hineinführen und pflanzen
auf deinen eigenen Berg –
die Stätte, die du dir zur Wohnung gemacht hast, o Herr,
das Heiligtum, o Herr, das deine Hände gemacht haben.
18 Der Herr wird herrschen für immer und ewig!«

Entsprechender Psalm: Psalm 105,42-43

42 Denn er gedachte seiner heiligen Verheißung an seinen
Knecht Abraham.
43 Deshalb führte er sein Volk im Triumph aus Ägypten heraus.

Das Wichtigste zuerst

Stellen Sie sich einmal vor, wie es gewesen sein muss, Mose zu sein. Noch vor ein paar Monaten hatte er auf einem unfruchtbaren Hügel Schafe gehütet. Dann sprach Gott ihn aus einem brennenden Busch an und beauftragte ihn, sein Volk aus Ägypten zu führen. Mose wollte den Auftrag nicht annehmen, aber dann stand er doch bald vor dem mächtigsten Mann der Welt und sagte: »Lass mein Volk ziehen.«

Nach zehn Plagen führt Mose die Israeliten aus Ägypten, während die ägyptische Armee hinter ihnen herjagt. Auf wunderbare Weise entsteht ein Durchgang im Meer, die Israeliten gehen durch, aber die Armee des Pharao kommt um.

Was ist das für ein Gefühl, Mose? Das war ein ungeheurer Sieg und es muss für ihn verlockend gewesen sein, sich etwas von der Ehre dafür anzueignen. Er war es schließlich, der dem Pharao gegenübergestanden und der den Stab gehoben hatte, um das Meer zu teilen. Aber Mose wusste, dass Gott für alles, was passiert war, die Anerkennung bekommen musste.

Gott hatte noch mehr Aufgaben für Mose. Aber das Wichtigste sollte zuerst kommen und nach 2. Mose 15 war es jetzt das Wichtigste, Gott zu loben. All die anderen wichtigen Dinge mussten natürlich getan werden, aber sie hatten Zeit, bis Mose Gott für alle seine Taten seinen Dank ausgesprochen hatte. Das ist das Thema des Liedes in 2. Mose 15: Gott zu loben und zu danken, dass er sein Volk vor den Ägyptern gerettet hatte.

LIED:
Zions Hilf und Abrams Lohn, Jakobs Heil, der Jungfrau Sohn, Wunderbar, Rat, Kraft und Held hat sich treulich eingestellt.
HEINRICH HELD

PARALLELSTELLEN ZUM THEMA:
Warum Gott die Israeliten als sein Volk ausgesucht hat, steht in 5. Mose 7,6-9.

NACHDENKENSWERT:
»Sei mutig und glaube, dass du eines Tages, wenn du erkennst, so wie du erkannt bist, die liebevolle Fürsorge verstehen wirst, die deinen schwersten Erlebnissen zugrunde gelegen hat.«
F. B. MEYER

31. August

31. August

PSALM 106,1-12

1 Preist den HERRN!
Dankt dem HERRN, denn er ist gütig!
Seine treue Liebe währt ewig.
2 Wer kann die herrlichen Wunder des HERRN alle nennen?
Wer kann ihn so loben, wie es ihm wirklich gebührt?
3 Glücklich sind die, die Gerechtigkeit üben
und stets tun, was recht ist.
4 Denk auch an mich, HERR, wenn du deinem Volk gnädig bist;
lass dein Heil auch zu mir kommen.
5 Gib mir Teil an deiner Fürsorge für deine Erwählten.
Lass mich mit einstimmen in den Jubel deines Volkes;
lass mich dein Lob singen mit denen, die dein Erbe sind.
6 Wir haben gesündigt, wie schon unsere Vorfahren.
Wir haben Böses getan! Wir haben unrecht gehandelt!
7 Unsere Vorfahren in Ägypten
ließen die Wunder des HERRN unberührt.
Schon bald vergaßen sie die vielen Beweise seiner Güte,
und am Roten Meer meuterten sie gegen ihn.
8 Dennoch rettete er sie –
um der Ehre seines Namens willen
und um seine große Macht zu zeigen.
9 Er befahl dem Meer, sich zu teilen, und ein trockener Pfad
tat sich auf.
Er geleitete Israel über den Meeresgrund,
der so trocken war wie die Wüste.
10 Auf diese Weise rettete er sein Volk vor seinen Feinden
und befreite es von seinen Widersachern.
11 Danach strömte das Wasser wieder zurück und überflutete
seine Feinde;
nicht ein Einziger von ihnen blieb am Leben.
12 Schließlich schenkte sein Volk seinen Verheißungen Glauben,
und am Ende sang es sein Lob.

Ein kurzes Glück

Die letzten Augenblicke des Musicals *Camelot* sind erschütternd. König Artus hatte eine herrliche Zukunftsvision: Sein Land sollte nach dem Gesetz und nicht nach Lust und Laune regiert werden. Er berief die berühmte Tafelrunde und forderte die Ritter auf, über ihre Meinungsverschiedenheiten zu sprechen, anstatt zu kämpfen. Er versuchte, eine Kultur zu schaffen, die auf Gerechtigkeit beruhte. Und für eine kurze, glückliche Zeit ging es gut.

Dann geht die Geschichte weiter: Lancelot und Guenevere verliebten sich und Artus selbst war gezwungen, gegen seinen besten Freund in den Krieg zu ziehen. Sein Reich zerfiel. Alles Erreichte war vernichtet. Die Leute vergaßen einfach, sich kultiviert zu verhalten.

Aber Artus sah Hoffnung in einem Jungen, der in den Krieg ziehen wollte. Stattdessen schickte der König ihn nach Hause und befahl ihm, »jedem Menschen nah und fern« die Geschichte von Camelot zu erzählen.

Vergesslichkeit führt ins Unglück. Dieses Thema kommt im Alten Testament immer wieder. Wenn man vergisst, was Gott uns »Gutes getan hat«, verliert man den Kontakt zu ihm. Immer und immer wieder hat Gott für seine Leute Wunder getan. Und immer wieder haben sie es vergessen. Darum erzählt der Dichter die Geschichte – immer wieder. Wenn wir erzählen hören, wie Gott seinem Volk geholfen hat, dann erinnert uns das daran, dass Gott an uns denkt.

Lied:
Die Gnade wird doch ewig sein, die Wahrheit doch gewiss, bräch auch des Himmels Feste ein und sänk in Finsternis.
Philipp Friedrich Hiller

Parallelstellen zum Thema:
Vers 3 ist eine der vielen »Seligpreisungen«, die es in den Psalmen gibt, z. B. auch Psalm 1,1. Vgl. Matthäus 5,3-12.

Nachdenkenswert:
»Von unseren Vorfahren erben wir viel Versagen und wenig Weisheit. Sie konnten uns nur weitergeben, was sie selbst besaßen. Das Versagen des Verstandes führt weiter zum Versagen des Gedächtnisses. Was man nicht versteht, vergisst man auch schnell.«
Charles Haddon Spurgeon

September

1. September

Psalm 106,13-23

13 Doch wie rasch vergaßen sie wieder, was er getan hatte!
Sie gaben nichts auf seinen Rat!
14 Hoch schlugen ihre Begierden in der Wüste,
und sie stellten Gottes Geduld in der Einöde auf die Probe.
15 Schließlich gab er ihnen, worum sie gebeten hatten,
doch mit der Erfüllung schickte er ihnen auch die Plage.
16 Eifersüchtig beäugten die Menschen im Lager Mose
und beneideten Aaron, den heiligen Priester des Herrn.
17 Deshalb tat sich die Erde auf;
sie verschlang Datan
und begrub Abiram und die anderen Aufrührer.
18 Feuer fiel auf ihre Anhänger;
eine Flamme verzehrte die Bösen.
19 Am Berg Sinai machten sich die Menschen ein Kalb;
sie verneigten sich vor einem Götzen aus Gold.
20 sie tauschten ihren herrlichen Gott
gegen das Bild eines Gras fressenden Ochsen ein!
21 Sie vergaßen Gott, ihren Retter,
der in Ägypten so große Dinge getan hatte,
22 wunderbare Dinge in jenem Land,
Furcht erregende Dinge am Roten Meer.
23 Deshalb schwor er, dass er sie vernichten wolle.
Mose jedoch, sein Erwählter, trat zwischen den Herrn und das Volk
und flehte ihn an, von seinem Zorn abzulassen und sie nicht
zu vernichten.

Aus den Augen, aus dem Sinn

Schon vor einem Monat war Mose auf den Berg Sinai gestiegen, und das Volk dachte, er würde nicht mehr zurückkommen. Bestimmt stellte der eine oder andere folgende Überlegung an:

»Mose ist jetzt schon schrecklich lange auf diesem Berg. Woher sollen wir wissen, ob er uns weiterhin führen wird? Unter seiner Leitung haben wir zwar immer wieder Unglaubliches erlebt, aber jetzt sind wir in der Wüste. Mose hat immer von einem ›Gelobten Land‹ gesprochen, aber allem Anschein nach hat er diese Reise nicht richtig vorbereitet.«

Waren sie von Mose und dem Herrn im Stich gelassen worden? Was sollten sie tun?

Sie dachten an die Tage in Ägypten zurück. Die Ägypter verehrten eine Art Stier als Gott. Vielleicht würde diese Gottheit auch den Israeliten helfen? Sie gingen mit ihren goldenen Ohrringen zu Aaron. »Schmelze sie und gieße daraus ein Stierbild.« Und Aaron, der es hätte besser wissen müssen, kam dieser Aufforderung nach.

Als das letzte Nasenloch des goldenen Kalbs fertig geschmiedet war, begann ein Fest – eine feuchtfröhliche, ausschweifende, wilde Party. Prompt kam Mose genau in diesem Augenblick zurück und zerschmetterte die Steintafeln mit den Geboten Gottes. Er stellte Aaron zur Rede, der mit einer der genialsten Ausreden aller Zeiten antwortete: »Ich warf es [die goldenen Ohrringe] ins Feuer; daraus ist das Kalb geworden!« (2. Mose 32,24).

Wie schnell vergessen wir Gott. Unversehens wenden wir uns den Abgöttern unserer Zeit zu – dem Geld, dem Erfolg, dem Vergnügen – und finden rationale Begründungen für unser Tun. Wir müssen Acht geben, dass wir nicht dem Beispiel der Israeliten folgen, sondern aus ihren Fehlern lernen.

LIED:
Lass dich erleuchten, meine Seele,
versäume nicht den Gnadenschein;
der Glanz in dieser kleinen Höhle
streckt sich in alle Welt hinein;
er treibet weg der Höllen Macht, der Sünden und des Kreuzes Nacht.
KASPAR FRIEDRICH NACHTENHÖFER

NACHDENKENSWERT:
»Hoffentlich kommt nie eine Zeit, in der die Wunder unserer Erlösung vergessen werden, in der man die Hoffnung auf die Wiederkunft von Jesus aufgibt und in der sich die Menschen eine neue philosophische Gottheit schaffen und anstelle des Gottes ihrer Vorfahren, dem Ehre von Generation zu Generation gebührt, anbeten.«
GEORGE HORNE

2. September

PSALM 106,24-31

24 Die Menschen weigerten sich, das schöne Land zu betreten,
sie glaubten seinem Versprechen, für sie zu sorgen, nicht.
25 Stattdessen murrten sie in ihren Zelten
und wollten dem HERRN nicht gehorchen.
26 Deshalb schwor er,
dass er sie in der Wüste töten wolle,
27 dass er ihre Nachkommen unter den Völkern verstreuen
und sie in ferne Länder ins Exil führen werde.
28 Da ergaben sich unsere Ahnen dem Götzendienst des Baal in Peor
und aßen sogar von den Opfern, die Toten dargebracht wurden!
29 Damit weckten sie den Zorn des HERRN,
und es brach eine Plage unter ihnen aus.
30 Pinhas jedoch hatte den Mut zu handeln,
und die Plage hörte auf.
31 Deshalb galt er seit damals als ein Gerechter.

Meinung gegen Meinung

Als Josua und Kaleb ihren Auftrag ausgeführt und das Land Kanaan ausgekundschaftet hatten, eilten sie zurück in die Sicherheit des Lagers. Nach all den Jahren in der Wüste waren sie von dem fruchtbaren Ackerland, das sie vorgefunden hatten, einfach hingerissen. Auf dem Weg zurück ins Lager müssen Josua und Kaleb von ihrem künftigen Leben in diesem Land, das Gott ihnen versprochen hatte, geradezu geschwärmt haben.

Als sie das Lager erreichten, verkündeten sie fröhlich die gute Nachricht: Es ist ein herrliches Land, in dem Milch und Honig fließen!

Doch zehn andere Kundschafter waren mit einem anderen Bericht zurückgekommen: Die Leute, die dort leben, sind Riesen. Wir kamen uns vor wie Heuschrecken. Wir können sie nie vertreiben.

Josua und Kaleb hatten diese Menschen auch gesehen – und sie waren wirklich groß –, aber sie wussten, dass Gott größer ist. Wenn Gott dieses Land Israel versprochen hat, dann kann sich niemand dem Volk in den Weg stellen.

Aber die Israeliten glaubten dem Bericht der Mehrheit und wiesen Kalebs und Josuas Kampfaufruf ab. Die Folge war, dass mit der Ausnahme von Josua und Kaleb keiner von ihnen in das Land hineinkam. Ein frühes Beispiel des berühmten Comic, in dem es heißt: »Unser Feind – das sind wir selbst.«

Auch heute machen Gottes Gefolgsleute noch diesen Fehler. Wir scheuen neue Erfahrungen, weil wir Widerstand fürchten. Gott will uns vorwärts führen, aber wir kommen uns wie Heuschrecken vor. Seien Sie nicht wie die Israeliten, die »in ihren Zelten murrten und wollten dem Herrn nicht gehorchen« (Ps 106,25).

LIED:
Sind auch Trauer,
Angst und Leid
seines Segens
dunkles Kleid,
dank ihm; er schickt
seinen Segen
auf geheimnisvollen
Wegen.
VIKTOR VON STRAUSS UND TORNEN

PARALLELSTELLEN ZUM THEMA:
Pinhas (Vers 30) war ein Enkel Aarons, des Hohenpriesters, und deshalb ein Großneffe Moses. Lesen Sie die Geschichte in 4. Mose 25 nach.

NACHDENKENSWERT:
»Im Allgemeinen ist es um Seele und Körper genau gegensätzlich bestellt. Wenn der Körper in jedem erdenklichen Luxus schwelgt, verhungert die Seele.«
F. B. MEYER

3. September

Psalm 106,32-39

32 Auch in Meriba erregten sie den Zorn des HERRN
und brachten Mose in große Bedrängnis.
33 Sie machten Mose zornig,
und er sprach töricht.
34 Den Israeliten gelang es nicht, die Völker im Land zu vernichten,
wie der HERR es ihnen befohlen hatte.
35 Stattdessen vermischten sie sich mit den Heiden
und übernahmen ihre schlimmen Bräuche.
36 Sie beteten ihre Götzen an,
und das führte sie ins Verderben.
37 Sie brachten sogar ihre Söhne und Töchter
als Opfer für die Dämonen dar.
38 Sie vergossen unschuldiges Blut,
das Blut ihrer eigenen Söhne und Töchter.
Indem sie ihre Kinder den Götzen Kanaans opferten,
besudelten sie das Land mit Mord.
39 Sie beschmutzten sich mit ihren bösen Taten,
und in den Augen des HERRN war ihre Götzenliebe Ehebruch.

Götzendiener

Nach dem Gottesdienst stieg das junge Paar in seinen nagelneuen Sportwagen und fuhr nach Hause.

»Wie fandest du die Predigt?«, fragte der Mann und schaltete das Radio ein.

»Ganz interessant«, antwortete die Frau. »Aber ich denke nicht, dass man sie auf unsere Zeit anwenden kann – oh, mach das Radio lauter. Dieses Lied finde ich toll.«

Findest du nicht die Tonqualität in diesem Auto phantastisch?«, fragte er, als die Musik anschwoll. »Für dieses Auto habe ich ein kleines Vermögen gezahlt, aber es hat sich gelohnt.«

Plötzlich fiel ihr etwas ein. »Schatz, können wir nicht einen kleinen Abstecher zu meinem Büro machen? Ich muss einige Berichte abholen, an denen ich heute Nachmittag arbeiten möchte.«

»Schon wieder Arbeit!«, hielt er ihr vor. »«Du gönnst dir nie Ruhe!«

»Nun, ich nehme an, du willst mit den Raten für dieses Auto nicht in Verzug geraten. Außerdem arbeitest du so viel wie ich.«

»Heute nicht«, konterte er. »Die Fußballsaison beginnt. Ich werde den ganzen Nachmittag auf dem Sofa zubringen.«

»Ach so«, meinte sie. »Das habe ich ganz vergessen.« Als ihr Lieblingslied zu Ende war, fragte sie: »So, und was hältst du von der Predigt?«

»Nun, sie war in Ordnung, denke ich. Aber mir wäre es lieber, wenn der Pastor etwas lebensnäher sprechen würde. Ich verstehe nicht, was Götzendienst mit uns heute zu tun hat.«

LIED:
*Lass nur indessen
helle scheinen
dein Glaubens- und
dein Liebeslicht;
mit Gott musst du es
treulich meinen,
sonst hilft dir diese
Sonne nicht;
willst du genießen
diesen Schein,
so darfst du nicht
mehr dunkel sein.*
KASPAR FRIEDRICH NACHTENHÖFER

PARALLELSTELLEN ZUM THEMA:
Mehr zum Leben eines Gläubigen in einem ungläubigen Umfeld (Vers 35) steht in 1. Korinther 10,19-22.

NACHDENKENSWERT:
»Nur mit Hilfe der Gnade Gottes kann ein Christ seine innere Ruhe bewahren, egal ob er einen Porzellanteller zerbrochen hat oder ob sein einziges Kind gestorben ist.«
JOHN NEWTON

4. September

Psalm 106,40-48

40 Deshalb entflammte der Zorn des Herrn gegen sein Volk,
und sein ureigenster Besitz widerte ihn an.
41 Er lieferte sie den heidnischen Völkern aus,
und die, die sie hassten, herrschten über sie.
42 Ihre Feinde zertraten sie
und unterjochten sie grausam.
43 Wieder und wieder half er ihnen,
doch sie hörten nicht auf, sich gegen ihn zu stellen,
und schließlich wurden sie um ihrer Sünde willen vernichtet.
44 Doch immer noch hatte er Mitleid mit ihnen
und erhörte ihr Flehen.
45 Er gedachte seines Bundes mit ihnen
und bereute in seiner unwandelbaren Liebe seinen Zorn.
46 Er sorgte dafür, dass ihre Unterdrücker
sie mit Freundlichkeit behandelten.
47 O Herr, unser Gott, rette uns!
Sammle uns wieder aus den Völkern,
damit wir deinem heiligen Namen danken
und uns freuen und dich loben können.
48 Gepriesen sei der Herr, der Gott Israels,
in Ewigkeit!
Alle sollen sprechen: »Amen!«
Lobt den Herrn!

Ich liebe dich immer noch

Der kleine Benjamin war immer wieder ungezogen, und seine Eltern wussten sich keinen Rat mehr. Sie versuchten, ihn angemessen zu bestrafen, aber anscheinend wirkte nichts.

Bereits seit einiger Zeit hatte die Familie einen Ausflug ins Disney-Land geplant. Schließlich brachte Benjamin seine Mutter so sehr auf die Palme, dass sie drohte: »Wenn du so weitermachst, gehst du nicht ins Disney-Land.« Eine Zeit lang schien die Drohung zu wirken. Benjamin freute sich auf den Ausflug und wollte ihn nicht aufs Spiel setzen. Aber nach einiger Zeit benahm er sich wieder aufsässig. Seine Eltern mussten konsequent bleiben und mit der Drohung Ernst machen. Sie sagten die Fahrt ab und schickten Benjamin in eine Freizeiteinrichtung für Kinder mit Problemen.

Doch Papa und Mama dachten die ganze Zeit an Benjamin. Sie riefen ihn jeden Abend an, um ihm zu sagen, dass sie ihn liebten und dass bei seiner Rückkehr mehrere Geschenke auf ihn warteten. Er sollte wissen, dass er immer noch zur Familie gehörte.

Genauso verhielt sich Gott mit seinem Volk. Oft warnte er: Wenn ihr mich abweist, wird es schlimm für euch ausgehen. Doch sie hörten nicht. Schließlich fielen die Babylonier in Jerusalem ein und nahmen die Einwohner gefangen. Doch auch während die Strafe anhielt, »hatte er (Gott) Mitleid mit ihnen«. Die Geschichten von Nehemia, Ester und Daniel zeigen, dass Gott auch während der Gefangenschaft seines Volkes am Werk blieb, dass er »gedachte seines Bundes« und »sorgte dafür, dass ihre Unterdrücker sie mit Freundlichkeit behandelten«.

LIED:
Gott geht zu allen Menschen in ihrer Not, sättigt den Leib und die Seele mit seinem Brot, stirbt für Christen und Heiden den Kreuzestod und vergibt ihnen beiden.
DIETRICH BONHOEFFER

NACHDENKENSWERT:
»Beim Lobpreis ist Buße immer angebracht, genauso wie zu jeder Buße Lobpreis gehört.«
DEREK KIDNER

5. September

ZWISCHENSPIEL: DIE ARMEN UND UNTERDRÜCKTEN

Im ganzen Alten Testament gehört Armut zu den Hauptsorgen, und in keinem Buch des Alten Testaments finden wir mehr Hinweise auf dieses Thema als in den Psalmen. Im Folgenden einige Stellen über Arme und Unterdrückte:

Psalm 72,13

»Er hat Mitleid mit den Schwachen und Hilflosen und wird sie retten.«

Psalm 10,17

»Herr, du kennst die Hoffnung der Hilflosen. Du wirst ihre Bitten erhören und sie trösten.«

Psalm 74,21

»Lass nicht zu, dass die in den Staub Getretenen deine Gnade für immer verlieren, sondern gib den Armen Grund, deinen Namen zu preisen.«

Psalm 109,31

»Denn er steht denen zur Seite, die ihn brauchen, und rettet sie vor ihren Peinigern.«

Psalm 113,7

»Und holt die Armen aus dem Staub und die Bedürftigen aus der Gosse.«

Psalm 146,9

»Der Herr beschützt die Fremden unter uns. Er sorgt für die Witwen und Waisen.«

Psalm 112,1.9

»Glücklich sind die, die den Herrn achten ... Großzügig geben sie denen, die in Not sind.«

Psalm 41,2

»Welche Freude wird denen zuteil, die freundlich zu den Armen sind. Der Herr rettet sie in Zeiten der Not.«

Im Alten Testament hat Gott Vorkehrungen zur Linderung der Armut getroffen:

(1) Richter wurden ermahnt, einem Armen vor Gericht nicht Gerechtigkeit vorzuenthalten (2. Mose 23,6). (2) Landwirte wurden angewie-

sen, bei der Getreide- und Traubenernte keine Nachlese zu halten, sondern das übrig Gebliebene den Ausländern, Witwen und Waisen zu überlassen (5. Mose 24,21). (3) Reiche wurden aufgefordert, Armen Kredite zu geben, und alle sieben Jahre wurden die offen stehenden Schulden erlassen (5. Mose 15,1.9). (4) Der Zehnte sollte nicht nur für die Leviten und den Tempel bestimmt sein, sondern auch für »die Fremdlinge, Waisen und Witwen, die in deinem Tor sind« (5. Mose 14,29). (5) Die Eigentumsrechte der Armen waren gesichert, so dass die Reichen sich ihr Land nicht auf Dauer aneignen konnten (3. Mose 25,24-28). (6) Die Armen konnten sich freiwillig als Sklaven verkaufen, aber nach sieben Jahren mussten sie freigelassen und mit Mitteln ausgestattet werden, die ihnen einen Neuanfang ermöglichten (5. Mose 15,12-14).

Trotz dieser Anordnungen waren Armut und Unterdrückung in Israel immer ein Problem. Das können wir daraus entnehmen, wie häufig dieses Thema in den Psalmen angesprochen wird. Zunächst mag es erstaunen, dass ein König wie David, der im Verlauf seines Lebens immer reicher wurde, sich so intensiv mit solchen sozialen Kernfragen auseinander setzte. Doch David vergaß wahrscheinlich nie, dass seine Urgroßmutter Rut Ausländerin in Israel war und auf den Feldern Ähren lesen musste. Er vergaß nie, dass er selbst viele Jahre lang als Verfolgter und Gehetzter auf der Flucht leben, sich in Höhlen verstecken und mühsam nach Nahrung suchen musste.

Vielleicht fanden die Israeliten es sonderbar, dass sie Psalmen sangen, die von ihrem König geschrieben wurden und in denen es heißt: »Ich aber bin elend und arm« (Psalm 70,6), doch ein solcher Psalm stellt uns alle auf dieselbe Stufe vor Gott, wo wir hingehören.

LIED:
Weicht, ihr finstern Sorgen,
denn auf heut und morgen
sorgt ein andrer Mann.
Lasst mich jetzt mit Frieden,
dem hab's ich beschieden,
der es besser kann.
Schreit die Welt gleich immer: Geld!
Ich will Hosianna schreien, glauben und mich freuen.
ERNST GOTTLIEB WOLTERSDORF

PARALLELSTELLEN ZUM THEMA:
Wie ging David, der Psalmist, mit den Bedürftigen und Behinderten um? Lesen Sie die Geschichte von Mefi-Boschet in 2. Samuel 4,4 und 2. Samuel 9.

6. September

Psalm 107,1-9

1 Dankt dem Herrn, denn er ist gütig!
Seine unwandelbare Liebe währt ewig.
2 Hat der Herr euch geholfen? Dann verkündet es laut!
Sagt es allen, dass er euch vor euren Feinden gerettet hat.
3 Denn er hat die Vertriebenen aus vielen Ländern gesammelt,
aus Ost und West, aus Nord und Süd.
4 Manche wanderten durch die Wüste,
verloren und heimatlos.
5 Hungernd und durstend
wären sie beinah verschmachtet.
6 »Herr, hilf!«, schrien sie in ihrer Not,
und er rettete sie aus dem Elend.
7 Er führte sie auf geradem Wege in die Sicherheit,
in eine Stadt, in der sie wohnen konnten.
8 Sie sollen den Herrn für seine große Liebe preisen
und für die wunderbaren Werke, die er an ihnen tat.
9 Denn er stillt den Durst der Durstigen
und gibt den Hungrigen reichlich zu essen.

Alles Gute kommt von Gott

Ein herrlicher, faszinierender Psalm. Auf die drei Verse umfassende Einleitung folgen jeweils vier Verse in Abschnitten, die alle mit dem Aufruf enden: »Sie sollen den Herrn für seine große Liebe preisen.« Die letzten zehn Verse enthalten eine Schlussfolgerung und eine recht unerwartete Wendung.

Auf den ersten Blick scheinen die vier Abschnitte vier verschiedene Menschengruppen zu beschreiben: (1) Wanderer, die sich in der Wüste verirrt hatten; (2) Gefangene, die zur Hoffnungslosigkeit verdammt waren; (3) Menschen, die an unheilbaren Krankheiten litten; und (4) Seeleute, die Schiffbruch erlitten. Doch der Kommentator Derek Kidner weist darauf hin, dass der Psalmist mit allen vier Gestalten Israel beschreibt – und eigentlich werden auch wir ganz gut damit beschrieben.

Das Neue Testament bietet Hilfe: Jesus Christus. Er ist der Weg (Joh 14,6) für verirrte Wanderer. Er zerbricht die Ketten der Sünde und erklärt, dass die verzweifelten Gefangenen nicht verurteilt werden (Röm 8,1). Er ist der große Arzt (Lk 5,31), der den Leidenden Erleichterung bringt. Er stillt die Stürme (Mk 4,39-41) für Menschen, die in den Wellen unterzugehen drohen.

Wenn Christus Sie aus einer dieser vier Situationen gerettet hat, dann sollte Ihre natürliche Reaktion so sein wie Vers 2 beschreibt: *»Dann verkündet es laut! Sagt es allen, dass er euch vor euren Feinden gerettet hat.«*

Lied:
In der Wüste führt mit starker Hand er uns durchs dürre Land, zeigt uns die Wege und führt mit sanfter Pflege zum Vaterland.
Otto Schott

Parallelstellen zum Thema:
Von welcher Stadt spricht der Psalmist in Vers 7? Vielleicht ist es die Stadt, von der in Hebräer 12,22 oder in Offenbarung 21,1-4 die Rede ist.

Nachdenkenswert:
»In jede Furche des Buches der Psalmen ist der Same des Danks gelegt.«
Jeremy Taylor

7. September

7. September

Psalm 107,10-22

10 Manche saßen in Finsternis und tiefster Verzweiflung,
elend, in Ketten gefangen.
11 Sie lehnten sich gegen Gottes Wort auf
und verlachten den Rat des Höchsten.
12 Deshalb brach er ihren Willen mit schwerer Arbeit;
sie sanken nieder, und niemand half ihnen auf.
13 »Herr, hilf!«, schrien sie in ihrer Not
und er rettete sie aus dem Elend.
14 Er führte sie aus Finsternis und tiefster Verzweiflung;
Er löste ihre Ketten.
15 Sie sollen den Herrn für seine große Liebe preisen
und für die wunderbaren Werke, die er an ihnen tat.
16 Denn er riss bronzene Gefängnistore ein;
er zerschlug eiserne Riegel.
17 Manche verharrten töricht in ihrer Auflehnung;
sie litten für ihre Sünden.
18 Sie verloren die Lust am Essen
und waren dem Tode nahe.
19 »Herr, hilf!«, schrien sie in ihrer Not,
und er rettete sie aus dem Elend.
20 Er sprach ein Wort, und sie wurden gesund –
zurückgerissen von der Schwelle des Todes.
21 Sie sollen den Herrn für seine große Liebe preisen
und für die wunderbaren Werke, die er an ihnen tat.
22 Sie sollen Dankopfer darbringen
und voll Freude seine herrlichen Taten besingen.

Die Pest von Dundee

Über Psalm 107,20 predigte 1544 George Wisheart, Absolvent der Universität Cambridge, im von der Pest heimgesuchten schottischen Dundee. Als er hörte, dass in der Stadt eine tödliche Epidemie wütete, eilte er dorthin. »Sie sind in Not und brauchen Trost«, sagte er. Wisheart hoffte auch, dass die Herzen der Menschen durch die Pest im Innersten bewegt und offen für das Evangelium würden.

Die Ankunft des Predigers löste große Freude aus. Er besuchte die Kranken, half den Bedürftigen und setzte sich dabei Tag für Tag selbst einer Ansteckung mit der gefürchteten Seuche aus. Aber Wisheart hatte eine Gewohnheit, die man in jenen Tagen für sehr absonderlich hielt: Jeden Abend badete er in einer Wanne. Vielleicht hat ihm diese Gewohnheit zusammen mit der Gnade Gottes in Dundee das Leben gerettet.

Tag um Tag öffneten sich mehr Einwohner, Gesunde und Sterbende dem Evangelium, das Wisheart verkündigte. Schließlich wurde Dundee zum Zentrum der Reformation in Schottland. Ein junger Mann, der Wisheart als Leibwächter und Diener begleitete, war ebenfalls von der Botschaft stark beeindruckt. Dieser junge Mann war John Knox, der spätere Begründer des Presbyterianismus.

Manchmal muss, wie in Psalm 107, eine schreckliche Situation eintreten, damit wir rufen: »Herr, hilf!« Aber sobald wir uns ihm zuwenden, ist er bereit, uns zu antworten und zu helfen.

Lied:
Hilf fernerweit, mein treuster Hort, hilf mir zu allen Stunden. Hilf mir an all und jedem Ort, hilf mir durch Jesu Wunden. Damit sag ich bis in den Tod: durch Christi Blut hilft mir mein Gott; er hilft, wie er geholfen.
Ämilie Juliane von Schwarzburg-Rudolstadt

Wörter im Text:
In der Bibel wird mit dem Wort töricht *(Vers 17) nicht in erster Linie ein unintelligenter oder unwissender Mensch bezeichnet, sondern vielmehr jemand, der absichtlich verderbt ist, der sich bewusst für destruktive Verhaltens- und Lebensweisen entscheidet. Lesen Sie in 1. Samuel 25,23-25 die Geschichte von Nabal, dessen Name bereits »Tor« bedeutet.*

8. September

Psalm 107,23-32

23 Manche segelten auf Schiffen fort,
fuhren auf den Handelsstraßen der ganzen Welt.
24 Auch sie sahen die Macht des Herrn am Werk,
wurden Zeugen seines Wirkens im tiefsten Ozean.
25 Er sprach ein Wort, und Stürme sprangen auf
und peitschten die Wellen himmelhoch.
26 Die Schiffe wurden emporgehoben
und wieder hinab in die Tiefe geschleudert,
dass die Seeleute zitterten vor Angst.
27 Sie torkelten und taumelten wie Betrunkene
und wussten nicht mehr aus noch ein.
28 »Herr, hilf!«, schrien sie in ihrer Not,
und er rettete sie aus dem Elend.
29 Er stillte den Sturm zu einem Flüstern
und glättete die Wogen.
30 Welch ein Segen war die Stille,
als er sie sicher in den Hafen brachte!
31 Sie sollen den Herrn für seine große Liebe preisen
und für die wunderbaren Werke, die er an ihnen tat.
32 Sie sollen ihn öffentlich vor der Gemeinde
und vor den Führern des Volks rühmen.

Den inneren Sturm stillen

John Newton erlebte Gottes überwältigende Gnade während eines Sturms, wie er in Psalm 107 beschrieben wird. Er war für sein Fluchen, seinen Atheismus und seine sexuellen Ausschweifungen bekannt, mit denen er sogar seine Seefahrerkollegen in den Schatten stellte.

Anfang März 1748 kam ein heftiger Sturm auf. Wasser flutete in Newtons Kabine, und er hörte einen Schrei: »Das Schiff geht unter!« Newton hastete an Deck und sah, dass die Segel zerfetzt und die Masten zerschmettert waren. Von eisigen Wellen durchnässt kämpfte er stundenlang, um das Schiff über Wasser zu halten. Die Zähne klapperten ihm, seine Kraft war geschwunden.

In dieser Not wollte er beten, aber er dachte nicht, dass Gott, wenn es ihn gibt, ihn erhören würde. Bibelverse, die er als Kind gelernt hatte, fuhren wie Blitze durch seinen Kopf, aber sie handelten alle vom Gericht für Menschen wie ihn. Als der Sturm nachließ, begann Newton, im Neuen Testament zu lesen. Obwohl seine Augen tränten, las er weiter, und ein Gedanke schlug bei ihm ein: »Der verlorene Sohn bin ich!«

Er schrie zum Herrn, der ihm seine überwältigende Gnade erwies. Später schrieb Newton das bekannte Loblied *Amazing Grace*. Auf vielfache Weise stillte Gott die Stürme in Newtons Leben, sorgte dafür, dass sie sich legten und zu einem leisen Säuseln wurden.

Manchmal vergessen wir, dass Gott uns nicht nur seine überwältigende Gnade zeigen will, sondern dass er auch fähig ist, die Stürme in unserem Leben zu stillen. Welche Stürme toben heute in Ihrem Leben? Bitten Sie Gott, dass er Ihnen durch diese Stürme hindurchhilft.

LIED:
Durch Schwierigkeiten mancher Art
wurd ich ja schon geführt,
doch hat die Gnade mich bewahrt,
die Ehre Gott gebührt.
ANTON SCHULTE NACH JOHN NEWTON

NACHDENKENSWERT:
»In einem Sturm ist Gebet immer angebracht. Vielleicht beten wir schwankend und taumelnd oder wenn wir mit unserer Weisheit am Ende sind. Gott hört uns mitten im Grollen des Donners, er antwortet uns aus dem Sturm … Und wenn Gott Frieden schafft, dann herrscht wirklich Friede, der Friede Gottes, der höher ist als alle Vernunft.«
CHARLES HADDON SPURGEON

9. September

9. September

Psalm 107,33-43

33 Er verwandelt Flüsse in Wüsten
und Quellen in trockenes Land.
34 Aus fruchtbarem Land macht er salzige Öde
wegen der Bosheit der Menschen, die dort leben.
35 Doch er verwandelt auch Wüsten in spiegelndes Wasser,
trockenes Land in sprudelnde Quellen.
36 Er holt die Hungrigen herbei, damit sie sich dort niederlassen
und ihre Städte bauen.
37 Sie pflügen ihre Felder, pflanzen Weinberge
und fahren reiche Ernten ein.
38 Wie reich er sie segnet!
Große Familien wachsen heran,
und ihre Viehherden mehren sich.
39 Wenn sie dahinschwinden und verarmen
durch Unterdrückung, Sorge und Not,
40 straft der HERR ihre Fürsten mit seiner Verachtung
und schickt sie hinaus in weglose Wüsten.
41 Die Armen dagegen rettet er aus der Not
und lässt ihre Familien wachsen wie riesige Schafherden.
42 Die Gottesfürchtigen werden dies alles mit Freude sehen,
die Bösen aber werden zum Schweigen gebracht.
43 Die Weisen werden sich all dies zu Herzen nehmen
und sehen die treue Liebe des HERRN in der Geschichte am Werk.

Aus einer verlorenen Bibliothek lernen

Im Februar 1830 hielt Alexander Duff eine Predigt über den letzten Vers von Psalm 107. Er hatte diese Predigt nicht halten wollen, schon gar nicht über diesen Text.

Vier Monate vorher fuhren seine Frau und er mit dem Schiff von England in Richtung Indien ab, wo sie die ersten Missionare der Presbyterianischen Kirche von Schottland sein würden. An Bord war Duffs achthundertbändige Bibliothek, die für die Gründung einer christlichen Studienanstalt in Indien von Nutzen sein würde.

Doch als sie die Südspitze Afrikas umsegelten, lief das Schiff auf Grund, die Masten brachen und die Wellen spülten über das Deck. Schließlich konnten sich die Passagiere auf eine kleine Insel retten.

Am nächsten Morgen fand ein Matrose zwei Bücher in den Schiffstrümmern, Duffs Bibel und sein schottisches Psalmenbuch. Die Gruppe kniete im Sand nieder und hörte, wie Duff Psalm 107 las und über den letzten Vers predigte.

In diesem letzten Vers will der Psalmist sicherstellen, dass der Hörer wirklich versteht, worauf er hinauswill: Gott rettet uns, nicht nur einmal, sondern immer und immer wieder, auf vielfache Weise. Seine Gnade ist wirklich überwältigend. Seine Errettung ist so wunderbar, dass sie sich auf das ganze Leben auswirkt. Und wie Alexander Duff können wir sogar mitten in Katastrophen etwas von Gottes Güte erfahren.

Lied:
*Bei dir, Jesus, will ich bleiben,
stets in deinem Dienste stehn;
nichts soll mich von dir vertreiben,
will auf deinen Wegen gehn.
Du bist meines Lebens Leben,
meiner Seele Trieb und Kraft,
wie der Weinstock seinen Reben
zuströmt Kraft und Lebenssaft.*
Philipp Spitta

Nachdenkenswert:
»Betrachten wir die unterschiedlichen Aspekte dieses Psalms. Liebe breitet sich über die erschöpfte Karawane aus, die in der Wüste verschmachtet; Liebe besucht das Gefängnis mit seinen Häftlingen; Liebe wacht an unseren Schmerzenslagern; Liebe nimmt jedes Schlingern des vom Orkan hin und her geworfenen Schiffes wahr; Liebe bringt die erschöpften Kämpfer aus der Wildnis in ein fruchtbares Land. Überall entdecken wir die Liebe und Freundlichkeit des Herrn.«
F. B. Meyer

10. September

10. September

Psalm 108,1-6

1 *Ein Psalm Davids. Ein Lied.*
2 Mein Herz vertraut auf dich, o Gott;
deshalb darf ich dich rühmen!
3 Erwacht, Harfe und Lyra!
Ich will die Morgendämmerung mit meinem Lied aufwecken.
4 Ich will dir danken, Herr, vor allen Menschen.
Ich will dich loben unter den Völkern.
5 Denn deine unwandelbare Liebe ist höher als der Himmel.
Deine Treue reicht bis zu den Wolken.
6 Erhöht seist du, Herr, über den höchsten Himmel.
Deine Herrlichkeit leuchte über die ganze Erde.

Carusos »Kleines Ich«

Vor einer Aufführung überfielen den großen italienischen Tenor Enrico Caruso oft Selbstzweifel. Wenn er eine sehr anspruchsvolle Rolle zu singen hatte, schien eine kleine Stimme in ihm zu flüstern: »Du kannst es nicht, Enrico! Du kannst es nicht!«

Enrico kam zu dem Schluss, dass zwei Persönlichkeiten in ihm leben mussten, das Kleine Ich und das Große Ich. Das Kleine Ich redete ihm ein: »Du kannst es nicht!« Es war immer pessimistisch und zweifelnd. Das Große Ich jedoch versicherte ihm: »Du kannst es!« Es war selbstbewusst und zuversichtlich.

Manchmal, vor einem großen Konzert, konnte man Caruso hinter der Bühne vor sich hinmurmeln hören: »Geh weg, kleines Ich! Geh weg, kleines Ich!« Wenn er dann auf die Bühne trat, konnte das Große Ich die Situation in die Hand nehmen.

Für Christen nimmt das große Ich die Situation in die Hand, wenn wir mit dem Apostel Paulus sagen: »Ich vermag alles durch den, der mich mächtig macht (Christus)« (Phil 4,13).

Im ersten Vers dieses Psalms drückt David sein Vertrauen auf seinen großen Gott aus, und in den ersten fünf Versen preist er Gott für seine Liebe und Treue. Das sollten wir auch tun, wenn das Kleine Ich die Oberhand in unserem Leben gewinnen will. Da David den Psalm auf diese Weise beginnt, kann er den Psalm mit den Worten beenden: »Mit Gottes Hilfe werden wir große Taten vollbringen« (Vers 14).

LIED:
Aus meines Herzens Grunde sag ich dir Lob und Dank in dieser Morgenstunde, dazu mein Leben lang, dir, Gott, in deinem Thron, zu Lob und Preis und Ehren durch Christus, unsern Herren, dein eingebornen Sohn.
GEORG NIEGE

WISSENSWERTES:
Beachten Sie, dass es nicht das Morgengrauen (oder der krähende Hahn oder der Wecker) ist, das den Psalmisten aufweckt. Vielmehr weckt der Psalmist das Morgengrauen auf (Vers 3). Er kann kaum erwarten, Gott ein Loblied zu singen, und deshalb sagt er der Sonne, dass es Zeit ist, aufzugehen.

NACHDENKENSWERT:
»Wie tief Gott seine Gefolgsleute liebt und wie getreu er seinem Wort ist – das sind Erfahrungen, die Kinder Gottes ständig machen, solange sie hier auf der Erde atmen. Sicherlich sind beide Erfahrungen so hoch wie der Himmel oder so weit wie die Wolken ziehen.«
H. C. LEUPOLD

11. September

Psalm 108,7-14

7 Rette mich mit deiner starken Rechten,
und rette dein geliebtes Volk.
8 Dies hat Gott in seiner Heiligkeit versprochen:
»Ich will Sichem voll Freude verteilen.
Ich will das Tal Sukkot ausmessen.
9 Gilead gehört mir,
und Manasse ist mein.
Ephraim wird meine Krieger hervorbringen
und Juda meine Könige.
10 Moab wird mein demütiger Knecht werden,
und Edom wird mein Sklave sein.
Ich will im Sieg über die Philister frohlocken.«
11 Doch wer wird mich in die Festung einlassen?
Wer wird mir den Sieg über Edom schenken?
12 Hast du uns verstoßen, Gott?
Gehst du unserem Heer nicht mehr voran?
13 Hilf uns im Kampf gegen unsere Feinde,
denn menschliche Hilfe ist nutzlos.
14 Mit Gottes Hilfe aber werden wir große Taten vollbringen,
denn er wird unsere Widersacher niederwerfen.

Die Festung des Feindes

Denken Sie an Israel, wenn Sie der Meinung sind, Schwierigkeiten zu haben. Gleichgültig, ob Sie an das moderne oder das alte Israel denken, Sie werden zu demselben Schluss kommen: Israel war immer schon von Feinden umgeben.

In den Versen 8-11 entdecken wir elf Pronomen in der ersten Person: *Ich, mich, mein*. Hier spricht der allmächtige Gott. Es ist, als schaute Gott auf eine Landkarte des Nahen Ostens und legte seinen Finger zunächst auf die verschiedenen Gebiete Israels und dann auf die Völker, die es umgeben. Sie gehören alle ihm. Die feindlichen Völker gehörten alle ihm, auch wenn sie andere Götter anbeteten. Er hatte die Herrschaft über sie.

Zu diesen Feinden Israels gehörte das kleine Volk Edom. Eine der starken Festungen dieses Volkes war Petra, das in die steil emporsteigenden Felsen südöstlich des Toten Meeres gebaut war. Touristen bestaunen immer noch die Sehenswürdigkeiten dieser alten edomitischen Stadt. Konnte solch eine abgelegene, befestigte Stadt jemals eingenommen werden? Ja, sogar Edoms Petra war in Gottes Hand.

Denken Sie an die Probleme in Ihrem persönlichen Umfeld. Lassen Sie Gott auf jedes seinen Finger legen und erklären: »Es gehört mir. Auch hierfür bin ich zuständig.« Denken Sie dann an dieses uneinnehmbare Petra und warten Sie, ob der Herr Sie nicht in jene Festung des Feindes führt.

Lied:
Gott will ich
lassen raten,
denn er all Ding
vermag.
Er segne meine Taten
an diesem neuen Tag.
Ihm hab ich heim-
gestellt
mein Leib, mein Seel,
mein Leben
und was er sonst
gegeben;
er mach's, wie's ihm
gefällt.
Georg Niege

Wörter im Text:
Eine wörtliche Übersetzung von Vers 10 würde ergeben: »Moab ist mein Waschbecken; auf Edom werfe ich meine Sandalen.« Ein niedrig gestellter Diener wusch damals die Füße seines Herrn in einem Waschbecken, nachdem der Herr seine staubigen Sandalen ausgezogen und in Richtung seines Sklaven geworfen hatte.

Wissenswertes:
Die Verse in diesem Psalm sind fast identisch mit Psalm 57,8-12 und Psalm 60,7-14. Aber es bestehen einige Unterschiede. Versuchen Sie, sie zu finden.

12. September

Psalm 109,1-8

1 O Gott, den ich preise,
bleib nicht fern und schweige nicht,
2 wenn die Bösen mich verleumden
und Lügen über mich verbreiten.
3 Von allen Seiten kreisen sie mich ein mit ihren hasserfüllten Reden
und greifen mich ohne Grund an.
4 Ich komme ihnen freundlich entgegen, doch sie wollen mich vernichten –
obwohl ich für sie bete!
5 Sie vergelten Gutes mit Bösem
und erwidern meine Liebe mit finsterem Hass.
6 Mach, dass ein schlechter Mensch sich gegen ihn stellt.
Schick einen Ankläger, der ihn vor Gericht bringt.
7 Und wenn sein Fall verhandelt wird,
dann sorge dafür, dass man ihn schuldig spricht.
Rechne ihm seine Gebete als Sünden an.
8 Seine Jahre seien knapp bemessen;
sein Amt gib einem anderen.

Auf wessen Seite sind wir?

Benedict Arnold, zur Zeit der amerikanischen Revolution ein ausgezeichneter General auf der Seite der Kolonisten, wechselte 1780 auf die Seite Großbritanniens über und sorgte dafür, dass der strategisch wichtige Posten West Point an die Briten ging. Als Gegenleistung erhielt Arnold einen beachtlichen Geldbetrag und wurde zum Brigadegeneral der britischen Armee ernannt. Dieser

Betrug führte dazu, dass sein Name die gleiche Bedeutung bekam wie das Wort *Verräter*.

David kam sich verraten vor, als Ahitofel auf Absaloms Seite überwechselte. Paulus kam sich verraten vor, als Demas ihn verließ, aber der schwerste Verrat in der Bibel wurde natürlich begangen, als Judas Jesus für dreißig Silberstücke verkaufte.

Etwa sieben Wochen nachdem Judas Selbstmord begangen hatte, zitierte Petrus Vers 8 dieses Psalms, um die Wahl eines neuen Apostels, der die Stelle des Verräters einnehmen sollte, zu bestätigen.

Ist es nicht interessant, dass gerade Petrus diese Stelle über den Verräter zitierte? Schließlich hatte er seinen Herrn dreimal verleugnet. Auf wessen Seite war Petrus wirklich in jenen Stunden vor der Kreuzigung?

Vielleicht steckt in allen von uns ein Hauch von einem Verräter, und wir müssen all die Zeiten bekennen, in denen ein Außenstehender gedacht hätte, dass wir auf die andere Seite übergewechselt sind. Vielleicht ist es klar, auf welcher Seite Sie sind, wenn Sie in der Kirche sitzen, aber wie ist es während der Woche? Auf wessen Seite sind Sie wirklich?

Lied:
Hilf, Herr meines Lebens,
dass ich nicht vergebens,
hier auf Erden bin.
Hilf, Herr, meiner Seele,
dass ich dort nicht fehle,
wo ich nötig bin.
Gustav Lohmann

Wörter im Text:
Auf Grund der Bedeutung der Wurzel für das Wort »Sünde« (das Ziel verfehlen) könnte Vers 7 so übersetzt werden: »Seine Gebete sollen Fehlschüsse sein.«

Nachdenkenswert:
»Dies ist wirklich eine der harten Stellen der Bibel, ein Abschnitt, bei dem die Seele beim Lesen zittert; doch da es sich um einen an Gott gerichteten Psalm handelt, haben wir nicht darüber zu urteilen, sondern ehrfürchtig hinzuhören, was Gott der Herr uns damit sagen will.«
Charles Haddon Spurgeon

13. September

PSALM 109,9-19

9 Seine Kinder sollen vaterlos sein
und seine Frau zur Witwe werden.
10 Seine Kinder sollen ihr Dasein als Bettler fristen;
man soll sie aus ihren verfallenen Häusern jagen.
11 Die Gläubiger mögen seinen Besitz an sich nehmen
und Fremde das, was er erworben hat.
12 Niemand soll ihm mehr freundlich begegnen,
keiner soll Mitleid mit seinen vaterlosen Kindern haben.
13 Seine Kinder sollen alle jung sterben.
Der Name seiner Familie erlösche in einer Generation.
14 Nie soll der HERR die Sünden seiner Vorfahren vergessen,
nie sollen die Sünden seiner Mutter aus dem Buch des Lebens getilgt werden.
15 Alle diese Sünden sollen dem HERRN stets vor Augen stehen,
doch aus dem Gedächtnis der Menschheit soll sein Name spurlos verschwinden.
16 Denn er war niemals freundlich zu andern;
er hat die Armen und Bedürftigen verfolgt
und Menschen, deren Herz gebrochen war, zu Tode gehetzt.
17 Mit Vorliebe hat er andre verflucht;
nun verfluche du ihn.
Niemals hat er andre gesegnet;
nun segne auch du ihn nicht.
18 Grässliche Flüche gehören zu ihm wie Kleider,
wie das Wasser, das er trinkt
oder die üppigen Speisen, die er genießt.
19 Seine Verwünschungen mögen sich gegen ihn kehren und
ihm anhaften wie Gewänder;
sie mögen sich um ihn zusammenziehen wie ein Gürtel.

Streben nach Gerechtigkeit und Barmherzigkeit

Von Erzbischof Thomas Cranner aus England wurde Folgendes erzählt: Wenn man sicher sein wollte, dass er einem etwas Gutes tat, musste man ihm etwas Böses antun.

Das entspricht fraglos der Lehre des Neuen Testaments. Jesus lehrte: »Liebt eure Feinde!« (Mt 5,44). Paulus schrieb: »Überwinde das Böse mit Gutem« (Röm 12,21).

Doch der Unterschied zwischen diesem Psalm und den Lehren des Neuen Testaments kann nicht einfach damit erklärt werden, dass die Lehre des Alten Testaments eben anders war. Schließlich zitiert Paulus in Römer 12,19 auch eine Stelle aus 5. Mose 32,35: »Die Rache ist mein; ich will vergelten, spricht der Herr.«

Hier liegt vielleicht ein Teil der Antwort. David strebte nicht danach, selbst das Urteil zu vollstrecken, obwohl er der absolute Monarch war. Er strebte nur nach Gerechtigkeit – Gottes Gerechtigkeit. Wie F. G. Hibbard es vor einem Jahrhundert ausdrückte: »Würde ein Mörder in dein Haus einbrechen, deine Mutter ermorden und dann fliehen und würde die Polizei ihn verfolgen, um ihn zu verhaften, würdest du dann nicht zu Gott beten, dass der Mörder gefasst und vor Gericht gestellt wird?«

Wie können Sie heute für Gerechtigkeit *und* für Barmherzigkeit bei Ihrer Arbeit beten?

LIED:
Ein Herz, das Freund und Feinde liebt und nichts hasst als die Sünden; ein Herz, das täglich mehr sich übt, sich stets in dir zu finden; ein Herz, das immer droben ist, dort, wo du bist, Herr Jesu Christ, zu deines Vaters Rechten.
UM 1758

NACHDENKENSWERT:
»Wenn wir uns zum Fluchen entschließen, werden Flüche zwangsläufig die Umgebung, in der wir letzten Endes leben. Wenn wir andere unterdrücken, wird Unterdrückung unvermeidlich zu unserem persönlichen Umfeld. Unsere Worte und unsere Taten schaffen die Bedingungen, unter denen wir selbst leben müssen. Ohne Reue und ohne Vergebung leben wir mit den Flüchen und den von Unbarmherzigkeit geprägten Handlungen, die wir selbst in die Welt gesetzt haben.«
EUGENE PETERSON

14. September

Psalm 109,20-31

20 Diese Flüche sollen die Strafe des Herrn für meine Peiniger werden,
die mir nach dem Leben trachten.
21 Mit mir aber verfahre gnädig, o Herr,
um der Ehre deines Namens willen!
22 Denn ich bin arm und bedürftig,
und das Herz tut mir weh.
23 Ich schwinde dahin wie ein Schatten in der Dämmerung;
ich falle herunter wie ein Grashüpfer, den man abschüttelt.
24 Meine Knie sind schwach vom Fasten,
ich bin nur noch Haut und Knochen.
25 Überall verspotten mich die Menschen;
wenn sie mich sehen, schütteln sie den Kopf.
26 Hilf mir, o Herr, mein Gott!
Rette mich um deiner unwandelbaren Liebe willen.
27 Zeig ihnen, dass dies dein Werk ist,
dass du selbst es getan hast, Herr.
28 Dann sollen sie mich verfluchen, wenn sie wollen,
denn du wirst mich segnen!
Wenn sie mich angreifen, werden sie zuschanden werden!
Doch ich, dein Knecht, werde mich wieder freuen!
29 Offenbare der ganzen Welt ihre Niedrigkeit;
hülle meine Widersacher in Schande.
30 Ich aber will dem Herrn stets aufs Neue danken
und ihn vor allen Menschen preisen.
31 Denn er steht denen zur Seite, die ihn brauchen,
und rettet sie vor ihren Peinigern.

Der arme Millionär

Davids persönliches Vermögen betrug mehrere Millionen, ja vielleicht Milliarden Dollar; einen Großteil spendete er später für den Tempel des Herrn. Dazu gehörten 112 Tonnen Gold und 262 Tonnen reines Silber (s. 1. Chr 29,4-5). Er lebte also gewiss nicht in Armut. Doch mehrmals bezeichnet er sich selbst in den Psalmen als arm und bedürftig.

Was meinte er damit? Ein Armer und Bedürftiger ist ein Mensch, der nicht allein aus dem Schlamassel, in dem er sitzt, herauskommt. Er hat nicht die Mittel, sich selbst zu befreien und hängt vollständig von der Hilfe anderer ab. Manchmal ist der Arme und Bedürftige finanziell mittellos, aber oft liegt die Not in anderen Lebensbereichen. Aus diesen Versen geht hervor, dass David möglicherweise äußerlich und innerlich mittellos war – vielleicht drohte Absalom, das Königreich an sich zu reißen und David fühlte sich machtlos. Was auch immer der Grund war, David wusste, dass er völlig von Gott abhängig war.

Sind Sie arm und bedürftig? Gibt es einen Bereich in Ihrem Leben, in dem Sie sich machtlos vorkommen? Verlassen Sie sich auf den Herrn, »denn er steht denen zur Seite, die ihn brauchen, und rettet sie vor ihren Peinigern« (Vers 31).

Lied:
Frischauf, ihr Hochbetrübten,
der König kommt mit Macht;
an uns, sein' Herzgeliebten,
hat er schon längst gedacht.
Nun wird kein Angst noch Pein
noch Zorn hinfort uns schaden,
dieweil uns Gott aus Gnaden
lässt seine Kinder sein.
Johann Rist

Nachdenkenswert:
»Gott wird da sein, wenn seine Gefolgsleute vor Gericht gestellt werden; er wird ihr Anwalt sein, der für sie spricht. Wie anders ist doch das Geschick des Gottlosen, dem nur Satan [der Ankläger] zur Seite steht.«
Charles Haddon Spurgeon

15. September

Psalm 110,1-3

Ein Psalm Davids.
1 Der Herr sprach zu meinem Herrn: »Setze dich auf den
Ehrenplatz zu meiner Rechten,
bis ich deine Feinde demütige
und sie zum Schemel unter deinen Füßen mache.«
2 Der Herr wird deine Regentschaft über Jerusalem hinaus
erweitern;
du wirst über deine Feinde herrschen.
3 Am Tage der Schlacht
wird dein Volk dir freudig dienen.
Festlich gekleidet in heilige Gewänder,
wird deine Lebenskraft jeden Tag erneuert werden wie der
Morgentau.

Die große Frage

Wenige Tage vor dem Passafest herrschte ein gewaltiges Gedränge in den Tempelhöfen. Die Aufmerksamkeit der Menge war ganz auf Jesus gerichtet, der von den Pharisäern und Schriftgelehrten mit Fragen bombardiert wurde. Die Menschen waren erstaunt, wie Jesus auf jede hintergründige Frage eine Antwort fand. Als den religiösen Führern die Fragen ausgingen, war Jesus an der Reihe: »Was denkt ihr vom Messias?«, fragte er. »Wessen Sohn ist er?«

»Davids Sohn«, lautete die prompte Antwort.

»Warum nennt David ihn dann Herr?«, erwiderte Jesus. Dann zitierte er den ersten Vers von Psalm 110 und brachte die Gelehrten seiner Zeit zum Schweigen.

David, der Verfasser dieses Psalms, nennt seinen messianischen Nachkommen »mein Herr« und erklärt damit, dass der Messias mehr als nur ein menschlicher König sein würde. Ein rein menschlicher König hätte zu David als großen Ahnen aufgeschaut, aber David schaute zu diesem kommenden König auf und ehrte ihn mit göttlichen Bezeichnungen. Jesus, der sich seines Messiasamtes bewusst war, stritt nicht ab, dass er von David abstammte, aber er bekräftigte seine noch stärkere Verbindung zu Gott, dem Vater. Was das bedeutet, wurde weniger als zwei Monate später am selben Ort von Petrus in seiner Pfingstpredigt erklärt (Apg 2,34-35).

Aber was bedeutet das für uns? Wenn David sich voll Ehrfurcht verbeugte und wenn seine Feinde schließlich gezwungen werden, vor ihm niederzufallen, dann ist das sicherlich das Mindeste, was wir tun können.

Lied:
*Geist und Kraft nun überfließen;
drum wirk in mir kräftiglich;
bis zum Schemel deiner Füße
alle Feinde legen sich.
Aus Zion dein Zepter sende
weit und breit bis zum Weltenende;
mache dir auf Erden Bahn,
alle Herzen untertan.*
Gerhard Tersteegen

Wörter im Text:
Warum wird in diesem Psalm das Bild eines »Schemels« (Vers 1) gebraucht? Im Nahen Osten war es Sitte, dass siegreiche Generäle ihre Füße auf den Nacken der besiegten Führer stellten (s. Jos 10,24).

Parallelstellen zum Thema:
Keine andere Weissagung des Alten Testaments wird öfter im Neuen Testament zitiert als die von Vers 1. Siehe Matthäus 22,44-45; Markus 12,36-37; Lukas 20,42-44; Apostelgeschichte 2,34-35; Hebräer 1,13 und 10,12-13.

16. September

PSALM 110,4-7

4 Der HERR hat einen Eid geschworen und wird ihn nicht brechen:
»Du bist für immer Priester nach der Ordnung Melchisedeks.«
5 Der HERR steht zu deiner Rechten und beschützt dich.
Am Tag seines Zorns wirft er viele Könige vor dir nieder.
6 Er wird die Völker bestrafen
und Berge von Toten zurücklassen;
er wird Häupter zerschmettern überall auf der ganzen Erde.
7 Er selbst aber wird aus Quellen am Wege Erfrischung schöpfen.
Er wird siegen.

Der geheimnisvolle Mann

Melchisedek ist ein geheimnisvoller Mann. Drei Verse aus dem ersten Buch Mose (14,18-20) sagen uns alles, was wir wirklich von ihm wissen. Erschöpft kehrt Abram von einem Kampf zurück. Dann kommt Melchisedek, der König von Salem und ein Priester Gottes des Höchsten, stärkt ihn mit Brot und Wein und segnet ihn im Namen Gottes des Höchsten, des Schöpfers von Himmel und Erde.

Abram gab ihm daraufhin ein Geschenk.

Obwohl wir nur aus diesen drei Versen aus 1. Mose etwas über Melchisedek erfahren, ist er doch eine Schlüsselfigur im Hebräerbrief. In Hebräer 5-7 schreibt der Verfasser, dass Jesus wie Melchisedek ist, sowohl König als auch Priester. Aber wie kann Jesus Priester sein, könnte man fragen, da er nicht zu dem priesterlichen Stamm Levi gehört? Nun, Melchisedek gehörte auch nicht dazu, antwortet der Verfasser des Hebräerbriefes und zitiert Psalm 110,4. Während andere Priester leben und sterben, bleibt Jesus »ein Priester ewiglich«. Zur Rechten Gottes tritt er ständig für uns ein. »Daher kann er auch für immer selig machen, die durch ihn zu Gott kommen; denn er lebt für immer und bittet für sie« (Hebräer 7,25).

Welch großen Hohenpriester haben wir! Er ist nicht nur unser Opfer, unser Erlöser und unser Fürsprecher, er kommt auch, wenn wir von unserem täglichen Kampf erschöpft sind und bringt uns die Stärkung, die wir brauchen, wie Melchisedek es für Abram tat.

Lied:
Herr Jesu, deiner Glieder Ruhm,
du starkes Haupt der Schwachen!
Du hast ein ewig Priestertum,
kannst allzeit selig machen;
du bist es, der Gebet erhört
und der des Glaubens Wunsch gewährt,
sobald wir zu dir kommen.
Philipp Friedrich Hiller

Parallelstellen zum Thema:
Beachten Sie, wie Hebräer 10,11-13 sich sowohl auf den ersten als auch auf den vierten Vers von Psalm 110 bezieht.

Nachdenkenswert:
»Viele nehmen ihn gerne als Priester an, lehnen ihn aber als König ab. Doch das genügt nicht. Er muss König sein, sonst wird er nicht zum Priester. Und die richtige Reihenfolge muss eingehalten werden; er muss zuerst König sein; er muss dich zuerst gerecht machen, dann schenkt er dir seinen Frieden, der höher ist als alle Vernunft. Lass dein Herz in Salem sein, der Stadt des Friedens, wo er, der Priesterkönig, bis in alle Ewigkeit herrscht.«
F. B. Meyer

17. September

17. September

PSALM 111,1-4

1 Preist den HERRN! Ich will dem HERRN von ganzem Herzen danken,
wenn ich mit seiner Gemeinde zusammenkomme.
2 Erstaunlich sind die Werke des HERRN!
Wer an ihm Freude hat, der denke über sie nach.
3 Alles, was er tut, offenbart seine Herrlichkeit und Größe.
Seine Gerechtigkeit hat keine Grenzen.
4 Wer kann die Wunder vergessen, die er vollbringt?
Gnädig und barmherzig ist unser HERR!

Was Milton nicht vergessen konnte

Der Dichter John Milton, Autor von *Das verlorene Paradies* und *Das wiedergewonnene Paradies*, wurde mit den Psalmen groß. Er, seine ältere Schwester Anne und sein jüngerer Bruder Kit saßen oft vor dem Kamin und sprachen mit ihren Eltern über einen Bibelabschnitt und sangen dann einige Psalmen miteinander.

Es ist nicht verwunderlich, dass die ersten Gedichte Miltons, die er im Alter von etwa fünfzehn Jahren schrieb, Bearbeitungen von Psalmen waren. Er begann: »Lasst uns mit Freuden den Herrn loben, denn er ist freundlich.« Da er nach seinem vierzigsten Lebensjahr vollständig erblindete, schrieb er eine freie Wiedergabe von Psalm 6, zu der folgende Worte gehören: »Ich nässe mein Bett mit meinen Tränen; mein Auge ist vor Kummer verzehrt, es ist glanzlos, alt und dunkel.«

Obwohl Milton blind war, erinnerte er immer wieder an die Schönheit und Herrlichkeit von Gottes Schöpfung, beispielsweise in seinen Gedichten. Er bearbeitete Psalm 111,4 so:

Denn wunderbar sind alle seine Werke.
Es ist gut, sie zu kennen und am besten, sie immer
mit Freude im Gedächtnis zu bewahren.

»Wer kann die Wunder vergessen, die er vollbringt?«, fragte der Psalmist. Die Antwort ist einfach: Wir vergessen sie, immer und immer wieder. Wie schnell vergessen wir all das Wunderbare, das Gott für uns getan hat. Halten Sie einen Augenblick inne und rufen Sie sich einige der Dinge ins Gedächtnis, die Gott gestern für Sie getan hat.

LIED:
Für deine teuren Sakramente,
die Siegel deiner wahren Schrift,
wo Gott, damit ich glauben könnte,
ein Denkmal seiner Wunder stift:
für diese Gnaden in der Zeit
dankt dir mein Herz in Ewigkeit.
PHILIPP FRIEDRICH HILLER

WISSENSWERTES:
Zusammen mit Psalm 112 ist dieser Psalm ein weiteres Akrostichon, bei dem jeder Vers (oder manchmal jeder Satz) mit dem nächsten Buchstaben des hebräischen Alphabets beginnt. Zweifellos war das eine Hilfe beim Auswendig lernen, verstärkt durch die Mahnung in Vers 4, nicht zu vergessen.

NACHDENKENSWERT:
»Wenn wir etwas nicht vergessen wollen, müssen wir es erforschen, begreifen, logisch durchdenken und vergleichen. Das Gedächtnis ist eine Schatzkammer voll der Dinge, die wir hineingelegt haben, und wir können sie nur unter dem Einsatz aller intellektueller Kräfte mit den Tatsachen von Gottes Weltall füllen. Doch das Gedächtnis ist unzuverlässig, deshalb ist es erforderlich, ständig zu überprüfen, um sich zu vergewissern, dass seine Inhalte noch vorhanden und an ihrem Platz sind.«
J. W. BURN

18. September

Psalm 111,5-10

5 Er gibt denen, die auf ihn vertrauen, was sie brauchen.
6 Er hat seinem Volk seine große Macht gezeigt,
indem er ihm die Länder anderer Völker gab.
7 Alles, was er tut, ist gerecht und gut,
und alle seine Gebote sind vertrauenswürdig.
8 Sie sind ewig gültig
und sollen treu und aufrichtig befolgt werden.
9 Er hat das volle Lösegeld für sein Volk gezahlt.
Er hat seinen Bund mit ihm für immer bestätigt.
Wie heilig und Ehrfurcht gebietend ist sein Name!
10 Ehrfurcht vor dem Herrn ist der Urgrund echter Weisheit.
Der Lohn der Weisheit ist allen sicher, die ihm gehorchen.

Lobt seinen Namen auf ewig!

Kann man sich so etwas vorstellen?

Was hätte wohl der Pharao gesagt, wenn ihm jemand erzählt hätte, dass die hebräischen Sklaven, die Ziegelsteine für ihn brannten, ein eigenes starkes Königreich errichten und andere Völker erobern würden (s. Ps 111,6)?

Was hätte wohl Hitler gesagt, wenn ihm jemand erzählt hätte, dass ein neuer Staat namens Israel gegründet würde, der zu einer einflussreichen Macht im Nahen Osten wird?

Was hätten wohl die Jünger, die sich ängstlich eingeschlossen hatten, gesagt, wenn ihnen jemand erzählt hätte, dass sie Werkzeuge sein würden, die die Welt verändern sollten?

Was hätte wohl die Mutter von Billy Graham gesagt, wenn ihr jemand erzählt hätte, dass ihr kleiner, Ball spielender Junge Millionen Menschen für das Reich Gottes gewinnen würde?

Gott hat Freude daran, überraschende Dinge zu tun – Dinge, die wir uns nicht vorstellen können. Was denken Sie, könnte Gott heute wohl mit Ihnen beginnen? Vielleicht könnten eine zufällige Begegnung, ein Brief, den Sie schreiben oder ein unerwarteter Anruf der Beginn von etwas sein, das jenseits Ihrer kühnsten Träume liegt. Es heißt nicht, dass Gott nichts Großes mit Ihnen beginnt, nur weil er Ihnen nicht innerhalb von vierundzwanzig Stunden das Endergebnis zeigt. Und erwarten Sie nichts Spektakuläres. Dinge, die in Zukunft bedeutend für Sie werden, kommen wahrscheinlich heute in unscheinbarer Gestalt auf Sie zu. Das ist oft Gottes Handlungsweise.

LIED:
Ihr Kinder, lernt von Anfang gern
der Weisheit Grund,
die Furcht des Herrn!
Was ihr beizeiten lernt und tut,
kommt jetzt und ewig euch zugut.
ALBERT KNAPP

PARALLELSTELLEN ZUM THEMA:
Die Verbindung von »Ehrfurcht vor dem Herrn« und »Weisheit« in Vers 10 ist ein wohl bekanntes Thema in den Sprüchen. Siehe Sprüche 1,7 und 9,10. Diese Verbindung taucht ebenfalls in Hiob 28,28 und in Prediger 12,11-13 auf. Achten Sie auf die feinen Unterschiede zwischen den verschiedenen Stellen.

NACHDENKENSWERT:
»Der Psalmist dachte hier (Vers 6) an die Eroberung des Landes Kanaan, die nur durch die Wunder wirkende Kraft Gottes möglich war. Genauso unwahrscheinlich ist es, dass die einfache Predigt des Evangeliums vom gekreuzigten Christus die Macht war, mit der Gott das Aussehen der Welt verändert hat.«
J. W. BURN

19. September

PSALM 112,1-5

1 Preist den HERRN!
Glücklich sind, die den HERRN achten.
Ja, glücklich sind, die seine Gebote freudig erfüllen.
2 Ihren Kindern wird alles gelingen;
sie werden eine gottesfürchtige und gesegnete Generation sein.
3 Sie werden reich werden,
und ihre guten Taten werden unvergessen bleiben.
4 Wenn es dunkel wird um die Gottesfürchtigen,
wird doch immer das Licht durchbrechen.
Sie sind gerecht, barmherzig und großzügig.
5 Alles gelingt den Großzügigen,
denen, die freigebig leihen und in Geschäften ehrlich sind.

Der Geber oder die Gaben?

Walter Petherick, ein wohlhabender Londoner Kaufmann im 17. Jahrhundert, war ein Mensch, wie er in Psalm 112 beschrieben wird – gottesfürchtig, freigebig und ein treuer Familienvater. Aber er war noch nicht durch die Finsternis, die in Vers 4 erwähnt wird, auf die Probe gestellt worden.

An einem Sonntagmorgen 1665 hörte er einen Prediger über Habakuk sprechen. Der Pastor erzählte, wie der Prophet mitten im verwüsteten Jerusalem saß und trotz der völligen Verwüstung sang und sich freute. Zu jener Zeit sah London aus wie Habakuks Jerusalem. Zwei Jahre lang war die Stadt von der Pest heimgesucht worden, und noch mehr Verwüstung sollte kommen. Aber bisher waren Petherick und seine Familie verschont geblieben.

Nach dem Gottesdienst ging Petherick nach Hause und betete für jedes Mitglied seiner Familie. Er war in großer Sorge, ob er sich auch dann im Herrn freuen könnte, wenn seine Familie von der Pest dahingerafft würde. In jener Nacht erkannte Petherick, dass der Geber wichtiger ist als die Gaben, und er lieferte ihm seinen ganzen Besitz aus.

Ein Jahr später brach in der Stadt ein Feuer aus, und Pethericks Lagerhaus fiel den Flammen zum Opfer. Doch er konnte beten: »O Herr, ... du hast mir mit dem Verlust deiner wertvollsten Gaben gedroht, damit ich den Geber mehr als die Gaben liebe. Nimm den Dank deines Dieners am heutigen Tag an und hilf ihm, sich im Herrn zu freuen.«

Ist Ihnen der Geber wichtiger als seine Gaben?

LIED:

So wird dein Licht aus Nacht entstehn,
du wirst dein Heil mit größrer Klarheit schauen.
Was du geglaubt, wirst du dann vor dir sehn.
Drum darfst du nur dem frommen Vater trauen.
O Seele, sieh doch, wie ein wahrer Christ so selig ist.

CHRISTIAN FRIEDRICH RICHTER

NACHDENKENSWERT:

»Es ist ein Kleines, die Gaben zu verlieren, solange man den Geber hat; die größte Tragödie liegt darin, den Geber zu verlieren und nur die Gaben zu behalten.«

F. W. BOREHAM

20. September

PSALM 112,6-10

6 Menschen wie ihnen kann das Unglück nichts anhaben.
An die Gerechten wird man sich stets erinnern.
7 Sie fürchten keine schlechte Nachricht;
sondern trauen fest darauf, dass der HERR für sie sorgt.
8 Zuversichtlich sind sie und furchtlos
und werden über ihre Widersacher triumphieren.
9 Großzügig geben sie denen, die in Not sind.
Ihre guten Werke bleiben unvergessen.
Sie werden zu Einfluss und Ehren kommen.
10 Die Bösen werden schäumen vor Wut, wenn sie es sehen.

Eine arme, kaputte Kreatur

In *Silas Marner*, dem klassischen Roman von George Eliot, wurde die Titelfigur zum Einsiedler, weil seine Persönlichkeit auf Grund eines Problems mit »Freunden« aus der Kirche verletzt worden war. So floh er in ein entlegenes Dorf. Dort lebte er als Geizhals völlig zurückgezogen. »Jahr um Jahr lebte Silas Marner in Einsamkeit, die Münzen in seinem eisernen Topf wurden immer mehr, sein Leben immer enger und er immer härter ... Sein Leben bestand nur noch aus Arbeiten und Horten.« Eine andere Gestalt des Romans beschreibt ihn als »eine arme, kaputte Kreatur«.

Und das war er. Da er verletzt worden war, wurde er ein Hamsterer, und dann wurde er hart und gefühllos. Die Beschreibung des Gottesfürchtigen in Psalm 112 ist genau das Gegenteil. Die Gottesfürchtigen sind mitfühlend und zuversichtlich.

Wie können Sie anders werden, wenn Sie Silas Marner gleichen? Wie können Sie dieser nach innen gekrümmten Spirale Einhalt gebieten?

In Marners Fall war es ein Waisenmädchen namens Eppie, das ihm eine weiträumigere Welt erschloss. Und genau deswegen ist auch Jesus zu uns gekommen. Er kann Ihre verwundete Seele heilen, Ihnen etwas geben, wofür es sich zu leben lohnt und Ihnen eine weiträumigere Welt erschließen, in der Sie mitfühlend und zuversichtlich leben können.

LIED:
Wenn andrer Wohl
und Wehe
mir tief zu
Herzen geht,
wenn ich
Gefahren sehe,
wenn man mich
missversteht,
dann darf ich vor
dich treten,
und niemand
weiß davon;
du hörst das
stille Beten,
das leise Seufzen
schon.
JANE CR. SIMPSON

PARALLELSTELLEN ZUM THEMA:
In 2. Korinther 9,6-15 erfahren Sie, welche Auswirkungen Freigebigkeit auf den Geber hat. Beachten Sie, wie der Apostel Paulus in 2. Korinther 9,9 auf Psalm 112,9 Bezug nimmt.

NACHDENKENSWERT:
»Wohltätigkeit räumt eine Gabe aus dem Herzen, um Platz für eine größere zu schaffen.«
J. PARKER

21. September

ZWISCHENSPIEL: FESTPSALMEN

Zur Zeit von Jesus Christus haben Jungen und Mädchen vermutlich kleine Pergamentrollen mit sich getragen, die mit den Psalmen 113 bis 118 beschrieben waren. Warum gerade diese Teile der Heiligen Schrift? Weil diese Abschnitte, die *Hallel* oder Hallel von Ägypten genannt wurden, bei wichtigen jüdischen Festen vorgetragen wurden. Hier einige Verse aus diesen Psalmen:

Psalm 113,5

»Wer kommt dem Herrn gleich, unserem Gott, der in der Höhe wohnt?«

Psalm 114,8

»Er verwandelt Felsen in Wasserbecken, ja, aus hartem Fels stürzten rauschende Bäche hervor.«

Psalm 115,1

»Nicht uns, Herr, sondern dir gebührt die Ehre für deine unwandelbare Liebe und Treue.«

Psalm 116,8

»Er hat mich vor dem Tode bewahrt, meine Augen vor den Tränen und meine Füße vor dem Stolpern.«

Psalm 118,22

»Der Stein, den die Bauleute verworfen haben, ist zum Eckstein geworden.«

Psalm 118,24

»Dies ist der Tag, den der Herr gemacht hat. Wir werden uns freuen und fröhlich sein.«

Vielleicht ist Ihnen aufgefallen, dass *Hallel* ein Teil von *Halleluja* ist, was »Lobet Gott« bedeutet. Mit diesem Aufruf beginnen oder enden die meisten dieser sechs Psalmen. Alleine bedeutet das Wort *hallel* einfach »Lob«, deshalb werden diese Psalmen auch Lobpsalmen genannt. Da Psalm 114,1 auf Ägypten Bezug nimmt, sind diese Psalmen auch unter der Bezeichnung »Hallel von Ägypten« bekannt.

Niemand weiß genau, wann diese Psalmen geschrieben wurden, aber sicherlich nach der Zeit Davids. Alle Juden mussten diese Psalmen kennen, denn es waren die Psalmen für die Festtage. Sie wurden nicht nur am Passafest, sondern auch am Erntefest, am Laubhüttenfest, am Fest der Tempelweihe (Chanukka) und normalerweise bei den Neumondfesten vorgetragen.

Beim Passafest zum Beispiel wurden Psalm 113 und 114 vor dem Essen und Psalm 115 bis 118 nach dem Essen gesungen. Das letzte Mahl, das Jesus und seine Jünger zusammen feierten, war ein Passamahl. Wenn also in der Bibel steht, dass sie ein Lied sangen, bevor sie in den Garten Gethsemane hinausgingen, so müssen damit die vier letzten Psalmen des *Hallel* gemeint sein. Diese Psalmen wurden wahrscheinlich als Wechselgesang gesungen, wobei Jesus als Vorsänger die Strophen gesungen hat und die Jünger mit »Halleluja« antworteten.

Die Jünger vergaßen nie einige der Schlussverse, die Jesus sang: »Der Stein, den die Bauleute verworfen haben«, »Das ist das Werk des Herrn« und »Holt die Opfer herbei und legt sie vor dem Altar nieder«. Sie hatten diese Verse seit ihrer Kindheit gekannt, als die Pergamentrollen in ihren Ärmeln steckten. Aber jetzt sahen sie, wie diese Verse sich vor ihren Augen erfüllten.

LIED:
Preis, Ehre, Ruhm und Herrlichkeit
sei Vater, Sohn und Geist bereit,
lob seinem heilgen Namen.
Die göttlich Kraft
mach uns sieghaft
durch Jesus Christus.
Amen.
ADAM REISSNER

PARALLELSTELLEN ZUM THEMA:
Eine ausführlichere Erklärung der jährlichen jüdischen Feiertage finden Sie in 3. Mose 23.

22. September

PSALM 113

1 Preist den HERRN!
Ja, lobt ihn, ihr Knechte des HERRN.
Lobt den Namen des HERRN!
2 Gepriesen sei der Name des HERRN in alle Ewigkeit.
3 Überall – von Ost bis West –
sei der Name des HERRN gepriesen.
4 Denn der HERR steht hoch über den Völkern,
sein Ruhm reicht höher als der Himmel.
5 Wer kommt dem HERRN gleich, unserem Gott,
der in der Höhe thront?
6 Weit unter ihm sind der Himmel und die Erde.
Er neigt sich hinab, um zu sehen,
7 und holt die Armen aus dem Staub
und die Bedürftigen aus der Gosse.
8 Er stellt sie unter Fürsten,
ja unter die Fürsten seines Volkes!
9 Er gibt der Unfruchtbaren ein Heim,
damit sie eine glückliche Mutter wird.

Preist den HERRN!

Gigantisch und klitzeklein

Zu Beginn des 17. Jahrhunderts entwickelte ein holländischer Optiker namens Hans Lippershey das Teleskop. Zacharias Janssen, ein anderer Holländer, stellte ungefähr zur gleichen Zeit das erste Mikroskop her. Seit langem schauen Astronomen wie Galilei durch Teleskope nach oben und Biologen wie William Harvey durch Mikroskope nach unten.

Das Teleskop zeigt, dass die Erde nur ein Sandkörnchen im immensen Universum ist, doch das Mikroskop zeigt uns, dass jedes einzelne Sandkörnchen buchstäblich ein faszinierendes Universum ist. Thomas Chalmers sagte: »Das eine erzählt mir von der Bedeutungslosigkeit der Welt auf der ich lebe, das andere lässt mich jede Bedeutungslosigkeit vergessen.« Gleichgültig ob Sie nach oben durch ein Teleskop oder nach unten durch ein Mikroskop schauen, Sie können jedes Mal die Größe unseres Gottes sehen.

Wohin der Psalmist auch schaut, er erkennt, dass Gottes Herrlichkeit größer ist als alles, was er sehen kann, sei es mit oder ohne Teleskop. Doch ihm fällt auf, dass Gott sich auch für die Armen und Bedürftigen, die auf der Müllhalde leben, interessiert. Das ist das Erstaunliche an unserem Gott. Man kann nie so tief sinken – seelisch, körperlich oder sogar geistlich –, dass er einen nicht aufrichten kann. Durch Jesus Christus gibt er uns die Möglichkeit, seine Kinder zu werden, und er weist uns einen Platz neben Fürsten an (s. Vers 8).

LIED:
Hinab, mein Aug, hinab! Gott selber schaut hernieder vom Thron aufs Niedrige; der Stolz ist ihm zuwider. Je höher hier ein Aug, je näher ist's dem Grab und sinkt in Todesnacht; darum, mein Aug, hinab!
NACH ANDREAS INGOLSTÄTTER

WISSENSWERTES:
Nur wenige wissen, dass der Reformator Johann Calvin sehr musikalisch war. Tatsächlich war er der Herausgeber der ersten gedruckten Ausgabe von Psalmen in Versen für den Gebrauch im Gottesdienst. Er selbst hatte fünf der siebzehn darin enthaltenen Psalmen in Versform gebracht. Außer den Psalmen in Versform war ein Psalm (Psalm 113) in Prosa abgedruckt.

NACHDENKENSWERT:
»Gideon wird vom Dreschen, Saul vom Eselsuchen, David vom Schafehüten, und die Apostel werden vom Fischen geholt. Der Schatz des Evangeliums wird in irdene Gefäße gelegt, und die Schwachen und Törichten dieser Welt beschämen die Weisen und Mächtigen, damit die Macht Gottes in ihrer ganzen Größe sichtbar wird.«
MATTHEW HENRY

23. September

Psalm 114

1 Als die Israeliten aus Ägypten flohen –
als Jakobs Geschlecht die Fremde verließ –,
2 wurde das Land zu Gottes Heiligtum
und Israel zu seinem Königreich.
3 Das Rote Meer sah sie kommen und eilte,
ihnen den Weg frei zu machen!
Das Wasser des Jordan zog sich zurück.
4 Die Berge sprangen wie Widder,
die kleinen Hügel wie Lämmer!
5 Was fällt dir ein, Rotes Meer, dass du ihnen den Weg
frei machtest?
Was ist dir, Jordan, dass du dich zurückzogst?
6 Warum seid ihr gesprungen wie Widder, ihr Berge,
und ihr, kleine Hügel, wie Lämmer?
7 Bebe, o Erde, in der Gegenwart des Herrn,
in der Gegenwart des Gottes Israels.
8 Er verwandelte Felsen in Wasserbecken,
ja, aus hartem Fels stürzten rauschende Bäche hervor.

Die Berge hüpften wie die Lämmer

Haben Sie schon einmal nach einem Ausflug in die Alpen versucht, anderen zu beschreiben, wie diese Berge aussehen? Worte sind unzureichend und sogar Dias und Filme geben nur einen kümmerlichen Eindruck wieder.

So ist es mit allen Wundern Gottes. Wie kann man anderen die Größe dessen, was er getan hat, weitersagen? Wie kann man das Unbeschreibliche beschreiben?

Hebräische Eltern benutzten diesen Psalm (als zweitbeste Möglichkeit nach dem persönlichen Erleben), um ihren Kindern die Faszination des Auszugs aus Ägypten und den wunderbaren Einzug ins Land Kanaan zu vermitteln. Die überschwängliche Begeisterung der Ausdrücke lässt uns immer noch staunen. Ja, Gott hat etwas Außerordentliches für die Kinder Israel getan, und es war wichtig, die Ergriffenheit von Generation zu Generation weiterzugeben. Manchmal ist es angebracht, große Erlebnisse, die das Leben veränderten, nüchtern und sachlich weiterzuerzählen, aber Nüchternheit kann schnell in Steifheit ausarten.

Hat Gott etwas Außerordentliches für Sie getan? Wie geben Sie es von einer Generation zur anderen weiter? Wie vermitteln Sie es den Menschen, mit denen Sie tagtäglich zusammen sind?

Lied:
Berge, Felsen mögen weichen, ob sie noch so feste stehn,
ja die ganze Welt desgleichen möge gar auch untergehn:
dennoch hat es keine Not
in dem Leben und im Tod;
Zion, du kannst doch nicht wanken
aus den wohlgefassten Schranken.
Joachim Pauli

Parallelstellen zum Thema:
Schlagen Sie nach, um zu sehen, wann das Rote Meer zurückwich (2. Mose 14,21) und wann der Jordan zurückströmte (Jos 3,14-16). Zu den Bergen lesen Sie 2. Mose 19,18 und Richter 5,4-5.

Nachdenkenswert:
»Hier ist der Auszug aus Ägypten nicht ein vertrauter Bestandteil von Israels Glaubensbekenntnis, sondern ein überwältigendes Ereignis: erschreckend wie ein Donnerschlag, aufrüttelnd wie ein Erdbeben.«
Derek Kidner

24. September

24. September

Psalm 115,1-8

1 Nicht uns, Herr, sondern dir gebührt die Ehre
für deine unwandelbare Liebe und Treue.
2 Warum dürfen die Heiden sagen:
»Wo ist denn ihr Gott?«
3 Unser Gott ist im Himmel
und tut, was er will.
4 Ihre Götzen sind nur Dinge aus Silber oder Gold,
von Menschenhand gemacht.
5 Obgleich sie Münder haben, können sie nicht reden,
obgleich sie Augen haben, sehen sie doch nicht!
6 Mit ihren Ohren können sie nicht hören,
mit ihren Nasen nicht riechen,
7 mit ihren Händen nicht fühlen,
mit ihren Füßen nicht gehen
und mit ihren Kehlen keinen Laut hervorbringen!
8 Und die, die sie gemacht haben, sind geradeso wie sie,
wie alle, die auf sie vertrauen.

Der Mann, der gegen die Sklaverei kämpfte

William Wilberforce wurde im Alter von sechsundzwanzig Jahren Christ. Es war keine leichte Bekehrung, da Wilberforce trotz seiner geringen Körpergröße, seiner Stupsnase und seiner Kurzsichtigkeit ein Playboy war. Monatelang rang er mit der Entscheidung, denn er war sich bewusst, dass er womöglich seine Popularität verlieren könnte und seine politischen Ambitionen aufgeben müsste, wenn er sich für Christus entschied.

Wilberforce entschied sich, Christus nachzufolgen, aber anstatt seine politischen Ambitionen aufzugeben, gebrauchte er sie für Gottes Sache. Anfang des 19. Jahrhunderts brachte Wilberforce im britischen Parlament einen Gesetzentwurf zur Abschaffung der Sklaverei ein. Er brachte so viele Gesetzentwürfe ein, bis schließlich einer angenommen wurde. Als die Sklaverei in England abgeschafft war, kämpfte er für ihre Abschaffung auf internationaler Ebene. Man sagte, dass Wilberforce in fast jeder Angelegenheit zu Kompromissen bereit war, außer in der Frage der Sklaverei und den Grundlagen des christlichen Glaubens.

Wilberforce schätzte die Psalmen und verglich gerne die verschiedenen Bibelübersetzungen der Psalmen. Als er endlich nach Jahren unermüdlicher Arbeit die Verabschiedung seines Gesetzentwurfes zur Abschaffung der Sklaverei erreicht hatte, ging er nach Hause und wurde über Psalm 115,1 stille: »Nicht uns, Herr, sondern dir gebührt die Ehre.« Dem ehemaligen Playboy war persönliche Ehre nicht mehr wichtig.

Es ist ein großartiger Vers, den man sich für Gelegenheiten wie diese reservieren sollte. Im Himmel werden wir unsere Kronen Jesus zu Füßen legen, aber es ist eine gute Übung für uns, ihm jetzt schon alle Ehre zu geben.

LIED:
Herr, höre!
Herr, erhöre!
Breit deines
Namens Ehre
an allen Orten aus;
behüte alle Stände
durch deiner
Allmacht Hände,
beschütze Kirche,
Land und Haus!
BENJAMIN SCHMOLCK

PARALLELSTELLEN ZUM THEMA:
Vergleichen Sie die Verse 4-7 mit Jesaja 44,9-20 und Jesaja 46,1-7.

NACHDENKENSWERT:
»Es gibt viele wertvolle Bibelstellen, die wir mit uns in den Himmel nehmen und die das Thema unseres Liedes sein werden. Aber wenn es einen Text gibt, den jeder Erlöste anstimmen muss, wenn er den Himmel betritt, dann ist es der erste Vers dieses Psalms.«
BARTON BOUCHIER

25. September

25. September

Psalm 115,9-18

9 O Israel, vertraue auf den HERRN!
Er ist dein Helfer; er ist dein Schild.
10 O Priester Aarons, vertraut auf den HERRN!
Er ist euer Helfer; er ist euer Schild.
11 Ihr alle, die ihr den HERRN achtet, vertraut auf den HERRN!
Er ist euer Helfer; er ist euer Schild.
12 Der HERR gedenkt unser
und wird uns ganz gewiss segnen.
Er wird das Volk Israel
und das Priestergeschlecht Aarons segnen.
13 Er wird die segnen, die den HERRN fürchten,
ob groß oder klein.
14 Möge der HERR dich und deine Kinder überreich segnen.
15 Gesegnet seist du vom HERRN,
der Himmel und Erde gemacht hat.
16 Der Himmel gehört dem HERRN,
die Erde aber hat er den Menschen gegeben.
17 Die Toten können den HERRN nicht loben,
denn sie sind ins Schweigen des Grabes eingegangen.
18 Wir aber können den HERRN loben
jetzt und für immer!

Preist den HERRN!

Vertrauen und erhalten

Im Allgemeinen erinnern wir uns an Kaleb als einen der beiden Kundschafter, die zu Mose zurückkamen und den Israeliten rieten, mit der Eroberung des Landes Kanaan zu beginnen. Die anderen zehn Kundschafter erstatteten einen Furcht erregenden Bericht und rieten dem Volk von einem Einmarsch ab. Da die Israeliten dem Rat der zehn Kundschafter folgten, wurden sie dazu verurteilt, noch eine Generation lang in der Wüste umherzuziehen.

In Psalm 115 werden zwei wesentliche Wahrheiten wiederholt: Wir sollen Gott vertrauen, dann werden wir von Gott gesegnet. Darin unterschieden sich Kaleb und Josua von den anderen zehn Kundschaftern. Diese beiden vertrauten darauf, dass Gott das Volk segnete, trotz der Schwierigkeiten, die vor ihnen lagen. Während Gott den Rest seines Volkes wegen ihres Unglaubens richtete, versprach er, Kaleb und Josua wegen ihres Glaubens und Mutes zu segnen.

Fünfundvierzig Jahre später hören wir das zweite Mal von Kaleb. Da erinnert er Josua an die Segnungen, die Gott verheißen hatte (Jos 14,6-15). Er vertraute immer noch darauf, dass Gott segnet! Und weil er darum bat, erhielt er das hüglige Land Hebron, südlich von Jerusalem. Natürlich war ein kleiner Haken an der Sache: Die Feinde lebten noch, und zwar genau in diesem Gebiet. Aber der 85-jährige Kaleb antwortete: »Vielleicht wird der Herr mit mir sein, damit ich sie vertreibe, wie der Herr zugesagt hat« (Vers 12).

Die Gegenwart und das Versprechen des Herrn war alles, was Kaleb brauchte, und das ist auch alles, was wir brauchen, um den Herausforderungen des Lebens entgegenzutreten.

LIED:
Sprich deinen milden Segen
zu allen unsern Wegen;
lass Großen und auch Kleinen
die Gnadensonne scheinen.
PAUL GERHARDT

NACHDENKENSWERT:
»Die Sänger des geweihten Chores der Heiligen stehlen sich einer nach dem anderen von uns, und ihre Musik fehlt uns. Dank sei Gott, dass sie nach droben gegangen sind, um den Gesang im Himmel zu verstärken. Aber was uns betrifft, so müssen wir umso ernsthafter singen, weil so viele Sänger unsere Chöre verlassen haben.«
CHARLES HADDON SPURGEON

26. September

Psalm 116,1-9

1 Ich liebe den Herrn, weil er meine Gebete vernimmt und erhört.
2 Weil er sich zu mir herabneigt und mir lauscht,
will ich beten, solange ich atme!
3 Der Tod hatte mich bereits in seinem Würgegriff;
die Schrecken des Grabes überwältigten mich.
Ich sah keinen Ausweg mehr.
4 Da rief ich den Namen des Herrn an:
»Herr, rette mich!«
5 Der Herr ist freundlich! Er ist gütig!
Barmherzig ist unser Gott!
6 Der Herr beschützt die Menschen, die glauben wie Kinder;
schon sah ich dem Tod ins Gesicht, da hat er mich gerettet.
7 Jetzt kann ich wieder ausruhen,
denn der Herr war gütig.
8 Er hat mich vor dem Tode bewahrt,
meine Augen vor den Tränen
und meine Füße vor dem Stolpern.
9 Und so wandle ich in der Gegenwart des Herrn,
solange ich auf Erden lebe!

Ein Danklied

Für die Juden zur Zeit von Jesus war dies ein Dankpsalm, der beim Passafest gesungen wurde. Während Psalm 114 und 115 die Befreiung aus der Knechtschaft in Ägypten ins Gedächtnis zurückrufen, erinnert uns dieser Psalm daran, dass jeder Einzelne von uns auch von einer Knechtschaft befreit wurde. In der christlichen Urgemeinde wurde dieser Psalm bei Begräbnissen gesungen, um die Trauernden zu ermuntern, über den Tod hinaus auf die kommende

Herrlichkeit zu schauen. Im anglikanischen Gebetbuch wird dieser Psalm als Dankgebet nach der Geburt eines Kindes vorgeschlagen.

Für jeden Gläubigen ist Psalm 116 eine Erinnerung an die vollständige Errettung in Jesus. Geistlich hat er unsere Seele vom ewigen Tod errettet. Was unsere Gefühle betrifft, so legt er ein Lied in unser Herz und wischt unsere Tränen ab. Körperlich stärkt er uns und bewahrt uns vor dem Straucheln.

In 1. Mose 21,14-20 lesen wir die Geschichte von Gottes liebevoller Fürsorge für Hagar und ihren Sohn Ismael. Sie weinte allein in der Wüste, weil ihr Sohn am Verdursten war. Gott schickte einen Engel, der sie zu einem Wasserbrunnen führte. In der Bibel steht: »Und Gott war mit dem Knaben« (1. Mose 21,20). Gott rettete Hagar und Ismael vom Tod, er wischte ihre Tränen ab und bewahrte ihre Füße vor dem Straucheln. Können Sie sich an Zeiten erinnern, in denen er das Gleiche für Sie tat?

LIED:
Mein Herz, gib dich zufrieden und bleibe ganz geschieden von Sorge, Furcht und Gram: Die Not, die dich jetzt drücket, hat Gott dir zugeschicket. Sei still und halt dich wie ein Lamm!
JOHANN ANASTASIUS FREYLINGSHAUSEN

WÖRTER IM TEXT:
Vers 7 kann wörtlich so übersetzt werden: »O meine Seele, kehre zu deiner Ruhe zurück«. Das Wort Ruhe *steht im Plural, um zu betonen, wie umfassend diese Ruhe ist. Jetzt, da Gott ihn errettet hat, kann der Psalmist wirklich in Frieden schlafen, in dem Wissen, dass er bei Gott in Sicherheit ist.*

PARALLELSTELLEN ZUM THEMA:
Inwieweit unterscheidet sich Vers 1 von 1. Johannes 4,19?

27. September

Psalm 116,10-19

10 Ich glaubte an dich, deshalb habe ich gebetet:
»Ich bin verzweifelt, Herr.«
11 In meiner Angst schrie ich zu dir:
»Diese Menschen sind alle Lügner!«
12 Was kann ich dem Herrn geben
für alles, was er für mich getan hat?
13 Ich will meinen Becher erheben, ein Symbol für meine Rettung;
und ich will den Namen des Herrn preisen, weil er mich bewahrt hat.
14 Ich will die Gelübde, die ich vor dem Herrn ablegte,
vor den Augen des ganzen Volkes halten.
15 Dem Herrn sind die Menschen teuer, die er liebt;
es betrübt ihn, wenn sie sterben.
16 O Herr, ich bin dein Knecht;
ja, ich bin dein Knecht, der Sohn deiner Magd,
und du hast mich aus meinen Fesseln befreit!
17 Ich will dir ein Dankopfer darbringen
und den Namen des Herrn anrufen.
18 Ich will die Gelübde, die ich vor dem Herrn ablegte,
vor den Augen des ganzen Volkes halten,
19 im Hause des Herrn,
im Herzen von Jerusalem.

Gott zu Dank verpflichtet

Während ihres Urlaubs in Deutschland war Frances Ridley Havergal eines Abends nach dem Besuch vieler Sehenswürdigkeiten müde. Als sie sich setzte, um etwas auszuruhen, bemerkte sie an der Wand ein Gemälde vom gekreuzigten Christus.

Die Augen von Jesus schienen direkt auf sie gerichtet zu sein. Dann entdeckte sie unter dem Gemälde die Inschrift: »Das tat ich für dich; was tatest du für mich?«

Sofort kam ihr die Idee für ein Lied in den Sinn, sie nahm einen Bleistift und kritzelte einige Wörter auf ein Stück Papier. Beim nochmaligen Durchlesen kam ihr das Gedicht recht dürftig vor. Deshalb zerknüllte sie das Papier und warf es in den Kamin. Es fiel jedoch neben das Feuer und verbrannte nicht. Sie hob dann das zerknüllte Papier auf und steckte es in ihre Tasche.

Monate später zeigte sie es ihrem Vater, der meinte, dass das Gedicht veröffentlicht werden sollte, und bald wurde ihr Lied »I Gave My Life for Thee« in den Kirchen auf beiden Seiten des Atlantiks gesungen.

»Wie soll ich dem Herrn vergelten alle seine Wohltat, die er an mir tut?«, fragte der Psalmist. Es ist eine erschreckende Frage für jeden von uns. Der schottische Geistliche Samuel Rutherford nannte sich selbst einen »vor Gottes Barmherzigkeit tief Verschuldeten« und erklärte, dass er »bis über die Ohren in Gottes Schuld steht«. Tun wir das nicht alle?

Lied:
Beherrscher aller Welten,
im Staube bet ich an.
Wie könnt ich dir vergelten,
was du an mir getan?
War nicht an jedem Morgen,
Gott, deine Güte neu
und machte mich von Sorgen,
von Gram und Kummer frei?
Friedrich Eberhard, Prinz zu Hohenlohe-Kirchberg

Nachdenkenswert:
Zu Vers 12: »[Gott] hat uns ins Leben gerufen, er adelte uns mit Verstand, er lehrte uns Künste, um uns zu bereichern, er befahl der Erde, für uns Früchte hervorzubringen, er gebot den Tieren, uns als ihre Herren anzuerkennen. Für uns fällt Regen, für uns scheint die Sonne, für uns erheben sich die Berge, blühen die Täler, fließen die Flüsse. Die ganze Natur schüttet all ihre Schätze vor unseren Füßen aus.«
Basilius der Grosse

28. September

Psalm 117

1 Lobt den HERRN, ihr Völker.
Lobt ihn, alle Menschen auf Erden.
2 Denn er liebt uns mit unwandelbarer Liebe;
die Treue des HERRN währet ewig.

Preist den HERRN!

Den Chor zusammenbringen

Vielen Kindern fällt das Teilen schwer. Zu den ersten Wörtern, die sie lernen, gehört oft: »Mein! Mein!« Doch Erwachsenen geht es nicht anders. Das galt auch für Gottes Volk im Lauf der Jahrhunderte.

Gott hatte zu Abraham gesagt, dass seine Nachkommen den Heiden ein Zeugnis sein sollen, aber sein Volk lernte das nur schwer. Ganz sicherlich hat Jona es zunächst nicht begriffen. Jesaja musste es den Menschen seiner Zeit zurufen: »Mache dich auf, [Jerusalem], werde licht; denn dein Licht kommt, und die Herrlichkeit des Herrn geht auf über dir« (Jes 60,1). Die religiösen Führer zur Zeit von Jesus müssen diese Seite überlesen haben, weil sie sich über die missionarischen Bemühungen von Jesus beschwerten. Die Apostel benötigten die Verfolgung als zusätzlichen Ansporn, bevor sie begannen, das Evangelium den Heiden zu verkünden, obwohl Jesus ihnen klar und deutlich gesagt hatte: »Gehet hin und machet zu Jüngern alle Völker« (Mt 28,19). Als der junge William Carey 1786 den Vorschlag machte, Missionare seiner Konfession auszusenden, erhielt er als Antwort: »Wenn Gott die Heiden retten will, braucht er dazu keine menschliche Hilfe.«

»Lobt den Herrn, ihr Völker«, singt der Psalmist. In der Offenbarung lesen wir von einem riesigen Chor im Himmel, »eine große Schar, die niemand zählen konnte, aus allen Nationen und Stämmen und Völkern und Sprachen; die standen vor dem Thron und vor dem Lamm« (Offb 7,9). Helfen Sie mit, diesen Chor zusammenzubringen?

LIED:
Lobt Gott, den Herrn, ihr Heiden all,
lobt Gott von Herzensgrunde,
preist ihn, ihr Völker allzumal,
dankt ihm zu aller Stunde,
dass er euch auch erwählet hat
und mitgeteilet seine Gnad
in Christus, seinem Sohne.
JOACHIM SARTORIUS

WÖRTER IM TEXT:
Das Wort, das in Vers 1 mit »ihr Völker« übersetzt wurde, ist ein umfassender Begriff, mit dem alle nichtjüdischen Völker bezeichnet werden. Das Wort, das mit »Menschen« übersetzt wurde, ist spezifischer und könnte auch mit »Volksgruppen« oder sogar »Sippen« oder »Stämme« übersetzt werden.

ÜBERBLICK:
Obwohl Psalm 117 das kürzeste Kapitel in der Bibel ist, betont er die Größe Gottes und das Ausmaß seiner Liebe.

PARALLELSTELLEN ZUM THEMA:
Worauf legt Paulus den Schwerpunkt, wenn er diesen kleinen Psalm in Römer 15,11 zitiert?

29. September

RICHTER 5,12-14 (DEBORAS LIED, TEIL 2)

12 Wach auf, Debora, wach auf!
Wach auf, wach auf und sing ein Lied!
Erhebe dich, Barak!
Führe deine Gefangenen fort, Sohn des Abinoam!
13 Hinunter vom Tabor zog der Rest gegen den Mächtigen,
das Volk des HERRN wandte sich gegen starke Krieger.
14 Sie kamen herab aus Ephraim – einem Land,
das einst den Amalekitern gehörte, und Benjamin folgte.
Aus Machir zogen die Befehlshaber hinab;
aus Sebulon kamen, die den Stab der Vollmacht tragen.

ENTSPRECHENDER PSALM: PSALM 118,15

15 Freuden- und Siegeslieder erklingen
im Lager der Gottesfürchtigen.
Die starke Rechte des HERRN hat mächtige Taten vollbracht!

Furchtloser Glaube

Angst lähmt, Glaube befreit. Ein furchtloser Glaube macht anderen Mut.

In der Zeit der Richter waren die Israeliten vor Angst gelähmt – außer einer Frau namens Debora. Zwanzig Jahre lang waren die Israeliten von den Kanaanitern gnadenlos unterdrückt worden, und diese Frau war die Antwort auf ihre Gebete.

Debora machte Barak klar, dass er das Heer Israels anführen solle, doch auch er war vor Angst gelähmt. Er weigerte sich, in den Krieg zu ziehen, wenn Debora nicht mit ihm ging. Entschlossen, dem Herrn um jeden Preis zu gehorchen, zog Debora mit Barak in den Kampf.

Sisera, der General des kanaanitischen Heers, muss hell aufgelacht haben, als er hörte, dass Israels General von einer Frau in die Schlacht geführt werden muss. Aber Debora überwand die Angst Baraks und seiner Truppen. Aus Deboras Siegeslied geht hervor, dass einige Stämme ihr nicht gefolgt waren (Richter 5,15.17). Doch die, die ihr folgten, errangen einen großen Sieg.

Johanna von Orléans, die auch die Debora Frankreichs genannt wird, führte ihr Heer mit Priestern, die Psalmen und geistliche Lieder sangen, in den Kampf. Ihr Glaube weckte Zuversicht und Mut in ihren Mitstreitern, wie der Glaube Deboras.

Treten Sie Ihren Herausforderungen mit Angst oder mit dem Glauben Deboras entgegen? Wenn Sie einen Glauben wie Debora haben, werden Sie sich vielleicht noch wundern, wie sehr andere dadurch auch Mut bekommen.

Lied:
In der Gerechten Hütten
schallt schon das Siegeslied;
du trittst selbst in die Mitten
und bringst den Osterfried'.
Benjamin Schmolck

Parallelstellen zum Thema:
Debora und Barak beenden ihr Lied mit dem Gebet, dass ihr Sieg als Vorbild für andere Kämpfe dient. Siehe Psalm 68,2-3.

Nachdenkenswert:
»Der erste Schritt zum Sieg liegt darin, den Feind zu erkennen.«
Corrie ten Boom

30. September

PSALM 118,1-9

1 Danket dem HERRN, denn er ist gütig!
Seine treue Liebe währt ewig.
2 Die Gemeinde Israels soll nachsprechen:
»Seine treue Liebe währt ewig.«
3 Aarons Nachkommen, die Priester, sollen nachsprechen:
»Seine treue Liebe währt ewig.«
4 Alle, die den HERRN achten, sollen nachsprechen:
»Seine treue Liebe währt ewig.«
5 In meiner Not betete ich zum HERRN,
und er hat mich erhört und gerettet.
6 Der HERR ist für mich, deshalb fürchte ich mich nicht.
Was können Sterbliche mir anhaben?
7 Ja, der HERR ist für mich; er wird mir helfen.
Ich werde über meine Feinde triumphieren.
8 Es ist besser, auf den HERRN zu vertrauen,
als sein Vertrauen auf Menschen zu setzen.
9 Ja, es ist besser, auf den HERRN zu vertrauen,

Luthers persönlicher Psalm

Martin Luther sagte von diesem Psalm: »Ich liebe sie alle ... Aber dieser Psalm [118] ist meinem Herzen am nächsten, und ich habe ganz gewiss das Recht, ihn *meinen* Psalm zu nennen. Er ist mein Freund, und er ist mir teurer als alle Ehre und Macht dieser Erde.«

Dem Reformator waren viele Teile dieses Psalms lieb. Eine Abschrift von Vers 17 hing an seiner Wand, und oft nahm er Bezug auf die messianischen Verse gegen Ende des Psalms. Doch der Psalm wurde wirklich »seiner«, als er mit der Verheißung, dass der Herr auf seiner Seite war, nach Worms zog.

Als er nach Worms geladen wurde, um sich wegen der gegen ihn vorgebrachten Beschuldigungen zu verantworten, legten ihm seine Freunde dringend nahe, nicht zu gehen. Luther zitierte Psalm 118,6 und antwortete: »Der Herr ist für mich, deshalb fürchte ich mich nicht. Ich bin entschlossen zu gehen, auch wenn so viele Teufel wie es dort Ziegel auf den Dächern gibt, gegen mich ankämpfen.«

Als Luther den Versammlungssaal betrat, legte ihm ein alter Soldat den Arm um die Schulter und sagte: »Mönchlein, für deinen Kampf heute brauchst du mehr Mut als jeder Soldat, den ich kenne. Aber wenn Gott mit dir ist, dann gehe und fürchte dich nicht.«

Später gab Luther seine berühmte Erklärung ab: »Ich kann nicht und werde nicht widerrufen; hier stehe ich, ich kann nicht anders.«

LIED:
*Dir will ich mich ergeben,
nicht meine Ruh,
mein Leben mehr lieben als den Herrn.
Dir, Gott, will ich vertrauen
und nicht auf Menschen bauen;
du hilfst und du errettest gern.*
CHRISTIAN FÜRCHTEGOTT GELLERT

PARALLELSTELLEN ZUM THEMA:
Vergleichen Sie das Lied, das die Leviten in Esra 3,10-11 sangen, mit den Anfangsversen dieses Psalms.

Oktober

1. Oktober

Psalm 118,10-18

10 Feindliche Völker hatten mich umzingelt,
doch ich vernichtete sie im Namen des Herrn.
11 Ja, sie umzingelten mich und griffen mich an,
doch ich vernichtete sie alle im Namen des Herrn.
12 Sie umschwärmten mich wie die Bienen;
sie wüteten gegen mich wie lodernde Flammen.
Doch ich vernichtete sie alle im Namen des Herrn.
13 Du tatest dein Bestes, mich zu töten, mein Feind,
doch der Herr hat mir geholfen.
14 Der Herr ist meine Stärke und mein Lied;
er ist mein Sieg geworden.
15 Freuden- und Siegeslieder erklingen
im Lager der Gottesfürchtigen.
Die starke Rechte des Herrn hat mächtige Taten vollbracht!
16 Die starke Rechte des Herrn ist im Sieg erhoben.
Die starke Rechte des Herrn hat mächtige Taten vollbracht!
17 Ich werde nicht sterben, sondern leben,
um zu erzählen, was der Herr getan hat.
18 Der Herr hat mich schwer gestraft,
doch er hat mich nicht dem Tod ausgeliefert.

Berühmte letzte Worte

In Lutterworth in England lag John Wycliffe im Sterben. Es war das Jahr 1384, und die meisten seiner einflussreichen Freunde aus Kirche und Staat hatten ihn im Stich gelassen. Viele dachten, er sei zu weit gegangen.

Zunächst einmal hatte Wycliffe es gewagt, die Bibel ins Englische zu übersetzen. Außerdem drängte er auf eine Trennung von Kirche und Staat, um die Kirche zu reformieren. Er kritisierte die Korruption und den Machtmissbrauch, die er insbesondere unter den Mönchen beobachtete. Aber vor allem predigte er, dass die Bibel in allen Sprachen zur Verfügung stehen sollte.

Das alles klang nach Ketzerei, und da Wycliffe jetzt auf dem Sterbebett lag, dachten manche, er solle seine Aussagen noch einmal überdenken. So drängten sich vier Mönche und vier Senatoren in sein Schlafzimmer. Sie sprachen streng mit ihm und erinnerten ihn an alles, wofür er eingetreten war. Jetzt sei es Zeit, die Fehler seiner Überzeugungen zu bekennen.

Wycliffe war erstaunlich munter. Er bat, in seinem Bett aufgesetzt zu werden, damit er klarer sprechen konnte. Dann bot er seine letzte Kraft auf, um Psalm 118,17 oder zumindest einen Teil davon zu zitieren: »Ich werde nicht sterben, sondern leben und nochmals die Übeltaten der Mönche bekannt machen.«

Wycliffe starb, aber seine Botschaft und sein Werk lebten weiter. Die englische Bibel stand den einfachen Menschen zur Verfügung. Menschen sterben, aber was sie begonnen haben, wird durch ihren Tod nicht aufgehalten. Die Bewegung, die sie in Gang gesetzt haben, überdauert ihren Tod.

Lied:
Hosianna!
Friedensfürst,
Ehrenkönig, Held
im Streite,
alles, was du
schaffen wirst,
das ist unsre
Siegesbeute.
Deine Rechte bleibt
erhöht,
und dein Reich
allein besteht.
Benjamin Schmolck

Parallelstellen zum Thema:
Mehr über Bienen in der Bibel (Vers 12) steht in 5. Mose 1,44.

Nachdenkenswert:
»Gute Lieder, gute Versprechen, gute Sprichwörter und gute Lehren werden im Lauf der Zeit nicht schlechter. Was direkt nach der Überquerung des Roten Meeres gesungen wurde (2. Mose 15,2) wird hier wieder gesungen und wird bis zum Ende der Welt von den Heiligen des Allerhöchsten gesungen werden.«
William S. Plumer

2. Oktober

Psalm 118,19-29

19 Öffnet mir die Tore, durch die die Gerechten einziehen;
ich will hineingehen und dem HERRN danken.
20 Diese Tore führen in die Gegenwart des HERRN,
dort gehen die Gottesfürchtigen ein.
21 Ich danke dir, dass du mein Gebet erhört und mich gerettet hast!
22 Der Stein, den die Bauleute verworfen haben,
ist zum Eckstein geworden.
23 Das ist das Werk des HERRN,
und es ist wunderbar anzusehen.
24 Dies ist der Tag, den der HERR gemacht hat.
Wir werden uns freuen und fröhlich sein.
25 HERR, bitte, rette uns.
HERR, bitte, schenk uns Erfolg.
26 Gepriesen sei, der da kommt im Namen des HERRN.
Wir preisen dich, der du aus dem Hause des HERRN stammst.
27 Der HERR ist Gott, er leuchtet über uns.
Holt die Opfer herbei und legt sie vor dem Altar nieder.
28 Du bist mein Gott, ich will dich loben!
Du bist mein Gott, ich will dich erhöhen!
29 Danket dem HERRN, denn er ist gütig!
Seine treue Liebe währt ewig.

Ein ängstlicher Heiliger findet einen Psalm

Für Studenten der englischen Literatur ist William Cowper ein meisterhafter Dichter des achtzehnten Jahrhunderts. Für Kirchenmusiker ist er der Verfasser mehrerer bekannter Kirchenlieder.

Die Menschen, die Cowper nahe standen, wussten jedoch, dass er ein sehr verstörter junger Mann war. Dreimal beging er einen Selbstmordversuch; zweimal wurde er für geisteskrank erklärt. Ohne seine christlichen Freunde und Psalm 118 hätte er wahrscheinlich überhaupt nichts geschrieben.

Als schwächliches Kind wurde Cowper ständig von einem älteren Jungen drangsaliert und geschlagen, doch als Jugendlicher fand er Trost in Psalm 118,6. Nach einem Anfall von Geisteskrankheit Anfang zwanzig wurde er vom vierzehnten und achtzehnten Vers dieses Psalms gestärkt.

Einige Jahre lang genoss er die Freundschaft mit John Newton, dem ehemaligen Sklavenhändler, der Pastor geworden war. Oft gingen sie zusammen spazieren, waren miteinander fröhlich und schrieben gemeinsam Kirchenlieder. Eine Zeit lang versuchten sie, jede Woche einen Choral zu schreiben. Wenn Cowpers Gesundheitszustand stabil war, freute er sich am neunundzwanzigsten Vers: »Danket dem Herrn, denn er ist gütig!«

Dank der Freundschaft zwischen diesen beiden Männern wurde die Kirche mit mehreren Chorälen bereichert. Ja, hier gilt Vers 23: »Das ist das Werk des Herrn, und es ist wunderbar anzusehen.«

LIED:
Dies ist der Tag,
den Gott gemacht.
Sein werd in aller
Welt gedacht;
ihn preise, was durch
Jesum Christ
im Himmel und auf
Erden ist.
CHRISTIAN FÜRCHTEGOTT GELLERT

WÖRTER IM TEXT:
Für das Wort »hilf« in Vers 25 steht im Hebräischen »hoshi'ah na« oder »hosanna«, wie es im Griechischen wiedergegeben wird. Es wurde ein Ausdruck des Lobpreises, doch seine Wurzel liegt in diesem Ruf nach Hilfe. (Wen würden Sie um Hilfe bitten? Jemanden, der stark genug ist, um Ihnen zu helfen!)

PARALLELSTELLEN ZUM THEMA:
Das Neue Testament zitiert einige Verse aus diesem Abschnitt und stellt fest, dass sie sich in Jesus Christus erfüllt haben. Achten Sie besonders darauf, dass auf Jesus als der Eckstein Bezug genommen wird: Matthäus 21,42; Epheser 2,20; 1. Petrus 2,7.

3. Oktober

PSALM 119,1-16

1 Glücklich sind die Aufrichtigen,
die das Gesetz des HERRN achten.
2 Glücklich sind die, die seine Gebote halten
und ihn von ganzem Herzen suchen.
3 Sie schließen keine Kompromisse mit dem Bösen,
sondern gehen die Wege Gottes.
4 Du hast uns befohlen,
stets deine Gebote zu halten.
5 Ich möchte all mein Handeln
auf dein Gesetz gründen.
6 Dann werde ich mich nicht zu schämen brauchen,
wenn ich einst mein Leben an deinen Geboten messe.
7 Wenn ich mir deine gerechten Gesetze tief einpräge,
will ich dir danken, indem ich lebe, wie mir gesagt ist!
8 Ich will deinen Geboten gehorchen.
Bitte, verlass mich nie!
9 Wie kann ein junger Mensch rein bleiben?
Indem er deinem Wort gehorcht und seinen Inhalt befolgt.
10 Ich habe von ganzem Herzen versucht, dich zu finden – nun lass
mich nicht von deinen Geboten abirren.
11 Ich habe dein Wort in mein Herz geschlossen,
damit ich nicht gegen dich sündige.
12 Gepriesen seist du, HERR;
lehre mich deine Gebote.
13 Ich habe die Gesetze, die du uns gegeben hast,
laut aufgesagt.
14 Ich habe mich an deinen Ratschlüssen gefreut
wie an Reichtümern.
15 Ich will deine Gebote studieren
und über deine Wege nachdenken.
16 Ich will mich an deinen Grundsätzen freuen
und dein Wort nicht vergessen.

Last oder Freude

Wenn Sie ein ganzes Kapitel der Bibel auswendig lernen wollen, dann ist es viel einfacher, sich Psalm 117 einzuprägen als Psalm 119. Doch gerade Psalm 119 ermahnt uns, Gottes Wort im Herzen zu behalten, es immer wieder laut aufzusagen, darin zu forschen, darüber nachzudenken und es nicht zu vergessen.

Auch John Ruskin, ein hervorragender Schriftsteller und Kunstkritiker des neunzehnten Jahrhunderts, lernte den ganzen Psalm auswendig. Später gab er zu: »Es ist seltsam, dass von allen Bibelstellen, die meine Mutter mir beibrachte, ausgerechnet der 119. Psalm, der mir beim Auswendiglernen am meisten Mühe machte und der mir als Kind am meisten zuwider war, jetzt zu dem Abschnitt wurde, der mir am kostbarsten ist.«

Viele unter uns haben ein ähnliches Gefühl wie der britische Pastor Thomas Fuller im 17. Jahrhundert, der gestand: »Herr, ich entdecke eine abartige Faulheit in meiner Seele. Bevor ich ein Kapitel der Bibel lese, schaue ich nach, wo es aufhört, und wenn es nicht auf derselben Seite aufhört, kann ich nicht anders als die Seite umblättern, um nachzuschauen, wie lang es ist ... Wenn ich wirklich nach himmlischer Nahrung hungrig wäre, würde ich nicht klagen, wenn sie reichlich angeboten wird. Mach, dass das Lesen deines Wortes mir keine Last, sondern eine Freude ist, damit ich das Kapitel deines Wortes, das am längsten ist, für das Beste halte.«

LIED:
Wohl denen, die da wandeln vor Gott in Heiligkeit, nach seinem Worte handeln und leben allezeit; die recht von Herzen suchen Gott und seine Zeugnis halten, sind stets bei ihm in Gnad.
CORNELIUS BECKER

NACHDENKENSWERT:
»Wenn Sie das Wort nur im Mund führen, wird es Ihnen genommen werden. Wenn Sie es nur in Ihrem Buch stehen haben, wird es Ihnen nicht von Nutzen sein, wenn Sie es am meisten brauchen. Aber wenn Sie es in Ihrem Herzen behalten, wie Maria es mit den Worten des Engels tat, dann wird kein Feind es Ihnen wegnehmen können, und es wird Ihnen zur Zeit der Not ein Schatz des Trostes sein.«
WILLIAM COWPER

4. Oktober

Psalm 119,17-32

17 Sei deinem Knecht gnädig,
damit ich leben kann und deinem Wort gehorche.
18 Öffne mir die Augen,
damit ich die herrlichen Wahrheiten deines Gesetzes erkenne.
19 Ich bin nur ein Fremdling hier auf Erden;
ich brauche die Führung deiner Gebote.
Verbirg sie nicht vor mir!
20 Die ganze Zeit sehne ich mich
nach deinen Gesetzen.
21 Du bestrafst diese elenden Selbstgerechten,
die von deinen Geboten abirren.
22 Lass nicht zu, dass sie mich verhöhnen und schmähen,
denn ich war deinen Geboten gehorsam.
23 Selbst Fürsten sitzen da und sprechen gegen mich,
doch ich will unbeirrt über deine Grundsätze nachsinnen.
24 Ich habe Freude an deinen Ratschlüssen;
sie geben mir Weisung.
25 Ich liege im Staub und habe allen Mut verloren;
belebe mich mit deinem Wort.
26 Ich habe dir meine Pläne erzählt, und du hast geantwortet.
Jetzt lehre mich dein Gesetz.
27 Hilf mir, die Bedeutung deiner Gebote zu begreifen,
und ich will über deine wunderbaren Werke nachdenken.
28 Ich weine vor Kummer;
ermutige mich durch dein Wort.
29 Bewahre mich davor, mich selbst zu belügen;
schenk mir das Vorrecht, deine Gebote zu kennen.
30 Ich habe mich entschlossen, treu zu sein;
ich habe mich entschieden, nach deinem Gesetz zu leben.
31 Ich halte fest an deinen Ratschlüssen.
Herr, lass mich nicht zuschanden werden!
32 Wenn du mir hilfst,
werde ich deine Gebote ohne Zögern befolgen.

Heilige Gefühle

Jonathan Edwards konnte man wirklich nicht nachsagen, er sei gefühlsbetont gewesen. Sogar als er seine berühmte Predigt »Sünder in der Hand des erzürnten Gottes« hielt, tat er es mit sparsamen Gesten und nüchterner Würde. Als seine Frau von den Emotionen der Großen Erweckungsbewegung erfasst wurde, war er argwöhnisch.

Doch als der große Theologe das Erlebnis seiner Frau sorgfältig untersuchte, war er erstaunt über »ihre ständige freundliche Ausgeglichenheit, die Ruhe und heitere Gelassenheit ihrer Seele«. Er kam zu dem Schluss, dass das Erlebnis seiner Frau eine bleibende Wirkung auf sie hatte, da es auf Jesus Christus ausgerichtet war.

Später, als er über Psalm 119 predigte, konzentrierte er sich auf die Verse 20 und 28: »Die ganze Zeit sehne ich mich nach deinem Gesetz« und »Ich weine vor Kummer; ermutige mich durch dein Wort.« Er gestand, dass er sich nach mehr Heiligkeit sehnte. »Mein Herz schien voll, ja am Zerbersten zu sein, was mich immer wieder zu den Worten des 119. Psalms zurückbrachte.« Diese Gefühle des »göttlichen Kummers« und des »heiligen Durstes« sind, was Edwards später die Merkmale echter Heiliger nannte. »Göttlicher Kummer und ein gebrochenes Herz sind Gott besonders angenehm und willkommen. Heiliger Durst ist die Bedingung für die Teilhabe an den Segnungen des ewigen Lebens.«

Sind göttlicher Kummer und heiliger Durst Merkmale Ihres Lebens?

Lied:
Gott eröffnet früh
und spat
meinen Geist
und Sinnen,
dass sie seines
Geistes Gnad
in sich ziehen können.
Paul Gerhardt

Nachdenkenswert:
»Der Verfasser wusste, dass im Wort Gottes riesige Schätze liegen, die er noch nicht in ihrer Gesamtheit gesehen, Wunder, die er noch nicht geschaut hat. Die Bibel ist ein Wunderland; sie erzählt nicht nur von Wundern, sondern ist selbst eine Welt der Wunderwerke … Die Heilige Schrift muss uns eröffnet, erläutert werden, aber noch viel mehr müssen unsere Augen geöffnet werden; der Schleier liegt nicht auf dem Buch, sondern auf unseren Augen.«
Charles Haddon Spurgeon

5. Oktober

5. Oktober

PSALM 119,33-48

33 Lehre mich, o HERR,
nach jedem einzelnen deiner Grundsätze zu leben.
34 Schenk mir Einsicht, und ich will deinem Gesetz gehorchen;
ich will es von ganzem Herzen in die Tat umsetzen.
35 Lass mich auf dem Weg deiner Gebote wandeln,
denn da liegt das Glück.
36 Schenk mir die Liebe zu deinen Ratschlüssen,
und mach mich frei von der Liebe zum Geld!
37 Kehr meine Augen ab von wertlosen Dingen
und schenk mir das Leben durch dein Wort.
38 Schenk mir Gewissheit über deine Verheißung,
die denen gilt, die dir die Ehre geben.
39 Hilf mir, meine falschen Wege zu verlassen;
deine Gesetze sind alles, was ich im Leben will.
40 Ich sehne mich danach, deinen Geboten zu gehorchen!
Erneuere mein Leben durch deine Güte.
41 HERR, schenk mir deine unwandelbare Liebe,
die Rettung, die du mir versprochen hast.
42 Dann habe ich denen etwas entgegenzusetzen,
die mich verspotten,
weil ich deinem Wort glaube.
43 Entzieh mir nicht das Wort deiner Wahrheit,
denn deine Gesetze sind meine einzige Hoffnung.
44 Ich will niemals aufhören,
deinem Gesetz zu gehorchen.
45 Ich will als freier Mensch leben,
denn ich habe mich deinen Geboten verpflichtet.
46 Königen will ich deine Ratschlüsse mitteilen
und will mich ihrer nicht schämen.
47 Wie tief freue ich mich an deinen Geboten!
Wie sehr liebe ich sie!
48 Ich ehre und liebe deine Gebote.
Ich denke über deine Grundsätze nach.

In Freiheit leben lernen

Der Mann, der beinahe Jonathan Edwards Schwiegersohn geworden wäre, war ganz anders als dieser intellektuelle Pastor. David Brainerd, der als Missionar Pionierarbeit unter den Indianern in New Jersey geleistet hatte, war mit Edwards Tochter verlobt, doch im Alter von dreißig Jahren, noch bevor sie heiraten konnten, starb er an Tuberkulose.

Jonathan Edwards war so von Brainerd beeindruckt, dass er seine Lebensbeschreibung einschließlich Brainerds Tagebuch veröffentlichte. Gott gebrauchte dieses bemerkenswerte Buch, um Missionaren wie David Livingstone, William Carey, Henry Martyn und anderen wichtige Impulse zu geben.

Brainerd hatte um Nähe zu Gott gekämpft. Im Gegensatz zu Edwards fürchtete er sich nicht davor, seinen Gefühlen Ausdruck zu verleihen. Er litt Qualen, bevor er die »volle Gewissheit der Hoffnung« erlangte. Danach schien er sich mehr auf die Psalmen zu konzentrieren, und seine Zielsetzungen gingen auf verschiedene Verse dieses Buches zurück.

Laut Brainerd gehört die Freude an Gottes Wort zu den Kennzeichen eines echten Christen. Verse wie Psalm 119,47 wurden zu seiner persönlichen Erfahrung. Früher hatte er die Bibel aus Pflichtgefühl gelesen, aber später empfand er Freude dabei. Er kam sich nicht gebunden vor, sondern hielt den Gehorsam gegenüber Gottes Wort für befreiend. Er zitierte Vers 45: »Ich will als freier Mensch leben.«

Lied:
Mein Herz hängt treu und feste an dem, was dein Wort lehrt.
Herr, tu bei mir das Beste, sonst ich zuschanden werd.
Wenn du mich leitest, treuer Gott, so kann ich richtig laufen den Weg deiner Gebot.
Cornelius Becker

Parallelstellen zum Thema:
Bringen Sie Apostelgeschichte 4,29 mit den Versen 42-46 dieses Psalms in Verbindung.

Nachdenkenswert:
»Heilige empfinden göttliche Dinge nicht als Zwang. Der Geist der Heiligkeit ist ein freier Geist; er befreit Menschen und macht sie fähig, jedem Versuch, sie in Abhängigkeit zu bringen, zu widerstehen.«
Charles Haddon Spurgeon

6. Oktober

PSALM 119,49-64

49 Denk an deine Verheißung für mich,
denn sie ist meine einzige Hoffnung.
50 Deine Verheißung schenkt mir neuen Lebensmut;
sie tröstet mich in allem Kummer.
51 Die Hochmütigen verachten mich,
doch ich lasse nicht ab von deinem Gesetz.
52 Ich sinne über deine uralten Gebote nach;
o HERR, sie geben mir Trost.
53 Ich bin zornig über die Bösen,
die dein Gesetz ablehnen.
54 Deine Grundsätze waren die Musik meines Lebens
in all den Jahren meiner Pilgerschaft.
55 Nachts sinne ich über dich nach, HERR,
deshalb gehorche ich deinem Gesetz.
56 Das ist das Glück meines Lebens:
deine Gebote zu halten.
57 O HERR, du bist mein!
Ich gelobe, deinem Wort zu gehorchen!
58 Von ganzem Herzen ersehne ich deinen Segen.
Sei mir gnädig, wie du es versprochen hast.
59 Ich dachte darüber nach, welche Richtung ich meinem Leben
geben sollte, und entschied mich für deine Gesetze.
60 Sogleich, ohne Zögern,
will ich deinen Geboten folgen.
61 Schlechte Menschen wollen mich zur Sünde verleiten,
doch ich bin fest in deinem Gesetz verwurzelt.
62 Um Mitternacht erhebe ich mich von meinem Lager,
um dir für deine gerechten Gebote zu danken.
63 Jeder, der dich achtet, ist mein Freund –
jeder, der deinen Geboten gehorcht.
64 O HERR, die Erde ist erfüllt von deiner unwandelbaren Liebe;
lehre mich deine Gebote.

Ein Versprechen für später

Versprechen, Versprechen. Das Leben ist gefüllt damit: Pfadfinder und Politiker, Eheschließungen und Tarifverträge, internationale Verhandlungen usw.

Der Abschnitt für gestern (Verse 44-46) war voller Versprechen, die wir Menschen abgeben. Der heutige Abschnitt beginnt mit Gottes Versprechen und wie sie uns trösten, stärken und Hoffnung geben. Die Bibel ist auf Versprechen aufgebaut. Das jüdische Volk wurde auf Grund von Gottes Versprechen an Abraham gegründet und durch Gottes Versprechen an Mose bestätigt. Im gesamten Alten Testament versprach Gott immer wieder einen Messias, der kommen würde, um sein Volk zu erlösen. Im Neuen Testament verspricht Gott uns immer wieder seine Gegenwart und seine Führung durch den Heiligen Geist.

Als die kanadische Eisenbahngesellschaft *Pacific* von Medicine Hat bis Calgary in Süd-Alberta Gleise legen wollte, musste sie mit Crowfoot, dem Häuptling der Blackfoot, verhandeln, die das Land unter sich hatten. Crowfoot gab die Erlaubnis im Austausch gegen eine lebenslang gültige Fahrkarte für alle Züge der kanadischen Eisenbahngesellschaft *Pacific*. Er bewahrte die Fahrkarte in einer Lederhülle auf, die er bis zu seinem Tod um den Hals trug – aber er benutzte sie nie. Er machte sich die Versprechen der Eisenbahngesellschaft nie zunutze.

Manchmal verhalten wir uns genauso gegenüber Gottes Versprechen. Wir bewundern sie und hängen sie an die Wand, aber wir machen keinen Gebrauch von ihnen. Fassen wir doch den Entschluss, allem zu vertrauen, was Gott uns gesagt hat, und uns an den versprochenen Segnungen zu freuen.

LIED:
Dein Wort, Herr, nicht vergehet, es bleibet ewiglich,
so weit der Himmel gehet, der stets beweget sich;
dein Wahrheit bleibt zu aller Zeit gleichwie der Grund der Erden,
durch deine Hand bereit'.
CORNELIUS BECKER

NACHDENKENSWERT:
»Wenn wir im Wort Gottes ein Versprechen hören, sollten wir ein Gebet daraus machen. Gott hat sich mit seinen Versprechen verpflichtet. Es gefällt ihm, wenn wir anhand seiner Versprechen mit ihm ringen.«
RICHARD SIBBES

7. Oktober

7. Oktober

PSALM 119,65-80

65 Du hast viel Gutes für mich getan, o HERR,
wie du es verheißen hast.
66 Ich glaube an deine Gebote;
nun verleih mir auch ein gesundes Urteil und Einsicht.
67 Immer wieder bin ich abgeirrt, bis du mich bestraft hast;
doch jetzt halte ich mich streng an dein Wort.
68 Du bist gütig und tust nur Gutes;
lehre mich deine Gebote.
69 Hochmütige Menschen haben Lügen über mich verbreitet, doch
in Wahrheit gehorche ich deinen Geboten von ganzem Herzen.
70 Ihre Herzen sind stumpf und dumm,
ich dagegen freue mich an deinem Gesetz.
71 Das Leiden, das du mir schicktest, war zu meinem Besten,
denn es lehrte mich, auf deine Gebote zu achten.
72 Dein Gesetz ist mir wertvoller
als Millionen in Gold und Silber!
73 Du hast mich gemacht; du hast mich erschaffen.
Nun schenk mir auch die Vernunft, deine Gebote zu befolgen.
74 Möge ich allen, die dich achten, Anlass zur Freude geben,
denn ich habe meine Hoffnung auf dein Wort gesetzt.
75 Ich weiß, o HERR, dass deine Entscheidungen gerecht sind;
du hast mich gestraft, weil ich Strafe nötig hatte.
76 Nun lass mir deine unwandelbare Liebe als Trost,
wie du es mir, deinem Knecht, verheißen hast.
77 Umgib mich mit deiner gnädigen Barmherzigkeit, damit ich
wieder leben kann, denn dein Gesetz ist meine Freude.
78 Bring Schande über die Selbstgerechten, die Lügen über
mich verbreitet haben;
ich aber will über deine Gebote nachdenken.
79 Versöhne mich mit allen,
die dich achten und deine Ratschlüsse kennen.
80 Lass mich deine Gebote untadelig halten;
dann werde ich mich nie mehr schämen müssen.

König Franz und die Psalmen

Franz der Erste, König von Frankreich zu Beginn des 16. Jahrhunderts, ist kein gutes Beispiel dafür, wie man Psalmen lesen soll.

Während der Schlacht von Italien wurde Franz gefangen genommen und in eine Kirche gebracht. Dort hörte er, wie die Mönche den 119. Psalm sangen. Franz war zwar von der Schlacht krank, doch wieder soweit hergestellt, dass er den 71. Vers mitsingen konnte: »Das Leiden, das du mir schicktest, war zu meinem Besten, denn es lehrte mich, auf deine Gebote zu achten.«

Als Franz schließlich einen Vertrag unterzeichnete und nach Paris zurückkehrte, dachten viele, er wäre toleranter geworden. Die Sorbonne hatte ein Edikt herausgegeben, in dem das Singen von Psalmen verboten wurde, und die Anhänger der Reformation hofften, dass Franz diesen Erlass aufheben würde. Franz schob die Vollstreckung des Verbots hinaus, aber schließlich beugte er sich dem politischen Druck. Er ließ Hunderte französischer Hugenotten hinrichten, die demonstrativ Psalmen sangen, als sie zur Hinrichtung geführt wurden. Doch auch Franz sang selbst weiterhin Psalmen.

Anscheinend liebte Franz die Psalmen, aber er lernte nichts aus ihnen. Als Gefangener hatte er Psalm 119,71 gesungen, also die Aufforderung, »auf deine (Gottes) Gebote zu achten«, doch Franz hat nie etwas gelernt.

Denken Sie darüber nach, welche schweren Erlebnisse Gott Ihnen geschickt hat. Haben Sie daraus gelernt, auf Gottes Gebote zu achten?

Lied:
Herr, dein Wort, die edle Gabe, dieses Gold erhalte mir;
denn ich zieh es aller Gabe und dem größten Reichtum für.
Wenn dein Wort nicht mehr soll gelten, worauf soll der Glaube ruhn?
Mir ist's nicht um tausend Welten, aber um dies Wort zu tun.
Nikolaus Ludwig Graf von Zinzendorf

Wörter im Text:
Die wörtliche Übersetzung des Wortes »Urteil« in Vers 66 lautet »Geschmack«, wie in Hiob 34,3. Vergleiche auch Hebräer 5,14.

8. Oktober

8. Oktober

PSALM 119,81-96

81 Ich vergehe vor Sehnsucht nach deiner Rettung;
doch ich habe meine Hoffnung auf dein Wort gesetzt.
82 Meine Augen wollen noch sehen, dass deine Verheißungen
wahr werden.
Wann wirst du mich trösten?
83 Ich bin ausgetrocknet wie ein Weinschlauch im Rauch,
erschöpft vom Warten.
Doch ich halte an deinen Grundsätzen fest und gehorche ihnen.
84 Wie lange soll ich noch warten?
Wann wirst du meine Verfolger bestrafen?
85 Diese Selbstgerechten, die dein Gesetz hassen,
haben tiefe Gruben gegraben, in die ich hineinfallen soll.
86 Alle deine Gebote sind vertrauenswürdig.
Beschütz mich vor denen, die mir grundlos nachstellen.
87 Fast hätten sie mich getötet,
doch ich habe deine Gebote nicht aufgegeben.
88 Verschone mein Leben in deiner unwandelbaren Liebe;
dann kann ich deinen Geboten weiter gehorchen.
89 Für immer, HERR,
steht dein Wort im Himmel fest.
90 Deine Treue gilt jeder neuen Generation,
sie währt so lang wie die Erde, die du geschaffen hast.
91 Deine Gesetze haben auch heute Gültigkeit,
denn alles dient am Ende deinen Plänen.
92 Ohne die Freude an deinem Gesetz
wäre ich vor Verzweiflung gestorben.
93 Ich will deine Gebote niemals vergessen,
denn durch sie hast du mir Glück und Gesundheit neu geschenkt.
94 Ich bin dein; rette mich!
Denn ich habe mich verpflichtet, deinen Geboten zu gehorchen.
95 Obwohl die Bösen mir auf dem Weg einen Hinterhalt legten,
um mich zu töten,
will ich getrost an deinen Ratschlüssen festhalten.
96 Selbst die höchste Vollkommenheit hat ihre Grenzen,
doch deine Gebote haben kein Ende.

Das Buch, das höchstwahrscheinlich die Zeiten überdauern wird

Bei der Weltausstellung 1939 auf Long Island, New York, wurde eine torpedoförmige Zeitkapsel unterirdisch in die Tiefe versenkt, die fünftausend Jahre später wieder ausgegraben werden soll. Unter den vielen Gegenständen in der Kapsel waren zwei Bücher. Ein Buch enthielt Erklärungen zur Kapsel und was sich in ihr befand, das zweite Buch war eine Bibel. Warum eine Bibel? Einer der Veranstalter erklärte: »Von allen Büchern, die wir heute kennen, wird die Bibel am wahrscheinlichsten die Zeiten überdauern ... Sie wird eine Art Bindeglied zwischen der Vergangenheit, der Gegenwart und der Zukunft sein.«

Genau das ist die Aussage der Verse 89 und 90, in denen die Wörter *für immer, jeder neuen Generation* und *währt so lang wie die Erde* vorkommen. Die Bibel ist verbrannt und verboten worden. Von jeder Generation wurde ihr Ende vorhergesagt, aber sie lebt immer noch. Sie können in den Urwald des Amazonas oder an die Wall Street gehen, und Sie werden entdecken, dass sie gelesen und studiert wird. Kein Wunder, dass ein Verantwortlicher der Weltausstellung sie als das Buch auswählte, »das höchstwahrscheinlich die Zeiten überdauert«.

LIED:
In deiner Rede will ich bleiben, drauf lässt sichs bauen felsenfest; ich weiß ja, dass von deinen Worten du keins zur Erde fallen lässt.
Es werden Berg und Hügel weichen, es stürzt der ganze Weltkreis ein,
eh auch das kleinste deiner Worte,
Herr Jesu, unerfüllt wird sein.
ADOLF MORAHT

NACHDENKENSWERT:
»Man hat den Eindruck, dass die Spiegelbilder von Sonne und Mond im Wasser genauso hin- und herschwanken wie das Wasser, auf das sie scheinen. Doch trotz all dieses Schlingerns hier unten ziehen Sonne und Mond unerschütterlich ihren Lauf am Himmel. So sagt uns der Psalmist, dass unser Herz möglicherweise durch Unglauben an ein Versprechen Gottes wankend werden kann und dass unser Unglaube uns dann einredet, dass ein Versprechen unbeständig ist; doch Gottes Wort steht fest, vermutlich nicht in unserem Herzen, aber ganz gewiss im Himmel.«
ANTHONY TUCKNEY

9. Oktober

Psalm 119,97-112

97 Wie sehr liebe ich dein Gesetz!
Den ganzen Tag denke ich darüber nach.
98 Deine Gebote machen mich klüger als meine Feinde,
denn sie sind mein ständiger Leitstern.
99 Ja, ich habe größere Einsicht als meine Lehrer,
denn ich denke unablässig über deine Ratschlüsse nach.
100 Ich bin auch klüger als die Alten,
denn ich habe deine Gebote befolgt.
101 Ich habe mich geweigert, die Wege der Bösen zu gehen,
damit ich deinem Wort gehorsam bleibe.
102 Ich habe deine Gesetze nicht aufgegeben,
denn du warst mir ein guter Lehrer.
103 Wie süß schmecken mir deine Worte,
süßer als Honig.
104 Deine Gebote schenken mir Einsicht;
deshalb hasse ich alle Irrwege.
105 Dein Wort ist eine Leuchte für meine Schritte
und ein Licht auf meinem Weg.
106 Ich habe es schon einmal gelobt und gelobe es wieder:
Ich will deinen wunderbaren Geboten gehorchen.
107 Ich habe viel gelitten, HERR,
mach mein Leben wieder heil, wie du es versprochen hast.
108 HERR, nimm meinen Dank an
und lehre mich deine Gesetze.
109 Mein Leben steht ständig auf Messers Schneide,
doch ich höre nicht auf, deinem Gesetz zu gehorchen.
110 Die Bösen haben mir Fallen auf deinem Weg gestellt,
doch ich lasse nicht ab von deinen Geboten.
111 Deine Ratschlüsse sind mein Schatz;
sie sind wahrlich meines Herzens Freude.
112 Ich bin entschlossen, deine Gebote zu halten,
für immer, bis ans Ende.

Das Erdnuss-Genie

Der brillante Biochemiker George Washington Carver modernisierte die Landwirtschaft im Süden der Vereinigten Staaten grundlegend, indem er Hunderte wertvoller Verwendungsmöglichkeiten für die Süßkartoffel und die Erdnuss entdeckte.

1921 wurde dieser schwarze Wissenschaftler nach Washington D.C. eingeladen, um vor dem Haushaltsausschuss über die Möglichkeiten der Nutzung der Erdnuss zu sprechen.

Der Ausschuss lauschte gebannt seinen Ausführungen. Carver sprach fast zwei Stunden lang, viel länger als die übliche Redezeit. Als er fertig war, fragte der Vorsitzende: »Dr. Carver, woher wissen Sie all diese Dinge?«

Carver antwortete: »Aus einem alten Buch.« – »Aus welchem Buch?« – »Aus der Bibel.« – »Hat Ihnen die Bibel etwas über Erdnüsse erzählt?«

»Nein«, antwortete der Wissenschaftler. »Aber sie hat mir von Gott erzählt, der die Erdnuss geschaffen hat. Und dann bat ich ihn, mir zu zeigen, was man mit der Erdnuss anfangen kann, und das hat er getan.«

Durch Gottes Wort hat der Psalmist »größere Einsicht als meine Lehrer« (Vers 99), und seine Gebote machten ihn klug (Vers 104). Genau das entdeckte auch Dr. Carver.

Wenn jemand Weisheit nötig hat, soll er Gott darum bitten, sagt Jakobus (Jak 1,5). Sein »Wort ist eine Leuchte für meine Schritte« (Ps 119,105). »Gedenke an ihn in allen deinen Wegen, so wird er dich recht führen« (Spr 3,6).

Lied:
Segne mich mit deinem Worte, schreib es in mein Herz hinein, dass es mög an jedem Orte meines Wandels Richtschnur sein. Leuchtet mir dies Lebenslicht, o so fehl und fall ich nicht.
Erdmann Neumeister

Parallelstellen zum Thema:
Es wird Zeit, die »Lampen« im ganzen Haus zu überprüfen. Finden Sie heraus, welche Art von Lampen Sie haben: Sprüche 6,23; 20,27; Matthäus 25,1-13; Lukas 8,16 und Offenbarung 22,5.

Nachdenkenswert:
»Wenn Gottes Wort unseren Weg nicht erhellt, ist unser ganzes Leben in Dunkelheit und Nebel gehüllt, so dass wir zwangsläufig erbärmlich in die Irre gehen.«
Johann Calvin

10. Oktober

PSALM 119,113-128

113 Die Unentschlossenen sind mir zuwider,
doch meine Wahl steht fest – ich liebe dein Gesetz.
114 Du bist meine Zuflucht und mein Schild;
dein Wort ist meine einzige Hoffnung.
115 Fort mit euch aus meinem Leben, ihr schlechten Menschen,
denn ich will den Geboten meines Gottes gehorchen.
116 HERR, bewahre mich, wie du es versprochen hast,
damit ich lebe!
117 Erhalte mich, und ich werde gerettet werden;
dann will ich unablässig über deine Grundsätze nachdenken.
118 Die jedoch, die sich von deinen Grundsätzen abwenden,
hast du alle verworfen.
Sie halten sich nur selbst zum Narren.
119 Die Bösen auf Erden sind nur Abschaum, den du abschöpfst;
deshalb liebe ich deine Ratschlüsse!
120 Ich zittere vor Furcht vor dir:
ich fürchte dein Urteil.
121 Liefere mich nicht auf Gnade oder Ungnade meinen Gegnern
aus, denn ich tat nur, was recht und gerecht ist.
122 Schenk mir deinen Segen.
Lass nicht zu, dass die Selbstgerechten mich unterdrücken.
123 Meine Augen sehnen sich danach, deine Erlösung zu sehen,
zu sehen, wie deine Verheißung sich erfüllt.
124 Ich bin dein Knecht;
verfahre mit mir nach deiner unwandelbaren Liebe
und lehre mich deine Gebote.
125 Schenk mir, deinem Knecht, Urteilsfähigkeit;
damit ich deine Ratschlüsse verstehe.
126 HERR, es wird Zeit, dass du eingreifst,
denn diese schlechten Menschen haben dein Gesetz gebrochen.
127 Ich liebe deine Gebote aufrichtig,
mehr als Gold, als das lauterste Gold.
128 Es stimmt, jedes deiner Gebote ist gerecht.
Deshalb hasse ich alle Falschheit.

Die Unschlüssigen

Tertullian, der etwa 150 Jahre nach den Aposteln lebte, wurde für eine Karriere als Politiker und Redner ausgebildet. Er war clever und schlagfertig und hatte einen messerscharfen Verstand. Im Alter von 35 Jahren wurde er Christ und fasste den Entschluss, eine lukrative Karriere in der Politik aufzugeben, um ein leidenschaftlicher Prediger, Schriftsteller und Verfechter des Glaubens zu werden.

Wie der Psalmist (s. Vers 113) konnte Tertullian halbherzige Christen nicht verstehen. Eines Tages unterhielt er sich mit einem anderen Christen, der in fragwürdige Geschäftspraktiken verwickelt war. Der Mann rechtfertigte seine Handlungsweise mit den Worten: »Aber ich muss doch leben.« Tertullian erwiderte kurz: »Warum?«

In der Tat, warum? Wenn man darüber nachdenkt, stellt sich die Frage, was wichtiger ist, leben oder dem Herrn gefallen? Wie Tertullians Freund gehen wir viele Kompromisse ein, weil wir sie für erforderlich halten, um einen bestimmten Lebensstil aufrechterhalten zu können. Aber wie nötig ist dieser Lebensstil? Zu welcher Art von Leben hat Gott uns berufen?

Jesus Christus forderte Menschen auf, alles aufzugeben und ihm nachzufolgen (Mk 10,21; Lk 9,23), aber wie leicht verwässern wir diese Worte. Das führt dazu, dass unsere Entscheidungen selten klar sind und wir nicht nur in kleineren Dingen, sondern auch in den wichtigen Dingen des Lebens unschlüssig werden.

LIED:
Hilf, dass wir auch nach deinem Wort gottselig leben immerfort zu ehren deinem Namen, dass uns dein guter Geist regier, auf ebner Bahn zum Himmel führ durch Jesus Christus. Amen
JAKOB FABRICIUS

WÖRTER IM TEXT:
Der »Abschaum« (Luther: Schlacke) in Vers 119 bezieht sich wahrscheinlich auf Rückstände bei der Metallbearbeitung. Wenn ein Edelmetall geläutert wird, bildet sich auf der Oberfläche eine Schicht mit Unreinheiten, die vom Schmied abgeschöpft und weggeworfen wird. Siehe auch Jesaja 1,22.

11. Oktober

Psalm 119,129-144

129 Deine Ratschlüsse sind wunderbar.
Deshalb gehorche ich ihnen!
130 Wo deine Worte gelehrt werden, spenden sie Licht;
noch der Einfältigste kann sie verstehen.
131 Ich öffne erwartungsvoll meinen Mund,
hungrig auf deine Gebote.
132 Komm und erweise mir deine Barmherzigkeit,
wie du es mit allen tust, die deinen Namen lieben.
133 Lenk meine Schritte durch dein Wort,
damit ich nicht vom Bösen überwältigt werde.
134 Rette mich aus der Knechtschaft schlechter Menschen;
damit ich deinen Geboten gehorchen kann.
135 Blick voll Liebe auf mich herab;
lehre mich alle deine Gebote.
136 Tränen strömen aus meinen Augen,
weil die Menschen deinem Gesetz nicht gehorchen.
137 O HERR, du bist gerecht,
und deine Urteile sind gerecht.
138 Deine Ratschlüsse sind vollkommen;
sie sind unseres Vertrauens würdig.
139 Ich bin außer mir vor Zorn,
denn meine Feinde haben deine Worte missachtet.
140 Deine Verheißungen wurden streng auf die Probe gestellt,
deshalb liebe ich sie so sehr.
141 Ich bin gering und unbedeutend,
doch ich vergesse deine Gebote nicht.
142 Deine Gerechtigkeit währt ewig,
und dein Gesetz ist vollkommen wahr.
143 Wenn Kummer und Sorgen mich niederdrücken,
dann habe ich doch Freude an deinen Geboten.
144 Deine Ratschlüsse sind immer gerecht;
hilf mir, sie zu verstehen, damit ich leben kann.

Das Buch, das mich versteht

Der junge französische Philosoph Emile Cailliet hatte im ersten Weltkrieg seine Illusionen verloren. Im Schützengraben erkannte er, dass seine naturalistische Philosophie versagte. Er suchte nach einem Buch, das dem Leben einen Sinn gab, ja noch mehr, er suchte nach einem »Buch, das mich versteht«.

Da er ein solches Buch nicht fand, beschloss er, es selbst zusammenzustellen. Wo immer er konnte, sammelte er weise Aussprüche und schrieb sie in sein Notizbuch. Eines Tages saß er unter einem Baum und las sein selbst gemachtes Buch mit seiner selbst gemachten Philosophie. Nach dem Lesen wurden ihm noch mehr Illusionen als je zuvor geraubt. Seine eigene Sammlung der Weisheit hatte ebenfalls versagt.

Gerade in diesem Augenblick trat seine Frau mit einer Bibel aus dem Haus, auf die sie zufällig in einer nahe gelegenen Kapelle gestoßen war. Trotz seiner Bildung hatte Cailliet noch nie zuvor eine Bibel gesehen. »Beim Lesen konnte ich keine Worte finden, um meine Ehrfurcht und Verwunderung auszudrücken. Plötzlich ging mir ein Licht auf. Das war das Buch, das mich verstehen würde.«

In diesem ganzen Psalm gibt der Psalmist seinem Erstaunen über das, was Gottes Wort ist, Ausdruck – genau wie Cailliet es erlebte. Später gab der französische Philosoph, der ein gläubiger Christ wurde, zu, dass es seltsam klingt, von einem Buch zu sprechen, das einen Menschen versteht, aber man könne das nur sagen, »weil seine Seiten von der Gegenwart des lebendigen Gottes belebt sind«.

LIED:
Wort des Lebens, lautre Quelle, die vom Himmel sich ergießt, Lebenskräfte gibst du jedem, der dir Geist und Herz erschließt, der sich, wie die welke Blume, die der Sonnenbrand gebleicht, dürstend von dem dürren Lande zu der Quelle niederneigt.
KARL JOHANN PHILIPP SPITTA

NACHDENKENSWERT:
»Dieses Licht [Vers 130] hat außerordentliche Eigenschaften. 1. Es ist ein klärendes Licht: es legt alle Betrügereien der Welt offen dar. 2. Es ist ein richtungsweisendes Licht: es zeigt uns, wie wir uns in jeder Situation am besten verhalten. 3. Es ist ein belebendes Licht: es zeigt uns Jesus, das Licht des Lebens. 4. Es ist ein erquickendes Wort: es bringt uns jeden Tag Trost.«
THOMAS MANTON

12. Oktober

Psalm 119,145-160

145 Ich bete von ganzem Herzen; erhöre mich, Herr!
Ich will deine Gebote halten.
146 Ich rufe zu dir; rette mich,
damit ich deinen Geboten gehorche.
147 Früh am Morgen, noch bevor die Sonne aufgeht, erhebe ich mich;
ich bitte dich um Hilfe und setze mein Vertrauen auf dich.
148 Die Nacht über liege ich wach
und denke über deine Verheißung nach.
149 Hör mein Flehen, Herr, in deiner unwandelbaren Liebe;
rette mein Leben in deiner Gerechtigkeit.
150 Diese Gesetzlosen kommen und stellen mir nach;
sie führen ein Leben fern von deinem Gesetz.
151 Doch du bist nahe, Herr,
und alle deine Gebote sind wahr.
152 Ich habe von Anfang an gewusst,
dass deine Ratschlüsse sich niemals ändern.
153 Sieh meine Sorgen an und rette mich,
denn ich habe dein Gesetz nicht vergessen.
154 Tritt für mich ein; stell dich auf meine Seite!
Beschütze mein Leben, wie du versprochen hast.
155 Die Bösen dürfen nicht auf Rettung hoffen,
denn sie kehren sich nicht an deine Gebote.
156 Herr, wie groß ist deine Barmherzigkeit;
um deiner Gerechtigkeit willen gib mir mein Leben wieder.
157 Viele verfolgen und bedrängen mich,
doch ich bin nicht von deinen Ratschlüssen abgewichen.
158 Ich hasse diese Verräter,
weil dein Wort sie nicht berührt.
159 Sieh doch, wie sehr ich deine Gebote liebe, Herr.
Gib mir mein Leben wieder, um deiner unwandelbaren Liebe willen.
160 Alle deine Worte sind wahr;
alle deine gerechten Gesetze währen ewig.

Das Buch, das Feinde zu Freunden macht

Während des Zweiten Weltkriegs hasste Jacob DeShazer die Japaner. Sie waren der Feind, und als Pilot war es für ihn eine Genugtuung, todbringende Brandbomben auf ihre

Städte zu werfen. Doch dann wurde sein Flugzeug abgeschossen, und er verbrachte 32 Monate in einem japanischen Gefangenenlager in Einzelhaft. Hier beschäftigte er sich mit der Bibel. Beim Lesen wurde er Christ. Er beschloss, Missionar für Japan zu werden, wenn er jemals lebend aus diesem Lager herauskommen würde, und den Japanern anstelle von Bomben die Liebe von Jesus Christus zu bringen.

Weniger als vier Jahre nach seiner Entlassung kehrte er als Missionar nach Japan zurück und schrieb eine kurze Abhandlung über seine Erfahrungen. Unter anderem las auch Mitsuo Fuchida, Kommandeur einer japanischen Bomberstaffel, der 1941 den Luftangriff auf Pearl Harbor befehligte, diese Abhandlung. DeShazer hatte die Macht der Bibel in seinem Leben bezeugt, deshalb beschloss Fuchida, die Bibel selbst zu lesen. Bevor dieser japanische Offizier die ersten dreißig Seiten gelesen hatte, nahm er Christus als persönlichen Retter an. Kurze Zeit später saßen DeShazer und Fuchida bei einer evangelistischen Versammlung in Tokio zusammen auf der Tribüne. Die beiden ehemaligen Feinde waren jetzt Brüder in Jesus Christus.

In diesem ganzen Abschnitt von Psalm 119 drückt der Psalmist sein Vertrauen auf Gottes Wort und seine Sorge über seine Feinde aus. Wie DeShazer entdeckte, ist es möglich, dass Feinde durch die Macht des Wortes Gottes Freunde werden.

Sind Sie bereit, in diesem Sinne für Ihre Feinde zu beten?

Lied:
Auf dein Wort will ich merken, es leuchtet meinem Fuß,
zeigt wie in Wort und Werken ich sein und handeln muss.
Lehr mich ihm folgen schlichte an jedem Tag und Ort, dass meinen Gang ich richte mit Fleiß nach deinem Wort.
Dora Rappard

Wörter im Text:
Im Hebräischen beginnen die Verse 150 und 151 mit den Wörtern nahe sein. *Der Feind nähert sich und der Herr ist nahe. Zu solchen Zeiten ist es gut, daran zu denken, dass man sich auf Gottes Wort verlassen kann (s. Vers 152).*

13. Oktober

13. Oktober

PSALM 119,161-176

161 Mächtige verfolgen mich ohne Grund,
doch mein Herz zittert nur bei deinem Wort.
162 Ich freue mich über dein Wort,
wie jemand, der einen großen Schatz findet.
163 Falschheit hasse und verabscheue ich,
aber ich liebe dein Gesetz.
164 Ich will dich siebenmal am Tag preisen,
weil alle deine Gesetze gerecht sind.
165 Die dein Gesetz lieben, haben Frieden
und straucheln nicht.
166 Ich sehne mich nach deiner Rettung, HERR,
deshalb habe ich deine Gebote befolgt.
167 Ich habe deinen Ratschlüssen gehorcht,
und ich liebe sie von Herzen.
168 Ja, ich gehorche deinen Geboten und Ratschlüssen,
weil du alles weißt, was ich tue.
169 O HERR, höre mein Flehen;
schenk mir die Einsicht, die du mir versprochen hast.
170 Vernimm mein Gebet;
rette mich, wie du es mir verheißen hast.
171 Meine Lippen sollen dich loben,
denn du hast mich deine Gebote gelehrt.
172 Meine Zunge soll dein Wort singen,
denn alle deine Gebote sind gerecht.
173 Steh mir hilfreich zur Seite,
weil ich mich entschieden habe, deine Gebote zu halten.
174 O HERR, ich habe mich nach deiner Rettung gesehnt,
und dein Gesetz ist meine Freude.
175 Lass mich leben, damit ich dich preisen kann;
dein Gesetz erhalte mich.
176 Ich bin in die Irre gegangen wie ein verlorenes Schaf;
komm und finde mich,
denn ich habe deine Gebote nicht vergessen.

Das Wagnis, die Seiten zu öffnen

Psalm 119 ist dafür bekannt, dass in fast jedem Vers Gottes Wort erwähnt wird. Aber man findet noch mehr Bezugnahmen auf Gott (zählen Sie, wie oft der Psalmist *du, dir, dich* und *dein* in diesen Versen gebraucht) sowie den Psalmisten selbst (zählen Sie, wie oft *ich, mir* oder *mich* vorkommen). Der Kernpunkt dieses Psalms ist nicht das Wort Gottes, sondern die Beziehung zwischen Gott und seinem Volk durch das Wort. Aus Vers 176 geht das besonders deutlich hervor.

Die Universitätsbibliothek von Kansas besitzt eine bemerkenswerte Bibel. Auf den ersten Blick sieht sie recht gewöhnlich aus, aber wenn man die Seiten mit dem Goldrand öffnet, sieht man ein Bild von Christus mit seinen Jüngern beim letzten Abendmahl. Unter diesem Bild stehen die Worte: »Ich bin es selbst; beschäftige dich mit mir, und du wirst es sehen.«

Das ist die Botschaft der Bibel und tatsächlich die Botschaft von Psalm 119. Wenn man die Seiten öffnet, kann man Christus sehen. Doch das ist nicht alles: durch diese Seiten können Sie zu einer persönlichen Beziehung mit ihm finden. Das Ziel der Bibel liegt nicht einfach darin, dass Sie mehr über Gott erfahren. Das Ziel ist, dass Sie ihn persönlich kennen lernen.

Lied:
O wie freun wir uns der Stunde, da wir dir, Herr Jesu, nahn, um aus deinem heilgen Munde Lebensworte zu empfahn. Lass uns heute nicht vergebens Hörer deines Wortes sein; schreibe selbst das Wort des Lebens tief in unsre Herzen ein.
Karl Johann Philipp Spitta

Nachdenkenswert:
»Ich denke nicht, dass es einen passenderen Abschluss für einen solchen Psalm gibt, der so voll mit immer wechselnden Zuständen und Gefühlen, auch eines Gotteskindes, ist, das Sonnenschein und Wolken, Ruhe und Sturm erlebt, als diese ständige Neigung zum Laufen in die Irre und den Ausdruck völliger Unfähigkeit, ohne die leitende Hand des Herrn, zurückzufinden.«
Barton Bouchier

14. Oktober

Zwischenspiel: Lieder der Pilgerreise

Die Psalmen 120 bis 134 sind mit einer interessanten Überschrift versehen: »Ein Lied für die Pilgerfahrt nach Jerusalem« oder wörtlicher: »Lied der Hinaufgänge«. Was bedeutet das? Um welche Art Psalmen muss es sich hierbei handeln? Hier einige Verse aus diesen Psalmen:

Psalm 121,3

»Er lässt dich nicht straucheln noch stürzen; der über dich wacht, schläft nicht.«

Psalm 122,1

»Ich freute mich, als sie mich einluden: ›Wir wollen zum Haus des Herrn gehen.‹«

Psalm 126,5

»Die unter Tränen pflanzen, werden mit Freuden ernten.«

Psalm 127,1

»Wenn der Herr nicht das Haus baut, ist die Arbeit des Baumeisters nutzlos.«

Psalm 130,3-4

»Herr, wenn du Buch über unsere Sünde führen würdest, wer könnte da bestehen? Doch du schenkst uns Vergebung, damit wir lernen, dich zu achten.«

Psalm 133,1

»Wie schön ist es, wie wunderbar, wenn Brüder einträchtig zusammenleben!«

Haben Sie schon einmal mit Kindern eine lange Reise unternommen? Es ist nicht leicht. Aus Verzweiflung erfinden die meisten Familien eine ganze Zusammenstellung von Spielen, Rätseln und Liedern, um den Kindern während der Fahrt die Zeit zu vertreiben. Wenn Sie ein Lied mit einem Dutzend Strophen finden, das zehn Minuten dauert, sind Sie eine Zeit lang aus dem Schneider, denn das bedeutet zehn Kilometer näher an der nächsten Pause.

Zu biblischen Zeiten hatten Eltern das gleiche Problem, doch in jenen Tagen bedeuteten natürlich zehn Minuten nicht zehn Kilometer weniger Reise. Die Familien waren verpflichtet, jedes Jahr dreimal nach Jerusalem zu kommen: zum Passafest, zu Pfingsten und zum Laubhüttenfest. Mit einem Esel und fünf Kindern waren sogar sechzig oder siebzig Kilometer eine weite Reise. Aus Sicherheitsgründen versuchte man in der Regel, mit anderen Familien des Dorfes unterwegs zu sein. Das half auch, die Kinder bei Laune zu halten.

Eine zusätzliche Schwierigkeit lag darin, dass der größte Teil der Reise nach Jerusalem bergauf ging. Der Berg Zion, auf dem der Tempel stand, ist sicher nicht mit dem Mount Everest oder dem Kilimandscharo zu vergleichen, doch die Reise von Jericho, das fast 300 Meter unter dem Meeresspiegel lag, in das 800 Meter hoch gelegene Jerusalem bedeutete einen beträchtlichen Aufstieg für alle.

Dabei kamen wahrscheinlich die »Lieder für die Pilgerfahrt nach Jerusalem« (Psalm 120-134) zustatten. Die Pilger sangen sie auf ihrem Weg nach Jerusalem, während sie zur Stadt hochstiegen. Allerdings waren die Psalmen ursprünglich nicht als »Musik zur Bergbesteigung« geschrieben worden. Stattdessen wurden sie vermutlich für den Gottesdienst im Tempel geschrieben (Ps 122, 124, 134), für öffentliches Singen (Ps 124, 125), für nationale Feiertage (Ps 121, 126, 129, 132, 133) oder für den Gebrauch im Privatbereich oder in der Familie (Ps 120, 127, 128, 130, 131). Aber da diese Psalmen alle verhältnismäßig kurz sind und von Dingen sprechen, die zu einer Pilgerfahrt zum Tempel passen, eigneten sie sich zum gemeinsamen Singen, während die Reisegruppe sich auf dem Weg nach Jerusalem hochschleppte.

Welch wunderbarer Familienurlaub muss das gewesen sein – mit einem geistlichen Ziel im Auge. Es wäre keine schlechte Idee für heutzutage. Warum benutzen Sie diese Psalmen nicht als Erquickung bei Ihrem geistlichen »Aufstieg«?

Lied:
Man muss wie Pilger wandeln,
frei, bloß und wahrlich leer;
viel sammeln, halten handeln
macht unsern Gang nur schwer.
Gerhard Tersteegen

15. Oktober

Psalm 120

Ein Lied für die Pilgerfahrt nach Jerusalem.

1 Ich brachte meinen Kummer vor den HERRN;
ich schrie zu ihm, und er erhörte mein Gebet.
2 Rette mich, HERR, vor den Lügnern
und Betrügern, die mich umgeben.
3 O du trügerische Zunge, wie wird Gott dich strafen?
Wie wird er deine Strafe noch steigern?
4 Du wirst von scharfen Pfeilen durchbohrt
und von glühenden Kohlen verbrannt werden.
5 Wie muss ich leiden unter diesen Schurken von Meschech!
Welche Qual ist es, unter den Leuten von Kedar zu leben!
6 Ich bin es müde, hier zu wohnen,
unter Menschen, die den Frieden hassen.
7 Ich trete für den Frieden ein,
doch wenn ich das Wort erhebe, fordern sie den Krieg!

Wenn Sie in Meschech wohnen

Offensichtlich hat sich der kluge englische Schriftsteller Thomas Carlisle einmal in einer Londoner Abendgesellschaft nicht wohl gefühlt. Er beschrieb einem Freund die Anwesenden als »Quasselköpfe« und zitierte dann Psalm 120,5: »Wie muss ich leiden unter diesen Schurken von Meschech!«

Einige hundert Jahre früher waren ein paar Benediktinermönche bestürzt über das Fehlen an geistlicher Gesinnung in ihrem Orden, und sie beschrieben ihre Misere als »Wohnen unter den Hütten Kedars«. Was bedeutet dieses Reden über Meschech und Kedar?

Meschech war ein barbarischer Volksstamm im hohen Norden Israels, Kedar war ein sittenloser Stamm im Südosten. Wahrscheinlich wohnte der Psalmist nicht wirklich bei ihnen, aber er hatte den Eindruck, dass seine Nachbarn wie Barbaren lebten (wie Carlisle dachte) oder dass es ihnen an jeglichem geistlichen Empfinden fehlte (wie die Benediktinermönche meinten).

Es ist nicht leicht, unter solchen Gegebenheiten zu leben, wo Klatsch, Verleumdung und obszöne Reden an der Tagesordnung sind. Doch wie Charles Spurgeon einmal sagte, ist es manchmal leichter, ein »gottgefälliges Leben in einem Kaufhaus als in einer theologischen Hochschule zu führen«. Wir können uns immer dazu entschließen, Gott nachzufolgen, auch wenn wir in der Umgebung der Menschen von Meschech und Kedar leben.

Lied:
Zu dem steht mein Verlangen, da wollt ich gerne hin;
die Welt bin ich durchgangen,
dass ich's fast müde bin.
Je länger ich hier walle, je wen'ger find ich Freud,
die meinem Geist gefalle; das meist ist Herzeleid.
Paul Gerhardt

Parallelstellen zum Thema:
Die Bibel hat viel über die Verheerung zu sagen, die von einer »trügerischen Zunge« (Vers 3) angerichtet wird. Siehe Jeremia 9,8; Jakobus 3,6; Matthäus 15,11; Römer 3,13.

Nachdenkenswert:
»Dieser kurze Abschnitt ist ein klassischer Kommentar zu der Unvereinbarkeit von Licht und Finsternis. In diesem Zusammenhang warnt das Neue Testament den Christen vor zwei entgegengesetzten Fehlern: Konzessionen (2. Kor 6,14 ff.; 1. Joh 2,15 ff.) und Feindseligkeit (Röm 12,14-21.«
Derek Kidner

16. Oktober

PSALM 121,1-4

Ein Lied für die Pilgerfahrt nach Jerusalem

1 Ich schaue hinauf zu den Bergen –
kommt meine Hilfe von dort?
2 Meine Hilfe kommt vom HERRN,
der Himmel und Erde gemacht hat.
3 Er lässt dich nicht straucheln noch stürzen;
der über dich wacht, schläft nicht.
4 Der über Israel wacht,
wird nicht müde und nicht schläfrig.

Wir können ruhig schlafen, weil Gott nicht schläft

Im siebzehnten Jahrhundert war der englische Gesandte in Schweden durch Berichte, die er aus seinem Heimatland erhalten hatte, sehr aufgewühlt. Da er nicht schlafen konnte, ging er nachts in seiner Wohnung unruhig auf und ab.

Sein Diener wandte sich an ihn: »Mein Herr, darf ich Ihnen eine Frage stellen?« – »Ja, natürlich«, antwortete der Gesandte. – »Glauben Sie, dass Gott die Welt sehr gut regierte, bevor Sie auf die Welt kamen?« – »Ja, selbstverständlich.« – »Und glauben Sie, dass er die Welt genauso gut regieren wird, wenn Sie nicht mehr hier sind?« – »Sicher.« – »Denken Sie dann nicht, dass Sie ihm vertrauen können, dass er die Welt während der paar Jahre, die Sie leben, auch regiert?«

Wir haben einen Gott, der weder schläft noch schlummert, der über uns und unsere Lieben wacht.

Die Pilger des Alten Testaments, die zu den jährlichen Festen nach Jerusalem kamen, waren oft auf Straßen unterwegs, auf denen Räuber lauerten. Ohne Zweifel machten sich Eltern Sorgen um die Sicherheit ihrer Kinder. Deshalb spricht dieser Psalm einige tief verwurzelte Ängste an.

Die Pilger gewannen ein Gefühl der Sicherheit aus der Tatsache, dass der Gott, der das Volk liebt und erhält (Vers 4), derselbe Gott ist, der immer noch Menschen liebt und erhält (Vers 3). Wie für die Pilger in den Tagen des Psalmisten gilt das heute auch für Sie.

LIED:
Du Verächter!
Gott, dein Wächter,
schläfet ja und
schlummert nicht;
zu den Höhen
aufzusehen wäre
deine Glaubenspflicht.
JOHANN DANIEL HERRNSCHMIDT

PARALLELSTELLEN ZUM THEMA:
Dieser Psalm erinnert uns daran, dass Gott niemals schläft. Erinnern Sie sich an die Geschichte von Elias Auseinandersetzung mit den Propheten Baals auf dem Berg Karmel? Als die Propheten Baals nicht in der Lage waren, Feuer vom Himmel regnen zu lassen, spornte Elia sie an, lauter zu Baal zu rufen: »[Er] ist über Land oder schläft vielleicht, dass er aufwache!« (1. Kön 18,27).

NACHDENKENSWERT:
»Wir stehen alle in der Versuchung, auf die Berge, auf die Schöpfung anstatt auf den Schöpfer zu schauen, auf Dinge und Menschen unter dem Himmel anstatt auf ihn, der über den Himmeln in seiner unendlichen Majestät wohnt und dem alle Macht gegeben ist im Himmel und auf Erden.«
F. B. MEYER

17. Oktober

Psalm 121,5-8

5 Der Herr selbst wacht über dich!
Der Herr steht neben dir als ein schützender Schatten.
6 Die Sonne wird dir am Tag nichts anhaben
noch der Mond bei Nacht.
7 Der Herr behütet dich vor allem Bösen
und bewahrt dein Leben.
8 Der Herr wacht über dich,
wenn du kommst und wenn du gehst,
jetzt und für immer.

Sicher bei dem, der uns behütet

Es war ein dunkler, kalter Novembermorgen, als die Familie Livingstone ihren Sohn David verabschiedete. An diesem Tag wollte er von Schottland aufbrechen und ins Innere Afrikas reisen. Frau Livingstone kochte Kaffee, und Herr Livingstone zog sich warm an, um seinen Sohn nach Glasgow zu begleiten. David nahm die Familienbibel und las mit der Familie die tröstenden Worte von Psalm 121.

Über zehn Jahre danach plante Dr. Livingstone eine Reise, die ihn zusammen mit seiner Frau und seinen Kindern noch tiefer in die noch unerforschten Gebiete im Innersten Afrikas führen sollte. Kurz vor seiner Abfahrt erhielt er einen Brief von seiner Schwiegermutter Mary Moffat, die selbst Missionarin war. »Mein lieber Livingstone«, begann sie. »Bis jetzt bin ich zuversichtlich und kann glauben, dass unser großer Herr Sie wieder sicher zurückbringt.« Sie hielt sich an die Verheißungen von Psalm 121 und Psalm 91. »Wir beten ohne Unterlass für euch.« Dann fügte sie hinzu: »Jede Bitte, so flehentlich sie auch sein mag, muss mit der Unterordnung unter seinen Willen verbunden sein.«

Beschützt? Ja. Sich seinem Willen unterordnen? Ja, auch das. Manchmal werden wir dadurch verwirrt. Weder David Livingstone noch der Apostel Paulus blieben vor Schwierigkeiten verschont, und Jesus versicherte, dass wir in dieser Welt Leid tragen werden (Joh 16,33). Aber egal was geschieht, wir können nie von Gottes Liebe oder Gottes Zielvorstellungen getrennt werden. Er hat versprochen, uns vor dem Bösen zu bewahren, aber nicht, jedes Schlagloch auf der Straße unseres Lebens zu pflastern.

Lied:
Unsern Ausgang segne Gott,
unsern Eingang gleichermaßen,
segne unser täglich Brot,
segne unser Tun und Lassen,
segne uns mit sel'gem Sterben
und mach uns zu Himmelserben.
Hartmann Schenk

Wissenswertes:
Achten Sie auf all die Ausdrücke in dem Psalm, die aussagen, dass Gott »behütet«, »beschützt«, »bei dir ist«, »bewahrt« und »nie schläft«. Glauben Sie, der Herr versucht, Ihnen damit etwas zu sagen?

Nachdenkenswert:
»Christen leben auf derselben Erde wie andere Menschen auch, sie atmen dieselbe Luft, trinken dasselbe Wasser … Der Unterschied besteht darin, dass wir bei jedem Schritt, den wir gehen, wissen, dass Gott uns begleitet, dass wir von Gott geleitet werden, und deshalb sicher sind, dass der Herr uns vor allem Übel bewahren wird, egal welches Unglück uns trifft.«
Eugene Peterson

18. Oktober

PSALM 122,1-5

Ein Lied für die Pilgerfahrt nach Jerusalem. Ein Psalm Davids.
1 Ich freute mich, als sie mich einluden:
»Wir wollen zum Haus des HERRN gehen.«
2 Nun stehen wir hier
in deinen Toren, Jerusalem.
3 Jerusalem ist eine herrlich erbaute Stadt,
in wunderbarer Schönheit angelegt.
4 Alle Kinder Israels – des Volkes des HERRN –
kommen als Pilger hierher.
Sie kommen, um den Namen des HERRN zu preisen,
wie das Gesetz es vorschreibt.
5 Hier stehen die Throne, vor denen Recht gesprochen wird,
die Throne des Geschlechtes Davids.

Ich freute mich – zumindest teilweise

Können Sie sich die Hochstimmung der israelitischen Familien vorstellen, als sie zu den Zeiten der Feste in Jerusalem einzogen – einige kamen aus Galiläa im Norden, andere aus Ägypten im Süden, einige kamen aus Zypern oder sogar aus Griechenland über das Mittelmeer angereist. Je näher sie kamen, umso mehr andere Pilger schlossen sich ihnen an, die Menge wurde immer lebhafter und die Begeisterung fast greifbar.

»Ach Mama, können wir nicht noch fünf Minuten warten, bis wir in den Kindergottesdienst gehen? Jetzt kommt gerade meine Lieblingssendung im Fernsehen.«

Als sich die Menschenmassen die letzte Anhöhe hinaufwälzten und Jerusalem und den berühmten Tempel erblickten, jauchzten sie vor Vorfreude darauf.

»Ich weiß nicht, ob es sich lohnt, heute zur Kirche zu gehen. Ich glaube nicht, dass der Pfarrer über etwas Wichtiges predigen wird.«

Die Pilger, die die Tore der Stadt durchschritten, beschleunigten ihren Schritt, sie eilten in die Höfe des Tempels. Einige fielen nieder und küssten die Böden aus Marmor. Endlich, endlich: »Halleluja, Schalom, Jerusalem!«

»Vielleicht sollten wir doch lieber gehen. Irgendjemand könnte auf falsche Gedanken kommen, wenn wir zu Hause bleiben.«

LIED:
Jerusalem, du hochgebaute Stadt,
wollt Gott, ich
wär in dir!
Mein sehnend Herz so
groß Verlangen hat
und ist nicht mehr
bei mir.
Weit über Berg
und Tale,
weit über Flur
und Feld
schwingt es sich
über alle
und eilt aus
dieser Welt.
JOHANN MATTHÄUS MEYFART

WÖRTER IM TEXT:
Das hebräische Wort in Vers 3, das mit »erbaut« übersetzt wurde, kann sich auch auf Menschen beziehen, die ihre Kräfte vereinen oder sich freundschaftlich zusammenschließen.

PARALLELSTELLEN ZUM THEMA:
Mehr über die Tore Jerusalems steht in 2. Chronik 8,14; 31,2; Nehemia 1,3; 12,30; Psalm 24,7; 100,4; Sprüche 8,1-5; Klagelieder 2,9 und Offenbarung 21,21.

19. Oktober

19. Oktober

Psalm 122,6-9

6 Betet um Frieden für Jerusalem.
Möge es allen wohl ergehen, die die Stadt lieben.
7 Frieden möge in deinen Mauern herrschen, Jerusalem,
und Wohlergehen in deinen Palästen.
8 Um meiner Familie und meiner Freunde willen sage ich:
»Friede sei mit dir.«
9 Um des Hauses des Herrn, unseres Gottes, willen
suche ich dein Bestes, Jerusalem.

Der unbeständige Friede Jerusalems

Als die Pilger Jerusalem von weitem erblickten, sind sie zweifellos in überschwänglichen Jubel ausgebrochen.

Als Jesus in jener letzten Woche vor seiner Kreuzigung sich der Stadt näherte, weinte er über sie. »Wenn doch auch du erkenntest zu dieser Zeit, was zum Frieden dient! Aber nun ist's vor deinen Augen verborgen« (Lk 19,42). Jesus sah die Zerstörung der Stadt durch die Römer, die eine Generation später stattfand, vorher.

Wahrscheinlich hat keine andere Stadt der Geschichte das Wort *Friede* oder *Schalom* öfter in ihren Mauern gehört, vielleicht wurde keine andere Stadt so oft immer wieder von eindringenden Feinden verwüstet. Die Babylonier, die Griechen, die Römer, die Perser, die Muslime, die Türken, die Kreuzfahrer, die Briten – alle belagerten und eroberten sie mehrmals. Ist es nicht seltsam, dass der Friede dieser Stadt, die von drei Religionen für heilig gehalten wird, so unbeständig ist? Ist es nicht seltsam, dass der Friedefürst hier gekreuzigt wurde?

Christen sollten weiter für die bedrängte Stadt Jerusalem beten. Wir sollten auch daran denken, dass die Gemeinde für Christen das ist, was Jerusalem für die Pilger war. Der Hebräerbrief erinnert uns an die Juden, die sich Jerusalem näherten, wenn wir lesen: »Sondern ihr seid gekommen zu dem Berg Zion und zu der Stadt des lebendigen Gottes, dem himmlischen Jerusalem« (Hebr 12,22). Und wir sollen dadurch zum Frieden beitragen, dass wir »fest bleiben in der brüderlichen Liebe« (Hebr 13,1).

LIED:
Friede höher als Vernunft, Licht von höchster Zinne, wird dir heut und jeder Frist hüten ganz in Jesus Christ das Herz und alle Sinne.
KURT MÜLLER-OSTEN

PARALLELSTELLEN ZUM THEMA:
Die eigentliche Bedeutung von Vers 9 und alles, was damit zusammenhängt, können Sie in Hebräer 12,22-24 nachlesen.

NACHDENKENSWERT:
»Die Gemeinde ist für einen Christen das, was Jerusalem für einen Israeliten war. Hier findet er seine engsten Bande, seine Brüder und Weggefährten, ob er sie kennt oder nicht, die mit ihm als Pilger demselben Ziel zustreben.«
WILLIAM S. PLUMER

20. Oktober

PSALM 123

Ein Lied für die Pilgerfahrt nach Jerusalem

1 Ich erhebe meine Augen zu dir,
Gott, dessen Thron im Himmel ist.
2 Wir blicken auf den HERRN, unsren Gott, und warten auf seine Barmherzigkeit,
wie Knechte die Augen auf ihren Herrn richten
und Mägde auf das leiseste Zeichen ihrer Herrin achten.

3 Sei uns gnädig, HERR, sei uns gnädig,
denn wir sind lange genug verachtet worden.
4 Lang genug haben uns die Stolzen verhöhnt
und die Hochmütigen verachtet.

Warum pfeift er nicht?

Stellen Sie sich vor, es ist die letzte Minute eines entscheidenden Fußballspiels. Dem Mittelstürmer wird ein Pass zugespielt, und er nähert sich dem gegnerischen Tor. Ein Spieler der gegnerischen Mannschaft verfolgt ihn und packt ihn plötzlich am Arm. Der Stürmer verliert den Ball, und der Gegner lächelt schadenfroh. Er denkt, dass er ungeschoren davonkommt. Niemand hat gesehen, dass er den Stürmer am Arm gepackt hat – so denkt er zumindest.

Der Stürmer schaut auf den Schiedsrichter. Wird der Schiedsrichter eingreifen? Pfeift er? Hat der Schiedsrichter das Foul nicht bemerkt? Und wenn das Spiel verloren wird, nur weil der Gegner ohne Strafe davonkommt?

Nehemia hatte auch diesen Eindruck (Neh 4,4). Er war nach Jerusalem zurückgekommen, um die Mauern der Stadt wieder aufzubauen, und alles ging gut – das heißt, bis die Feinde mit ihrem

Gespött begannen. Deshalb betete Nehemia: »Höre uns, oh unser Gott.« Bemerkte Gott nicht, was die Feinde taten? Warum bestrafte er sie nicht?

Auch der Psalmist hatte diesen Eindruck. Eigentlich haben wir alle von Zeit zu Zeit diesen Eindruck. Wir erwarten eine sofortige Wiederherstellung unserer Rechte anstatt auf den Schiedsrichter zu schauen.

Nehemia betete weiter und arbeitete weiter. Und wir müssen das Gleiche tun.

Das nächste Spiel wird schon angepfiffen. Stürzen wir uns in das Getümmel!

LIED:
*Wo meine Füße gehn,
was meine
Händ arbeiten,
da will ich auf
dich sehn,
als stündst du mir
zu Seiten.
Dein Geist regiere
mich, bis alles, was
du willst,
in meinem Herzen ist
und durch mein Tun
erfüllt.*
BENIGNA GRÄFIN VON REUSS

WÖRTER IM TEXT:
Verachtung (Vers 3) kann tödlicher sein als Zorn (Mt 5,22), aber es ist eine Ehre, um des Evangeliums willen verachtet zu werden (Apg 5,41).

NACHDENKENSWERT:
»Wir müssen unsere Augen mit Entschlossenheit benutzen, denn sie werden sich nicht von alleine nach oben auf den Herrn richten, sondern sie haben den Hang, nach unten, nach innen oder sonstwohin, nur nicht auf den Herrn zu schauen.«
CHARLES HADDON SPURGEON

21. Oktober

Zwischenspiel: Bilder von Gott

Man könnte annehmen, dass die Israeliten sich schwer damit taten, ihren Gott zu beschreiben. Schließlich wurde es ihnen im ersten Gebot untersagt, sich Bilder von Gott zu machen, und das bedeutete, dass sie keine Bilder zeichnen durften.

Wie haben die Israeliten dann Gott beschrieben? Hier einige Verse aus den Psalmen:

- *Gott ist gerecht*

»Der Herr ist bekannt für seine Gerechtigkeit. Die Bösen haben sich in ihren eigenen Fallstricken verfangen« (Ps 9,17).

- *Gott richtet recht*

»Erzählt allen Völkern, dass der Herr König ist. ... Er wird alle Völker in Gerechtigkeit richten« (Ps 96,10).

- *Gott ist mitfühlend*

»Der Herr ist wie ein Vater zu seinen Kindern, zärtlich und voll Erbarmen für alle, die ihn achten« (Ps 103,13).

- *Gott ist barmherzig*

»Von ganzem Herzen ersehne ich deinen Segen. Sei mir gnädig, wie du es versprochen hast« (Ps 119,58).

- *Gott ist freundlich*

»Preist den Herrn, denn er ist voll Güte; lobt seinen herrlichen Namen mit Musik« (Ps 135,3).

- *Gott bleibt immer liebevoll*

»Dankt dem Gott der Götter. Seine treue Liebe währet ewiglich« (Ps 136,2).

- *Gott ist sowohl gnädig als auch gerecht*

»Alle werden die Kunde von deiner wunderbaren Güte vernehmen; sie werden singen vor Freude über deine Gerechtigkeit« (Ps 145,7).

Anstatt mit einem Pinsel oder einem Meißel Bilder von Gott zu gestalten, zeichneten die Israeliten Bilder mit Worten. In den Psalmen nannten sie Gott einen Fels, eine Burg, einen Schild, einen Hirten. Wörtlich genommen ist Gott kein Fels und kein Hirte, aber die Menschen verstanden das Bild. Manchmal sprachen sie davon, dass Gott seine Gefolgsleute unter seinen Flügeln birgt oder sie in seinen Armen hält, aber sie wussten, dass Gott eigentlich keine Flügel oder Arme hatte. Sie gaben Gott verschiedene Namen: Gott der Geber aller Gaben, Gott der Arzt, Gott meine Gerechtigkeit – aber sie wussten, dass es nur einen einzigen Gott gab.

Doch in den verschiedenen Wortbildern betonten die Psalmisten am meisten Gottes Wesensart. Wie wir oben bereits sahen, ist Gott für seine Gerechtigkeit bekannt (Ps 9,17); er richtet recht (Ps 96,10); er ist mitfühlend (Ps 103,13); er ist barmherzig (Ps 119,58); er ist freundlich (Ps 135,3); seine treue Liebe wird hervorgehoben (Ps 136,2); und er ist sowohl gnädig als auch gerecht (Ps 145,7). Welch einem erstaunlichen Gott dienen wir!

Welche dieser göttlichen Eigenschaften würden Sie vor allem unterstreichen, wenn Sie von Gott ein Wortbild zeichnen würden? Und welche werden Sie eher für die Zukunft für wichtig halten? Vielleicht können Sie in den Psalmen nach anderen Eigenschaften Gottes suchen.

LIED:
Gott ist getreu.
Sein Herz, sein Vaterherz
ist voller Redlichkeit.
Gott ist getreu
bei Wohlsein und bei Schmerz,
in gut und böser Zeit.
EHRENFRIED LIEBICH

PARALLELSTELLEN ZUM THEMA:
Was können Sie sonst noch über Gott erfahren? Lesen Sie fürs Erste Psalm 5,4 und Jesaja 6,3; Psalm 90,2 und 1. Timotheus 1,17; Psalm 147,5 und Römer 11,33.

22. Oktober

PSALM 124,1-5

Ein Lied für die Pilgerfahrt nach Jerusalem. Ein Psalm Davids.
1 Wenn der HERR nicht auf unserer Seite gestanden hätte –
so möge Israel sprechen –,
2 wenn der HERR nicht auf unserer Seite gestanden hätte,
als die Völker gegen uns rüsteten,
3 hätten sie uns lebendig verschlungen,
so groß war ihr Hass auf uns.
4 Die Wasser wären über uns zusammengeschlagen;
ein reißender Strom hätte uns fortgespült.
5 Ja, in den tobenden Fluten ihres Hasses
hätten wir unser Leben verloren.

Gott hat den Sieg geschenkt

Es ist schwierig, genau festzustellen, wann die Psalmen geschrieben wurden, doch die ersten fünf Verse erinnern uns an ein Ereignis im Leben von König David.

Eben war er zum König des gesamten Volkes Israel ausgerufen worden. Da zogen die Philister ihre Heere zusammen und ließen sich im Tal Refaim nieder. Von dort konnten sie in den Süden einfallen, wo David sein Hauptquartier in Hebron hatte, oder sie konnten in den Norden einfallen, wo die meisten israelitischen Stämme wohnten. Oder auch beides.

Da David erst kurz zuvor zum König gekrönt worden war, hatte er keine Möglichkeit, ein nationales Heer einzuberufen. Deshalb war er zahlenmäßig stark in der Minderheit. Wenn der Herr nicht auf seiner Seite gewesen wäre, wären er und das kämpfende Volk »lebendig verschlungen« worden.

»Was soll ich tun?«, betete David. Nachdem er von Gott Anweisungen erhalten hatte, setzte er seine kleine Guerillatruppe ein und vernichtete die Philister in einem Überraschungsangriff.

Davids Reaktion ist interessant (2. Sam 5,20): »Der Herr hat meine Feinde vor mir durchbrochen, wie Wasserfluten durchbrechen!«, rief David. Doch war nicht David der General? War seine Guerillatruppe nicht das siegreiche Heer? Ja, aber David kannte die Grenzen seiner eigenen Macht. Wenn Gott nicht die Sache in die Hand genommen hätte, wäre das Ergebnis ganz anders ausgefallen. So gab David dem die Ehre, dem die Ehre gebührte.

Schauen Sie auf die Erfolge Ihres Lebens in der vergangenen Woche zurück. Wem gaben Sie die Ehre?

Lied:
*Ja, Jesus siegt! Wir glauben es gewiss,
und glaubend kämpfen wir.
Wie du uns führst durch alle Finsternis,
wir folgen, Jesu, dir.
Denn alles muss vor dir sich beugen,
bis auch der letzte Feind wird schweigen.
Ja, Jesus siegt!*
Johann Christoph Blumhardt

Parallelstellen zum Thema:
Die Verse 4 und 5 beschreiben ein siegreiches Heer, das durch nichts aufzuhalten ist. Ein ähnliches Bild wird in Jesaja 8,7-8 beschrieben.

Nachdenkenswert:
»Was für ein Wenn ist das [Verse 1-2]! Man schaudert bei dem Gedanken, was und wo wir ohne die befreiende und bewahrende Hand unseres Gottes wären.«
F. B. Meyer

23. Oktober

PSALM 124,6-8

6 Gepriesen sei der HERR,
der nicht zuließ, dass ihre Fänge uns zerrissen!
7 Wir flohen wie ein Vogel vor dem Netz des Jägers.
Das Netz ist zerrissen, wir sind frei!
8 Unsere Hilfe kommt vom HERRN,
der Himmel und Erde gemacht hat.

Die Befreiung des Vogels im Käfig

Im Britischen Museum ist ein Stein mit einer uralten Botschaft aus dem Jahr 691 v. Chr. ausgestellt. Auf dem Prisma Sanheribs lesen wir, wie er sechsundvierzig Städte des winzigen Volkes Juda eroberte und ihren König in der Hauptstadt »wie einen Vogel im Käfig« gefangen hielt.

Doch von dem Prisma erfahren wir nicht den Rest der Geschichte. Ja, die Assyrer kesselten Jerusalem ein, und König Hiskia war wie ein Vogel im Käfig gefangen. Doch dann betete Hiskia.

Die Bibel erzählt, dass der Engel des Herrn kam und eine Verheerung unter dem assyrischen Heer anrichtete. Der griechische Geschichtsschreiber Herodot berichtet, dass eine Unmenge von Feldmäusen die Bogensehnen der assyrischen Soldaten zernagten. Andere Geschichtsschreiber erzählen, dass die Feldmäuse vermutlich nicht nur die Bogensehnen zernagten, sondern auch die Pest ins Lager der Soldaten einschleppten. Andere sagen, dass sich ein Aufstand gegen Sanherib erhob und er deshalb zum Abzug gezwungen war. Wie auch immer der Engel des Herrn eingegriffen hat, am Morgen waren die assyrischen Truppen abgezogen und der »im Käfig gefangene Vogel« konnte wieder singen.

Auch David war oft von feindlichen Kräften eingekreist, und Gott ermöglichte ihm das Entkommen. Deshalb konnte er singen: »Wir flohen wie ein Vogel vor dem Netz des Jägers. Das Netz ist zerrissen, wir sind frei!« (Vers 7).

Dieses Lied sollten Sie auch singen können. Die Bibel sagt uns, dass wir nur durch Gottes Gnade »aus der Verstrickung des Teufels« (2. Tim 2,26) entkommen können.

LIED:
Herr, habe Acht auf mich! Hast du allmächtiglich den Strick zerissen, so lass, dem Feind zum Trutz, mich deinen starken Schutz nun stets genießen!
LUDWIG KONRAD ALLENDORF

PARALLELSTELLEN ZUM THEMA:
Auch Hiskia war auf Grund des Angriffs von Sanherib wie ein Vogel im Käfig gefangen (siehe Vers 7). Lesen Sie 2. Könige 19,19.35-36, damit Sie sehen, wie Gott diesen Vogel befreite.

NACHDENKENSWERT:
»All die Hilfe des Allmächtigen ist dem Schwächsten der Heiligen verheißen. Verlasse dich darauf und sei stark.«
F. B. MEYER

24. Oktober

Psalm 125

Ein Lied für die Pilgerfahrt nach Jerusalem.

1 Die auf den Herrn vertrauen, sind so sicher wie der Berg Zion;
sie werden nicht zuschanden werden, sondern ewig leben.
2 So wie die Berge Jerusalem umgeben und schützen,
so umgibt und schützt der Herr sein Volk, jetzt und auf immer.
3 Die Bösen werden nicht die Oberhand über die Gottesfürchtigen gewinnen,
denn dann könnten die Gottesfürchtigen gezwungen werden, Unrecht zu tun.
4 O Herr, tu Gutes denen, die gut sind,
deren Herzen mit dir in Einklang sind.
5 Die aber krumme Wege gehen, o Herr, schlage mit deinem Bann.
Fege sie fort zusammen mit denen, die Böses tun.
Und lass Israel Ruhe und Frieden haben.

Die tatsächlichen Gegebenheiten sehen

Für die französischen Hugenotten war das Leben unter Ludwig XIV. nicht leicht. Sie sangen gerne Psalmen, aber der König erließ ein Edikt, in dem das Singen von Psalmen fast überall verboten war. So gingen die Hugenotten hinaus auf die Felder und in die Wälder und sangen weiter. Der 125. Psalm gehörte zu ihren Lieblingspsalmen, vielleicht, weil er aussagt, dass die Gottlosen nicht über die Gerechten herrschen werden. Oder vielleicht, weil die Hugenotten etwas sahen, was Ludwig XIV. nicht sehen konnte.

Erinnern Sie sich an die Geschichte von Elisa und seinem Diener (2. Kön 6,8-23)? Der Diener konnte nicht verstehen, warum Elisa über die Horden feindlicher Soldaten, die sie umgaben, nicht beunruhigt war. Es sah wie eine Katastrophe aus, doch Elisa konnte feurige Pferde und Wagen sehen, die die feindlichen Soldaten umstellten.

Das Gleiche galt für viele andere Heilige, unter anderem auch für Paulus und Silas, die um Mitternacht im Gefängnis von Philippi sangen. Es galt ebenso für Schadrach, Meschach und Abed-Nego, die unbekümmert in den Feuerofen stiegen.

Als John Woolman, ein Quäker-Missionar unter den Indianern, in einer gefährlichen Lage war, schrieb er: »Meine Seele füllte sich mit Trost, als ich über die Liebe Gottes sann.«

John Paton, ein Missionar unter Eingeborenen der Südsee, wurde von Männern umringt, die ihn umbringen wollten, doch er schrieb: »Ich hörte ständig die Verheißung: ›Siehe, ich bin immer bei dir.‹«

Wie sieht es für Sie heute aus? Hoffnungslos? Dann schauen Sie doch einmal genauer hin.

LIED:
Gottes Hände sind ohn Ende,
sein Vermögen hat kein Ziel.
Ist's beschwerlich, scheint's gefährlich,
deinem Gott ist nichts zu viel.
JOHANN DANIEL HERRNSCHMIDT

PARALLELSTELLEN ZUM THEMA:
Wenn unser Herz gut ist, ist alles gut. Siehe Sprüche 4,23.

NACHDENKENSWERT:
»Glaube ist das lebendige, mutige Vertrauen auf Gottes Gnade. Sie ist so sicher und gewiss, dass ein Mensch tausendmal sein Leben auf sie setzen kann.«
MARTIN LUTHER

25. Oktober

25. Oktober

Psalm 126

Ein Lied für die Pilgerfahrt nach Jerusalem.

1 Als der Herr die Vertriebenen nach Jerusalem zurückführte,
da war es wie ein Traum!
2 Unser Mund war voll Lachen
und wir sangen vor Freude.
Die anderen Völker sagten:
«Herrliches hat der Herr für sie getan!«
3 Ja, der Herr hat Herrliches für uns getan!
Welche Freude!
4 Mach uns wieder glücklich, Herr,
wie Flüsse das Wüstenland neu beleben.
5 Die unter Tränen pflanzen,
werden mit Freuden ernten.
6 Sie werden weinen, wenn sie zur Aussaat gehen,
doch wenn sie die Ernte einholen, werden sie singen.

Frei, um nach Hause zu gehen

Kyrus der Große von Persien tat etwas Unerhörtes. Er zeichnete seine erstaunlichen Taten auf ein 25 Zentimeter großes Stück Ton auf, das jetzt im Britischen Museum aufbewahrt wird. Der Zylinder von Kyrus verkündet: »Ich [Kyrus] versammelte alle ihre Bewohner und gab ihnen ihre Wohnungen wieder.« Mit anderen Worten: Er ließ die Gefangenen nach Hause zurückkehren.

In der Antike war das eine revolutionäre Politik. Assyrien und Babylon verschleppten ihre Gefangenen und machten sie zu Sklaven. Aber als Persien Assyrien besiegte, schickte Kyrus die Gefangenen in ihre Heimat zurück. Kein Wunder, dass die Israeliten sich wie im Traum vorkamen.

Der römische Geschichtsschreiber Livius zeichnet ein ähnliches Ereignis auf, das sich zweihundert Jahre später abspielte, als Griechenland von Rom erobert wurde. Die Griechen erwarteten das Schlimmste. Als sich dann Zehntausende von Griechen in einer Arena drängten, um die Isthmischen Spiele anzuschauen, verbreitete sich die Nachricht, dass alle griechischen Städte ihre Freiheit wiedererhielten. Die Menge war verblüfft; sie »waren wie die Träumenden«, berichtete der Geschichtsschreiber und ahmte unabsichtlich diesen Psalm nach.

So ist es mit dem Evangelium. »Das Evangelium ist nichts als Lachen und Freude«, sagte Luther. »Es ist die gute Botschaft großer Freude.«

Der Herr hat in der Vergangenheit große Dinge für uns getan, er tut sie noch und wird sie auch in Zukunft tun – nicht nur große, sondern auch erstaunliche Dinge. Wie viele dieser Dinge haben Sie selbst schon erlebt?

Lied:
Doch wohlan, du wirst nicht säumen,
lass nur uns nicht lässig sein;
werden wir doch als wie träumen,
wann die Freiheit bricht herein.
Gottfried Arnold

Wörter im Text:
Die »Flüsse im Wüstenland« (Vers 4) waren Gräben, die sich bei heftigem Regen urplötzlich mit reißendem Wasser füllten. Für kurze Zeit nach dieser Bewässerung blühten in diesen Flussbetten schlagartig zahllose wilde Blumen auf. Eugene Peterson erklärt dazu: »Genauso plötzlich und unverhofft werden lange Trockenzeiten des Wartens durch Gottes Eindringen in unser Leben in Jesus Christus unterbrochen.«

Parallelstellen zum Thema:
Wie dieser Psalm beginnt die Geschichte von Josefs Leben mit einem Traum und erzählt von einer erstaunlichen Ernte (1. Mose 37-50). Sehen Sie andere Parallelen zwischen diesem Psalm und dem Leben Josefs?

26. Oktober

1. Samuel 2,8-10 (Hannas Lied, Teil 2)

[8] Er erhebt die Armen aus dem Staub –
ja, aus dem Aschehaufen!
Er behandelt sie wie Fürsten,
setzt sie auf die Ehrenplätze.
»Denn die ganze Erde gehört dem HERRN,
er hat die Welt wohl geordnet.
[9] Er wird seine Gottesfürchtigen schützen,
doch die Bösen werden in der Dunkelheit verderben.
Keiner wird sich aus eigener Kraft retten.
[10] Die gegen den HERRN kämpfen, werden zerschmettert werden.
Er schleudert Donner gegen sie aus dem Himmel;
der HERR richtet die ganze Erde.
Er schenkt seinem König große Stärke;
er stärkt die Macht seines Gesalbten.«

Entsprechender Psalm: Psalm 32,10-11

[10] Die Bösen haben viele Sorgen.
Aber die auf den HERRN vertrauen, sind in unwandelbare
Liebe gehüllt.
[11] Deshalb freut euch im HERRN und seid alle froh,
die ihr ihm gehorsam seid!
Jubelt alle vor Freude. Alle, deren Herzen rein sind!

Das erste Weihnachtslied

Obwohl Hanna vielleicht nicht als Führerin wie Miriam oder Debora anerkannt wird, ist sie doch eine außerordentliche Frau.

Hanna, eine Frau des Gebets, ging zum Tempel und betete in tiefem Schmerz. Auf Grund ihres Gebets wurde ihr Sohn Samuel geboren. Sie hielt das Versprechen, das sie vor Gott abgelegt hatte und übergab Samuel den Priestern im Tempel. Samuel wurde selbst ein Prophet und Priester.

Hanna pries Gott, weil er »Ordnung in die Welt« gebracht hat. Und jedes Jahr nähte Hanna einen neuen Rock für ihren Sohn Samuel und brachte ihn pünktlich zu ihm in den Tempel.

Hanna war auch eine Dichterin. Ihr eindrucksvoller Lobgesang diente den Psalmisten des Alten Testaments und Maria, der Mutter von Jesus, im Neuen Testament als Vorlage.

Es scheint, dass Hanna in diesem Lied auch als Prophetin auftrat. Im letzten Vers ihres Lobgesangs spricht sie von einem König und einem »Gesalbten« und gebraucht dabei das hebräische Wort für »Messias«. Damals gab es in Israel noch keinen König. Wovon sprach sie also? Ließ Gott sie wissen, dass ihr Sohn Samuel die ersten beiden Könige Israels salben würde? Geschichtlich gesehen sind jüdische und christliche Gelehrte der Ansicht, dass Hanna prophetisch vom Messias sprach, der kommen würde. Wenn dem so ist, hat Hanna das erste Weihnachtslied gesungen. Kein Wunder, dass Hanna singen konnte: »Er erhebt die Armen aus dem Staub ... Er behandelt sie wie Fürsten.«

LIED:

Es sind ja Gott geringe Sachen,
und seiner Allmacht gilt es gleich,
den Reichen klein und arm zu machen,
den Armen aber groß und reich.
Er ist's, der Wunder stets getan
und stürzen und erhöhen kann.
GEORG NEUMARK

PARALLELSTELLEN ZUM THEMA:

In Vers 9 beruft sich Hanna auf den Schutz Gottes. Lesen Sie nach, was David in Psalm 32,6-7 sagt.

NACHDENKENSWERT:

»Kein Unglück auf dieser Welt, keine Bedrängnisse dieses Lebens, kein Schrecken des Todes, keine Sündenschuld kann so groß sein, dass der Gerechte nicht durch seinen Glauben an Christus aus ihnen herauskommt.«
THOMAS PLAYFERE

27. Oktober

Psalm 127

Ein Lied für die Pilgerfahrt nach Jerusalem. Ein Psalm Salomos.
1 Wenn der Herr nicht das Haus baut,
ist die Arbeit des Baumeisters nutzlos.
Wenn der Herr die Stadt nicht beschützt,
wird es nichts nützen, sie mit Wachen zu umgeben.
2 Es ist sinnlos, dass ihr schwer arbeitet,
vom frühen Morgen bis in die späte Nacht,
immer in Angst, ob ihr genug zu essen habt,
denn Gott schenkt seinen Geliebten Rast.
3 Kinder sind ein Geschenk des Herrn;
sie sind ein Lohn aus seiner Hand.
4 Kinder, die einem jungen Mann geboren werden,
sind wie scharfe Pfeile in der Hand eines Kriegers.
5 Glücklich ist der Mann, dessen Köcher voll ist!
Er wird nicht zuschanden werden,
wenn er sich an den Toren der Stadt seinen Herausforderern stellt.

Wenn der Herr nicht das Haus baut

Benjamin Franklin wurde vor allem wegen seiner Erfindungen (dem Blitzableiter) und seiner geistreichen Sinnsprüche (die englische Entsprechung von »Morgenstund' hat Gold im Mund«) bekannt. Doch er war auch eine Schlüsselfigur, als die dreizehn Kolonien eine neue Nation gründeten.

Mit seinen 81 Jahren war Franklin 1787 der älteste Abgeordnete der verfassungsgebenden Versammlung in Philadelphia. Wochen nach Beginn der Versammlung feilschten die Abgeordneten immer noch über das relative Stimmrecht der großen und kleinen Staaten. Dann stand Franklin auf und sagte:

»Zu Beginn der Auseinandersetzung mit Großbritannien, als wir uns der Gefahr bewusst waren, beteten wir jeden Tag in diesem Raum um den Schutz Gottes. Unsere Gebete wurden gehört und gnädig erhört ... Haben wir jetzt diesen mächtigen Freund vergessen? Denken wir, dass wir seine Hilfe nicht mehr brauchen? Ich lebe schon lange, und je länger ich lebe, umso überzeugendere Beweise sehe ich dafür, dass Gott die Dinge der Menschen lenkt ... Uns wurde versichert: ›Wenn der Herr nicht das Haus baut, ist die Arbeit des Baumeisters nutzlos.‹ Ohne seine Hilfe haben wir bei der Errichtung dieses politischen Gebäudes nicht mehr Erfolg als die Erbauer des Turms von Babel.«

Der Vers aus Psalm 127 tat seine Wirkung. Bald wurde ein Kompromiss ausgearbeitet, und im folgenden Jahr wurde die Verfassung von den Staaten ratifiziert.

Lied:
Ohn ihn ist all mein
Tun umsonst,
nichts hilft Verstand,
Witz oder Kunst;
mit Gott geht's fort,
gerät auch wohl,
dass ich kann sagen
glaubensvoll:
Das walte Gott!
Johann Betichius

Parallelstellen zum Thema:
Es ist töricht, ohne Gott zu bauen, wie die Geschichten vom Turmbau zu Babel (1. Mose 11,1-9) und von dem auf Sand gebauten Haus (Mt 7,24-27) zeigen.

Nachdenkenswert:
»Sie gehen zugrunde, eines nach dem anderen; sie gehen zugrunde, und jedes Mal auf Grund eines Mangels an Rechtschaffenheit ... Wenn ein Volk keinen wirklichen und wirksamen Glauben an geistliche Dinge mehr hat, der stark genug ist, sein Handeln zu beeinflussen und zu leiten, dann verkommt es.«
Matthew Arnold

28. Oktober

PSALM 128

Ein Lied für die Pilgerfahrt nach Jerusalem

1 Glücklich sind die, die den HERRN fürchten –
alle, die seinen Weg gehen!
2 Du wirst die Frucht deiner Arbeit genießen.
Du wirst glücklich sein! Dein Leben wird reich sein!
3 Deine Frau wird sein wie ein fruchtbarer Weinstock,
sie wird aufblühen in deinem Haus.
Und sieh nur die vielen Kinder!
Da sitzen sie um deinen Tisch,
stark und gesund wie junge Olivenbäume.
4 Das ist der Lohn des HERRN
für die, die ihn achten.
5 Möge der HERR dich von Zion her immerzu segnen.
Mögest du dein Leben lang sehen, wie Jerusalem blüht.
6 Mögest du dich noch an deinen Enkelkindern freuen.
Und möge Israel Ruhe und Frieden haben.

Gott kümmert sich um Ihr Heim

Psalm 127 und 128 sprechen von der Familie. Wir müssen jedoch Acht geben, dass wir einige Dinge in diesen Psalmen nicht falsch verstehen. Diese Psalmen behaupten *nicht*:
Jeder gute Christ wird in einer glücklichen Ehe leben.

Die Hauptaufgabe einer Frau liegt darin, viele Kinder zu gebären. Jedes gute christliche Ehepaar wird Dutzende von Kindern und Enkeln haben, die jedes Jahr die Weihnachtstage bei ihnen verbringen.

Aber *was* sagen uns diese Psalmen?

Die Segnungen der Familie sind ein Geschenk Gottes. Wenn Sie eine wunderbare Familie haben, dann preisen Sie Gott dafür.

Freude und Friede sollten Kennzeichen der Familie sein.

Gott kümmert sich um Ihr Heim genauso wie er sich um die Kirche und den Staat kümmert.

Doch wir leben in einer sündigen Welt, und das Böse greift auch auf uns und unsere Familien über. Einige der feinsten Gläubigen sind nie in den Genuss der Wohltaten dieses Psalms gekommen. In einigen Fällen heirateten sie nie, obwohl sie es wollten; in anderen Fällen blieb ihre Ehe kinderlos; bei wieder anderen starben Kinder im zarten Alter oder ein Ehepartner starb oder ein Kind geriet in ernsthafte Probleme.

Luther hat es gut ausgedrückt, als er sagte: »Lasst den Herrn das Haus bauen und bewahren ... Die Sorge für diese Dinge ist seine, nicht eure.« Mit anderen Worten, befolgen wir Tag für Tag Vers 1 und lassen wir Gott sich um den Rest kümmern.

Lied:
Ich weiß, mein Gott,
dass all mein Tun
und Werk auf deinem
Willen ruhn,
von dir kommt Glück
und Segen.
Was du regierst,
das geht und steht auf
rechten, guten Wegen.
Paul Gerhardt

Nachdenkenswert:
»Die Furcht (Vers 1) ist ein innerer Grundsatz; das Gehen ist ein Ausdruck für etwas Äußerliches. Jeder, der den Herrn wirklich fürchtet, geht auch auf seinen Wegen. Das Leben eines Christen ist ethisch und emotional auf Christus ausgerichtet.«
W. Graham Scroggie

29. Oktober

29. Oktober

Psalm 129

Ein Lied für die Pilgerfahrt nach Jerusalem.

1 Seit meiner frühsten Jugend haben meine Feinde mich verfolgt –
so soll Israel sprechen –
2 seit meiner frühsten Jugend haben meine Feinde mich verfolgt,
doch nie konnten sie mir ernstlich schaden.
3 Mein Rücken ist mit Narben überzogen,
als hätte ein Bauer lange Furchen hinein gepflügt.
4 Doch der Herr ist gütig;
er hat die Fesseln durchtrennt, mit denen die Gottlosen
mich gebunden hatten.
5 Mögen alle, die Jerusalem hassen,
eine schändliche Niederlage erleiden.
6 Mögen sie nutzlos sein wie Gras auf dem Dach,
das verdorrt, noch bevor es halb aufgewachsen ist,
7 übersehen von den Schnittern,
verachtet von den Garbenbindern.
8 Und mögen die Vorübergehenden sich weigern, den üblichen
Segen für sie zu sprechen:
»Der Segen des Herrn ruhe auf euch;
wir segnen euch im Namen des Herrn!«

Der schottische Robin Hood

Um 1660 war Alexander Peden eine Art schottischer Robin Hood. In England war Cromwell gestürzt und die Monarchie wieder eingesetzt worden. Die Pastoren der presbyterianischen Kirche Schottlands, zu denen Peden gehörte, wurden für vogelfrei erklärt.

Als Peden in Amerika aus seiner Kirche ausgeschlossen wurde, in Einzelhaft kam und zu einem Leben als Sklave verurteilt wurde, flüchtete er nach London und wurde »von Spionen verfolgt und von Dragonern gejagt«. Ein Historiker schreibt: »Hunde schnüffelten am Eingang der Höhle, in der er sich versteckt hielt ... Soldaten stießen ihre Säbel in die Betten oder in die Haufen ungedroschenen Weizens, unter denen er lag.« Als Peden einmal zu Pferde dicht verfolgt wurde, betete er: »O Gott, wirf den Zipfel deines Mantels über den alten Sandy [ihn selbst].« In wenigen Minuten waren die Berge von feinem Nebel eingehüllt, und er konnte entkommen.

Vielleicht liebte Peden auf Grund all dieser Erfahrungen die Psalmen und besonders Psalm 129. Zweifellos konnte er sich mit den Leiden, die David auszustehen hatte, identifizieren. Peden wartete auf den Tag, an dem sich das Blatt wenden würde.

Die meisten von uns müssen zugeben, dass unser Leiden nichts ist, verglichen mit dem, was der Psalmist oder Peden durchgemacht haben. Doch auch wir sehnen uns nach dem Tag, an dem sich das Blatt wendet. Bis zu diesem Tag können wir Alexander Pedens anderen Lieblingspsalm singen, nämlich Psalm 32.

LIED:
Dein Auge leite
meinen Gang,
dass ich nicht irre geh;
ach bleib mir nah
mein Leben lang,
bis ich dich ewig seh.
GERHARD TERSTEEGEN

WÖRTER IM TEXT:
Zu Vers 6: »Da die Dächer der Wohnhäuser normalerweise flach sind und nicht aus Stein oder Holz gebaut, sondern mit Gips oder gehärteter Erde beschichtet sind, wächst oft etwas Gras auf ihnen. Da diese Pflanzen keinen Boden haben, in den sie ihre Wurzeln senken können, und da sie der sengenden Sonne ausgesetzt sind, wachsen sie selten sehr hoch und bestehen nicht lange. Es ist ein kraftloses, verkümmertes Gewächs, das bald verdorrt.«
WILLIAM JOWETT

30. Oktober

Psalm 130

Ein Psalm für die Pilgerfahrt nach Jerusalem.
1 Aus den tiefsten Tiefen der Verzweiflung, HERR,
flehe ich dich an um Hilfe.
2 Hör mein Schreien, HERR.
Vernimm mein Gebet.
3 HERR, wenn du Buch über unsere Sünde führen würdest,
wer könnte da bestehen?
4 Doch du schenkst uns Vergebung,
damit wir lernen, dich zu achten.
5 Ich baue auf den HERRN;
ja, ich baue auf ihn.
6 Ich sehne mich nach dem HERRN,
mehr als die Wachen nach der Morgendämmerung,
ja, mehr als die Wachen nach der Morgendämmerung.
7 O Israel, hoffe auf den HERRN;
denn beim HERRN ist unwandelbare Liebe
und Rettung ohne Ende.
8 Er selbst wird Israel frei machen von aller Schuld.

Der Nachmittag von Aldersgate

Am 24. Mai 1738 war John Wesley niedergeschlagen. Er hatte mit geistlichen Fragen gerungen. War Glaube allein genug für die Errettung? Wenn ja, kann ein Mensch augenblicklich bekehrt werden?

An jenem Nachmittag hörte er in der St.-Pauls-Kathedrale in London einen Choral, der sein Herz öffnete. In Anlehnung an Psalm 130 begann das Lied:

»Aus der Tiefe langer Trübsal, am Rande der Verzweiflung ...« Wesley war sehr bewegt, weil der Choral aus dem 130. Psalm seine persönliche Geschichte erzählte. An jenem Abend ging er zu einer Versammlung in einer kleinen Kapelle in der Aldersgate-Straße, hörte eine Lesung aus der Einführung zu Luthers Auslegung des Römerbriefes und fühlte, wie sein Herz sich »seltsam erwärmte«. Er hatte den Sprung von Vers 1 zu Vers 5 des Psalms geschafft.

Viele ernsthafte Christen liebten diesen Psalm. Zu ihnen gehörte John Owen, der eine ausführliche Auslegung zu ihm schrieb – über Vers 4 allein schrieb er fast dreihundert Seiten! Er liebte diesen vierten Vers, weil er ihn näher zu Gott brachte, als er einmal »aus den tiefsten Tiefen flehte« und seine Seele »von Schrecken und Finsternis bedrückt« war.

Gott bietet Vergebung an, sagt der vierte Vers. Vergebung ist Gottes freies Geschenk. Haben Sie es schon angenommen?

Lied:
Aus tiefer Not schrei ich zu dir,
Herr Gott, erhör mein Rufen;
dein gnädig Ohr neig her zu mir
und meiner Bitt es öffne!
Den so du willst das sehen an,
was Sünd und Unrecht ist getan,
wer kann, Herr, vor dir bleiben?
Martin Luther

Parallelstellen zum Thema:
Ein Vers, der zu diesem mächtigen Psalm über Vergebung passt, ist Römer 5,20.

Nachdenkenswert:
»Warten ist Wachsamkeit plus Erwartung; es bedeutet, Gott gegenüber völlig offen zu sein.«
Eugene Peterson

31. Oktober

31. Oktober

Psalm 131

Ein Lied für die Pilgerfahrt nach Jerusalem. Ein Psalm Davids.

1 Herr, mein Herz ist nicht stolz;
mein Blick ist nicht hochmütig.
Ich beschäftige mich nicht mit Dingen, die zu hoch
oder zu Ehrfurcht gebietend für mich sind.
2 Ich bin ganz still und geborgen,
so wie ein Kind still ist bei seiner Mutter.
Ja, wie ein Kind ist meine Seele in mir.
3 O Israel, hoffe auf den Herrn –
jetzt und für immer.

Durch das Tal der Todesschatten

Im zweiten Teil der *Pilgerreise* erzählt John Bunyan von Christianas Reise durch das gleiche gefährliche Gebiet, das ihr Mann bereits durchquert hatte. Sie fürchtet sich, als sie sich dem Tal der Todesschatten nähert, aber ihr Führer, Herr Furchtlos, tröstet sie: »Es ist das beste und fruchtbarste Stück Land in dieser Gegend ... denn Gott widersteht den Hoffärtigen, aber den Demütigen schenkt er Gnade.«

Dann bemerken sie einen Hirtenjungen, der die Schafe seines Vaters füttert. Der Junge singt:

Wer unten ist, braucht sich vor dem Fall nicht zu fürchten;
wer niedrig ist und nicht stolz.
Wer demütig ist, wird immer
Gott zum Führer haben.

Herr Furchtlos fährt fort: »Unser Herr war sehr gerne hier, und ich muss dir sagen, dass Menschen hier schon Engel getroffen haben, dass sie an diesem Ort Perlen und die Worte des Lebens gefunden haben.«

Es mag seltsam klingen, die Segnungen von Erniedrigungen zu preisen. Aber vielleicht ist das die Kernaussage von Philipper 2,5-11. Zu Beginn dieses Absatzes, in dem die Demut von Jesus deutlich gemacht wird, steht in Vers 5 : »Seid so unter euch gesinnt, wie es auch der Gemeinschaft in Christus Jesus entspricht.«

LIED:
Fröhlich zieh ich meine Straße hier durch dieses Pilgertal; meinen Herrn ich nimmer lasse, er beschirmt mich überall. Mag manch wilder Sturm auch toben, der mich zu verderben droht, gläubig blicke ich nach oben, bin getrost in Not und Tod.
HULDA PAUL

PARALLELSTELLEN ZUM THEMA:
Dieser Psalm strahlt Demut aus. Das beste Bild von Demut finden wir in Philipper 2,5-11. Doch lesen Sie ebenfalls folgende Bibelstellen nach: Sprüche 15,33; Johannes 13,14-15; 2. Korinther 8,9 und 1. Petrus 5,5-6.

NACHDENKENSWERT:
»Das, wodurch die Menschheit als Erstes besiegt wurde, ist das Letzte, was die Menschheit besiegen wird.«
AUGUSTINUS

November

1. November

Psalm 132,1-9

Ein Lied für die Pilgerfahrt nach Jerusalem
1 Herr, denk an David
und an seine Leiden.
2 Er hat einen Eid vor dem Herrn geschworen.
Er hat dem Mächtigen Israels gelobt:
3 »Ich will nicht heimkehren;
ich will nicht ruhen.
4 Ich will nicht schlafen
und meine Augen nicht schließen,
5 bis ich einen Ort finde, an dem ich dem Herrn ein Haus,
dem Heiligen Israels einen Tempel errichten kann.«
6 Wir hörten, dass die Lade in Efrata sei;
dann fanden wir sie im Lande Jaar.
7 Wir wollen zu dem Ort gehen, an dem der Herr wohnt;
wir wollen uns vor ihm verneigen.
8 Erhebe dich, Herr, und komm in dein Heiligtum,
mit der Lade, dem Symbol deiner Macht.
9 Deine Priester werden das Werkzeug der Rettung.

Ein Anfang und ein Fortschreiten

Martin Luther sagte: »Unser Leben ist ein Anfang und ein Fortschreiten, aber keine Vollendung.«

Auch Paulus erkannte dies, als er schrieb: »Ich habe gepflanzt, Apollos hat begossen; aber Gott hat das Gedeihen gegeben« (1. Kor 3,6).

Bei der Arbeit, in der Kirche oder zu Hause verwirklichen sich unsere Pläne vielleicht nicht immer. Eine Missionarin verbringt womöglich ihr ganzes Leben mit Übersetzen, Predigen und Lehren, doch nur eine Hand voll Menschen öffnen sich für das Evangelium. Es ist denkbar, dass ein Geschäftsmann sein ganzes Leben lang hart arbeitet und dann erlebt, dass seine Träume durch die betrügerischen Machenschaften seines Geschäftspartners zunichte gemacht werden. Nach dreißigjähriger Ehe muss eine Frau vielleicht feststellen, dass ihr Mann sie nicht mehr liebt.

Dieser Psalm spricht von Davids sehnlichstem Wunsch, dem Herrn einen Tempel zu bauen. Doch David erlebte nie die Erfüllung dieses Wunschtraums, und seine Familie war eine Katastrophe. War David deshalb ein Versager? Nennt der Herr ihn nicht immer noch einen »Mann nach seinem Herzen«?

Gott will, dass Sie Wunschträume und Ziele und Ambitionen haben. Doch prüfen Sie Ihren Fortschritt nicht an jeder Straßenecke. Es kann sein, dass Gott Sie völlig anders beurteilt als Sie sich selbst.

Lied:
Die Sach ist dein, Herr Jesu Christ,
die Sach, an der wir stehn,
und weil es deine Sache ist,
kann sie nicht untergehn.
Samuel Preiswerk

Parallelstellen zum Thema:
Efrata und Jaar in Vers 6 beziehen sich auf die Rücksendung der Bundeslade nach Kirjat-Jearim. Siehe 1. Samuel 7,1-2. Die Philister hatten diesen heiligen Schrein im Kampf erobert, doch er brachte ihnen nichts als Unglück, deshalb gaben sie ihn zurück.

Nachdenkenswert:
»Er gedenkt an jeden Einzelnen von uns ... Er gedenkt an unseren Kummer, unsere Schwierigkeiten und Demütigungen ... Er gedenkt an das, was wir in unserem Herzen zu seiner Ehre vorhaben. Der Herr, den wir bitten, unser zu gedenken, ist der mächtige Gott.«
W. Graham Scroggie

2. November

Psalm 132,10-18

10 Um deines Knechtes David willen
verwirf den König nicht, den du für dein Volk bestimmt hast.
11 Der Herr hat David eine Verheißung gegeben,
die er niemals zurücknehmen wird:
»Auf deinen Thron will ich deine Nachkommen setzen.
12 Wenn deine Nachkommen meinen Bund halten
und die Vorschriften befolgen, die ich sie lehre,
dann wird dein königliches Geschlecht niemals erlöschen.«
13 Denn der Herr hat Jerusalem erwählt;
er hat es sich als Wohnstatt gewünscht.
14 »Dies ist mein Haus, in dem ich für immer wohnen will«,
sprach er.
»Hier will ich wohnen, denn dies ist der Ort,
den ich mir gewünscht habe.
15 Ich will diese Stadt blühen und gedeihen lassen
und ihre Armen satt machen.
16 Ich will ihre Priester zu Werkzeugen meiner Rettung machen;
ihre gottesfürchtigen Einwohner werden vor Freude singen.
17 Hier will ich Davids Macht wachsen lassen;
mein Gesalbter wird ein Licht für mein Volk sein.
18 Ich will seine Feinde mit Schande bedecken,
er aber wird ein ruhmreicher König sein.«

Aufgehende Hörner, Leuchten und Kronen

Es ist kein Geheimnis, dass Dichter oft konkrete Bilder gebrauchen, um tiefere, abstrakte Begriffe zu beschreiben. Die Dichter der Psalmen greifen ebenfalls auf diese Methode zurück, um dem Volk Gottes wichtige Botschaften zu vermitteln.

Die erste Zeile von Vers 17 lautet zum Beispiel wörtlich: »Daselbst soll aufgehen das Horn Davids.« Für die Israeliten war ein Tierhorn das Sinnbild für Kraft und Macht. Spurgeon zieht folgenden Vergleich: »Wie der Hirsch durch die Entwicklung seines Geweihs edel und stark wird, so wird das Haus Davids immer stärker und mächtiger werden.«

Vers 17 sagt auch, dass Gottes Gesalbter ein Licht für die Welt sein wird – wörtlich: »eine Leuchte«. Das gleiche Sinnbild wird an anderer Stelle für König David (2. Sam 21,17) und für Jesus (Lk 2,32; Joh 9,5) gebraucht.

Das dritte Sinnbild ist aus unserer Übersetzung nicht deutlich ersichtlich. Gott verspricht, eine Krone auf Davids Haupt (und das seiner Nachkommen) zu setzen. Das Wort für »Krone« ist dasselbe, das für die Mitra des Hohenpriesters benutzt wird. Deshalb wird dieses Königreich von Herrlichkeit und Heiligkeit geprägt sein.

Wenn man alles zusammen nimmt – das Horn, das Licht und die Krone – erhält man die Sinnbilder für Macht, Erleuchtung und heilige Vollmacht. Jesus Christus ist ein eindrucksvolles Bild für alle drei.

LIED:
Aber wie hervorgegangen ist der Aufgang aus der Höh, haben wir das Licht empfangen, welches soviel Angst und Weh aus der Welt hinweggetrieben, dass nichts Dunkles übrig bleibt.
JOHANN RIST

WÖRTER IM TEXT:
In den Versen 17 – 18 liegt ein messianischer Gehalt, der nicht zu übersehen ist. »Gesalbter« bedeutet im Hebräischen Messias. Deshalb wird hier sowohl auf David als auch auf Gottes größeren Sohn, den Herrn Jesus, Bezug genommen.

PARALLELSTELLEN ZUM THEMA:
Zacharias bezieht sich in seinem Gebet nach der Geburt seines Sohnes Johannes des Täufers auf diesen Vers (Lk 1,69).

NACHDENKENSWERT:
»Dieser Psalm sagt, ... dass die Hoffnung Israels sich nicht auf irgendwelche frommen Taten des Sünders König David gründet, sondern auf das ... Versprechen Gottes.«
GEORGE A.F. KNIGHT

3. November

Psalm 133

Ein Lied für die Pilgerfahrt nach Jerusalem. Ein Psalm Davids.
1 Wie schön ist es, wie wunderbar,
wenn Brüder einträchtig zusammenleben!
2 Denn Eintracht ist kostbar wie das duftende Salböl,
das Aaron über das Haupt gegossen wurde,
das hinabrann in seinen Bart,
an seinem Körper hinunter bis zum Saum seines Gewandes.
3 Eintracht ist erfrischend wie der Tau vom Berg Hermon,
der auf die Berge Zions fällt.
Und wieder hat der HERR seinen Segen und Leben verkündet.

Einträchtig beieinander wohnen

1881 stand der amerikanischen Greely-Expedition ein langer Winter in der Arktis bevor. Der Kommandeur wusste, dass die Expedition fehlschlagen würde, wenn seine Männer während der viereinhalb Monate langen Nacht, die vor ihnen lag, nicht friedlich miteinander lebten. So versammelten sie sich in ihrem Winterhaus und lasen Psalm 133.

Wir wissen nicht, ob dieser Psalm geschrieben wurde, als David zum König über alle zwölf Stämme Israels gekrönt wurde. Er hätte sich gewiss für diese Gelegenheit geeignet.

Drei Jahrhunderte später fand ein weiteres Fest der Einheit statt, als König Hiskia die Bewohner des Nordreichs einlud, nach Jerusalem, ins Südreich, zum Gottesdienst zu kommen (2. Chr 30). Seit der Teilung des Reiches nach Salomos Tod waren die Menschen des Nordreichs nie zum Gottesdienst nach Jerusalem gekommen. Viele lachten über die Einladung, doch einige folgten ihr, und sie bereuten es nicht: es gefiel ihnen so gut, dass das Fest sieben Tage länger als vorgesehen dauerte. Der jüdische Geschichtsschreiber Josephus berichtet, wie die Leviten Psalmen sangen und auf ihren Harfen spielten und wie der Rest der Priester mit dem Klang ihrer Trompeten antworteten. Zweifellos gehörte Psalm 133 damals zu den am meisten gesungenen Liedern.

Welch ein Tag wird es sein, wenn alle Christen einträchtig im himmlischen Jerusalem zusammenkommen! Aber warum bis dahin warten? Versuchen wir doch, noch vor diesem Tag einige Generalproben zu organisieren.

Lied:
Herz und Herz vereint zusammen
sucht in Gottes Herzen Ruh.
Lasset eure Liebesflammen
lodern auf den Heiland zu.
Er das Haupt, wir seine Glieder,
er das Licht und wir der Schein,
er der Meister, wir die Brüder,
er ist unser, wir sind sein.
Nikolaus Ludwig Graf von Zinzendorf

Parallelstellen zum Thema:
Das Öl in Vers 2 wird besonders wertvoll, wenn wir uns bewusst machen, dass es ein Sinnbild für den Heiligen Geist ist. Siehe auch 1. Johannes 2,20.27.

Nachdenkenswert:
»Liebe im Geist ist der Tau, der ein Sinnbild und ein Kanal für die ewige Liebe und den Segen Gottes ist.«
F. B. Meyer

4. November

Psalm 134

Ein Lied für die Pilgerfahrt nach Jerusalem.

1 Preist den HERRN, all ihr Knechte des HERRN,
die ihr als nächtliche Wache im Hause des HERRN dient.
2 Erhebt eure Hände in Heiligkeit
und preist den HERRN.
3 Der HERR, der Himmel und Erde gemacht hat,
segne euch aus Jerusalem.

Im Dunkeln arbeiten

Es ist nicht leicht, im Dunkeln zu arbeiten, egal in welcher Art Dunkelheit man sich befindet.

Im Tempel hatten die Leviten zu verschiedenen Tages- und Nachtschichten Dienst. Wahrscheinlich wurden die ersten beiden Verse dieses Psalms von den Israeliten gesungen, die nachts zum Tempel kamen, und der letzte Vers wurde von den Leviten als Antwort diesen Menschen zugesungen. Dann gingen die Leviten in den Tempel zurück, um dem Herrn im Schatten der Dunkelheit zu dienen.

Die Schatten der Nacht können oft Furcht erregend sein – sogar noch mehr als die Dunkelheit selbst. Shakespeare spricht von König Richards Angst vor den Schatten: »Es warfen Schatten zur Nacht mehr Schrecken in die Seele Richards als wesenhaft zehntausend Krieger könnten.«

Der Dichter John Milton kämpfte mit dem Dunkel seiner Blindheit: »Sollte Gott, der Arbeit bei Tage fordert, das Licht verweigern?«, fragte er in seinem klassischen Gedicht »Über seine Blindheit«. Aber dann erhielt er seine Antwort: »Gott braucht weder die Arbeit des Menschen noch seine eigenen Gaben. Wer sein sanftes Joch am besten trägt, dient ihm am besten ... Auch wer dasteht und wartet, dient.«

Egal ob Ihr Weg von Schatten verhüllt ist, ob Sie Ihre Arbeit vollständig im Dunkeln verrichten oder ob Sie wie Milton den Eindruck haben, dass Sie nur dastehen und warten: Ihre Aufgabe besteht auf jeden Fall darin, den Herrn zu loben. Und vergessen Sie nicht, dass Milton, der in den Vierzigern das Augenlicht verlor, seine Meisterwerke in der Dunkelheit schrieb.

LIED:
*Dir, o Höchster,
will ich singen,
denn wo ist doch ein
solcher Gott wie du?
Dir will ich meine
Lieder bringen;
ach gib mir deines
Geistes Kraft dazu.*
BARTHOLOMÄUS CRASSELIUS

WISSENSWERTES:
Das Wort HERR (Jahwe) kommt in diesen drei Versen fünfmal vor.

NACHDENKENSWERT:
»Gott loben (Vers 1) bedeutet, dankbar anerkennen, wer er ist; wenn Gott jedoch einen Menschen segnet (Vers 3), muss er ihn zu etwas machen, was er nicht ist und ihm geben, was er nicht hat.«
DEREK KIDNER

5. November

Zwischenspiel: Psalmen der Ungewissheit, Verzweiflung und des Zweifels

In dem Spiel *Green Pastures* erstattet der Engel Gabriel Gott einen Bericht über die Situation auf der Erde, und er hat nichts Gutes zu berichten. »Alles geht drunter und drüber«, sagt er.

Manchmal haben wir auch diesen Eindruck. Die Dinge scheinen außer Kontrolle zu geraten, und man denkt, wenn Gott jetzt nicht bald eingreift, läuft alles schief. Niemand kannte diese Gefühle besser als David und die anderen Psalmisten. Sie wurden von Ungewissheit, Verzweiflung und Zweifeln geplagt. Einige ihrer Psalmen klingen, als fiele es ihnen schwer zu wissen, woran sie sind, geschweige denn, welchen Weg sie einschlagen sollen.

Doch David und die anderen Psalmisten kannten den Schlüssel für das Überleben in diesen schwierigen Zeiten: Vertrauen. Hier einige Verse aus den Psalmen, die das zum Ausdruck bringen:

Psalm 27,1
»Der Herr ist mein Licht und mein Heil – vor wem sollte ich mich fürchten?«

Psalm 31,15-16
»Doch ich vertraue auf dich, o Herr, und sage: ›Du bist mein Gott!‹ Meine Zukunft liegt in deinen Händen.«

Psalm 44,7-8
»Ich traue nicht meinem Bogen. Ich zähle nicht auf mein Schwert, dass es mich rettet. Du bist es, der uns den Sieg über unsere Feinde schenkt.«

Psalm 56,4
»Doch wenn ich Angst habe, setze ich mein Vertrauen auf dich.«

Psalm 62,9
»Vertraue allezeit auf ihn, o mein Volk. Schütte ihm dein Herz aus, denn Gott ist unsre Zuflucht.«

Psalm 94,19
»Als ich von Zweifeln zerfressen wurde, gab dein Trost mir neue Hoffnung und Freude.«

Psalm 146,3
»Setzt euer Vertrauen nicht auf die Mächtigen dieser Welt ... Doch glücklich

sind die, denen der Gott Israels hilft, die auf den Herrn, ihren Gott, ihre Hoffnung setzen.«.

Manchmal fahren die Psalmisten schwere Geschütze auf, wenn sie Gott nahe legen, was er mit seinen Feinden tun soll: »Gott, zerbrich ihre Zähne in ihrem Maul ... Seine Kinder müssen in der Irre gehen und betteln ... Es müsse der Wucherer aussaugen alles, was er hat« oder noch Schlimmeres. Diese grausamen Aussagen schockieren uns nicht nur – sie berühren uns peinlich, weil wir in unserem Herzen oft solche Dinge wünschen. Die Rache ist Sache des Herrn, nicht unsere, auch wenn wir den Eindruck haben, dass alles drunter und drüber geht.

Manchmal beobachteten die Psalmisten andere Menschen, die sicher damit rechneten, sich mit Hilfe ihrer eigenen Macht oder ihres Reichtums allein aus einer misslichen Lage befreien zu können. Manche Völker verließen sich auf ihre Streitmacht. Andere erwarteten, dass ihre falschen Götter die Dinge in Ordnung bringen würden. Wenn alles auseinander bricht, gerät man leicht in Versuchung, etwas Neues auszuprobieren.

Doch die Psalmen führen uns immer wieder zu einem einfachen Rezept gegen die Missstände des Lebens zurück. Was sollen wir tun, wenn wir nicht wissen, was wir tun sollen? Vertrauen. Wenn es scheint, dass die Bösen gewinnen, sollen wir Gott vertrauen. Wenn anscheinend nichts mehr einen Sinn hat, sollen wir weiterhin Gott vertrauen. Auch wenn wir den Eindruck haben, dass er weit weg ist, ist er doch nahe. Er wird Ihren angstvollen Schrei hören.

In welcher Hinsicht müssen Sie heute Gott vertrauen?

LIED:
*Vertraut den
neuen Wegen,
auf die der Herr
uns weist,
weil Leben heißt:
sich regen,
weil Leben wandern
heißt.
Seit leuchtend
Gottes Bogen
am hohen Himmel
stand,
sind Menschen
ausgezogen
in das gelobte Land.*
KLAUS PETER HERTZSCH

PARALLELSTELLEN ZUM THEMA:
Wenn Sie etwas über Gottvertrauen im Neuen Testament nachlesen wollen, schlagen Sie Matthäus 6,30 und 2. Korinther 5,7 nach.

6. November

Psalm 135,1-12

1 Preist den Herrn!
Preist den Namen des Herrn!
Preist ihn alle, die ihr dem Herrn dient,
2 die ihr im Hause des Herrn,
in den Vorhöfen des Hauses unseres Gottes Dienst tut.
3 Preist den Herrn, denn er ist voll Güte;
lobt seinen herrlichen Namen mit Musik.
4 Denn der Herr hat Jakob erwählt,
er hat Israel zu seinem besonderen Besitz ausersehen.
5 Ich weiß, dass der Herr groß ist –
größer als alle anderen Götter.
6 Der Herr tut, was ihm gefällt,
im Himmel oder auf Erden
oder auf und in den Meeren.
7 Er lässt Wolken sich ballen.
Er schickt mit dem Regen den Blitz
und gibt den Wind frei.
8 Er tötete in jedem ägyptischen Haus
die Erstgeborenen von Mensch und Tier.
9 Er vollbrachte in Ägypten Zeichen und Wunder;
Pharao und sein ganzes Volk wurden Zeugen.
10 Er besiegte große Völker
und tötete mächtige Könige –
11 Sihon, den König der Amoriter,
König Og von Baschan
und alle Könige Kanaans.
12 Er gab seinem Volk Israel ihr Land als Erbe,
als besonderen Besitz.

Preist den Herrn

Dieser Psalm beginnt mit dem Aufruf: »Preist den Herrn« und endet auch mit dieser Aufforderung. Auch Billy Bray begann und beendete alles auf diese Weise.

Zu Beginn des 19. Jahrhunderts war Billy Bray, ein Bergmann im Dorf Twelveheads in Cornwall, England, als trunksüchtiger Tunichtgut bekannt. Dann las er ein Buch von John Bunyan und bekehrte sich zu Christus. Plötzlich war er wie umgewandelt.

»Ich kann nicht anders als Gott loben«, sagte er einmal. »Wenn ich die Straße entlanggehe und einen Fuß hebe, scheint er zu sagen: ›Ehre‹, und wenn ich den anderen Fuß hebe, scheint er ›Amen‹ zu sagen. Wenn man mich in ein Fass sperren würde, um mich zum Schweigen zu bringen, würde ich ›Ehre‹ aus dem Zapfloch rufen. Lobet den Herrn.«

Billy sagte oft über den Herrn: »Er hat mich froh gemacht, und niemand kann mich traurig machen. Er bringt mich zum Rufen, und niemand kann mir Zweifel einreden. Er bringt mich zum Springen, und niemand kann meine Füße auf dem Erdboden halten.«

Kurz vor seinem Tod wurde Billy gefragt, ob er Angst habe, und er antwortete: »Mein Retter hat den Tod besiegt. Wenn ich in die Hölle hinunter muss, würde ich meinem gepriesenen Jesus ›Ehre, Ehre‹ zurufen, bis die Hölle schallt, und dann würde der alte Satan sagen: ›Billy, hier ist kein Platz für dich; schere dich fort von hier.‹ Dann würde ich zum Himmel hinaufgehen und rufen: ›Ehre, Ehre, lobet den Herrn.‹«

Folgende Zeilen wurden von einem unbekannten Autor als Ehrenbezeigung für ihn geschrieben: Sein Gewand war immer einfach, seine Wohnung eher arm, aber die Gegenwart seines Heilands hat das und noch viel mehr wettgemacht.

NACHDENKENSWERT:
»Israels Erwählung (wie unsere) war mehr eine Erwählung zur Verantwortung als eine Bevorzugung.«
W. T. PURKISER

7. November

Psalm 135,13-21

13 Dein Name, Herr, währt ewig;
deinen Ruhm, Herr, kennt jede Generation.
14 Denn der Herr wird seinem Volk Recht schaffen
und Erbarmen mit seinen Knechten haben.
15 Ihre Götzen sind nur Dinge aus Silber oder Gold,
von Menschenhand gemacht.
16 Obgleich sie Münder haben, können sie nicht reden,
obgleich sie Augen haben, sehen sie doch nicht!
17 Mit ihren Ohren können sie nicht hören
und mit ihren Nasen nicht riechen.
18 Und die, die sie gemacht haben, sind gerade so wie sie,
wie alle, die auf sie vertrauen.
19 O Israel, preise den Herrn!
Ihr Priester Aarons, preist den Herrn!
20 O ihr Leviten, preist den Herrn!
Ihr alle, die ihr den Herrn achtet, preist den Herrn!
21 Der Herr sei gepriesen von Zion;
denn er wohnt in Jerusalem.
Preist den Herrn!

Kennen Sie Ihre neuen Nachbarn?

Oft tun wir uns nicht schwer damit, Missionare auf ferne Missionsfelder auszusenden, doch wie gehen wir mit einem Missionsfeld um, das zu uns kommt?
Seit einigen Jahrzehnten geschieht das mehr und mehr. Millionen Menschen, die anderen Religionen angehören, lassen sich in unserer Gegend nieder. Oft wissen wir nicht, wie wir darauf reagieren sollen.

Eigentlich geschah das auch die ganze Zeit über im Alten Testament. Die Kanaaniter hatten ein eindrucksvolles Pantheon von Göttern, wie zum Beispiel Baal, Moloch, Astarte, Aschera, Thammus und andere. Der Prophet Jeremia beklagte sogar einmal, dass es in Juda so viele Götter wie Städte gab. Zur Verehrung dieser Gottheiten gehörten kultische Prostitution, Kinderopfer, Medien, Wahrsager und Spiritisten.

In diesem Zusammenhang versuchte der Psalmist zu zeigen, was an dem Gott, den die Israeliten verehrten, einzigartig ist. Er ist nicht nur eine Stammesgottheit, sondern herrscht über die ganze Erde. Er hat alle Dinge geschaffen, deshalb ist er mächtig. Doch er ist auch mitfühlend und liebevoll. Ja er ist ein Ehrfurcht gebietender Gott.

Das Neue Testament berichtet, wie dieser Gott in Jesus Christus auf die Welt kam. Sein Tod und seine Auferstehung sind ein einzigartiges Gesprächsthema, wenn wir unseren nichtchristlichen Nachbarn Zeugnis ablegen. Andere Religionen haben Philosophien und heilige Bücher, doch keine von ihnen hat einen Retter wie Jesus Christus hervorgebracht.

LIED:
Ich singe dir mit Herz und Mund,
Herr, meines Herzens Lust;
ich sing und mach auf Erden kund,
was mir von dir bewusst.
PAUL GERHARDT

NACHDENKENSWERT:
»Wer Götzen anfertigt, wird dem Machwerk, das er herstellt, immer ähnlicher: Ein Mensch wird wie sein Gott: in seinem Charakter und Verhalten gleicht er immer mehr dem, dem er huldigt. Der Unterschied zwischen echter und falscher Religion liegt darin, dass bei ersterer der Eine angebetet wird, der immer größer ist als wir, und die anderen das anbeten, was sie selbst geschaffen haben und was immer geringer ist als sie selbst.«
G. CAMPBELL MORGAN

8. November

8. November

Psalm 136,1-9

1 Dankt dem Herrn, denn er ist gütig!
Seine treue Liebe währt ewiglich.
2 Dankt dem Gott der Götter.
Seine treue Liebe währt ewiglich.
3 Dankt dem Herrn der Herren.
Seine treue Liebe währt ewiglich.
4 Dankt ihm, der allein große Wunder tut.
Seine treue Liebe währt ewiglich.
5 Dankt ihm, der den Himmel so wunderbar gemacht hat.
Seine treue Liebe währt ewiglich.
6 Dankt ihm, der die Erde auf das Wasser gestellt hat.
Seine treue Liebe währt ewiglich.
7 Dankt ihm, der die Lichter am Himmel schuf –
Seine treue Liebe währt ewiglich.
8 die Sonne, die den Tag beherrscht,
Seine treue Liebe währt ewiglich.
9 und den Mond und die Sterne, die die Nacht regieren.
Seine treue Liebe währt ewiglich.

Das unvergessliche wechselseitige Gebet

Es war Donnerstag, der 8. Februar 356 n.Chr., um Mitternacht. Athanasius, ein Verantwortlicher der frühen christlichen Gemeinde und leidenschaftlicher Verfechter der Göttlichkeit von Jesus Christus, leitete einen Gottesdienst. Plötzlich konnte man vor der Kirche laute Rufe und Waffenklirren hören. Soldaten waren gekommen, um ihn zu verhaften.

Doch Athanasius dachte: »Es ist nicht richtig, wenn ich in solch einer Zeit meine Gemeinde verlasse.« Folglich fuhr er mit dem Gottesdienst fort. Er bat einen Diakon, Psalm 136 zu lesen und forderte die Gemeinde auf, im Wechsel mit ihm den Refrain »Denn seine treue Liebe währt ewiglich« aufzusagen. Sie taten es sechsundzwanzigmal und übertönten fast den Radau der Soldaten draußen.

Als der letzte Vers gesprochen war, drängten die mit Schwertern und Speeren bewaffneten Soldaten in die Kirche und strömten das Mittelschiff hinauf, auf Athanasius zu. Die Menschen riefen Athanasius zu, wegzulaufen, doch er weigerte sich zu gehen, bevor er ihnen den Segen gegeben hatte. Dann stellten sich einige seiner Helfer dicht um ihn, und er erzählt selbst weiter: »Ich ging ungesehen durch die Menge der Menschen und entkam. Ich dankte Gott, dass ich meine Gemeinde nicht im Stich gelassen, sondern für ihre Sicherheit gesorgt hatte, bevor ich an meine eigene dachte.«

Athanasius stellte seiner Gemeinde Gottes Güte vor Augen, die ewig währt. Er war bereit, sein Leben für seine Schafe zu geben – wie Jesus wenige Jahrhunderte vorher sein Leben für seine Schafe gegeben hatte.

Warum muss man sich um irgendetwas Sorgen machen, wenn gilt, dass »seine treue Liebe ewiglich währt«?

Lied:
Nun danket all und bringet Ehr, ihr Menschen, in der Welt ihm, den da preist der Engel Heer allzeit im Himmelszelt.
Paul Gerhardt

Wörter im Text:
Das Wort, das in diesem ganzen Psalm mit »treue Liebe« übersetzt wurde, kann auch mit »Barmherzigkeit«, »unerschütterliche Liebe«, »Freundlichkeit«, »Treue« und sogar »Vertragstreue« übersetzt werden.

Parallelstellen zum Thema:
Gottes »treue Liebe« gründet sich auf den feierlichen Bund, den er in 1. Mose 15,18 mit seinem Volk geschlossen hat.

9. November

Psalm 136,10-16

10 Dankt ihm, der die Erstgeborenen Ägyptens tötete.
Seine treue Liebe währt ewiglich.
11 Er hat Israel aus Ägypten herausgeführt.
Seine treue Liebe währt ewiglich.
12 Mit starker Hand und mächtigem Arm hat er gehandelt.
Seine treue Liebe währt ewiglich.
13 Dankt ihm, der das Rote Meer teilte.
Seine treue Liebe währt ewiglich.
14 Er hat Israel sicher hindurch geführt,
Seine treue Liebe währt ewiglich.
15 Pharao und sein Heer aber warf er ins Meer.
Seine treue Liebe währt ewiglich.
16 Dankt ihm, der sein Volk durch die Wüste führte.
Seine treue Liebe währt ewiglich.

Warum die Juden sich für Geschichte begeistern

Wenn ein hebräischer Schuljunge gesagt hätte: »Ich kann Geschichte nicht ausstehen«, wäre das wohl der Ketzerei gleichgekommen. Er hätte Rechnen, Schreiben, ja sogar Lesen verabscheuen können, aber nie Geschichte.

Man kann einfach nicht über den Glauben der Israeliten sprechen, ohne den Auszug aus Ägypten, ein geschichtliches Ereignis, zu erwähnen. Skeptiker können die zehn Plagen oder die Wunder abstreiten, aber es ist eine Tatsache, dass diese Menschen es irgendwie schafften, das Ägypten Pharaos zu verlassen und nach Kanaan zu gelangen. Das ist Geschichte. Israels Geschichte. Gottes Handeln im Leben seines Volkes.

Auch das Christentum ist in der Geschichte verwurzelt. Wir machen uns natürlich die Geschichte des Alten Testaments zu Eigen, aber der springende Punkt für uns ist der Tod und die Auferstehung von Jesus Christus. Skeptiker können die Wunder der Verwandlung von Wasser in Wein oder der Speisung der Fünftausend abstreiten, aber irgendwie verschwand die Leiche des gekreuzigten Rabbis, und seine Nachfolger waren bereit, für die geschichtliche Tatsache seiner Auferstehung zu sterben. Ohne diese geschichtliche Grundlage ist unser Glaube sinnlos.

Aber wir haben mehr als eine geschichtliche Vergangenheit. Wir haben auch eine herrliche Zukunft. Psalm 136 schließt jeden Vers mit dem Refrain »Denn seine treue Liebe währt ewiglich.« Daraus schöpfen wir Kraft für die Gegenwart und Hoffnung für die Zukunft.

Seien wir ehrlich, unsere Liebe dauert nicht ewig an; Gottes schon. Deshalb können wir zuversichtlich auf eine weitere Auferstehung hoffen: die unsere.

Lied:
Herr, deine Güte reicht, so weit der Himmel ist, und deine Wahrheit, so weit die Wolken gehen.
Nach Psalm 36

Parallelstellen zum Thema:
In Vers 16 steht, dass der Herr sein Volk durch die Wüste führte, aber in Psalm 23,2-3 führt er sein Volk auf anderen Wegen.

Nachdenkenswert:
»Gott führte sein eigenes Volk, seine Auserwählten, durch die Wüste, gerade weil gilt: ›Seine treue Güte währt ewiglich.‹ Das ist eine der großartigen Wahrheiten Gottes, durch die Menschen ohne Gott so sehr in Verwirrung geraten, die aber seinen eigenen Kindern ein großer Trost sind, nämlich dass Wüste und Barmherzigkeit hier unauflöslich von Gott miteinander verbunden wurden.«
Barton Bouchier

10. November

PSALM 136,17-26

17 Dankt ihm, der mächtige Könige schlug.
Seine treue Liebe währt ewiglich.
18 Mächtige Könige hat er getötet –
Seine treue Liebe währt ewiglich.
19 Sihon, den König der Amoriter,
Seine treue Liebe währt ewiglich.
20 und König Og von Baschan.
Seine treue Liebe währt ewiglich.
21 Das Land dieser Könige gab Gott als Erbe,
Seine treue Liebe währt ewiglich.
22 seinem Knecht Israel als besonderen Besitz.
Seine treue Liebe währt ewiglich.
23 Er wusste um unsere Schwachheit.
Seine treue Liebe währt ewiglich.
24 Er rettete uns vor unsren Feinden.
Seine treue Liebe währt ewiglich.
25 Er ernährt alle Lebewesen.
Seine treue Liebe währt ewiglich.
26 Dankt dem Gott des Himmels.
Seine treue Liebe währt ewiglich.

Er sorgt für das Frühstück eines Wals

Edward Taylor, ein Pastor in Neuengland, war für den bilderreichen, farbigen Stil seiner Gebete bekannt. Er bekam deswegen den Spitznamen »Seemannsprediger von Boston«. An einem Sonntag, kurz vor seiner Abfahrt zu einem Besuch in England, betete er beachtlich lange in einer blumenreichen Sprache und flehte zu Gott, seine Gemeinde während seiner Abwesenheit zu beschützen.

Plötzlich hielt er in seinem Gebet inne und platzte heraus: »Was habe ich getan? Der Vorsorge des Himmels misstraut? Wird ein Gott, der einem Wal eine Tonne Heringe zum Frühstück gibt, nicht auch für meine Kinder sorgen?« Da jetzt seine Emotionen erschöpft waren, betete er in gemesseneren Worten weiter.

Als Jesus die fünf Gerstenbrote und zwei Fische eines Jungen erhielt, um damit Tausende von Menschen satt zu machen, »nahm [er] die Brote, dankte und gab sie denen, die sich gelagert hatten« (Joh 6,11). Er dankte seinem himmlischen Vater für das Wenige, das ihm gegeben wurde und bat ihn, es zu gebrauchen. Er wusste, dass sein Vater für alles Nötige sorgen konnte, denn er ist ein Gott, »der alle Lebewesen ernährt – denn seine treue Liebe währt ewiglich«.

»Seine treue Liebe« schenkt uns nicht nur unsere Rettung und unseren Sieg über den Feind, sie schenkt uns auch das Essen auf unserem Tisch, ein Dach über dem Kopf und Kleidung. Danken Sie ihm heute für seine Güte, die uns mit allem versorgt, was wir für unser tägliches Leben brauchen.

Lied:
Gott zählet alle Härlein klein,
nicht eines soll verloren sein;
wie sollt er dann nicht sorgen
für Seel und Leib,
für Kind und Weib?
Sie sind ihm unverborgen.
Johann Heermann

Parallelstellen zum Thema:
Lesen Sie die Geschichte von Sihon und Og in 4. Mose 21 nach. Warum werden die beiden Ihrer Meinung nach in diesem Psalm genannt?

Nachdenkenswert:
»Die Vögel wachen am Morgen auf und begrüßen die aufgehende Sonne mit ihrem lieblichen Gesang. Genauso sollten wir beim ersten Zeichen seiner Barmherzigkeit unsere Harfen zum Lob Gottes erklingen lassen.«
William Gurnall

11. November

Psalm 137,1-4

1 An den Flüssen Babylons saßen wir und weinten,
wenn wir an Jerusalem dachten.
2 Wir ließen unsere Lyras traurig sinken
und hängten sie in die Äste der Weiden.
3 Denn die Sieger wollten, dass wir singen.
Unsere Peiniger wollten Freudenlieder hören:
»Singt doch eins der Lieder von Jerusalem!«
4 Doch wie können wir in einem fremden Land
die Lieder des Herrn anstimmen?

Ausländer in Babylon

In der babylonischen Gefangenschaft weinten die Juden um ihr Heimatland und beteten für den Tag ihrer Heimkehr. Aber als der Tag ihrer Freilassung aus der Gefangenschaft endlich kam und sie zurückkehren durften, machten sich nur etwa fünfzigtausend (von Hunderttausenden) auf den Weg zurück nach Jerusalem. Warum?

Nun, einige der Juden verdienten ihren Lebensunterhalt inzwischen recht gut in Babylon – es ging ihnen besser, als es ihren Vätern in Jerusalem gegangen war. Andere hatten babylonische Ehepartner und waren in die babylonische Kultur integriert. Sie hatten Jerusalem vergessen. Kann man ihnen deswegen Vorwürfe machen? Siebzig Jahre Gefangenschaft sind eine lange Zeit.

Welcher Grund auch immer vorlag, einige der Juden waren anders als der Verfasser dieses Psalms, welcher vermutlich kurze Zeit nach der Rückkehr aus der Verbannung geschrieben wurde.

Die Bibel spricht vom Himmel als unserem Jerusalem und weist darauf hin, dass wir jetzt auf Erden eigentlich in Babylon leben.

Wie wohl fühlen Sie sich in Ihrem Babylon? Wie ergeht es Ihnen dort? Haben Sie Jerusalem vergessen? Haben Sie vergessen, dass auch Sie ein Verbannter, ein Pilger in einem fremden Land sind? Wonach halten Sie Ausschau?

LIED:
Danket Gott, denn er ist gut;
groß ist alles, was er tut.
Er tut Wunder, er allein,
alles rief er in das Sein.
CHRISTOPH JOHANNES RIGGENBACH

PARALLELSTELLEN ZUM THEMA:
Lesen Sie die traurige Geschichte von Judas Gefangenschaft in 2. Chronik 36,14-20 nach.

NACHDENKENSWERT:
»Jeder echte Christ lobt Gott gerne. Doch wenn der Gläubige in Sünde und Dunkelheit fällt, hängt seine Harfe an den Weiden, und er kann des Herrn Lied nicht singen, weil er in einem fremden Land ist.«
ROBERT MURRAY MCCHEYNE

12. November

Psalm 137,5-9

5 Wenn ich dich jemals vergesse, Jerusalem,
soll meine Rechte vergessen, wie man die Harfe spielt.
6 Meine Zunge soll mir am Gaumen kleben,
wenn ich jemals nicht mehr an dich denke,
wenn Jerusalem nicht mehr mein höchstes Glück ist.
7 O Herr, denk doch daran, was die Edomiter taten
an dem Tag, an dem Babylons Heere Jerusalem eroberten.
»Zerstöre es«, schrien sie.
»Mach es dem Erdboden gleich!«
8 Babylon, du selbst wirst zerstört werden.
Glücklich der, der Vergeltung an dir übt
für das, was du uns angetan hast.
9 Glücklich der, der unsere neu geborenen Kinder
an den Felsen zerschmettert!

Wie reagieren Sie auf unaussprechlich Grauenvolles?

Psalm 137,9 gehört wahrscheinlich zu den Versen, die Sie am liebsten aus der Bibel streichen würden. Warum gehört dieser Vers zu dem Wort, das unter göttlicher Eingebung geschrieben wurde?

Weil er das wahre, menschliche Begehren des Psalmisten ausdrückt. Die Psalmen können begeisternd, tröstend und lehrreich sein, aber mehr als alles andere sind sie ehrliche Äußerungen des menschlichen Herzens in seiner Beziehung zu Gott.

Nach dem Massaker unter Armeniern in der Türkei zu Beginn des 20. Jahrhunderts besuchte ein christlicher Sozialarbeiter ein Dorf, in dem fast jeder Mann umgebracht worden war und in dem eintausendfünfhundert Waisen durch die Straßen irrten. Er brachte etwas Nahrung für die hungernden Frauen und Kinder und hielt einen Gottesdienst ab. Als er vorschlug, sie sollten eines ihrer Kirchenlieder singen, antworteten sie, dass sie seit dem Massaker nicht mehr singen konnten.

Kann man ihnen deswegen Vorwürfe machen? Welchen der Psalmen würden Sie ihnen zum Singen geben? Es ist leicht, die unbeherrschte Sprache von Psalm 137,9 zu kritisieren, doch es stimmt, was Charles Spurgeon schrieb: »Menschen, die nie erlebt haben, dass ihre Gotteshäuser verbrannt, ihre Städte verwüstet, ihre Frauen vergewaltigt und ihre Kinder erschlagen wurden, können diesen Vers ruhig beanstanden; im anderen Fall würden sie sich möglicherweise auch nicht sehr taktvoll ausdrücken.«

Starke Gefühle gegen unmenschliche Gewalttätigkeit sind nicht falsch, wenn sie als Schrei an Gott gerichtet werden. Aber stellen Sie das Ergebnis ihm anheim. Gott sagt: »Die Rache ist mein, ich will vergelten« (5. Mose 32,35; Röm 12,19).

Lied:
Gebt Gott die Rach
und alle Ehr;
den schmalen Weg
geht immer her!
Der Welt wird Gott
vergelten.
Georg Grünwald

Parallelstellen zum Thema:
Vers 8 klingt wie das makabre Gegenstück zur Goldenen Regel von Jesus (Mt 7,12). Eine andere Version dieses Grundsatzes steht in Hiob 4,8.

Nachdenkenswert:
»Alle heimlichen und offenen Feinde von Gottes Gemeinde sollten aufpassen, wie sie ihre Zunge und ihre Hände gegen die Gefolgsleute Gottes einsetzen. Wer Derartiges vorhat, kann hier sein unvermeidliches Verhängnis lesen, wie es in den Staub Edens und die Asche Babylons geschrieben ist.«
Daniel Featley

13. November

Zwischenspiel: Psalmen über Angst und Furcht

In den angsterfüllten Tagen der großen Wirtschaftskrise zu Beginn der Dreißigerjahre des zwanzigsten Jahrhunderts sagte Franklin D. Roosevelt: »Das Einzige, wovor wir Angst haben müssen, ist die Angst selbst.« Doch die Wartezimmer der Psychiater sind gefüllt mit Menschen, die unter allen möglichen Ängsten leiden, von Höhenangst bis hin zu Angst vor Sahnetorte.

Manche Kinder prahlen damit, keine Angst zu haben. Es ist cool, allen Autoritätspersonen die Stirn zu bieten – den Eltern, dem Direktor der Schule, der Polizei oder dem Präsidenten. Viele Erwachsene finden es schwierig, mit Gott in Beziehung zu treten, weil Autoritätspersonen, insbesondere Väter, ihre Vergangenheit vergällt und ihnen Ängste eingeflößt haben. Ja, wir leben in einer verrückten, komplizierten, angstvollen Welt.

In den Psalmen ist über fünfundsiebzig Mal von Angst und Furcht die Rede, öfter als in jedem anderen Buch der Bibel. Meistens handelt es sich dabei um Furcht vor Gott, manchmal um Angst vor der Natur und manchmal um Angst vor anderen Menschen. Hier einige Verse aus den Psalmen, die sich mit Angst befassen:

Psalm 23,4

»Auch wenn ich durch das dunkle Tal des Todes gehe, fürchte ich mich nicht.«

Psalm 27,1

»Der Herr ist mein Licht und mein Heil – vor wem sollte ich mich fürchten?«

Furcht vor Gott wird oft mit »Ehrfurcht« oder »Hochachtung vor Gott« übersetzt.

Psalm 2,11

»Dient dem Herrn in Ehrfurcht, begegnet ihm mit furchtsamer Freude.«

Psalm 5,8

»... voll Ehrfurcht will ich in deinem Tempel anbeten.«

Psalm 25,14

»Die Freundschaft mit dem Herrn ist denen vorbehalten, die ihn achten.«

Psalm 33,18

»Der Herr wacht über die, die ihn achten, die sich auf seine unwandelbare Liebe verlassen.«

Warum sprechen die Psalmen so oft von Angst? Regelmäßig fielen benachbarte Völker plündernd in Israel ein, und als junger Mann war David ständig auf der Flucht. Vor diesem Hintergrund ist es verständlich, dass oft von Angst vor anderen Menschen die Rede ist. Die Psalmisten schienen jedoch ein tiefes Vertrauen darauf zu haben, dass Gott groß genug ist, um mit ihren Feinden fertig zu werden; deshalb brachten sie ihm alle ihre Ängste.

Und wie steht es mit der Furcht vor Gott? Warum sagen die Psalmisten, dass man Gott, von dem man sagt, dass er uns liebt, fürchten soll?

Je mehr wir über Menschen wissen, umso weniger Ehrfurcht haben wir vor ihnen. Aber je mehr wir über Gott wissen, umso mehr werden wir von Ehrfurcht ergriffen. Ehrfürchtige Scheu überkommt uns. Gleichzeitig ist im ganzen Alten Testament die Furcht vor Gott mit seiner Liebe und herzlichen Fürsorge für uns verknüpft. Deshalb wird das Wort *Angst* oder *Furcht* oft mit »Ehre«, »Ehrfurcht« oder »Hochachtung« übersetzt. Wenn wir in Psalm 128,1 lesen, dass wir glücklich sind, wenn wir den Herrn fürchten, dann klingt das wie ein Oxymoron, ein Widerspruch in sich. Doch das ist es nicht. Immer wieder erinnern uns die Psalmen daran, dass wir vor nichts und niemandem Angst haben müssen, wenn wir den Herrn fürchten. Dadurch bekommen wir Zuversicht für unser Leben und Freude im Alltag.

Die Psalmisten sagen uns ebenfalls, dass die Furcht Gottes der Anfang echter Weisheit, die Grundlage einer Freundschaft mit Gott, der Schlüssel zum Trost Gottes und die Grundlage für ein gottgefälliges Leben ist.

LIED:
Lass mich beugen
meine Knie
nur zu deines
Namens Ehr.
Hilf, dass ich mich
stets bemühe,
dich zu preisen mehr
und mehr.
Lass mein Bitten und
mein Flehn;
doch gen Himmel zu
dir gehn.
JOHANN RIST

14 November

14. November

Psalm 138

Ein Psalm Davids.
1 Ich danke dir von ganzem Herzen, Herr;
ich preise dich vor den Göttern.
2 Ich neige mich in Anbetung vor deinem heiligen Tempel,
ich will deinem Namen danken
für deine unwandelbare Liebe und Treue,
denn deine Verheißungen sind gewiss
um der Ehre deines Namens willen.
3 Wenn ich zu dir bete, erhörst du mich;
du machst mir Mut und gibst mir die Kraft, die ich brauche.
4 Alle Könige der Erde werden dir danken, Herr,
denn alle werden deine Worte hören.
5 Sie werden die Wege des Herrn preisen,
denn der Ruhm des Herrn ist groß.
6 Der Herr ist groß, und doch sorgt er für die Demütigen,
von den Hochmütigen aber hält er sich fern.
7 Ich werde von allen Seiten bedrängt,
doch du wirst mich vor dem Hass meiner Feinde bewahren.
Du wirst die Hand gegen meine wütenden Feinde erheben!
Deine Macht wird mich retten.
8 Der Herr wird seine Pläne für mein Leben wahr machen –
denn deine treue Liebe, Herr, währt ewig.
Verlass mich nicht, denn du hast mich erschaffen.

Der Vers, den Elia vergaß

Psalm 138 scheint eine Beschreibung von Elias Leben zu sein. In 1. Könige 17 lernen wir einen Elia kennen, der sich auf die Zusagen Gottes verlässt. Gott hatte gewarnt, dass es in Israel nicht regnen würde, wenn die Menschen andere Götter anbeteten. Folglich sagte Elia zu König Ahab: »So wahr der Herr, der Gott Israels, lebt ... Es soll diese Jahre weder Tau noch Regen kommen ...« Wie konnte Elia das sagen? Weil er an die Wahrheit von Psalm 138,2 glaubte: »Denn deine Verheißungen sind gewiss um der Ehre deines Namens willen.«

Als Elia sich versteckte, wurde er von Raben ernährt und bekam dadurch die »Kraft«, die er brauchte (Vers 3). Als Elia bei der armen Witwe in Zarpat wohnte, war Gott bei ihr, versorgte sie mit Nahrung und erweckte ihren Sohn wieder zum Leben. Doch Gott blieb von Ahab fern (Vers 6). Später rechnete Elia auf dem Karmel mit seinen Feinden ab, und durch Gottes Macht wurde Elia gerettet (Vers 7).

Leider muss Elia den achten Vers übersprungen haben. Nach seinem Sieg auf dem Karmel flüchtete er sich vor Angst schlotternd in die Wüste. Anscheinend hatte er vergessen, dass Gottes Güte ewig ist.

Manchmal geht es in unserem Leben ähnlich. Wenn wir zurückschauen, erkennen wir, wie Gott uns durch schwierige Zeiten hindurchgebracht und wie er seine Zusagen gehalten hat. Aber was jetzt? Ist Gottes Plan für uns plötzlich zum Stillstand gekommen? Nein, der Herr hat immer noch Pläne für jeden von uns, lautet die Aussage von Vers 8. Horchen Sie, wie Elia es schließlich tat, auf Gottes stilles sanftes Sausen, das Ihnen versichert, dass er Sie nie im Stich lassen wird.

Lied:
Du wirst dein herrlich Werk vollenden,
der du der Welten Heil und Richter bist;
du wirst der Menschheit Jammer wenden,
so dunkel jetzt dein Weg, o Heilger, ist.
Drum hört der Glaub nie auf, zu dir zu flehn;
du tust doch über bitten und Verstehn.
Karl Heinrich von Bogatzky, bearbeitet von Albert Knapp

Parallelstellen zum Thema:
Wird Gott das Werk seiner Hände im Stich lassen (Vers 8)? Sogar Menschen liegt viel an ihren Werken. Wir haben Museen, um die Werke menschlicher Hände zu ehren. Wie denken Sie also, wird Gott die Menschen behandeln, die er geschaffen hat? Siehe Jesaja 64,8.

Nachdenkenswert:
»Gnade wird vollenden, was Gnade beginnt. Gott lässt sein Werk nicht halbfertig zurück.«
William Jones

15. November

Psalm 139,1-6

Anweisung für den Chorleiter: Ein Psalm Davids.
1 HERR, du hast mein Herz geprüft
und weißt alles über mich.
2 Du weißt, wann ich mich hinsetze oder aufstehe.
Du kennst all meine Gedanken von weitem.
3 Du zeigst mir den Weg, der vor mir liegt,
und sagst mir, wo ich stehen bleiben und ausruhen soll.
Du weißt immer, wo ich gerade bin.
4 Du weißt, was ich sagen möchte,
noch bevor ich es ausspreche, HERR.
5 Du gehst mir voran und folgst mir nach.
Du legst deine Hand auf meinen Kopf und segnest mich.
6 Dieses Wissen ist fast zu herrlich für mich,
zu groß, als dass ich es begreifen könnte!

Das Auge am Schlüsselloch

Als ein russischer Kosmonaut von der ersten Reise eines Menschen in den Weltraum zurückkam, stellte er keck fest, er habe Gott da oben nicht gesehen. Vielleicht hätte er fragen sollen, ob Gott ihn nicht da oben gesehen hat.

Der Marquis de Lafayette, der während des amerikanischen Revolutionskrieges auf der Seite George Washingtons kämpfte, kehrte anschließend nach Frankreich zurück und führte ein französisches Heer gegen Österreich. Er wurde gefangen genommen und in eine winzige Zelle gesperrt. In der Zellentür war ein kleines Loch. Tag und Nacht stand ein Soldat an diesem Loch und beobachtete ihn. Wenn Lafayette durch das Loch schaute, konnte er nur das Auge des Soldaten sehen. Es sei entsetzlich gewesen, berichtete er. Vor diesem Auge gab es kein Entrinnen. Es war immer da und beobachtete die geringste seiner Bewegungen.

Für manche ist es vielleicht genauso Furcht erregend zu wissen, dass Gott alles sieht und alles weiß. Doch für den Christen ist das ein tiefer Trost, und so meinte es David, als er diesen Psalm schrieb. Er erinnert uns an den 23. Psalm, wenn der Hirte vorausgeht und Güte und Barmherzigkeit uns folgen.

Ein Theologe würde sagen, dass Gott allwissend ist. Doch diese Verse zeigen uns noch mehr. Sie zeigen uns, dass Gott jeden Einzelnen von uns kennt. Diese Verse sind sehr persönlich. In jeder Zeile steht ein Pronomen in der ersten Person (ich, mich oder mein). Wenn jener russische Kosmonaut nach diesem Gott ausgeschaut hätte, hätte er ihn vielleicht im Weltraum gefunden – oder im Innersten seines Herzens.

LIED:
Ich gehe, wo ich gehe,
ich sitze, liege oder stehe,
ich wache oder schlafe ein,
ich lebe oder sterbe:
lass die Barmherzigkeit
mein Erbe,
das Gute meine Folge sein.
PHILIPP FRIEDRICH HILLER

ÜBERBLICK:
Dieser Psalm ist in vier Abschnitte zu je sechs Versen eingeteilt, und jeder Abschnitt beschäftigt sich mit einer anderen Eigenschaft Gottes:
1-6: Gottes Allwissenheit (Gott sieht alles und weiß alles)
7-12: Gottes Allgegenwart (Gott ist immer da)
13-18: Gottes Allmacht (Gott ist der allmächtige Schöpfer)
19-24: Gottes Heiligkeit (Gott ist vollkommen rein und gerecht).

NACHDENKENSWERT:
»Ein Atheist findet Gott nicht, genauso wenig wie ein Dieb einen Polizisten findet. Er sucht ihn nicht.«
WENDELL BAXTER

16. November

PSALM 139,7-12

7 Nie kann ich deinem Geist entfliehen,
nirgendwo deiner Gegenwart entrinnen!
8 Würde ich hinauf in den Himmel fliegen, so bist du da;
stiege ich hinab zur Stätte der Toten, so bist du da.
9 Nähme ich die Flügel der Morgenröte
oder wohnte ganz am Ende des Meeres,
10 würde deine Hand mich auch dort führen
und deine Stärke mir helfen.
11 Würde ich die Dunkelheit bitten, mich zu verbergen,
und das Licht, Nacht zu werden –
12 auch dann könnte ich mich nicht vor dir verstecken.
Für dich leuchtet die Nacht hell wie der Tag.
Dunkelheit und Licht sind eins für dich.

»Hier sei Gott«

Acht Jahre nach der Entdeckung Amerikas durch Kolumbus zeigte ein englischer Kapitän König Heinrich VII. eine Landkarte. Auf dieser Landkarte waren alle noch unerforschten Gebiete der Welt aufgezeigt. Über einige dieser Gebiete waren folgende Worte geschrieben: »Hier seien Drachen«, »Hier seien Dämonen« usw.

Wenn König David eine solche Landkarte gezeichnet hätte, stünden über den unerforschten Gebieten seiner Karte die Worte: »Hier sei Gott«.

Bischof Selwyn, ein Pioniermissionar in Neuseeland, wusste, dass er bald mit den Maori-Eingeborenen, die als bösartige Kannibalen galten, zusammentreffen würde. Bei seiner Ankunft schrieb Selwyn: »Alles Sichtbare ist neu und fremdartig, aber das Unsichtbare bleibt gleich.« So hielt er seine erste Predigt über Psalm 139,9-10. Er schrieb gewissermaßen »Hier sei Gott« auf seine Landkarte.

Der Polarforscher John Franklin, der nach einer Nordwest-Passage suchte, schrieb seiner Schwester, wie bedeutungsvoll ihm die Bibel in der eisigen Stille des Nordpols wurde. Franklin kehrte von dieser Expedition nie zurück. Aber Jahre später traf ein anderer Polarforscher auf das Schiff Franklins und fand seine Bibel, in der Psalm 139,9-10 angestrichen und unterstrichen war. Vielleicht sagte auch Franklin: »Hier sei Gott.«

Wenn es für Selwyn und Franklin galt, als sie mit gefährlichen Unbekannten konfrontiert wurden, können auch Sie zuversichtlich über die Unbekannten Ihres Kalenders schreiben: »Hier sei Gott.«

LIED:
Dort, wohin den Blick ich richte, ist die Gegenwart des Herrn; seinem Geist und Angesichte ist das Fernste nicht zu fern. Nähm ich Flügel gleich den Winden, flög ans Meer, so bleibst du nah; bettet' ich mir in der Tiefe tiefstem Grund, so bist du da.
HEINRICH PUCHTA

PARALLELSTELLEN ZUM THEMA:
Wie unmöglich es ist, Gottes wachsamem Auge zu entgehen, können Sie ebenfalls in Amos 9,2-4 nachlesen.

NACHDENKENSWERT:
»Ein heidnischer Philosoph fragte einmal: ›Wo ist Gott?‹ Der Christ antwortete: ›Sagen Sie mir zunächst, wo er nicht ist.‹«
JOHN ARROWSMITH

17. November

ZWISCHENSPIEL: LOBPSALMEN

Die meisten Menschen halten die Psalmen für ein Buch mit Liedern zum Lob Gottes, und das stimmt auch. Doch im letzten der fünf »Bücher« der Psalmen, das mit Psalm 107 beginnt, erreicht das Loben einen neuen Höhepunkt.

Hier folgen einige wenige ausgewählte Verse über Loben aus den Psalmen 107-150:

Psalm 107,2
»Hat der Herr euch geholfen? Dann verkündet es laut!«

Psalm 113,3
»Überall – von Ost bis West – sei der Name des Herrn gepriesen.«

Psalm 116,1
»Ich liebe den Herrn, weil er meine Gebete vernimmt und erhört.«

Psalm 126,3
»Ja, der Herr hat Herrliches für uns getan! Welche Freude!«

Psalm 136,16
»Dankt ihm, der sein Volk durch die Wüste führte.«

Psalm 139,14
»Ich danke dir, dass du mich so herrlich gemacht hast! Deine Schöpferkraft ist wunderbar, das weiß ich wohl.«

Psalm 149,5
»Die Gläubigen sollen sich an seiner Ehre freuen. Sie sollen singen vor Freude, wenn sie auf ihrem Lager liegen.«

Psalm 150,6
»Alles Lebendige preise den Herrn! Preist den Herrn!«

Wir loben alles, was uns Freude macht – sportliche Siege, erholsame Ferien, spannende Bücher oder gute Filme. C. S. Lewis sagte: »Wir loben gerne, was uns gefällt, weil Lob nicht nur unsere Freude über etwas ausdrückt, sondern unsere Freude an diesen Dingen vervollkommnet.« Das gilt auch für unser Lob Gottes.

Diese letzten 44 Psalmen kann man in drei Abschnitte unterteilen: 107-117, 118-135 und 136-150. Jeder dieser Abschnitte beginnt mit einem Vers wie: »Dankt dem Herrn, denn er ist gütig! Seine unwandelbare Liebe währt ewig.« Und jeder Abschnitt schließt mit einem Psalm, der mit *Halleluja* oder »Lobt den Herrn« / »Preist den Herrn« beginnt oder endet.

Die früheren Psalmen (besonders 1-72) enthalten viele Klagen und an Gott gerichtete Hilferufe. »Warum hast du mich verlassen?«, ist für viele typisch. In den späteren Psalmen erkennen wir, wie das Lob Gottes sich allmählich entfaltet, bis die letzten Psalmen geradezu in ein Feuerwerk von Hallelujas ausbrechen. Die ganze Schöpfung stimmt in diesen mächtigen Chor ein. F. B. Meyer übertreibt nicht, wenn er einen Vers aus Psalm 148 frei so wiedergibt: »Die Mücke soll mit ihren Flügeln musizieren.«

Früher nahmen fromme Schweizer Hirten beim Sonnenuntergang ihre Alphörner und ließen laut mit ihnen erschallen: »Lobt den Herrn!« Auf einem fernen Berg hörte ihn dann ein anderer Hirte, der wiederholte: »Lobt den Herrn!« Bald schallten und hallten die Alpen mit dem Widerhall des Lobes Gottes.

In einigen mittelalterlichen Klöstern durfte das Lob Gottes nie aufhören. Sobald ein Mönchschor zu singen aufhörte, begann ein anderer. Vielleicht kann unser Leben auch so werden, wenn wir uns nach diesen Lobpsalmen richten. Es gibt viel, wofür wir Gott zu loben haben. Werden wir jemals mit dieser Aufgabe fertig? Der Apostel Paulus drückte es so aus: »Seid dankbar in allen Dingen« (1. Thess 5,18).

LIED:
Lobet den Herrn!
Ja lobe den Herrn
auch meine Seele;
vergiss es nie, was er
dir Guts getan,
KARL FRIEDRICH WILHELM HERROSEE

PARALLELSTELLEN ZUM THEMA:
Die Schlusskapitel der Psalmen haben mit den letzten Kapiteln des Neuen Testaments etwas gemeinsam. Schlagen Sie Offenbarung 19,1-10 auf und zählen Sie, wie oft Halleluja (»Lobt den Herrn«) dort wiederholt wird.

18. November

Psalm 139,13-18

13 Du hast die Organe meines Körpers so kunstvoll geschaffen,
hast mich im Leib meiner Mutter gebildet.
14 Ich danke dir, dass du mich so herrlich gemacht hast!
Deine Schöpferkraft ist wunderbar,
das weiß ich wohl.
15 Du hast zugesehen, wie ich geformt wurde
in der Abgeschiedenheit,
wie ich gebildet wurde
im Dunkel des Mutterleibes.
16 Du hast mich gesehen, bevor ich geboren war.
Jeder Tag meines Lebens war in deinem Buch verzeichnet.
Jeder Augenblick stand fest
schon vor dem allerersten Tag.
17 Wie kostbar sind deine Gedanken über mich, o Gott!
Sie sind zahllos!
18 Ich kann sie nicht zählen,
sie übersteigen die Zahl der Sandkörner!
Und wenn ich morgens erwache,
bist du immer noch bei mir!

Er kennt uns durch und durch

Henry Ward Beecher, der berühmte Prediger aus dem neunzehnten Jahrhundert, sagte einmal, dass ein Astronom, der nicht an Gott glaubt, verrückt sein muss, dass aber ein Physiologe, der nicht an Gott glaubt, noch verrückter ist. Warum? Weil der menschliche Körper das vollkommenste und herrlichste System ist, das uns aus der Hand Gottes gegeben wurde.

Shakespeares Hamlet würde zustimmen: »Welch ein Meisterwerk ist der Mensch!«, sagte er. »Wie edel durch Vernunft! Wie unbegrenzt an Fähigkeiten! In Gestalt und Bewegung wie bedeutend und wunderwürdig!«

Doch für den Psalmisten war das Erstaunliche an alledem, dass dieser Gott, der seine Entwicklung schon im Mutterleib überwacht hat, ihn liebt und ihm nahe ist.

Das war auch der Gedanke von St. Patrick, dem großen irischen Missionar aus dem fünften Jahrhundert. Er liebte die Bibel, und nach seinem Tod mussten irische Schulkinder die Psalmen auswendig lernen. Die »Hymne von St. Patrick« gibt denselben Gedanken wieder, nämlich dass der Herr uns durch und durch kennt. Sie lautet wie folgt:

Christus sei mit mir,
Christus in mir,
Christus hinter mir,
Christus vor mir,
Christus neben mir,
Christus, um mich zu gewinnen,
Christus, um mich zu trösten und zu stärken,
Christus unter mir,
Christus über mir,
Christus in der Ruhe,
Christus in Gefahr,
Christus im Herzen aller, die mich lieben,
Christus im Mund von Freund und Fremdling.
ST. PATRICK

LIED:
Lobe den Herren, der künstlich und fein dich bereitet,
der dir Gesundheit verliehen, dich freundlich geleitet.
In wie viel Not hat nicht der gnädige Gott
über dir Flügel gebreitet.
JOACHIM NEANDER

NACHDENKENSWERT:
»Gott wird von nichts überrumpelt. Er kennt die Zukunft und kann uns deshalb durch ihre unwegsamen Pfade führen.«
W. T. PURKISER

19. November

Psalm 139,19-24

19 O Gott, wenn du doch nur die Bösen vernichten wolltest!
Fort mit euch aus meinem Leben, ihr Mörder!
20 Sie verlästern dich;
deine Feinde führen deinen Namen müßig im Mund.
21 Sollte ich die nicht verachten, die sich dir widersetzen?
22 Ja, ich hasse sie von ganzem Herzen,
denn deine Feinde sind auch meine Feinde.
23 Suche mich, Gott, und erforsche mein Herz;
prüfe mich und erkenne meine Gedanken.
24 Zeige mir alles an mir, was dir missfällt,
und führe mich den Weg des ewigen Lebens.

Das ureigene System Mensch

Carl von Linné war ein Mann, der bei allem systematisch vorging. Er glaubte, dass alles seinen Platz hat und dass es da auch hingehört. Er verrichtete seine Arbeit so gut, dass er heute als »Vater der systematischen Botanik« bekannt ist. Manche halten ihn für den größten Botaniker aller Zeiten.

Er wurde im achtzehnten Jahrhundert in Schweden geboren und wäre fast Pastor geworden, entschied sich aber dann doch für ein Medizinstudium. Eine seiner ersten Arbeitsstellen bekam er jedoch bei einem Theologieprofessor, der eine wissenschaftliche Abhandlung über die Pflanzen der Bibel zusammenstellte.

Bald brachte Carl von Linné Pflanzen und Tiere in ein System von Gruppen und Untergruppen. Jede bekannte Pflanze und jedes bekannte Tier wurde durch eine Gattung und eine Art identifiziert. Heutige Wissenschaftler halten seine Schriften *Species Plantarum* und *Sys-*

tema Naturae für den Beginn des modernen Systems der Einteilung von Pflanzen und Tieren.

Linné erhielt Auszeichnungen, Medaillen und Titel, aber er vergaß nie, dass Gott der Schöpfer und er selbst Gottes Geschöpf ist. Jeder, der ihn hören wollte (viele kamen aus der ganzen Welt), sahen eine Inschrift über der Tür seines Vortragssaales. Sie war in lateinischer Sprache abgefasst, wie alle seine botanischen Begriffe, und lautete: Lebe rein; Gott ist hier.

Genau das sagte auch David im 139. Psalm. Auch wenn Sie nicht in allem so systematisch vorgehen wie Karl von Linné, ist es gut, jeden Tag mit diesem Gedanken zu beginnen.

LIED:
Drum auch, Jesu, du alleine sollst mein ein und alles sein. Prüf, erfahre, wie ich's meine; tilge allen Heuchelschein. Sieh, ob ich auf bösem, betrüglichem Stege, und leite mich, Höchster, auf ewigem Wege.
JOHANN HEINRICH SCHRÖDER

PARALLELSTELLEN ZUM THEMA:
Lesen Sie Matthäus 5,38-48 und Römer 12,17-21. Welche Einstellung sollen wir laut Jesus und Paulus zu unseren Feinden haben?

NACHDENKENSWERT:
»Wir betrüben unseren heiligen Herrn vielleicht mehr als wir denken, wenn wir jene direkte, persönliche Gemeinschaft mit ihm durch einen idealen religiösen Maßstab oder die intensive Beschäftigung mit seinem Werk ersetzen.«
F. B. MEYER

20. November

20. November

PSALM 140,1-9

1 *Anweisung für den Chorleiter: Ein Psalm Davids.*
2 Rette mich vor den Bösen, HERR.
Bewahre mich vor den Gewalttätigen,
3 vor denen, die Ränke schmieden
und den ganzen Tag lang Unruhe stiften.
4 Ihre Zungen stechen wie Schlangen;
von ihren Lippen tropft das Gift der Viper.
Zwischenspiel
5 HERR, lass mich nicht den Bösen in die Hände fallen.
Bewahre mich vor den Gewalttätigen,
denn sie haben sich gegen mich verschworen.
6 Die Selbstgerechten haben mir eine Falle gestellt;
sie haben ein Netz ausgelegt;
am ganzen Weg entlang haben sie Gruben gegraben.
Zwischenspiel
7 Ich sagte zum HERRN: »Du bist mein Gott!«
HERR, vernimm meine Hilfeschreie!
8 Allmächtiger HERR, mein starker Retter,
du hast mich am Tage der Schlacht beschützt.
9 HERR, willfahre nicht ihren bösen Wünschen.
Lass ihre schlimmen Anschläge nicht gelingen, Gott.

Das Beste und das Schlechteste

Aus einer der Fabeln Aesops geht hervor, dass er Diener eines Philosophen namens Xanthus war. Der Herr hatte mehrere Ehrengäste zu einem Festessen eingeladen, und im ganzen Haushalt wurden hierfür Vorbereitungen getroffen. Aesop wurde zum Markt geschickt, um das beste Fleisch nach Hause zu bringen, das mit Geld zu kaufen war.

Und was hat er gekauft? Zunge. Das gesamte Festmahl bestand aus Zunge, die gesamte Speisenfolge bot nichts als Zunge.

Wie erwartet wurde Xanthus ärgerlich. »Habe ich dir nicht gesagt, du sollst das Beste kaufen, das es gibt?«

»Das tat ich«, antwortete Aesop. »Die Zunge ist wirklich etwas Wunderbares, sie ist die Kraft, die die Gesellschaft zusammenhält, das Organ der Vernunft, das Werkzeug von Lob und Anbetung.«

Am folgenden Tag beschloss der frustrierte Arbeitgeber, den gleichen Fehler nicht zu wiederholen und forderte Aesop auf, das Schlechteste auf dem Markt zu kaufen. Was kaufte er dieses Mal? Wieder Zunge.

Als Xanthus auf eine Erklärung drängte, erwiderte Aesop: »Die Zunge war wirklich das Schlechteste, das ich auf dem Markt finden konnte. Sie ist das Werkzeug von Zank und Streit, das Organ von Lug und Trug und das Mittel, mit dem Gott entehrt und verleugnet wird.«

Wir erkennen diese Gegensätzlichkeit auch in Psalm 140, wo der Psalmist seine Zunge gebraucht, um zu Gott zu rufen, damit er ihm angesichts der Verfolgung durch die Zunge anderer Menschen Beistand leistet. Wie werden Sie heute Ihre Zunge einsetzen? Wie können Sie sicherstellen, dass sie zum Segen und Wohl anderer benutzt wird und nicht Schmerz und Kummer bereitet?

Lied:
Ach lösche alles Feuer aus, das in mir möchte brennen; mach mich zu deinem reinen Haus, lass dich im Geist erkennen; verbinde dich im Geist mit mir, die Lichtnatur in mich einführ, nach dir mich auch zu nennen.
Michael Hahn

Wissenswertes:
Vor langer Zeit wurde einmal ein Mann verhört, doch er weigerte sich, eine Antwort zu geben. »Hältst du deine Zunge im Zaum, weil du nichts zu sagen hast oder weil du ein Narr bist?«, wurde er gefragt. Seine Erwiderung: »Ein Narr kann seine Zunge nicht im Zaum halten.«

Parallelstellen zum Thema:
Eine weitere Beschreibung menschlicher Schlechtigkeit können Sie in Römer 3,10-18 nachlesen (vergleichen Sie insbesondere Psalm 140,3 mit Römer 3,13).

21. November

Psalm 140,10-14

10 Vernichte meine Feinde
durch eben das Böse, das sie gegen mich ersonnen haben.
11 Lass glühende Kohlen auf ihre Häupter regnen
oder wirf sie ins Feuer
oder in tiefe Gruben, aus denen sie nicht mehr herauskommen.
12 Lass nicht zu, dass Lügner in diesem Land gedeihen.
Lass die Grausamen schrecklich untergehen.
13 Ich weiß aber, dass der Herr denen hilft, die verfolgt werden;
er wird die Rechte der Armen schützen.
14 Die Gottesfürchtigen preisen deinen Namen,
denn sie werden in deiner Gegenwart leben.

Gott im Leid loben

Manchmal ist es schwer, Vers 13 Glauben zu schenken, nämlich dass Gott »denen hilft, die verfolgt werden ... die Rechte der Armen schützen« wird.

Auch der junge Charles Simeon hatte allen Grund, diesen Vers in Frage zu stellen. Kurz nach Abschluss seines Studiums in Cambridge wurde er in dieser Universitätsstadt als Pfarrer der Kirchengemeinde »Heilige Dreieinigkeit« eingesetzt – sehr zum Leidwesen seiner liberal eingestellten Gemeindeglieder, die die evangelikalen Predigten dieses bibeltreuen Geistlichen nicht ausstehen konnten. Als die alteingesessenen Kirchenmitglieder ihre Kirchenbänke verriegelten, damit andere Kirchenbesucher sich nicht setzen konnten, stellte Simeon im Gang zwischen den Sitzbänken Stühle auf. Dann kamen die Mitglieder früher und warfen die Sitze, die im Gang standen, hinaus.

Simeon bekam den Spitznamen Simpel, und auf der Straße wurden höhnische Bemerkungen hinter ihm her geschrien. »Ich war Zielscheibe von viel Verachtung und Spott«, gibt er zu. Eines Tages ging er spazieren und bat Gott, ihm einen Text zu schenken, »der mir Kraft gibt.« Als er sein Neues Testament aufschlug, las er den Bericht von Simon von Kyrene, der für Jesus das Kreuz trug. Simeon empfand dies tatsächlich als klare Ermutigung, teils auch, weil er dachte, es sei möglich, dass Simon von Kyrene auch den Spitznamen Simpel bekommen hat. »Ein Kreuz auferlegt bekommen, das ich wie Jesus tragen kann. Welch ein Vorrecht! Jetzt könnte ich vor Freude springen und tanzen, da Jesus mich mit einer Teilnahme an seinen Leiden ehrt.«

Wenn Sie Zeiten der Verfolgung durchleben und sich unverstanden fühlen, dann lernen Sie etwas von Simpel – oder aus Vers 14 dieses Psalms – und beginnen Sie, Gott zu loben.

Lied:
Näher, mein Gott, zu dir, näher zu dir! Drückt mich auch Kummer hier, drohet man mir, soll doch trotz Kreuz und Pein dies meine Losung sein: näher, mein Gott, zu dir, näher zu dir!
Erhardt Friedrich Wunderlich nach dem englischen Original von Sarah Adams

Überblick:
In Vers 4 dieses Psalms wird die Zunge der Bösen als Giftwerkzeug beschrieben, doch in Vers 14 spricht der Psalmist von der Zunge als Werkzeug des Lobs.

Parallelstellen zum Thema:
Gott wird die Sache der Seinen führen (Vers 13) und diejenigen streng zur Rechenschaft ziehen, die seine Geliebten verfolgen. Lesen Sie Zephania 3,19.

22. November

PSALM 141,1-5

Ein Psalm Davids.
1 HERR, ich rufe zu dir. Eile dich!
Hör mich, wenn ich dich um Hilfe anflehe!
2 Nimm mein Gebet als ein Räucheropfer an
und meine erhobenen Hände als Abendopfer.
3 Bewache meine Rede, HERR,
und versiegle meine Lippen.
4 Lass nicht zu, dass mich nach Bösem gelüstet;
lass nicht zu, dass ich an bösen Taten teilhabe.
Lass mich keinen Genuss an den Speisen derer finden,
die Böses tun.
5 Die Gottesfürchtigen sollen mich züchtigen!
Es wird mir nur wohl tun!
Ihr Tadel ist wie lindernder Balsam.
Ich will ihn freudig annehmen.
Doch ich bete unablässig,
dass die Bösen zuschanden und ihre Taten vereitelt werden.

Das zweite Erntedankfest

Es war im Jahr 1623. Die Pilger lebten seit zweieinhalb Jahren in der Neuen Welt. Das erste Erntedankfest 1621 war nur ein Gedenktag, weil auf Grund der Dürre dieses Sommers alles in Gefahr war. Nicht einmal die Indianer konnten sich an Ähnliches erinnern. Die Siedler hatten mehr Mais als zuvor gesät, aber ohne Regen konnte es keine Ernte geben. Jeden Tag hatten sie um Regen gebetet, aber Gott hatte die Gebete nicht erhört. Wie der Psalmist in Psalm 141,1 baten sie Gott, schnell einzugreifen.

Schließlich nahmen sich die Siedler einen ganzen Tag Zeit für Gebet und Gottesdienst. Als sie mit dem Gottesdienst begannen, »war der Himmel so klar wie die ganze Zeit zuvor, und es sah aus, als würde die Trockenheit andauern.« Doch als die Versammlung zu Ende war, »hatte sich der Himmel bezogen, und auf allen Seiten brauten sich Wolken zusammen.« Edward Winslow, einer der Pilger, berichtet, dass in den nächsten zwei Wochen »mäßige Regenschauer« über dem Gebiet niedergingen.

Die Indianer hatten alles beobachtet und waren erstaunt, wie der Gott der neuen Siedler ihre Gebete erhört hatte. In diesem Jahr wurde nach der Ernte ein zweites Erntedankfest zusammen mit den Indianern gefeiert.

»Schnell, Herr«, drängen wir oft und fragen uns, warum es der Allmächtige anscheinend nicht so eilig hat wie wir. Manchmal müssen wir unsere Uhren nach seiner Zeit stellen.

Lied:
Jesu, hilf beten, ach lass es gelingen!
Richte Gedanken und Worte mir ein;
lasse mein Beten im Sterben und Ringen
heftiger, kräftiger, kindlicher sein!
Beten kann retten aus jeglichen Nöten
und aus dem Tode selbst: – Jesu, hilf beten!
Philipp Heinrich Weissensee

Parallelstellen zum Thema:
Der Psalmist sagt, dass er »stets« betet (Vers 5). Lesen Sie Philipper 4,6-7, um den Frieden zu entdecken, der durch solches Gebet entsteht.

Nachdenkenswert:
»Durch aufrichtiges Gebet setzt man sich dem Einfluss Gottes aus.«
H. E. Fosdick

23. November

Psalm 141,6-10

6 Wenn ihre Anführer von den Klippen gestürzt werden,
dann endlich werden sie meine Worte vernehmen
und richtig finden.
7 So wie ein Bauer die Erde aufbricht
und Steine heraufholt,
werden die Gebeine der Bösen
ohne ein angemessenes Begräbnis verstreut werden.
8 Ich suche Hilfe bei dir, allmächtiger HERR.
Du bist meine Zuflucht; lass nicht zu, dass sie mich töten.
9 Bewahre mich vor den Fallen, die sie mir gestellt haben,
vor den Fallstricken derer, die Böses tun.
10 Lass die Bösen in ihre eigenen Fallen geraten,
mich aber lass entkommen.

Fürchte dich nicht vor Löwen

Die Welt, in der wir leben, ist manchmal recht chaotisch, manchmal beängstigend, und manchmal bietet sie herrliche Gelegenheiten.

In der faszinierenden Allegorie *Die Pilgerreise* beschreibt John Bunyan die Reise eines typischen Christen durch die Welt mit all ihren Gefahren und Verlockungen.

Im Verlauf der Reise kommt der Christ zum Berg der Schwierigkeiten, und er erblickt zwei Löwen, einen auf jeder Seite seines Weges. Bunyan schreibt:

Die Schwierigkeit liegt hinter ihm, die Angst vor ihm;
obwohl er den Berg bestiegen hat, brüllen die Löwen.
Ein Christ hat nie lange seine Ruhe.
Wenn ein Schrecken vorbei ist, wartet schon der nächste.

Dann spricht ein Pförtner des nahe gelegenen Tores: »Hab keine Angst vor den Löwen, denn sie sind angekettet. Bleib in der Mitte des Weges, dann werden sie dir kein Leid antun.«

Gott führt seine Leute nicht um Schwierigkeiten herum, sondern durch Schwierigkeiten hindurch. Der Psalmist wusste das sehr gut, und deshalb betete er: »Bewahre mich vor den Fallen« (Vers 9) und nicht: »Lass mich nie in Schwierigkeiten kommen.« Und wir können uns darauf verlassen, dass unser Guter Hirte ein zuverlässiger Führer ist, egal, wie beängstigend unsere Löwen wirken.

LIED:
Ordne unsern Gang,
Jesu, lebenslang.
Führst du uns durch
raue Wege,
gib uns auch die
nöt'ge Pflege;
tu uns nach dem Lauf
deine Türe auf.
NIKOLAUS LUDWIG
GRAF VON ZINZENDORF

PARALLELSTELLEN ZUM THEMA:
In Sprüche 3,25-26 lesen wir einige wunderbare Verse darüber, wie Gott die Seinen »bewahrt« (siehe Vers 9 dieses Psalms).

NACHDENKENSWERT:
»Es ist verblüffend, wie die Füße vor Stricken und Fallen bewahrt werden, wenn die Augen nicht wie gebannt auf den Boden gerichtet sind, sondern nach oben, auf den Thron blicken.«
F. B. MEYER

24. November

PSALM 142

1 *Ein Psalm Davids über ein Erlebnis in einer Höhle. Ein Gebet.*
2 Ich schreie zum HERRN;
ich flehe zum HERRN um Barmherzigkeit.
3 Ich bringe meine Klagen vor ihn
und breite all meine Sorgen vor ihm aus.
4 Denn ich bin eingekreist,
und du allein weißt den Ausweg.
Wohin ich mich auch wende,
überall haben meine Feinde mir Fallen gestellt.
5 Ich warte, dass jemand kommt und mir hilft,
doch niemand verschwendet auch nur einen Gedanken an mich!
Niemand hilft mir;
niemanden kümmert es, was aus mir wird.
6 Deshalb bete ich zu dir, HERR.
Ich sage: »Du bist meine Zuflucht.
Du bist alles, was ich im Leben will.
7 Höre mein Rufen,
denn ich bin am Ende.
Rette mich vor meinen Verfolgern,
sie sind zu stark für mich.
8 Hol mich heraus aus dem Gefängnis,
damit ich dir danken kann.
Die Gottesfürchtigen werden sich um mich scharen,
weil du freundlich zu mir bist.«

Leben im Dunkel

Manche Menschen haben sich die Speläologie, die Erforschung von Höhlen, zum Hobby erwählt. Für David waren Höhlen jedoch nie ein Hobby. Für ihn ging es dabei um Leben oder Tod.

Als David versuchte, König Sauls Elitetruppe zu entkommen, floh er in die Höhlen der Schluchten in der judäischen Wüste (1. Sam 22,1; 24,1-3).

Stellen Sie sich das Leben im Dunkel einer Höhle in der Wüste vor, wenn man nicht weiß, ob oder wann man von seinen Verfolgern aufgespürt wird. Was für ein Stress! Ihre Nerven wären die ganze Zeit aufs Äußerste gespannt, ganz zu schweigen von der Sorge, jeden Tag etwas zu essen zu finden. Darüber hinaus wären Sie von all den Menschen abgeschnitten, die Ihnen am meisten bedeuten. Zwar hatte David eine Schar treuer Soldaten bei sich, aber er war von seiner Familie und seinen Freunden getrennt. Außerdem konnte er Gott nicht im Tempel anbeten. Zuweilen muss die tatsächliche Dunkelheit in der Höhle der geistlichen Dunkelheit entsprochen haben.

Lesen Sie jetzt Psalm 142 noch einmal und versuchen Sie, nachzuempfinden, wie David sich gefühlt haben muss.

Haben Sie sich auch schon einmal so gefühlt? Hatten Sie schon einmal den Eindruck, in Dunkelheit gefangen zu sein und hofften, dass Licht auf eine bestimmte Situation in Ihrem Leben fällt, doch Sie fanden kein Licht?

David betete: »Du allein weißt, wohin ich gehen soll.« Gott weiß, dass wir es nicht wissen. Im Dunkel der Höhle können wir nichts sehen, aber Gott sieht alles. Er konnte alles sehen, noch bevor er sagte: »Es werde Licht.« Lassen wir ihn doch in Zeiten der Dunkelheit unser Licht sein.

Lied:
*Noch manche Nacht wird fallen auf Menschenleid und -schuld.
Doch wandert nun mit allen der Stern der Gotteshuld.
Beglänzt von seinem Lichte,
hält euch kein Dunkel mehr,
von Gottes Angesichte
kam euch die Rettung her.*
Jochen Klepper

Parallelstellen zum Thema:
Vergleichen Sie Vers 6 mit den Worten unseres Herrn in Johannes 12,27. Lesen Sie auch Johannes 11,33 und 13,21 nach.

Nachdenkenswert:
»Die edelste Form der Befreiung ist die Befreiung der Seele, und ihr gebührt das lauteste Lob. Wer aus dem Kerker der Verzweiflung befreit wurde, kann nicht anders als den Namen des Herrn verherrlichen.«
Charles Haddon Spurgeon

25. November

Zwischenspiel: Gott segne dich

Die Psalmen enthalten mehr Segnungen als eine Einkaufsstraße vor Weihnachten Geschenke – und man benötigt keine Kreditkarte, wenn man sie für sich haben möchte.

Doch die Psalmen fordern uns auch wiederholt auf, Gott zu »segnen«. Wie können wir das bewerkstelligen? Indem wir ihn loben und als die Quelle anerkennen, der wir alles, was wir haben, verdanken. Hier einige Verse aus den Psalmen, die sich mit Segnen befassen, sowohl dem Segen, den Gott uns gibt, als auch dem Segen, den wir Gott geben.

Gottes Segnungen an uns

Psalm 8,6
»Du hast uns mit Herrlichkeit und Ehre gekrönt.«

Psalm 91,11
»Denn er befiehlt seinen Engeln, dich zu schützen, wo immer du gehst.«

Psalm 103,3
»Er vergibt mir alle meine Sünden und heilt alle meine Krankheiten.«

Psalm 136,25
»Er ernährt alle Lebewesen.«

Psalm 138,2
»Denn deine Verheißungen sind gewiss um der Ehre deines Namens willen.«

Unsere Segnungen an Gott

Psalm 66,8
»Die ganze Welt soll unseren Gott preisen mit lauter Stimme.«

Psalm 100,4
»Dankt ihm und preist seinen Namen.«

Psalm 134,2
»Erhebt eure Hände in Heiligkeit und preist den Herrn.«

Im Hebräischen lautet die Wurzel für »Segnen«, »gesegnet« oder »Segnungen« *barak*, ein Wort, das nicht leicht zu übersetzen ist. Man kann es mit »Wie herrlich« (Ps 1,1) oder »glücklich« (Ps 119,1) oder »Wie groß ist die Freude« (Ps 32,1) übersetzen. Als die Königin von Saba die Reichtümer Salomos sah, wird dieses Wort mit »glücklich sind« (1. Kön 10,8) übersetzt. Es beschreibt einen Menschen, der sehr glücklich ist und ein erfülltes Leben führt. Ein Mensch, der *barak* genannt wird, hat sein Leben mit Gott in Ordnung gebracht und erlebt den inneren Frieden und die Freude, die sich aus dieser ungetrübten Beziehung zu Gott ergeben.

Wenn Psalm 1 mit *barak* beginnt, bedeutet das, dass dieser Psalm – und das ganze Buch der Psalmen – erklärt, wie man ein glückliches und erfülltes Leben führen kann. Wenn Psalm 119 mit demselben hebräischen Wort beginnt, wird damit ausgedrückt, dass Gottes Wort der Schlüssel zu einem solchen Leben ist.

Doch *barak* ist nicht einfach ein Wort, das bedeutet, dass ein Mensch etwas in Empfang nimmt. Segen ist nicht etwas, das von einem Menschen wie von einem Schwamm aufgesaugt wird. Wir werden ebenfalls aufgefordert, Gott zu segnen. Aber wie in aller Welt können wir sterbliche Menschen Gott segnen? Indem wir ihn loben und preisen und damit die Segnungen, die Gott uns zuteil werden lässt, widerspiegeln. Und genau so wird *barak* in Psalm 103,1 übersetzt: »Lobe den Herrn.«

Geben Sie diese Segnungen unbedingt weiter. Beten Sie um Gottes Segen für Ihre Kinder, Ihre Gemeinde und Ihre Nachbarn. Die Segnungen des Alten Testaments waren nicht nur Gebete: sie waren konkrete Handlungen, mit denen Gottes Segnungen an andere weitergegeben wurden (s. Ps 106,3).

Wie können Sie heute ein Segen für jemanden sein?

LIED:
Herr, wir bitten,
komm und segne uns,
lege auf uns deinen
Frieden. Segnend halte
Hände über uns,
rühr uns an mit dein-
er Kraft.
PETER STRAUCH

26. November

PSALM 143,1-6

Ein Psalm Davids.
1 Hör mein Gebet, HERR;
vernimm meine Bitte!
Antworte mir um deiner Treue und Gerechtigkeit willen.
2 Bring deinen Knecht nicht vor Gericht!
Gemessen an dir ist niemand vollkommen.
3 Mein Feind hat mich gejagt.
Er hat mich zu Boden geschlagen.
Er zwingt mich, im Dunkeln zu leben wie die, die im Grab liegen.
4 Ich verliere alle Hoffnung;
ich bin gelähmt vor Angst.
5 Ich denke an die alten Zeiten.
Ich erinnere mich an deine großen Taten.
Ich sinne über deine Werke nach.
6 Ich strecke meine Hände nach dir aus.
Ich verzehre mich nach dir, wie dürres Land nach Regen dürstet.

Klein Bilney zeigt den richtigen Weg

Vielleicht finden Sie den Namen Hugh Latimer unter den Reformatoren Englands, aber wahrscheinlich entdecken Sie nicht den Namen von Thomas Bilney oder »Klein Bilney«, wie er genannt wurde. Doch das ist schade.

Bilney wurde Christ, als er in Cambridge Assistent war. Zu jener Zeit war Hugh Latimer der sprachgewaltigste Redner der Universität, und Bilney betete: »Lieber Gott, ich bin nur Klein Bilney und kann nie etwas Großes für dich leisten; aber gib mir die Seele von diesem Hugh Latimer, und welch wunderbare Dinge wird er für dich tun.«

Während eines privaten Gesprächs mit Latimer erzählte Bilney, wie er Gottes Vergebung und Frieden erhalten hatte. Zu Bilneys Verwunderung kniete Latimer nieder und bekannte, dass er genau danach gesucht hatte. Bald predigten sie gemeinsam das Evangelium, mit Latimer an erster Stelle und Klein Bilney im Hintergrund.

Während der Regierungszeit von König Heinrich VIII. wurde Bilney festgenommen und wegen seines Glaubens zum Tod verurteilt. Zuerst fürchtete er, nicht mutig genug zu sein, um für seinen Glauben zu sterben. Doch als das Feuer unter ihm angezündet wurde, sagte er tapfer Psalm 143,1-2 auf und wiederholte dreimal den Satz »gemessen an dir ist niemand vollkommen«. Klein Bilney wusste, dass er ein Sünder war, der von dem großen Heiland gerettet wurde.

Vielleicht sind auch Sie ein Klein Bilney, aber Gott verlässt sich nicht auf Ihre Größe. Er möchte, dass Sie sich auf ihn verlassen. Denn er hat große Pläne mit Ihnen.

LIED:
Zu dir flieh ich; verstoß mich nicht,
wie ich's wohl hab verdienet.
Ach geh doch nicht, Gott, ins Gericht!
Dein Sohn hat mich versühnet.
UM 1613

PARALLELSTELLEN ZUM THEMA:
Die Verse 3 und 4 sind beladen mit Leid. Die hier genannten Gefühle sind denen ähnlich, die unser Herr in Matthäus 26,37 und Hebräer 5,7-8 empfand.

NACHDENKENSWERT:
»Freue dich an allen Werken deines himmlischen Vaters und lass sie eine Leiter werden, mit der du zu ihm hochsteigst.«
CHARLES HADDON SPURGEON

27. November

PSALM 143,7-12

7 Komm rasch, HERR, und erhöre mich,
denn meine Verzweiflung wächst.
Wende dich nicht von mir ab,
sonst sterbe ich.
8 Lass mich am Morgen deine unwandelbare Liebe spüren,
denn ich vertraue auf dich.
Zeige mir einen Weg,
denn ich habe dich im Gebet angefleht.
9 Rette mich vor meinen Feinden, HERR;
ich flüchte zu dir, um mich zu verbergen.
10 Lehre mich, deinen Willen zu tun,
denn du bist mein Gott.
Dein gnädiger Geist führe mich
auf einen sicheren Weg.
11 Um der Herrlichkeit deines Namens willen, HERR,
rette mich.
In deiner Gerechtigkeit befreie mich aus dieser Not.
12 In deiner unwandelbaren Liebe vernichte meine Feinde
und vernichte meine Widersacher,
denn ich bin dein Knecht.

Führe mich

Ende 1891 erhielt der 25-jährige Wilfred Grenfell von einem Freund das Angebot, von England nach Neufundland zu reisen und dort die Fischereigebiete zu besichtigen. Da Grenfell schon immer von der Tiefseefischerei fasziniert war, verlockte ihn die Aussicht auf diese Reise.

Doch Grenfell hatte auch anderes zu bedenken. Erstens hatte er eben sein Medizinstudium in Oxford abgeschlossen, und zweitens hatte er vor kurzem nach einer Predigt des Evangelisten Dwight L. Moody sein Leben Christus ausgeliefert.

Deshalb war Grenfell von der Einladung begeistert und bekümmert zugleich. War dies nur eine Reise, die ihm Spaß machte, wo er doch jetzt grundlegende Entscheidungen für sein Leben treffen sollte?

Als der junge Mann seine Mutter um Rat fragte, antwortete sie: »Ich würde täglich Psalm 143,10 beten.«

Grenfell fuhr nach Neufundland – doch es war nicht nur eine Vergnügungsfahrt. Sein Urlaub wurde zu seiner Berufung. In den folgenden zweiundvierzig Jahren arbeitete Grenfell als medizinischer Missionar in Labrador und Neufundland, er gründete Krankenhäuser und Pflegeheime und versorgte sie mit Hilfe von Hundegespannen und Motorbooten.

Egal, was Sie heute tun, bitten Sie Gott, dass er Ihnen zeigt, was sein Wille ist.

LIED:
Ach zünde deine Liebe
in meiner Seele an,
dass ich aus
innerm Triebe
dich ewig lieben kann
und dir zum
Wohlgefallen
beständig möge
wallen
auf rechter
Lebensbahn.
LUDWIG ANDREAS GOTTER

PARALLELSTELLEN ZUM THEMA:
Wir müssen darauf achten, nicht schwerhörig gegenüber Gottes Liebe und Führung (Verse 8 und 10) zu sein. Lesen Sie Hiob 33,14-16 und 36,10 sowie Jesaja 50,5.

NACHDENKENSWERT:
»Wissen ohne Gehorsam ist lahm. Gehorsam ohne Wissen ist blind. Wenn wir Gott Lahmes und Blindes anbieten, können wir nicht hoffen, dass er es annimmt.«
VINCENT ALSOP

28. November

PSALM 144,1-8

Ein Psalm Davids.
1 Gepriesen sei der HERR, mein Fels.
Er gibt mir Kraft zum Kampf
und Gewandtheit in der Schlacht.
2 Er ist mein gnädiger Verbündeter und meine Festung,
mein Bollwerk der Sicherheit, mein Erlöser.
Er steht vor mir wie ein Schild, und ich flüchte mich zu ihm.
Er unterwirft die Völker für mich.
3 HERR, was sind wir Menschen, dass du uns beachtest,
wir Sterblichen, dass du für uns sorgst?
4 Denn wir sind wie ein Hauch,
unsere Tage sind wie ein huschender Schatten.
5 Neige den Himmel, HERR, und komm herab.
Berühre die Berge, so dass sie Rauch hervorbringen.
6 Lass deine Blitze los und zerstreue deine Feinde!
Setz deine Pfeile frei und verwirre sie!
7 Greif herab aus dem Himmel und rette mich;
erlöse mich aus tiefem Wasser,
aus der Gewalt meiner Feinde.
8 Ihr Mund ist voll Lügen;
sie schwören, die Wahrheit zu sagen, aber sie lügen!

Die Seiten eines Sammelalbum

Auf den ersten Blick könnte man denken, diese Verse stammten aus einem Sammelalbum. Jemand schien verschiedene Verse aus anderen Psalmen ausgeschnitten und zu diesem Psalm zusammengefügt zu haben. Vers 2 erinnert uns an Psalm 18,3; Vers 3 an Psalm 8,5; Vers 4 ähnelt Psalm 39,6; und die Verse 5-8 gleichen Psalm 18,10-18.

Doch auch Sammelalben sind aus einem bestimmten Grund zusammengestellt worden. Wenn wir dieses Sammelalbum öffnen, erkennen wir neun Bilder von Gott. Er ist ein Fels, ein Kraftspender, ein liebevoller Verbündeter, eine Burg, ein Sicherheitsturm, ein Erretter, ein Schild, ein Zufluchtsort und ein Bezwinger. Bevor Sie umblättern, sollten Sie einen Blick auf die Pronomen werfen: neunmal ist von *ich, mich* oder *mein* die Rede, also einmal für jedes Bild Gottes.

Auf den nächsten Seiten des Sammelalbum sehen wir uns selbst. In einem Fotoalbum schauen wir im Allgemeinen zuerst auf diese Bilder. Wir wollen sehen, wie wir aussehen, und wenn wir nicht die neun Bilder Gottes gesehen hätten, würden wir womöglich etwas besser anzusehen sein. Doch nachdem wir Gott gesehen haben, sind wir verwundert, »dass er uns beachtet«.

Dann kommen die Szenen mit den Handlungen. Die Verben bewirken Erregung: *»Neige«, »komm herab«, »berühre* die Berge«, *»lass deine Blitze los«* usw. Vor Erstaunen bleibt uns der Mund offen. Dieser mächtige Gott nimmt uns nicht nur wahr, sondern er wird für uns aktiv!

Warum bitten Sie Gott nicht, heute für Sie aktiv zu werden? Vielleicht könnten Sie dann dem Sammelalbum eine weitere Seite hinzufügen.

LIED:
Jesus nimmt die Sünder an. Saget doch dies Trostwort allen, welche von der rechten Bahn auf verkehrten Weg verfallen. Hier ist, was sie retten kann: Jesus nimmt die Sünder an.
ERDMANN NEUMEISTER

WÖRTER IM TEXT:
Die Wörter »gnädiger Verbündeter« in Vers 2 werden manchmal mit »meine unerschütterliche Liebe« übersetzt. Das ist ein kühner und verblüffender Begriff für Gott.

NACHDENKENSWERT:
»Wie kommt es, dass der ewige Gott sich so sehr der Menschen annimmt, die beginnen zu sterben, sobald sie zu leben begonnen haben?«
CHARLES HADDON SPURGEON

29. November

Psalm 144,9-15

9 Ich will dir ein neues Lied singen, Gott!
Ich will dein Lob mit der zehnsaitigen Harfe verkünden.
10 Denn du schenkst Königen den Sieg!
Du allein hast deinen Knecht David bewahrt.
11 Rette mich vor dem tödlichen Schwert!
Rette mich aus der Gewalt meiner Feinde.
Ihr Mund ist voll Lügen;
sie schwören, die Wahrheit zu sagen, aber sie lügen!
12 Unsere Söhne sollen erblühen in ihrer Jugend
wie wohlgenährte Pflanzen.
Unsere Töchter sollen anmutigen Säulen gleichen,
geschaffen zur Verschönerung von Palästen.
13 Unsere Scheunen seien angefüllt
mit Feldfrüchten aller Art.
Die Herden auf unseren Weiden sollen sich vermehren
um Tausende, ja um Zehntausende,
14 und unsere Ochsen sollen zusammenbrechen unter den Erträgen.
Es soll keine eingerissenen Mauern mehr geben,
kein erzwungenes Exil,
keine Schreie der Qual in unseren Straßen.
15 Glücklich sind die, die all das besitzen!
Ja, glücklich sind die, deren Gott der Herr ist.

Ein Gedicht für ein besonderes Festessen

Matthias Claudius wollte wie sein Vater Pfarrer werden, als der Rationalismus seiner Zeit auf ihn abfärbte. Als Anhänger und Freund des deutschen Philosophen und Dichters Johann

Wolfgang von Goethe glaubte er, dass Menschen nicht an Gott, sondern an sich selbst glauben müssen. Nach Abschluss seines Jurastudiums wurde er Chefredakteur einer Zeitung.

Im Alter von siebenunddreißig Jahren erkrankte er schwer und erkannte, dass er außer an sich selbst an einen anderen glauben musste. Dieser »andere« war Jesus Christus. Claudius wurde Christ und begann, religiöse Gedichte für seine Zeitung zu schreiben.

Als Claudius von seinem Freund Paul Erdmans die Einladung zu einem Festessen erhielt, wurde er gebeten, ein Gedicht mitzubringen. So schrieb Claudius das Gedicht »Wir pflügen und wir streuen«. Ursprünglich schrieb er dafür siebzehn Strophen, mit denen er Erdmans für seine Freundschaft und Gott für die reiche Ernte dankte.

Claudius hatte viel zu danken, und sein Gedicht scheint die Worte von Psalm 144 wiederzugeben. Doch vor allem war er dankbar, weil der Herr sein Gott war.

LIED:
*Wir pflügen und wir streuen den Samen auf das Land,
doch Wachstum und Gedeihen steht in des Himmels Hand:
der tut mit leisem Wehen sich mild und heimlich auf
und träuft, wenn heim wir gehen, Wuchs und Gedeihen drauf.
Alle gute Gabe kommt her von Gott dem Herrn, drum dankt ihm, dankt, drum dankt ihm, dankt und hofft auf ihn!*
MATTHIAS CLAUDIUS

WÖRTER IM TEXT:
Der Begriff »neues Lied« kann ein Lied bezeichnen, das für eine bestimmte Gelegenheit, zum Beispiel anlässlich eines Sieges, geschrieben wurde. Es könnte auch ein Lied damit gemeint sein, das bei der Erneuerung einer Beziehung gesungen wurde. In kommenden Zeiten werden Menschen ein »neues Lied« singen. Siehe Offenbarung 5,9 und 14,3.

NACHDENKENSWERT:
»Neue Wohltaten Gottes verlangen nach neuen Liedern. Geben wir Gott frisch gebrochenes Brot für seinen Tisch.«
F. B. MEYER

30. November

PSALM 145,1-7

Ein Lobpsalm Davids.
1 Ich will dich preisen, mein Gott und König,
und deinen Namen rühmen für immer und ewig.
2 Ich will dich täglich aufs Neue preisen,
will dich loben für alle Zeit.
3 Groß ist der HERR! Er ist des Ruhmes würdig!
Seine Größe ist unerforschlich!
4 Jede Generation soll ihren Kindern aufs Neue von deinen
mächtigen Taten erzählen.
5 Ich will über deine herrliche, ruhmreiche Größe nachdenken
und über die wunderbaren Zeichen, die du vollbracht hast.
6 Deine gewaltigen Taten werden in aller Munde sein;
ich will deine Größe verkünden.
7 Alle werden die Kunde von deiner wunderbaren Güte vernehmen;
sie werden singen vor Freude über deine Gerechtigkeit.

Wie »Strahlgesicht« zu seinem Namen kam

Die Chinesen nannten ihn »Herr Strahlgesicht«. Da sein richtiger Name Archibald Orr-Ewing lautete, kann man es den Chinesen nicht verübeln, dass sie einen Spitznamen für ihn fanden. Aber wie Archibald zu dem Namen »Herr Strahlgesicht« kam, ist eine interessante Geschichte.

Er stammte aus einer wohlhabenden schottischen Familie, die ein Schloss in Schottland und ein anderes auf der Insel Wight besaß, in dem sie während der Zeit des Segel- und Jachtsports wohnte. Als Archibald einundzwanzig Jahre alt war, bot ihm ein Onkel eine Beteiligung am Familienunternehmen an. Doch damals war Archibald noch nicht Herr Strahlgesicht.

Auf Grund der Predigten des Evangelisten Dwight L. Moody ging Archibald im Vertrauen auf Christus als Missionar nach China. Er legte am Tag fast hundert Kilometer zu Fuß zurück, um das Evangelium zu verkündigen. (Nach seiner Hochzeit überredete seine Frau ihn dazu, seine Märsche auf achtzig Kilometer am Tag zu beschränken!) Und er tat dies trotz äußerst schwieriger Umstände. Er lebte spartanisch und gab alles Geld, das er hatte, zum Bau von Gebäuden für die China-Inlandmission.

Wenn die Chinesen ihn Herr Strahlgesicht nannten, dann nicht nur, weil sie seinen Namen nicht aussprechen konnten. Die Freude des 145. Psalms war in seinem Leben konkret sichtbar geworden. Er dachte, dass etwas von der Herrlichkeit des Herrn (Ps 145,5) auf ihn überfließen würde, wenn er lange über diese Herrlichkeit nachdachte. Und so geschah es.

Ist etwas von dieser Herrlichkeit schon auf Sie übergeflossen? Würde jemand auf die Idee kommen, Sie Herr oder Frau »Strahlgesicht« zu nennen?

Lied:
*Ich will dir danken unter den Völkern.
Ich will dich loben vor allen Menschen.
Denn deine Gnade reicht, so weit der Himmel ist.*
Jürgen Werth

Nachdenkenswert:
»Man sollte nicht nur über diese Eigenschaften Gottes und seine Taten sprechen und sie in Liedern preisen, sondern man sollte gründlich über sie nachdenken und sie ernstlich zu Herzen nehmen, damit sie unsere Seele prägen und unseren Geist und unser Wesen nach Gottes Bild formen.«
Henry Cowles

Nachgefragt:
Sind zu viele Zeugen von Gottes Güte stumme Zeugen?

Dezember

1. Dezember

Lied: Komm, du lang ersehnter Jesus

Komm, du lang ersehnter Jesus,
geboren, um dein Volk zu befreien.
Erlöse uns von unseren Ängsten und Sünden.
Lass uns Ruhe finden in dir.
Du bist Israels Stärke und Trost,
die Hoffnung der ganzen Erde;
die Sehnsucht jeder Nation,
die Freude jedes verlangenden Herzens.

Geboren, um dein Volk zu erlösen,
geboren als Kind und doch König,
geboren, um in uns für immer zu regieren.
Bringe uns jetzt dein Gnadenreich.
Durch deinen ewigen Geist
herrsche du allein in unseren Herzen.
Durch dein Werk, das in alle Ewigkeit genügt,
erhebe uns zu deinem herrlichen Thron.
Charles Wesley

Entsprechender Psalm: Psalm 62,6-7

6 Ich warte still vor Gott,
denn er ist meine Hoffnung.
7 Er ist mein Fels und mein Heil,
meine Burg, in der mir nichts geschehen kann.

Warten auf Weihnachten

Vielleicht haben Sie schöne Erinnerungen aus Ihrer Kindheit, als Sie sich in der Weihnachtszeit die Nase an der Fensterscheibe platt gedrückt und ungeduldig auf den Besuch Ihrer Großeltern gewartet haben. Natürlich brachten sie Geschenke mit. Die Erregung war fast stärker, als Sie ertragen konnten.

Vielleicht erinnern Sie sich auch daran, dass Sie mit Ihren Eltern eine längere Reise unternommen haben und bereits nach zehn Kilometern fragten: »Sind wir jetzt da?«

Kindern kommt alles lang vor, seien es zehn Minuten oder zehn Kilometer. Doch im Grunde fällt Warten niemandem leicht. Und nachdem Sie Ihre Nase eine Stunde lang platt gedrückt oder zum x-ten Mal gefragt hatten: »Sind wir jetzt da?«, haben Sie vielleicht allmählich die Hoffnung aufgegeben.

Biblisch gesprochen ist Hoffnung jedoch das gespannte Warten auf etwas, das sicher kommt. Hoffnung ist keine vage Erwartung ins Blaue hinein, wie etwa: »Hoffentlich gewinne ich im Lotto.« Hoffnung ist etwas Sicheres.

Wenn der Psalmist schreibt: »Er ist meine Hoffnung« (Ps 62,6), dann sagt er damit, was der Liederdichter so ausdrückte: »Komm, du lang ersehnter Jesus.« Wenn Charles Wesley über Israels Stärke und Trost schreibt, dann sagt er etwas Ähnliches wie: »Er ist mein Fels und mein Heil, meine Burg«, denn das Wort, das oft mit »Trost« übersetzt wird, hat auch die Bedeutung von »Verteidiger«, »Fürsprecher« oder »Tröster«.

Worauf warten Sie jetzt, kurz vor Beginn der Weihnachtszeit? Das tiefste Bedürfnis Ihres Herzens wird von dem gestillt, dessen Name Immanuel, Gott mit uns, ist, die »Sehnsucht jeder Nation«.

LIED:
Herr, du gibst uns Hoffnung, du änderst unser Leben. Großes wird groß, Kleines wird klein. Du willst uns gestalten, uns Geist und Leben geben. Herr, wir brauchen dich, du lässt uns nicht allein.
PETER STRAUCH

PARALLELSTELLEN ZUM THEMA:
Der Priester Simeon wusste, dass der Säugling Jesus der lang ersehnte Trost Israels war. Siehe Lukas 2,25-32.

2. Dezember

Psalm 145,8-13

8 Der Herr ist freundlich und barmherzig,
langsam im Zorn und voll unwandelbarer Liebe.
9 Der Herr ist freundlich zu allen Menschen.
Seiner ganzen Schöpfung erweist er Barmherzigkeit.
10 All deine Werke werden dir danken, Herr,
und deine treuen Anhänger werden dich preisen.
11 Sie werden untereinander von der Herrlichkeit deines Reiches sprechen;
sie werden die Zeichen deiner Macht feiern.
12 Sie werden deine mächtigen Taten
und die Größe und Herrlichkeit deiner Herrschaft verkünden.
13 Denn dein Reich bleibt ewig.
Deine Herrschaft währt fort und fort.
Der Herr ist treu in allem, was er sagt;
er ist gnädig in allem, was er tut.

Preise Gott

William Carey, der oft der Vater der Äußeren Mission genannt wird, liebte diesen Psalm. Carey war ein außergewöhnlicher Mann, der sich selbst die Sprachen Indiens beibrachte und die Bibel in vierunddreißig indische Sprachen übersetzte.

Carey war auch ein begeisterter Gärtner: In seinem Garten wuchsen 427 Pflanzenarten, die alle sorgfältig mit ihren lateinischen Namen gekennzeichnet waren. Als er eine Ausgabe eines klassischen botanischen Buches veröffentlichte, wählte er als Vorwort den zehnten Vers dieses Psalms.

Carey erlebte viel Not, doch das Schwerste für ihn war wahrscheinlich, als sein Missionsgebäude, das Manuskripte enthielt, an denen er jahrelang gearbeitet hatte, bis auf den Grund niederbrannte. »An einem kurzen Abend«, berichtete er mit Tränen in den Augen, »wurde die Mühe von Jahren vernichtet. Wie unerforschlich sind die Wege Gottes! Der Herr hat mich gedemütigt, damit ich kindlicher zu ihm aufschaue.« Dann wandte er sich an einen anderen Missionar und sagte: »Geh zu deinen Büchern zurück, und preise Gott bei all deinen Plänen, Vorhaben und Bemühungen.«

So übersetzten Carey und sein Team weiter Gottes Wort, und Gott arbeitete ebenfalls weiter. Das verheerende Feuer hatte ganz England auf die Arbeit Careys aufmerksam gemacht, und Spenden flossen so reichlich, dass Careys Verluste mehr als gedeckt wurden. Als die Missionare ihre Anstrengungen verdoppelten, wurde eine leistungsfähigere Druckerei auf der Asche der alten aufgebaut.

Gott ist »treu in allem, was er sagt ... gnädig in allem, was er tut« – auch wenn wir durchs Feuer geprüft werden.

Lied:
Es muss ein treues Herze sein,
das uns so hoch kann lieben,
da wir doch alle, groß und klein,
was gar nicht gut ist, üben.
Gott muss nicht anders sein als gut;
daher fließt seiner Güte Flut
auf alle seine Werke.
Paul Gerhardt

Parallelstellen zum Thema:
Die Verse 8 und 9 dieses Psalms wiederholen Gottes Selbstoffenbarung an Mose auf dem Berg Sinai. Lesen Sie 2. Mose 34,6.

Nachdenkenswert:
»Es ist erstaunlich, dass die Menschen nicht immerfort loben, denn alles um uns herum ist eine ständige Aufforderung zum Lobpreis.«
Gregor der Grosse

3. Dezember

Psalm 145,14-21

14 Der Herr hilft den Gestrauchelten
und hebt die auf, die unter ihren Lasten zusammengebrochen sind.
15 Aller Augen sehen auf dich und warten auf Hilfe;
du gibst ihnen die Nahrung, die sie brauchen.
16 Wenn du deine Hand öffnest,
stillst du den Hunger und Durst aller Geschöpfe.
17 Der Herr ist gerecht in allem, was er tut;
er ist voll Freundlichkeit.
18 Der Herr ist allen nahe, die ihn anrufen,
ja, allen, die ihn aufrichtig anrufen.
19 Er erfüllt die Wünsche derer, die ihn achten;
er erhört ihre Hilfeschreie und rettet sie.
20 Der Herr beschützt alle, die ihn lieben,
die Bösen aber vernichtet er.
21 Ich will den Herrn preisen,
und alle Menschen werden seinen heiligen Namen rühmen
für immer und ewig.

Loben, wenn das Leben unmöglich scheint

Dieser Abschnitt von Psalm 145 spricht von der Fürsorge Gottes für Menschen in Schwierigkeiten und ruft Gottes Gefolgsleute auf, ihn zu loben. Es ist leicht, den Herrn zu loben, wenn alle unsere Bedürfnisse auf wunderbare Weise befriedigt werden, doch loben wir Gott auch dann, wenn wir keine sofortige Gebetserhörung erleben?

Denken Sie an Martin Rinckart in Eilenberg, Deutschland. Er war gerade dort angekommen, als 1618 der Dreißigjährige Krieg ausbrach, vermutlich der verheerendste Krieg der Geschichte. Die Bevölkerung Deutschlands wurde von 16 Millionen auf 6 Millionen dezimiert.

Da Eilenberg eine Stadtmauer besaß, suchten Flüchtlinge aus dem ganzen Land hier Schutz. Viele schleppten Krankheiten in die überfüllte Stadt ein. Als die Stadt 1637 von der Pest heimgesucht wurde, war Rinckart der einzige Pfarrer, der übrig geblieben war. Allein in diesem Jahr hielt er für fünftausend Bewohner, darunter seine Frau, den Begräbnisgottesdienst.

Während dieser furchtbaren, dreißig Jahre dauernden Heimsuchung schrieb Rinckart ein Danklied: »Nun danket alle Gott«. In diesem Lied preist er Gott für die »großen Dinge«, die er getan hat und spricht von fröhlichen Herzen und edlem Frieden.

Den meisten von uns fällt es schwer, in kurzen Notzeiten dankbar zu sein, aber Martin Rinckart lobte den Herrn während einer dreißig Jahre dauernden Katastrophe. Folgen wir doch Rinckarts Beispiel und loben Gott.

LIED:
*Nun danket alle Gott
mit Herzen, Mund
und Händen,
der große Dinge tut an
uns und allen Enden,
der uns von Mutterleib
und Kindesbeinen an
unzählig viel zugut
bis hierher hat getan.*
MARTIN RINCKART

WISSENSWERTES:
Jeder der Verse 14-19 enthält eine königliche Tugend, etwas, was in der Antike von einem König erwartet wurde. Der Herr ist natürlich der höchste Herrscher, und in ihm werden diese Tugenden im höchsten Grad sichtbar.

NACHDENKENSWERT:
»Es ist königlich, den Gefallenen zu helfen.«
OVID

4. Dezember

PSALM 146

1 Preise den HERRN!
Preise den HERRN, so nehme ich mir vor.
2 Ich will den HERRN preisen, solange ich lebe.
Ich will meinen Gott loben bis zum letzten Atemzug.
3 Setzt euer Vertrauen nicht auf die Mächtigen dieser Welt;
sie können euch nicht helfen.
4 Wenn sie aufhören zu atmen, kehren sie zur Erde zurück,
und all ihre Pläne sind auf einmal zunichte.
5 Doch glücklich sind die, denen der Gott Israels hilft,
die auf den HERRN, ihren Gott, ihre Hoffnung setzen.
6 Er hat Himmel und Erde gemacht,
das Meer und alles, was darin ist.
Seine Verheißungen haben ewige Gültigkeit,
7 er schafft den Unterdrückten Gerechtigkeit
und gibt den Hungrigen zu essen.
Der HERR befreit die Gefangenen.
8 Der HERR öffnet den Blinden die Augen.
Der HERR erleichtert die Bürde derer,
die unter ihren Lasten seufzen.
9 Der HERR beschützt die Fremden unter uns.
Er sorgt für die Witwen und Waisen,
doch er vereitelt die Pläne der Bösen.
10 Der HERR herrscht für immer.
O Jerusalem, dein Gott ist König auf ewig!
Preist den HERRN!

Der Stärkere

Friedrich Baedeker ging gerne ins Gefängnis. 1877 fuhr er nach Russland, um zu predigen und Bibeln zu verteilen. Dort erhielt er die Genehmigung, Gefängnisse zu besuchen. Achtzehn Jahre lang war er der Einzige, dem es gestattet war, als Besucher ein Gefängnis in Russland zu betreten. Und er nutzte diese Gelegenheit, von Polen bis zum Pazifik. Wo immer er auch hinging, wurde er von der Geheimpolizei überwacht, doch er reiste weiter und wurde einer der größten Verteiler von Bibeln aller Zeiten.

»Nur wenige Menschen haben eine Ahnung davon, wie viele Menschen in zahlreichen Gebieten wie wilde Tiere hinter Eisengittern eingekerkert werden«, berichtete er. Obwohl Baedeker bedroht wurde und sein Leben oft in Gefahr war, sagte er: »Diese Menschen brauchen dringend das Evangelium, und ich werde es ihnen bringen.«

Als er mit dem russischen Schriftsteller Graf Leo Tolstoi zusammentraf, meinte dieser, dass Gefängnisse überflüssig würden, wenn das russische Volk eine bessere Bildung bekäme.

Baedeker widersprach: »Der Böse ist stärker als wir, und gegen ihn sind wir machtlos.« Nach einer kurzen Pause fügte er hinzu: »Aber meine Botschaft für die Gefangenen Russlands lautet, dass es einen noch Stärkeren gibt, der die Gefangenen und Sklaven Satans befreien und aus ihnen gläubige, geliebte Kinder Gottes machen kann.«

In unserer Zeit bauen sich Menschen oft ihre eigenen Gefängnisse. Die Botschaft von Psalm 146,7 lautet, dass der Stärkere auch heute noch Gefangene befreit.

Lied:
Siehet er Seelen, die Unrecht leiden,
er ist's, der ihnen Recht verschafft;
Hungrigen will er genug bescheiden,
was ihnen dient zur Lebenskraft.
Die hart Gebundenen macht er frei,
und seiner Gnad ist mancherlei.
Halleluja, Halleluja!
Johann Daniel Hernnschmidt

Parallelstellen zum Thema:
Es ist kein Zufall, dass in Vers 7 die Befreiung von Gefangenen und die Speisung von Hungernden in einem Atemzug genannt werden. Auch in Jesaja 58,6-7 stehen beide nebeneinander.

5. Dezember

Lied: Komm, oh komm, Immanuel

Komm, oh komm, Immanuel,
erlöse das gefangene Israel,
das hier im einsamen Exil klagt,
bis der Sohn Gottes erscheint.

Komm, oh komm, du Herr mit Macht,
der du deinem Volk auf Sinais Höhen
einst das Gesetz gabst
in Wolken, Majestät und Ehrfurcht.

Oh komm, du Zweig Isais, befreie
die Deinen aus Satans Tyrannei.
Rette dein Volk aus den Tiefen der Hölle
und gib ihnen Sieg über das Grab.

Oh komm, du Morgenstern, komm und ermuntere
unseren Geist durch dein Kommen;
und vertreibe die Schatten der Nacht,
durchbreche die Wolken und bringe uns Licht!

Oh komm, du Schlüssel zum Hause Davids,
und öffne weit die Tür unserer himmlischen Heimat.
Mach den Weg, der nach oben führt, sicher
und verschließe die Wege zum Elend.

Freue dich! Freue dich! Immanuel kommt zu dir, Israel.
(Lateinische Hymne aus dem 12. Jahrhundert)

Entsprechender Psalm: Psalm 118,19

19 Öffnet mir die Tore, durch die die Gerechten einziehen;
ich will hineingehen und dem HERRN danken.

Oh komm, du Schlüssel zum Hause Davids

Jede Strophe dieses Weihnachtsliedes aus dem 12. Jahrhundert beginnt mit einem anderen Hinweis auf den Messias. Zum ersten Mal wird Immanuel in Jesaja 7,14 als der Name des Kindes erwähnt, das von einer Jungfrau geboren werden wird. Matthäus zitiert diesen Vers in seinem Bericht über die Geburt von Jesus. Es wäre interessant, auch die anderen Hinweise näher zu untersuchen – Zweig Isais, Morgenstern usw. – aber der interessanteste Begriff steht in der letzten Strophe: »Schlüssel zum Hause Davids«. Was hat es damit auf sich?

In Jesaja 22 erfahren wir die Geschichte eines Palastverwalters in Jerusalem mit Namen Schebna. Jesaja beobachtete, wie Schebna für sich einen imposanten Grabstein oben auf dem Berg, der Jerusalem überblickt, kaufte. Zu jener Zeit führte Schebna auf höchster Ebene Gespräche mit dem Feind, und er hat möglicherweise seine Stellung dazu benutzt, seine Schäfchen ins Trockene zu bringen.

Jesaja verkündigt, dass Gott Schebna stürzen und ihm den Schlüssel des Hauses Davids wegnehmen wird. Der Schlüssel wird einem anderen gegeben, »dass er auftue und niemand zuschließe, dass er zuschließe und niemand auftue« (Jes 22,22).

Das Neue Testament erkennt Jesus als den, der »den Schlüssel Davids« hat. Er ist auch die Tür zum ewigen Leben. Er sagt: »Niemand kommt zum Vater denn durch mich« (Joh 14,6).

PARALLELSTELLEN ZUM THEMA:
Wenn Sie wissen wollen, woher der Verfasser des Liedes all die Titel für Jesus fand, dann lesen Sie Jesaja 7,14; 8,8; 11,1; Matthäus 1,23 und Lukas 1,78.

6. Dezember

6. Dezember

Psalm 147,1-11

1 Preist den HERRN!
Herrlich ist es, unserem gerechten Gott Loblieder zu singen!
Ihn zu loben macht froh und ist zutiefst berechtigt!
2 Der HERR baut Jerusalem wieder auf
und führt die Verbannten nach Israel zurück.
3 Er heilt gebrochene Herzen
und verbindet Wunden.
4 Er zählt die Sterne
und nennt jeden einzelnen beim Namen.
5 Unser HERR ist groß! Seine Macht ist vollkommen!
Seine Erkenntnis übersteigt alles Begreifen!
6 Der HERR hilft den Demütigen,
die Bösen aber tritt er in den Staub.
7 Singt dem HERRN Danklieder;
lobt unsern Gott mit Harfenklang.
8 Er hüllt den Himmel in Wolken,
er spendet der Erde Regen
und lässt auf den Bergweiden grünes Gras sprießen.
9 Er nährt die wilden Tiere
und die jungen Raben, die nach Nahrung schreien.
10 Die Kraft eines Pferdes beeindruckt ihn nicht;
wie armselig muss ihm erst die Kraft eines Menschen erscheinen.
11 Doch der HERR hat Freude an denen, die ihn ehren,
an denen, die ihre Hoffnung auf seine unwandelbare Liebe setzen.

Die größte Macht

Man nannte ihn »Hansdampf-Schmidt«. Als Junge hatte Wilhelm Schmidt Probleme in der Schule, aber er fand Freude an Maschinen jeglicher Art. Lokomotiven faszinierten ihn, und oft trieb er sich auf Bahnhöfen herum und versuchte, mit Lokomotivführern ins Gespräch zu kommen, die seine Fragen beantworten konnten. Schließlich konzentrierte Schmidt seine Interessen auf hochkomprimierte Dampfmaschinen und erhielt Patente für zwölfhundert Erfindungen.

Jede seiner Erfindungen hielt Schmidt für ein Geschenk Gottes. Immer wieder ist auf seinen Zeichnungen oder in seinen Tagebüchern der Satz hingekritzelt: »Ich danke dir, Gott, ich danke dir.«

Obwohl Schmidt oft am Rande des Bankrotts lebte, öffnete er sein Haus den Bedürftigen. Wegen seines Genies und seiner Fähigkeit, Energie nutzbar zu machen, erhielt er oft Besuch von hochgestellten Militärs und Politikern, die dann mit bettelarmen Menschen an einem Tisch saßen. Menschliche Fähigkeiten konnten keinen großen Eindruck auf ihn machen. »Was wirklich zählt, erhalten wir nicht durch intellektuelle Fähigkeiten, sondern durch Gott, die höchste Macht.«

Der Psalmist wusste, dass die Stärke von Pferden oder Menschen nicht mit der Macht Gottes zu vergleichen ist (Vers 10). Gegen welche Macht auch immer Sie heute anzukämpfen haben, Sie können wissen, dass Gott stärker ist.

Lied:
Heile die zerbrochnen Herzen,
baue dir Jerusalem
und verbinde ihre Schmerzen;
lass, was vor dir angenehm,
durch der Bundesschriften Zucht
noch erblühn zu ew'ger Frucht.
Rudolf Stier

Parallelstellen zum Thema:
Welch herrlichen Kontrast enthalten die Verse 3 und 4! Er ist der Gott aller Sterne, und doch heilt er die, die ein gebrochenes Herz haben. Lesen Sie Jesaja 57,15 und 66,2.

Nachgefragt:
Die in diesem Psalm beschriebene Macht Gottes müsste alle Sorgen verjagen. Jemand sagte einmal: »Sorge ist eine Aufeinanderfolge wiederkehrender nutzloser Gedanken und Gefühle, die um ein Zentrum massiver Angst kreisen.« Was gibt es eigentlich noch zu fürchten, wenn man diesen Psalm gelesen hat?

7. Dezember

Psalm 147,12-20

12 Lobe den HERRN, Jerusalem!
Lobe deinen Gott, Zion!
13 Denn er hat die Riegel deiner Tore fest gemacht
und deine Kinder in deinen Mauern gesegnet.
14 Er hat deinem Volk Frieden geschenkt
und dich mit feinstem Weizen in Fülle gesättigt.
15 Er erlässt seine Befehle über die ganze Welt –
sein Wort fliegt rasch!
16 Er schickt Schnee wie weiße Wolle,
streut Reif auf den Boden wie Asche.
17 Er schleudert Hagel wie Steine.
Wer kann in dieser beißenden Kälte überleben?
18 Doch dann, auf sein Wort hin, schmilzt alles wieder.
Er schickt seine Winde, und das Eis taut.
19 Er hat Jakob sein Wort offenbart,
hat Israel seine Gebote und Gesetze verkündet.
20 Keinem anderen Volk hat er sie gegeben;
sie kennen seine Gesetze nicht.
Preist den HERRN!

Schnee in Jerusalem

Was wussten die Menschen der Bibel von Eis, Schnee und Frost (s. Vers 16-18)?

Wir halten Palästina im Allgemeinen für ein subtropisches Gebiet, doch der Berg Hermon ist monatelang schneebedeckt. Kälte und Schnee waren jedoch nicht nur auf den Berg Hermon beschränkt. In 2. Samuel 23,20 lesen wir, dass einer von Davids starken Männern,

»als Schnee gefallen war« in einem Brunnen einen Löwen tötete, und in Josua 10 erfahren wir von einem heftigen Hagelschauer, der Josua half, die Amoriter zu besiegen. Während der Wintermonate fielen zuweilen Eistropfen auf die Gesichter der Gläubigen in den Tempelhöfen, und sogar im April, am Abend vor der Kreuzigung von Jesus, wärmte sich Petrus an einem Feuer im Tempelhof.

Für den Psalmisten war Schnee eine wunderbare Schöpfung Gottes – und das ist er auch heute noch. Als Gott im Buch Hiob stolz herausstreicht, was er alles erschaffen hat, erwähnt er auch Schnee (Hiob 38,22). Viele von uns staunen zu Recht darüber, dass keine zwei Schneeflocken genau gleich sind, doch Schnee ist nicht nur dekorativ. Gott benutzt den Schnee auch zur Luftreinigung, als Bodenisolierung und als Sickerwasser zur langsamen Speisung des Grundwasservorrats.

Doch noch bemerkenswerter ist die Tatsache, dass Gott uns »schneeweiß« (Jes 1,18) waschen kann. Unsere Welt und sogar unsere Herzen sind voll mit Unreinheiten, doch Gott bedeckt uns mit seiner Gnade, umhüllt uns mit einer Decke weißer Wolle, mit der uns das Lamm Gottes beschenkt hat.

Lied:
Ich bin ganz getrosten Muts; ob die Sünden blutrot wären, müssen sie kraft deines Bluts dennoch sich in Schneeweiß kehren, da ich gläubig sprechen kann: Jesus nimmt die Sünder an.
Erdmann Neumeister

Parallelstellen zum Thema:
Schnee und Wolle (Vers 16) werden an anderer Stelle gemeinsam als Bilder eines von Gott rein gewaschenen Herzens gebraucht. Siehe Jesaja 1,18.

Nachdenkenswert:
»So war es am Pfingsttag. Der Winter geistlicher Gefangenschaft wurde vom sanften Atem des Heiligen Geistes aufgetaut und weggeschmolzen.«
F. B. Meyer

8. Dezember

NEHEMIA 12,27-31; 45-47 (DAS LIED NEHEMIAS)

27 Für die Einweihung der neuen Mauer von Jerusalem wurden die Leviten im ganzen Land aufgerufen, nach Jerusalem zu kommen und bei den Feierlichkeiten Dienst zu tun. Sie sollten mit ihren Dankliedern an dem freudigen Anlass teilhaben und auf Zymbeln, Lyras und Harfen musizieren.
28 Aus Jerusalem und den umliegenden Dörfern und aus den Siedlungen der Netofatiter wurden die Sänger zusammengerufen.
29 Auch aus Bet-Gilgal und dem Gebiet um Geba und Asmawet strömten sie herbei, denn die Sänger hatten ihre eigenen Siedlungen rund um Jerusalem errichtet.
30 Die Priester und Leviten weihten zunächst sich selbst, dann das Volk und dann die Tore und die Mauer.
31 Ich führte die Oberhäupter von Juda oben auf die Mauer und stellte zwei große Chöre für die Danklieder zusammen. Einer der Chöre schritt auf der Mauer entlang in Richtung Süden, zum Misttor.
45 Sie taten den Dienst für ihren Gott und den Dienst der Reinigung, wie die Gesetze Davids und seines Sohnes Salomo es vorschrieben; dasselbe galt für die Sänger und Torhüter.
46 Der Brauch der Einsetzung von Chorleitern beim Singen der Lob- und Dankhymnen für Gott stammte aus längst vergangener Zeit, aus den Tagen Davids und Asafs.
47 Deshalb brachte das Volk jetzt, in der Zeit Serubbabels und Nehemias, den Sängern, Torhütern und Leviten täglich ihre Verpflegung. Die Leviten wiederum gaben einen Teil dessen, was sie erhielten, den Priestern, den Nachkommen Aarons.

ENTSPRECHENDER PSALM: PSALM 147,1

1 Preist den Herrn!
Herrlich ist es, unserem gerechten Gott Loblieder zu singen!
Ihn zu loben, macht froh und ist zutiefst berechtigt!

Der fröhliche Mauerrundgang

Die Jahre waren sehr schwer und entmutigend für die Israeliten gewesen. Jerusalem war vor eineinhalb Jahrhunderten zerstört worden. Jetzt waren die Menschen in ihre Heimat zurückgekehrt und versuchten, alles wieder aufzubauen. Ernüchterung hatte sich breit gemacht. Die Aufgabe schien ihnen über den Kopf zu wachsen.

Dann kam Nehemia, ein Mann mit einem Plan. Irgendwie hatte er sie davon überzeugen können, dass die Arbeit trotz allem machbar war. Sie hatten immer noch mit zahllosen Problemen zu kämpfen, aber unter Nehemias Führung wurden die Mauern Jerusalems in 52 Tagen wieder aufgebaut. Die Menschen waren nicht in der Lage gewesen, diese Arbeit in den vorhergehenden achtzig Jahren fertig zu stellen! Dann kam Esra mit seiner Bewegung »Zurück zur Bibel«, und eine geistliche Erweckung begann.

Während der Erweckungsbewegung Esras herrschte viel Zerknirschung und Reue über die begangenen Sünden, doch Nehemia forderte das Volk auf: »Bekümmert euch nicht, denn die Freude am Herrn ist eure Stärke!« (Neh 8,10).

Kein Wunder, dass das ganze Kapitel Nehemia 12 von einem Fest berichtet. Die Menschen hatten viel Grund zu singen, und Nehemia und Esra führten sie auf einem feierlichen Rundgang oben auf der Mauer um die Stadt. Sie können sicher sein, dass die Sänger und Musiker einen Psalm nach dem anderen sangen und spielten.

Gottes Gefolgsleute haben auch heute viel Grund zum Singen. Das zeigt sich allein schon an dem Reichtum christlicher Musik, die wir in der Weihnachtszeit hören. Lassen Sie doch in dieser Festzeit die Freude am Herrn Ihre Stärke sein.

Lied:
Seid nicht bekümmert, seid nicht bekümmert, denn die Freude am Herrn ist eure Stärke! Seid nicht bekümmert, seid nicht bekümmert, denn die Freude am Herrn ist eure Kraft!
Kommunität Gnadenthal

Nachdenkenswert:
»Ein freudiges Herz äußert sich am eindrucksvollsten in einem singenden Mund ... Die Menschen hungern nach Freude. Wenn Freude glaubwürdig zum Ausdruck gebracht wird, werden die Menschen ermutigt.«
Charles Swindoll

9. Dezember

Psalm 148,1-6

1 Preist den Herrn!
Preist den Herrn aus dem Himmel!
Preist ihn vom Firmament!
2 Preist ihn, all seine Engel!
Preist ihn, ihr himmlischen Heerscharen!
3 Preist ihn, Sonne und Mond!
Preist ihn, ihr funkelnden Sterne!
4 Preise ihn, Himmel da droben!
Preist ihn, ihr dunstigen Wolken!
5 Alles Geschaffene preise den Herrn,
denn er hat geboten, und es kam ins Sein.
6 Er hat es eingesetzt für immer und ewig.
Seine Gebote werden nie widerrufen.

Freude an Gottes Schöpfung

Die Legende berichtet, dass sogar Vögel und Tiere den Predigten Franz von Assisis fasziniert lauschten. Ob dies stimmt oder nicht, sei dahingestellt, doch wir wissen eines: Franz von Assisi hatte Freude an der gesamten Schöpfung Gottes.

Als junger Mann war Franz Soldat, doch auf Grund einer einschneidenden Erfahrung bekehrte er sich zu Christus. Danach nahm er die Worte von Jesus »Umsonst habt ihr's empfangen, umsonst gebt es auch« (Mt 10,8) wörtlich, sehr zum Ärger seines Vaters, eines wohlhabenden italienischen Tuchhändlers. Bekleidet mit einem zerlumpten Umhang und einer Schnur als Gürtel, die er von einer Vogelscheuche genommen hatte, wanderte Franz durch das Land und bettelte von den Reichen, um das Erbettelte den Armen zu geben. Bald folgte ihm eine Gruppe von Menschen, und so entstand der Mönchsorden der Franziskaner.

Jemand schrieb über ihn: »Mit einem Lächeln ging er auf die Vereinsamten zu, gab den Armen zu essen, befreite einen gefangenen Vogel und führte ein Kind nach Hause.« Er schrieb sechzig Lob- und Preislieder, von denen heute noch insbesondere der »Sonnengesang« der auf dem 148. Psalm beruht, bekannt ist.

Wenn die ganze Schöpfung Gott preist, sollten wir eigentlich heute in den Chor der Schöpfung einstimmen, damit er vollzählig ist.

LIED:
Himmel, lobe prächtig deines Schöpfers Stärke,
mehr als aller Menschen Werke!
Großes Licht der Sonne, schieße deine Strahlen,
die das große Rund bemalen!
Lobet gern, Mond und Stern;
seid bereit, zu ehren einen solchen Herren!
JOACHIM NEANDER

PARALLELSTELLEN ZUM THEMA:
Die Bibel hat viel von himmlischen Wesen, die Gott loben und preisen, zu erzählen. Lesen Sie Hiob 38,7; Jesaja 6,2-3; Lukas 2,13-14; Offenbarung 5,11-12.

NACHDENKENSWERT:
»Dies ist ein Halleluja-Chor, etwas, dem man lauschen und das man fühlen soll, ein Glanz der himmlischen Herrlichkeit, die man wie einen großartigen Sonnenaufgang oder Sonnenuntergang betrachten und nicht wissenschaftlich analysieren sollte.«
W. GRAHAM SCROGGIE

10. Dezember

Psalm 148,7-14

7 Preist den Herrn auf der Erde,
ihr Geschöpfe der Meerestiefen,
8 Feuer und Hagel, Schnee und Sturm,
Wind und Wetter, die ihm gehorchen,
9 Berge und Hügel,
Obstbäume und Zedern,
10 wilde Tiere und Vieh,
Reptilien und Vögel,
11 Könige der Erde und alle Menschen,
Herrscher und Richter der Erde,
12 Mann und Frau,
Jung und Alt.
13 Alle sollen den Namen des Herrn preisen.
Denn sein Name ist groß;
sein Ruhm überragt Erde und Himmel!
14 Er hat sein Volk stark gemacht
und seine Gottesfürchtigen zu Ehren gebracht –
Israel, das ihm nahe ist.
Preist den Herrn!

Wie loben Krokodile den Herrn?

Es ist leicht, sich vorzustellen, wie Vögel und andere anmutige Geschöpfe Gott loben. Doch es ist schwieriger, sich auszudenken, wie Krokodile und lästige Stechmücken das anstellen. Und wie loben ihn »Wind und Wetter ... Berge und Hügel«?

Alles und jeder kann Gott loben, indem er den Zweck erfüllt, zu dem er geschaffen wurde. So gesehen verherrlicht die nichtmenschliche Kreatur Gott durch ihre alltägliche Existenz. Doch wir haben ein größeres Vorrecht, denn es ist Teil des Zweckes, zu dem wir geschaffen wurden, dass wir Gott kennen, lieben und ihm gehorchen.

Die Schlussverse dieses Psalms offenbaren einige weitere Geheimnisse unserer Beziehung zu Gott. Gott ist sehr groß, und sein Lob geht so weit sich Himmel und Erde erstrecken. Das ist Ehrfurcht gebietend. Doch die letzten Worte des Psalms (vor dem Halleluja) sprechen von Menschen, die ihm »nahe« sind.

Man denkt hier unwillkürlich an einen mächtigen König oder Präsidenten mit einem drei oder vier Jahre alten Sohn. Der König kann seinen Amtsgeschäften nachgehen, während das kleine Kind sich an das Hosenbein seines Vaters klammert. Es ist die Nähe zum König, die unserem Lob Bedeutung verleiht.

Wenn Sie daran denken, was alles in diesem Psalm vorkam, dann mag es Ihnen seltsam anmuten, dass er mit dem »Ihm nahe ist« endet (abgesehen von »Preist den Herrn!«). Aber das ist das Verblüffende an unserem großen Gott und König. Obwohl das gesamte Universum, das er geschaffen hat, mit Ehrfurcht vor ihm erfüllt ist, gibt er uns das Vorrecht, vertrauten Umgang mit ihm zu haben und ihn »Abba, lieber Vater« zu nennen (siehe Gal 4,6).

LIED:
Himmel, Erd, Luft und Meer zeugen von des Schöpfers Ehr; meine Seele, singe du, bring auch jetzt dein Lob herzu!
JOACHIM NEANDER

ÜBERBLICK:
In den ersten sechs Versen von Psalm 148 ist der ganze Himmel der Träger der Melodie dieses mächtigen Jubelgesangs. Jetzt, in den restlichen Versen, wird die Melodie nach unten, auf die Erde und ihre Bewohner weitergegeben, damit wir alle die Gelegenheit erhalten, in das Lob Gottes einzustimmen.

PARALLELSTELLEN ZUM THEMA:
Vers 14 ist der überraschende Höhepunkt eines überraschenden Psalms! Dieser Gott, dem die Huldigung jeder Kreatur gebührt, ehrt seine Gefolgsleute damit, dass er ihnen nahe ist. Etwas Ähnliches wird beim Kommen des neuen Jerusalem geschehen (Offb 21,3).

11. Dezember

Hiob 38,1-11

1 Da antwortete der Herr Hiob aus dem Sturm:
2 »Wer ist es, der meine Weisheit mit solch unwissenden
Reden anzweifelt?
3 Nimm dich zusammen, denn ich will dir
ein paar Fragen stellen; beantworte sie mir.
4 Wo warst du, als ich die Grundfesten der Erde legte?
Sag es mir, du weißt doch alles.
5 Weißt du, wie ihre Maße festgelegt wurden oder wer
sie vermessen hat?
6 Was sichert ihre Festen, wer hat ihren Eckstein gelegt,
7 als die Morgensterne sangen und alle Engel vor Freude jubelten?
8 Wer hat dem Meer Grenzen gesetzt,
als es aus dem Schoss hervorbrach
9 und ich es in Wolken und Finsternis hüllte?
10 Denn ich sperrte es hinter verriegelte Tore und
begrenzte seine Küsten.
11 Ich sprach: ›Bis hierher und nicht weiter. Hier sollen
sich deine stolzen Wellen brechen!‹

Entsprechender Psalm: Psalm 148,2-3

2 Preist ihn, all seine Engel!
Preist ihn, ihr himmlischen Heerscharen!
3 Preist ihn, Sonne und Mond!
Preist ihn, ihr funkelnden Sterne!

Zugabe! Zugabe!

Dieses Konzert haben Sie versäumt. Zu dumm! Aber keiner von uns hat es gehört. Es muss unvergesslich gewesen sein. Wir sprechen vom Konzert der Morgensterne und der Engelscharen zur Zeit der Erschaffung der Erde. Wir kennen die Worte, die sie sangen, nicht. Wir wissen nur, dass sie vor Freude jauchzten. Können Sie sich den Klang vorstellen? Wir wissen nicht, wie viele Engel es gibt, doch Jesus sprach von Zehntausenden. Das ist ein beachtlicher Chor.

Engel sind auch Gottes Boten und unsere Beschützer. Sie beten Gott an und tun seinen Willen. Sie greifen in die Angelegenheiten der Völker ein, sie helfen christlichen Gemeinden und sie strafen Gottes Feinde. All diese Tätigkeiten der Engel werden in der Bibel aufgezählt (s. Neh 9,6; Ps 34,8; 103,20; Offb 1,1; 2,1; 16,1). Aber wofür sind Engel am meisten bekannt? Für ihre Musik.

Am Schöpfungsmorgen sangen die Engel zusammen mit den Sternen. Und als Gott eine neue Schöpfung, das Kommen des Christuskindes, ankündigte, sangen die Engel wieder. Offensichtlich sind Engel von neuen Schöpfungen begeistert.

Jesus erwähnt noch eine andere Gelegenheit, bei der die Engel singen. Er drückte es so aus: »So, sage ich euch, wird Freude sein vor den Engeln Gottes über *einen* Sünder, der Buße tut« (Lk 15,10). Eine weitere neue Schöpfung! Haben Sie die Engel schon zum Singen gebracht?

LIED:
Es danken dir die Himmelsheer, o Herrscher aller Thronen; und die auf Erden, Luft und Meer in deinem Schatten wohnen, die preisen deine Schöpfermacht, die alles also wohl bedacht. Gebt unserm Gott die Ehre!
JOHANN JAKOB SCHÜTZ

PARALLELSTELLEN ZUM THEMA:
Wusste David die Antworten auf die Fragen, die Gott Hiob stellte? Siehe Psalm 65.

NACHDENKENSWERT:
»Gott schuf die Welt aus Gründen, die ihm selbst ausreichen. Es ist nicht erforderlich, dass wir diese Gründe erfahren. Solange wir wissen, dass Gott uns liebt, haben wir Grund zur Hoffnung.«
EDWARD JOHN CARNELL

12. Dezember

PSALM 149,1-4

1 Preist den HERRN!
Singt dem HERRN ein neues Lied.
Singt sein Lob in der Versammlung der Gläubigen.
2 Israel, freu dich an deinem Schöpfer.
Ihr Einwohner Jerusalems, frohlockt über euren König.
3 Preist seinen Namen im Tanz,
begleitet von Tamburin- und Harfenklang.
4 Denn der HERR hat Freude an seinem Volk;
er krönt die Demütigen mit seinem Heil.

Halleluja!

Die letzten fünf Psalmen beginnen und enden alle mit demselben hebräischen Wort: *Halleluja!* – hier übersetzt mit »Preist den Herrn!«

Im Dezember werden wir vielleicht wieder die berühmten Klänge des *Messias* von Händel hören, mit seinem »Halleluja« als Höhepunkt. Über fünfzig Mal wird das Wort *Halleluja* gesungen.

Als das »Halleluja« in Georg Friedrich Händels Gedanken entstand, sagte er: »Ich dachte, ich sähe den ganzen Himmel und den großen Gott selbst vor mir!« Doch Händels Lebensumstände sahen eher bedrückend aus. Obwohl er in jüngeren Jahren ein erfolgreicher Musiker gewesen war, war er verarmt. Als er fünfzig war, schien seine Karriere zu Ende. Er begann, biblische Oratorien zu schreiben und komponierte seinen *Messias* im Alter von sechsundfünfzig Jahren.

Können Sie sich vorstellen, wie er sich fühlte, als der König von England bei einer Aufführung seines neuen Oratoriums aufstand, als das »Halleluja« gesungen wurde? Daraufhin stand das ganze Publikum auf, und so begann ein Brauch, der heute noch befolgt wird.

In Psalm 149 beginnt der Psalmist mit dem Lob Gottes und erkennt dann in Vers 4, dass der Segen auf ihn selbst zurückkommt. Genau das entdeckte auch Händel, und auch Sie werden es entdecken. Beginnen Sie immer damit, dass Sie sich Zeit nehmen, Gott zu loben, und machen Sie sich keine Sorgen, wenn Ihr »Halleluja« nicht so klingt wie das von Händel. Mit einem Engelchor im Hintergrund klingt es großartig.

LIED:
Nun preiset alle Gottes Barmherzigkeit!
Lobt ihn mit Schalle, werteste Christenheit!
Er lässt dich freundlich zu sich laden.
freue dich, Israel, seiner Gnaden!
APELLES VON LÖWENSTERN

PARALLELSTELLEN ZUM THEMA:
Im Alten Testament drückten Menschen religiöse Freude oft durch Tanz aus. Siehe 2. Mose 15,20 und 2. Samuel 6,16.

NACHDENKENSWERT:
»Wenn der Herr eine Seele rettet, fließt ihre heilige Freude über, und sie kann nicht genug Wege finden, um ihre überschäumende Dankbarkeit auszudrücken.«
CHARLES HADDON SPURGEON

13 Dezember

13. Dezember

Psalm 149,5-9

5 Die Gläubigen sollen sich an seiner Ehre freuen.
Sie sollen singen vor Freude, wenn sie auf ihrem Lager liegen.
6 Sie sollen Gottes Lobpreis auf den Lippen führen
und ein scharfes Schwert in den Händen tragen –,
7 um Rache zu nehmen an den Nationen,
um die Völker zu strafen,
8 um ihre Könige in Ketten zu legen
und ihre Anführer in Eisen,
9 um die Strafe zu vollziehen, die über sie verhängt ist.
Das ist der Ruhm der Gläubigen.
Preist den HERRN!

Im Bett singen

Menschen singen an seltsamen Orten. Manche singen unter der Dusche, andere beim Autofahren.

Manchmal hindern uns Sorgen am Schlafen. Je länger wir im Bett liegen, umso mehr grämen wir uns über die Probleme des morgigen Tages und umso aufgewühlter werden wir. Schließlich stehen wir auf und tun etwas, um uns von den negativen Gedanken abzulenken.

Doch der Psalmist fordert uns auf, in unserem Bett vor Freude zu singen, und andere Psalmen sprechen vom Singen in der Nacht.

Vielleicht können wir das von den großen Liederdichtern lernen, von denen viele unter chronischen Krankheiten oder Behinderungen litten.

Die Liederdichterin Fanny Crosby wurde im Alter von nur sechs Wochen blind. Als Mädchen hörte sie, wie jemand das Lied sang: »Ach, mein Heiland blutete«. Als die Stelle »Hier, Herr, ich gebe mich dir hin« gesungen wurde, stand Fanny Crosby auf und rief: »Halleluja!« Danach war ihr Leben von Freude geprägt, und das zeigt sich in ihren über achttausend Liedern. Einmal sagte sie: »Vielleicht wirft die Dunkelheit einen Schatten auf mein äußeres Sehvermögen, aber keine Wolke kann das Sonnenlicht der Hoffnung von einer vertrauenden Seele abhalten.«

Ob Sie bettlägerig sind oder nicht, vertreiben Sie die Wolken mit einem von Fanny Crosbys Liedern.

LIED:
Preist den Herrn! Erde, hör diesen Schall! Preist den Herrn! Völker freuet euch all! O kommt zu dem Vater! In Jesus wir nahn, und gebt ihm die Ehre, der Großes getan!
FANNY J. CROSBY

PARALLELSTELLEN ZUM THEMA:
Es kommt eine Zeit, in der der Herr seine Herrschaft über alle irdischen Mächte zur Geltung bringt. Vergleichen Sie Vers 8 mit 1. Korinther 15,24 und Philipper 2,9-11.

NACHDENKENSWERT:
»Freude und Recht sind eng miteinander verbunden. Lob und Macht gehen Hand in Hand.«
W. GRAHAM SCROGGIE

14. Dezember

14. Dezember

Psalm 150

1 Preist den Herrn!
Preist Gott in seiner himmlischen Wohnstatt;
preist ihn in seinem weiten Himmel!
2 Preist ihn für seine mächtigen Taten;
preist ihn für seine unvergleichliche Größe!
3 Preist ihn mit Trompetenklang,
preist ihn mit Lyra und Harfe!
4 Preist ihn mit Tanz und Tamburin;
preist ihn mit Saiteninstrumenten und Flöten!
5 Preist ihn mit dem Schlagen der Zymbeln;
preist ihn mit lautem Zymbelklang.
6 Alles Lebendige preise den Herrn!
Preist den Herrn!

Stimmen Sie in den Chor ein

F. W. Boreham schrieb einmal: »Gott sagte: ›Es werde Licht!‹ Und es ward Licht. Er musste nicht sagen: ›Es werde gesungen!‹, da er war; und weil er war, sangen alle Morgensterne. Wo und wann auch immer Geschöpfe ihrem Schöpfer gegenüberstanden, brachen sie in Gesang aus.«

Zur Reformation zu Beginn des 16. Jahrhunderts, als Martin Luther den Menschen zeigte, dass sie ohne Angst vor ihren Schöpfer treten können, gehörte Musik. Später schrieb Luther über dreißig Lieder, und einmal sagte er: »Der Teufel ist der Urheber von jammervollen Ängsten und rastlosem Mühen, doch er flieht vor dem Klang der Musik.«

Zur methodistischen Erweckungsbewegung zu Beginn des 18. Jahrhunderts, als John und Charles Wesley die Menschen drängten, ihren Schöpfer mit ihrem Leben und Herzen zu ehren, gehörte Musik. Charles Wesley schrieb über fünftausend Lieder.

Am Schöpfungsmorgen sangen die Engel zusammen mit den Sternen (Hiob 38,7). Wenn wir alle in den Himmel einziehen und unseren Herrn von Angesicht zu Angesicht sehen, werden Siegeslieder angestimmt werden: »Halleluja! Denn der Herr, unser Gott, der Allmächtige, hat das Reich eingenommen! Lasst uns freuen und fröhlich sein und ihm die Ehre geben« (Offb 19,6-7).

Warum stimmen Sie nicht schon jetzt in den Chor ein und beginnen zu üben? Ich meine damit nicht unbedingt Ihren Kirchenchor, sondern den himmlischen Chor. Benutzen Sie alle Instrumente – Ihr Lächeln, Ihre aufmunternden Worte, Ihr gehorsames Leben – um für Ihren Schöpfer zu musizieren.

LIED:
Es schallt empor
zu deinem Heiligtume
aus unsrem Chor
ein Lied zu
deinem Ruhme,
du, der sich Kinder
auserkor.
GEORG GESSNER

NACHDENKENSWERT:
»All unsere Empfindungen und Gaben können Musikinstrumente im besten Sinne des Wortes sein. Loben Sie Gott mit dem Klang Ihrer Liebe! Loben Sie ihn mit Hoffnung und Glauben! Loben Sie ihn mit Sanftmut und Geduld! Loben Sie ihn mit Mut und Kraft! Loben Sie ihn bei der Arbeit! Loben Sie ihn, wenn Sie mit Schmerzen und Schwäche ans Krankenlager gebunden sind.«
F. B. MEYER

15. Dezember

Kolosser 1,15-20 (Das Lied der Vorrangstellung von Christus)

15 Christus ist das sichtbare Bild des unsichtbaren Gottes.
Er existierte schon, bevor Gott irgendetwas erschuf,
und ist über alle Schöpfung erhaben.
16 Christus ist derjenige, durch den und zu dem hin Gott alles im
Himmel und auf der Erde erschuf.
Er machte die Dinge, die wir sehen, und die,
die wir nicht sehen können:
Könige, Herrscher, Fürsten und Mächte.
Alles wurde durch ihn und für ihn erschaffen.
17 Er existierte, bevor alles andere begann, und die gesamte
Schöpfung besteht in ihm und wird in ihm zusammengehalten.
18 Christus ist das Haupt der Gemeinde, die sein Leib ist.
Er ist der Anfang. Ja, er ist sogar als Erster von den Toten
auferstanden, damit er in allem der Erste sei.
19 Denn es hat Gott gefallen, in seiner ganzen Fülle in Christus
zu wohnen,
20 und durch ihn versöhnte Gott alles mit sich selbst.
Durch sein Blut am Kreuz machte er Frieden mit allem im
Himmel und auf der Erde.

Entsprechender Psalm: Psalm 89,12

12 Der Himmel ist dein, und die Erde ist dein;
alles auf Erden gehört dir – du hast es erschaffen.

Ein Porträt für Weihnachten

An Weihnachten sehen wir ständig das Bild des niedlichen kleinen Jesuskindes in der Krippe. Nicht gut genug, sagt Paulus. An Ostern wird uns das Bild des sterbenden Jesus am Kreuz gezeigt. Nicht gut genug, sagt Paulus.

Paulus stellt fest: Christus »ist das sichtbare Bild des unsichtbaren Gottes.« Der Kommentator William Barclay erzählt von einem Brief, den ein griechischer Soldat seinem Vater geschrieben hat. Zum Schluss schreibt er auf dem Papyrusbrief: »Ich schicke dir ein kleines Portrait von mir, das Euctemon gemalt hat.« Das Wort, das in diesem Brief mit »Portrait« übersetzt wurde, ist dasselbe Wort, das in Kolosser 1,15 mit »Bild« übersetzt ist. Dieses Wort wird auch im Zusammenhang mit griechischen Rechtsdokumenten gebraucht. Die vertragschließenden Parteien mussten ihre charakteristischen Merkmale und persönlichen Kennzeichen (ihr »Ebenbild«) schriftlich niederlegen, damit unstrittig feststand, wer das Dokument unterzeichnete.

Jesus ist das Portrait, das uns der Vater schickte, und in ihm sehen wir alle persönlichen Merkmale Gottes. »Alle Fülle« Gottes war in Christus. Wenn Sie dieses Jahr an Weihnachten die altbekannte Geschichte in Lukas 2 lesen, dann lesen Sie auch noch einmal die unbekannte Weihnachtsgeschichte in Kolosser 1, um das ganze Bild oder, sagen wir, das vollständige Portrait zu bekommen.

LIED:
Den aller Welt Kreis nie beschloss,
der liegt in Marien Schoß;
er ist ein Kindlein worden klein,
der alle Ding erhält allein.
Halleluja!
MARTIN LUTHER

PARALLELSTELLEN ZUM THEMA:
Vergleichen Sie diesen Abschnitt mit Johannes 1,1-18. Beide zeichnen ein herrliches Portrait von Jesus, dem Sohn Gottes.

NACHDENKENSWERT:
»Fühlen wir beim Lesen dieses Abschnittes nicht unwillkürlich, welch persönliche Freude am Glauben er ausstrahlt? Paulus erklärt nicht nur, er betet an.«
H. C. G. MOULE

Philipper 2,4-8 (Die Erniedrigung von Jesus)

4 Kümmert euch nicht nur um eure eigenen Angelegenheiten, sondern interessiert euch auch für die anderen und für das, was sie tun.
5 Eure Einstellung sollte dieselbe sein, die ihr bei Christus entdeckt und in der Gemeinschaft mit ihm lernt.
6 Obwohl er Gott war, beharrte er nicht auf seinen göttlichen Rechten.
7 Er machte sich selbst zu nichts; er nahm die niedrige Stellung eines Sklaven an, wurde den Menschen gleich und erschien in menschlicher Gestalt.
8 Und in der Gestalt eines Menschen war er gehorsam bis in den Tod und erniedrigte er sich sogar noch mehr, indem er am Kreuz wie ein Verbrecher starb.

Entsprechender Psalm: Psalm 130,7

7 O Israel, hoffe auf den HERRN;
denn beim HERRN ist unwandelbare Liebe, viel Gnade
und Rettung. Er erlöst Israel von all seinen Vergehen!

Abstieg zur Teufels-Insel

Eine Inselgruppe etwa zwanzig Kilometer vor der südamerikanischen Küste heißt tatsächlich Teufels-Insel. Vor hundert Jahren erlangte sie wegen ihrer Strafkolonie traurige Berühmtheit: sechstausend Gefangene waren auf ihr inhaftiert. Ein Besucher bemerkte: »Hölle ist der einzig passende Name für diese Inselgruppe mit ihrer ewigen Glut von Gier, Gewissensqual und Unbußfertigkeit.«

Doch Freiwillige der französischen Heilsarmee gingen dorthin und ließen sich dort nieder. Sie rodeten etwas Land und brachten einige Gefangene zusammen, um ein altes Haus zu renovieren. Bald verbreitete sich die Nachricht, dass diese Leute von der Heilsarmee nicht nur Seite an Seite mit Sträflingen arbeiteten, sondern auch auf Feldbetten in denselben Zimmern wie sie schliefen.

Das führte dazu, dass sich viele Gefangene Christus zuwandten. Ein Sträfling bekehrte sich, ohne an einer Versammlung teilgenommen zu haben. Er sagte: »Ich brauche nicht in die Versammlungen zu gehen. Allein der Gedanke, dass sie alles zurückgelassen haben, um hierher zu kommen, genügt.«

Jesus ließ viel mehr zurück, um hierher zu kommen, und er hat viel mehr getan, nachdem er gekommen war. Diese Stelle im Brief des Paulus an die Philipper berichtet die ganze Geschichte in wenigen Zeilen. Gott selbst verlässt die Herrlichkeit des Himmels und lässt sich dazu herab, ein Neugeborenes in einer übel riechenden Krippe zu werden. Sogar die Engel in der Höhe müssen über das, was geschah, verblüfft gewesen sein. Der Sohn Gottes kam zur Teufels-Insel, nicht nur, um auf einem Feldbett neben uns zu schlafen, sondern um unsere Todesstrafe auf sich zu nehmen. Weil der Sohn Gottes der Menschensohn wurde, sind wir von der Teufels-Insel befreit und werden Kinder Gottes. Wirklich verblüffend!

LIED:
Damit der Sünder Gnad erhält, erniedrigst du dich, Herr der Welt, nimmst selbst an unsrer Menschheit teil, erscheinst im Fleisch und wirst uns Heil.
CHRISTIAN FÜRCHTEGOTT GELLERT

PARALLELSTELLEN ZUM THEMA:
Lesen Sie in 2. Korinther 8,9 nach, warum Christus so arm wurde.

NACHDENKENSWERT:
»Er war so arm, dass er ständig etwas ausborgen musste: einen Platz für seine Geburt, ein Boot, von dem aus er predigte, einen Raum für das Abendmahl, ein Grab, in dem er beigesetzt wurde. Außerdem lud er Schulden auf sich (Jes 53,6: ›unser aller Sünde‹).
WILLIAM HENDRICKSEN

17. Dezember

Philipper 2,9-11 (Die Erhöhung von Christus)

9 Aus diesem Grund hat Gott ihn zum Himmel erhoben und
ihm einen Namen gegeben,
der höher ist als alle anderen Namen,
10 damit sich jedes Knie im Himmel und auf der Erde und
unter der Erde
im Namen von Jesus beugen
11 und jede Zunge bekennen wird, dass Jesus Christus Herr ist,
zur Ehre Gottes, des Vaters.

Entsprechender Psalm: Psalm 24,9-10

9 Öffnet euch, ihr Tore aus alter Zeit!
Öffnet euch, ihr Türen der Ewigkeit,
und lasst den König der Ehre ein.
10 Wer ist der König der Ehre?
Der allmächtige Herr –
er ist der König der Ehre.

Die drei Namen

Wir sprechen die drei Namen – Herr Jesus Christus – sehr selbstverständlich aus, fast als würden wir über jemanden sprechen, der Hans Peter Müller oder Anna Maria Schmidt heißt. Aber wenn Sie im 1. Jahrhundert gelebt hätten, wüssten Sie, dass dieser Name keineswegs selbstverständlich ist.

Jesus war sein Vorname. Obwohl er »Heiland« bedeutet, war dies im Israel des ersten Jahrhunderts kein ungewöhnlicher Name.

Wenn man Jesus aber »Christus« nennt, dann bedeutet dies, ihn als Gottes gesalbten Messias zu bezeichnen. Das bestätigte Petrus mit seiner Aussage: »Du bist Christus, des lebendigen Gottes Sohn« (Mt 16,16). Für die Juden war das schwer zu akzeptieren.

Wenn man Jesus aber damals »Herr« nannte, bekam man mit den Juden und den Nichtjuden Probleme. »Herr« war ein Titel für den Kaiser, mit dem die römischen Bürger die Göttlichkeit Cäsars anerkannten.

Abgesehen davon war »Herr« ein heiliger Titel für die Juden. Da die Juden es vermieden, den heiligen Namen Jahwe auszusprechen, gebrauchten sie im Allgemeinen stattdessen die Bezeichnung »Herr«. Wenn also die Christen von Jesus als Herrn sprachen, bedeutete dies, dass sie seine Gottheit anerkannten, und das war riskant.

Was ist Jesus für Sie? Ist er der Messias, Gottes versprochener Erlöser? Und ist er auch der Herr, der göttliche Sohn Gottes? Eines Tages wird die ganze Schöpfung vor ihm niederfallen und diesen dreifachen Namen in seiner vollen Bedeutung anerkennen.

LIED:
*Jesus Christus
herrscht als König,
alles wird ihm
untertänig,
alles legt ihm Gott
zu Fuß.
Jede Zunge soll
bekennen,
Jesus sei der Herr
zu nennen,
dem man Ehre
geben muss.*
PHILIPP FRIEDRICH HILLER

PARALLELSTELLEN ZUM THEMA:
Für Paulus und die anderen Apostel war es von enormer Bedeutung, dass Jesus den Titel »Herr« hatte. Siehe Apostelgeschichte 2,36; Römer 10,9 und Offenbarung 17,14.

NACHDENKENSWERT:
»Es gilt immer noch, dass jeder, der sagen kann: ›Jesus Christus ist mein Herr‹, ein Christ ist. Er ist bereit, Jesus eine Liebe, Treue und Ergebenheit entgegenzubringen wie sonst keinem auf der ganzen Welt.«
WILLIAM BARCLAY

18. Dezember

1. Timotheus 3,14-16 (Die Verehrung von Christus)

14 Ich schreibe dir diese Dinge jetzt, obwohl ich hoffe,
bald bei dir zu sein.
15 So weißt du, falls ich doch noch eine Weile nicht kommen kann,
wie man sich im Haus Gottes verhalten muss.
Das ist die Gemeinde des lebendigen Gottes,
der Pfeiler und die Stütze der Wahrheit.
16 Ohne Frage ist dies das größte Geheimnis unseres Glaubens:
Christus erschien im Fleisch
und wurde durch den Geist als gerecht erwiesen.
Er wurde von Engeln gesehen
und den Völkern verkündigt.
An ihn wird in der Welt geglaubt
und er wurde in den Himmel hinaufgenommen.

Entsprechender Psalm: Psalm 72,19

19 Gepriesen sei sein herrlicher Name für immer!
Die ganze Erde sei erfüllt von seiner Herrlichkeit.
Amen und Amen!

Das Überraschungspaket unter dem Weihnachtsbaum

Versuchen Sie manchmal an Weihnachten zu erraten, was in den Päckchen unter dem Weihnachtsbaum steckt? Sicher haben Sie inzwischen gelernt, dass die Größe des Paketes sehr irreführend sein kann. Ein Diamantring benötigt keine Riesenschachtel.

Diese Bibelstelle beschreibt Jesus als Überraschungspaket, als das »gottselige Geheimnis«. Er kam als unscheinbares Baby in einer armseligen Krippe zu uns – von außen keine sehr beeindruckende Verpackung. Neunzig Prozent seines Lebens verbrachte er in Nazareth, im Haus eines Zimmermanns. Er tat seinen Dienst unter einfachen Menschen; seine ersten Jünger waren Fischer.

Dann öffnete sich oder, besser gesagt, explodierte das Paket, und Überraschungen kamen zum Vorschein. Der Heilige Geist bezeugt Jesus bei seiner Taufe Gerechtigkeit vor Gott. Mit der Kraft des Heiligen Geistes tat Jesus große Wunder. Nach seiner Kreuzigung wurde er auferweckt, und Engel bezeugten seine Auferstehung.

Doch das ist nicht alles. Die kleine Schar verängstigter Nachfolger von Jesus trug das Evangelium bis an die Enden der Welt. Menschen jedes Stammes und jeder Nation begannen, ihn anzubeten. Eines Tages wird die gesamte Schöpfung ihn lobpreisen.

Machen Sie nicht den Fehler, dieses kleine Überraschungspaket in der Krippe falsch einzuschätzen!

Lied:
Die Kirch ist fest gegründet
durch Wort und Sakrament,
darin stets neu entzündet
dein Licht und Recht noch brennt.
Dein Sohn ist hier der Stein, an dem die Feinde fallen,
er, der den Deinen allen
ein Auferstehn muss sein.
Benjamin Schmolck

Parallelstellen zum Thema:
Wenn Sie mehr über die Beteiligung der Engel an diesem Geschehen wissen möchten, dann lesen Sie Matthäus 28,2-7; Lukas 2,9-15 und Apostelgeschichte 1,10-11.

Nachdenkenswert:
»Als Jesus starb, betrug die Zahl seiner Nachfolger hundertzwanzig. Alles, was seine Nachfolger anzubieten hatten, war die Geschichte eines galiläischen Zimmermanns. Doch bevor siebzig Jahre vergangen waren, hat sich diese Geschichte bis an die Enden der Erde verbreitet, und Menschen jeder Nation nahmen Jesus als Herrn an.«
William Barclay

19. Dezember

2. Timotheus 2,8-9,11-13 (Der Hymnus von der Verpflichtung eines Christen)

8 Vergiss nie, dass Jesus Christus ein Mensch war, der aus
der Familie des Königs David stammte, und von den Toten
auferweckt wurde. Das ist die Gute Nachricht, die ich predige.
9 Und weil ich diese Gute Nachricht predige, leide ich und wurde
wie ein Verbrecher angekettet. Aber das Wort Gottes lässt sich
nicht in Ketten legen.
11 Das ist eine wahre Aussage:
Wenn wir mit ihm sterben,
werden wir auch mit ihm leben.
12 Wenn wir bedrängende Situationen aushalten,
werden wir mit ihm herrschen.
Wenn wir ihn verleugnen,
wird er uns auch verleugnen.
13 Wenn wir untreu sind,
bleibt er doch treu,
denn er kann sich selbst nicht verleugnen.

Entsprechender Psalm: Psalm 44,23

23 Um deinetwillen werden wir jeden Tag getötet;
wir werden hingeschlachtet wie Schafe.

Schon tot

1838 segelte der jung verheiratete James Calvert von England zu den Fidschi-Inseln. Doch dies waren keine Flitterwochen in den Tropen. Zu jener Zeit waren diese Inseln von wilden Kannibalen bewohnt. Calvert wurde von einem Missionsteam begleitet; sie wollten die gute Nachricht von Jesus verkündigen.

Als der Kapitän von Calverts Plänen erfuhr, versuchte er, ihn zur Vernunft zu bringen. »Wenn du zu diesen Wilden gehst, ist es nicht nur um dein Leben, sondern auch um das deiner Begleiter geschehen!«

Calvert erwiderte: »Wir sind schon gestorben, bevor wir hierher kamen.«

Weihnachten ist nicht der geeignete Zeitpunkt, um über Sterben zu sprechen, oder? Es ist ein Fest der Geburt, eines Neuanfangs, ein Fest der Freude und des Friedens. Doch denken Sie daran: das Kind in der Krippe wurde geboren, um am Kreuz zu sterben. Der »Friede auf Erden«, von dem die Engel sangen, wird nur durch seinen Opfertod ermöglicht.

Christen werden aufgefordert, mit ihm zu sterben. Jesus ruft seine Jünger auf, ihr Kreuz auf sich zu nehmen (Mt 16,24). Das geschieht natürlich in einem geistlichen Sinn. Die Taufe, sagt Paulus, ist ein Sinnbild für unser Sterben mit Christus (Röm 6,3-4). Tote Menschen haben nichts zu verlieren, wie James Calvert und seine Begleiter erkannten. Wir können enorme Risiken für Gott eingehen, wenn er uns dazu aufruft. Das Schlimmste, das passieren kann, ist, dass wir sterben, und, wie dieser Hymnus betont, mit Christus leben.

Dieser Hymnus zeigt, dass es beim christlichen Glauben um Tod *und* Leben geht. Wir dienen einem auferstandenen Retter. Und wenn wir mit ihm sterben, erweckt er uns wieder zum Leben.

LIED:
Er bringt mich an die Pforten,
die in den Himmel führt,
daran mit güldnen Worten
der Reim gelesen wird:
Wer dort wird mitverhöhnt,
wird hier auch mitgekrönt;
wer dort mit sterben geht,
wird hier auch miterhöht.
PAUL GERHARDT

WÖRTER IM TEXT:
Die Wendung »Dies ist ein wahres Wort« *finden wir mit kleineren Abweichungen viermal in den Hirtenbriefen von Paulus: hier und in 1. Timotheus 3,1; 4,9 und Titus 3,8. Paulus scheint auf diese Weise bestimmte Punkte betont zu haben.*

NACHDENKENSWERT:
»Wenn ich predige, habe ich zwei Dinge im Sinn. Erstens: Jeder Mensch sollte sein Leben Christus übergeben. Zweitens: Ich will mein Leben Christus übergeben, egal, ob sonst noch jemand ihm sein Leben übergibt.«
JONATHAN EDWARDS

20. Dezember

20. Dezember

LIED: FREUDE FÜR DIE WELT

Freude für die Welt, der Herr ist gekommen!
Lass die Erde ihren König empfangen;
jedes Herz soll ihm einen Raum vorbereiten,
und Himmel und Erde sollen singen.

Freude für die Erde, der Retter regiert.
Die Menschen sollen singen,
während Felder und Fluten, Berge, Hügel und Ebenen
in den freudigen Klang einstimmen.

Sünden und Schmerzen sollen nicht mehr sein,
keine Dornen und Disteln sollen mehr wachsen.
Er kommt, und seine Segnungen reichen
noch weiter als der Fluch.

Er regiert die Welt mit Wahrheit und Gnade
und erweist an den Völkern
die Herrlichkeit seiner Gerechtigkeit
und die Wunder seiner Liebe.

ISAAC WATTS, NACH PSALM 98

ENTSPRECHENDER PSALM: PSALM 98,4.9

4 Die ganze Erde juble dem HERRN zu,
sie jauchze vor Freude und preise ihn laut!
9 ... vor dem HERRN erschallen lassen.
Denn der HERR kommt, die Erde zu richten.
Er wird die Welt richten in Gerechtigkeit
und alle Völker in seiner Wahrheit.

Zwei Londoner Musiker

Oft stellt Gott die Dinge nicht so zusammen, wie wir es gerne hätten. Er wird gelobt, wenn eigentlich alles dagegen spricht. Nehmen Sie zum Beispiel Isaac Watts und Georg Friedrich Händel. Bestimmt hätte sich niemand vorstellen können, dass diese beiden das wahrscheinlich fröhlichste Weihnachtslied schreiben würden.

Watts hatte sein erstes Lied als Jugendlicher geschrieben, aus Protest gegen seinen Vater, einen Pfarrer. Watts hatte sich beklagt, dass ständig aus dem alten Liederbuch gesungen wurde, das schon über hundert Jahre alt war, und sein Vater hatte ihm erwidert: »Wenn dir diese Lieder nicht gefallen, dann schreibe bessere.« Und das tat er.

Watts, ein kleiner unscheinbarer Mann, bekam später von der Frau, die er liebte, einen Laufpass. Wenig später wurde er krank und blieb für den Rest seines Lebens Halbinvalide. Er brachte alle Psalmen in Versform. »Freude für die Welt« ist eine Umschreibung der letzten Hälfte von Psalm 98.

Die Musik von »Freude für die Welt« ist dem *Messias* von Georg Friedrich Händel entnommen, einem Londoner Zeitgenossen von Watts. Händel, der ebenfalls unverheiratet war, hatte nach mehreren musikalischen Misserfolgen Bankrott gemacht. Teils gelähmt versuchte er, sein Leben wieder in den Griff zu bekommen und widmete sich der Komposition von Oratorien. Vier Jahre nach seinem Bankrott komponierte er den *Messias*.

Sowohl Watts als auch Händel entdeckten unabhängig voneinander, dass Gott »kommt und dass seine Segnungen noch weiter als der Fluch reichen«. Gott kann aus Leid große Freude machen. Haben Sie das auch schon entdeckt?

Parallelstellen zum Thema:
Mehr über den Fluch, den Christus besiegt hat (dritte Strophe), können Sie in 1. Mose 3,17-19 nachlesen.

21 Dezember

21. Dezember

LUKAS 1,39-45 (ELISABETHS LOBPREIS)

39 Einige Tage später eilte Maria in das Bergland von Judäa
zu der Stadt,
40 in der Zacharias lebte. Sie betrat das Haus und begrüßte Elisabeth.
41 Auf Marias Gruß hin hüpfte das Kind in Elisabeth und sie wurde
mit dem Heiligen Geist erfüllt.
42 Elisabeth stieß einen Freudenschrei aus und rief Maria zu:
»Du bist vor allen anderen Frauen von Gott gesegnet und
gesegnet ist dein Kind.
43 Welche Ehre ist es doch, dass die Mutter meines Herrn mich
besuchen kommt!
44 Als du hereinkamst und mich begrüßt hast, hüpfte mein Baby
beim Klang deiner Stimme vor Freude in meinem Bauch!
45 Gesegnet bist du, weil du geglaubt hast, dass der Herr tun wird,
was er gesagt hat.«

ENTSPRECHENDER PSALM: PSALM 68,4

4 Die Gottesfürchtigen hingegen dürfen sich freuen.
Sie können froh sein in der Gegenwart Gottes.
Sie sollen mit Freude erfüllt werden.

Voller Erwartung

Es ist nicht ungewöhnlich, dass zwei werdende Mütter miteinander sprechen. Aber es ist ungewöhnlich, wenn eine von ihnen ein heranwachsendes Mädchen und die andere schon weit über fünfzig Jahre alt ist.

Genau von einer solchen Begegnung berichtet das 1. Kapitel des

Lukasevangeliums, als die Jugendliche Maria ihre ältere Kusine Elisabeth trifft. Diese beiden Frauen hatten mehr als ihre Schwangerschaft gemeinsam. Sowohl Elisabeths Mann Zacharias als auch Maria waren vom Engel Gabriel besucht worden, der jeweils eine wundersame Geburt ankündigte. Beide waren bestürzt. Zacharias war ungläubig, weil Elisabeth aus dem gebärfähigen Alter heraus war. Maria konnte nicht verstehen, wie sie, eine Jungfrau, ein Kind gebären konnte.

Doch das Wunder nahm seinen Lauf, beide Frauen wurden schwanger und sannen über die seltsame Botschaft des Engels nach. Elisabeth, die den Gedanken in ihrem Herzen bewahrte, dass ihr Sohn der Wegbereiter des Messias sein würde, muss sich gefragt haben, wer der Messias wohl sein und ob sie ihm jemals begegnen würde. Elisabeth war in vielfacher Hinsicht in freudiger Erwartung.

Dann stand plötzlich ihre Kusine Maria unter der Tür, und Elisabeths Baby »hüpfte« in ihrem Bauch. Der Heilige Geist schenkte Elisabeth Erkenntnis, so dass sie sagen konnte: »Du bist gesegnet von Gott vor allen anderen Frauen.«

Anders als Maria hatte Elisabeth ihr ganzes Leben lang auf ein Kind gewartet. Sie wurde von Gott gesegnet und auf ungewöhnliche Weise die Erste, die den Messias grüßte. Denken Sie in dieser Weihnachtszeit darüber nach, wie Gott Sie gesegnet hat und nutzen Sie die Gelegenheit, den Messias selbst zu begrüßen.

LIED:
Hosianna! Sei gegrüßt. Komm, wir gehen dir entgegen;
unser Herr ist schon gerüst, will sich dir zu Füßen legen.
Zeuch zu unsern Toren ein,
du sollst uns willkommen sein.
BENJAMIN SCHMOLCK

NACHDENKENSWERT:
»Es war die letzte dichterische Stimme des Alten Testaments, die das Neue Testament begrüßte; die Stimme einer Tochter priesterlicher Abstammung, die für den sang, nach dem das Alte Testament ausschaute und seufzte, schluchzte und sich sehnte.«
G. CAMPBELL MORGAN

22. Dezember

LUKAS 1,46-55 (DAS MAGNIFIKAT: MARIAS LOBLIED)

46 »O, wie ich den Herrn preise.
47 Wie ich mich über Gott, meinen Retter, freue!
48 Denn er schenkte seiner geringen Dienerin Beachtung,
und nun wird eine Generation nach der anderen mich glücklich schätzen.
49 Denn er, der Mächtige, ist heilig,
und er hat große Dinge für mich getan.
50 Seine Barmherzigkeit währt von Generation zu Generation
für alle, die ihn fürchten.
51 Sein mächtiger Arm tut gewaltige Dinge!
Wie er die Stolzen und Hochmütigen zerstreut!
52 Er hat Fürsten von ihren Thronen gestürzt
und die Geringen aufgerichtet.
53 Die Hungrigen hat er mit Gutem gesättigt
und die Reichen mit leeren Händen weggeschickt.
54 Und wie er seinem Diener Israel geholfen hat!
Er hat sein Versprechen nicht vergessen, barmherzig zu sein,
55 wie er es unseren Vorfahren – Abraham und seinen Kindern –
für alle Ewigkeit zugesagt hat.«

ENTSPRECHENDER PSALM: PSALM 35,3

3 Erhebe Spieß und Speer
und verstell meinen Feinden den Weg.
Lass mich dich sagen hören:
»Ich bin dein Heil!«

Was würden Sie sagen?

Zu Tode erschrocken. Glauben Sie nicht, dass das die normale Reaktion eines heranwachsenden Mädchens wäre, das eben den Besuch eines Engels bekommen hat? Und noch dazu den Besuch eines Engels, der ihr ankündigte, dass sie als Jungfrau die Mutter des Sohnes Gottes werden würde?

Nicht so Maria.

Natürlich wird sie von einigen Zweifeln geplagt worden sein, aber ihre erste Reaktion war, Gott zu loben. Welch majestätisches Lob! In den zehn Versen ihres Magnifikats zitiert sie mindestens neun Psalmen und andere Texte des Alten Testaments oder spielt auf sie an. Obwohl die meisten jüdischen Mädchen in der Synagoge nicht in der Heiligen Schrift unterrichtet wurden, kannte Maria das Alte Testament – und den Gott des Alten Testaments – sehr gut.

Maria wusste, dass Gott heilig und mächtig ist, dass er ein barmherziger Gott ist, der für sein Volk wunderbare Dinge tut, ein Gott, der seine Verheißungen hält und Gebete erhört. Sie war außer sich – geradezu elektrisiert –, dass Gott den Messias für Israel durch sie bringen würde.

Wie reagieren Sie, wenn Gott Sie auffordert, etwas zu tun? Sind Sie zu Tode erschrocken oder folgen Sie Marias Beispiel und loben Gott, dass er Sie dazu beruft, seinen Willen zu erfüllen? In der Vergangenheit hat er recht unscheinbare Menschen für die Erfüllung seines Willens ausgewählt. Seien Sie deshalb nicht allzu erstaunt, wenn er auch Sie beruft.

LIED:
Mein Seel, o Herr,
muss loben dich,
du bist mein Heil, des
freu ich mich,
dass du nicht fragst
nach weltlich Pracht
und hast mich Arme
nicht veracht'.
ERASMUS ALBER

WISSENSWERTES:
Diese Lobeshymne ist als das »Magnifikat« bekannt, weil in der lateinischen Übersetzung Vulgata das erste Wort dieses Abschnitts »magnificat« ist, was »loben« oder »verherrlichen« heißt.

NACHDENKENSWERT:
»Maria singt von einem Gott, der nicht an das, was Menschen tun, gebunden ist. Er stellt menschliche Ansichten und Gesellschaftsordnungen auf den Kopf.«
R. V. G. TASKER

23. Dezember

Lukas 1, 67-71.76-79 (Das Lied des Zacharias)

67 Sein Vater Zacharias wurde mit dem Heiligen Geist erfüllt
und sprach diese Prophetie aus:
68 «Gepriesen sei der Herr, der Gott Israels,
denn er hat sein Volk aufgesucht und es erlöst.
69 Er hat uns einen mächtigen Retter aus der königlichen Linie
seines Dieners David gesandt,
70 so wie er es vor langer Zeit
durch seine Propheten verheißen hatte.
71 Nun werden wir vor unseren Feinden
und vor allen, die uns hassen, gerettet werden.
76 Und du, mein kleiner Sohn,
wirst Prophet des Allerhöchsten genannt werden,
weil du dem Herrn den Weg bereiten wirst.
77 Du wirst seinem Volk sagen, wie es Rettung finden wird
durch die Vergebung der Sünden.
78 Durch die gütige Barmherzigkeit Gottes
wird nun das Licht des Himmels für uns anbrechen,
79 um denen Licht zu bringen, die in der Finsternis und im Schatten
des Todes sitzen und um uns zum Weg des Friedens zu führen.

Entsprechender Psalm: Psalm 71,23

23 Ich will jubeln und dein Loblied singen,
denn du hast mich erlöst.

Lob von einem Mann auf dem absteigenden Ast

Zacharias war auf dem absteigenden Ast; das wusste er selbst. Es gab sowieso zu viele Priester, vielleicht um die zwanzigtausend. Wozu taugte er überhaupt noch? Er und seine Frau hatten nicht einmal Kinder, mit denen sie besondere Anlässe feiern konnten. Vermutlich würde ihn niemand vermissen, wenn er nicht mehr da wäre.

Doch Gott sah die Dinge anders. In der Woche, in der Zacharias Tempeldienst hatte (die Priester waren nur zweimal im Jahr an der Reihe), wurde er in der Routine seiner priesterlichen Aufgaben von einem Engel unterbrochen. Der Engel Gabriel kündigte an, dass Zacharias und seine Frau einen Sohn bekommen würden, der der Wegbereiter des Messias sein würde.

Gott bereitet es Vergnügen, Menschen zu gebrauchen, die auf dem absteigenden Ast zu sein scheinen. Abraham und Mose waren bestimmt schon im Rentenalter, als Gott sie in seinen Dienst rief. Und dieses ältliche Ehepaar, Zacharias und Elisabeth, bekam jetzt eine Schlüsselrolle in Gottes Heilsplan.

Kein Wunder, dass Zacharias bei der Geburt seines Sohnes sang! Und welche prophetischen Erkenntnisse schenkte ihm Gott! Er zitierte aus Jesaja, Jeremia und insbesondere Maleachi, dem letzten Propheten des Alten Testaments.

»Oh, wie ich den Herrn preise«, sagte die heranwachsende Maria in ihrem Magnifikat. »Gepriesen sei der Herr,« sagte der ältere Mitbürger Zacharias in seinem Benedictus. Gleichgültig wie alt Sie sind, Gott möchte, dass Sie ihm Lob darbringen.

LIED:
O Jesu, lass mein Herz auf dich nur schauen; besuche mich, du Aufgang aus der Höh, dass ich das Licht in deinem Lichte seh und könne ganz auf Gnaden trauen. Kein Fehler sei so groß und schwer in mir, der mir die Tür verschlösse, Herr, zu dir.
CHRISTIAN FRIEDRICH RICHTER

WISSENSWERTES:
Dieses Lied wird auch »Benedictus« genannt, das lateinische Wort für »gesegnet« oder »gelobt« und das erste Wort im Lied des Zacharias. Obwohl es sich bei beiden um Dichtung handelt, erinnert Marias Magnifikat eher an einen Psalm und das Benedictus von Zacharias mehr an eine Weissagung.

NACHDENKENSWERT:
»Vergebung ist nicht so sehr der Erlass der Strafe als die Wiederherstellung einer Beziehung.«
WILLIAM BARCLAY

24. Dezember

Lukas 2,8-14 (Der Engelchor)

8 In jener Nacht hatten einige Hirten auf den Feldern vor dem Dorf
ihr Lager aufgeschlagen, um ihre Schafe zu bewachen.
9 Plötzlich erschien ein Engel des Herrn in ihrer Mitte und der
Glanz, die Herrlichkeit des Herrn umstrahlte sie.
Sie erschraken sehr,
10 aber der Engel beruhigte sie. »Habt keine Angst!«, sagte er. »Ich
bringe euch eine große Freude für alle Menschen!
11 Der Retter – ja, der Messias, der Herr – ist heute Nacht in
Bethlehem, der Stadt Davids, geboren worden!
12 Und so werdet ihr ihn erkennen: Ihr werdet ein Kind finden, das
in Windeln gewickelt in einer Futterkrippe liegt!«
13 Plötzlich war der Engel von einer großen Schar himmlischer
Heerscharen umgeben, die Gott lobten:
14 »Verherrlicht sei Gott im höchsten Himmel
und Frieden auf Erden allen, die Gott wohlgefällig sind.«

Entsprechender Psalm: Psalm 148,1-2

1 Preist den HERRN!
Preist den HERRN aus dem Himmel!
Preist ihn vom Firmament!
2 Preist ihn, all seine Engel!
Preist ihn, ihr himmlischen Heerscharen!

Die wichtigste Nachricht

»Gute Nachricht«, sagte der Engel. Diese Meldung war wirklich ein »Knüller«, und Gottes Nachrichtendienst besaß die Mittel, die Geschichte auch in entlegene Gebiete, wie zu den Hirten auf einem einsamen Feld zu bringen.

Professoren für Journalismus lehren, dass eine gute Meldung fünf Merkmale aufzuweisen hat: Die Nachricht muss ungewöhnlich (»Mann beißt Hund« ist besser als »Hund beißt Mann«), lebenswichtig (wen kümmert es, ob Sie gestern gejoggt haben?), prominent (wenn sich der Präsident das Bein bricht, dann interessiert es), persönlich (wenn ein neues Steuergesetz fast jeden betrifft, dann ist es eine wichtige Nachricht) und aktuell (die Zeitung von gestern taugt nur noch als Einwickelpapier) sein.

Die Nachricht, die die Engel brachten, hatte alle Merkmale einer sensationellen Geschichte. War sie ungewöhnlich? War sie lebenswichtig? War eine prominente Person betroffen? War sie persönlich hinsichtlich ihrer Wirkung auf die meisten Menschen? War sie aktuell? Offensichtlich war es Material für die Titelseite. Kein Wunder, dass die Hirten nach Bethlehem eilten!

Achten Sie jedoch auf den Unterschied zwischen den meisten Nachrichten heute und dieser größten Nachricht aller Zeiten: Es handelte sich um eine gute Nachricht. Die heutigen Schlagzeilen handeln von Verbrechen und Krieg, Leid und Not. Diese Nachricht handelt von Rettung, von Frieden auf Erden und von Freude für alle Menschen.

LIED:
Fröhlich soll mein Herze springen dieser Zeit, da vor Freud alle Engel singen. Erd und Himmel, nehmt's zu Ohren! Jauchzend ruft alle Luft: Christus ist geboren!
PAUL GERHARDT

PARALLELSTELLEN ZUM THEMA:
Jesus versprach seinen Jüngern Frieden (Joh 14,27), aber er brachte auch Konflikt (Mt 10,34-36). Siehe auch Jakobus 4,4.

NACHDENKENSWERT:
»Friede zwischen Mensch und Gott ist die unabdingbare Voraussetzung für Frieden zwischen einem Menschen und seinen Mitmenschen.«
CHARLES L. CHILDERS

25. Dezember

Lied: Horch! Die Engelboten singen

*Horch! Die Engelboten singen, »Ehre dem neu geborenen König,
Friede auf Erden und gnädige Barmherzigkeit, Gott und Sünder sind versöhnt!«
Ihr Völker, steht auf mit Freuden und stimmt in den Triumph des Himmels ein.
Verkündet mit der Engelschar: »Christus ist in Bethlehem geboren!«*

*Christus, vom höchsten Himmel verehrt, Christus, der ewige Herr,
seht ihn kommen, den Sohn der Jungfrau:
Gottheit verborgen im Fleisch; Heil dem fleischgewordenen Gott,
der als Mensch bei Menschen wohnt, Jesus, unser Immanuel.*

*Heil dem himmlischen Friedefürst! Heil der Sonne der Gerechtigkeit!
Sie bringt allen Licht und Leben und geht auf mit Heil unter ihren Flügeln.
Sanft legt er seine Herrlichkeit ab, geboren, damit der Mensch nicht mehr stirbt,
geboren, um die Erdensöhne zu erheben, geboren, um ihnen die Wiedergeburt zu ermöglichen.
Horch! Die Engelboten singen, »Ehre dem neu geborenen König.«*

Charles Wesley

Dazu passender Psalm: Psalm 103,20-21

20 Lobt den Herrn, ihr seine Engel,
ihr mächtigen Wesen, die ihr seine Beschlüsse ausführt
und aufmerksam auf seine Worte achtgebt.
21 Ja, lobt den Herrn, ihr Engelscharen,
die ihr ihm dient und seinen Willen tut!

Die Sonne an Weihnachten

Charles Wesley, das siebzehnte von neunzehn Kindern, die Samuel und Susanna Wesley geboren wurden, schrieb zwischen sechstausend und siebentausend Lieder. Die meisten sind inzwischen vergessen, aber nicht: »Horch! Die Engelboten singen.«

Kurz nachdem er im Jahr 1738 sein Herz Jesus geschenkt hatte, begann er mit dem Schreiben von Liedern. Innerhalb eines Jahres hatte er einige seiner größten Hymnen geschrieben. Zu seinen frühesten Liedern gehören: »Jesus, du liebst meine Seele«, »Und kann es sein«, »Christus der Herr ist heute auferstanden« und »Horch! Die Engelboten singen.«

Manchmal stand er im Schatten seines Bruders John, dem Gründer der methodistischen Bewegung. Doch Charles war selbst Evangelist und predigte trotz heftigen Widerstands und Gewaltandrohungen. Am besten predigte er jedoch durch seine Lieder, die er mit reicher biblischer Lehre versah.

In der dritten Strophe von »Horch! Die Engelboten singen« schreibt Charles zum Beispiel von Jesus als Sonne der Gerechtigkeit, die aufgeht mit »Heil unter ihren Flügeln«. Woher hat er diese Idee? Vom Propheten Maleachi, der weissagte: »Euch aber, die ihr meinen Namen fürchtet, soll aufgehen die Sonne der Gerechtigkeit und Heil unter ihren Flügeln. Und ihr sollt herausgehen und springen wie die Mastkälber« (Mal 3,20). Jesus ist also nicht nur der Sohn, sondern auch die Sonne. Die Sonne der Gerechtigkeit bringt nicht nur Licht, sondern auch Leben.

Wärmen Sie sich doch an den Strahlen der Sonne der Gerechtigkeit, heute, wenn wir seine Geburt feiern.

PARALLELSTELLEN ZUM THEMA: *Die zweite Strophe dieses Liedes spricht von Jesus als »Gottheit verborgen im Fleisch« und dem »fleischgewordenen Gott«. Paulus spricht in ähnlicher Weise von Jesus. Siehe Kolosser 1,15-20.*

26 Dezember

26. Dezember

Lukas 2,25-35 (Die Prophezeihung Simeons)

25 Nun lebte in Jerusalem ein Mann mit dem Namen Simeon, der
gerecht und sehr fromm war. Er war mit dem Heiligen Geist
erfüllt und wartete sehnsüchtig auf die Ankunft des Messias, den
Tröster Israels.
26 Der Heilige Geist hatte ihm vorausgesagt, dass er nicht sterben
würde, bevor er den Messias des Herrn gesehen hätte.
27 An diesem Tag führte der Heilige Geist ihn zum Tempel. Als Maria
und Josef nun kamen, um das Kind, Jesus, dem Herrn zu wei-
hen, wie es im Gesetz vorgeschrieben ist,
28 war Simeon dort. Er nahm das Kind auf seine Arme und lobte
Gott mit den Worten:
29 »Herr, nun kann ich in Frieden sterben!
Wie du es mir versprochen hast,
30 habe ich den Retter gesehen,
31 den du allen Menschen gegeben hast.
32 Er ist ein Licht, um den Nationen Gott zu offenbaren,
und er ist die Herrlichkeit deines Volkes Israel!«
33 Josef und Maria staunten über das, was über Jesus gesagt wurde.
34 Dann segnete Simeon sie und sagte zu Maria: »Dieses Kind wird
von vielen in Israel abgelehnt werden, und das wird ihren
Untergang bedeuten. Doch für viele andere wird er die größte
Freude sein.
35 Auf diese Weise werden die Gedanken vieler Herzen offenbart wer-
den. Doch auch deine Seele wird es wie ein Schwert durchdringen,
wenn du über ihn nachdenkst.«

Entsprechender Psalm: Psalm 62,6

6 Ich warte still vor Gott,
denn er ist meine Hoffnung.

Ist etwas Neues geschehen?

Wer weiß schon, welche Auswirkung letztendlich ein Leben hat? Simeon wusste es.

Maria und Josef brachten das Jesuskind in den Tempel, als es acht Tage alt war, um die Vorschriften des Gesetzes Moses zu erfüllen. Simeon war zugegen, mit Weissagungen guter und schlechter Nachrichten vom Herrn. Die gute Nachricht war, dass dieses Kind der Messias war und nicht nur die Juden retten, sondern ein Licht für alle Menschen werden würde. Die schlechte Nachricht war, dass viele Angehörige seines eigenen Volkes ihn ablehnen würden und dass Maria deshalb großen Schmerz erleben müsste.

Simeons Worte könnte man als Kurzfassung des Restes des Neuen Testaments betrachten. Zunächst bestand der Dienst von Jesus darin, Gott in Israel zu verherrlichen. Er wurde von einigen angenommen, von anderen abgelehnt. Die Botschaft von seinem Tod und seiner Auferstehung verbreitete sich wie ein Lauffeuer in der Welt. So stand Simeon am Wendepunkt der Menschheitsgeschichte, und er wusste es.

Machen Sie sich die Bedeutung der Geburt von Jesus bewusst. Feiern Sie diese Zeit seines Kommens in die Welt und erinnern Sie sich an den Tag, an dem Sie ihn zum ersten Mal persönlich kennen lernten. Wegen Jesus wird von da an alles anders sein.

LIED:
Herr, lass auch uns gelingen,
dass einst wie Simeon
ein jeder Christ
kann singen
den schönen Schwanenton:
Mir werden nun mit Frieden die Augen zugedrückt, nachdem ich schon hienieden den Heiland hab erblickt.
JOHANN FRANCK

PARALLELSTELLEN ZUM THEMA:
Wenn Sie mehr darüber erfahren wollen, was wie ein Schwert durch Marias Seele dringen wird, dann lesen Sie den messianischen Psalm 22.

NACHDENKENSWERT:
»Dieses Kind in den Armen zu halten bedeutete [für Simeon], dass ihm sein Tod offenbart wurde, jedoch nicht als Vernichtung, sondern als Befreiung. Die große und herrliche Tatsache, die sich daraus ergibt, ist, dass Christus den Tod abgeschafft hat.«
G. CAMPBELL MORGAN

27. Dezember

Offenbarung 5,9-14 (Das Lied des Himmels von der Erlösung)

9 »Du bist würdig, das Buch zu nehmen
und seine Siegel zu brechen und sie zu öffnen.
Denn du wurdest getötet und dein Blut
hat Menschen für Gott freigekauft,
Menschen aus jedem Stamm und jeder Sprachgruppe,
jedem Volk und jeder Nation.
10 Und du hast sie zu Gottes Königreich
und zu seinen Priestern gemacht.
Und sie werden auf der Erde regieren.«
11 Dann schaute ich wieder hoch und hörte das Singen von
Tausenden und Millionen Engeln um den Thron herum und die
lebendigen Wesen und die Ältesten.
12 Und sie sangen in einem gewaltigen Chor:
»Das Lamm ist würdig – das Lamm, das getötet wurde.
Es ist würdig, Macht und Reichtum entgegenzunehmen
und Weisheit und Stärke
und Ehre und Herrlichkeit und Lob.«
13 Und dann hörte ich, wie jedes Geschöpf im Himmel und auf
der Erde und unter der Erde und im Meer sang:
»Lob und Ehre und Herrlichkeit und Macht
gehören dem, der auf dem Thron sitzt
und dem Lamm für immer und ewig.«
14 Und die vier lebendigen Wesen sagten: »Amen!« Und die
Ältesten fielen nieder und beteten Gott und
das Lamm an.

Entsprechender Psalm: Psalm 40,4

4 Er legte mir ein neues Lied auf die Lippen,
ein Loblied für unseren Gott.
Viele werden sehen, was er getan hat, und werden staunen und
ihn verehren. Sie werden ihr Vertrauen auf den Herrn setzen.

Was ist daran neu?

Das Buch der Offenbarung mit seinen Visionen, seinen Symbolen und den Debatten um seine Interpretation erfüllt die meisten Menschen mit ehrfurchtsvoller Scheu. Versuchen Sie heute doch einfach, all die theologischen Auseinandersetzungen beiseite zu lassen und nur die Musik zu genießen.

Die Musik stammt aus dem 5. Kapitel. Das Lied ist »neu«, doch einige Worte kommen uns bekannt vor. Der Ort des Geschehens ist der Himmel. Man sieht einen Thron, und der darauf sitzt hat ein Buch in der Hand. Niemand ist würdig, das Buch zu öffnen außer der Löwe aus dem Stamm Juda, der wie ein Lamm aussieht, das geschlachtet wurde. Als das Lamm das Buch nimmt, wird das erste der drei »neuen« Lieder gesungen; es sind alles Loblieder auf das Lamm.

Die Offenbarung, die oft mit der Endzeit in Zusammenhang gebracht wird, spricht auch von Neuanfängen – einem neuen Namen (Offb 2,17), einem neuen Jerusalem (Offb 3,12), einem neuen Himmel und einer neuen Erde (Offb 21,1) und davon, dass alles neu wird (21,5). Es liest sich wie eine Beschreibung des Altjahrabends. Das Alte wird mit Glockengeläut verabschiedet, das Neue wird eingeläutet!

Die Musik der Psalmen gründete sich auf den Alten Bund, die Musik der Offenbarung beruht auf dem Neuen Bund. Im Alten Bund ist viel von geschlachteten Lämmern die Rede, aber das Lied des Neuen Bundes handelt von dem Lamm, das geschlachtet wurde, um uns zu erlösen. Dieses Lamm allein ist es wert, uns zu helfen, der Zukunft zuversichtlich entgegenzusehen.

LIED:
*Halleluja! Preis, Ehr und Macht sei auch dem Gotteslamm gebracht,
in dem wir sind erwählet, das uns mit seinem Blut erkauft,
damit besprenget und getauft und sich mit uns vermählet.*
MARTIN RINCKART

PARALLELSTELLEN ZUM THEMA:
Im Buch der Psalmen ist oft von »neuen Liedern« die Rede. Siehe Psalm 33,3; 40,4; 96,1; 98,1; 144,9 und 149,1.

NACHDENKENSWERT:
»Gott hat für die Welt Erlösung bewirkt, und die Menschen, die auf das Lamm sehen, können das nie ganz begreifen.«
ROBERT E. COLEMAN

28. Dezember

Offenbarung 7,9-17 (Der Lobpreis der grossen Schar)

9 Danach sah ich eine riesige Menge – viel zu groß, um sie zählen zu können – aus allen Nationen und Stämmen und Völkern und Sprachgruppen vor dem Thron und vor dem Lamm stehen. Sie waren in Weiß gekleidet und hielten Palmzweige in ihren Händen.
10 Und sie rufen mit lauter Stimme: »Rettung kommt von unserem Gott auf dem Thron und von dem Lamm!«
11 Und alle Engel standen rings um den Thron und um die Ältesten und die vier lebendigen Wesen. Und sie fielen vor dem Thron nieder und beteten Gott an.
12 Sie sagten: »Amen! Lob und Herrlichkeit und Weisheit und Dank und Ehre und Macht und Stärke gehören unserem Gott für immer und ewig. Amen!«
13 Dann fragte mich einer der Ältesten: »Wer sind diese, die in Weiß gekleidet sind? Woher kommen sie?«
14 Und ich sagte zu ihm: »Mein Herr. Du weißt es.«
Dann sagte er zu mir: »Das sind diejenigen, die aus der großen Bedrängnis kommen. Sie haben ihre Kleider im Blut des Lammes gewaschen und weiß gemacht.
15 Deshalb stehen sie nun vor dem Thron Gottes und dienen ihm Tag und Nacht in seinem Tempel. Und er, der auf dem Thron sitzt, wird unter ihnen wohnen und sie beschützen.
16 Sie werden nie wieder Hunger oder Durst haben und sie werden ganz vor der sengenden Sonne und jeder Glut geschützt sein.
17 Denn das Lamm, das vor dem Thron steht, wird ihr Hirte sein.
Es wird sie zu den Quellen des Leben spendenden Wassers führen. Und Gott wird aus ihren Augen all ihre Tränen abwischen.«

Entsprechender Psalm: Psalm 3,9

9 Von dir kommt die Rettung, o Herr.
Schenk deinem Volk deinen Segen.

Gesellen Sie sich zu der Schar

Während des amerikanischen Bürgerkriegs wurde ein Soldat gefangen genommen, nach Richmond, Virginia, gebracht und dort ins Gefängnis gesperrt. Er hatte Angst vor dem, was ihn hinter dem finsteren, schweren Tor erwartete.

Dann hörte er eine tiefe Bassstimme aus einem Fenster des oberen Stockwerks des Gefängnisses singen: »Gelobt sei Gott, der uns mit Gutem überschüttet.« Als der Sänger bei der zweiten Zeile angekommen war, fielen ein paar andere Stimmen ein. Noch mehr sangen bei der folgenden Zeile mit, bis schließlich das ganze Gefängnis sang: »Gelobt sei der Vater und der Sohn und der Heilige Geist.«

Dieser Lobpreis änderte alles. Oh ja, die schweren Eisentore waren immer noch unverändert da. Aber der Gefangene war nicht mehr verzagt und angstschlotternd.

In der Offenbarung lesen wir von einer großen Schar, die Leiden durchgestanden hat. Einige sind heimatlos, viele ausgehungert, andere wurden gefoltert. Aber welch herrliches Halleluja singen sie miteinander! Das Lamm wird ihr Hirte. Er trocknet ihre Tränen und führt sie zu frischen Wasserquellen.

Wovor fürchten Sie sich? Vor dem Tod? Vor Schmerzen? Vor Verlust? Gesellen Sie sich zu der Schar. Wirklich, gesellen Sie sich zur Schar derer, die die Jahrhunderte hindurch dem Lamm, das für uns gestorben ist, Loblieder sangen. Bei ihm finden wir Trost, Rat und ewigen Frieden.

Lied:
Leiden stimmt des Herzens Saiten
für den Psalm der Ewigkeiten,
lehrt mit Sehnsucht dorthin sehn,
wo die sel'gen Palmenträger
mit dem Chor der Harfenschläger
preisend vor dem Throne stehn.
Karl Friedrich Harttmann

Nachdenkenswert:
»Wenn im Himmel Freude ist über einen Sünder, der Buße tut, wie unglaublich groß wird dann die freudige Anbetung sein, wenn alle Erlösten vor Gott stehen!«
Robert H. Mounce

29. Dezember

Offenbarung 11,15-19 (Das Lied vom Reich Gottes)

15 Dann ließ der siebte Engel seine Trompete ertönen und laute
Stimmen riefen im Himmel: »Die ganze Erde ist jetzt das
Königreich unseres Herrn und seines Christus geworden und er
wird in alle Ewigkeit regieren.«
16 Und die vierundzwanzig Ältesten, die vor Gott auf ihren
Thronen saßen, fielen vor ihm nieder und beteten ihn an.
17 Und sie sagten: »Wir danken dir, Herr, Gott, Allmächtiger,
der ist und der immer war, denn jetzt hast du deine große Macht
ergriffen und deine Herrschaft angetreten.
18 Die Nationen waren zornig gegen dich,
aber jetzt ist die Zeit deines Zorns gekommen.
Jetzt ist es Zeit, die Toten zu richten
und deine Diener zu belohnen.
Du wirst deine Propheten und dein heiliges Volk belohnen,
alle, die deinen Namen fürchten,
vom Geringsten bis zum Größten.
Und du wirst alle vernichten,
die Vernichtung über die Erde gebracht haben.«
19 Dann wurde im Himmel der Tempel Gottes geöffnet und die
Bundeslade war im Tempel zu sehen. Blitze zuckten und
Stimmen und Donner grollten; es gab einen großen Hagelsturm
und die Welt wurde durch ein mächtiges Erdbeben erschüttert.

Entsprechende Psalmen: Psalm 2,1 und Psalm 10,16

1 Warum wüten die Völker und Nationen?
Warum vertun sie ihre Zeit mit unnötigen Dingen?
16 Der Herr ist König für immer und ewig!
Wer andere Götter anbetet, soll aus dem Land gejagt werden.

Wer ist hier überhaupt verantwortlich?

Als der karthagische Feldherr Hannibal seine Truppen über die Alpen nach Italien führte, zeigte er auf die Täler des Piemont, die unter ihnen lagen. »Schaut«, sagte er. »Seht ihr diese Weinberge? Sehr ihr die Weizenfelder? Noch ein paar Kämpfe, und das alles gehört euch.« Was den Feldherrn anging, so hatten seine Truppen bereits gewonnen. Es fehlten nur noch die Siegesrufe.

Hannibal hatte Recht. Doch seine Männer gewannen nicht nur durch Zuversicht. Sie brachten ein ganzes Heer über die Alpen, zusammen mit ihren Packelefanten. Es war nicht leicht, aber sie schafften es, und ihre überlegene Macht befähigte sie, die Römer zu besiegen.

Als Christen gehören wir zu einer siegreichen Mannschaft. Zugegeben, manchmal fällt es nicht leicht, daran zu glauben. Manchmal haben wir den Eindruck, dass wir in der letzten Minute des Endspiels haushoch verlieren. Doch Jesus hat uns den Sieg versprochen, und er hat die Macht, ihn davonzutragen. Es fehlen nur noch die Siegesrufe.

Und welche Rufe das sein werden! Offenbarung 11,15 gibt uns eine Kostprobe. »Die ganze Welt ist jetzt das Königreich unseres Herrn und seines Christus geworden.« Die Feuerwerke am Altjahrabend werden, verglichen mit dem Widerhall dieser letzten Siegesfeier, geradezu einschläfernd sein.

Deshalb beginnen Sie diesen Tag und dieses neue Jahr nicht so, als sei die Schlacht verloren. Christus ist der Sieger. Leben Sie mit dieser Zuversicht im Herzen. Es stimmt, was Hannibal sagte: »Nur noch ein paar Kämpfe.«

LIED:
Wenn dann zuletzt ich angelanget bin im schönsten Paradeis, von höchster Freud erfüllet wird der Sinn, der Mund von Lob und Preis.
JOHANN MATTHÄUS MEYFAHRT

NACHDENKENSWERT:
»Gericht schließt Liebe nicht aus, sondern ist ein notwendiger Aspekt der Liebe. Wenn Gott von dem, was geschehen ist, keine Notiz nähme, wäre er kein guter Gott und die Geschichte selbst würde sich als niederträchtiger Betrug erweisen.«
VERNARD ELLER

30. Dezember

Offenbarung 15,1-4 (Das Lied Moses und des Lammes)

1 Dann sah ich im Himmel ein anderes bedeutsames Zeichen, das groß und wunderbar war. Sieben Engel hielten die sieben letzten Plagen, die Gottes Zorn vollenden würden.
2 Ich sah vor mir etwas, das wie ein mit Feuer vermischtes Kristallmeer aussah. Darauf standen alle Menschen, die über das Tier und seine Statue und die Zahl, die gleichbedeutend mit seinem Namen war, gesiegt hatten. Alle hatten Harfen von Gott bekommen.
3 Und sie sangen das Lied Moses, des Dieners Gottes, und das Lied des Lammes:
»Groß und wunderbar sind deine Taten,
Herr, Gott, Allmächtiger.
Gerecht und wahrhaftig sind deine Wege,
o König der Nationen.
4 Wer sollte dich nicht fürchten, o Herr,
und deinen Namen preisen?
Denn du allein bist heilig.
Alle Nationen werden kommen und vor dir anbeten,
denn deine gerechten Taten sind offenbart worden.«

Entsprechender Psalm: Psalm 98,2-3

2 Der Herr hat seinen Sieg verkündet
und seine Gerechtigkeit allen Völkern offenbart!
3 Er hat seine Verheißung nicht vergessen, Israel zu lieben
und ihm treu zu sein.
Die ganze Welt war Zeuge des Heils, das unser Gott
vollbracht hat.

Ein Siegeslied

Zu Beginn des dritten Jahrhunderts wurden in Nordafrika ein paar christliche Frauen wegen ihres Glaubens vor Gericht gestellt. Die Staatsdiener versuchten, sie zu überreden, dem Kaiser ein Opfer zu bringen und dadurch ihr Leben zu retten. Doch die Frauen lehnten ab. Nach ihrem Märtyrertod schrieb ein Zeitgenosse: »Der Tag ihres Sieges brach an, und sie schritten mit glücklichem und ruhigem Gesicht vom Gefängnis zur Arena, geradeso, als gingen sie in den Himmel.«

Offenbarung 15 zufolge singen Menschen wie diese im Himmel. Sie haben einen Sieg über die Feinde von Christus errungen. Wie? Indem sie trotz gewaltiger Bedrängnisse ihm treu geblieben sind. Sie singen »das Lied Moses ... und das Lied des Lammes«, das fast nur aus Versen aus den Psalmen besteht. Das erste Lied Moses entstand, als die Israeliten siegreich dem sicheren Tod im Roten Meer entkommen waren. Das Lamm Gottes, das für uns geschlachtet wurde, ist siegreich vom Tod auferstanden. So ist dieses Lied in Offenbarung 15 das Siegeslied der Märtyrer.

Auch heute gibt es in der Welt Christen, die ihr Leben aufs Spiel setzen, um Christus anzubeten, während wir Religionsfreiheit genießen. Haben Sie sich im letzten Jahr davor gefürchtet, dass Ihre Verbindung zu Jesus bekannt wird? Lassen Sie sich von den anderen Göttern unserer Zeit beeinflussen? Versuchen Sie, die doppelte Staatsangehörigkeit zu praktizieren, die von dieser Welt und die von Gottes Reich?

Das Lamm verspricht Ihnen den endgültigen Sieg, wenn Sie für ihn »Farbe bekennen«. Auf lange Sicht haben Sie dabei nichts zu verlieren.

LIED:
Jauchz ihm, Menge heil'ger Knechte,
rühmt, vollendete Gerechte,
und du Schar, die Palmen trägt,
und ihr Märt'rer mit der Krone,
und du Chor vor seinem Throne,
der die Gottesharfen schlägt.
PHILIPP FRIEDRICH HILLER

PARALLELSTELLEN ZUM THEMA:
Achten Sie auf all die Ähnlichkeiten zwischen diesem kurzen Lied und den Psalmen. Siehe Psalm 92,5; 145,17; 86,9; 111,9 und 98,2.

31. Dezember

Offenbarung 19,1-8 (Das tausendstimmige Halleluja)

1 Danach hörte ich im Himmel eine riesige Menschenmenge rufen:
»Halleluja! Das Heil kommt von unserem Gott. Herrlichkeit und
Macht gehören ihm allein.
2 Seine Urteile sind gerecht und wahr. Er hat die große Prostituierte
bestraft, die die Erde mit ihrer Unmoral verdarb, und er hat den
Mord an seinen Dienern an ihr gerächt.«
3 Und noch einmal riefen sie: »Halleluja! Der Rauch dieser Stadt
steigt in die Ewigkeit auf!«
4 Da fielen die vierundzwanzig Ältesten und die vier lebendigen
Wesen nieder und beteten Gott an, der auf dem Thron saß. Sie
riefen aus: »Amen! Halleluja!«
5 Und vom Thron war eine Stimme zu hören, die sagte: »Lobt
unseren Gott, alle seine Diener, die ihn fürchten, vom gerings-
ten bis zum größten.«
6 Dann hörte ich wieder etwas, das wie das Rufen einer riesigen
Menschenmenge oder das Rauschen mächtiger Meereswellen
oder die Schläge lauter Donner klang: »Halleluja! Denn der Herr,
unser Gott, der Allmächtige, regiert.
7 Lasst uns fröhlich sein und jubeln und ihn ehren. Denn die Zeit
für das Hochzeitsmahl des Lammes ist gekommen und seine
Braut hat sich vorbereitet.
8 Sie darf sich in strahlendes, weißes Leinen kleiden.«

Entsprechender Psalm: Psalm 106,48

48 Gepriesen sei der Herr, der Gott Israels, in Ewigkeit!
Alle sollen sprechen: »Amen!« Und das ganze Volk sprach:
»Amen!« Lobt den Herrn!

Hier kommt die Braut!

Niemand erinnert sich mehr an Charles Jenners, doch es waren seine Auszüge aus der Bibel, die Georg Friedrich Händel dazu bewegten, den *Messias* zu komponieren. Zuweilen wurde Händel über Jenners Auszüge so erregt, dass er aufsprang, die Arme in die Höhe warf und rief: »Halleluja! Halleluja! Halleluja!« Später erinnerte er sich: »Ich dachte, ich sähe den ganzen Himmel und den großen Gott selbst vor mir!«

Händels majestätisches »Halleluja« ist gewiss hinreißend und gibt uns einen Vorgeschmack auf die Atmosphäre im Himmel, wie sie in Offenbarung 19 beschrieben wird. Doch stellen wir uns einfach vor, wie es in Wirklichkeit sein wird!

Erinnern Sie sich, dass Jesus und seine Jünger nach dem letzten Abendmahl ein Lied sangen? Dieses Lied war zweifellos das traditionelle jüdische Hallel (die Psalmen 113-118), das am Passafest als Erinnerung an den Auszug aus Ägypten gesungen wurde. Jetzt, in Offenbarung 19, bekommen wir ein neues Hallel für ein anderes Fest, das Hochzeitsmahl des Lammes. Dieses Fest erinnert an eine andere Befreiung – unsere Errettung aus Sünde und Tod.

Wahrscheinlich feiern Sie bald den Beginn eines neuen Jahres, wenn das alte mit Glockengeläut verabschiedet und das neue eingeläutet wird. Behalten Sie dabei ein Wort im Gedächtnis: *Halleluja!* Irgendwann in der Zukunft wird es für uns eine Feier geben, die das Ende aller Feiern bedeutet. Das Lamm Gottes wird uns zu einer rauschenden Party einladen, in der das alte Leben für immer mit Glockengeläut verabschiedet und eine neue Einheit mit ihm eingeläutet wird.

LIED:
Ich will dein Halleluja hier
mit Freuden singen für und für,
und dort in deinem Ehrensaal
soll's schallen ohne Zeit und Zahl.
Halleluja!
PAUL GERHARDT

WISSENSWERTES:
Das Wort Halleluja kommt in den Psalmen häufig vor und wird dort mit »Preist den Herrn« übersetzt. Offenbarung 19 ist jedoch die einzige Stelle, in der dieses Wort im Neuen Testament vorkommt.

NACHDENKENSWERT:
»Das Lob Gottes hat etwas Erhebendes an sich. Wenn wir seinen Namen verherrlichen und seinen Ruhm verkünden, wird unsere Seele seiner Größe teilhaftig.«
ROBERT D. COLEMAN

Verzeichnis der Psalmen

Psalm 1	1. Januar
Psalm 2, 1-6	2. Januar
Psalm 2,7-12	3. Januar
Psalm 3	4. Januar
Psalm 4	5. Januar
Psalm 5,1-7	7. Januar
Psalm 5,8-13	8. Januar
Psalm 6	9. Januar
Psalm 7,1-10	10. Januar
Psalm 7,11-18	11. Januar
Psalm 8,1-5	12. Januar
Psalm 8,6-10	13. Januar
Psalm 9,1-11	15. Januar
Psalm 9,12-21	16. Januar
Psalm 10,1-11	17. Januar
Psalm 10,12-18	18. Januar
Psalm 11	19. Januar
Psalm 12	20. Januar
Psalm 13	22. Januar
Psalm 14	23. Januar
Psalm 15	24. Januar
Psalm 16,1-6	25. Januar
Psalm 16,7-11	26. Januar
Psalm 17,1-8	27. Januar
Psalm 17,9-15	28. Januar
Psalm 18,1-7	30. Januar
Psalm 18,8-20	31. Januar
Psalm 18,21-30	1. Februar
Psalm 18,31-37	2. Februar
Psalm 18,38-51	3. Februar
Psalm 19,1-7	5. Februar
Psalm 19,8-15	6. Februar
Psalm 20	7. Februar
Psalm 21,1-8	8. Februar
Psalm 21,9-14	9. Februar
Psalm 22,1-11	10. Februar
Psalm 22,12-22	11. Februar
Psalm 22,23-32	12. Februar
Psalm 23 (insb. Vers 1)	13. Februar
Psalm 23 (insb. Vers 2)	14. Februar
Psalm 23 (insb. Vers 3)	15. Februar
Psalm 23 (insb. Vers 4)	16. Februar
Psalm 23 (insb. Vers 5)	17. Februar
Psalm 23 (insb. Vers 6)	18. Februar
Psalm 24	19. Februar
Psalm 25,1-6	21. Februar
Psalm 25,7-13	22. Februar
Psalm 25,14-22	23. Februar
Psalm 26,1-5	24. Februar
Psalm 26,6-12	25. Februar
Psalm 27,1-6	26. Februar
Psalm 27,7-14	27. Februar
Psalm 28	1. März
Psalm 29	2. März
Psalm 30,1-8	3. März
Psalm 30,9-13	4. März
Psalm 31,1-6	5. März
Psalm 31,7-14	6. März
Psalm 31,15-19	7. März
Psalm 31,20-25	8. März
Psalm 32,1-5	9. März
Psalm 32,6-11	10. März
Psalm 33,1-9	12. März
Psalm 33,10-22	13. März
Psalm 34,1-11	15. März
Psalm 34,12-23	16. März
Psalm 35,1-10	17. März
Psalm 35,11-18	18. März
Psalm 35,19-28	19. März
Psalm 36,1-8a	20. März
Psalm 36,8b-13	21. März
Psalm 37,1-11	23. März

Psalm 37,12-22	24. März	Psalm 59,1-11	7. Mai
Psalm 37,23-29	25. März	Psalm 59,12-18	8. Mai
Psalm 37,30-40	26. März	Psalm 60	9. Mai
Psalm 38,1-13	27. März	Psalm 61	10. Mai
Psalm 38,14-23	28. März	Psalm 62,1-8	11. Mai
Psalm 39,1-8	29. März	Psalm 62,9-13	12. Mai
Psalm 39,9-14	30. März	Psalm 63,1-6	13. Mai
Psalm 40,1-11	1. April	Psalm 63,7-12	14. Mai
Psalm 40,12-18	2. April	Psalm 64	15. Mai
Psalm 41	3. April	Psalm 65,1-6	16. Mai
Psalm 42,1-6	5. April	Psalm 65,7-14	17. Mai
Psalm 42,7-12	6. April	Psalm 66,1-7	19. Mai
Psalm 43	7. April	Psalm 66,8-15	20. Mai
Psalm 44,1-9	8. April	Psalm 66,16-20	21. Mai
Psalm 44,10-20	9. April	Psalm 67	22. Mai
Psalm 44,21-27	10. April	Psalm 68,1-15	23. Mai
Psalm 45,1-10	12. April	Psalm 68,16-27	24. Mai
Psalm 45,11-18	13. April	Psalm 68,28-36	25. Mai
Psalm 46,1-8	14. April	Psalm 69,1-8	27. Mai
Psalm 46,9-12	15. April	Psalm 69,9-22	28. Mai
Psalm 47	17. April	Psalm 69,23-37	29. Mai
Psalm 48,1-9	18. April	Psalm 70	30. Mai
Psalm 48,10-15	19. April	Psalm 71,1-8	31. Mai
Psalm 49,1-10	20. April	Psalm 71,9-18	1. Juni
Psalm 49,11-21	21. April	Psalm 71,19-24	2. Juni
Psalm 50,1-14	22. April	Psalm 72,1-7	3. Juni
Psalm 50,15-23	23. April	Psalm 72,8-20	4. Juni
Psalm 51,1-14	24. April	Psalm 73,1-6	6. Juni
Psalm 51,15-21	25. April	Psalm 73,7-14	7. Juni
Psalm 52	26. April	Psalm 73,15-24	8. Juni
Psalm 53	27. April	Psalm 73,25-28	9. Juni
Psalm 54	28. April	Psalm 74,1-11	11. Juni
Psalm 55,1-9	29. April	Psalm 74,12-23	12. Juni
Psalm 55,10-24	30. April	Psalm 75	13. Juni
Psalm 56,1-8	1. Mai	Psalm 76	14. Juni
Psalm 56,9-14	2. Mai	Psalm 77,1-13	15. Juni
Psalm 57,1-6	3. Mai	Psalm 77,14-21	16. Juni
Psalm 57,7-12	4. Mai	Psalm 78,1-8	18. Juni
Psalm 58	6. Mai	Psalm 78,9-16	19. Juni

Psalm 78,17-33	20. Juni
Psalm 78,34-39	21. Juni
Psalm 78,40-55	22. Juni
Psalm 78,56-72	23. Juni
Psalm 79,1-8	25. Juni
Psalm 79,9-13	26. Juni
Psalm 80,1-8	27. Juni
Psalm 80,9-20	28. Juni
Psalm 81,1-11	29. Juni
Psalm 81,12-17	30. Juni
Psalm 82	1. Juli
Psalm 83,1-9	2. Juli
Psalm 83,10-17	3. Juli
Psalm 84,1-8	5. Juli
Psalm 84,9-13	6. Juli
Psalm 85,1-8	7. Juli
Psalm 85,9-14	8. Juli
Psalm 86,1-10	9. Juli
Psalm 86,11-17	10. Juli
Psalm 87	11. Juli
Psalm 88,1-11	12. Juli
Psalm 88,12-19	13. Juli
Psalm 89,1-8	14. Juli
Psalm 89,9-19	15. Juli
Psalm 89,20-29	16. Juli
Psalm 89,30-38	17. Juli
Psalm 89,39-46	18. Juli
Psalm 89,47-53	19. Juli
Psalm 90,1-9	21. Juli
Psalm 90,10-17	22. Juli
Psalm 91,1-6	23. Juli
Psalm 91,7-10	24. Juli
Psalm 91,11-16	25. Juli
Psalm 92,1-9	27. Juli
Psalm 92,10-16	28. Juli
Psalm 93	29. Juli
Psalm 94,1-7	30. Juli
Psalm 94,8-15	31. Juli
Psalm 94,16-23	1. August

Psalm 95,1-7a	3. August
Psalm 95,7b-11	4. August
Psalm 96,1-6	5. August
Psalm 96,7-13	6. August
Psalm 97,1-6	7. August
Psalm 97,7-12	8. August
Psalm 98,1-9	9. August
Psalm 99,1-5	11. August
Psalm 99,6-9	12. August
Psalm 100,1-3	13. August
Psalm 100,4-5	14. August
Psalm 101,1-8	15. August
Psalm 102,1-12	16. August
Psalm 102,13-18	17. August
Psalm 102,19-29	18. August
Psalm 103,1-7	19. August
Psalm 103,8-14	20. August
Psalm 103,15-22	21. August
Psalm 104,1-12	22. August
Psalm 104,13-23	23. August
Psalm 104,24-35	24. August
Psalm 105,1-8	26. August
Psalm 105,9-22	27. August
Psalm 105,23-26	28. August
Psalm 105,27-45	29. August
Psalm 106,1-12	31. August
Psalm 106,13-23	1. September
Psalm 106,24-31	2. September
Psalm 106,32-39	3. September
Psalm 106,40-48	4. September
Psalm 107,1-9	6. September
Psalm 107,10-22	7. September
Psalm 107,23-32	8. September
Psalm 107,33-43	9. September
Psalm 108,1-6	10. September
Psalm 108,7-14	11. September
Psalm 109,1-8	12. September
Psalm 109,9-19	13. September
Psalm 109,20-31	14. September

Psalm 110,1-3	15. September
Psalm 110,4-7	16. September
Psalm 111,1-4	17. September
Psalm 111,5-10	18. September
Psalm 112,1-5	19. September
Psalm 112,6-10	20. September
Psalm 113	22. September
Psalm 114	23. September
Psalm 115,1-8	24. September
Psalm 115,9-18	25. September
Psalm 116,1-9	26. September
Psalm 116,10-19	27. September
Psalm 117	28. September
Psalm 118,1-9	30. September
Psalm 118,10-18	1. Oktober
Psalm 118,19-29	2. Oktober
Psalm 119,1-16	3. Oktober
Psalm 119,17-32	4. Oktober
Psalm 119,33-48	5. Oktober
Psalm 119,49-64	6. Oktober
Psalm 119,65-80	7. Oktober
Psalm 119,81-96	8. Oktober
Psalm 119,97-112	9. Oktober
Psalm 119,113-128	10. Oktober
Psalm 119,129-144	11. Oktober
Psalm 119,145-160	12. Oktober
Psalm 119,161-176	13. Oktober
Psalm 120	15. Oktober
Psalm 121,1-4	16. Oktober
Psalm 121,5-8	17. Oktober
Psalm 122,1-5	18. Oktober
Psalm 122,6-9	19. Oktober
Psalm 123	20. Oktober
Psalm 124,1-5	22. Oktober
Psalm 124,6-8	23. Oktober
Psalm 125	24. Oktober
Psalm 126	25. Oktober
Psalm 127	27. Oktober
Psalm 128	28. Oktober
Psalm 129	29. Oktober
Psalm 130	30. Oktober
Psalm 131	31. Oktober
Psalm 132,1-9	1. November
Psalm 132,10-19	2. November
Psalm 133	3. November
Psalm 134	4. November
Psalm 135,1-12	6. November
Psalm 135,13-21	7. November
Psalm 136,1-9	8. November
Psalm 136,10-16	9. November
Psalm 136,17-26	10. November
Psalm 137,1-4	11. November
Psalm 137,5-9	12. November
Psalm 138	14. November
Psalm 139,1-6	15. November
Psalm 139,7-12	16. November
Psalm 139,13-18	18. November
Psalm 139,19-24	19. November
Psalm 140,1-9	20. November
Psalm 140,10-14	21. November
Psalm 141,1-5	22. November
Psalm 141,6-10	23. November
Psalm 142	24. November
Psalm 143,1-6	26. November
Psalm 143,7-12	27. November
Psalm 144,1-8	28. November
Psalm 144,9-15	29. November
Psalm 145,1-7	30. November
Psalm 145,8-13	2. Dezember
Psalm 145,14-21	3. Dezember
Psalm 146	4. Dezember
Psalm 147,1-11	6. Dezember
Psalm 147,12-20	7. Dezember
Psalm 148,1-6	9. Dezember
Psalm 148,7-14	10. Dezember
Psalm 149,1-4	12. Dezember
Psalm 149,5-9	13. Dezember
Psalm 150	14. Dezember

Verzeichnis anderer Bibelstellen

Verzeichnis der Zwischenspiele

VERZEICHNIS DER ZITATE (NACHDENKENSWERT)

Verzeichnis der Liederdichter

Liederdichter

Quellen

16. Januar	© 1975 by Sparrow Songs/Cherry River Music Co./ Candle Company Music Rechte für D,A,CH: Universal Songs, Holland, Used by permission
17. Januar	© Diakonissenmutterhaus Aidlingen
29. Januar	Copyright © 1976 by Alain Bergése, Frankreich Rechte für D,A,CH: Hänssler Verlag, D-71087 Holzgerlingen
21. Februar	© Hänssler Verlag, D-71807 Holzgerlingen
24. Februar	Rechte: Verlag C. M. Fliß, Hamburg
25. Februar	© Hänssler Verlag, D-71807 Holzgerlingen
13. März	© Edition Werry, Mülheim/Ruhr
30. März	© Christophorus Verlag, Freiburg
9. April	© Interkerkelijke Stichting voor het Kerklied, Pijnacker
18. April	© 1974 Hänssler Verlag, D-71087 Holzgerlingen
19. April	© 1982 Hänssler Verlag, D-71087 Holzgerlingen
23. April	© Hänssler Verlag, D-71087 Holzgerlingen
29. April	© 1977 by His Eye Music/Cherry Blossom Music Co. Rechte für D,A,CH: Universal Songs, Holland. Used by permission
1. Mai	© 1992 Hänssler Verlag, D-71087 Holzgerlingen
6. Mai	Rechte: tvd-Verlag, Düsseldorf
18. Mai	© Hänssler Verlag, D-71087 Holzgerlingen
28. Mai	Textrechte: Der Lutherische Weltbund, Genf
3. Juni	© Hänssler Verlag, D-71087 Holzgerlingen
6. Juni	© Präsenz-Verlag, D-65597 Gnadenthal
13. Juni	Copyright © 1976 by Alain Bergèse, Frankreich Rechte für D,A,CH: Hänssler Verlag, D-71087 Holzgerlingen
18. Juni	© 1982 Hänssler Verlag, D-71087 Holzgerlingen
21. Juni	© Hänssler Verlag, D-71087 Holzgerlingen
22. Juni	Textrechte: mundorgel verlag, Köln/Waldbröl

23. Juni	© by Gustav Bosse Verlag, Kassel
29. Juni	© 1975 Hänssler Verlag, D-71087 Holzgerlingen
2. Juli	Textrechte: Bibelesebund, Winterthur/Schweiz
10. Juli	© Verlag Johannis,Lahr
31. Juli	© by Gustav Bosse Verlag, Kassel
4. September	© Gütersloher Verlagshaus/Chr. Kaiser, Gütersloh
8. September	© Hänssler Verlag, D-71087 Holzgerlingen
12. September	© by Gustav Bosse Verlag, Kassel
19. Oktober	Rechte: mundorgel verlag, Köln/Waldbröl
5. November	© Klaus Peter Hertsch, Jena
24. November	© Verlag Merseburger, Kassel
25. November	© 1977 Hänssler Verlag, D-71087 Holzgerlingen
30. November	© Hänssler Verlag, D-71087 Holzgerlingen
1. Dezember	© 1982 Hänssler Verlag, D-71087 Holzgerlingen
8. Dezember	© Präsenz-Verlag, D-65597 Gnadenthal

hänssler

Oswald Chambers

Mein Äußerstes für sein Höchstes

Gb., 11 x 17 cm, Nr. 392.113
ISBN 3-7751-2113-7

Zeit für Gott – im Trubel des Alltags: Jeden Tag macht Chambers Ihnen Mut, Großes von Gott zu erwarten! Die lebendige Sprache bringt Ihnen seine tiefen geistlichen Gedanken erfrischend verständlich näher. 365 Andachten voller Kraft und Intensität. In sprachlicher Neubearbeitung im handlichen Taschenformat!

Corrie ten Boom

Gott meint es gut

Mutmachendes für jeden Tag

Gb., 11 x 17 cm, 256 S., Nr. 393.344
ISBN 3-7751-3344-5

Mit diesen lebendigen Andachten von Corrie ten Boom beginnt jeder Tag gleich richtig gut! Persönliche Gedanken, ein Bibelvers und ein abschließendes Gebet geben Anstöße und Impulse, die durch den Tag begleiten. Kurz und prägnant, tiefgehend und ehrlich erzählt sie von persönlichen Erfahrungen und Erlebnissen und gibt Mut, ein Leben mit Gott zu wagen.

Bitte fragen Sie in Ihrer Buchhandlung nach diesen Büchern!
Oder schreiben Sie an den Hänssler Verlag, D-71087 Holzgerlingen.